U0017162

圖1　麥卡瑞這幅畫主要描寫西元前63年11月8日，西塞羅在元老院發表演說的情景。這幅畫強調了卡提林（圖右下）的孤立，還有其他元老之刻意與他保持距離。那天晚上，卡提林便離開羅馬，加入他的軍團。此外，圖中的元老院雖然豪華，但卻不可信。

圖2　西塞羅和卡提林的衝突向來是現代幽默的源頭。在麥卡瑞作畫向西塞羅致敬之前30年，有一位漫畫家以同樣的標題——〈西塞羅對抗卡提林〉（“Cicero denounces Catiline”），同樣的背景故事，刻畫了一幕滑稽的場面。西塞羅在此化身為十九世紀憤怒的政治家，卡提林則是個幫派分子，有些元老竟然已經呼呼大睡。

圖3　普桑的〈薩賓婦女之強暴〉（"Rape of the Sabines"）（1637-1638）一圖中，畫面左邊的羅慕勒斯站在高處，冷靜地指揮眼前發生的暴行。普桑的這張畫裡，那些備受驚嚇和極力反抗的婦女雖然被人拖著走，卻似乎少了一點暴力。畢卡索（1962）的畫強化了這份恐怖的氣氛。畫中女性的身體幾近分崩離析，跟高大的羅馬戰士和暴亂的馬匹比起來，兩者形成極大的對比。

圖4　提香描繪的〈塔克文與盧奎西雅〉（“Tarquin and Lucretia”, 1571）直接面對強暴的殘酷，而不是文過飾非地迴避。盧奎西雅被畫成一個嬌弱無助，眼中含淚的少婦，塔克文則是個殘暴的攻擊者（弓起的膝蓋和手中閃亮的匕首）。正好從背景布幕探出的，是那位少年奴隸的手。塔克文本來威脅要殺了兩人，營造兩人因通姦而被殺的場面。

圖5　這是西元前四世紀羅馬世界的精品，足以見證當時已有品質高超的藝品製作手法。這件精美的藝品是費可諾尼（Ficoroni Cista）匣子的把手——「費可諾尼」這名字來自八世紀的一位收藏家。據匣上銘文，這匣子是羅馬藝匠普提歐斯（Novios Plautios）製作的。委託人是一位名叫瑪柯尼娜（Dindia Macolnia）的女士，匣子是她要送給女兒的禮物。

圖6　這幅畫來自三世紀早期一座位於羅馬的墓穴，反映了當時人對薩莫奈戰爭的看法。畫面下方的搏鬥場景畫著一個頭戴大型羽毛頭盔的人物（右側）。上方的畫面顯然是「投降」的場景。關於這畫面，偶爾也會出現不同的解釋：或許右側身穿托加袍的費比烏斯是在頒發軍事勛章給左側的羅馬士兵，而不是在與薩莫奈人交涉？

圖7　這幅畫在牆上的搏鬥場景（西元前四世紀中葉）來自武爾奇的法蘭斯瓦墓。這幅畫以伊特魯斯坎人的觀點描繪古羅馬歷史中的某些人物。據畫中的文字標記，最左側的人物名叫馬斯塔爾納（Macstrna/Mastarna）——根據克勞狄斯，這位馬斯塔爾納就是塞爾維斯。最右側的奧魯斯正在殺敵——他有可能是古羅馬其中一位失落的國王。

圖8　第一次布匿克戰爭的遺跡，打撈自西西里島外海。圖中顯示的是某艘戰艦安在艦首的撞角。找到的好幾個青銅撞角都刻了字。我們在羅馬人的撞角上讀到充滿官僚作風的文字：「此撞角經蓋猶斯之子、法務官奎因提斯（Lucius Quinctius）檢驗無誤」；有一個倖存的撞角上刻著迦太基文，上面的銘文寫道：「祈求太陽神巴阿爾（Baal）讓本撞角攻入敵艦，撞個大洞」。由此看來，兩支民族的「風格」顯然頗有差別。

圖9　羅馬凱旋遊行隊伍之繪製，最著名的作品出自安德烈・曼帖那（Andrea Mantegna）之手。他的〈凱撒之勝利〉（“The Triumphs of Caesar”）創作於15世紀晚期，是為曼托瓦（Mantua）的貢薩格家族（Gonzaga）而畫的。畫中可以看到凱撒坐在文藝復興式的凱旋雙輪馬車上。他的後面站著一位奴隸，其工作是不時低聲提醒這位意氣風發的將軍：儘管他戰功彪炳，他也只是個凡人。

圖10　奧理流斯圓柱與更著名的圖拉真圓柱既是成對的建築，也是彼此競爭的對手。這座圓柱高40公尺左右，至今依然佇立在羅馬市中心。沿柱盤旋而上刻著皇帝在多瑙河的戰爭場景——這場戰爭幾乎貫串他的整段統治時期（西元161-180年）。在最底層，蓄鬍的皇帝正在獻祭。第三層（本圖上面）則描寫羅馬士兵圍攻一間德國小屋。

圖11　卡拉卡拉皇帝的全家福。在這片彩繪的木製鑲板上，後方畫著他的父親塞維魯斯皇帝和他的母親多姆娜（Julia Domna）。右前方是少年卡拉卡拉；左邊是被他謀害的弟弟傑達，不過傑達的臉已經被塗掉了。

圖12　這是奧古斯都的妻子莉薇雅。這個特殊的頭像雕塑是以昂貴的埃及黑色玄武岩雕成，看來閃閃發亮。莉薇雅的髮型非常傳統：前面捲成大卷，後面梳個圓髻，象徵古典羅馬的德性。

圖13　其中一個可以清楚見證皇室奢華之風的線索，就是蓋猶斯在西元37至41年打造的遊船。這皇家遊船建在阿爾本山（Alban Hills）的內米湖（Lake Nemi），其遺骸雖然在二戰期間遭到嚴重破壞，但有部分設備和室內裝飾品依然完好，就像這個原來嵌在一根木製橫梁末端的蛇髮梅杜莎青銅頭像。

圖14　羅馬宴席一景。這幅來自龐貝的畫，呈現羅馬宴會的階級差異（注意左下角有一身材矮小的奴隸正在替客人脫鞋）和過度的奢華（右邊有位賓客可能吃太多露出想吐的樣子）。這個場合看來是專屬男性的聚會，但這並不是羅馬宴會的常態。

圖15　這是奧斯提亞「七賢酒吧」（Bar of the Seven Sages）的廁所壁畫。這位是來自雅典的大思想家梭倫（他的名字以希臘文寫在他兩側），他端坐在壁畫上，俯視眾生如廁的場景。壁上寫著他的排便格言：「為了讓排便順暢，梭倫輕拍自己的肚子。」

圖16　羅馬奴隸的項圈。奴隸若逃走，任何人都可根據項圈上的指示，把奴隸送回主人處，領取賞金。項圈指示寫道：「我乃逃跑的奴隸。抓我吧，送我到我的主人佐尼烏斯（Zoninus）那裡，你就能領賞。」這些項圈也有可能是預備給牲畜而不是給人戴的。我們今日弄不清楚這項圈是給人用，還是給動物用的；老實說，這個事實本身就透露了許多故事。

圖17　龐貝城附近找到的金手鐲，內側刻著「主人贈與女奴」（Dominus suae ancillae）的字樣。可能是男子表達感謝的禮物，或許多少也暗示兩人之間有某種親密的關係。至於女奴對這禮物（和對送禮者）的態度如何，我們無從得知。

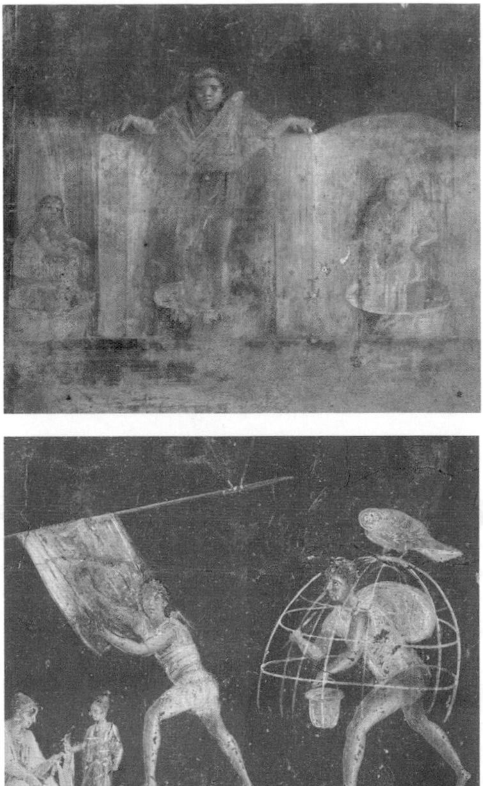

圖18　龐貝城洗染店牆上的三幕生活場景。最上一幅畫中，男子正在踩布。下一幅描寫一個男子正在刷布，另一個男子揹著框架走過，框架上立著一隻貓頭鷹——那是洗染業的吉祥動物；畫面左下有個帶著僕人的女顧客，兩人似乎在等人招呼。最底下的一景中，左側有婦人正在挑選衣料。他們頭上有一晾衣繩，上面掛著許多其他衣料。

圖19　這枚西元前31年的瑪瑙印章刻著阿克興戰役的勝利場景。屋大維化身為海神涅普頓，手拿三叉戟，正要登上海上戰車。畫面上方的希臘文Popil(ius) Alb(anus)可能是刻工的名字或印章主人的名字。

圖20　這面法國寶石浮雕（Great Cameo of France）可以溯及到提比流斯的統治時期，圖中描繪當時帝國的世界秩序。已經成神的奧古斯都此時斜臥在天堂裡。中層的部分刻著提比流斯（坐在王座上），旁邊是他的母親莉薇雅。下層是一群被俘的野蠻人。這枚寶石在13世紀之後一直收藏在法國（此即寶石名字之由來），當時被誤認是《聖經》中的約瑟（Joseph）在宮廷覲見埃及法老王的場面。

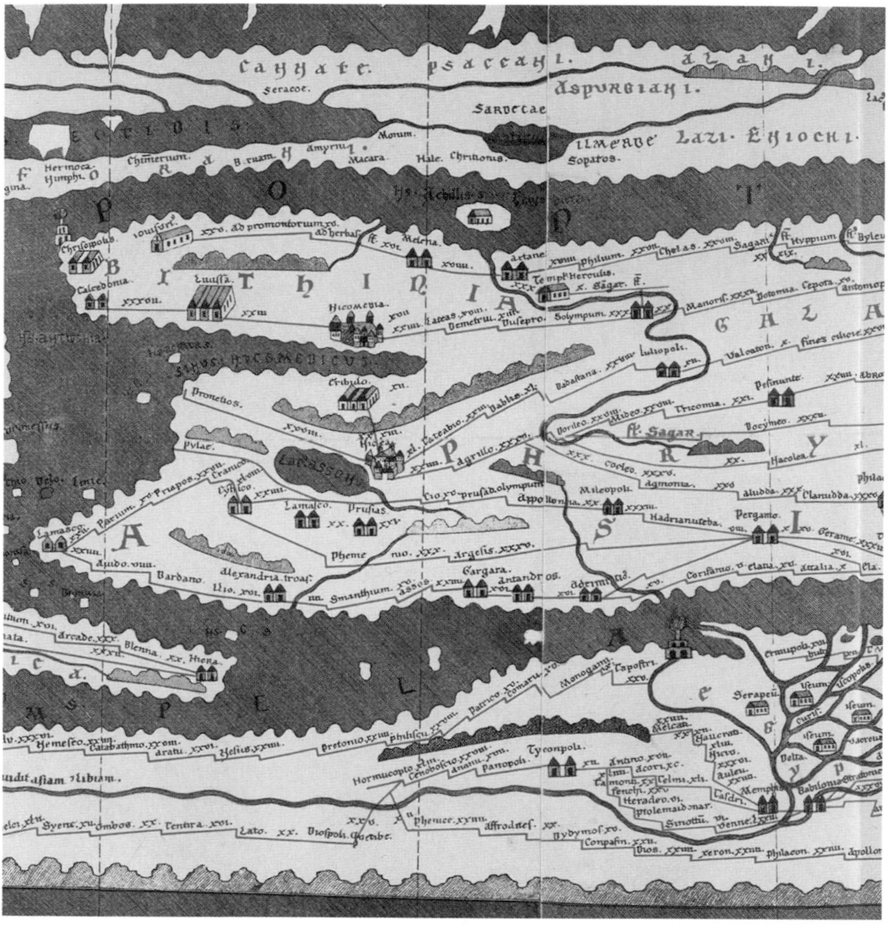

圖21　佩烏丁格地圖（Peutinger Table）是13世紀羅馬帝國地圖的其中一個版本，不過這張地圖的根據可能是西元前一世紀，奧古斯都和阿格瑞帕製作的那份地圖。佩烏丁格這名稱來自一位早期的收藏家。若用我們的術語，這張地圖比較像路線圖，而不是地圖。全圖長約7公尺左右，標記著帝國的道路、河流和城鎮。圖中這一段可看到尼羅河三角洲，左邊是一部分的克里特島，上面是小亞細亞。

S·P·Q·R

A History of Ancient Rome

璀璨帝國，盛世羅馬，
元老院與人民的榮光古史

MARY BEARD

瑪莉·畢爾德——著　余淑慧、余淑娟——譯

國際媒體、專家學者一致讚譽推薦

若當時有畢爾德相伴，羅馬人肯定能繼續保有他們的帝國。

——《每日郵報》（*Daily Mail*）

一部精湛的編年大作……流行歷史作品的典範，引人入勝而不流於淺薄，展現宏大的敘述和深入的細節，生動地讓遙遠的過去活了過來。

——《經濟學人》（*The Economist*）

畢爾德寫出了很少普及作家敢嘗試、許多人無法成就的作品……她揭示了古羅馬人在權力、公民權、帝國與身分認同問題上的掙扎，就和好幾世紀之後的人們一樣。

——《大西洋雜誌》（*The Atlantic*）

在這本精彩、簡明的歷史著作中，畢爾德乾淨俐落、冷靜而明晰地揭開了這座城市大獲成功的祕密，無人能出其右。

——《紐約時報書評》（*New York Times Book Review*）

畢爾德這本書不僅探索了古老、共和的羅馬帝國，還有最終被帝國掌控的東部與西部省分……她輕鬆、熟練的運用了考古學、貨幣學、語言學，當然還有寫於石塊與莎草紙上豐富的紀錄。

——《紐約時報書評》（*New York Review of Books*）

畢爾德精確、明晰地闡述了整個故事，充滿熱情並毫無艱澀難讀之處……本書勘比令人敬畏的成功故事，而講述它的人有著絕佳的天賦。

——《華爾街日報》（*Wall Street Journal*）

即便畢爾德自謙稱是五十年的積累與研究造就了這本書，她自己只是輕鬆地於其中做學問而已。但當她領我們走過羅馬公民留下痕跡的妓院、酒吧和小巷道時，我們首先感覺到的是她全然樂在其中。

——《新共和雜誌》（*New Republic*）

畢爾德用輕快的語調掩蓋了敘述背後嚴峻的學術壓力。她不希望讀者向羅馬人學習如何生活，也不希望有任何類似的陳腔濫調。她希望我們與羅馬人交流。

——《衛報》（*The Guardian*）

作者在審視羅馬人對自己的史學和政治理論時，無疑是最強而有力的。她明晰、反覆地說明羅馬人對百年前發生之事的描述，如何無可避免地反映了他們當下的觀點和關注。對偉大命運的想法、契約的傳統，甚至是共和整體的基本制度，都被羅馬人投射到他們城市興起的早期，接著用來解釋當下的情況。

——《金融時報》（*Financial Times*）

瑪莉・畢爾德可能是唯一一位可以超越她著作開天闢地第一句話「古羅馬很重要」的人。如果這句話來自一個不稱頭的人物，顯然會很無聊，但同一句話由畢爾德寫下，就是一個充滿自信的提醒，告訴大家：留心這段歷史，在這之中產生的問題和疑問，至今仍存。

——《時代雜誌》（*Time*）

畢爾德的天才之處在於單獨使用SPQR作現代闡述，而非直接以古喻今，指出二十一世紀政治與爭議與古早時期的相似之處。她的這本書因此不只提供了對羅馬歷史的見解，也提供了對當時代所面臨的挑戰的見解。

——《外交政策雜誌》（*Foreign Affairs*）

導讀

「成為羅馬人」（Becoming Roman）的千年公民計畫

翁嘉聲　成功大學歷史學系教授

瑪莉・畢爾德（Mary Beard）的SPQR涵蓋羅馬從西元前七五三年建城，直到西元二一二年卡拉卡拉諭令羅馬帝國境內所有自由人皆為公民為止，這將近千年的歷史。整書論述有史詩的規模及主題，也以史詩技法從故事中間切入（*in media res*），回溯過去，眺望未來。

這切入點為西元前六三年卡提林陰謀。何以？從羅馬共和政治發展來說，西元前一三三年見證羅馬擴張到達顛峰，但同年發生的格拉古斯改革卻也透露出羅馬公民為擴張所做的犧牲已經超過容忍的極限。接著西元前一一二—一〇一年的北非朱谷達之戰及北義大利蠻族戰爭，充分暴露傳統共和菁英的失能及腐化；西元前九一—八八年爆發「同盟戰爭」，義大利數百年盟友不願再忍受羅馬壓榨而集體叛變；西元前八八—六三年龐圖斯王國號召希臘人全面起義，代表行省子民反抗羅馬暴政；六三年卡提林陰謀叛變則是羅馬的內爆，是激烈政治競爭失敗下的貴族無法忍受帝國最終受益者集中在越來越小撮的一群人。這羅馬共和淪亡的故事是由外到內的連環大爆炸。卡提林叛變的重要性在於首度透露出無往不利的羅馬共和已經窮途末路；獨裁與帝國是羅馬人唯一的出路。

此時羅馬人也開始對自己的過去發生興趣，研究出如羅馬建城於西元前七五三年或共和始於推翻傲慢的塔克文等等。這些對過去的重建一再迴響著當代的政治關切，如蘇拉或凱薩等獨裁者的出現，使當代人也以類似觀點來理解過去的王政（西元前七五三—五〇九年），強調王（*rex*）如何威脅政治自由（*libertas*），必須被推翻。這些王建立功業及體制，從宗教、軍事制度到至今尚存的大排水溝，而其中特別有成就者都面臨絕對權力會使人絕對腐化的誘惑。所以羅慕勒斯兄弟相殘，以及因為野心過大而被元老暗殺分屍，然後被宣布封神登天，宛如預示後來原是親戚的凱撒與龐培的決裂以及內戰，凱薩被共和人士暗殺後封神等等。最後，這西元前六三年主人翁之一的西塞羅留下上千封書信、無數法庭及政論演說，讓我們能深入當時羅馬人的政治操作；加上薩祿斯特專題論文及阿皮安的內戰史等，讓這六三年的故事可以說好、說足、說深。西元前六三年是羅馬史的關鍵時刻。

但是從西元前六三年回顧到之前王政及共和這兩時期，都以「性侵」開場：羅馬人搶婚薩賓族婦女，開始羅馬城歷史；塔克文兒子強暴貴族仕女盧奎西雅引發推翻王政，開啟共和。世界史哪裡可以看到歷史是由性侵開始？但這其中意義呢？我想羅馬人的歷史不僅是一連串征服擴張及權力爭奪，更是羅馬社區建立（community building-up）的故事：婚姻（或其破壞）與社區建立息息相關。就畢爾德來說，這些性侵開始了從西元前七五三年到西元二一二年的羅馬社區故事，這她稱為「公民計畫」。這計畫點出羅馬何以從盤據七個小山丘的城鎮開始，最後發展成橫跨歐亞非的大帝國。

「公民計畫」是本書的主題，論述羅馬社區如何形成，而這故事超越王政、共和及帝國等不同政治型態。這解釋畢爾德對這些政體的個別特徵沒多大興趣。她要敘述公民計畫這偉大故事，需要謬思神（Muse）賜與她靈感及力量，而她的謬斯神是由四、五十年來潛心古典世界文獻及考古發掘，輔以最新發現（如分析格陵蘭冰冠、北英格蘭文德蘭達出土敘利亞墓碑，或奧斯提亞集合式住宅衛生系統排泄物中的微生物組成等）構成的。這史詩敘述羅馬如何成長，特別是從西元前四百年起到前二七二年統一義大利後，更有如颶風逐漸加速擴大，推往海外，歷經不到百年（二六四—一六八年）便統一地中海。

其中秘訣是羅馬人從一開始在擴張過程中便讓戰敗者分享羅馬公民權，讓戰敗者加入羅馬，投資自己人力物力並分享戰果；羅馬甚至吸收戰敗者中的頂尖人士加入領導階層。這累積的資源又成為羅馬下一步擴張的資本，動能不斷加強。但羅馬人為何願意分享？部分原因是羅馬是寡頭政權，權力由人數有限的強大貴族把持。所謂共和（*Res Publica*）是這群少數人的共和；「自由」（*libertas*）是這少數人爭權奪利的自由；一般平民只享有法律保障及分享戰利品。羅馬貴族願意開放公民權給其他人，因為這分享不會動搖他們真正的統治，但會擴大資源庫。這創造出古代世界少有的「雙重公民權」：一個人可同時享有羅馬的以及自己社區的公民權。羅馬這種開放社區，歡迎外人加入，提供建立大帝國的基礎，與同時代的雅典形成極大反差：民主政治使得每位雅典公民都能直接行使最高主權；將公民權開放外人，勢必沖淡既得利益。這種排外的立場造成希臘城邦都有亞里士多德評論斯巴達時的「公民稀少」（*oliganthropia*）問題，無法累積足夠資源（特別是寶貴的人力）與崛起的馬其頓王國等爭雄，而逐漸衰落。另方面，被征服族群或社區加入羅馬擴張、分享戰果的共同歷史經驗，逐漸認同羅馬，最後一起成為生命共同體。這共有的歷史經驗是「羅馬化」（Romanization）的基礎，也鞏固羅馬人的統治。

古羅馬或許可以比喻成經營理念獨特的百年企業。它擁有無敵軍團的獨家技術，以戰爭征服掠奪為主業；它過去績效顯著，對未來提供成長願景；它在過程中，除征服併購競爭對手外，也歡迎其他競爭者主動加入，成為這歐亞非跨國大集團的一部份，以接受羅馬領導來換取生存及繁榮。這休戚與共的「公民計畫」強度及韌性可由羅馬在第二次迦太基戰爭（西元前二一八—二〇二年）初，雖連續受挫於漢尼拔，損失無比慘重，但絕多數盟友始終不離不棄，最後反敗為勝。當時羅馬對聯盟內所有役齡人口能動員的比例之高，一直要等到法國大革命（國家民族意識開始發生），或甚至第一次世界大戰（再加上現代科技及交通技術之運用），才堪比擬。羅馬「公民計畫」於是能夠投入龐大人力物力來進行古代世界風險最高、但獲利最鉅的創業：戰爭及掠奪，進而建立大帝國。「公民計畫」是羅馬人邀請其他人加入建立羅馬帝國社區的政治智慧結晶。

羅馬巧妙運用聯盟、分享公民權、建立羅馬社區的策略，也體現在羅馬治理帝國上。這策略使得羅馬成為有史以來在治理成本上最為經濟的巨型政體。根據研究，在「五賢帝」時期（九六—一八〇年），帝國以不到兩百位官僚來經營五千萬人口以及五百萬平方公里，其所依賴的是地方社區菁英階級願意與羅馬中央合作。這些菁英在自己社區裡複製羅馬寡頭政體，主動為羅馬效忠效勞，執行徵兵、徵稅等政府基本功能，維持地方運作；羅馬則以保障這些菁英的地位及福址來回饋，進而以約三十個兵團，來做為帝國內外維持安定及現狀的最終保障。羅馬人的「公民計畫」造就願意與羅馬統治階級合作的地方菁英。

與一般理解帝國運作時常以中央核心出發，認為掌權者由上而下將威權體制加諸受統治者身上，不顧慮受統治者是否願意，羅馬這種模式有所不同。羅馬帝國各地社區因為加入羅馬的利益，而成為一群「願意子民」（willing subjects）；「羅馬化」常是這群子民主動模仿及調整的結果。但是在三世紀初羅馬千禧年將屆，特別是從「黑暗時期」（二三五—二八四年）起，羅馬陷入內憂外患，不再能保證各地人民和平繁榮時，這樣的「願意子民」不再願意效忠效勞，地方社區逐漸崩解，而羅馬帝國被迫轉型成我們所知那種頭重腳輕、官僚橫行的中央集權，進入到SPQR沒談到的晚期羅馬帝國（二八四—六一〇年）。在西元二五〇年代，一些邊疆羅馬人開始逃亡到界外的哥德部落去，但一位觀察者仍說：最好的哥德人都想變成羅馬人，只有最不好的羅馬人才想變成哥德人！羅馬帝國的崩解發生在它再也無法包容、接納、同化這些非羅馬的成分，成為羅馬社區的一部份。

這「公民計畫」使得畢爾德對芸芸眾生如何到達羅馬城、「變成羅馬人」更有興趣，在許多地方也以由下而上（bottom-up）的庶民觀點來看待羅馬這神奇城市。畢爾德的SPQR不是一本以羅馬為中心、政治史敘述為架構的羅馬史，而是所有羅馬人與那些成為羅馬人的故事。我覺得從這觀點來理解SPQR應該最容易把握重點。

以下我進一步對本書各章節做簡單陳述。這本書圖文並茂，十分精彩，但我仍建議讀者在閱讀此書時，參考畢爾德為BBC主持的三集*Meeting the Romans*（「相約古羅馬」）影集，想必會有更深刻的視覺印象。

SPQR第一章「西塞羅最輝煌的時光」處理六三年卡提林陰謀的政治危機。西塞羅解決這危機時，到達個人政治生涯的高潮，被羅馬人譽為「國家之父」；但這也是他個人及羅馬政治發展急轉直下的開始，因為共和此後將無以為繼，帝國將成為必要之惡。畢爾德在結束前以出土錢幣品質來推測當時貨幣供應不足及土地改革失利的大環境，認為這些促成卡提林等人的起義，而不認為起義只是政治魯蛇的最後搏命演出。第二章「最初：羅馬的曙光」及第三章「羅馬的早期國王」回到羅馬建國之初及王政時期。她檢視這些早期傳說如何而來，質疑羅馬人把過去歷史拿來服務當代的政治需求。第四章（「羅馬的大躍進」）以西庇歐．巴爾巴圖斯墓誌銘為例，認為在三百年時「羅馬」概念已經成型，出現有血有肉的歷史人物，而非之前樣版化的傳奇英雄或惡棍。她開始系統性地提及「公民計畫」，討論羅馬迅速擴張的秘訣。她第五章「更寬更廣的世界」訴說羅馬跨出義大利，往地中海擴張，並強調海外擴張的引燃點常來自羅馬世家貴族彼此競逐、追求榮耀的無限野心。這些競爭在早期及中期共和仍在嚴格規範下有秩序地發展，但到西元前二世紀進入最高峰時，隨著疆域擴大，政治籌碼得失開始極大化，不是一步登天，便是粉身碎骨，競爭於是變得激烈不擇手段，逐漸動搖之前羅馬所造就的國內階層和諧以及穩固的盟邦系統。最後隨著一三三年晚期共和開始，一連串政治矛盾連環爆，兵戎相向接踵而來，羅馬共和逐漸解體。第六章「新的政治局勢」描繪共和貴族因野心競爭所帶來的自毀，引領我們進入熟悉的晚期羅馬共和史。畢爾德特別強調西元前九一—八八年「同盟戰爭」的重要性，因為這特別慘烈的「內戰」最終仍是指向羅馬是否願意繼續對盟友開放、分享羅馬公民權以及戰果的政策。羅馬人當時的反動及自私只帶來三年無謂的生命財產破壞；最後他們改變想法，認知到唯有繼續開放分享公民權，才能消弭衝突，強化他們與義大利人的連結及認同。

討論完羅馬人如何對待義大利盟友後，第七章（「從帝國到帝王」）探索羅馬人如何對待廣大帝國子民。這章以西塞羅起訴貪瀆濫權的西西里總督維勒斯開始。畢爾德認為羅馬此時沒有所謂「行省治理」觀念，遑論官員是公僕的理想。政客追逐的是純粹權力，而這必須在官職選舉上脫穎而出，進而獲得出征及掠奪的機會。外派總督不是要治理地方、造福行省百姓，而是另種形式的征戰及掠奪，大量搜刮財富來為準備下波在羅馬競爭權位的資金，用來收買選民和官員以及進行賄選官司；行省子民終究只是待宰羔羊。這權力鬥爭的惡性循環在第一次「三巨頭政治」時進入高潮，最後以凱撒在內戰打敗龐培，而共和人士暗殺凱撒為止。所有這些鬥爭無關乎政治原則或意識形態；所謂共和人士不過是群自認有天命來魚肉他人的貴族惡棍，對芸芸眾生毫無裨益外，只帶來動亂破壞。最後甚至所有貴族都覺得自身岌岌可危，難以自保。所以當屋大維打敗這些「共和人士」以及安東尼，以軍事獨裁統一天下，為蒼生帶來「奧古斯都和平」及富庶繁榮時，大家因為太疲倦、受害過烈，不得不或乾脆欣然接受獨裁的「元首政治」。共和已死。帝國萬歲。

第八章「大後方的家園」暫時遠離政治鬥爭，轉向大小人物在內戰時如何自處。畢爾德以西塞羅女兒圖莉婭為例，討論婚姻家庭；再以他本人為例，討論資金問題。因史料緣故，這些討論仍以上層階級為對象。第九章「奧古斯都的轉變」又回到政治，集中在奧古斯都如何建立「元首政治」（Principate）這帝權平台（template of *imperium*），來定義「元首」（*princeps*）角色及行為。「元首政治」簡單地說是：奧古斯都決定以共和外衣來包裝他的軍事獨裁，在虛實之間求得微妙平衡，既能討好貴族，又能緊握兵權。貴族在他庇蔭下繼續競爭僅徒然虛名的權位，滿足那無法立即抹除的天命心態，但他則牢牢握住大權，確保和平。這其中曖昧可以由*princeps*（第一公民）被他定義為*primus inter pare*（= first among the equals，「眾人之首」）看出：究竟要強調*primus*（首席）？還是*inter pares*（同等之間）？奧古斯都的道德威望（*auctoritas*）、精明手腕和難得的長壽，使他得以細心微調、保存這帝權平台，讓後來皇帝無論其是否智愚賢不肖，都能套上這角色，繼續維護帝國運作（第十章「羅馬的十四位皇帝」）。但這平台運作有個致命缺點：「元首政治」是貴族集體統治來掩飾個人軍事獨裁本質；儘管「槍桿子出政權」，但在運作上卻仍以元老院包裹議決方式來授予皇帝獨裁的權力。但若皇帝被認為不夠格，或其他貴族不配合演出呢？「元首政治」的痛處便是權力要如何和平轉移，因為元首若是聲張接班人，會引起貴族怨懟，但也不能沒繼承人，否則帝國將陷入混亂。這是無解的兩難。但就實例而言，在長達兩百六十二年（西元前二七到西元二三五年）元首政治時期中，除六九年及一九三年內戰外，其餘權力移轉都堪稱平順，在實務上算是成功的政治設計。畢爾德也討論元老院角色的轉變：元老院從原來政治菁英集中地，各個元老自視為特立獨行的獅子老虎，現在變成皇帝的智庫及人才庫，受皇帝監督及指派。羅馬帝國的子民終於也能得到比較好的照顧。

第十一章「富者與貧者」討論羅馬社會和經濟問題，以及不同階級及處境的人如何在羅馬政權下生活。畢爾德花上相當篇幅來描述「集合式住宅」（*insulae*）生活狀況，並提及幾個成功翻身的故事。最後一章「羅馬境外的羅馬」討論所謂「羅馬化」的問題。這討論的前提是：羅馬所統治的世界是極端多元。她以幾個例證來探索。例如小普里尼受命前往東方，處理問題叢生的地方自治。畢爾德點出那佈滿在帝國各處的地方菁英階層如何認同羅馬，熱心表忠來為羅馬執行徵兵、徵稅等政府基本功能，負責城市及周遭地帶的管理及治安，讓帝國得以運作；而羅馬則支持他們的地位及特權，以為回報。這種地方認同中央，如之前所言，是「羅馬化」的主要動力。但普里尼的例子也透露出帝國危機：他之所以外放，正是因為地方自治失靈，需要中央出手干預。從這觀點來看，羅馬三世紀起的黑暗時期及晚期羅馬帝國的結構特色便是這基層的崩解或「願意子民」的消失，公民計畫無以為繼。原來的羅馬社區無法維持，帝國需要改轅易轍，變成由上而下、頭重腳輕的中央集權。另外，畢爾德也討論到羅馬帝國境內人口流動。她利用基因檢測推論出有高達百分之二十的人口在遠離自己出生地的地方結束一生。這些人口流動讓羅馬化的現象變得充滿不同形式及浸染程度。公民計畫不僅是羅馬中央政策，也是帝國子民想積極加入羅馬以及「變成羅馬人」的努力，雙方一起造就出的。羅馬帝國這廣闊的移動空間，讓羅馬化的可能性變得極為複雜多樣。普世的基督教便是在這羅馬異教徒所創造的空間中出現並移動，進而使空間裡的人改宗皈依，而最後將之轉化為基督教空間。

畢爾德末章及結語明白指出「公民計畫」是羅馬千年成功的秘方。這是SPQR史詩所歌詠的主題，期中有壯烈，也有齷齪之處，但羅馬所曾造就的廣闊及包容世界，如今則不再出現。歐盟只是個模仿羅馬的蒼白仿製品。我想這本書出版時，歐洲難民問題四處蔓延，地中海充滿闖關難民，而歐盟國家拼命阻擋，進而促成仇外的極右派政權崛起，或如川普之流則在邊界築牆，這些想必會引起畢爾德去反思羅馬人那種積極邀約、包容所有人成為羅馬人的「公民計畫」，可以為現代世界帶來何種借鏡？

目次

第二章　最初：羅馬的曙光　79

第三章　羅馬的早期國王　121

地圖

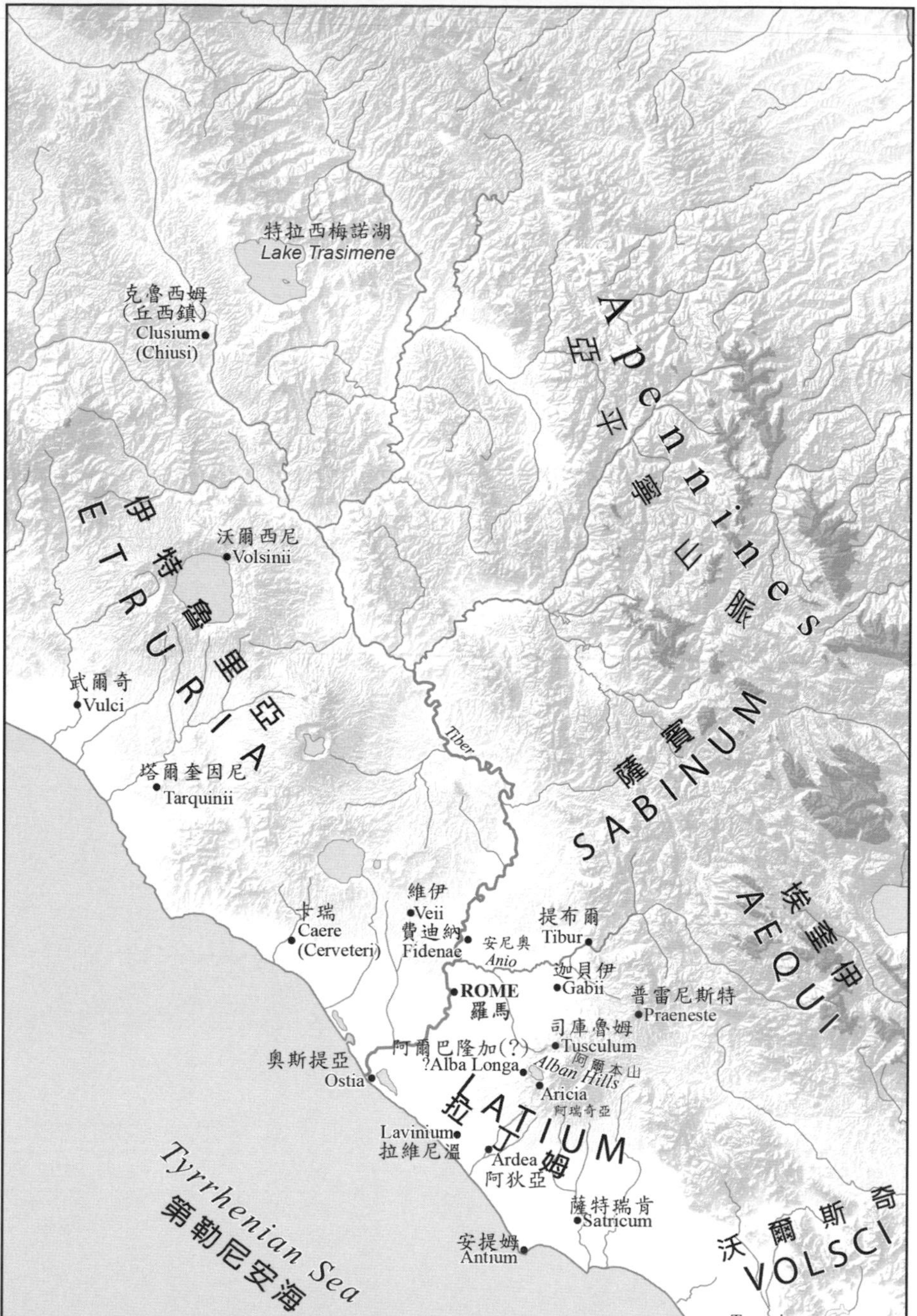

特拉西梅諾湖
Lake Trasimene
克魯西姆
(丘西鎮)
Clusium
(Chiusi)
Apennines
亞平寧山脈
伊特魯里亞
ETRURIA
沃爾西尼
Volsinii
武爾奇
Vulci
塔爾奎因尼
Tarquinii
Tiber
薩賓
SABINUM
埃奎伊
AEQUI
卡瑞
Caere
(Cerveteri)
維伊
Veii
費迪納
Fidenae
安尼奧
Anio
提布爾
Tibur
迦貝伊
Gabii
ROME
羅馬
普雷尼斯特
Praeneste
司庫魯姆
Tusculum
阿爾巴隆加(?)
?Alba Longa
阿爾本山
Alban Hills
Aricia
阿瑞奇亞
奧斯提亞
Ostia
LATIUM
拉丁姆
Lavinium
拉維尼溫
Ardea
阿狄亞
薩特瑞肯
Satricum
安提姆
Antium
Tyrrhenian Sea
第勒尼安海
沃爾斯奇
VOLSCI
Tarracina
泰拉奇納
Circeii
奇爾切奧
0 10 20 30 40 公里
0 10 20 30 里

1. 早期羅馬及其鄰國

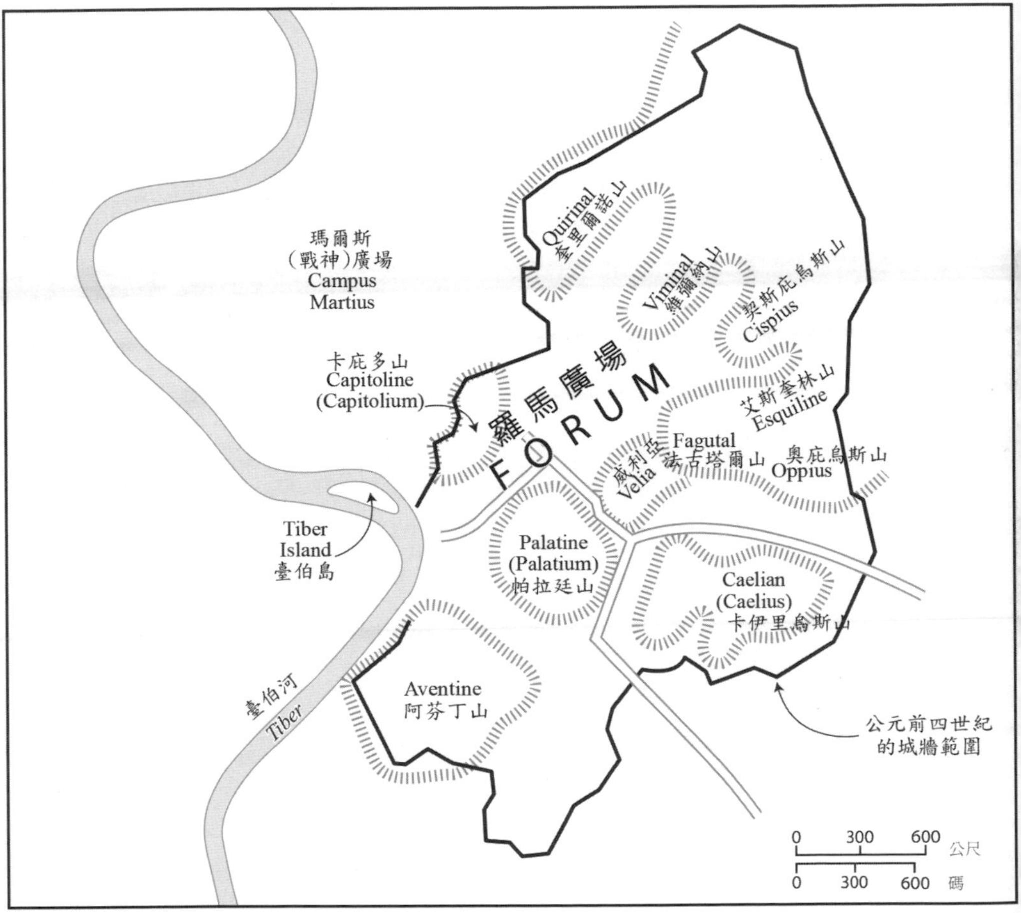
瑪爾斯
(戰神)廣場
Campus
Martius
Quirinal
奎里爾諾山
Viminal
維彌納山
契斯庇烏斯山
Cispius
卡庇多山
Capitoline
(Capitolium)
羅馬廣場
FORUM
艾斯奎林山
Esquiline
威利亞
Velia
Fagutal
法古塔爾山
奧庇烏斯山
Oppius
Tiber
Island
臺伯島
Palatine
(Palatium)
帕拉廷山
Caelian
(Caelius)
卡伊里烏斯山
臺伯河
Tiber
Aventine
阿芬丁山
公元前四世紀
的城牆範圍
0 300 600 公尺
0 300 600 碼

2. 羅馬位址

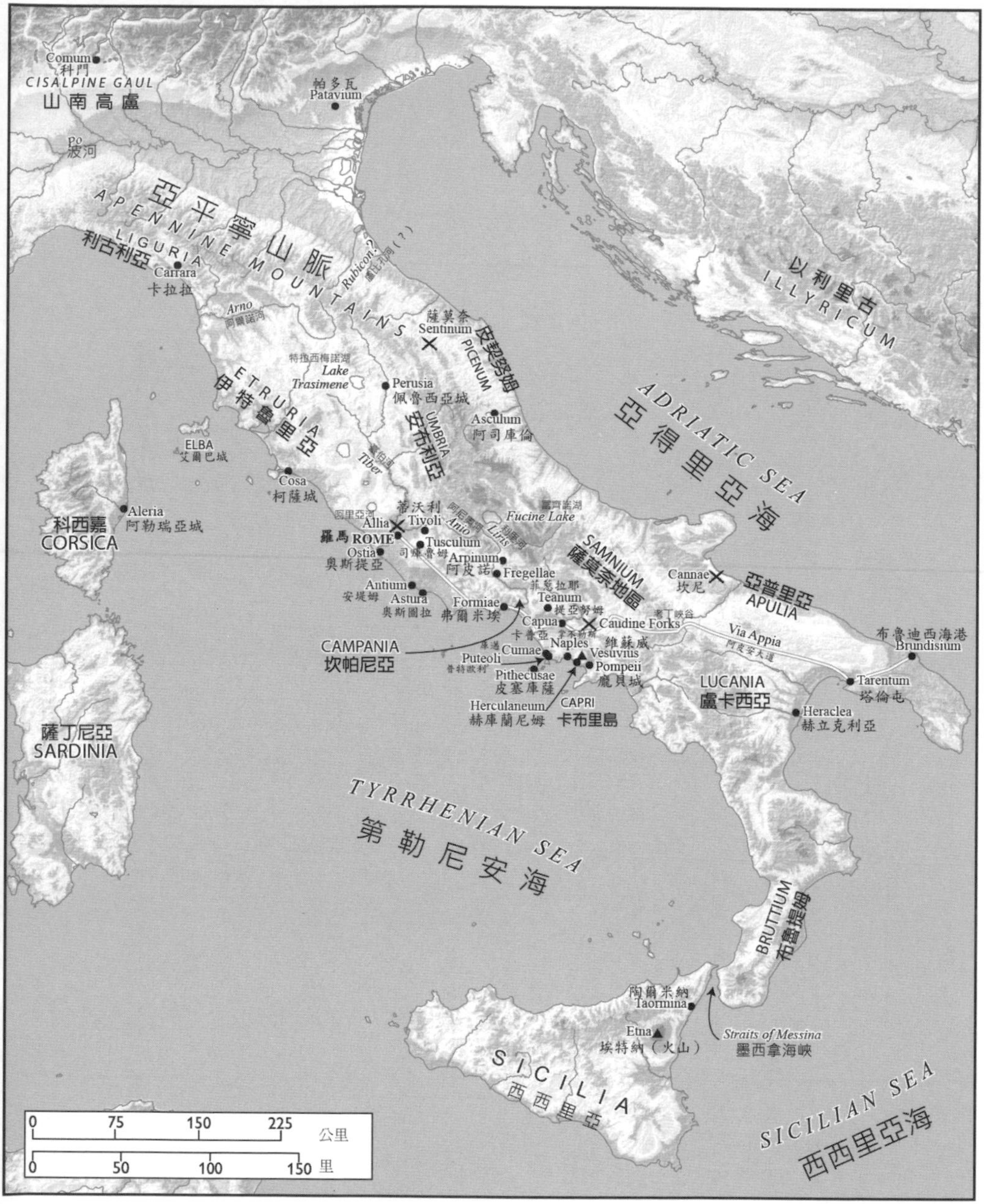

Comum
科門
CISALPINE GAUL
山南高盧
帕多瓦
Patavium
Po
波河
亞平寧山脈
APENNINE MOUNTAINS
LIGURIA
利古利亞
Carrara
卡拉拉
Arno
阿爾諾河
Rubicon?
盧比孔河（?）
薩莫奈
Sentinum
皮契努姆
PICENUM
以利里古
ILLYRICUM
特拉西梅諾湖
Lake Trasimene
Perusia
佩魯西亞城
ETRURIA
伊特魯里亞
UMBRIA
安布利亞
Asculum
阿司庫倫
ADRIATIC SEA
亞得里亞海
ELBA
艾爾巴城
Tiber
Cosa
柯薩城
Aleria
阿勒瑞亞城
科西嘉
CORSICA
蒂沃利
Allia
Tivoli
Anio
Liris
Fucine Lake
羅馬 ROME
Tusculum
司庫魯姆
Ostia
奧斯提亞
Arpinum
阿皮諾
Fregellae
菲慈拉耶
SAMNIUM
薩莫奈地區
Cannae
坎尼
亞普里亞
APULIA
Antium
安堤姆
Astura
奧斯圖拉
Formiae
弗爾米埃
Teanum
提亞努姆
Capua
卡普亞
Caudine Forks
維蘇威
Via Appia
阿皮安大道
布魯迪西海港
Brundisium
CAMPANIA
坎帕尼亞
Puteoli
Cumae
Naples
Vesuvius
Pompeii
龐貝城
Pithecusae
皮塞庫薩
Herculaneum
赫庫蘭尼姆
CAPRI
卡布里島
LUCANIA
盧卡西亞
Tarentum
塔倫屯
Heraclea
赫立克利亞
薩丁尼亞
SARDINIA
TYRRHENIAN SEA
第勒尼安海
BRUTTIUM
布魯提姆
陶爾米納
Taormina
Etna
埃特納（火山）
Straits of Messina
墨西拿海峽
SICILIA
西西里亞
SICILIAN SEA
西西里亞海
0 75 150 225 公里
0 50 100 150 里

3. 羅馬在義大利半島

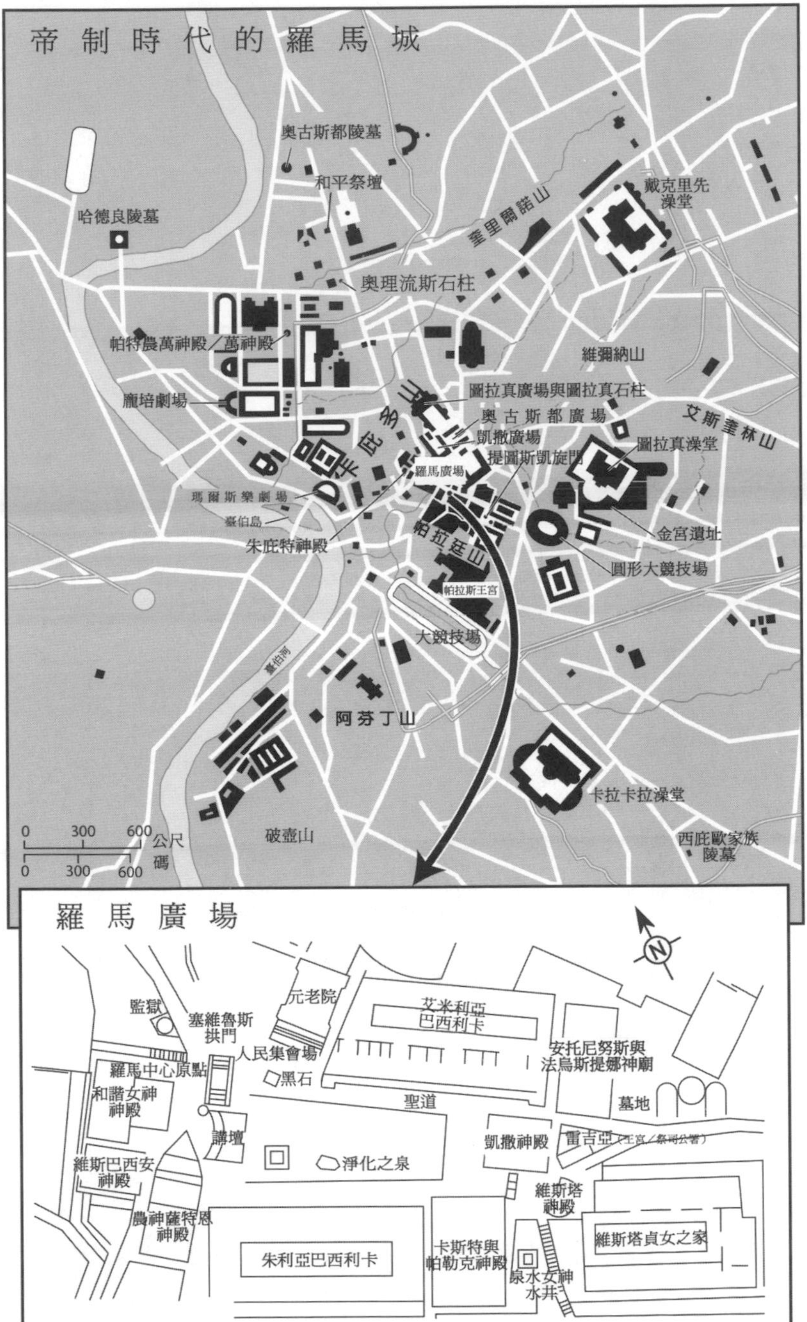
帝制時代的羅馬城
奧古斯都陵墓
和平祭壇
哈德良陵墓
奎里爾諾山
戴克里先
澡堂
奧理流斯石柱
帕特農萬神殿
萬神殿
維彌納山
龐培劇場
圖拉真廣場與圖拉真石柱
奧古斯都廣場
艾斯奎林山
凱撒廣場
圖拉真澡堂
提圖斯凱旋門
羅馬廣場
卡庇多山
瑪爾斯樂劇場
臺伯島
金宮遺址
朱庇特神殿
帕拉廷山
圓形大競技場
帕拉斯王宮
大競技場
臺伯河
阿芬丁山
卡拉卡拉澡堂
0
300
600
公尺
碼
0
300
600
破壺山
西庇歐家族
陵墓
羅馬廣場
N
元老院
艾米利亞
巴西利卡
監獄
塞維魯斯
拱門
人民集會場
安托尼努斯與
法烏斯提娜神廟
羅馬中心原點
黑石
和諧女神
神殿
聖道
墓地
講壇
凱撒神殿
雷吉亞
淨化之泉
維斯巴西安
神殿
維斯塔
神殿
農神薩特恩
神殿
維斯塔貞女之家
朱利亞巴西利卡
卡斯特與
帕勒克神殿
泉水女神
水井

4. 帝制時代的羅馬城

裏海
克里米亞
CRIMEA
達西亞
DACIA
黑海
多瑙河
Danube
亞美尼亞
ARMENIA
默西亞
MOESIA
Odessus
奧底修斯
比提尼亞
BITHYNIA
PONTUS
彭圖斯
瑟雷斯
THRACE
加拉大
GALATIA
君士坦丁堡
Constantinople
尼科米底亞
Nicomedia
底格里斯河
Tigris
菲利比
Philippi
Abdera
阿布德拉城
Nicaea
尼西亞
Ankyra
安哥拉
美索不達米亞
MESOPOTAMIA
MACEDON
馬其頓
PARTHIA
帕提亞
Edessa
埃澤薩
Carrhae
卡爾哈
Troy特洛伊
西里西亞
CILICIA
THESSALY
瑟薩利
Pergamum
婆格門
亞細亞
ASIA
萊斯沃斯島
LESBOS
Pharsalus
法爾沙魯
希拉波莉斯
Hierapolis
敘利亞
SYRIA
Euphrates
幼發拉底河
奇歐島
CHIOS
Teos
提奧斯
Aphrodisias
阿芙羅迪西亞
阿斯班度斯
Aspendus
Antioch
安提阿
Delphi
德爾斐
Athens
雅典
SAMOS
薩摩斯島
Ephesus
以弗所
Halicarnassus
哈利卡納斯
Emesa
伊梅沙
Corinth
科林斯
DELOS
迪洛斯島
Caunos
考諾斯
Salamis
薩拉米亞
Palmyra
帕爾米拉
Sparta
斯巴達
Cnidos
克尼多斯
Gytheum
吉雄
RHODES
羅得島
賽達
Sidon
大馬士革
Damascus
PELOPONNESE
伯羅奔尼撒半島
ANTIKYTHERA
安提基特拉島
CRETE
克里特島
CYPRUS
賽浦路斯
Tyre
泰爾
猶地亞
JUDAEA
Jerusalem
耶路撒冷
死海
地中海
Masada
馬薩大
Petra
佩特拉
阿拉伯
ARABIA
Cyrene
昔蘭尼
Alexandria
亞歷山卓
西奈半島
SINAI
尼羅河
Nile
EGYPT
埃及
克勞狄斯山
Mons Claudianus
Dendera
丹德拉
紅海

喀里多尼亞（今蘇格蘭）
CALEDONIA
哈德良城牆
Hadrian's Wall
阿爾貝亞
Arbeia
Vindolanda
文德蘭達
海貝尼亞（今愛爾蘭）
HIBERNIA
Eburacum
伊布拉坎
維利康姆
Viriconium
不列顛
BRITANNIA
科爾切斯特
Colchester
Bath (Aquae Sulis)
巴斯（蘇利斯聖泉）
London
倫敦
Fishbourne
費斯本
Chichester
奇切斯特
英吉利海峽
條頓堡森林
Teutoburg Forest
易北河
Elbe
GERMANIA
日耳曼
萊茵河
Rhine
Waldgirmes
華德基爾梅斯
多瑙河
Danube
拉埃提亞
RAETIA
Vindobona
文多柏納
NORICUM
諾里庫姆
大西洋
GAUL
高盧
ALPS
阿爾卑斯山
阿奎萊亞
Aquileia
PANNONIA
潘諾尼亞
以利里
ILLYRICU
Rhône
隆河
Po
波河
拉文納
Ravenna
拉葛勞法辛考古遺址
La Graufesenque
Salona
索羅納
義大利亞
ITALIA
亞得里亞
Massilia
(Marseilles)
馬西利亞（馬賽）
埃布羅河
Ebro
伊斯班尼亞（今西班牙）
HISPANIA
科西嘉島
CORSICA
ROME
羅馬
Brundisiu
布魯迪西海港
盧西塔尼亞
LUSITANIA
Tarraco
塔拉戈納
Emerita Augusta
奧古斯都殖民區
撒丁尼亞島
SARDINIA
Corduba
科多巴
Baetis
巴伊提斯河
Italica
義大利加
Balearic Islands
巴利阿里群島
西西里亞
SICILIA
Carteia
卡爾提伊亞
迦太基
Carthage
帝地斯
Tiddis
Utica
優提卡
Zama
扎瑪
Syracuse
敘拉古
NUMIDIA
努米狄亞
Timgad
提姆加德
MAURETANIA
毛里塔尼亞
大萊普提斯
Leptis Magna
AFRICA
阿非利加
撒哈拉沙漠
戰役
0
200
400
600
公里
0
100
200
300
里
5. 羅馬世界圖

序

羅馬的歷史

古羅馬很重要。如果我們忽視羅馬人，我們所忽視的，就不僅僅只是遙遠的過去而已。上至崇高深奧的理論，下達粗淺通俗的喜劇，羅馬在許多層面仍然有助於我們了解現代世界的運作，仍然有助於我們了解自己。歷經了兩千多年，羅馬至今還是西方文化和政治的基礎；我們書寫與觀看這世界的角度，還有我們在這世界上的生存方式都還深深受到羅馬的影響。

西元前四四年，在古羅馬曆的三月望日這一天，凱撒（Julius Caesar）遇刺身亡。從這一天起，這起謀殺案在後世就逐漸變成刺殺暴君的樣板，或者成為某種令人覺得尷尬的藉口。羅馬帝國的領土分布形態構成了今日歐洲以及歐洲以外的政治地理版圖。倫敦之所以成為大英帝國的首都，主要的理由只是因為羅馬人把倫敦劃為布列塔尼亞（Britannia）行省的首府——在他們眼中，這是一個極其危險與遙遠的行省，坐落在圍繞文明世界的「大海」之外。羅馬留給我們許多概念，既提到自由與人民，也涉及帝國之開發拓展，當中且附帶一整套現代政治的語言，例如「參議員」到「獨裁者」皆是。此外，羅馬還借給我們許多流行的成語，例如「提防帶禮物上門的希臘人」（fearing Greeks bearing gifts）、「麵包和馬戲」（bread and circuses）、「彈琴坐觀羅馬焚落」（fiddling while Rome burns），甚至連「有生命就有希望」（where there’s life there’s hope）都是羅馬人的成語。時至今日，羅馬仍然為我們帶來程度大抵相同的歡笑、敬畏、恐懼；格鬥士的競技表演在當年是深受歡迎的娛樂活動，現在也依然是票房冠軍。二十世紀閱讀《伊尼亞德》（*Aeneid*）的讀者，其人數顯然比西元一世紀多。

話雖如此，古羅馬史的研究在過去五十多年來產生了極大的變化，而且這種變化之大，恐怕更甚過去兩百五十年之間的變化幅度。兩百五十多年前，吉朋（Edward Gibbon）以極具個人風格的歷史研究寫下了《羅馬帝國衰亡史》（*The Decline and Fall of the Roman Empire*），從此開啟了英語世界對羅馬史的現代研究。最近這五十年比過去兩百五十年產生的變化更多，其原因很多；一部分是因為我們採用新的方式去檢視舊的史料，並對舊的史料提出不一樣的問題。如果說我們是比前人更為優秀的史學家，這當然是個危險的錯誤想法。我們並不是。不過，我們帶著許多和前人不同的重點去接觸羅馬的歷史——包括性別認同到食物供應等問題，而這種不一樣的提問角度讓遙遠的過去以新的語彙對我們說話。

除了提問的角度不同，最近一連串驚人的考古新發現也是部分原因；從土裡、海底，甚至某座圖書館隱密的角落，來自古代世界的新鮮事物紛紛湧現。由於這些新近出土的發現，我們今日對古羅馬的了解，遠遠多於任何之前的現代史家。西元二〇〇五年，希臘的一座修道院出現了一份羅馬醫生寫的動人手稿，描述他畢生珍愛的財寶如何在一場大火中付之一炬。今日我們有許多從海底打撈上來的地中海沉船，這些船在航向羅馬的中途沉入大海，船上滿載著本來要賣給羅馬富有人家的異國雕像、家具、玻璃器皿，還有許多當年羅馬人民的常備食材：葡萄酒和橄欖油。就在我寫這本書的時候，考古科學家正小心翼翼地檢驗從格陵蘭（Greenland）冰冠上採集到的微量證據，尋找羅馬工業所造成的污染證據——沒錯，即使在羅馬時代，污染問題早就已經存在了。其他科學家則忙著檢驗取自義大利南部赫庫蘭尼姆（Herculaneum）一座糞池的樣本。透過顯微鏡，他們觀察羅馬時代的人類排泄物，列出羅馬人日常的飲食清單，看看羅馬人平常吃下肚再透過消化腸道排出來的究竟是哪些東西。部分的答案是：羅馬人吃了很多蛋和海膽。

從古到今，一直都有人提筆重寫羅馬史，現在也依然如是。就某些方面來說，今日的我們比羅馬人自己更了解古羅馬。換句話說，羅馬的歷史是一部仍在書寫中的作品。我這本書是這個龐大的書寫計畫的部分貢獻。我在這裡提出我的看法，嘗試說明為何羅馬史重要。我的書名取自另一個流行的拉丁文片語：Senatus PopulusQue Romanus，意思是「元老院與羅馬公民」。本書的寫作來自我個人對羅馬史的好奇，也來自於我的信念：時至今日，與古羅馬展開對話仍然是值得一做的事。這本書也來自我的一個提問：為何位於義大利中部一個不起眼的小小村鎮，後來竟發展成巨大的強權，統治的領土竟橫跨了三大洲。

這是一本關於羅馬如何崛起與如何長久維持統治力量，不是關於羅馬如何衰落與滅亡的書——如果羅馬確實曾如吉朋所想像的，曾經滅亡的話。我們有許多方式給羅馬史建構一個合宜的結尾：有的史家選擇西元三三七年作為結尾，因為那年君士坦丁（Constantine）大帝在病榻上改宗，信了基督教；有的羅馬史家選擇西元四一〇年——這一年，阿拉里克（Alaric）帶著西哥德人（Visigoths）入侵羅馬，把羅馬城洗劫一空。我的羅馬史則終止於西元二一二年，因為這一年卡拉卡拉（Caracalla）皇帝把羅馬公民這一身分賜給帝國境內所有自由民，從此消弭了征服者與被征服者之間的差異，完成了一項打從一千年前就已經開始的工程：拓展羅馬公民的各種權利和特權。

話雖如此，我的羅馬史並不純然是一部仰慕之作。古典世界——不論羅馬還是希臘——都有許多值得我們投注心力之處；我們的世界會變得非常貧乏——無可衡量地貧乏，如果我們不持續與希臘羅馬的世界保持互動。不過，仰慕是另一回事。小時候，我一聽到大人談起「偉大的」羅馬征服者，或者「偉大的」羅馬帝國，我都會覺得很生氣。我一直都試著學習從另一個面向來了解所有事情。

事實上，這部書大膽地面對了某些我和其他人從小聽到大的神話或虛實參半的故事。首先，羅馬人並未一開始就擬好征服世界的偉大計畫，即使後來他們確實使用這類例如「上天注定」的修辭來誇耀他們建立的帝國。然而他們當初之所以把軍事力量擴張到地中海世界，乃至拓展到地中海以外的地區，其原初的動機至今依然是個歷史大謎。再者，羅馬軍團在開疆拓土之時，他們並未無緣無故、沒有來由且殘忍地侵犯那些平靜和諧地過著自己的生活的無辜老百姓。羅馬人贏得勝利的手段殘暴無比，這是毫無疑問的；凱撒之征服高盧人，當時就曾被羅馬人以「族群屠殺」這類字眼予以批評，而且這些批評也並不是不公平的。但是羅馬的勢力擴張，其所征服之地本身也並不是那種安居樂業，和平共處的社群。相反的，那是一個個彼此敵對，背後各自擁有軍事力量支持的地方暴力團體（當時真的就只有這種支持方式），還有一個個小小的迷你帝國。換言之，羅馬的敵人大部分都跟羅馬人一樣崇尚軍國主義，差別只在於羅馬的敵人並未打贏羅馬。這其中的原因很多，我會在本書嘗試加以闡釋。

羅馬並不僅僅只是古典希臘凶暴的年輕弟兄，只知致力於工程建設、追求軍事效率和專制政體；而希臘人則偏好知性探索、愛好戲劇、追求民主。其實羅馬並非總是如此。這樣的區分當然很方便，某些羅馬人自己假裝他們就是那樣，許多現代史家也覺得這種二分法很方便，並以這種方式來呈現古典世界這兩個極其不同的文化。然而這種簡單的區分，其實不管對羅馬還是對希臘都是一種誤導。許多希臘城邦國家就跟羅馬一樣，他們也很喜歡贏得戰場上的勝利，而且這些城邦國家當中，大部分都與曇花一現的雅典民主試驗毫無關聯。羅馬人也不只是一介勇夫，只知沒頭沒腦地支持帝國主義。差得遠了。事實上，羅馬史上出了好幾位自古以來批判帝國主義最不容情的作家。「他們創造了廢墟，卻稱之為和平」——這句話已經成為一個口號，至今仍然常被用來譴責軍事的征伐。這句話是羅馬史家塔西佗（Tacitus）在西元二世紀所寫的，他當時譴責的是羅馬在不列顛的軍事征伐。

羅馬史的研究是一大挑戰。單一的羅馬史並不存在，尤其當羅馬的世界已經遠遠擴展到義大利以外的地區之後。羅馬史並不等於羅馬統治下的不列顛史，或羅馬統治下的阿非利加史。本書的焦點大部分放在羅馬城以及已經羅馬化的義大利地區。但我也將嘗試用一個由外往內的視角觀察羅馬，亦即研究那些住在帝國較為廣大區域的人民，例如士兵、叛徒或那些充滿野心的通敵者的觀點。我認為各個時期不同，需要個別為之撰寫不同的歷史。羅馬最早期的歷史，還有羅馬在西元前四世紀開始逐漸向外擴張，乃至於漸漸從小村莊發展成義大利半島主要的政治玩家——這一整段時間裡，當時的羅馬人並未留下任何片言隻語的紀事。要書寫這段時期的歷史，我們必須大膽地加以重構，要書寫這段時期的歷史，我們必須大膽地加以重構，亦即我們必須很努力地從許多個別的證據——某陶器的一塊碎片或幾個刻在石碑上的字母——盡其所能地擠出一段紀事。距此段時期不過三百年，羅馬史的這個問題已經出現大逆轉：如今有大量考古證據出土。如何釐清那些可能會危及清晰的紀事、彼此相互矛盾又數量龐大的考古資料，於是成為現代史家必須面對的問題。

羅馬史的研究也要求我們培養一種特定的想像力。就某些方面來說，在二十一世紀探索古羅馬史就像走在一條繃緊的繩索上，你必須時時努力保持平衡。如果你往一邊看，每件事看來似乎都很熟悉，令人覺得寬慰：這裡有對話正在進行，我們幾乎隨時都可以加入討論，大談那些關於自由，關於性愛的種種；這裡有我們熟悉的建築物和紀念碑，還有我們可以理解的家庭生活，例如那些令人煩惱的青少年問題；這裡還有許多我們可以「了解」的笑話。不過，假如你看向另一邊，你將會看到一個完全陌生的世界。那裡有的，不僅只是奴隸問題、髒亂問題（古羅馬並沒有收集垃圾這樣的機制存在）、圓形競技場裡的殺人遊戲、各種致命的疾病（這些疾病的療法我們今日已經視為理所當然），那裡還有被丟棄在垃圾堆裡的新生兒、兒童新娘、趾高氣揚的閹割祭司。

這就是我們即將要去探索的世界。我們將從羅馬史的一個特定時刻開始。對於這一特定時刻，羅馬人從來不曾停止對之進行苦思冥想，現代作家（包括歷史學家到劇作家）也從來不曾停止對之進行論辯。這一時刻提供了最好的導引，除了能夠藉以說明古羅馬的某些重要特質，顯示羅馬人對其過去的豐富討論之外，我們還可藉這一時刻展現我們是如何持續書寫羅馬，如何嘗試理解羅馬的種種。與此同時，我們也可藉此說明為何羅馬史、羅馬的元老院和人民至今依然十分重要的原因。

第一章

西塞羅最輝煌的時光

西元前六三年：元老院和羅馬人民

我們這部古羅馬史從西元前一世紀中葉開始，此時距離羅馬建城已經超過六百多年。本書一開始，我們會看到革命者許下的種種承諾、摧毀羅馬的恐怖陰謀、祕密進行的各種地下活動、慷慨激昂的公開演說、羅馬人與羅馬人之間的戰鬥。我們也會看到一大群市民遭受拘捕，立即處以死刑（不管有罪無罪），只因為國家的安全受到威脅。這一年是西元前六三年。這一年，羅馬城出現兩個立場對峙的歷史人物，一個是卡提林（Catiline/Lucius Sergius Catilina），另一個是西塞羅（Marcus Tullius Cicero）。卡提林是個滿懷怨懟且瀕臨破產的貴族，據說他設計了一項陰謀，企圖謀害羅馬人民選出來的官員，並且還要把羅馬城燒了——並在這過程中將所有人的債務全部歸零，不論貧富。西塞羅是個著名的演說家、哲學家、祭司、詩人、機智之人與名嘴。他說話風趣，非常擅長講故事。他也是卡提林預計要謀殺的官員之一，只是後來他幸運逃過這次謀殺。經歷這場對峙與逃過這次劫難之後，自此他就不時運用他的演講天賦，到處誇耀他是如何揭穿卡提林的陰謀，還有他是如何因此救了他的國家。這是他生命中最輝煌的一刻。

西元前六三年，羅馬是個面積廣大，人口超過百萬的大都市，遠比十九世紀以前任何一個歐洲都市都要龐大。雖然那時羅馬還沒出現皇帝，可是羅馬當時統治的國土幅員廣大，版圖從西班牙延伸到敘利亞，從法國南部一路延伸到撒哈拉大沙漠。這個時代的羅馬是個複雜的大城，奢華與髒亂、自由與剝削、市民的驕傲與殺氣騰騰的內戰匯聚一處，同陳並列。不過，接下來的數章中，我們將會回到比西元前六三年更早的時代，亦即回到羅馬人的源頭，檢視羅馬人最初的作為——不論這些是來自戰爭與否。我們會討論羅馬人早期的故事，例如「羅慕勒斯與雷穆斯」（Romulus and Remus）的傳說，或「盧奎西雅的強暴事件」（The Rape of Lucretia）。我們要追問這些故事為何今日還會引起我們的共鳴？到底這些故事的背後隱藏了什麼特質？我們將會提出許多打從古典時代起，史家就一再追問的問題：到底這個坐落在義大利中部的平凡小鎮是如何在古代的地中海地區崛起？到底這座小鎮為何能夠遠遠超越其他城鎮，搖身變成如此龐大的帝國，控制面積如此廣大的領土？羅馬人究竟有何特殊之處？如果他們有任何特殊之處的話。不過，如果我們要談羅馬的歷史，回到故事的最開端卻沒有任何意義。

只有等到西元前一世紀，我們才能開始探索羅馬，才能透過當時羅馬人的眼睛，近距離且鉅細靡遺地研究羅馬，因為這段時期有許多文字資料保存下來：從私人信函到公開演說稿，從哲學論著到詩歌創作（史詩和情色詩歌），從學術論著到街頭巷議，可謂琳琅滿目，應有盡有。多虧這些資料，我們現在仍然可以跟著羅馬主要政治人物的腳步，了解他們日常行程裡的運籌帷幄；我們還能偷聽到他們的談判，了解他們的交易；我們也可以窺見他們從背後捅人一刀的手段，不論那是真刀還是比喻意義上的刀；我們甚至可以一嘗他們私人生活的滋味：夫妻吵架、錢財調度問題、失去子女的悲痛——偶爾我們也會看到他們為了心愛奴隸之死而傷心欲絕。這也是西方歷史第一次出現如此豐富、如此繁多史料的時期，讓我們可以如此詳細、如此親近地了解與研究他們。古代雅典並未留下這麼豐富、種類這麼繁多的史料。我們差不多要等個一千多年後，才能在文藝復興時代的佛羅倫斯，再次找到另一個擁有大量史料，讓我們可以如此鉅細靡遺地加以研究的時期。

再者，羅馬人也是在西元前一世紀才開始有系統地研究他們的城市，探討羅馬過去數百年來的傳說故事。當然，在這之前也有人曾對羅馬的過去感到好奇，例如我們現在還能讀到西元前二世紀中期，一個住在羅馬的希臘人所寫的文章，分析羅馬如何崛起。但是一直要等到西元前一世紀，羅馬的學者和批評家才開始提出我們現在也還在提問的歷史問題。他們藉由學術的研究與創造性的推測，串起一部早期的羅馬史。這個版本我們至今仍在使用。我們仍然可以透過西元前一世紀的羅馬人的眼睛來看羅馬的歷史——至少一部分的歷史；換句話說，羅馬的「歷史」——猶如我們今日所了解的「歷史」——是從這裡開始的。

西元前六三年是西元前一世紀這一百年中最重要也最充滿意義的一年。這一年，羅馬城風雨飄搖，禍患幾乎一觸即發。在本書即將探討的一千多年裡，羅馬城也曾遇到許多次來自外界的威脅，經歷過許多次戰敗。舉例而言，西元前三九〇年，流竄的高盧人占領了羅馬，把羅馬城洗劫一空。西元前二一八年，迦太基將領漢尼拔（Hannibal）率領軍隊和三十七頭大象，越過阿爾卑斯山來攻打羅馬；羅馬人雖然最後想辦法擊退漢尼拔，但是他們自己也傷亡纍纍。西元前二一六年坎尼戰役（Battle of Cannae）爆發，羅馬人估計一個下午的傷亡人數就高達七萬人；這一役幾乎與蓋茲堡（Gettysburg）之役，或索姆河（Somme）戰役第一天的戰況同樣慘烈，或許更為慘烈。另一件同樣讓羅馬人心驚膽跳的事件發生在西元前七〇年代，一群倉促聚集的前格鬥士和逃犯在斯巴達克斯（Spartacus）的率領之下，把訓練不足的羅馬軍團打得潰不成軍——這是羅馬人始料未及之事。我們向來認為羅馬人勇猛善戰，天下無敵，羅馬人自己也喜歡這麼想，但是事實不然。前述戰役皆屬外患，但西元前六三年這一年，他們要面對的敵人並非來自外界，而是來自內部；換言之，這一年他們要面對的恐怖危機來自羅馬政治的核心。

我們今日仍然可以詳細描繪這場危機的發展軌跡，追蹤每一日的發展，有時甚至可以追蹤每一小時的動態。我們確切知道大部分事件的發生地點，而且那一年事發的幾個重要地點今日依然存在。我們可以追蹤西塞羅的調查行動，了解他如何取得資訊，我們也還可以看到卡提林是如何被逼出羅馬城，加入臨時聚集在羅馬城北的軍隊，並看到他如何與

圖1　檔案館（*Tabularium*）厚實的拱門和圓柱嵌入米開朗基羅設計的宮殿下方，矗立在羅馬廣場一端，至今仍是羅馬重要的地標。這棟建築物是在西元前63年，亦即西塞羅當上執政官的數十年前建立的，顯然是當時最了不起的其中一棟建築。建築的目的不太清楚，看來應該是某種公共建築，但不一定就是目前人們通常認定的檔案館或「資料保存中心」。

羅馬軍團戰鬥，最後賠上性命。我們也得以一窺這場危機所引起的各種爭論、衝突以及其他更大的問題。即使到了今日，這場危機所引發的許多問題仍有待討論。西塞羅處理這場危機的強硬姿態——包括未經審判就執行的死刑，展現了某些至今仍然讓我們感到不安的議題，例如未經法律的正當程序就把「恐怖分子」予以剷除，這樣的行為合法嗎？為了保護國土的安全，人民的權利該犧牲到什麼地步？羅馬人自己從來不曾停止論辯，探討我們今日稱為「卡提林的陰謀」（The Conspiracy of Catiline）所衍生的種種問題。卡提林真的是一個徹底的壞人嗎？或者他的所作所為有可以被減刑的理由？要付出什麼代價，才能避免發生革命？西元前六三年發生的事件，以及從這些事件衍生的流行話語至今仍然在西方的歷史裡產生回響。這起陰謀曝光之後，兩造論爭所提出來的某些語詞，今日仍在我們的政治修辭裡占有一席之地。誠如我們接下來將會看到的，那些語詞依舊大量出現在現代政治抗爭活動中，例如出現在海報、旗幟或者甚至在推特的發文裡。

姑且先不論對與錯，「陰謀」這起事件帶我們來到西元前一世紀羅馬政治生活的最中心，讓我們看到在這個中心醞釀著的各種慣例、爭論和衝突。我們也藉此得以一窺元老院（Senate）和羅馬人民（Roman People）這兩個團體的運作——我的書名SPQR（*Senatus Populus Que Romanus*）就源自這兩個政治團體。這兩個團體有時各自獨立，有時候勢不兩立，但是兩者都是西元前一世紀羅馬最主要的政治力量的源頭。這兩者加在一起，形成一個簡潔的口號，代表羅馬城邦合法的政治力量。這個口號貫穿整部羅馬史，甚至到了二十一世紀的今日，我們仍可在義大利看到其身影。擴大一點來說，減去了「羅馬人民」的元老院把這個名字借給了當今全球的現代立法機構，包括美國到盧安達皆有這樣的團體。

同時涉入這場危機的，還有幾位羅馬史上最赫赫有名的人物。凱撒當時年約三十來歲，在討論如何處理陰謀者時，他提出了一個別開生面的建議。羅馬財閥克拉蘇（Marcus Licinius Crassus）選擇留在這場危機的幕後，扮演了一個神祕的角色；他有一句名言，即人要有足夠的現金組織私人軍隊，這人才可算是有錢人。不過，這場危機的中心人物是卡提林的主要對手西塞羅。西塞羅可能是整段西方古代史裡最知名的人物；他的演講稿、文章、書信、笑話、詩歌到現在仍在持續大量印刷。在他之後，我們還要再等四百五十年，一直等到基督教聖人奧古斯丁（Augustine）出現之後，古代世界才會出現另一個名人。奧古斯丁是個著述豐富的神學家，熱切的自省者——其生平在公私兩方面都有保存得夠好而且夠詳細的紀錄，因而可以用現

圖2　SPQR這個字首縮寫詞今日依然遍布羅馬街頭巷尾，幾乎在所有東西——從人孔蓋到垃圾桶等——都可見到其身影。SPQR可追溯到西塞羅的時代，是史上最悠久的一個字首縮寫詞。可想而知，這個縮寫詞招引了許多模擬。其中義大利人最喜愛的一個是：**S**ono **P**azzi **Q**uesti **R**omani，亦即「羅馬人都是瘋子」。

代的方式來建構一部合理的傳記。回到西元前一世紀。其實我們主要是透過西塞羅的眼睛，還有透過他個人的偏見來看這個世紀的羅馬和羅馬城大部分的歷史。西元前六三年這一年也是西塞羅的事業的轉捩點，因為自此之後，他的境遇再也不曾像這一年這麼美好了。二十年後，他的政治生涯以失敗告終。不過，他始終對自己的影響力保有信心，偶爾也還是有人會提到他，但是他已經從舞臺前方退居幕後。西元前四四年凱撒遇刺身亡之後，羅馬發生內亂，西塞羅亦在這場內亂中被殺。他的頭和右手被割下來，釘在羅馬市中心，供所有人觀看、糟蹋、破壞。

西塞羅的慘死是個預告：西元前一世紀還有另一場更大的革命即將到來。這場革命的形式以人民的政治力量展開（即使那並不是確實的「民主」），終結於獨裁者登上王位，羅馬亦從此成為一人統治的專制政體。西元前六三年西塞羅雖然可能「救了國家」，但是事實是：在這之後，他所了解的那種國家形式並未持續多久。當時羅馬還有另一場革命正在醞釀，而且這場革命遠比卡提林的革命更為成功。在「元老院與羅馬人民」之間，很快就會加入「皇帝」這個獨行專斷的角色。這個角色此後將會被編入許多獨裁者的行列，構成西方歷史的一部分，幾個世紀以來備受人們奉承、辱罵、服從與忽略。不過這是本書稍後才要敘述的故事。現在讓我們來看這一段羅馬史裡最令人難忘、最為重要也最發人深省的時刻。

西塞羅與卡提林的對峙

西塞羅與卡提林之間的衝突，有部分源自政治思想和政治野心的差異，有部分則是背景不同的政治人物之間的鬥爭。這兩人都站在羅馬政治的最頂端，或非常接近頂端，不過兩人之間的相似之處也僅止於此而已。事實上，兩人截然不同的仕途生涯提供一個鮮明的例證，顯示西元前一世紀羅馬人的政治生活是如此豐富，如此充滿多樣性。

卡提林這位本來打算發動革命的政治家，他比西塞羅擁有一個更傳統，更有特權也顯然更為平順的事業，生活上是如此，政治生涯亦然。他來自一個顯赫的古老世家，其家族系譜可以上溯到好幾個世紀之前，甚至到羅馬傳奇的建國時期。據說特洛依戰爭結束後，他的祖先賽吉圖斯（Sergestus）跟隨伊尼亞斯（Aeneas）從東方逃到義大利，當時羅馬尚未存在。他的許多擁有貴族血統的祖先當中，他的曾祖父是對抗漢尼拔的羅馬英雄之一。他這位曾祖父聲名遠播還有另一個原因：他是第一個戴著義肢上戰場的英雄——所謂義肢，可能只是一個金屬鉤子，用來取代他之前在戰場上失去的右手。至於卡提林自己，他早年的事業頗為成功，也曾幾度選上低階公職人員。但是到了西元前六三年，他的財務狀況極差，幾乎瀕臨破產。同時他也背負了好幾項罪名，包括殺害第一任妻子和親生兒子。據說他還與貞女祭司有染。不過，儘管這幾項罪名的代價高昂，他的財務會出問題，部分原因是他兩度試圖參加執政官——羅馬最有權勢的政治職位——的競選。

在羅馬，參加競選是一件很花錢的事。到了西元前一世紀，要參加競選，參選者必須非常慷慨大方，用力撒錢，有時簡直到了與行賄難以區分的地步。沒錯，競選的賭注很高，不過選上的人可以藉助工作上的種種好處，回收他們之前付出的開支，不管合法或不合法。落選的人也很多，就像軍事上的戰敗者也很多一樣，只是通常我們不太會注意他們。在羅馬，落選者往往最後會變得越來越沒錢，越來越債臺高築。

這就是卡提林在西元前六四年與西元前六三年的狀況；他在這兩年兩度參加競選，兩度落敗，情況十分不樂觀。雖然一般的說法是，他在這之前本來已經有走向革命的傾向，不過他現在幾乎已經沒有任何選擇，只得訴諸「革命」或「直接行動」或「恐怖行動」——隨便你選用哪個名詞都好——的途徑來解決問題。他與其他同樣身處困境，同樣來自上層階級的亡命之徒聯手，同時他也尋求羅馬城內不滿的窮人的支持，另一方面又在羅馬城外集結臨時軍隊。他不斷許下一連串解除債務的承諾（在羅馬地主階級的眼裡，這是激進主義者其中一個最卑鄙的面向），也不斷出言威脅說要除去主要的政治人物，最後還說要把羅馬城一把火燒了。

至少這是西塞羅對卡提林的動機和目的的了解。西塞羅相信他自己也在卡提林意欲剷除的名單上。西塞羅的出身與卡提林截然不同。就像當時其他高階政治人物一樣，西塞羅來自富裕的地主家庭。他出生在一個名叫阿皮諾（Arpinum）的小鎮，距離首都羅馬城大約七十英里；或者如果以古代的旅行速度來計算，那大約相當一天的路程。在阿皮諾當地，西塞羅家必定是主要的政治玩家，不過他的家人從來不曾在羅馬政治場域裡身居要職。缺乏卡提林所擁有的各種優勢，西塞羅主要靠的是他天生的才能，還有他在高層建立的人際關係和他的口才。藉這些才能與人際關係，他一路爬上政治生涯的頂端。換句話說，他之所以獲得聲望，主要是因為他是羅馬法庭的明星律師。身為名人，再加上高層人士的支持，他輕易地贏得一次次選舉，獲得必要的低階官職，就像卡提林那樣。不過，西元前六四年卡提林失敗了，西塞羅成功贏得下一年度的執政官官職。

西塞羅這次的輝煌勝利也不全然是預先決定的。西塞羅儘管聲名卓著，他還是得面對自己是個「新貴」的種種不便。在當時的羅馬，所謂「新貴」是指那些沒有政治背景或沒有顯赫家世的政治人物。在競選的某一階段，西塞羅甚至考慮過與卡提林聯手，不管卡提林的聲名如何。但是到最後，具有影響力的投票人改變了選情結果。羅馬的選舉系統是公開且毫不忌諱地給予有錢人較大的決定權。顯然當時那些有能力左右選情的人，他們覺得西塞羅是比卡提林更好的選擇——即使勢利的他們很瞧不起他這個「新貴」。當時西塞羅的某些敵手甚至說他是羅馬的「房客」或羅馬的「兼職公民」，不過他還是高票當選了。卡提林的票數第三，票數第二的是海布瑞達（Gaius Antonius Hybrida）——羅馬有兩個安東尼，他是當中較為著名的那個安東尼（Mark Antony）的叔叔。後來的事實證明，海布瑞達的聲名並不比卡提林好多少。

西元前六三年的夏天，西塞羅似乎已經聽到卡提林有意起事的風聲。當時傳聞卡提林有意試試手氣，再次加入選戰。西塞羅運用他身為執政官的權力，把下一回合的選舉日期往後推。等到再也無法延期的那一天，他帶著武裝保鏢進入選舉地點，自己則在托加袍下穿上胸鎧，且故意隱約露了出來。這是十分矯揉做作的表演，因為公民服裝與軍事制服的組合極不協調，就像現代政治人物在走進立法機構時，身上雖然穿著西裝，但肩上卻扛著一把機關槍晃來晃去那樣。不過西塞羅這場表演的效果良好。他的這招恐嚇戰術，加上卡提林本身那些明目張膽的民粹聲言，這兩種組合確保了他再一次落選。公開宣稱他是一個窮困潦倒的人，打算站出來代表其他跟他一樣窮困潦倒的人發言，這看在那群菁英投票人的眼裡一點也不討喜。

選舉過後不久，大約在初秋時節，西塞羅開始收到更多也更清楚的密謀情報。其實在這之前很長的一段時間裡，他就從卡提林的一個「共犯」的女友那裡，斷斷續續收到各種情報——這位女友名叫弗維雅（Fulvia），她後來多多少少變成一個雙面間諜。現在他手中又掌握了一份敵手的叛國情報。加上克拉蘇的從旁協助，他手裡還另外握有一疊信件可以證明卡提林與密謀有關，並且信中還提到正在計畫中的流血事件。這些情報很快就得到更確切的證實，因為羅馬城北此時集結了多支支持叛亂的武裝軍隊。十一月七日，西塞羅躲過卡提林派來的殺手——這當然要感謝弗維雅事先的密告。事後，他立刻召集元老院議員在第二天開會。他決定要在會議上正式告發卡提林，逼迫卡提林離開羅馬。

那年十月，元老院其實早已頒布一項命令，敦促（或允許）當時身為執政官的西塞羅要「確保國家不受到危害」。古代這項命令大約與今日的「緊急權力法案」（emergency powers）或「預防恐攻法案」（prevention of terrorism）類似；無庸多言，這類法案在當時也和在今日一樣充滿爭議。十一月八日，元老院議員出席聽取西塞羅報告卡提林的密謀。西塞羅對他的敵手發動猛烈的攻擊，加上他提供的情報完整清楚，可說是一場很精采的演說，內容混合了憤怒、感慨、自我批評以及許多顯然十分確鑿的事實。前一分鐘他提醒元老別忘了卡提林過去的狼藉聲名；下一分鐘他懊悔自己沒能更早採取行動，面對危機——當然這並不是真心話；再下一分鐘他滔滔不絕地揭露這場密謀的細節，例如密謀者在誰的家裡聚會、聚會日期、參與者名單，還有在集會裡他們究竟談了什麼等等。卡提林親自前來面對西塞羅的指控。他請元老們不要相信他們聽到的任何話，然後譏諷西塞羅平凡的出身背景，搬出他顯赫的祖先以及祖先的輝煌戰功來做對照。但是他顯然意識到當時的處境對他不利。那天夜裡，他就離開了羅馬城。

在元老院裡

西塞羅與卡提林在元老院裡的這場對峙是這整段歷史最具意義的一刻：兩個敵對的政治人物來到羅馬的政治中心，面對面地交手過招。但是我們該如何描寫或刻畫這一刻？將十一月八日這一天的情景展現在我們眼前最著名的一幅畫出自十九世紀義大利畫家麥卡瑞（Cesare Maccari）的手筆。這幅畫非常符合我們對古羅馬及其公共生活場景的種種想像：宏偉、開闊、整齊、優雅。

西塞羅本人想必也會很喜歡這幅畫面。在畫裡，卡提林獨自坐在一旁，低垂著頭，彷彿沒有人敢冒險靠近他，更別說跟他講話。西塞羅則是這幅畫的主角；只見他站在一個面向祭壇，發出熊熊火焰的

圖3　麥卡瑞筆下的元老院一景。西塞羅站在元老們面前發表演説，看來他似乎不用看稿，直接雄辯滔滔地演講。這畫面很恰當地刻畫了這位羅馬菁英最念茲在茲的志業：成為一個「辯才無礙」的能人。

火爐旁邊，面對著聚精會神的聽眾發言。他的聽眾全都是元老院議員，一律身穿托加白袍。在現實中，羅馬人的日常衣著比眼前這群元老的托加袍來得多樣且多彩，平日羅馬人的衣著有緊身短袖長上衣（tunics）、披風，甚至有時還可看到褲子。不過，托加袍是羅馬正式的國服——羅馬人可將他們自己定義為「穿托加袍的民族」（*gens togata*）。當時羅馬城外的其他民族有時會嘲笑他們這種奇異、笨重又累贅的衣服。托加袍都是白色的，穿者如果擔任政府官職，則會在袍子上加上一條紫色鑲邊。事實上，現代英文字candidate（候選人）即來自拉丁文的*candidates*，意即「漂成白色的」，並且特指羅馬人在選舉期間所穿的那種染得特別白，目的是用來吸引投票人目光的白袍。在一個身分地位必須公開展示的世界裡，人們非常講究衣飾的優雅和其他種種細節。元老院議員的服裝（內穿短袖長衣，外著托加袍），還飾有一條寬版的紫色鑲邊，比較低階的羅馬官員，例如「騎士階級」的紫色鑲邊就比較窄。而且這兩個階級都各有適合其身分的特殊鞋子。

麥卡瑞的畫描繪了元老們漂亮的托加袍，雖然他似乎忘了具有重要意義的紫色鑲邊。但是，就其他每一個細節的表現而論，包括描繪的主題以及事件發生的場景，這幅畫只不過是一幅漂亮的想像之作而已。首先，西塞羅被畫成一位年長的白髮政治家，卡提林則是一個悶悶不樂的年輕罪犯。然而在現實中，兩人的年紀差不多，大約都四十歲出頭，而且卡提林實際上還比西塞羅年長幾歲。此外，除非我們想像在畫面之外還有許多其他人，不然現場的與會人數實在太少了——在這幅畫裡，來聽這場重要演說的元老院議員還不到五十人。

西元前一世紀中期，羅馬元老院這個政治團體擁有六百多位成員；他們全都是經由選舉擔任官職而進入政治場域的男人（我的意思是他們全都是男性——在古羅馬，沒有任何女性曾擔任公職）。古羅馬每年會選出二十人擔任財務官這個初階官職，一旦任職期滿，這二十人就會自動進入元老院，享有元老議員的終身職。元老們定期開會，與執政官展開論辯、給執政官提供建議、頒布各種命令。他們所頒布的命令通常都會被執行，雖然這些命令並沒有法律力量的約束。如果元老院頒布的命令被忽視會如何？這一直是個令人尷尬的問題。毫無疑問的，例行會議出席的人數會有波動，有時多，有時少。但是在西元前六三年這個特定的會議裡，出席的人數顯然一定會爆滿。

畫面的場景看來十分具有羅馬特色。但是如果我們考慮延伸到畫面之外的巨大柱子，還有沿著牆面鋪上的亮麗大理石——對這一時期的羅馬來說，這一切太宏偉華麗了。現代人對古羅馬的印象是：到處都是華麗閃亮的大理石。這個印象並非全然是錯的。但是就羅馬歷史的發展而言，閃亮的大理石建築是後來的事——亦即皇帝開始統治羅馬之後，羅馬才開始大量開採義大利北部卡拉拉（Carrara）地區的大理石，在那之後，羅馬也才有大理石建築物。換言之，羅馬大量採用大理石建材是卡提林事件發生三十多年之後的事。

西塞羅時代的羅馬城，人口超過一百多萬，建築物大部分是用磚塊和當地的石頭蓋成。所謂的都市，其實是密密麻麻、蜿蜒曲折的窄街與暗巷。當時的雅典或埃及的亞歷山卓（Alexandria）才有許多像麥卡瑞畫裡的建築物，如果當時有從那裡來羅馬旅行的訪客，他一定會覺得羅馬城不僅不雅觀，而且還很髒亂。當時的羅馬是個不折不扣的疾病培植地；根據後來一位羅馬醫生描述：如果你要研究瘧疾，你不必去讀教科書，羅馬城裡到處都是瘧疾的病例。貧民區的許多出租市場提供簡陋的住屋租給窮人，對那些沒有道德良心的有錢房東，這是個收益極高的投資。西塞羅自己就投資大筆資金在這類低品質的不動產上，有一回他還開玩笑，說連老鼠都會捲起鋪蓋離開他投資的其中一棟快要倒塌的出租樓房。這種玩笑話，其所顯示的，其實是對自身優越處境的自豪，而不是出於尷尬或難為情。

當時最有錢的羅馬人，其中有一些人已經擁有豪華的私人住宅。他們家裡擺設精緻的畫作、優雅的希臘雕像、裝飾精美的家具（其中最令人歆羨的是單腳桌子），甚至還有進口的大理石石柱。這樣的奢華，往往令旁觀者十分驚異，眼界大開。在公共建築方面，當時也有少數幾棟採用大理石作為建材（或採用大理石作為裝飾鑲板）。前述兩者多少預示了未來羅馬將要出現的奢華風貌。雖然如此，十一月八日那天，元老院議員聚集開會的那棟建築物一點也不奢華。

一如既往，西塞羅召集元老院議員開會的地點是神殿。這一次，他們聚集在一間簡樸的老舊建築裡，那是奉獻給天神朱庇特的一座神殿，就在城市中心，離羅馬廣場不遠。那是一棟標準的長方形建築，不是麥卡瑞畫中的半圓形建築。大致說來，當時他們集會的地點可能很狹小，而且光線微弱，現場可能只有幾盞燈，幾枝火炬來彌補窗戶的不足。我們得想像幾百個元老，他們擠在一間不透氣且狹小的空間裡，有的坐在臨時找來的椅子上或長板凳上，有的站著。可以確定的是，他們全都擠在那尊可敬的、古老的朱庇特神像之下。可以確定的是，這是羅馬史上最重要也最特別的一刻。但是我們也同樣可以確定的是：就現實層面來說，這次開會的場合並不像我們所想像中的那麼優雅，就像羅馬的許多事物那樣。

勝利與恥辱

這起事件的後續發展，後代並未出現仰慕的畫家來為之重現場景。卡提林離開了羅馬城，加入他的支持者在羅馬城外臨時集結的軍隊。同一時間內，西塞羅發動突襲，大肆逮捕其他還留在羅馬城內的陰謀參與者。事後證明那群人的策略實在不甚高明。原來他們試圖與前來羅馬的高盧代表團合作——這個代表團本來是要到羅馬提出申訴，控告任職高盧的羅馬行省總督壓迫他們。最後，不知道出於什麼理由——也許那群高盧人僅僅只是想靠向權力在握的那一邊，他們最後決定祕密與西塞羅合作。他們給了西塞羅關於那個密謀的強力證據，包括密謀造反者的名字、地點、計畫，還有許多罪證確鑿的往來書信。隨之上演的就是一連串逮捕行動，還有一連串常見的、不足以讓人信服的各種辯解，例如其中一個密謀者的房子被搜出許多武器之後，他的抗辯竟然是：他的嗜好是收藏武器。

十二月五日，西塞羅再次召集元老院議員開會。這次是為了討論該如何處理被羈押的嫌疑犯。他們這次集會的地點是和諧女神神殿。這是一個徵兆，顯示羅馬這個國家此時什麼都不缺，就缺和諧。在會議中，凱撒建議把叛徒關入大牢。凱撒的建議有兩個版本傳世，一個是說他建議把嫌疑犯關到危機過後，讓他們接受正式的審判，另一個版本則說他提議把叛徒終身監禁。在古代世界，監禁並不是一種處罰的選擇。監禁的牢房通常都很窄小，不過就是一個臨時措施，用來羈押等候處決的死囚而已。當時羅馬的刑罰，全部加起來就只有三種：罰款、流放、死刑。如果西元前六三年凱撒真的提出終身監禁這個選項，那麼這可能是西方歷史上的頭一回。不過，凱撒的提議並未被採納。西塞羅靠著「緊急權力法案」的授權，加上許多元老院議員的大聲支持，他甚至沒舉辦公開審判就下令把那群囚犯予以處決。他隨後在歡呼的群眾面前宣布叛徒已死的消息；他帶著勝利的語氣，留下一句非常著名的委婉說詞：「他們曾經活過。」意思是：「他們現在已經死了。」

短短幾個星期內，羅馬軍團在義大利北部打敗了卡提林的叛軍。卡提林走在隊伍前頭，帶領他的叛軍與羅馬軍團展開頑強的戰鬥。羅馬的指揮官海布瑞達在最後一場對決前聲稱他的腳痛，不良於行，把指揮權交給他的副手。他這個決定在羅馬政治圈引起討論，人們質疑他的動機，甚至懷疑他究竟是站在哪一邊。動機遭受質疑的人不止他一個。從當時到今日，一直存在著各式各樣毫無根據的猜測：到底有哪些更有權勢的人在背後支持卡提林？他真的是狡詐的克拉蘇的打手嗎？還有凱撒真正的立場為何？

卡提林的失敗，當然代表西塞羅的勝利。西塞羅的支持者給他取個綽號，稱他為「祖國之父」（*pater patriae*）。在羅馬這樣一個高度重視父權的國家，這當然是一個你所能想像的最輝煌最讓人心花怒放的榮譽。但是西塞羅的勝利不久就變了質。擔任執政官的最後一天，他的兩個政治敵手阻止他，不讓他在羅馬人民的集會裡發表例行性的告別演說。他們的理由是：「那些不經審判就懲罰他人的人，他們不應該擁有意見被聽見的權利。」幾年之後，也就是西元前五八年，羅馬人民投票通過一項法案，規定任何未經審判就把人處以死刑的官員必須被流放。當時還有另一項議案特別指名道姓要對他處以流放的刑罰。但是西塞羅在這項法案通過之前，就自己悄悄地離開了羅馬。

到目前為止，這個故事中的「羅馬人民」（即「元老院與羅馬人民」當中的「人民」，或SPQR中的PQR）並未扮演特別重要的角色。跟元老院比起來，「羅馬人民」是個龐大但模糊的團體。大致說來，那是一個由所有羅馬男性公民組織起來的團體——羅馬女性並無正式的政治權力。在西元前六三年，首都羅馬、義大利境內和少許境外行省地區加起來，羅馬總共差不多有一百萬男性人口。就實際政治運作方面，羅馬城裡通常只有數千人或僅僅數百人偶爾會選擇出席會議，參與投票或開會。羅馬人民究竟實際上擁有多少影響力，這向來是羅馬史上一個很有爭議的問題。即使在古代世界，人們也同樣會有這個疑問。但是有兩件事是確定的。在這段時期，羅馬人民自己就有權力選出羅馬政府官員。不管候選人來自多麼顯赫的貴族家庭，如果你想進入政府機構當官，例如說執政官，你唯一的途徑就是經由選舉，而且羅馬人民也選了你。不像元老院，羅馬人民自己就可以立法。西元前五八年，西塞羅的敵人提出來的說法是：雖然西塞羅辯稱他是在執行元老院賦予他的緊急法案，但是他逕自宣判卡提林的支持者死刑，這就構成公然藐視羅馬公民接受正式審判的基本權利。既然如此，羅馬人民當然有權判他流放。

這位一度是「祖國之父」的西塞羅在希臘北部度過淒苦的一年（他悲苦的自憐一點也不討人喜歡），直到羅馬人民再度投票召他回返羅馬。他的支持者歡呼他的歸來，可是他在羅馬的房子已經遭到拆除，而且在原址蓋了一座獻給自由女神（Libertas）的聖殿。西塞羅的政治事業從此再也不曾恢復往昔的光彩。

寫下來！全寫下來！

我們之所以能夠把這段歷史講得如此詳細，原因很簡單：羅馬人自己寫下許多關於這起事件的歷史，而且他們所寫的文件有許多還保留至今。現代許多歷史學家不時哀嘆我們無從得知古代世界的某些面貌，例如他們抱怨：「想想我們對古代窮人的事情知道多少？我們對古代女性的觀點又知道多少！」這種想法既違反歷史事實也誤導人心。沒錯，羅馬文學的作者幾乎清一色都是男性；或者很少有女性作者的著作流傳至今——尼祿（Nero）皇帝的母親阿格麗皮娜（Agrippina）的自傳沒能流傳下來是古典文學當中最令人感傷的損失。這些男性作者幾乎也清一色都是有錢人，雖然有些羅馬詩人很喜歡假裝他們住在閣樓上忍飢受凍，就像現代詩人偶爾也喜歡嚷窮一樣。不過，前述史家們的這些抱怨其實忽視了一個更為重要的問題。

羅馬世界有個至關重要的事實是：羅馬人所寫的作品，雖然已經過了兩千多年，至今仍然有大量資料保留下來。我們現在還能讀到他們寫的詩歌、書信、論文、講稿、歷史——到目前為止，我已經引用了前述許多項資料。但是還沒完，我們還有他們寫的小說、各式各樣的地理誌、諷刺作品；我們還有那些數也數不清，而且題材幾乎無所不包的各種技術文件，例如水利工程、醫療、疾病等。羅馬人的史料得以保留至今，主要必須歸功於中世紀的僧侶，他們不辭勞苦，一而再再而三地抄下古典文學當中，任何他們覺得最重要或有用的部分。另外，中世紀伊斯蘭學者的貢獻也意義重大——雖然他們的貢獻常常被人遺忘；他們把古典文學當中大部分哲學與科學材料翻譯成阿拉伯文，因而使古典文學的這個部分得以保存至今。此外，考古學家在埃及的沙漠與古代的垃圾堆裡挖出了許多寫在莎草紙上的文獻。英格蘭北部的羅馬軍隊駐紮地挖出許多木頭寫字板。羅馬帝國的版圖之內也有許多墓碑不斷出土，這些出土碑文往往帶著豐富的古代訊息。我們今日有機會得以一窺羅馬世界比較平凡的居民的生活，主要是因為我們現在擁有普通公民寄回家的信件、購物清單、帳本和刻在墓碑上的遺言。即使上述這些史料只是曾經存在過的資料的一小部分，我們如今掌握到的羅馬文學──還有那些為數更多的一般書寫──已經遠遠超過任何人窮盡一生之力所能閱讀、所能掌握的範圍。

所以說真的，我們到底對西塞羅和卡提林之間的衝突知道多少？這一段歷史故事流傳下來的管道很多，而這段歷史之所以這麼豐富，部分原因也在於來源的多樣化。多位古代羅馬歷史學家的著作都曾簡短述及這一事件，這其中還包含一部西塞羅的傳記，只不過這些史料全部寫於事件發生的一百年之後。比前述資料更重要，也更能揭露真相的是，我們現在有一篇針對當年事件提出詳細描述與分析的長篇論文；這篇論文譯成現代英文大約有五十多頁，標題是〈對抗卡提林的戰爭〉（"War against Catiline"或幾乎可確定為"*Bellum Catilinae*"的古代標題）；這篇論文寫於那場「戰爭」的二十年後，亦即西元前四〇年。作者是薩祿斯特烏斯（Gaius Sallustius Crispus），或今人比較知道的名字薩祿斯特（Sallust）。薩祿斯特和西塞羅一樣，也是個「新貴」。他是凱撒的朋友兼盟友。他的政治聲名毀譽參半：在北非擔任行省總督時，他的名聲相當不好；貪污、勒索，無所不用其極，即便用羅馬人的標準也很說不過去。不過，儘管他有一個名聲不盡良好的職涯，或者正因為如此，他的論文是古代世界最尖銳的政治分析之一。

薩祿斯特不僅描述那場計畫中的起義的過程、原因、結果而已。他利用卡提林這個人物作為象徵，點出西元前一世紀存在於羅馬社會中，那些範圍更廣大的各種敗壞。在薩祿斯特看來，自從羅馬征服地中海世界，擊敗所有重要的對手之後，羅馬文化的道德力量也同時被摧毀殆盡——被羅馬的成功、羅馬的財富、羅馬人的貪婪以及羅馬人對權力的慾望所摧毀。這個轉向敗壞的重要時間點是西塞羅向卡提林宣戰的八十三年前，亦即西元前一四六年。那時，羅馬軍隊打敗了迦太基人，摧毀了漢尼拔位於非洲北部海岸的基地。在那之後，薩祿斯特認為羅馬就再也沒有任何重大的威脅了。卡提林個人或許擁有某些正面的特質，例如他在前線的驍勇作戰和他驚人的耐力：「他承受飢餓、寒冷的能力，還有他能長期保持清醒不睡的能力是驚人的。」這些薩祿斯特都同意，但是卡提林也是一個象徵，代表他那個時代羅馬面臨的大部分問題。

除了薩祿斯特的論文，我們還擁有其他許多清晰生動的文件；基本上，這些文件出自西塞羅本人的手筆，我們從中得以了解他本人對那起事件的看法。他給他最要好的朋友阿提庫斯（Titus Pomponius Atticus）寫了很多信，其中有幾封提到他最初曾想過與卡提林保持友好的關係。阿提庫斯是個有錢人，但他從未正式進入政治圈子，只是時常從旁操縱政治事件的發展。在這些信件裡，西塞羅談到了家事，例如關於他兒子的出生（「讓我告訴你，我已經當了爸爸……」），還有談到他收到幾個新的希臘雕像，可以用來裝飾他的家。除此之外，西塞羅還提到他在西元前六五年曾經想上法庭為卡提林辯護，希望將來或許可以跟卡提林合作。

這種私密信件為何後來會流入市面，公開流傳？這始終是個謎。最有可能的情況是：西塞羅的其中一個家人抄下複本，並在他死後把這些信件流傳出去，然後這些信件很快就在好奇的讀者、粉絲、敵人之間流傳開來——古代並沒有我們今日所謂的「出版」這種事。這樣的信，我們目前可讀到的有一千多封，大部分是西塞羅死前二十多年間寫給友人或友人寫給他的信。信的內容林林總總，有遭受流放之後的自憐（「我唯一能做的就是哭泣！」），女兒生產之後隨即身亡所帶給他的痛苦，另外還有其他各式各樣的題材，從抱怨偷竊的代理商寫到社會上的離婚事件，再又提及凱撒的野心等等。這些信件是古羅馬留給我們最為有趣的一項遺產。

另一個同樣有趣，或許也同樣令人感到驚訝的事是：西塞羅為了紀念他擔任執行官的種種成就，自己寫了一首慶賀長詩給自己。這首詩的全文現在已經找不到了，但是由於這首詩太有名或太惹人非議，所以其中有七十多行被其他作家引用，西塞羅自己在後來的作品裡也曾加以引用，因此得以保留下來。這七十多行中，其中有一行後來成為最著名的拉丁文打油詩，其流傳之廣，甚至穿透了黑暗時代，流傳至今。那行詩讀來有點類似廣告短歌：「啊，羅馬真是一個幸運的國家，／在我偉大的執政之下誕生。」除此之外，那首詩還另有一個歷來常被詬病的主要缺失，亦即他的自負。另外就是那首詩描寫的焦點是「諸神的會議」，在該會議中，我們超凡的執政官來到奧林帕斯山，與諸神化成的元老商議如何處理卡提林的謀叛——雖然這樣的描寫在時人看來可能有點好笑。

在西元前一世紀的羅馬，個人的名望和聲名不僅有賴口耳相傳，也有賴公開宣傳，有時這種公開宣傳頗為誇張，甚至到了令人尷尬的地步。我們知道西塞羅曾試圖勸服他的史學家朋友盧克伊斯（Lucius Lucceius）為他寫篇慶賀文章，敘述他挫敗卡提林的經過以及後續發展。在一封信裡，他寫道：「我非常希望我的名字會成為你作品的中心。」他也希望一個當時很受人歡迎的希臘詩人能就同一題材，為他寫一篇崇高的史詩。這位詩人當時利用某種巧計移居羅馬，而西塞羅曾在法庭上為他辯護。最後，他的希望全部落空，只得自己寫一篇頌詩送給自己。有幾位現代評論家努力為西塞羅作品中的文學品質辯護，甚至為那句如今已經成為標誌的開頭一行（O fortunatam natam...）抗辯，但是他們努力的成果並不十分令人信服。羅馬當時的作家對這首詩當然也有所評論；就我們現在還能看到的評論中，其中多半是諷刺居多。他們有的嘲笑西塞羅的虛榮，有的嘲笑他的語言；即使最敬慕西塞羅、最欣賞他的演說技巧的學生也不無遺憾地表示：「這次他做得有點太過火了。」其他人則興高采烈地嘲諷他，或模仿他的作品來相互取樂。

話雖如此，我們現在對西元前六三年那起事件的了解，最直接的資料還是西塞羅在事變當時所發表的幾篇演說稿。其中兩篇是在公共集會時，他對羅馬人民發表的。一篇是關於卡提林叛變的最新調查報告，還有宣布卡提林其他叛黨已遭逮捕的消息；另一篇則是十二月五日那天發表的——那天，元老們開會討論如何處理關在牢裡的叛黨，西塞羅針對這個問題發表了一篇演說。不過，這幾篇演說稿中，最著名的還是十一月八日他在元老院裡發表的那篇。透過麥卡瑞的畫作，我們彷彿可以聽到他指控卡提林的那些言語。

西塞羅發表了這幾場演說之後，他很有可能雇用一批奴隸來抄寫演說稿，然後把演說稿流傳出去。不像他的詩，他的演說稿很快就成為古典羅馬文學當中最受人喜愛，最常被人徵引的作品；這些演說稿也是演說藝術最重要的例子，不但羅馬學童必須研讀與模仿，古典世界裡任何想要成為公共演說家的學子都必須熟讀和模仿。甚至拉丁文不太流利的讀者也對這幾篇演說稿深感興趣。我們今日可以確定的是，四百年之後，羅馬統治下的埃及仍有人在讀他的講稿。現今最早出土的演講稿寫在莎草紙上，其年代可以追溯到西元四或五世紀。原來的演講稿應該有相當長的篇幅，不過目前出土的莎紙草只剩下殘章斷片而已。這份出土的講稿上有拉丁文原文和字字對譯的希臘文。我們可以想像有那麼一個住在埃及的希臘人，他是如何透過希臘譯文的幫助，努力掙扎著了解西塞羅的原文。

後世許多讀者也還在掙扎，努力想了解西塞羅。這四篇一組的講稿今日以《反卡提林》（*Against Catiline/In Catilinam*）知名於世。從羅馬時代開始，這組講稿就流傳至今，進入西方教育系統，成為西方文化傳統的一部分。透過中世紀修道院僧侶的努力抄寫與流傳，好幾個世紀以來，這幾篇演講稿不僅成為學子練習拉丁文的文本；在文藝復興時期，知識分子和修辭學家亦將之視為文學經典，加以仔細研究。今日這幾篇講稿已經有機器印製的版本；即使到了今日，這些版本仍舊還會出現在學習拉丁文的學生的課綱上，也仍舊是勸說演說的範本。其所展現的技巧仍舊是現代某些最知名的演講稿的基礎，例如布萊爾（Tony Blair）和歐巴馬（Barack Obama）的演說稿即是。

事實上，十一月八日西塞羅那場演說的開場白很快就成為羅馬世界最知名、辨識率最高的引言。那句開場白是：「卡提林，你還要持續多久，你還要持續濫用我們的耐心多久？」緊接著幾行之後，還有一句現在仍然常常被引用的簡短口號：「我們住在什麼樣的世界啊？」（O what a world we live in!）若直譯拉丁文則是：「啊，這個時代！啊，這種風俗！」（O the times, O the customs!）前一句開場白的「你還要持續多久」一定從那時候開始，就一直深深烙印在羅馬人的文學心靈裡。二十年後，薩祿斯特在書寫那場「戰爭」的歷史時，可能是因為印象過於深刻，以至於把這句開場白放進卡提林的嘴裡。不知道是基於一種痛切的抑或戲謔的反諷，他讓卡提林說道：「我的勇士們，你們還要持續多久？你們還要持續忍受這種狀況多久？」他筆下的卡提林是個革命分子，此刻他正在激勵他的追隨者，提醒他們在菁英統治下，他們所承受的不公不義。卡提林這句話當然是出自薩祿斯特的想像。古代史家時常會為他們的主角撰寫演說詞，就像現代歷史學家很喜歡賦予筆下的人物情感或動機一樣。這裡有趣的地方是，西塞羅是卡提林的敵手，但是在薩祿斯特的安排之下，卡提林竟然說出了敵人最知名的口號。

在這段特別的歷史時期裡，這類挖苦的諷刺，尖刻且矛盾的「錯誤引用」很多，這不過是其中一例。這種誤用通常隱身在羅馬文學身後，往往出現在革命開始醞釀，成敗難料的關鍵時刻。薩祿斯特之後，過不了多少年，李維烏斯（Titus Livius）或今人比較熟知的李維（Livy）正要從頭開始寫他的羅馬史。這部書原本有一百四十冊——就古書來說，那是一個龐大的計畫，因為那大概要用掉整整一卷莎草紙，或將近現代書籍的一章。李維對卡提林的評論如今已經失傳。但是當他在描寫比這段時期早個幾百年的公民衝突，尤其當他提到某一位曼利烏斯（Marcus Manlius）的「陰謀」時，李維竟回到古典作品裡，引用了如下用語：「你們還要持續多久？你們還要持續忽略你們的力量多久？」這位曼利烏斯據傳在西元前四世紀曾激勵羅馬窮人起而抗爭，對抗貴族的高壓統治。李維在此想像曼利烏斯以此問句質問他的追隨者，希望讓他們意識到自己固然貧窮，他們還是擁有成功的力量。

這裡的重點並不僅僅只是語言上的呼應而已，也不僅僅只是說明卡提林這個人物如何成為邪惡人物的模型——雖然在羅馬文學中，他是時常扮演這樣的角色沒錯。他的名字後來變成一個綽號，用來稱呼不受人歡迎的皇帝。半個世紀之後，如今以維吉爾（Virgil）知名於世的維吉里烏斯（Publius Vergilius Maro）在其作品《伊尼亞德》中給了卡提林一個小角色，讓他在陰間世界受盡折磨，讓他「在復仇女神面前不停地顫抖」。然而更為重要的是，西塞羅與卡提林之間的衝突已經變成一個強而有力的樣板，讓人藉以了解羅馬史上和後來西方歷史裡的公民不服從（civil disobedience）和叛變的意義。羅馬史家一動筆寫革命，卡提林的形象幾乎總是隱藏在他們的敘事背後，即使有時史家得付出顛倒歷史時序的代價。李維筆下的曼利烏斯本是個貴族，後來化身為窮途末路的革命分子，得到一群窮困的烏合之眾的支持。從李維仔細挑選的文字顯示，曼利烏斯的形象大半可回溯到羅馬早期的歷史，亦即回到卡提林這個人物身上。

歷史的另一面

這段歷史難道就沒有另一面的說法嗎？我們是從西塞羅的文章或透過他的觀點才得知這起事件的詳細始末，這代表他的觀點對我們最具影響力，但這並不必然表示他所說的一切就是事實，或這就是看待當時事件的唯一方式。許多世紀以來，人們一直在思考西塞羅所提供給我們的敘事為何竟如此詳細，如此充滿細節；人們也一直隱約察覺到他所描述的事件底下，多少暗藏著其他的看法和詮釋。薩祿斯特自己也曾作此暗示。雖然他的歷史敘事有極大部分取材自西塞羅的文章，但是他竟將西塞羅著名的開場白（「你還要持續多久」）轉移到卡提林嘴裡，此舉或許是要提醒他的讀者：這一歷史事件及其詮釋至少是流動的，並非只有一種固定的說法。

其中一個明顯的問題是：我們目前所能讀到的《反卡提林一》（*First Catilinarian*）是否就是十一月八日當天，西塞羅在朱庇特神殿對元老們所發表的那個版本。我們很難想像這整篇演說稿全都是捏造的，因為他如何可能掩人耳目，流傳一份他沒親口講過，或與他全然沒有關係的講稿？但是我們幾乎可以確定的是：這份講稿並不是當時演說的逐字稿。如果他當時手上有筆記，或者他使用某種類似今日簡報軟體的輔助工具，那麼我們即可確定我們現在所看到的講稿是介於他所記得的話與他想說的話之間。或者即使他當時是看著一份相當完整的講稿發表演說，當他事後把稿子釋放出去，使之流傳於朋友、同事之間，或傳給他想討好的人的時候，他必然會把稿子改得更完善一點，例如修改不清楚或不連貫的部分，插入幾句更為機智的話，亦即那些他在現場可能沒講或忘了講的漂亮話。

其他的疑問還有許多；其中一個是這份講稿是何時，以及為何會流傳出去。從西塞羅寫給阿提庫斯的一封信裡，我們知道西元前六〇年的六月，他正忙著請人抄寫《反卡提林一》；當時他必然已經清楚意識到他把那群「叛亂分子」未經審判就予以處決這件事不太可能會煙消雲散。對他來說，利用書寫成文的講稿來為他的行為辯護，這必然是個十分誘人且便利的工具，即使那意味著他必須做點策略上的調整和增修。事實上，在我們現有的版本裡，我們看到他一再指控卡提林，彷彿卡提林是個「外來的敵人」（拉丁文是*hotis*），這或許是他用以回應他的反對者的一種方式：將密謀叛亂的人描繪成國家的敵人，藉此暗示那群叛亂分子不配得到羅馬法律的保護，亦即他們已經失去了公民權（包括接受審判的權利）。當然，這也有可能是他在十一月八日發表口頭演說時就已經一再強調的主題。這些我們真的無從知道。但是想當然耳，這一主題後來必定承載了更為重大的意義，而我強烈懷疑西塞羅在書寫的版本裡必定會更加強調這一點。

這些問題促使我們更加積極地去尋找關於這段史實的其他版本。假如我們暫且放下西塞羅的觀點，我們是否有可能找到資料來了解卡提林及其支持者對這件事的看法？西塞羅的文字和觀點已經是當代研究西元前一世紀中葉的史料大宗，處於主宰的地位。但是我們永遠可以利用現有的其他各個獨立的證據，來閱讀他或閱讀其他羅馬史家的作品，以「違反其理路」的方式，強力撥開敘事中的枝微末節，從中尋找其他可能，並追問其他觀察者是否可能有不同的觀點。西塞羅筆下的那些歹徒，真如他所描繪的，就是一群惡形惡狀的歹徒嗎？就這個案例而言，我們剛好有足夠的資料可以對當時真正發生了什麼事提出一點質疑。

西塞羅之可以把卡提林描繪成亡命之徒，完全歸因於卡提林道德上的缺失，亦即他沉迷賭博，身負龐大的賭債。但是當時的狀況不可能如此單純。西元前六三年羅馬發生了某種信貸緊縮的危機，還有其他許多西塞羅不願提及的經濟危機與社會問題。他的「偉大的執政功績」裡頭，其中一項就是擱置一個議案，暫緩把義大利的土地分給羅馬城裡貧窮的公民。換句話說，如果卡提林表現得像個亡命之徒，或許有他的理由。支持他的平民或許也出於同樣的困境，這才被逼走向極端。

我們如何知道這些？重建兩千多年前的經濟狀況遠比重建政治狀況困難，不過我們確實看到了意想不到的幾瞥。那段時期留下來的錢幣尤其透露了許多訊息，包括當時的時代狀況，也包括現代史學家和考古學家之能以種種別出心裁的方式，運用他們掌握到的出土遺跡。羅馬錢幣通常都會印上精確的日期，因為在這段時期，羅馬人每年都會推出新的設計，而且該年負責發行錢幣的官員會留下「簽名」。羅馬人使用手製的「錢幣印模」（或沖模）來鑄造錢幣。在每個鑄造完成的錢幣上，目前仍然可以看到少許細節上的差異。根據這些細節上的差異，我們大致可以估計一個印模大概能打造多少枚錢幣（印模上面的圖案會因為重複壓印而越來越模糊，打不出線條清晰的印模最後就會被淘汰）。如果我們擁有數量夠大的錢幣樣本，我們就可以大約估計羅馬發行一次錢幣，總共用掉多少個印模。從這樣的估計，我們大致可以算出一個粗略但清楚的概念，即每一年羅馬發行多少錢幣，印模越多，發行的錢幣越多；印模越少，發行的錢幣量就跟著減少。

根據這樣的計算，西元前六〇年代晚期，羅馬錢幣的鑄造數目大量銳減；整體而言，當時在市面上流通的錢幣遠遠比前幾年減少許多。造成這個現象的原因我們無法得知。就像十八世紀之前的多數邦國，羅馬並沒有今日所謂的貨幣政策，也沒有任何金融機構來制定這類政策。不過，羅馬當時面對的各種困境是顯而易見的。不論卡提林是否因為濫賭而輸光他的錢，他（還有其他

圖4　西元前63年鑄造的銀幣。銀幣上的圖案描繪羅馬人民把選票牌投入罐內，以便統計票數的情景。兩枚銀幣的圖案略有差異，這些細微的差異顯示它們出自不同的鑄模。銀幣上的名字朗吉努斯（Longinus），即是當年負責鑄幣的官員。

許多人）想必都非常欠缺現金，至於那些已經負債的人，他們可能得面對他們的債主。而債主本身也欠缺現金可以週轉，因而只好到處追討欠債。

這些問題，再加上其他長年存在的許多因素，可能給羅馬平民或那些一無所有的人一個動機，讓他們想要起來抗議，或者參加那些看來似乎頗有前景的激烈改革。羅馬當時的貧富差距極大，大部分百姓的居住環境極為惡劣，而且他們很有可能處於這樣的環境很久了，他們所面對的，雖然算不上饑饉，但總是長期處於吃不飽穿不暖的貧困狀態。西塞羅對卡提林及其追隨者的描繪多半是負面的，他不時使用的辭彙有所謂的混帳、匪徒、亡命之徒等。但是就他自己（還有薩祿斯特）的敘述邏輯而論，在在暗示事情可能並非如此。因為兩人若不是明說就是暗示卡提林的支持者一聽到他打算燒掉羅馬的時候，就紛紛作鳥獸散。若是如此，那麼我們面對的，就不盡然是一群窮途潦倒或一無所有，完全沒有任何希望的市民——因為這樣的市民才不會害怕面對大火，因為他們本來就沒有什麼可失去，反而可能藉此革命而取得一切。更有可能的狀況是，卡提林的支持者是一群平凡但受苦的窮人，羅馬城的存亡對他們而言仍然是有所影響的。

無可避免的，西塞羅必然會刻意把卡提林所帶來的危險放大到極致。不論他在政治上如何成功，他在羅馬社會頂層的地位並不穩固。羅馬社會的頂層是由許多貴族家庭（例如卡提林的家庭）所組成的，他們都有顯赫的家世，有些人的家譜甚至可以直接追溯到羅馬的建國之父，或甚至可以追溯到希臘眾神，例如凱撒的家譜就可以一直上推到女神維納斯（Venus）。較為奇特的是，其中有一位據稱是米諾斯（Minos）的妻子帕西菲依（Pasiphae）的後代——帕西菲依也是個神話人物，據說她與公牛結合，生下可怕的牛頭怪米諾陶（Minotaur）。西塞羅為了在這樣的圈子保住他的地位，他必定會想在他擔任執政官的這一年做出轟動的事業。對抗野蠻敵人，贏得令人羨慕的軍事勝利，這是他以及大部分羅馬人最夢寐以求的事功。羅馬向來就是一個軍事國家，軍事上的勝利是最穩固最確切的榮耀之路。然而西塞羅不是軍人：他立下顯赫戰功的地點是法庭，不是帶領軍隊去對付那些危險或不幸的外國敵人。他必須用其他的方式來「拯救國家」。

羅馬某些評論家曾注意到這場危機對西塞羅非常有利。當時出現了一份攻擊西塞羅的匿名傳單——這份傳單之所以保存至今，是因為一度被誤傳出自薩祿斯特的手筆。這份傳單清楚譴責西塞羅「把國家的危機轉變成個人的榮耀」，更進一步宣稱西塞羅的執政是「發生密謀的原因」，不是密謀的解決方案。明白地說，我們現在應該提出來的基本問題不是西塞羅誇大了那場陰謀的危險，而是他到底把這份危險誇大到何種程度。

圖5　這座西元四世紀的古羅馬墓碑描繪鑄印錢幣的簡單方法。首先把空白錢幣放入鐵砧上的兩個模具之間，左側的男子手持槌子，重敲該「三明治」，將圖樣敲入並壓印在那枚空白錢幣上。右側有個副手，他手中的火鉗暗示空白錢幣得先預熱，好讓壓鑄的工作順利一點。

現代有些最極端的懷疑論者主張整件密謀全部都是西塞羅的想像，其實根本沒那回事。因此在此情況下，那位聲稱自己是個「武器愛好者」，他就真的是個武器收藏家。那些顯示卡提林有罪的信件都是偽造的。至於那群從高盧來的代表團則是執政官西塞羅捏造的騙局，謠傳中的暗殺行動也是西塞羅妄想症發作的結果。這個觀點十分極端，但似乎不太可能。畢竟，卡提林的軍隊曾和羅馬軍團直接交手打過仗，這不能說是西塞羅的想像。比較有可能的解釋是，不論卡提林本來的動機是什麼，不論卡提林是個有遠見的革命志士還是道德敗壞的恐怖分子，他之所以被迫走向極端，部分的原因可能是因為有個執政官一心只想跟他對槓，一心只想從這場對峙中得到個人的榮光。不論眼前的證據如何，西塞羅很有可能得一再說服他自己，讓自己相信卡提林對羅馬的安全是個重大的威脅。這一切我們並不難理解，因為從最近的許多例子可以得知，政治妄想症和個人利益通常就是如此運作的。真相如何，我們永遠無法確知。這個所謂的「密謀」永遠是最有用的典型例子，可以用來說明詮釋古典問題的兩難：真的有造反者潛藏在自家門內，還是所謂的危機只是——或者至少部分——精心編造的一個設計而已。當然，這場危機也必須作為一個提醒，亦即提醒我們在羅馬的歷史裡，就如其他國家的歷史，我們必須永遠保持警覺，注意尋找是否有其他對立的說法。這也是這本書的部分重點所在。

我們的卡提林？

西塞羅和卡提林之間的對峙自此成為政治衝突的樣板。不久之前，羅馬夫人宮（Palazzo Madama）成為義大利的現代元老院，為了裝飾裡頭的房間，義大利當局委託畫家麥卡瑞繪製十一月八日那天以及其他跟羅馬歷史有關的場景。這件事一點也不是偶然。這組圖畫的繪製，其用意大概是要讓現代的元老們知所借鑑。多少世紀以來，那場「密謀」的各種對和錯、西塞羅和卡提林各自的缺點和優點、國土安全與市民自由之間的種種衝突，這些一直都是人們熱烈爭辯的話題，而且參與討論的也不盡然都是歷史學家。

這段歷史偶爾會被人大力改寫。托斯卡尼（Tuscany）地區有一齣中世紀流傳下來的傳統戲劇，劇中的卡提林雖被羅馬軍團打敗，但是他活了下來，並且繼續扮演地方英雄的角色，並與一個名叫貝麗西雅（Belisea）的女子發展一段纏綿悱惻的愛情故事。另一版本則給了他一個名叫烏柏托（Uberto）的兒子——他因此成為佛羅倫斯烏柏帝王朝（Uberti）的祖先。在這些改寫版本中，最有想像力的莫過於克里畢連（Prosper de Crébillon）的劇本《卡提林》（*Catilina*）。這部作品在十八世紀中期第一次上演，彷彿變戲法似的，戲裡的卡提林與西塞羅已婚的女兒圖莉婭（Tullia）共譜戀曲，並在一間羅馬神殿上演不少香豔熱情的戲碼。

那場陰謀案重新被寫入小說或搬上舞臺，通常都會被重新調整，使之符合作者的政治傾向和時代的政治氛圍。一八四〇年代，易卜生（Henrik Ibsen）推出第一部戲劇作品，其主題就是描寫西元前六三年的事件。易卜生寫作的當時，歐洲各地的革命活動已經結束，然而劇中的革命英雄卡提林仍在戲裡努力掙扎，反抗他寄居其間的腐敗世界。至於西塞羅則完全從這場事件中隱沒，既不見他出現在舞臺上，也很少有人提到他——這大概是西塞羅所能想像最糟糕的一種境遇了。與易卜生相反，班姜生（Ben Jonson）在「火藥密謀案」（Gunpowder Plot）之後寫了一部劇本；在他筆下，卡提林是個有虐待狂的反英雄，死在他手下的受害者不計其數。在班姜生精采生動的作品中，地底世界得出動一整隊海軍艦隊才有足夠的空間運載受害者的靈魂，送他們渡過冥河（River Styx），進入地底世界。他筆下的西塞羅也不怎麼討人喜歡。在他的劇本裡，西塞羅是個喋喋不休、單調無趣的角色；因為他真的太無趣了，一六一一年這部劇本首次上演的時候，許多觀眾就在他細述卡提林罪狀的中途離席而去。

在這裡，班姜生對西塞羅是有點欠公允的，至少就西塞羅在勸說方面的演說能力而言。至少西塞羅說過的話今日仍在持續使用，或被直接引用，或被策略性地稍加改編，這是不容忽略的事實，例如《反卡提林一》演講稿的第一句「卡提林，你還要持續濫用我們的耐心多久？」即使到了今日，即使在二十一世紀的政治修辭中，仍可見到這句開場白的蹤影，仍然張貼在現代政治活動的各種旗幟上。要把這句話放入規定只能寫一百四十個字的現代推文中也很方便，你只需要拿掉卡提林這個名字，填上你要批評的對象的名字就可以了。事實上，就在本書的寫作過程中，在一連串推文和頭條新聞裡，「卡提林」的名字就曾多次在各種推文中被取代，換上美國、法國、敘利亞總統、米蘭市長或以色列首領的名字，例如這一則：「Quo usque tandem abutere, François Hollande, patientia nostra?」（按：法蘭索瓦．歐蘭德是前法國總統）；至於引用這句口號的現代人當中，到底有多少人可以解釋這句口號的出處，或了解西塞羅和卡提林的衝突，這個我們就無從知曉了。他們當中或許有心懷特別的政治理想的古典學家，但並不是所有反對者和抗議者都是如此。這句口號的使用指向某種與古典學識截然不同，但是也許更為重要的事物，亦即這個跡象顯示在西方政治的表面之下，人們仍然隱約記得西塞羅與卡提林的衝突，而且這場衝突至今已經成為我們的政治鬥爭和種種爭論的樣板。西塞羅的滔滔雄辯仍是現代政治語言的特徵，即使今人對其來歷只有模糊的了解。

西塞羅想必會很高興。他曾寫信給他的史學家朋友盧克伊斯，請求後者把他執政時期的成就寫下來，因為他希望得到永恆的聲譽。他以一種掩飾得很好的謙虛，如此寫道：「想到後代子孫會討論到我，這讓我渴望得到某種永恆。」但是，誠如我們所看到的，他的朋友並沒有幫他。西塞羅如此明目張膽的要求，這或許令他的朋友產生反感，因而「忽略歷史的規則」，不願留下有恭維之嫌的詳細紀錄，只以精確的文字草草交代了事。不過事件後來的發展想來會讓兩人覺得始料未及。西元前六三年這一事件讓西塞羅獲得的不朽聲名，遠遠超過盧克伊斯所能給他的，因為過

圖6　西元2012年，匈牙利民眾高舉西塞羅的拉丁文名言，抗議青年民主主義者聯盟（Fidesz）企圖改寫憲法。這句名言的再利用，並不限於政治場合。在一場著名學術辯論會裡，卡蜜兒．佩利亞（Camille Paglia）把卡提林的名字換成法國哲學家傅柯（Michel Foucault）的名字，高聲叫道：「傅柯，……你還要持續濫用我們的耐心多久？」

了兩千多年，他的演說詞仍然還有人引用，而且是一而再再而三地加以引用。

接下來的幾章裡，我們將會看到更多這類政治衝突和許多有待商榷的詮釋，有些還與我們這個時代的某些不幸事件有所呼應。不過現在我們應該離開西元前一世紀，走入羅馬最為久遠的過去。就史料的角度而言，過去的羅馬與西元前一世紀比較起來顯得相當虛無縹緲。然而我們還是要回到過去，看看西塞羅和他的同代人如何重建羅馬城的早期歷史。為何羅馬城的過去對他們是重要的？追問「羅馬起源於何時」這句話的意義何在？關於羅馬最早期的歷史，他們究竟知道些什麼？我們又知道些什麼？

第二章

最初：羅馬的曙光

西塞羅和羅慕勒斯

根據羅馬人的傳統說法，西元前六三年十一月八日西塞羅發表慷慨演說，指控卡提林密謀叛亂的那座朱庇特神殿即是羅馬建國之父羅慕勒斯創建的。七百多年前，羅慕勒斯當時帶著一小隊士兵，正在和鄰近的薩賓人（Sabine）打仗。兩軍交戰處，就是後來羅馬廣場的所在地，也是西塞羅那個時代的政治中心。當時羅馬人被打得節節敗退，戰況十分不利。羅慕勒斯為了取得勝利，只好使出最後一招：向天神朱庇特禱告——不僅僅只是朱庇特，而是那位「護持者朱庇特」（Jupiter Stator），亦即那位「牢牢護持世人的朱庇特」——希望朱庇特保佑他贏得勝戰。他向天神保證，如果他的士兵能戰勝逃跑的欲望，留下來力抗敵人，牢守家園，那麼他就會替朱庇特蓋一座神殿作為回報。他的士兵打贏了。因此他就在交戰的地點蓋了一座朱庇特神殿。這是羅馬史上的第一座神殿。我們在未來還會看到羅馬人為了紀念戰爭的勝利，陸陸續續蓋了許多這樣的神殿或聖堂。

這則朱庇特神殿成立的故事，至少是李維和其他幾位羅馬史家相信的版本。考古學家至今還未能找到這座神殿的任何遺跡。如果這座神殿真的可以追溯到羅馬建國的初期，那麼到了西塞羅的時代，相信這座神殿已經經過好幾次大規模的重建。不過毫無疑問的，當西塞羅召集元老到那座神殿開會，他心裡十分清楚自己在做什麼。他想到的，必定是羅慕勒斯這位先例，並企圖利用神殿這個地點來強調他的用意。他想讓羅馬人凝聚起來（「牢牢護持」著他們），堅決面對他們的新敵人卡提林。在演講的結尾，他說的差不多也就是這個意思。我們可以想像他當時一定是稍微轉身面向朱庇特的神像，指著神像對他的聽眾發言，亦即訴諸天神朱庇特，藉此提醒他的聽眾不要忘記該座神殿建立的緣由：

> 朱庇特，您是在這座城市建立的同一年，由羅慕勒斯供奉成立的。我們可以這麼說吧，您是牢守這座城和這個帝國的神祇——您一定要阻止這個人，阻止他的同黨；您會讓他們遠離您的神殿和其他神祇的神殿；您會讓他們遠離這座城裡的房屋和圍牆，還有遠離羅馬所有市民的生命和財產……

其實，西塞羅在此暗示他就是新的羅慕勒斯。跟他同時代的羅馬人也了解他這個暗示。不過，他建立的這個連結在他的同代人之間卻產生了反效果。有些人利用這個暗示來嘲諷他出身小鎮的背景，戲稱他是「阿皮諾的羅慕勒斯」（the Romulus of Arpinum）。

西塞羅這個行動是羅馬人的典型做法：凡事訴諸開國之父，回到羅馬早期那些激勵人心的故事，還有回到羅馬城誕生的那一刻。嬰兒時期的羅慕勒斯和他的雙胞胎哥哥雷穆斯吮吸母狼奶水的圖像，即使到了現代也還是羅馬起源的象徵。這座母狼餵養兩個嬰兒的青銅雕像十分著名，是羅馬藝術當中最常被模仿，辨識率也最高的作品。我們可在許多產品上看到這個圖像，例如明信片、茶巾、菸灰缸、冰箱磁鐵。羅馬足球俱樂部的徽章也印著這個圖像，由於該俱樂部的海報在羅馬市隨處可見，這個圖像也因之而出現在現代羅馬市的每面牆上。

這個圖像實在太熟悉了，我們因此很容易把羅慕勒斯和雷穆斯（或拉丁文的秩序：雷穆斯與羅慕勒斯）的故事視為理所當然，因而忘了這個建城故事不論放在任何一段歷史時期，放在世上任何一處都是最奇特的「歷史傳奇」。不用說，這個故事當然是一則神話或傳奇，即使羅馬人自己認為這是歷史——廣義的歷史。母狼給一對人類雙胞胎餵奶，這個情節放在任何故事裡都十分奇異；即使是古代史家，他們有時也不免會心有所疑。此種懷疑其實是正常合理的，因為怎麼就那麼湊巧，被遺棄的雙胞胎剛好碰到一隻正在泌乳的母狼。這則故事的其他細節也還有許多令人困惑的成分，比如兩個建國之父（羅慕勒斯**和**雷穆斯）。前述兩項已經是極不尋常的想法了，更何況故事裡還有其他許多反英雄的元素，例如謀殺、強暴、綁架，甚至連羅馬最初的居民也都是一群罪犯和逃犯。

圖7　不管母狼雕像確切的塑造日期為何，那對孿生嬰兒肯定是後來添上的，而這件西元十五世紀的作品之塑造，顯然是為了刻畫羅馬的開國神話。今日這組雕像的複製品遍及世界各地，這有部分得歸功於墨索里尼（Benito Mussolini），因為他把這組雕像視為羅馬的象徵，四處傳揚。

這些十分不討喜的元素讓現代某些歷史學家忍不住懷疑，覺得這個反宣傳的故事會不會是羅馬的敵人和受害者編造的，目的是為了報復羅馬擴張國土所帶給他們的威脅。這個說法如果不是太極端，也太過於奇巧，且有化解故事裡的古怪元素的企圖。這個解釋也忽略了一個重點：不管這個故事始於何處，始於何時，羅馬作家從來不曾停止敘述與再敘述這個故事，而且也不曾停止針對羅慕勒斯和雷穆斯的故事展開激烈的討論。這一點比僅僅追問羅馬城最初如何形成更為重要。西元前六三年十一月八日那天，元老們擠進朱庇特神殿，聆聽西塞羅這位新羅慕勒斯演說的時候，他們心中必然十分清楚意識到這個建城故事所引發的許多問題，包括身為羅馬人的意義何在？羅馬人具有哪些使羅馬人成為羅馬人的特質？還有另一個同樣重要的問題是：他們究竟從祖先那裡繼承到哪些缺點和短處？

要了解古羅馬人，我們有必要了解他們自己相信自己來自何方，同時還要仔細思考羅慕勒斯和雷穆斯這個故事的意義與其他建城故事的主要主題，嘗試了解其中微妙與隱晦不明之處。最早的羅馬人並不是只有這對雙胞胎而已，特洛伊英雄伊尼亞斯在整部羅馬史中也占據十分重要的地位。據說特洛伊城淪陷之後，伊尼亞斯逃到羅馬，重新建立了一座新的特洛伊城。細探這些故事背後隱藏的意義也很重要。「羅馬始於何時」這個問題不論對現代讀者和古代史家而言，幾乎都同樣具有吸引力，同樣引人深思。考古學研究所呈現的早期羅馬圖像，與神話迥然不同。這個早期圖像既令人感到驚異，也令人備感困惑，而且充滿了爭議。即便那座著名的青銅母狼雕像也是如此。那座雕像真的如一般人所認為的，是羅馬最早期的藝術作品之一？或者誠如現代科學分析所建議的：這座雕像只是中世紀的一件傑作？無論如何，過去一百多年來，我們已經找到一些遺跡，而且這些遺跡當中，有的可以追溯到西元前一千多年那座位於臺伯河畔的小村莊，亦即那座後來發展成為西塞羅的羅馬的小村莊。

謀殺親兄弟

羅慕勒斯的故事不只一個版本。就我們目前所知，約有二十幾個，有些版本甚至出現相互矛盾的情節。西塞羅和卡提林發生衝突的十年後，他寫了一篇論文，稱為《論國家》（*On the State*）。在這篇論文中，他提出了他的版本。就像歷來許多政治人物那樣，西塞羅一旦察覺到自己的權力漸漸式微，就躲入政治理論尋找慰藉（有時在裡頭頗為浮誇地侃侃而談）。他這篇長篇哲學論文討論的主題是優良政府的本質；他從羅馬建城的開端，從頭開始探討羅馬「憲法」的歷史。首先他簡短敘述羅慕勒斯兄弟的故事。不過在他的筆下，他迴避了羅慕勒斯究竟是不是戰神馬爾斯（Mars）之子這個尷尬的問題，同時也避開了這個故事裡的神話成分，以免引起各種可能的質疑。簡短起個頭後，他接著馬上討論羅慕勒斯選擇的建國地點，並且嚴肅地討論該建國地址各種地理方面的優點。

他如此寫道：「羅慕勒斯沒把城邦蓋在那條永不停息，永遠流向海洋的大河旁邊，他選擇了這個地點——這個地點既能得到靠近大海的種種好處，又避免了近海的種種壞處，羅慕勒斯這個決定真是太好了，這實在是個聰明的決定。」他進一步解釋：臺伯河的好處是讓外國的補給品可以輕易進口，並讓本地多餘的物資可以輕易出口。另外，他說把城邦蓋在山丘上，這不僅讓羅馬擁有理想的屏障可以抵禦外患；這個建城地點同時也是一個健康的居住環境——即使周遭環境是個「充滿瘴癘的地帶」。從西塞羅的語氣看來，彷彿羅慕勒斯早就知道他建立的城邦有一天會成為偉大帝國的中心。平心而論，西塞羅在此展現了不錯的地理見識。自他之後，許多後來者也紛紛指出羅慕勒斯選擇的地點具有戰略性的優勢，使羅馬可以輕易抵禦當地的外敵。出於愛國之心，西塞羅在此粉飾了當年的現實，並未說出自古以來，那條「永不令人失望的大河」讓羅馬市民一再成為洪水之災的受害者。而且，儘管城邦蓋在山丘之上，伴隨水災之後而來的「瘟疫」（或瘧疾）也是古代羅馬居民最大的殺手。一直要到十九世紀末，這個情況才宣告結束。

西塞羅筆下的這個故事並不是羅馬建城故事最著名的版本。現代許多羅馬建城故事的主要來源是李維。李維的作品至今仍是幫助我們了解早期羅馬史的重要著作。不過令人驚異的是：我們對李維其人其事所知甚少。我們只知道他來自義大利北部的帕多瓦（Patavium/Padua）；再來就是他在西元前二〇年代左右開始著手撰寫羅馬編年史；另外他與羅馬帝王之家相當親近，以致未來的羅馬皇帝克勞狄斯（Claudius）願意聽他的勸告，開始動手書寫歷史。無可避免的，李維作品的第一冊有大半篇幅寫的都是羅慕勒斯與雷穆斯的故事。比起西塞羅的版本，李維的版本多了精采的故事，少了地理方面的描述。李維從雙胞胎開始寫起，但是他筆下的情節發展迅速，很快就寫到羅慕勒斯的個人成就，包括他的建城始末和他如何成為羅馬的第一任國王。

據李維，這對雙胞胎的母親名叫希薇雅（Rhea Silvia）。希薇雅是個貞女祭司，住在義大利小城阿爾巴隆加（Alba Longa）——這座小城坐落在阿爾巴隆山丘之間，就在後來的羅馬城的南方。希薇雅之所以成為貞女祭司，其實並非出於自願，乃是情勢所逼。原來她的父親努米陀

（Numitor）本是阿爾巴隆加的國王，但是她的叔父阿穆略（Amulius）為了奪取王位，因此把努米陀趕走，並且逼迫希薇雅擔任貞女祭司。貞女祭司是個榮譽職位，但是她的叔父其實是假借這個榮譽職位來阻止他的對手努米陀留下後代。不過，他的預防措施並未奏效，因為希薇雅很快就懷孕了。在李維的故事裡，希薇雅聲稱她遭受戰神馬爾斯強暴，因而才懷有身孕。關於這一點，李維和西塞羅都表示懷疑。李維婉轉表示，戰神或許有可能只是一個方便的藉口，用以掩飾一樁人世的行為。話雖如此，其他羅馬作家對這個說法都充滿信心，他們認為希薇雅正在看顧聖火之際，火中出現了戰神馬爾斯的陽物。

希薇雅生下雙胞胎之後，阿穆略馬上命令他的僕人把嬰兒抱走，然後帶到附近的臺伯河淹死。但是兩個嬰兒沒死。就像許多文化裡的這類故事，被交付這種任務的人都覺得很為難，最後都不願（或者不忍）如實遵守命令，執行任務。阿穆略的僕人也是如此。他們把裝有雙胞胎的籃子擺在河岸上，並未直接丟進河裡。因為當時正在漲潮，他們心想反正河水很快就會漲上河岸。只是在那對嬰兒被河水沖走之前，那頭著名的母狼過來給他們餵奶，因此救了他們。許多羅馬作家都不太相信這個特別奇幻的情節，李維亦然。他曾試圖合理化這個情節。據他指出，「狼」的拉丁文，即lupa這個字在地方方言裡也有「妓女」的意思（妓院的標準拉丁文即lupanare），所以李維提出疑問：當初發現並且照顧這對雙胞胎的，是否其實是一個當地妓女，而不是一頭母狼？是否有此可能？

不管lupa的身分為何，有個善良的牧場主或牧羊人不久就發現了雙胞胎，並且把他們帶回家。他的妻子是不是就是那個妓女？李維忍不住如此猜想。無論如何，此後羅慕勒斯和雷穆斯就在牧人的鄉下家庭住了下來，一直都沒被發現。長大成人後，有一日他們在無意間和祖父重逢。他們幫忙祖父重新登上王位後，就出去另覓地點，建立自己的城邦。不過兄弟兩人很快發生爭吵，而這一吵的後果十分嚴重。李維的解釋是：兄弟倆注定會心生敵意，產生野心，因為這是代代相傳的詛咒，從他們的祖輩努米陀與阿穆略遺傳到羅慕勒斯和雷穆斯這一代。

兩兄弟對於該把新城邦蓋在哪裡發生爭執。確切地說，兩人爭論的重點是該把新城邦的中心蓋在哪一座山丘（事實上，當時那裡不是只有著名的七丘而已）。羅慕勒斯選了帕拉廷（Palatine）——後來羅馬皇帝的豪華宮殿就蓋在那裡，並且這座山丘還留給我們一個英文單字：palace（王宮）。雷穆斯則屬意阿芬丁（Aventine）。據說羅慕勒斯當時正在建造圍牆，圈住他選中的地點。兩兄弟吵完之後，雷穆斯以一種挑釁之姿，躍過羅慕勒斯的圍牆。接下來發生了什麼事？歷來的說法很多。不過根據李維，最普遍的說法是：羅慕勒斯殺了他的兄弟，成為新城邦唯一的王，隨後並用他的名字給新城邦命名。當羅慕勒斯使出那可怕的、殺害親兄弟的一擊時，他喊道：「任何越過我圍牆的人，死吧！」對於一個總是用「好戰」來描述自己的城邦而言，這是一個很貼切的口號。不過，這個城邦的戰爭都是其他城邦挑起的——這個城邦只是針對他人的入侵做出反應，因此他們的戰爭總是「正當」的。

強暴鄰邦婦女

雷穆斯死了。他幫忙建立的城邦居民稀少，只有羅慕勒斯的一小群朋友和同伴。由於新城邦實在需要多一點人口，因此羅慕勒斯宣布他們的新城邦羅馬是個「避難之地」，鼓勵義大利其他地區的民眾前來定居，不管是逃走的奴隸、被定罪的犯人、四處流浪的人或難民他全都歡迎。這個宣告使羅馬城增加不少男性居民。根據李維的描述，為了增加新城邦的女性人口，羅慕勒斯只得訴諸詭計——和強暴的手段。他邀請附近鄰邦所有居民——薩賓人和拉丁人——前來參加一項宗教慶典和娛樂活動。這兩支民族就住在羅馬附近一個稱為拉丁姆（Latium）的地區。在慶典的中途，他給人民發出訊號，允許他們綁架訪客當中的年輕女子，並將她們帶走，強娶為妻。

十六世紀的畫家普桑（Nicolas Pousin）以重現古羅馬故事場景知名於世。他有一張畫描繪了事件當時的情景：羅慕勒斯站在講臺上，冷靜地監督臺下正在發生的暴行。在他身後，有一棟宏偉的建築正在興建。西元前一世紀的羅馬人應該都會認得這幅畫中所描繪的早期羅馬建築。他們有時會把羅慕勒斯的家描繪成羊群流竄的磚泥小屋，但是他們也偶爾會把羅慕勒斯的居所誇大，將之寫成一個華麗的、早於現實成形的古典城市。這個場景也常被人透過各種方式，利用各種媒體重新加以想像。一九五四年，歌舞劇《七兄弟和他們的新娘》（*Seven Brides for Seven Brothers*）即以諧擬的手法重現了這個場景（在這齣歌舞劇中，那幾位女子是在建立美式穀倉的宴會中被綁架的）。一九六二年，畢卡索為了回應古巴飛彈危機，選用這個主題創作了一系列油畫；只是比起普桑，他的畫面更加強調暴力元素。（見圖3，頁五三）

羅馬作家也從來不曾停止討論建國故事中的這個情節。有一位劇作家以這個主題寫了一整套悲劇，只是很可惜這部悲劇目前只有一句引文流傳下來。羅馬作家苦苦思索這起事件當中的各種細節，例如他們會猜想到底有多少女人被擄走。李維並未加入討論，他只估了一個數字，亦即介於三十到六百八十三人之間。後面這個數字過於精確，以至於顯得很虛假，而且數目也大得不合情理。很顯然的，這個數字應該是非洲王子裘巴（Juba）的估計——這位王子之前跟隨凱撒來到羅馬，並在羅馬度過多年的年輕歲月，學習各種學問，包括羅馬歷史和拉丁文文法等等。除卻前述細節，羅馬作家最關注的，也許是這起事件裡頭那些表面上看來似乎是罪行和暴力的部分——畢竟這次慶典也是羅馬史上的第一場婚禮。一旦羅馬學者試圖解釋傳統婚禮上那些令人困惑的特色，還有解釋那些用來祝賀的慣用語，他們就會想到這次慶典，並且回到這次慶典來尋找解答，例如婚禮中的那一句歡呼「O Talasio!」，據說就是當年參加慶典其中一個年輕羅馬男子的名字。這種種成為慣例的象徵和習語，是否暗示羅馬人的婚姻制度，其起源竟是一場集體強暴？綁架和強暴之間的界限究竟在哪裡？或更為普遍來說：這次慶典透露了羅馬人哪些好戰的性格？

李維的作品替早期的羅馬人辯護。他堅稱早期羅

圖8　這枚西元前89年的古羅馬銀幣，描畫兩個古羅馬首批公民強自擄走兩個薩賓婦女。鑄幣負責人的姓名印在圖案下方，字跡勉強可辨，叫薩比努斯（Lucius Titurius Sabinus）——可能這個圖樣是他挑選的。銀幣另一面印的是薩賓國王塔提烏斯的頭像。

馬人只擄走未婚女子，因此這是婚姻的起源，不是通姦的開始。藉由強調羅馬人並未**選擇**，而只是隨機擄走女子，李維表示羅馬人會這麼做只是一種必要的手段，目的是為了創造社群的未來；他亦強調羅馬人擄走那群女子之後，隨即跟他們的新娘海誓山盟，說盡種種甜蜜的情話。他也嘗試合理化羅馬人的行動；他指出羅馬人會出此下策，只是針對附近鄰居不合情理的行為的一種反彈。據他解釋，羅馬人的行為起初是正確的，因為羅馬人曾要求附近居民簽訂一項合約，讓雙方居民可以合法通婚。在這裡，李維很明確地提到的「通婚」（intermarrige/conubium）這個合法的權利，不過他的這個說法顯然違反了歷史的進程，因為「通婚」是後來羅馬與盟國和其他城邦的約定。總之在李維筆下，羅馬人會訴諸暴力，只是因為他們的要求被人不可理喻地斷然拒絕；換句話說，這又是另一場「正當的戰爭」。

其他史家對這場慶典的描寫略微不同。有些人在城邦的建造之初就察覺到所有明顯的好戰訊號。他們認為那場衝突並不是被挑起的。羅馬人只擄走三十個女人（如果真的只是三十個），這個事實更加顯示羅馬人心中念茲在茲的就只是戰爭，不是婚姻。薩祿斯特在其作品中亦曾暗示這一點。除了《對抗卡提林的戰爭》之外，薩祿斯特另著有一部比較概論式的作品《羅馬史》（*History of Rome*）。可惜的是，這部作品目前只有少數幾段引文散布在其他作家的著作裡。在《羅馬史》中，他想像（這真的只是他的**想像**而已）羅馬有一個最凶悍的敵人，這位敵人寫了一封信，抱怨羅馬的歷史到處都是掠奪行為：「他們一開始什麼都沒有，他們所擁有的一切——妻子、土地、帝國——全都是搶來的。」也許唯一可以為羅馬人開脫的說法就是責怪諸神。另一位羅馬作家如此寫道：「不然你要期待什麼？畢竟羅慕勒斯的爸爸就是戰神馬爾斯啊？」

詩人奧維德（Ovid，羅馬全名是Publius Ovidius Naso）對這起事件再次提出不一樣的看法。奧維德差不多與李維同時，但是兩人的個性截然不同。李維保守，奧維德則十分叛逆——他的這種充滿顛覆性的脾氣使他在西元八年遭受流放，當然部分原因也是因為他寫了一部機智的詩集《愛的練習》（*Love Lessons*），教人如何挑選伴侶。至於這起事件，他竟徹底顛覆了李維故事中的綁架情節，將之寫成一場調情的原初模式：此中只有色情，並無所謂的權宜之計。在奧維德筆下，羅馬人首先「各自尋找自己屬意的少女」，待羅慕勒斯的訊號一出，他們就對那群少女伸出「充滿色慾的手」，接著對他們擄獲的少女說盡甜言蜜語，而少女們的恐懼顯然更增添她們的性吸引力。奧維德語帶戲謔，提到打從羅馬最早期以來，慶典和娛樂活動向來就是找女人的最佳場所。或換句話說，他覺得羅慕勒斯實在太聰明了，竟想出如此絕妙好計來犒賞對他忠心耿耿的士兵弟兄。奧維德開玩笑地寫道：「給我這種酬勞，我也會馬上加入他的軍隊。」

誠如一般的故事，少女們的父母當然不會覺得女兒被擄是件趣事或是什麼風流韻事。他們聯合出兵攻打羅馬人，要求羅馬人歸還他們的女兒。羅馬人輕而易舉地打敗了拉丁人，但是薩賓人就沒那麼好對付。戰爭因此持續拖延下去。就在這段期間，羅慕勒斯和他的士兵弟兄遭受鄰邦激烈的攻擊，羅慕勒斯於是不得不召喚護持者朱庇特前來幫忙，並祈求朱庇特千萬不要讓羅馬人為了保命就棄城而去。西元前六三年，西塞羅也對羅馬人民提到這場戰爭，他也提醒羅馬人民要守護自己的城邦，只是他沒提到羅慕勒斯及其士兵之所以陷入戰爭，那是因為他們強搶了人家的婦女。戰爭後來停止了，但這都要歸功於那群被擄走的女子。原來她們已經接受了她們的命運，甘心當羅馬人的妻子和母親。她們勇敢地走進戰場，央求她們的丈夫和父親別再打了。她們解釋道：「沒有你們，我們不是變成為孤兒，就是變成寡婦；與其那樣，那我們還不如死了算了。」

她們成功了。她們的干預不僅帶來和平，據說羅馬還和薩賓人結盟，成立「羅馬－薩賓」聯邦，並由羅慕勒斯和薩賓國王塔提烏斯（Titus Tatius）聯合統治。只是好景不長，幾年之後，塔提烏斯就在附近鎮上的一場暴動中遭人謀殺；當然，他之所以遭人謀殺，多少也是出自於他的咎由自取。不過意外猝死後來也成為羅馬權力政治的特色之一。塔提烏斯死後，羅慕勒斯再度成為唯一的王，也是羅馬的第一任國王，統治羅馬三十餘年。

兄弟鬩牆，內外交戰

在這些故事當中，我們很容易發現羅馬後期歷史裡最重要的幾個主題，還有某些羅馬人最深沉的文化焦慮。這些故事揭露了羅馬人的許多價值觀和他們最念茲在茲的想法，或者至少是那些有時間、金錢和自由的羅馬人的想法——畢竟文化焦慮向來就是有錢人的特權。誠如我們剛剛看到的，其中一個主題就是羅馬人的婚姻。考慮到他們的婚姻的起源，我們不禁懷疑他們的婚姻究竟有多暴力？此外，從薩賓婦女對他們好戰的父親與丈夫的規勸中，我們也可得知另一個主題，亦即內戰。

羅馬這則建國傳說充滿許多令人困惑的情節，其中一個最大的謎就是他們有兩位建國之父：羅慕勒斯和雷穆斯。為何羅馬會有一個多餘的建國之父？現代歷史學家試圖提出各式各樣的解釋。也許這代表羅馬文化當中具有某些基本的雙重性，存在於不同階層，不同種族的人民中間？

或許這反映了一個事實，亦即羅馬後來總是有兩個執政官掌權？或許這涉及更為深層的神話結構，亦即羅慕勒斯和雷穆斯是這類神話故事當中的一個版本，就像世界各地——例如德國到印度——的神話故事中都有類似的雙胞胎故事，我們也別忘了聖經故事裡的該隱和亞伯。不管我們選擇的解決方式如何（大部分現代學者提出的解釋都不十分令人信服），一個更大的謎是：其中一個建國之父真的是多餘的——在建立城邦的第一天，雷穆斯就死了。有的版本說是羅慕勒斯殺的，也有其他版本說是雷穆斯自己的侍從下的手。對於那些沒把這個故事淨化並為之貼上「神話」或「傳說」標籤的羅馬人來說，兄弟鬩牆是建國故事當中最令他們難以接受的情節。西塞羅似乎就為此感到十分不安，他在《論國家》提到羅馬的起源時，竟直接略過這段情節。在他筆下，羅慕勒斯和雷穆斯一起現身，但是後來雷穆斯就悄悄消失在敘事裡。另一位歷史作家的選擇不同；在他筆下，羅慕勒斯為雷穆斯的死感到傷心欲絕（「他失去了活下去的意志」）。這位作家是西元前一世紀，哈利卡納斯的戴爾尼修斯（Dionysius of Halicarnassus）——他是羅馬居民，但通常我們都以他原來的家鄉哈利卡納斯（今日土耳其海岸）來指稱他。另有一位作家則另闢蹊徑，乾脆完全繞過兄弟鬩牆這個情節。這位作家名叫艾格納提斯（Egnatius），但是關於他的生平我們一無所知。他在史上留下唯一的紀錄就是他完全顛覆了謀殺的情節，宣稱雷穆斯終老天年，甚至活得比他的雙胞胎兄弟還久。

這個說法雖然大膽，但卻沒有說服力。提出這樣的說法，唯一的目的就是企圖跳過故事當中那兩個彷彿早已注定的悽慘訊息：一是兄弟相殘的命運已經根深柢固根植在羅馬的政治生活裡，二是打從西元前六世紀以來，一直糾纏著羅馬歷史的一連串可怕的內戰，西元前四四年凱撒遇害即是其中一例。試想有哪座一開始就奠基在兄弟相殘的城市，日後如何可能逃過發生人民內鬥相爭的命運？許多作家曾試圖回答這一問題。詩人賀拉斯（Horace/ Quintus Horatius Flaccus）就是其一，而他的答案很明顯。凱撒遇刺後，羅馬發生了十年內戰。內戰結束之後，賀拉斯於西元前三〇年寫詩嘆道：「痛苦的命運緊追著羅馬人民，自從無辜的雷穆斯血濺羅馬的土地，謀殺兄弟的罪就化作詛咒，降落在他後代的身上。」我們或許也可以這麼說：內戰就存在於羅馬人的基因裡。

羅慕勒斯當然可以被視為開國之父——通常他也是被呈現為英勇的開國之父。西塞羅固然對雷穆斯的命運感到不安，但是在與卡提林對決的時候，他卻毫不遲疑地把自己比作羅慕勒斯。再者，謀害兄弟的陰影儘管始終存在，吸吮母狼奶水的雙胞胎意象在古羅馬卻隨處可見，從首都羅馬到最偏遠的省分皆可看到——羅馬廣場和卡庇多丘（Capitoline Hill）都曾立有母狼與雙胞胎的塑像。在西元前二世紀，希臘奇歐島（Chios）的人民為了向羅馬表示忠誠，曾對羅馬獻上貢品，其中一件貢品就是一座紀念碑，碑上刻著——套句他們自己的話——「羅馬之父羅慕勒斯和他的兄弟雷穆斯的誕生故事」。這座紀念碑現在已經不在了，但是我們知道這座碑的存在，因為奇歐人將他們當時的決定刻在一塊大理石石板上，而這塊石板至今還在。總的來說，羅慕勒斯這個角色始終潛藏著明顯的道德寓意和某種令人惴惴不安的政治性格。

另一個令人不安的元素是「避難之地」這個概念，還有羅慕勒斯宣稱他歡迎所有人到羅馬居住的這個舉動。羅慕勒斯在為新建的城邦招募居民時，曾宣布不管是外國人、罪犯和逃犯他都一律歡迎。這個舉動當然有其正面意義，尤其特別的是：這一舉動反映了羅馬政治文化中的開放性格，以及羅馬願意接納外來者的心胸。這種開放的態度讓羅馬卓然獨立於所有已知的古代西方社會。沒有任何一個希臘城邦曾如此歡迎外來者，從來不曾。雅典尤其嚴格，外來者極難取得雅典公民的資格。但這並不是說古羅馬人具有我們今日所了解的「自由」精神。古羅馬人征服了歐洲以及歐洲以外的大片土地，有時手段還極為殘暴。他們通常也是仇外的，對那些他們稱為「野蠻人」的民族，他們的態度十分輕蔑。不過，那些住在被他們征服的土地上，亦即羅馬人稱之為「行省」裡的居民，這些居民最終都會獲得完整的羅馬公民權，受到羅馬法律的保護。在前工業化的帝國當中，賦予行省人民公民權的這個過程僅僅存在於羅馬。到了西元二一二年（亦即本書終止的年分），這一授與公民權的程序終於達到高峰：這一年，卡拉卡拉皇帝把羅馬公民權賜予帝國境內所有的自由民。

不過，即使在西元二一二年之前，來自各個行省的菁英分子早已大量進入首都羅馬的政治圈。羅馬的元老院逐漸變成我們今日或許會如此描述的多元文化團體，而且是

圖9　羅慕勒斯和雷穆斯的神話遠傳到羅馬帝國最遙遠的地方。這塊西元四世紀的馬賽克鑲嵌磚見於英格蘭北方的阿爾德堡（Aldborough）。母狼的造形逗趣可愛。那對孿生嬰兒飄浮在半空中，看來岌岌可危——顯然這對嬰兒跟卡庇多山那組文藝復興時期的母狼雕像一樣，也是後來才添加上去的。

一個不折不扣的多元文化團體。羅馬完整的帝系表上就有好幾位皇帝來自義大利以外的地區。卡拉卡拉的父親塞維魯斯（Septimius Severus）是第一個出身非洲的羅馬皇帝；在半個世紀之前當政的圖拉真（Trajan）和哈德良（Hadrian）來自羅馬的西班牙行省。作家格雷夫斯（Robert Graves）的小說《我，克勞狄斯》（*I, Claudius*）一書中，那位仁慈的克勞狄斯皇帝（雖然事實並非如此）在西元四八年，曾與一群態度稍微遲疑的元老爭辯，嘗試說服元老，讓他們同意高盧市民進入元老院。他花了不少篇幅，提醒元老院別忘了羅馬在建國之初就一直張開雙臂歡迎外國人的加入。這篇講稿的文本（包含某些顯然皇帝都得忍耐的打岔起鬨）後來被刻在銅板上，豎立在高盧行省（今日的里昂〔Lyon〕城市）。這塊銅板至今還在。但是克勞狄斯似乎沒有西塞羅幸運，可以在出版之前修改他的講稿文本。

奴隸也會經歷這個相似的過程。在某些方面，羅馬的奴隸制度有時與羅馬的軍事占領一樣殘暴。但對許多羅馬奴隸而言，尤其那些在都市從事家庭勞務，而不是在田裡或礦坑裡工作的奴隸而言，他們並不一定會終身為奴。他們不時會被賜予自由，或者如果他們存夠了錢，他們也可以自己贖回自由。如果他們的主人是羅馬公民，他們也可以得到完整的公民權，其所享有的權利幾乎與那些生而自由的公民無二無別。再一次，這個現象與古代雅典相比，差異極為驚人。在古代雅典，很少有奴隸會獲得自由；即便他們獲得自由，他們也不會成為雅典公民，而是陷入一種無國籍的游離狀態。實行奴隸的解放，或套句拉丁文的說法，即「解放奴隸」（manumission），這是羅馬文化當中極為獨特的元素。當時的外國人即注意到這一點，並認為這是羅馬城邦成功的重要原因。誠如西元前三世紀一位馬其頓（Macedon）國王提到的，羅馬就是靠這樣的方式來「擴展他們的國土」。羅馬釋放奴隸的規模之大，以至於某些史學家認為到了西元二世紀，羅馬城裡的大多數自由民，其祖先系譜多少都會出現一兩個奴隸。

羅慕勒斯故事中的避難之地清楚地指向這種開放的態度，暗示羅馬那種包羅萬象、文化多元的特色可以追溯到建國之初。羅馬人當中亦有人附和馬其頓國王的觀點，認為羅慕勒斯兼容並蓄的政策是羅馬城邦成功的重要原因。對他們來說，避難之地是他們引以為傲的機制。不過我們也會聽到異議之聲，強調避難之地這個元素是建國故事當中令人十分不愉快的面向。試想一個堂堂大帝國，一經回溯，其祖先竟然大部分是罪犯和不三不四之人？不僅羅馬的敵人看到其中的諷刺，羅馬人自己也深有同感。西元一世紀晚期到西元二世紀初期，一位很喜歡挖苦羅馬人做作之風的諷刺詩人裘維納（Juvenal/Decimus Junius Juvenalis）即狠狠地批評了羅馬人生活的另一面向：勢利。他嘲諷那些誇口自己的家世有數百年之久的貴族，在其中一首詩的結尾，他順帶批評了羅馬人的起源。他問：所有的這些虛張聲勢，其根源究竟是什麼？羅馬打一開始就是奴隸和逃犯聚集的城邦（「不管你最早的祖先是誰，他如果不是牧羊人，就是某種我不想提起的角色」）。西塞羅的觀點或許與這位詩人頗有相似之處。在寫給友人阿提庫斯的一封信裡，他即曾開玩笑地提到羅慕勒斯的「那群廢物」或「那群渣滓」這類字眼。他其實是在取笑他的一個同事；他說那位老兄在元老院裡發表演說，說得彷彿他就「住在柏拉圖的《理想國》（*Republic*）裡」，不斷侃侃而談，不時提到那位希臘哲學家的理想國，「而他事實上根本就處在羅慕勒斯的茅坑裡。」

簡而言之，不論好壞，羅馬人向來認為他們一直追隨著羅慕勒斯的腳步。西塞羅在控訴卡提林的那篇演說中會提到羅慕勒斯，他的目的不僅是藉由羅馬的建國之父來增進他的氣勢（雖然有一部分是如此），他同時想訴諸的，也是一個會激起同代人產生各種討論和論辯的故事，亦即羅慕勒斯究竟是誰？羅馬作為一個國家的意義何在？還有羅馬與其他國家的分野究竟在哪裡？

歷史和神話

羅慕勒斯的足跡深深印在羅馬的土地上。在西塞羅的時代，你不僅能參觀羅慕勒斯建立的朱庇特神殿，你還可以走進一個山洞——據說母狼就在那裡給雙胞胎餵奶。你也還看得到那棵重新移植到羅馬廣場的無花果樹——據說當年雙胞胎被河水沖上岸時，他們就躺在那棵樹下。你甚至還能參觀羅慕勒斯住過的屋子；那是一間由茅草和木頭蓋的小屋子，就坐落在帕拉廷丘。整體來說，那間小屋就是後來發展成大都會的原始羅馬的一部分。不過，那間木屋當然是人為的結果。西元一世紀末，有一位訪客即曾如此半帶暗示地寫道：「他們沒增添任何裝飾物來讓木屋看來輝煌一點；但是如果小屋有任何損壞，不管是因為壞天氣造成，還是只是老舊了，他們就盡可能把小屋修好，讓小屋恢復原來的樣子。」目前考古學家並未找到任何確定屬於那間木屋的遺跡。考慮到木屋脆弱的結構，找不到遺跡一點也不令人覺得奇怪。但是作為羅馬的建城紀念物，那間小木屋還是以某種形式存留下來，至少存留到西元四世紀，當時羅馬著名的景點名單上仍有人提到這棟小木屋。

神殿、無花果樹、小心維護的木屋——這些物質上的「遺跡」是羅慕勒斯作為歷史人物的重要證明。誠如我們向來的了解，羅馬作家並不是一群容易受騙的笨蛋，即使他們一再重述這些傳統故事，他們同時也會提出許多關於細節的疑問（例如狼的角色、戰神父親等等）。不過毫無疑問的，他們相信羅慕勒斯真的存在過，羅慕勒斯曾為羅馬的未來發展做了許多重要的決定，例如建城地點的選擇；還有他們也相信羅慕勒斯多少是靠著個人的力量，一手創立許多獨具特色的羅馬憲法。根據某些敘事版本，元老院這個機構就是羅慕勒斯創立的。此外，羅慕勒斯還創立了「勝利凱旋式」這個慶典——許多世紀以來，羅馬人一旦獲得最大（最血腥）的戰爭勝利，他們接下來通常會舉行這樣的勝利大遊行。西元一世紀末，羅馬人擬了一張所有曾立下戰功的將軍名單，並將這張名單刻在羅馬廣場的大理石嵌板上。羅慕勒斯名列第一。這張名單的第一筆資料如此寫道：「羅慕勒斯，國王，戰神之子。羅馬年第一年三月一日擊敗凱尼納人（Caenina）。」羅慕勒斯的名字之所以上榜，那是因為他輕易擊敗了附近的拉丁鎮民，但是這裡並未提到這群人之所以來犯是因為羅慕勒斯的弟兄搶走了人家的年輕婦女。此外，關於他是神的兒子這一項，這筆公開的紀錄也沒有露出一絲絲懷疑的態度。

羅馬學者致力於研究羅慕勒斯的各種成就，並且嘗試制定一份精確的羅馬早期年表。在西塞羅的時代，有個最熱門的論辯議題是：羅馬城究竟是在何時建立的？羅馬究竟有多古老？聰明的學者巧妙地從他們已知的羅馬日期開始，然後回頭推算那些他們不知道的、較為早期的日期，並試圖讓發生在羅馬的事件與希臘的歷史年表同步。他們尤其喜歡把羅馬歷史與每四年舉行一次的奧林匹克運動會（Olympic Games）相互比配，因為很明顯的，奧林匹克運動會提供了一個固定且真實的時間範圍（雖然現在我們知道奧林匹克這個時間範圍本身也有部分是前人巧妙推算的結果）。羅馬早期歷史年表之制定涉及一個極度複雜且專業的論辯。但是慢慢地，學者們大致同意希臘與羅馬的歷史「開始」於差不多同一個時間。他們綜合各種意見，最後歸結到我們所謂的西元前八世紀中葉。這個日期後來成為經典，許多現代教科書仍然加以徵引。之所以會如此，其原因部分可追溯到一部稱為《編年史》（*Book of Chronology*）的學術論著。這本書的作者不是別人，正是時常與西塞羅通信的阿提庫斯。這本書如今已經失傳，但是一般的意見是：阿提庫斯把羅慕勒斯的建城日期訂定在第六次奧林匹克運動會的第三年，也就是西元前七五三年。在此基礎上，其他歷史學家進一步把羅馬建城日期訂定在四月二十一日。時至今日，羅馬人仍在這一天慶祝他們國家的生日——他們舉辦絢麗的遊行，模擬格鬥士在古羅馬競技場上的表演等等。

神話與歷史之間通常有一道模糊的界限（想想亞瑟王和寶佳康蒂〔Pocahontas〕公主的故事就好）；如同我們即將看到的，在眾多文化當中，羅馬的歷史與神話之間的界限尤其模糊。即便羅馬人給羅慕勒斯的故事增添種種精巧的歷史元素，我們有許多理由依循我們今日的判斷，從而把這個故事或多或少視為神話。首先，很少有村鎮或城市是由一個單一的個體在短時間內徒手建立而成。城鎮的形成，通常是人口、聚落模式、社會組織、身分認同的緩慢變化，逐漸聚集的結果。大多數城鎮的「創建」，其實都是人們事後的建構，人們回頭走進遙遠的過去，並在那裡為後來的城鎮建構一個身世或一個想像的原初版本。「羅慕勒斯」這個名字本身就洩露了真相。雖然羅馬人一般認為羅慕勒斯用他的名字來為他新建的城市命名，但是我們現在相當確定真相正好相反：「羅慕勒斯」是「羅馬」（Roma）這個字最具想像力的建構；換言之，「羅慕勒斯」僅僅只是「羅馬先生」（Mr Roma）的原型。

再者，西元前一世紀的作家和學者遺留給我們的羅馬起源故事，其中並沒有羅馬歷史最早期的直接證據；就某些方面而言，他們擁有的證據可能比現代學者所知道的還要少。古羅馬並未留下文件或資料檔案。少數刻在石頭上的早期銘文固然珍貴，但是其年代並未像羅馬學者所想像的那麼早。而且，就像我們在本章結尾即將發現的，羅馬人有時候會無可救藥地誤讀早期的拉丁文。沒錯，他們當時是還看得到如今已經失傳的歷史文本。但是那些文本之中，最早的是寫於西元前二〇〇年，而這個日期與羅馬最初的建城日期仍有一大段距離。這道時間的鴻溝僅能利用各種故事、歌謠、通俗劇和口述傳統來加以填補。不過，口述傳統通常變化多端，而且為了適應場合與觀眾，各個版本在重述與再重述之間往往會出現相互矛盾的現象。目前有少數幾則羅慕勒斯的故事可追溯到西元前四世紀；不過問題是，除非我們把青銅母狼這個元素放入故事，否則故事的線索就到此戛然而止。

但是換個角度看，正因為羅慕勒斯的故事

圖10　來自伊特魯斯坎地區的精美鏡子（反射面在另一側），畫的似乎是羅慕勒斯和雷穆斯吮吸狼乳的場景。果真如此，這面西元前四世紀的鏡子就是這個故事最早的證明之一。但是有些多慮的現代學者寧可視之為伊特魯斯坎神話的場景，或羅馬神話裡那對更神祕的孿生子，即拉爾神（Lares Praestites）。

充滿神話性格，不具狹義的歷史意義，因此反而鮮明地反映了古羅馬某些核心的文化問題。這個故事也因此才如此重要，因為我們可藉此了解羅馬歷史——廣義的歷史。羅馬人並未像他們自己以為的那樣，僅僅只是繼承建國之父所關心的各項事物。事實剛好相反。經過好幾個世紀的重述和重寫，羅馬人自己已經建構且重構了羅慕勒斯的角色，將他塑造成一個強而有力的象徵，藉以代表羅馬人的偏好、論辯、意識形態和焦慮。詩人賀拉斯曾說內戰是羅馬打從建國伊始就一直承受的詛咒和命運。事實並非如此。其實事實剛好相反：羅馬人將他們國內那種顯然永無止盡的公民衝突，回頭投射到他們建國之父的故事裡。

即使一則故事已經發展出相當固定的文學形式，我們總還是有機會加以調整，重新改寫，例如我們已經看到西塞羅選擇掩蓋雷穆斯的謀殺案。艾格納提斯則根本全盤否定有謀殺案這件事。不過李維筆下的故事給我們一個機會，讓我們得以明確地看見羅馬的建城故事是如何可以與時下發生的事件取得共鳴，產生聯繫。據李維，羅慕勒斯統治羅馬三十年；有一天，他在一場暴風雨中被一朵雲遮住，不久就不見了。傷心的羅馬人很快得出結論：羅慕勒斯是被眾神帶走，位列仙班去了。這種跨越人神界限的詮釋，在信仰多神教的羅馬宗教系統裡是可以被接受的（雖然在我們看來這種解釋似乎有點荒唐）。不過，李維也坦承當時有其他人的說法與此不同。據其他史家，國王是被幾個元老活活砍死的。這兩個截然不同的情節，並非全然出自李維的杜撰。西塞羅早幾年在描寫羅慕勒斯的完美典型之餘，筆端曾稍微露出某種程度的懷疑。西元前六〇年代有個野心太大的政治家受到威脅，有人恐嚇他，要他「小心遇上羅慕勒斯的命運」，這句警告我想並不代表他即將成神。不過話說回來，李維是在凱撒死後數十年才開始寫這部歷史，如果我們考慮到凱撒確實是被元老們活活砍死再頒給他神的地位，讓他在羅馬廣場擁有自己的神殿，則我們可知李維所寫的故事是既含蓄又飽含明確的意義。如果我們在這裡忽略了凱撒這道弦外之音，那麼我們就完全忽略了這個故事的重點。

伊尼亞斯和其他建國故事

羅慕勒斯和雷穆斯的故事有時令人覺得有趣，有時令人覺得困惑，有時則又凸顯了羅馬人的重大關懷——至少是菁英階級的關懷。從錢幣的設計圖樣，到通俗藝術呈現的主題，我們可知羅慕勒斯和雷穆斯的故事流傳極廣——雖然飢餓的農民不會花時間去擔心薩賓婦女被強暴的種種細節。這則羅馬起源的故事本身已經十分複雜，但是讓這則故事更顯複雜的是：羅慕勒斯和雷穆斯的故事並不是羅馬唯一的建城故事，還有其他建城故事與之同陳並列。這些故事有個標準的主題，但多少都各有各的變體。坦白說，還有一些故事看來十分獨特奇異，例如一則來自希臘的故事把奧德修斯（Odysseus），還有把荷馬《奧德賽》（*Odyssey*）裡幾個相似的情節帶入故事，從而暗示羅馬真正的建國之父是一個名叫羅穆斯（Romus）的男子。這位男子不是別人，正是奧德修斯和女巫瑟西（Circe）的愛情結晶。這則故事還提到瑟西的魔幻島就在義大利外海附近。坦白說，這個故事固然巧妙，但卻不合情理，而且手法頗有點像文化上的帝國主義，硬是強加給羅馬一個希臘源起。

另有一則傳說同樣深植在羅馬歷史和文學作品裡，亦即特洛伊英雄伊尼亞斯的故事。希臘人和特洛伊人的戰爭是荷馬史詩《伊利亞德》（*Illiad*）的主要背景。話說戰爭結束，特洛伊人戰敗城破之後，伊尼亞斯牽著兒子，揹著老父逃出燃燒中的廢墟。他最後來到義大利，因為他的命運注定要在義大利的土地上重建特洛伊城。他帶來了家鄉的傳統，甚至帶來了從破敗的廢墟中搶救出來的珍貴神像。

這個故事就跟羅慕勒斯的故事一樣，充滿了謎團、問題、曖昧，還有許多無解的問題，例如這則故事起源於何處，始於何時，為什麼會有這一則傳奇的出現等等。維吉爾就這個主題寫了偉大的史詩《伊利亞德》之後，這些問題就變得更為複雜與豐富。維吉爾這部史詩共有十二章，大約寫於羅馬第一任皇帝奧古斯都在位期間，到今天依然是廣為人讀的文學作品之一。這部作品也從此成為伊尼亞斯的故事的唯一版本，留給西方世界許多最精采的文學描寫，最具藝術感染力的片段，包括伊尼亞斯和迦太基女王狄朵（Dido）最淒美的愛情故事。原來伊尼亞斯離開特洛伊城（現代土耳其沿海地區）之後，就展開長途海旅，途中他遇到了暴風雨，被海浪沖上迦太基。他

圖11　這幅西元四世紀的馬賽克鑲嵌畫來自英格蘭南方洛漢姆（Low Ham）羅馬小鎮一棟別墅的浴室地磚。那間浴室的裝飾磚畫描繪一系列維吉爾《伊尼亞德》中的場景：伊尼亞斯抵達迦太基、狄朵和伊尼亞斯外出狩獵。圖中這幅則以極簡的風格描畫迦太基皇后與特洛伊英雄之間的激情。

在迦太基和狄朵共譜戀曲，住了一段時間。但後來伊尼亞斯決定離開狄朵，追隨命運的安排，動身前往尋找義大利。遭受遺棄的狄朵投身火葬堆自殺。十七世紀的普賽爾（Henry Purcell）以歌劇重現這一主題，劇中狄朵的詠嘆調〈勿忘我！勿忘我！〉深植人心，令人難忘。今天我們的問題是，我們現在已經很難知道這則故事當中有哪些元素是維吉爾的獨創（目前幾乎可以確定伊尼亞斯和狄朵的戀情是維吉爾的手筆），有哪些部分是較為傳統的故事。

我們目前可以確知的是：早在西元前一世紀之前，伊尼亞斯作為羅馬建國之父這個角色已經出現在文學作品裡，而且也在羅馬的土地上留下印記。西元前五世紀，有不少希臘作家曾約略提及伊尼亞斯身為羅馬國父的故事。西元前二世紀，一支來自迪洛斯島（Delos）的希臘使節到羅馬尋求結盟，他們訴求的部分重點是，提醒羅馬人要記得當年伊尼亞斯在前往義大利的途中，曾在迪洛斯島停留。來自哈利卡納斯的戴爾尼修斯確信他在距離羅馬不遠的小城拉維尼亞（Lavinium），曾看到伊尼亞斯的墳墓，或者至少是伊尼亞斯的紀念碑。「很值得一看，」他如此描述道。另外還有一則流行的故事提到羅馬廣場上的維斯塔女神神殿——這神殿燃有一盞聖火，由像希薇雅那樣的貞女祭司輪流守護，不使熄滅——藏有許多寶物，其中一件就是伊尼亞斯從特洛伊帶過來的雅典娜神像。或者至少有一則羅馬故事如此認為。雅典娜神像在古典世界十分有名，許多神殿都宣稱他們曾從特洛伊的大火之中救出這尊神像。希臘世界有多少座城邦，就有多少城邦宣稱他們國內所藏的才是真品。

不違多言，伊尼亞斯的故事也是一個神話，就像羅慕勒斯的故事一樣。不過羅馬學者卻為此感到很困惑，不知這兩個建國傳奇之間究竟有何關聯。他們耗費了大量精力，試圖把這兩個建國傳奇納入歷史。他們提出種種問題，例如：羅慕勒斯是伊尼亞斯的兒子嗎？或者也許是他的孫子？如果是羅慕勒斯建立了羅馬，那麼為何伊尼亞斯也是羅馬城的創建者？這問題最大的困難是：羅馬人把羅馬的建城日期設定在西元前八世紀，但他們通常又把特洛伊的傾城設定在西元前十二世紀（他們也認為這是一個歷史事件），而這兩個日期之間有個巨大的、令人難以放心的鴻溝。到了西元前一世紀，他們藉由一個複雜的家庭族譜，整理出某種連貫性，訂出一個「正確」的日期，從而把羅慕勒斯和伊尼亞斯關聯起來。在此，伊尼亞斯被視為拉維尼亞的建城之父，不是羅馬的建城之父。他的兒子亞斯卡尼（Ascanius）據說建立了阿爾巴隆加——羅慕勒斯兄弟就是從這座城逃出去的。阿爾巴隆加這個地方後來出現一個王朝，由幾位阿爾巴國王統治數代。這個王朝——即使以羅馬人的標準——看來很飄渺，不夠真實。不過這樣一來，伊尼亞斯的兒子亞斯卡尼就能與西元前七五三年這個神奇的日子產生聯繫。這也是李維認可的故事版本。

隱藏在伊尼亞斯這個故事的中心議題很明顯，其所呼應或誇大的是羅慕勒斯避難之地這個主題。在羅慕勒斯的故事裡，他張開雙臂歡迎所有人到他新建立的城邦定居，伊尼亞斯的故事則更進一步宣稱「羅馬人」早就已經是「外來者」了。這真是一個很矛盾的國家認同，顯然與許多古典希臘城邦——例如雅典——的國家認同大異其趣。雅典人認為他們城邦裡的人口一直都住在那片土地上，彷彿他們是從自己的土地神奇地蹦出來似的。但是羅馬的起源故事——不管是哪個版本——卻一再強調羅馬人的異國性。事實上，《伊利亞德》有一個情節提到主角伊尼亞斯在探訪未來羅馬城的地點時，他就發現在該地點上早已有羅馬原住民居住在那裡。這些原初的居住者是誰？原來他們是一群受到某個伊凡德國王（King Evander）管轄的聚居者。伊凡德國王又是誰？

原來他是流亡者，來自希臘伯羅奔尼撒半島（Greek Peloponnese）的阿卡迪亞（Arcadia）。這一則訊息很清楚：不管你回溯多遠，羅馬的居住者總是來自外地。

把這個訊息巧妙地總結起來的是一則詞源學的研究。這筆奇異的資料出自哈利卡納斯的戴爾尼修斯的書。希臘和羅馬的讀書人很沉迷於派生詞的研究，他們相信派生詞的研究不僅可以看到字源，也可以獲得該字詞的核心意義。他們的分析有時是對的，有時卻錯得離譜。有趣的是，他們的錯誤通常都很發人深省，例如這個例子即是。書一開始，戴爾尼修斯談到羅馬最初的地點住有另一群更原始的聚落，即原住民（the Aborigines）。拉丁文aborigines（原住民）這個字的派生詞義應該極為明顯，亦即那些人打從「一開始」（ab origine）就一直住在那裡。持平而論，戴爾尼修斯確實曾提到這個可能的解釋，但是他就像其他人那樣，覺得另一個（我們覺得極不可能的）解釋也一樣重要，或者甚至更為重要。他認為aborigines這個字並不是從origo這個詞派生而來的，而是從拉丁文errare（「流浪」）演化而成，並指出aborigines這個字本來的寫法是aberrigines。換句話說，這群原住民——用他的話來說——是一群「沒有固定居所的流浪者」。

面對一個顯然是正確的詞源，羅馬學者卻選擇視而不見，非得透過另一個有所偏頗的拼寫，硬把「原住民」解釋成「流浪者」。這個現象並不是反映羅馬學者的愚蠢，而只是顯示他們具有一個根深柢固的想法，非得堅持就種族而論，「羅馬」向來就是一個流動的概念，而「羅馬人」打一開始就處在移動之中。

正在出土中的古羅馬

羅慕勒斯和其他建城英雄的故事告訴我們很多事，包括羅馬人如何看待他們的城市、他們的價值觀、他們的種種缺點。這些故事也顯示羅馬學者如何討論他們的過去與如何研究他們的歷史。不過，就這些故事聲稱要告訴我們的面向而論，這些故事卻什麼也沒說，或者如果有說，說得也極少。他們宣稱要告訴我們的這幾個面向是：羅馬最早期的風貌，羅馬在何時以及如何轉變成都市社群。有個事實很明顯：西元前六三年，在西塞羅擔任執政官的時候，當時的羅馬已經是個很古老的城市了。但是，假如沒有任何建國時期的文件保存下來，我們又無法依賴傳奇故事，那麼我們如何掌握任何關於羅馬起源的資訊？我們是否有任何方式可以去接近臺伯河邊那座小小城鎮的早期歷史？

無論我們多麼努力，我們都不可能建構一個連貫的敘事，用以取代羅慕勒斯和伊尼亞斯的傳奇。我們也很難定出羅馬早期歷史各個階段的準確日期，雖然有許多史家對此信心滿滿。雖然如此，我們現在開始可以找到一個比較清楚的大致脈絡；透過這個脈絡，我們多少可以了解這座城鎮如何發展，多少可以一窺那個世界的面貌——那個世界的面貌有時令人驚異的清晰，有時卻令人更難耐的晦澀。

其中一個方式就是擱下前述那些建國故事，轉而到拉丁語言或者到羅馬後起的典章制度裡去尋找隱藏的線索。這些線索或許有可能會把我們帶到最早期的羅馬世界。這裡的關鍵概念是羅馬文化中的「保守主義」——雖然這個名詞既草率也頗為誤導人心。羅馬並不比十九世紀的英國更為保守。在這兩個地方，各種表面上看似守舊的傳統和說詞，事實上隱藏著許多大膽的創新。羅馬文化有個特色，亦即不願完全放棄過去的一切，傾向於保留各式各樣的「化石」——不管是宗教儀式或政治生活或任何其他方面皆是如此，即使過去的這一切的本來意義早已不復存在。有一位現代作家說得很好：羅馬人就像那些雖然買了新型廚房用具的人，但卻一直無法丟掉各式各樣舊用具，反而讓這些舊用具持續堆積，占滿空間，即便他們從此再也不會用上這些舊用具。現代和古代學者至今一直都在懷疑這些「化石」或舊用具就是我們了解早期羅馬的狀況的重要證據。

這裡有個大家津津樂道的例子。每年十二月，從前的羅馬城會舉行一個稱為七丘之城（Septimontium）的聯合慶祝儀式。這個慶祝儀式裡頭發生的事，我們並不全然清楚。但是根據一位博學的羅馬人，羅馬在被稱為羅馬之前，其名字正是七丘之城；另有一位學者列了一張與這個儀式有關的山丘名單：帕拉蒂（Palatium）、威利亞（Velia）、法古塔爾（Fagutal）、薩布拉（Subura）、坷爾馬魯斯（Cermalus）、奧庇烏斯（Oppius）、卡伊里烏斯（Caelius）和契斯庇烏斯（Cispius）（見地圖2）。這張名單上有八個山名，這表示在歷史發展的過程中，有些事情產生了混淆。但是更重要的是，這張名單有個很奇怪的地方：帕拉蒂和坷爾馬魯斯是那座現在通常被稱為帕拉廷山的一部分；另外，如果再加上把「七丘之城」視為「羅馬」的前身的這一概念，則我們是否可以提出一個可能，即這幾個山名是否有可能是指羅馬在發展成完整的城市之前，其實是一個個各自獨立的村落？這張名單很明顯少了兩個山名，即奎里爾諾（Quirina）和維彌納（Viminal）。這現象已經吸引某些歷史學家進一步加以探索。羅馬作家時常提到這兩座山，但是他們用的字是colles，而不是更為常見的拉丁文montes（這兩個字的意思其實差不多）。這個用語的區分是否代表羅馬早期歷史上的兩個各自獨立的語言社群？再進一步推論，我們面對的，是否有可能就是羅慕勒斯故事裡的那兩個社群，即薩賓人與colles有關，而羅馬人與montes有關？

我們是有可能可以如此推論的。「七丘之城」在某些方面與羅馬久遠的過去有關，這是毫無疑問的。但是這兩者究竟如何關聯？有多久遠？這就非常難以確知。前面的這種種推論，我雖然寫得彷彿很確定，但是事實可能並非如此，或者可能並沒有那麼確定。畢竟，我們為什麼要相信那位博學的羅馬人，從而把「七丘之城」認定是羅馬的早期名字？這個說法有可能只是一個大膽的猜測，用來解釋一個令他困惑也令我們困惑的古代慶典。此外，堅稱古代有兩個語言社群的這個說法也很可疑，讓人忍不住懷疑這是否是出於一個願望，即希望至少拯救部分羅慕勒斯的傳奇，使之成為「歷史」？

我們比較可以把握的是考古遺跡。如果往羅馬城的地底深處開挖，在地面可見的古代紀念碑之下，有一個或多個相當早期的原始部落的遺跡至今依然還在。羅馬廣場下面曾開挖出一座早期墓地。二十世紀初年，這座墓地初次出土的時候，還曾轟動一時。埋在墓地裡的死者有的是火化的，他們的骨灰就放在簡單的甕裡，甕旁則擺著本來裝了食物和酒的水壺和瓶子——其中一個男性死者的骨灰甕旁的瓶子裡有一小份魚、羊肉和豬肉，可能還有一點粥。其他死者是土葬的，他們的棺木很簡單，就只是一段剖開的橡木，然後把中心挖空而已。這裡還有一個大約兩歲大的女孩的墳墓，她穿著綴有珠子的洋裝，手上戴著象牙手鐲。在羅馬這座古城的其他地方，還有類似的遺址不斷開挖出來，例如在帕拉廷丘的一間大宅下面，考古學家在地底深處找到一個年輕男子的墳墓，他的陪葬品是一根小小的矛——也許那是一個象徵，代表他如何度過他的一生。

在考古學的研究紀錄裡，死者和埋葬物總是比活人重要許多。但是墓地的出現，即代表一個社群曾經存在。社群曾經存在的種種痕跡，也許可在後來的羅馬城附近——包括帕拉廷丘——的地底下找到；我們現在依稀可認出那是一間間小屋，其外形至今仍隱約可見。不過我們不知道那幾間小屋的詳細特徵，只除了知道它們是用木頭、陶土、茅草搭成的。我們更無法知道早年那些居民的生活形態如何。但是如果我們往羅馬城外去找，我們還是可以找到一點蛛絲馬跡來填補些許空白。一九八〇年代，考古學家找到一個保存得最好的，開挖得最完整的遺址，讓我們可以一窺早期住屋的結構。這個遺址位於羅馬城北方幾英里遠的費迪納（Fidenae）。這間小屋是長方形的，長約六公尺，寬約五公尺，由木頭（橡木和榆木）與夯實土蓋成——這種所謂填泥搗實的工法（pise de terre）今日仍有人在使用；小屋的四周圍著一道粗糙的廊柱，上面覆以向外突出的屋頂。屋內有一座中央壁爐，還有儲存用的大廣口瓶（另有一個較小的，看起來似乎是放置陶土的容器），屋裡還有幾樣我們猜想得到的食物（穀類、豆類）和家畜（綿羊、山羊、牛、豬）的痕跡。不過，這裡也有一項令人驚異的發現：考古學家在瓦礫與殘骸當中找到一隻貓的骨骸。據推測，這隻貓應該是死於燒掉那間小屋的大火（牠當時有可能是被綁著的）。這隻貓現在非常有名，牠被稱為義大利最古老的家貓。

從那位穿著最好的衣服入土的小女孩和這隻可憐的「捕鼠者」（顯然大火燒起來的時候，沒人來幫牠把牽繩解開）來看，我們可以看出這裡曾有人類與其他生命存活過的鮮明痕跡。問題是這些痕跡意味著什麼？這些考古遺跡當然足以證明我們所看到的古羅馬，其背後還有一個很久遠、很豐富的史前時期，但是這段史前時期到底有多久遠卻是另一個問題。

部分的問題出在羅馬城的開挖狀況。幾百年來，羅馬城這個地點一直有建築物密集地層層蓋上去，以至於我們發現的許多早期居住痕跡僅僅來自那幾處剛好沒被動到的地點。西元一到二世紀，為了建築範圍廣大的大理石神殿，羅馬人開挖的地基摧毀了許多在當時早已深埋入土的遺跡；文藝復興時期蓋的那些富麗堂皇的地窖更切開了大部分其他區域。所以我們現在所能看到的都是零碎的片段，從來不曾看到整體的大畫面。這是考古學最困難之處，即使到目前為止隨時都有新的遺跡出土。考古學家的詮釋再詮釋，幾乎總是都有再爭議之處。舉個例子，目前有個仍在爭論不休的問題：二十世紀中期有一批抹灰籬笆牆的斷片在羅馬廣場出土，學者對這批籬笆碎片的解釋頗有分歧，到底這表示羅馬廣場曾有個早期居民的聚落呢？還是那些碎片是幾百年後，人們從他處隨意找來墊高該地區的土塊？說到這裡，我們必須要指明的是：該地區固然很適合建造墓園，但是對於聚落而言，那裡到底是太潮溼、太近乎沼澤了。

圖12　這是羅馬和羅馬附近地區早期陵墓常見的典型骨灰甕；這些形狀有如簡單茅屋的死者之家是我們目前擁有的最好的資料，據此我們大致可以推測生者住所的外觀。

訂定確切的日期更是一個大問題。過去幾頁的敘述中，我都刻意含糊地使用「早期」這個語彙。我們必須再次強調的是：我們無法替早期羅馬或羅馬附近地區的考古發現訂定確切的日期；從這裡出土的每一個主要考古發現都有年代的爭議，至今依然。過去一百多年來，學者們使用各種確定年代的方式，大致訂定了一段大約從西元前一千年到西元前六百年的年表。學者使用的方法很多，可謂林林總總，包括觀察製陶手藝究竟是手工拉的還是機器拉的（機器拉製的陶製品的年代比手製品的年代晚）、依據開挖地點偶爾出現的希臘陶製品來做判準（希臘陶製品的年代斷定做得比較好，但也還是有一些不盡完美之處）、詳細比較每一個考古遺址的同與異等等。

在前述年表的基礎上，羅馬廣場最早的墓地可能可以追溯到西元前一千年左右，那些在帕拉廷丘找到的小屋遺跡則大概是西元前七百五十年到西元前七百年之間蓋的（很多人很興奮地注意到這個年代很接近西元前七五三年）。即使如此，這些日期也還是無法進一步確定。最近的科學檢測方法，包括「碳定年法」（radiocarbon dating）——檢測有機物質的碳同位素的餘留，據此來計算出土文物的年代；然而這種方法檢測的結果，往往顯示前述考古發現的年代都太「年輕」，差不多比前述日期年輕個一百多年左右。例如在費迪納發現的小屋，如果根據傳統的考古鑑定，其年代大約是定在西元前八世紀中期左右，但是如果用碳定年法來檢測，則其年代就會差個一百多年，亦即西元前九百年晚期。就目前來說，所有的年代都是流動的，甚至比平常更加流動，更加難以確定。如果非要說點什麼的話，那就是羅馬的年紀似乎越來越老了。

我們目前可以確定的是，到了西元前六世紀，羅馬已經是一個城市聚落，擁有一棟主要建築和幾棟公共建築。在此之前，即那些最早的時期，我們目前擁有一些被稱為銅器時代中期（the Middle Bronze Age）的零星考古遺跡，足以確定當時這個考古地點有人在那裡定居，而不是僅僅

「路過」而已。這段期間約介於西元前一千七百年到西元前一千三百年之間。在這段時間的某一點，我們可以相當確定當時已有較大的村落逐漸建立起來，可能當中還有幾個非常富有的菁英家族（從墳墓裡的陪葬物推斷）；然後在某個不可知的時間點，這些村落合併成一個社群，這個單一的社群到西元前六世紀已有很明顯的都市性格。我們無法確知這些分屬不同聚落的居民究竟何時開始把自己視為該城鎮的一分子，他們何時想到或把那座城鎮稱為羅馬。我們全無概念。

考古學關注的並不僅僅只是年代和起源而已。從羅馬城附近以及距離羅馬稍遠的地區所開挖出土的遺物，我們可看出羅馬早期聚落的一些特徵。首先，早期羅馬聚落與外面世界有很密集的往來。我在前面已經約略提到那位小女孩的象牙手鐲和某些墓地出土的希臘陶製品（製造地是科林斯或雅典）。考古遺址上還另外發現有部分珠寶，如鑲有進口琥珀的裝飾品等。這些物件的發現足以顯示當時羅馬與北方國家有所往來；我們不知道這些飾物是透過什麼途徑進入義大利中部，但是很明顯的，這些飾物代表義大利中部與波羅的海地區曾有所往來，不管這往來是直接的或間接的。早期羅馬，從我們所能知道的最早的時代開始，就與外界有十分頻繁的聯繫——就像西塞羅在強調羅馬據有戰略性的位置時，他所暗示的就是這點。

其次，羅馬與鄰近邦國既有相似之處，亦有許多重要的差異。在西元前一千年到西元前六百年之間，義大利半島的人口極為混雜。那裡有許多不同的獨立部落，各自有不同的文化傳統、起源、語言。紀錄保存最好的是南部的希臘聚落，那裡有幾個大約從西元前八世紀開始慢慢建立起來的城邦如庫邁（Cumae）、塔倫屯（Tarentum）、那不勒斯（Naples/Neapolis），分別住著從希臘幾個主要城市移居過來的人民——通常這些聚落被稱為「殖民地」（但是與今日的「殖民地」

意義不同）。義大利半島南方，包括西西里的大部分區域實際上是希臘世界的一部分，自有一套文學與藝術的傳統。有些希臘的早期作品，甚至有可能是最早的希臘文字樣本會在這個地區出土，這一點也不是偶然。義大利半島其他地區居民的歷史就比較難以重建，比如羅馬北部的伊特魯斯坎人（Etruscans），緊臨羅馬南部的拉丁人和薩賓人，龐貝城的原初部族奧斯坎人（Oscans）以及稍遠一點的薩莫奈（Samnites）人。這幾個部族並沒有文獻（假如他們有的話）留存下來。如果要建構他們的歷史，我們得全部依賴考古發現，像是刻在石頭或銅板上的銘文。不過，這些銘文有些可以判讀，有些難以辨認；有時我們也可以依賴後世羅馬人所寫的作品，不過通常這些作品都充滿羅馬人的優越感，比如在羅馬人筆下，薩莫奈人的標準形象是強悍、野蠻、沒有見識，簡直是一群危險的鄉下大老粗。

話雖如此，考古發現確實顯示羅馬在最早期的階段只是一個非常平凡的城邦。若據考古發現，羅馬的發展軌跡，亦即從四散的聚落逐漸合併成一個單一的城邦，在時間上差不多與義大利南部地區的發展同時。而從各個墓地裡出土的考古發現，包括本地陶製品、青銅胸針和部分更具異國色彩的舶來品，這些也與南部地區的發現相當一致。如果要說的話，比起其他地區，我們在羅馬發現的遺跡顯得很平凡，很不起眼，也看不出羅馬有多麼富庶。舉個例子，羅馬出土的遺跡之中，沒有一項比得上普雷尼斯特（Praeneste）那些富麗堂皇的陵墓。當然這也有可能是羅馬的運氣不好，誠如某些考古學家所說的，十九世紀在羅馬挖掘出土的古物當中，其中最好的部分早已遭人偷竊並賣入古文物市場。接下來的幾章中，我們即將要處理的其中一個問題是：羅馬究竟何時擺脫平凡，走向輝煌？

失落的連結

這一章的最後一個問題是：考古發現的材料是否一定得和羅慕勒斯和雷穆斯的神話傳統切割開來，猶如我在前面所呈現的那樣？是否有可能把我們的考古研究連上羅馬最早期的歷史，連上羅馬人自己所說的故事，或者與羅馬人精心編撰的城市起源搭上關聯？我們是否有可能在神話裡找到一點點歷史？

這個迷人的想法影響了許多現代歷史學家和考古學家，大家都想嘗試一下這個研究路徑。我們已經看到的例子是嘗試把七丘之城的故事解釋成羅馬的雙重性，即羅馬人與薩賓人，這也是羅慕勒斯的神話故事強調的重點。最近有一些早期的土製城牆在帕拉廷山腳下出土，而這觸發了各種瘋狂的推測，亦即這些土牆是否就是羅馬建城的那一天，雷穆斯躍過並身殉祖國的那道牆？這當然是考古學者的幻想。無可否認的，我們挖出了一些土牆遺跡，而這些土牆本身無疑也是重要的，但是這些土牆如何與帕拉廷丘早期的小屋聚落產生聯繫卻充滿疑問。無論如何，這些土牆與羅慕勒斯和雷穆斯這兩個非實存的人物沒有任何關係。那些試圖把土牆的年代以及相關的出土文物「揉進」羅馬的編年，使之連到西元前七五三年四月二十一日（這裡我可能有點誇大）的這些嘗試全都出自於個人的主觀論斷而已。

整座羅馬城只有一個地點，也許有可能可以直接把早期出土文物聯繫到羅馬的敘事傳統。一旦我們做此聯繫，則我們發現的，並不是這兩者之間的相符與和諧，而是一個巨大且有趣的鴻溝。這個地點位於羅馬廣場的盡頭，靠近卡庇多的山坡那端，距離當年西塞羅攻擊卡提林的朱庇特神殿只有幾分鐘路程，就在當年羅馬官員對人民發表政令演說的講壇旁邊。西元一世紀末葉之前，在羅馬廣場的人行道那裡，有一段區域豎起一座由許多黑色石板拼成的巨石群，形成一個大約長四公尺、寬三點五公尺的長方形，其四周再以低矮的石頭圍起來。

十九世紀到二十世紀之交，著名的考古學家賈科莫．波尼（Giacomo Boni）在那個區域開挖，並在黑石底下找到更為早期的建築結構的遺址。波尼在當時十分著名，聲名可比特洛伊城的發現者海因里希．施里曼（Heinrich Schliemann），但是他沒有種種令人起疑的詐騙嫌疑。波尼發現的建築遺址包含一座祭壇，只剩下一部分的獨立圓柱，還有一根比較矮的石柱，柱子的大部分表面刻滿了難以判讀的早期拉丁文——很有可能是世界上最早的拉丁文文本。這個遺址當初是刻意掩埋起來的，裡頭可以找到各種各樣的物品，有的非常罕見，有的很尋常，包括迷你小杯子、珠子、指骨，還有幾件珍貴的陶器，上頭畫有西元前六世紀雅典風格的裝飾花紋。這些出土的物件當中，有些看來似乎是宗教祭品。最明顯的解釋是：這是一座早期的聖殿，很有可能是火神霍爾坎（Vulcan）的神殿。在西元前一世紀重建羅馬廣場的時候，這座神殿被掩蓋起來，可是為了保存記憶，讓後人知道地下埋有一處聖地，因而在地面上鋪上獨具特色的黑色石頭。

後期的羅馬作家都知道黑石的存在，而且也各自對黑石所代表的意義有所詮釋。其中一位寫道：「黑石標記著一處不幸的地點。」而且羅馬作家也知道黑石下面埋有幾百年前的東西，他們認為那是一座跟羅穆勒斯及其家人有關的紀念碑，不是我們現在已經確知的宗教聖壇。還有不少人認為那是羅穆勒斯的墳墓；有些人則認為那是羅穆勒斯的養父弗斯圖魯斯（Faustulus）的墳墓——他們可能有所顧慮，因為假如羅穆勒斯已經成神，那麼他就不應該在人間留下什麼墳墓。另一群人則認為那是羅穆勒斯的朋友荷斯提里烏斯（Hostilius）的墳墓——荷斯提里烏斯是後來王政時期其中一位國王的曾祖父。

除此之外，他們也知道黑石下面埋有一塊石碑，有些人可能看過那塊石碑，有些人可能是經由道聽塗說得知的。關於碑上的文字，戴爾尼修斯提到兩個版本。一是荷斯提里烏斯的墓誌銘，紀錄「他的勇氣」，或是羅穆勒斯打完一場勝仗之後建立的紀念碑，上頭刻著羅穆勒斯「所有的英勇事蹟」。不過就考古遺跡來看，上述所敘沒有一則符合實情。甚至也不是像戴爾尼修斯所宣稱的那樣，亦即石碑是「以希臘文寫成」的；事實上，碑上的文字是貨真價實的早期拉丁文。這一處考古遺跡是個很好的例子，讓我們了解羅馬史學家對他們埋在地底的過去究竟知道些什麼，還有讓我們了解他們知道的竟是如此的少。更重要的是，這讓我們了解他們是如何喜歡去想像羅慕勒

圖13　早期神殿的示意圖。這是賈科莫．波尼在羅馬廣場的黑石下面挖出來的遺跡。圖的左側是一座神壇（其他地方找到的義大利同一時期的神壇也是四方形的U行結構），右側立著一座圓形的殘椿，在圓柱後方隱約可見的是那座刻有古拉丁文的石柱。

斯仍然存在於他們的城市裡，或存在於他們的城市底下。

就我們目前的判讀，石碑上這份文本實際記載的文字即將帶領我們來到羅馬歷史的下一個階段，還有帶領我們去探訪好幾位同樣充滿神話色彩的國王——通常大家認為他們是繼羅慕勒斯之後，陸續登上王座的羅馬國王。

第三章

羅馬的早期國王

石碑上的銘文

一八九九年，有一方石碑在羅馬廣場的黑石群下出土，碑上銘文包含一個意思是「國王」（*rex*/king）的單字，或這個字出現在石碑上的形式：RECEI，亦即當地使用的拉丁文的早期字形。這個古拉丁文單字讓這方石碑聲名遠播，並且從此改變了我們理解羅馬早期歷史的方式。

就許多層面來說，石碑上的文本令人感到極度挫折。首先這方石碑並不完整，碑身上方有三分之一段不見了，碑上的文字也近乎無法辨識。古拉丁文已經夠難解讀了，遺失的那一部分更是使人幾乎無法完整掌握碑文的意義。即便如此，我們還是可以確定一件事：這不是羅慕勒斯或任何人的墓碑。石碑上只有少數幾個字可以識別。總的說來，目前大部分的解讀不過就是把那幾個可以辨別的字連接起來，然後再據此提出大膽的臆測。其中一個著名的現代解讀是：碑上的文本是一份告示，警告人民別讓套軛的動物在聖殿附近大便；顯然聖殿附近出現動物糞便是一種惡兆。另一方面，我們也很難確定這方石碑到底有多古老。要給碑文訂定年代的唯一方法就是拿碑文上的語言與字形跟其他留存下來的早期拉丁文去做比對，不過現今留存下來的早期拉丁文例子並不多，而且大部分例子的年代也同樣難以確定。關於這方石碑的年代，目前的說法很多，其間的差異長達三百年，亦即介於西元前七百年到西元前四百年之間。歷史學家目前勉強達成的一個共識是：這方石碑大約刻於西元前六世紀後半期。

儘管有這麼多未知數，但是考古學家馬上意識到那個可以辨識的拉丁文單字，即RECEI的辭格為與格，意思是「給予或為了國王」；這個單字證實了羅馬作家的說法，亦即直到西元前六世紀末，羅馬出現了好幾位「國王」，並且統治羅馬大約兩百五十年之久。有此說法的作家很多，李維就是一例。據李維，在羅慕勒斯之後，羅馬一共歷經六位國王的統治，而且每位國王都各有一系列與之匹配的輝煌成就。這也是大部分羅馬史家的標準說法。

圖14　黑石下方出土的石柱，柱上鐫刻的碑文很容易被誤認為希臘文；某些古代觀察家**真的**就以為那是希臘文。事實上，這是一種字形十分酷似希臘文的古拉丁文；碑上文字的排列方式是所謂的牛耕式轉行書寫法（boustrophedon），亦即句子是從左讀到右，然後再從右讀到左，如此周而復始，逐行交替地排列下去。

這六位國王的故事精采多姿，每一位的故事都各有一套附屬角色，如英勇的羅馬戰士、殺氣騰騰的敵人和詭計多端的王后。李維《羅馬史》第一冊的後半部分敘述的就是這幾位國王的故事。據李維，羅慕勒斯死後，繼承其王位的是努瑪（Numa Pompilius），性格溫和的努瑪一手創建了羅馬大部分的宗教習俗。努瑪的下一任是以好戰知名的圖魯斯（Tullus Hostilius）；繼圖魯斯之後登基的是安可斯（Ancus Marcius），安可斯國王在奧斯提亞（Ostia，意即「河口」）建立了一座海港城市；緊接著安可斯的，是建立羅馬廣場和競技場（Circus Games）的塔奎尼亞斯（Tarquinius Priscus），或又稱老塔克文（Tarquin the Elder）；繼老塔克文之後上任的是政治改革家塞爾維斯・塔里亞斯（Servius Tullius），據傳塞爾維斯發明了羅馬的人口普查制度；最後一位國王是塔克文（Tarquinius Superbus），又名「自豪者塔克文」（Tarquin the Proud），或更為確切的「傲慢者塔克文」（Tarquin the Arrogant）。這第二位塔克文的獨裁作風，加上他家人的蠻橫跋扈，最後終於引起革命——羅馬人民起來反抗，終結了君主政體，建立了「自由」和「羅馬的自由共和」時代。塔克文這位獨裁者生性多疑，對付敵手毫不容情，在任期間提出多個瘋狂的建築計畫剝削人民，使羅馬人民苦不堪言。可怕的導火線——羅馬歷史上出現不止一次的導火線終於到來，這次是一起強暴事件，受害者是貞淑的盧奎西雅，加害者是國王的其中一個兒子。

十九世紀許多謹慎的學者向來對這幾位羅馬國王的故事感到很懷疑，不知其歷史價值何在。他們認為這幾位國王的存在證據並不比羅慕勒斯的傳說更為確切，並認為這整個傳統完全奠基在錯亂的傳聞和誤解的神話之上——更別提羅馬後期許多大家族時不時就竄改或發明早期羅馬城邦的「歷史」，目的是給他們的祖先一個光榮輝煌的角色，宣傳他們祖先的功績。這種懷疑，與當時許多史家的想法只有一步之差——當時多數知名史家或宣稱我們現在稱為「王政時期」的階段並不存在，又或宣稱前述幾位著名的國王只是寫書人的想像之物，或又宣稱羅馬早期真正的歷史已經完全亡佚。

波尼石碑上的古拉丁文RECEI，可說成功地挑戰了前述史家的強烈懷疑。沒有任何一個主觀的辯解——例如有人認為這個字在這裡的意義並不是「國王」，而是宗教官職的名稱——足以駁倒現在這個不爭的事實，亦即羅馬曾經經歷過一段國王統治的時期。這個發現改變了羅馬早期歷史討論的性質。不過無可避免的，這個發現也引發了其他許多問題。

這篇碑文現在把這幾位國王推到舞臺中心，但這也引發了一個問題：對於一座位於臺伯河邊，散布在幾座山丘之上的古代小聚落而言，君主統治究竟意味著什麼？畢竟這個古代社群的人口只有幾千人，而且人民住的都是小木屋，屋外只有灰泥籬笆牆。而「國王」這個語詞應該意味著某種更正式、更宏大的意義。不過後來的羅馬人看待他們的早期國王，或想像

圖15　在這幅畫於1784年，題為〈荷拉斯兄弟之誓〉（“The Oath of the Horatii”）的作品中，賈克—路易．大衛（Jacques-Louis David）刻畫了一則源自荷斯提里烏斯國王統治期間的傳說故事。當時羅馬正與鄰邦阿爾巴隆加交戰。雙方同意各派三人代表城邦出戰，以格鬥一決勝負。在大衛這幅作品裡，羅馬城邦的荷拉斯兄弟正從他們父親的手中接過刀劍。兩兄弟之中，有一人戰勝返鄉。但是他一回來就得手刃親姊妹，因為他這位姊妹與敵人訂有婚約（畫面中，這位姊妹正在哭泣）。這則故事既讚揚愛國主義，同時也詰問愛國主義的代價——在這一點，羅馬人與十八世紀的法國人思考的問題差不多。

早期國王的方式也頗為紛雜。首先，塔克文王朝突然垮臺之後，國王這號人物在羅馬歷史裡變得極度令人厭惡。對任何羅馬人而言，被人指責想當國王就等於在政治前途上被判了死刑。後世沒有任何一個羅馬皇帝會容許人民稱他為「國王」——即使有某些憤世嫉俗的觀察家懷疑皇帝與國王這兩者究竟有什麼差別。另一方面，羅馬史家把許多最重要的政治建制與宗教制度都回溯到王政時期，因此我們在許多充滿傳說意味的敘事裡，看到羅慕勒斯首先創建了羅馬城，接著在眾位國王的手中，這個城邦開始醞釀與成形，亦即從努瑪開始，一直到最後一任國王為止。羅馬人雖然對「國王」一詞避之唯恐不及，但他們卻把國王視為羅馬的創建者。

這段王政時期十分有趣，就橫跨在神話與歷史的交界。這幾位國王當然看起來比建國之父真實許多。不說其他，他們的名字——例如努瑪．龐皮里亞斯——顯然是真的，不像「羅慕勒斯」或「羅馬先生」充滿虛構的意味。但是這幾位國王的故事還是會有許多駭人聽聞的神話元素，例如據傳塞爾維斯的出生就像羅慕勒斯那樣，亦即他的母親也是因為聖火冒出的陽物而受孕的。這些流傳至今的虛構敘事，其背後究竟隱藏了哪些史實，我們現在幾乎難以指認。僅僅把明顯是幻想的元素剝除，然後假設那些剩下的核心就是歷史，這種想法未免過於簡單，而且這種想法恰恰就是十九世紀懷疑論者所反對的。他們的反對是有道理的。神話與歷史之間的關聯千絲萬縷，遠比前述學者所想來得複雜。在神話與歷史這兩端之間，既隱藏著許多可能，也有許多不可知的面向，例如名叫安可斯的國王曾經存在，但是他並未做過那些如今歸功在他名下的任何一件事？那些事蹟其實並非出自安可斯的手筆，而是某人或某些人的功績，只是這些人並未留下名字？諸如此類的問題尚有很多。

不過，很清楚的一件事是：一直到王政時期結束——就假定到西元前六世紀，我們才稍稍可以開始掌握到更為確切的史實——即便精確的日期依然十分難以確定。考古學家波尼的那些發現具有重大的意義，代表我們現在終於可以拿羅馬人自己描述的過去，還有地底下找到的考古遺跡，來跟我們所了解的歷史敘事做某種初步的連結。再者，我們現在甚至可以透過羅馬的鄰居與敵人的角度，一窺羅馬的早期歷史。舉個例子，距離羅馬北方七十英里有個伊特魯斯坎城叫武爾奇（Vulci）。考古學家在這裡找到一座大墓，墓中有一系列大約畫於西元前四世紀中期的繪畫，其主題顯然和羅馬國王塞爾維斯的英雄事蹟有關。這些繪畫十分珍貴，因為這些繪畫比我們從別處找到的任何相關的直接證據都早，而且早了數百年之久。要了解羅馬這個時期的歷史，我們必須好好利用像這樣的少許珍貴遺跡。下一節我們就來仔細觀察這一處遺跡。

究竟是國王？還是部族酋長？

十九世紀的懷疑論者有很好的理由質疑羅馬史家留下來的那些關於王政時期的作品。首先，這幾位國王的事蹟有許多接續不上的漏洞，其中最明顯的就是年代問題。在羅馬史家筆下，從西元前八世紀中期到西元前六世紀末這整整兩百五十年的時間裡，羅馬只有七位國王在位，而且還包含羅慕勒斯在內。我們很難想像早期羅馬這幾位國王如何可能如此健康，又如此長壽。因為這表示每位國王平均在位三十多年。沒有任何一個現代君主政體中的國君能有如此一致、如此長壽的平均壽命。

這個問題最簡便的解決方法有二。一是假設王政時期比羅馬人所估算的時間短，二是假設這段時期的國王人數遠比傳世紀錄中的七位更多（我們接下來將會發現有幾個人物很符合「失落的國王」這一身分）。但是也有另外兩個可能，一是關於這個時期的文本遠比前述兩個簡單的解決方案更誤導人心；再者，姑且不論年表，羅馬國王的性質實際上跟李維和其他羅馬史家所描寫的截然不同。

這當中最大的一個問題是：古代羅馬史家傾向於有系統地把王政時期予以現代化，並且誇大王政時期的各種成就，彷彿他們都帶著某種愛國的放大鏡來看待王政時期的歷史。根據他們的說法，早期的羅馬已經有元老院和公民集會這類建制——事實上，這類建制是五百年之後才設立的；另外，王政時期的王位繼承並非世襲制，古代史家在描述列王的繼承程序時，他們採用一個很複雜的法律程序，其中涉及先任命一個「中間王」（*interrex*），接著再經由公民投票選出一個新王，最後加上元老院的批准，這才產生一位合法的新王。再者，關於王位轉移以及這過程中涉及的權力掙扎和鬥爭，早期羅馬史家的描寫似乎與西元一世紀羅馬帝王時代的宮廷鬥爭並無違和之處。據李維，塔奎尼亞斯被謀殺之後，王后塔娜奎爾（Tanaquil）小心翼翼隱藏國王已死的消息，直到她確保她屬意的人選塞爾維斯可以順利登上王位，這才公布國王的死訊。她的這些手段和操作，與西元一四年奧古斯都死後，皇后莉薇雅（Livia）的運作手法並沒有什麼差別（頁四四四）。事實上，這兩件事是如此相似，以至於某些批評家懷疑在西元前二〇年代寫作的李維，很有可能是在西元一四年之後才完成《羅馬史》的這一部分，而且他很有可能是以那年發生的事件作為寫作的藍本。

同樣的，羅馬與鄰近城邦的關係也描寫得稍微誇大了點；我們會看到各種條約的簽訂、使節的往來、正式的宣戰等。至於羅馬與鄰邦之間的戰爭，其規模也寫得太誇大了些，彷彿交戰的雙方是強大的羅馬軍團與同樣強大的敵軍。我們在這裡會讀到種種描寫古戰場的文字，例如騎兵如何突襲敵軍的側翼，步兵如何被迫撤退，敵軍如何被打得落花流水……還有各式各樣描寫兩軍交戰的陳腔濫調（或真實戰況）。事實上，這樣的語言大量出現在史家對那段時期的描寫裡；許多史家信心滿滿地提到西元前七世紀和西元前六世紀羅馬的「對外政策」，彷彿這種事情真的存在似的。

此時我們需要核對一下現實情況。不論我們選擇如何描寫早期羅馬人的都會社群，其規模大致是介於極小到很小之間。在前歷史時代，人口總數是出名地難以估計，不過羅馬「最初的」人口至多只有幾千人而已──姑且先不論當時各自零散的聚落究竟在何時開始自認自己是「羅馬人」。根據現代的標準算法，到了王政時期最後一位國王被推翻的時候，亦即到了西元前六世紀末，我們估計那個地區大約住了兩萬到三萬人左右。這只是一個理想的估計，根據的是該地區土地的大小、那個時間點羅馬所可能統治的領土大小，再來是那樣的面積大約可以合理居住多少人。這樣的估計，其可能性遠大於古代史家提到的那些誇張的數字。李維徵引了西元前二〇〇年，羅馬第一位史學家畢克托爾（Quintus Fabius Pictor）的作品；據畢克托爾的說法，王政時期的末期，羅馬成年男性的人口約有八萬人，若加上女性和孩童，則總人口數將會超過二十萬人。對於古義大利這個新社群而言，這個數字是很荒唐的（這個數字接近西元前五世紀中葉雅典或斯巴達最繁榮時期的人口總數）。再者，從考古遺跡來看，這段時期也沒有找到這樣大小的城邦曾經存在過的痕跡。這個數字唯一的好處是與古代史家筆下那個誇大的早期羅馬世界是相符合的。

不用多說，我們也不可能知道這個範圍很小的早期城市聚落的任何相關制度。除非羅馬與古代所有地中海地區（或任何地區）的古老都市迥然不同，不然羅馬的制度結構應該比古代史家所描寫的來得鬆散。王位轉移的各種複雜的程序——包含選舉「中間王」到全民投票到元老院批准等，在這個脈絡下是不太合理的。這類描寫至多是以相當晚期的語彙來改寫早期的歷史而已。軍事活動的檢驗是很好的參考點，因為光是地理本身就應該讓我們駐足沉思。我們只須檢驗那些英勇戰事發生的地點即可了解：所有戰役都發生在羅馬城內大約半徑十二英里的範圍內。儘管史家詳細描繪的戰役風格宛如羅馬大戰漢尼拔的迷你版本，不過用我們現代的語彙來說，那些戰役實際上的規模也許更接近某種搶奪牲畜的突襲，而且參與者嚴格來說甚至還可能稱不上是「羅馬人」。在歷史上，許多早期聚落一旦發生私人暴力事件——不管是私刑正義、家族世仇、游擊戰役等，其實

圖16　這方出自六世紀晚期或五世紀早期的石碑在1977年出土，地點是羅馬南方四十英里處；這塊石碑是早期城邦擁有私人民兵最有說服力的證據。據碑文，這是華樂里烏斯（Publius Valerius）的「蘇歐達樂斯」（SUODALES）獻給戰神馬爾斯的獻辭。華樂里烏斯可能是共和時代第一年那位半屬傳奇的執政官華樂里烏斯・帕布里可拉（Publius Valerius Publicola）（頁162）。這石碑以當時的拉丁文書寫，華樂里烏斯的名字出現在第一行：POPLIOSIO VALESIOSIO；所謂的SUODALES，古拉丁文的拼寫為sodales，可能是「同伴」的委婉語，更確切的說法是「同黨」。戰神馬爾斯的名字出現在最後一行最後一個字：MAMARTEI。

都花了很久的時間才受到國家的管控。早期各式各樣的衝突通常都交由某個個人及其從人私下解決——這群人我們今日可能會稱之為私人軍閥。而且，戰役究竟是為「國家」而打還是為了有權有勢的首領而打，早期羅馬人並不太清楚這中間的差異。不過我們幾乎可以確定後者，即為首領而打才是早期羅馬的實際情況。

既然如此，我們該如何了解早期的羅馬國王？那塊石碑上的「國王」一詞又如何解釋？拉丁文rex當然可以指現代意義的「國王」——就這一點，我們與西元前一世紀的羅馬人對這個語詞的認知大致相同。和我們一樣，他們提到這個語詞時，腦海裡浮現的不只是一個獨裁權力的意象和象徵，他們同時也會想到理論意義上的統治形式，一種和民主或寡頭政治相反的政府形式。但是這種想法不可能出現在幾百年前那群石碑刻寫人的腦海裡。對刻寫石碑的人而言，rex這個字很有可能意味著個人的權力和權勢，而且此種權力和權勢並不具有結構與「憲法」的含意。如果我們要討論羅馬歷史這個早期階段的現實情況，而不是神話，我們或許最好使用「部族首長」或「老大」這類語詞而不是「國王」；也最好也使用「酋長（chiefly）時代」來形容這段時期，而不是「王政（regal）時代」。

建國故事：宗教、時代、政治

對羅馬史家而言，羅慕勒斯之後的幾位國王是羅馬城邦建國過程的延續。在他們心目中，這幾位國王就像羅慕勒斯那樣，也被視為歷史人物（即使有更多抱持懷疑論的史家懷疑這幾位國王的誇張故事是否可稱為歷史）；但是，我們有必要再一次說明的是，流傳至今的許多傳統歷史敘事，其所反映的並非史實，而是後代羅馬人將他們最主要的關注和焦慮投射到遙遠的神話與傳說裡。我們並不難在這些歷史敘事中找到和羅慕勒斯故事相同的主題和關懷，例如這幾位國王據傳都來自各式各樣不同的背景：努瑪和塔提烏斯一樣，是個薩賓人；塔奎尼亞斯來自伊特魯里亞（Etruria），父親是個難民，來自希臘城邦科林斯；對於那些不相信塞爾維斯是戰神之子的史家而言，他們認為他的父親是個奴隸，至少是個戰俘（關於塞爾維斯的身世討論是如此激烈，以致於羅馬廣場的橫板上，其他將領的名字、家世與功勳一應俱全，唯獨塞爾維斯少了父親的名字）。雖然有時我們會讀到某些羅馬人——尤其是那些「壞」羅馬人——抱怨外國人和下層階級搶了他們與生俱來的權利。但就整體而言，這裡的訊息很清楚：即使在羅馬政治的最頂端，「羅馬人」可以來自其他地方；那些出身微賤的人，即使他們曾經當過奴隸，也有機會爬上社會的最頂層。

國王統治時期的羅馬也不時爆發內戰，發生家族衝突。王位繼承的時刻特別危險與血腥。七位國王當中，據說有三位遭到謀殺；另一位國王據說犯了宗教上的禁忌，因而遭到天神懲罰，被閃電劈死；塔克文遭到流放。只有兩位國王壽終正寢。安可斯的幾個兒子因為無法登上王位，於是雇用殺手謀害了塔奎尼亞斯。塞爾維斯也是因為同一個原因遭到塔克文謀殺；據說後者與塞爾維斯的女兒聯手，在這個故事最為恐怖的轉折處，塞爾維斯的女兒駕著馬車，刻意輾過她父親的身體，將她父親的血，隨著車輪帶入她家裡。這個主題當然是延續內戰嵌於羅馬政治之中的這個觀念，但是這個主題也指向羅馬政治文化的另一個特點，亦即權力如何從一個人轉移到另一個人，或如何從一個世代傳到另一個世代。值得注意的是，過了五百多年，在奧古斯都和尼祿這群新獨裁者建立的第一個王朝之中，我們也會看到相似的，或更為糟糕的慘死事件，而這類謀殺（或相傳為謀殺）的不幸事件，通常都發生在家族成員之中。

不過，王政時期並不只是重演羅慕勒斯所提到的議題。依循這個建國故事的邏輯，到羅慕勒斯統治結束，羅馬還是一個尚未成形的城邦，所以接任的每一位國王都各有各的獨特貢獻，由此確保王政時期結束時，羅馬已經具備大部分使羅馬成為羅馬的特殊制度。努瑪和塞爾維斯是其中兩位被賦予最多貢獻的君主。塞爾維斯據傳設計了後代稱為「人口普查」的方法；據此方法，他計算羅馬的人口總數，並把羅馬公民分出等級。過了好幾個世紀之久，人口普查依然是古代羅馬政治發展過程的中心機制。這個機制藏有等級制度一個最根本的原則：富有的人天生就比窮人更有權力。在他之前的努瑪則多多少少憑藉一人之力創建了羅馬的宗教體系，還有許多至今依然沿用的風俗與宗教名詞，至少遠遠超乎本書篇幅所討論的範圍，例如現在天主教教宗的官方頭銜「教皇」（pontifex/pontiff），事實上，這個頭銜是衍生或借用自努瑪創立的其中一個祭司職位名稱。

後代羅馬人回顧他們的城邦在地中海以及地中海以外的地區崛起，他們並不認為這個奇特的成就僅僅來自他們高超的軍事技藝。據他們推論，他們之所以會獲得勝利，那是因為眾神站在他們那一邊，亦即他們對宗教的虔誠保證了他們的成功。奇妙的是，這一道理顛倒過來也是成立的：他們如果遇到失敗，那是因為他們在與眾神打交道的時候出了某種差錯，例如也許他們忽略了惡兆，也許沒有正確執行某個重要的宗教儀式，或許觸犯了某些宗教規矩等等。在他們與外界往來的時候，這樣的虔誠甚至可以拿來誇耀，例如在西元前二世紀初，一位羅馬官員寫信給位於今日土耳其沿岸的希臘城鎮堤奧斯（Teos），向當地居民保證他們擁有政治上的自主權（至少一小段時間）；在這封信中，他把這個訊息表達得十分清楚。那封信後來被刻在一塊大理石上，豎立在提奧斯公開展示；我們今日讀這封信，仍可感受其浮誇的言語：「我們羅馬人向來就把對諸神的尊敬視為第一要務，從未動搖。諸神對我們的眷顧就是這個事實的明證。再者，我們有許多其他的理由相信：我們對諸神的高度崇敬一直都是人盡皆知的事。」換言之，宗教是羅馬權力的基礎。

上述這點我們也可以在羅慕勒斯的故事中一窺端倪。在決定要獻給護持者朱庇特一座神殿之前，他亦曾向諸神諮詢新城邦的建立地點。稍早兩兄弟曾藉由觀察鳥類的飛行，藉以判斷神諭。兩兄弟之所以會發生激烈爭吵，部分原因也是因為兩人對神諭的解讀不同。不過，後世被尊奉為「羅馬宗教制度創建者」的，並不是羅慕勒斯，而是他的繼任者，亦即愛好和平的努瑪。

努瑪雖被尊奉為羅馬宗教制度的創建人，但這並未讓他躋身摩西、佛陀或穆罕默德之列。羅馬的傳統宗教與我們今日通常了解的宗教，其間具有重大的差異。今日許多現代宗教辭彙——包含「教宗」和「宗教」等語——都借用自拉丁文，然而這種借用，卻模糊了古代羅馬宗教和我們現代宗教之間某些最主要的差異。在古羅馬，他們沒有我們所謂的教義，也沒有聖經，更沒有我們所謂的信仰系統。羅馬人**知曉**諸神的存在，但是他們並不打從心裡**相信**諸神，就像我們現代熟知的其他宗教信仰那樣。古代羅馬人也不重視追求個人的救贖或道德的養成。相反的，他們的宗教主要聚焦在執行各種儀式，目的是要確保羅馬和諸神之間維持良好的關係，從而確保羅馬的成功和繁榮。古羅馬的宗教儀式種類繁多，形式各異；但是大部分儀式都有一個中心元素，即動物獻祭。除這個中心元素之外，羅馬的宗教儀式可說十分稀奇古怪，有的甚至顛覆了現代人對羅馬人是古板且無趣的刻板印象。例如每年在二月舉行的魯帕卡莉亞（Lupercalia）慶典當中，年輕的裸男列隊繞城而跑，他們手裡拿著鞭子，沿途揮鞭抽打任何他們看到的年輕女子（莎士比亞在《凱撒大帝》的開場即重現了這個古老的慶典活動）。一般而言，羅馬的宗教重視的不是信仰，而是行動。

除了宗教制度，努瑪創建的功績還包括其他兩個雖然不同但卻相關的面向。一是他設置了一系列祭司職位，用來執行與監督主要的宗教儀式。除了上述引人注目的裸男繞城路跑隊伍，他另外設立了貞女維斯塔祭司一職。貞女祭司的責任是守護維斯塔女神聖殿裡的聖火，不能使之熄滅。再者，他也設計了一套含有十二個月分的曆法，提供一個架構來納入一年一度的各種慶典、神聖節日和假期。任何一個有組織的社群，其中一個重要的面向就是要有能力去架構時間；在羅馬，組織時間的這份榮譽被指派給努瑪。值得一提的是，即便曆法在後世經歷各式各樣的發明和改進，現代西方的曆法依然直接承續羅馬這個早期版本。

圖17　這是西元二世紀維斯塔貞女祭司雕像的頭部，獨特的頭巾是她們的身分標記。羅馬民眾的宗教團體中，維斯塔貞女祭司是極其罕見的女祭司團體。她們也是當時罕見的全職宗教人員——她們就住在羅馬廣場維斯塔女神神殿旁邊的屋子裡，負責的工作是守護殿內的聖火。按規定，她們必須守貞，違禁者一律處死。

光是看我們每一個月的名稱就可知道——每一個月的名稱都來自於羅馬。我們繼承了許多古羅馬的事物，包括排水道、地名、天主教教會的各種職司名稱。不過其中最重要且通常最容易被忽略的就是日曆。日曆是古羅馬王政時期跟我們這個世界之間的連結，一個令人感到驚異的連結。

我們不可能知道是否曾有一個名叫努瑪的人存在；我們更不可能知道他是否做過任何一件如今歸功於他的事。羅馬學者經常討論他的功績。但是關於他的各種功績，有某些傳統說法被學者們接受，但有的被學者們拒絕，例如有些學者即認為他不可能是希臘哲學家畢達哥拉斯（Pythagoras）的學生，雖然這個說法十分普遍也很流行。他們的論點是，從任何合情合理的年表來看，畢達哥拉斯比努瑪晚了一百多年（或用我們現代的估計，畢達哥拉斯大約生活於西元前六世紀，而不是西元前七世紀）。但是不論努瑪的生平如何帶有傳說色彩，或他的存在證據如何飄渺，有一件事似乎是確定的：把曆法創製的某些形式歸功於他，這件事是羅馬歷史早期階段的產物。

事實上，我們今日還能看到的羅馬曆法最早的書寫版本——即使這個版本的年代不會早於西元前第一世紀——很清楚地指向這個方向。這項遺跡之發現是一件非比尋常的事。距離羅馬南方約三十五英里有一座名叫安堤姆（Antium，亦即今日的安濟奧〔Anzio〕）的城鎮，考古學家在這座城鎮的一面牆上發現了一幅羅馬日曆的圖像。這幅日曆圖提供了一個鮮明但有點令人困惑的畫面，讓我們一窺西塞羅時代的羅馬人是如何描繪或規畫他們的一年。早期羅馬的出土物件當中，這幅日曆最為複雜，沒有其他出土文物可與之相比。這幅日曆上頭列出各種符號，分別代表發展了好幾個世紀的遺跡，其中包含月分安排，還有一年的起始點的重大變更——不然我們如何解釋本義是「第九個月」的November以及本義是「第十個月」的December在這幅日曆圖上分別落在第「十一月」和第「十二月」，就像我們現在的日曆那樣？這份西元前一世紀的日曆圖還有許多痕跡指向一個古老的起源。

基本上，這份日曆有十二個陰曆月分，加上一個不時會被插入的額外月分（這是現代我們在閏年多加一天的古老遺跡），使這份日曆與太陽年保持一致。世界各地的古代日曆制定者必須面對的最大挑戰是：兩大最明顯最自然的時間管理系統是不相容的；這意思是說，我們有十二個陰曆月分，亦即從今年的新月到次年的新月，加總起來只有三百五十四天；但是地球繞太陽一周的時間，或從這一個春分到下一個春分的時間是三百六十五又四分之一天。這兩個系統顯然無法配合。古人如果要解決這個問題，早期的典型做法都很粗糙，亦即每隔幾年就給那一年增添一整個月的時間。

圖18　羅馬曆現存最早的四月分月曆，畫在羅馬南方安堤姆鎮的一面牆上。這份月曆由上往下排列，共29天，是一份充滿密碼的文件。左邊一行有一串從A到H的字母，標明固定的趕集日。第二行出現更多字母符號（如C、F、N等），說明這幾天分別有哪些公共活動，譬如C代表*comitialis*，表示當天可能要開會。右側的文字表示特殊的節慶，大多與農事有關，例如ROBIG(ALIA)，意指保護成長中的作物，使不受枯萎症傷害，VINAL(IA)可能跟新酒相關。雖然這份月曆只是西元前一世紀的資料，其基本原理應該更為古老。

紀錄在這份日曆上的宗教慶典也告訴我們不少真相，而這些慶典或許有可能是遠從王政時期就一直流傳下來。當然，就我們目前可以重建的部分而言，這許多慶典大部分是為了答謝諸神而訂立的，而且主要都是隨季節而變更的畜牧和農業問題，例如何時播種、收割、採葡萄、儲存冬糧等等。在一個人口不多的古老地中海社群，人們會關切上述這些問題，這是我們可以預期的。到了西元前一世紀，羅馬已經發展成一個大都市，住在大都市裡的大部分居民與放牧畜獸或播種收割應該已經沒有什麼關聯。不過，不管這些慶典對住在大都市的城市居民意味著什麼，這幅日曆確實是一幅小小的圖景，讓我們看到最早期羅馬人的關懷所在。

另一組不一樣的關懷反映在相傳是塞爾維斯建立的政治制度上，部份原因是這個制度對羅馬政治後來的運作具有關鍵性的影響；這個制度現代有人會稱之為「塞爾維斯法典」（the Servian Constitution），雖然這個稱呼並不恰當。據說塞爾維斯是首位給羅馬人民安排人口普查的國王，亦即他正式將羅馬人民納入公民組織，並根據人民財富的多寡區分不同的階級。不過更為重要的是，他將這種分級制度進一步連結到兩個機制上面：一是羅馬軍隊，二是人民參與投票和選舉活動的組織。確實的細節極為複雜，今日幾乎難以探測。打從古典時代到現在，一直都有人在爭論和研究這個課題。許多人去追索這些據傳是塞爾維斯創設的安排細節，研究這種安排後繼的發展史，在這種沒有結果的追尋過程中，許多人的學術生涯因此而建立又因此而結束。不過人口普查的基本梗概是十分清楚的。羅馬軍隊由一百九十三個「百人隊」（centuries）組成，百人隊的區別是根據士兵穿戴的配備而定。士兵的配備與人口普查的關聯原則是：「你越有錢，就越有能力給自己配備更堅固、更昂貴的盔甲。」最上層的階級共有八十個百人隊，成員全部來自境內最富有、最顯赫的家庭，他們出戰時穿著全套銅製的堅固盔甲；接下來再下分四個階級，成員分別穿著越來越輕的盔甲；殿後的第五階級共有三十個百人隊，這一階級只帶著彈弓和石頭上戰場。除了上述五個階級，另有一個額外的階級分別由騎士，再加上由工程師和樂師等特殊團體所組成，這一階級共有十八個百人隊。排在最底層的是一支由全體窮人組成的百人隊，這一群人完全免除軍事服役。

據說塞爾維斯利用這同樣的結構作為基礎，建立了羅馬人的投票機制：百人隊會議（the Centuriate Assembly，其名稱即來自「百人隊」）。在西塞羅的時代，百人隊會議的成員聚集在一起選出高級官員（包括執政官），還有投票決定是否通過法案，或投票決定是否出

圖19　羅馬人口普查的情景。這件西元前二世紀晚期的雕刻作品描畫了公民登記的情形。左側坐著的官員正在紀錄那位站在他前面的男子的財務資料。雖然我們對人口普查的實際程序不甚了解，但從右側的士兵，可知人口普查和軍方的組織有關。

戰。每一個百人隊只有一張票。其結果（或目的）是把一種壓倒性的、內建的政治利益交到富有階級的百人隊手裡。如果富有階級的百人隊聯合起來，即最富有的八十個百人隊，加上騎士階級的十八個百人隊，他們就有足夠的多數票擊敗所有其他階級組成的百人隊。換句話說，一個富有的投票人，他一個人的權力就遠遠大於較為貧窮的大多數公民。之所以會如此，那是因為這些百人隊的組織大小不一，差異很大。儘管名稱是「百人隊」，看起來似乎每一隊都由一百人組成，其實不然。有錢的市民人數遠遠少於貧窮的市民人數，但是富有的市民卻被分為八十個百人隊，相對之下，人數更為眾多的中低階層卻只分得二十或三十個百人隊。至於那些人數最多、處於社會最底層的貧民卻只分得一個百人隊。不論就社會集體，還是就個體而言，權力是掌握在有錢有勢的人的手裡。

就細節來說，這種制度不僅極為複雜，也充滿時代錯誤。誠如我們所見，把某些革新歸功於生活在羅馬早期的努瑪可能並無不適當之處，不過這一個創制卻是明目張膽地將羅馬相當後期才出現的建置和制度投射到早期，並推舉塞爾維斯為此建置之祖。人口普查當中連帶的財產評估系統非常複雜，這在羅馬城邦早期階段的人們是無從設想的；百人隊大會的結構精密，不論在軍隊組織還是人民集會的規模都完全超出王政時期市民人口的總數，也完全不符合王政時期的戰爭特色（這與發起一場攻打鄰村的突襲活動不可同日而語）。戰役或投票的性質不論有何變化，不論這些變化是否由某個名叫「塞爾維斯」的人制定的，但是其真正的性質不可能像羅馬傳統史家筆下所描寫的那樣。

羅馬後代史家把這一切全部向前推，推到羅馬城的形成期，他們這麼做，其實對我們理解羅馬人也頗有助益。在這裡，他們強調了他們心目中這幾種主要建制的重要性，再來就是這幾種建制和羅馬政治文化的重要關聯。在敘寫人口普查時，他們強調國家的力量高於個別公民，展現羅馬官場獨具特色的熱情，亦即他們的熱衷於紀錄、計算、分類。羅馬後代史家的描寫也點出羅馬公民在傳統上具有政治和軍事兩種身分——在定義上，羅馬公民同時也是羅馬軍人，而且這種連結早已行之數百年之久；再者，這些描寫也點出一個現象：許多羅馬菁英心中都有一備受珍視的假定，亦即財富帶來政治責任，也帶來政治特權。西塞羅對塞爾維斯的政治目標的總評即反映了這一點；他以讚許的語氣寫道：「他以這種方式把人民加以分類，目的是為了確保投票的權力是掌握在富有階級的手裡，而不是落入一群烏合之眾的手裡。而且他也確定這麼做不會使最大多數的民眾擁有最大的權力——這是政治上我們應該永遠遵守的原則。」事實上，這個原則後來在羅馬政治上遭到最強烈的質疑。

伊特魯斯坎國王？

塞爾維斯是羅馬最後三位國王之一，夾在老塔克文和塔克文之間。羅馬學者相信他們是在西元前六世紀這整段時間內統治羅馬城，直到西元前五〇九年塔克文被推翻為止。誠如我們剛剛看到的，這段時期的許多歷史敘事，其神話色彩與羅慕勒斯的故事不相上下，並沒有更少。而且這些傳統的敘事還有許多年代方面的問題——或者至少這幾位國王都有我們平常不太可能看到的超長壽命。古代史家也覺得這個情形很可疑，因為從老塔克文的出生到他兒子塔克文之死，其間大約有一百五十多年的差距。對於這個問題，古典史家的解決方式是把第二個塔克文解釋為第一個塔克文的孫子，而不是兒子。話雖如此，從這段時期開始，我們就開始比較容易把我們在李維和其他古典史家那裡讀到的事件，跟我們這些年來在地底挖出來的遺跡相互配對，例如有一座（或數座）似乎可追溯到西元前六世紀的神殿遺跡在近年出土，且出土的地點多少與羅馬學者筆下提到塞爾維斯兩座聖殿的建立地點頗為吻合。當然，這距離我們可以說「我們已經發現塞爾維斯的聖殿（姑且不論這究竟代表什麼意思）」還很遙遠，但是至少現在出土的各種考古證據，其線索固然不同，卻漸漸開始有了越來越多的交集。

不過對羅馬人而言，有兩件事使這幾位國王有別於他們之前的首領。第一是這幾位國王的故事都特別血腥。老塔克文被前任國王之子所殺；塞爾維斯在一場由塔娜奎爾主導的宮廷政變中被推上王位，但是他後來亦被塔克文謀殺身亡。第二件事是這幾位國王與伊特魯斯坎地區的關係匪淺。兩位塔克文國王都來自伊特魯斯坎地區，那是他們原本的家鄉；據說老塔克文本來住在伊特魯斯坎一座名叫塔爾奎因尼（Tarquinii）的城鎮，後來移居到羅馬；由於他的父親是希臘人，他擔心他的外國血統會影響他在家鄉的事業發展，因此他就帶著妻子坦奎伊爾移居羅馬。至於塞爾維斯，他比較像是老塔克文和塔娜奎爾的寵兒。關於他的出生背景，我們有很多故事版本。西塞羅討論到這位國王的出身背景時，曾很不尋常地暗示他是老塔克文的私生子。

一個至今仍然困擾著現代史學家的問題是：我們該如何解釋羅馬國王與伊特魯斯坎地區的關聯。為何古代羅馬史家都提到這幾位羅馬國王來自伊特魯斯坎地區？是否真有一段時期，這幾位來自伊特魯斯坎地區的國王統治了羅馬城？

到目前為止，我們一直都把焦點放在羅馬及其南部鄰邦的關係上，也就是那幾個與羅慕勒斯和伊尼亞斯的建城故事有關的鄰邦，例如薩賓人或阿爾巴隆加這個小城邦——這座小城是伊尼亞斯的兒子一手創建的，也是羅慕勒斯和雷穆斯的出生地。但是緊鄰羅馬北方，一直延伸到現代托斯卡尼的這塊地區正好就是伊特魯斯坎人聚居的中心區域。在羅馬第一個城市社群逐漸形成的這段過程中，伊特魯斯坎諸城邦是義大利最富有、最強大的民族。稱之為「伊特魯斯坎諸城邦」（Etruscans）是很重要的，因為這個民族各自住在一個個獨立的小鎮，彼此並未聯合起來，形成一個國家，雖然他們共享一個語言，擁有獨具特色的藝術與文化。他們的勢力範圍因時而異，不過總的說來，伊特魯斯坎人的聚落分布和影響力最遠可延伸到義大利南部的龐貝城，甚至龐貝城以南某些地區。

現代訪客如果到伊特魯里亞的考古遺址遊歷，通常都會被當地的浪漫氣息深深吸引。伊特魯斯坎城鎮有許多風格特殊的墓地，墓碑上繁複精美的圖案吸引

圖20　這些等身大小的赤陶雕像碎片來自西元前六世紀的一座神殿（據傳這座神殿跟塞爾維斯有關）。這組雕像刻畫的是米娜瓦和她的門徒海克力斯——肩上的獅皮是海克力斯的標記。伊特魯斯坎人是赤陶雕塑專家。這件作品顯然深受希臘藝術的影響，而這顯示羅馬和外界有廣泛的接觸。

了一代又一代的作家、藝術家和旅客的注意，激起他們豐富的想像力，例如勞倫斯（D.H. Lawrence）和雕塑家賈科梅蒂（Alberto Giacometti）即是。事實上，在伊特魯斯坎城鎮一個接一個被羅馬人打敗之後，羅馬後期的史學家也深受這個地區的吸引。在他們眼裡，伊特魯里亞不僅是個引人入勝，且充滿異國風情的研究目標，而且也是羅馬某些禮儀、服飾與宗教儀式的源頭。我們目前可以確定的是，在羅馬最早期的歷史上，勞倫斯筆下這些所謂的「伊特魯斯坎地區」（Etruscan places）是個充滿影響力，人民富有且貿易關係良好的地區，遠非羅馬所能望其項背。伊特魯斯坎人擁有貿易路線，可以直接連接地中海以及地中海以外的世界，我們在這裡的考古遺址上找到的琥珀和象牙，甚至在其中一處遺址找到的鴕鳥蛋即是證明。此外，在伊特魯斯坎人的墳墓中，考古學家還發現許多裝飾精美的雅典陶瓷器，而且這些陶瓷器在此地出土的數量遠遠多於在希臘當地出土的數量。伊特魯斯坎地區之所以如此富有與強大，其根基是天然礦產。伊特魯斯坎城邦的青銅器是如此之多，以至於在一五四六年，僅僅在塔爾奎因尼一處遺址所找到的青銅器，經融化之後竟重達三千公斤，足足用以裝飾羅馬的拉特朗聖若望教堂（St. John Lateran）。另一個規模較小，但是意義同等重要的考古發現是在那不勒斯灣的小島伊斯基亞（Ischia），那裡曾出土一件含鐵礦石；據最近的研究分析，這件礦石來自伊特魯斯坎地區的艾爾巴島（Elba）。如果借用現代的語彙來說，這件礦石大概就是伊特魯斯坎人「出口」貿易的一部分。

羅馬位於伊特魯斯坎地區的後門，這有助於羅馬逐漸走上富有和強盛之路。但是這幾位來自伊特魯斯坎地區的國王是否具有某種不祥的意味？一個充滿懷疑的論點是：由於兩位塔克文國王和塞爾維斯都與伊特魯斯坎地區有密切關聯，這其中的真相是羅馬曾被伊特魯斯坎人侵略和占領，而且事情可能就發生在伊特魯斯坎人往南方發展，企圖把勢力拓展到坎帕尼亞（Campania）的途中，亦即他們在南行的路上順便占領了羅馬。這也就是說，羅馬史家出於愛國的傳統，重寫了羅馬歷史這段不太光彩的過去，把羅馬被伊特魯斯坎人征服的故事，寫成老塔克文的移居羅馬並登上王位的個人成功故事。總之真相是：羅馬曾經淪為伊特魯斯坎人的屬地——雖然這真相令人覺得不舒服。

這個提法很聰明，但是非常不可能。首先，羅馬的土地上雖然可以找到伊特魯斯坎人的藝術品與其他物品的清楚遺跡，還有一些刻著伊特魯斯坎文的石碑，但是就考古發現的紀錄來說，我們並沒有找到伊特魯斯坎人曾經占領羅馬的確切證據。這兩個文化有密切的聯繫，沒錯；伊特魯斯坎人占領了羅馬？沒有。也許更為重要的是，「國家的占領」這個模式並不適合用於描述這些相互為鄰的社群關係，或者至少這並不是唯一的

圖21　伊特魯斯坎人其中一個獨門絕活就是觀察祭祀動物的內臟，藉此判讀諸神送來的訊息。這塊西元前二到三世紀的青銅肝臟就是解讀祭品訊息的指南。青銅肝臟上標出每一個和特定神明相關的區域，據此，祭司得以解讀祭祀肝臟上面的特徵或傷疤所代表的意義。

模式。誠如我已經提到過的，這是一個老大與軍閥的世界：有權有勢的個體在那個地區的不同城鎮之間遷徙，有時這種遷徙是友善的，有時則大概帶著惡意。跟隨這些個體移動的，想必有許多機動性相當大的成員，例如民兵、商人、旅行各地的手藝人以及形形色色的流動人口。伊特魯斯坎地區有一座名叫卡瑞（Caere）的城鎮，我們在這裡找到一塊刻有羅馬名字「法比烏斯」（Fabius）的墓碑，這個法比烏斯究竟是誰？同樣的，我們也不可能確定在維伊（Veii）發現的拉提烏斯（Titus Latius）到底是誰，或在塔爾奎因尼發現的希波卡拉德斯（Rutilus Hipokrates）究係何人——這人的名字很特別，名字是拉丁文，姓氏卻是希臘文。不過這幾位死者給我們一個很清楚的訊息：這個地區住著一個相當開放的社群。

話雖如此，還是塞爾維斯的故事最能清楚說明軍閥、民兵團體、各種友善或不友善的遷徙模式——那是早期社會裡，羅馬與其鄰邦的關係的特色。這個故事中的塞爾維斯，幾乎和羅馬制度改革者或人口普查發明者的那位塞爾維斯毫無關係。這個故事似乎是從伊特魯斯坎人的視角出發，雖則這個故事是羅馬皇帝克勞狄斯親口說的。西元四八年，克勞狄斯在元老院發表談話，力勸元老允許來自高盧的領導人物進入元老院。他用來支持其論點的一個理由是：早期羅馬國王當中就有「一群外國人」。當他提到塞爾維斯時，他的這番談話開始變得十分有趣。

克勞狄斯對伊特魯斯坎人的歷史深有研究。他曾以希臘文寫了二十冊關於伊特魯斯坎人的研究，而且還編了一本伊特魯斯坎文字典。在該次演講的場合裡，他忍不住向他那群開始多少覺得有點像在上課的元老們解釋：存在於羅馬之外，另有一個關於塞爾維斯的故事版本。事實上，在這個版本的故事裡，塞爾維斯並不是因為得到前任國王老塔克文的幫助，或因為王后塔娜奎爾的從中斡旋才得以登上王位。在克勞狄斯提到的版本中，塞爾維斯是個武裝冒險家：

如果我們願意接受伊特魯斯坎人的說法，那麼我們就會知道塞爾維斯曾經是卡伊里烏斯（Caelius Vivenna）忠誠的追隨者和同志，跟著卡伊里烏斯四處冒險；後來，因為命運的轉折，他帶著卡伊里烏斯剩下的所有部隊，離開了伊特魯里亞，打下了羅馬的一座山，並以首領的名字把那座山取名為卡伊里連丘（Caelian Hill）。他原本的伊特拉斯坎名字是馬斯塔爾納（Mastarna），後來才被賜予我剛剛提到的那個名字（亦即塞爾維斯）。接著他接管了王國，而他的接管給國家帶來極大益處。

克勞狄斯在這裡提到的許多細節引起各式各樣的疑問。其中之一就是馬斯塔爾納這個名字。這是一個專有名詞呢？還是相當於拉丁文「治安官」之意的伊特拉斯坎文？如果是這樣，那麼在這個脈絡裡，這個字的意思大概是不是就等於「老大」？而那位名字被用來為羅馬的一座山命名的卡伊里烏斯又到底是誰？卡伊里烏斯和他兄弟奧魯斯（Aulus Vivenna），兩人的名字在早期羅馬史家的筆下出現過好幾次。據說他們來自伊特魯斯坎地區一座名叫武爾奇的城鎮。關於這對兄弟，各家的說法彼此矛盾，而且也很典型地充滿神話色彩。有時卡伊里烏斯是羅慕勒斯的朋友；有時這對兄弟與塔克文王朝同一時代；有一位晚期的羅馬作家把奧魯斯寫成羅馬國王（所以他也是羅馬城失落的國王之一？）；在克勞狄斯的版本中，卡伊里烏斯本人似乎從未到過羅馬。但是就克勞狄斯所描述的情節，這裡所傳達的訊息卻很清楚：互相對立的民兵組織、多多少少得時常遷移的軍閥、個人的忠誠、轉換的身分——以上這些元素與大部分羅馬史家賦予塞爾維斯的事蹟截然不同，例如正式的制度設置等。這其間的差異遠比你所能想像的大很多。

武爾奇城外有一座大墳出土，墳中的一組裝飾畫也給我們帶來這樣的相似印象。這座巨墳在十九世紀出土的，並以其發掘者的名字命名，稱為法蘭斯瓦墓（François Tomb〔見彩圖7〕）。這座大墓顯然是當地富豪之家的家族陵墓。理由有二。一是這座墳墓的規模很大，除了位於中間的廳室之外，另有一道走廊向裡面延伸，走廊兩側各建有五間次要的墓室。二是墓裡藏有大量黃金。不過對早期羅馬史有興趣的人來說，墓室中央走道上的一組繪畫才是這處遺跡的重點所在。這組繪畫大概可以追溯到西元前四世紀中葉，主題取材自希臘神話故事，尤其是特洛伊戰爭的場景。除此之外，中間也插入不少地方戰鬥的場景作為平衡。每個參與戰鬥的角色都小心標上名字，其中約有一半還寫上他們的家鄉地名，另外一半則沒有標示——大概這表示他們來自武爾奇，因此不需要進一步標示家鄉地名。這群當地戰鬥者包括卡伊里烏斯和奧魯斯兩兄弟，馬斯塔爾納（這是關於這個人的另一個唯一留存至今的確證），還有一個「來自羅馬」的塔奎尼亞斯（Gnaeus Tarquinius）。

到現在還沒有人曾破譯這幾個場景所描繪的故事，不過要了解其大意並不困難。畫面上共有五對戰士正在廝殺。其中的四對之中，本地戰士奧魯斯正揮劍刺入一個「外來者」的身體——這群外來的受害者包括來自武爾西尼（Volsinii）的拉瑞斯（Lares Papathnas），還有上述那個來自羅馬的塔奎尼亞斯。這個塔奎尼亞斯必定和羅馬王政時代那兩個塔克文國王有點關係，即使在羅馬書寫系統裡頭，那兩位國王的前名都是魯奇烏斯（Lucius），不是蓋奈伊烏斯。最後一對描繪的是馬斯塔爾納和卡伊里烏斯，畫中的馬斯塔爾納正用劍砍斷綁在後者腰間的繩子。這組繪畫有個奇異的特色（這有可能是破解這個故事的線索之一），即戰勝的本地英雄之中，除了一人之外，全都是赤裸的，但是他們的敵人則全都穿著衣服。對這奇異的現象，最流行的解釋是：卡伊里烏斯兄弟和他們的朋友被敵人關入牢中，然後被剝去衣物且捆綁起來。但是他們最後終於想辦法掙脫出來，並且打敗囚禁他們的人。

到目前為止，這是我們所能看到的，早期羅馬故事裡的人物及其英雄事業最早的直接證據。而且這份證據來自羅馬城外，或者處於羅馬主流文獻傳統的邊緣。當然，這並不一定代表這個發現就是真實的——武爾奇的故事傳統有可能跟羅馬的故事傳統一樣充滿神話性格。但是無論如何，我們在這裡所看到的畫面確實給我們一個較為合理的說法：這是早期城邦之間的戰士的世界，而不是羅馬作家筆下，或某些追隨他們的現代作家筆下那個誇大了的世界。這是一個部落頭目與戰士們的世界，他們沒有組織良好的軍隊，更沒有所謂的外交政策。

考古學，暴政——以及強暴

到了西元前六世紀，羅馬當然已經發展成一個小小的城市社群。但是羅馬又是何時從一個僅僅由茅屋和小房子組成的聚落變成一座城市？而且市民何時產生同一個社群共識，一個共同的身分和目標？要斷定這一切何時發生，這通常是一個很棘手的問題。但是從他們懂得用曆法紀錄共同的宗教文化，規範一個共同的生活節奏，可推斷這個想法必定可以追溯到王政時期。考古遺跡也不容我們懷疑，亦即到了西元前六世紀，羅馬已經有不少公共建築物、神廟，還有一座「城市中心」——這些當然清楚顯示羅馬已經進入都市生活的模式，雖然以我們的標準來看，這還只是一個規模很小的都市而已。這些遺跡的年代至今仍有許多爭議：沒有任何一件遺跡的日期是所有考古學家都一致贊同的；新出土的發現總是一再修正我們的看法（雖然修正的程度並不如遺跡發現者期望的那麼大）。儘管如此，現在如果有人要否認羅馬在這個時期已經具有城市性格這個事實，那可能得是一個非常堅決、非常具有偏見的懷疑論者才做得出這種事。

我們現在討論的考古遺跡是在後來的城市下層出土的。出土的地點有好幾個。不過，關於這座早期城鎮最清楚的樣貌是在羅馬廣場附近發現的。到西元前六世紀，羅馬廣場的地面曾以人工的方式墊高，也曾為了防止該區發生水患而建造排水系統，或至少曾鋪設過一或兩次砂礫——如此羅馬廣場方可發揮社區共享的中心空間。我們在本章一開始提到的石碑就是在羅馬廣場的另一端發掘的，其發掘地點就在卡庇多的山腳下，原本是一座早期神殿，神殿的戶外還有一座祭壇。不管石碑上的文本的意思如何，這塊石碑必定是某種公告之類的東西；而這種公告本身就暗示了一個有組織的社群的存在，還有一個被大家認可的權威。在羅馬廣場的另一端，考古工作者挖出最早的一層；這一層原本是墊在後期密集建立的宗教建築下面，包含與貞女維斯塔神殿有關的建築。這最早的一層遺跡可以追溯到西元前六世紀或甚至更早的年代。離這個遺址不遠，還有少許零星分布的遺跡被發掘出來，那是一系列相當豪華的私人住宅，差不多也都可以追溯到同一時期。這類遺跡相當稀少，但是卻可以讓我們一窺當時某些有錢的大人物曾經很時髦地住在城市中心。

這些考古遺跡到底和羅馬王政時期最後幾位國王的傳統敘事有什麼關聯？其聯繫到底有多密切？這我們目前很難確切掌握。要說其中一間靠近羅馬廣場的房屋是「塔克文家族的屋子」（假設塔克文家族確實存在的話），這幾乎可以確定是有點言之過早——雖然考古發掘者都希望我們這麼相信。不過這也不盡然是一種偶然，因為談到王政時期的後期，羅馬史家的描寫通常都會強調幾位國王贊助的建築活動。兩位塔克文國王據說在卡庇多丘建立了朱庇特神殿（後期羅馬作家發現他們很容易把這兩位國王搞混）；據傳兩位國王還建立了大競技場，而且委託建商在羅馬廣場周遭設立商店和柱廊。傳說塞爾維斯也蓋了好幾座神殿，而且還蓋了一道圍繞羅馬城的護衛城牆——這道城牆至今依然存在，通常被稱為塞爾維斯牆（the Servian Wall）。當然，這道城牆確實顯示有個共同社群的存在，但是話說回來，這道城牆大部分遺存至今的建築並不會早於西元前四世紀。

一九三〇年代，義大利人創造了一句口號來描述這段時期，這個口號是：La Grande Roma dei Taiquini，意思是「塔克文家族的偉大羅馬」。這句片語也許並沒有非常誤導視聽——雖然這句片語之成立與否，當然要看所謂的「偉大」究竟是什麼意思。在王政時期，羅馬距離「偉大」仍有相當的距離，不論就絕對或相對的意義而言都是如此。但是比起一百年前，羅馬此時的幅員已經比較大，人口也比較都市化，這無疑是得益於地理位置良好，既適合人民從事買賣，又靠近富有的伊特魯里亞之故。到現在為止，我們多少已經可以判斷羅馬城在西元前六世紀中葉的範圍（當然無可避免的，這樣的判斷多少是出自猜測）：這時候的羅馬城，比位於南部的拉丁諸城邦顯然大很多，而且至少跟北方伊特魯斯坎地區最大的城邦不分上下，人口大概有兩萬到三萬之間。雖然此時的羅馬遠遠比不上西西里和義大利南部那些雄偉壯麗的希臘城邦，而且幅員也相對小很多。換句話說，羅馬在地方上已經是個主要玩家，但是就各方面而言，羅馬還不到獨特卓越的地步。

羅馬人歸功於兩位塔克文國王的都市建設並不僅只注意到都市的壯麗華美。羅馬人的典型個性是關心都市生活的基礎設施，後代羅馬作家讚揚的也是這一點，例如「大排水道」（Cloaca Maxima）。這項著名的建設至今仍然存在，但是留存至今的部分，到底有多少可以追溯到西元前六世紀，那就十分難以釐清了。我們今日仍然可以去探索這條排水道大部分重要的磚石結構，而且有部分仍在使用，排除現代都市以及浴室流出的廢水。只是這條排水道是數百年之後才建成的。現在看來，似乎最早嘗試建築某種排水系統的這個想法可以追溯到更早，亦即西元前七世紀。在羅馬人的想像中，「排水道」向來就是羅馬的奇蹟，而創造這一奇蹟的是最後幾位國王；「令人十分驚奇的成果，超乎文字所能描述」——戴奧尼西斯如此讚嘆道。不過他所讚嘆的應該是西元第一世紀，他那個時代可以看到的排水道。這一排水系統也有其黑暗面：除了是個奇蹟，排水系統的建設也是殘酷暴政的見證——對羅馬人而言，這個暴政代表王政時期的終結。羅馬名字為普里尼亞斯（Gaius Plinius Secundus）的老普里尼（Pliny the Elder）是當時羅馬極為著名的博學家；今日他也還是一樣著名——他是西元七九年維蘇威火山爆發最著名的受害者。他曾寫了一段特別驚人，極為出色的敘述，描繪羅馬市民在建築排水道工程時，有許多人因為過於疲憊，以至於最後走上自盡的道路。面對市民的自殺事件，國王的反應竟然是命人把自殺者的身體釘在十字架上，希望這種恥辱會嚇阻其他也想走上絕路的人。

不過，最後讓王政時期走入歷史的，不是當政者對貧民的勞力剝削，而是性暴力：國王的其中一個兒子強暴了盧奎西雅。無可置疑的，這起強暴事件幾乎與薩賓婦女之遭受強暴一樣，也是充滿神話的色彩——對婦女的襲擊象徵性地標誌著王政時期的開始與結束。許多後來的羅馬作家在講述這個故事時，多多少少會受到希臘傳統的影響——希臘人通常把暴政的起與落聯繫到性的犯罪事件上，例如在西元前六世紀的雅典，統治者的弟弟向另一個男人的伴侶求愛，而這件事據說最後導致庇西特拉圖家族（Pisistratid）的覆亡。話說回來，不論有無神話色彩與否，對於後來的羅馬人而言，盧奎西雅的強暴案標誌著政治上的轉捩點。此外，羅馬人也不曾停止討論這件事的道德意義。從此以

圖22　今日殘存的部分大排水道。原本的下水道絕不可能如此宏偉，現在這條水道是後來重建的。不過羅馬作家寫到塔克文的建築工程時，他們心裡想到的意象就是如此。有些羅馬人甚至吹噓說他們曾在下水道內划過船。

後，這個主題就在西方文化裡一再被重演與重新建構，從波提切利（Botticelli）、提香（Titian）、從莎士比亞到布里頓（Benjamin Britten）等都曾觸及這個主題；盧奎西雅甚至在茱蒂・芝加哥（Judy Chicago）的女性裝置藝術，即《晚宴》（*The Dinner Party*）中擁有一個屬於她的小小角色，與世界歷史一千名偉大女性置身同一場宴會。

關於王政時期這最後一段時光，李維講的故事最為精采。一群年輕的羅馬人正在包圍鄰近的城鎮阿狄亞（Ardea）。一天傍晚，他們喝了酒，為了打發圍城的無聊時間，他們競相說起了誰的太太最賢慧這個話題。其中有個名叫科拉提努斯（Lucius Tarquinius Collatinus）的男子提議大家騎馬回家看看（圍城的地點距離羅馬只有幾英里遠而已）；他說只要大家回去察看一下，就能證明他的太太盧奎西雅是最賢淑的女人。事實上也是如此。他們發現所有人的太太都趁先生不在的時候舉辦宴會，尋歡作樂，唯有盧奎西雅帶著她的女傭正在紡紗——這是一般人認為有德行的羅馬女人該做的事。盧奎西雅見到丈夫和朋友來訪，也克盡職守地招待他們用餐。

然而，事情的發展轉出一個很可怕的續篇。那次拜訪之後，據說賽克圖斯（Sextus Tarquinius）對盧奎西雅產生了一份致命的熱情。不久，他就獨自騎馬去找盧奎西雅。享受過一頓很有禮貌的招待之後，他潛入盧奎西雅的房間，以刀要脅盧奎西雅跟他上床。盧奎西雅不從，他於是利用她擔心敗壞名聲的恐懼心理，威脅要殺掉她和其中一個奴隸（在提香的畫裡，我們可以清楚看到那位奴隸〔見彩圖4〕），讓人以為她跟奴隸上床被逮，犯下最不名譽的通姦罪。面對這種威脅，盧奎西雅只好屈服。但是等賽克圖斯回去之後，她就派人去叫她的先生和父親回家。告訴他們發生了什麼事之後，她就自殺了。

盧奎西雅的故事從此在羅馬的道德文化中形成一個鮮明的意象。對許多羅馬人而言，這是彰顯女性德行的重要時刻。如果借用李維的用詞，盧奎西雅之所以自殺，那是因為她失去了「貞節」（*pudicitia/chastity*），或另一個更好的語詞：「忠誠」（fidelity）——這一語詞界定了羅馬妻子與丈夫的關係，至少就女性這一方而言。然而另有一群古典作家覺得盧奎西雅的故事並不單純，比方詩人和諷刺作家就曾質疑「貞節」的價值；貞節真的就是男人想要妻子保有的美德嗎？西元一世紀末，馬歇爾（Martial/Marcus Valerius Martialis）在一冊香豔詼諧的詩集裡，寫了一系列機巧、活潑且有點粗魯的小詩。他在詩裡開玩笑說他的太太如果想要，她在白天儘管當個盧奎西雅，只要她晚上變成妓女即可。在另一首俏皮的詩裡，他質疑羅馬那群盧奎西雅們是否真的表裡如一；在他的想像中，著名的盧奎西雅本人在丈夫不注意的時候，也偶爾喜歡讀點傷風敗俗的詩歌。這裡有個比較嚴肅的問題是：

圖23 「貞節」是女性重要的德行，時常出現在各種脈絡裡。這枚西元120年代鑄造的紀念銀幣，一面是哈德良皇帝的頭像，一面刻著擬人化的「貞節」:「她」端莊地坐著，呈現賢淑的羅馬人妻該有的樣子。圍繞著她的拉丁文字母COS III，意思是慶賀哈德良第三度榮任執政官，同時也暗示男性在公共場合的威望與女性的恪遵禮法有關。

盧奎西雅的罪和她自殺的理由。對某些羅馬人來說，盧奎西雅比較在意的，似乎是她的名聲，而不是她真正的「貞節」——真正的貞節存在於她的心靈，不在她的身體，真正的貞節一點也不會被虛假的指控（「跟奴隸上床」）所影響。西元五世紀初年，熟讀異教徒經典的聖奧古斯丁也曾提出類似的疑問。他懷疑盧奎西雅真的被強暴了嗎？她最後不是同意了，不是嗎？在這裡，我們不難察覺到我們自己在討論強暴這個議題時，也一樣會提及的各種說辭和這個議題所引起的各種責任問題。

與此同時，這起事件基本上也被視為一個政治階段的結束與開始。因為在故事裡，這起事件直接導致國王被驅逐和自由的共和時代的到來。盧奎西雅自殺身亡之後，她的家人因為過於痛苦，一時什麼話都說不出來。陪伴她先生趕到現場的布魯特斯（Lucius Junius Brutus）拔出盧奎西雅身上的匕首，大聲立誓要把國王永遠趕出羅馬。當然這個部分有點像一個回顧式的預言，因為西元前四四年，那位領軍發起政變，反對凱撒稱帝的布魯特斯（Brutus）即宣稱自己就是這位布魯特斯的後代。這位布魯特斯確定得到軍隊的支持，並且獲得老百姓贊同（他們既對強暴事件感到驚駭，也對排水道沒完沒了的工程感到厭倦），他於是強迫塔克文和他的兒子離開羅馬，流放他鄉。

塔克文家族並未乖乖就範。根據李維充滿動作情節的描述，塔克文曾試圖在羅馬城內發起一波反革命的行動，但是並未成功。行動失敗之後，他與來自伊特魯里亞克魯西姆城（Clusium）的國王波爾西納（King Lars Porsenna）結盟，包圍羅馬城，希望可以恢復王制。但是他們被新近得到自由且英勇的羅馬居民打敗了。在李維筆下，我們讀到英勇的何瑞修（Horatius Cocles）是如何防衛臺伯河上的橋，單槍匹馬地阻斷伊特魯斯坎軍隊的攻擊（關於這位何瑞修，有些史家說他在守衛戰中丟了命，其他史家則說他成功返鄉，受到英雄式的歡迎）；另外還有克羅依里雅（Cloelia）的勇敢事蹟——她是波爾西納王的年輕俘虜之一；在故事裡，她勇敢地跳入臺伯河，游向自己的家鄉。根據李維的敘述，伊特魯斯坎人後來看到羅馬人勇敢抵抗，全都感到十分敬佩，於是就直接放棄他們與塔克文的盟約。不過，我們也會讀到一些比較沒有愛國情操的版本。據老普里尼，波爾西納王曾經當了一陣子羅馬國王。老普里尼也不是唯一有此看法的古典作家。若是如此，那麼波爾西納王有可能就是王政時

圖24　後世重建的卡斯特和帕勒克神殿，今日仍有三根殘存的圓柱矗立在羅馬廣場。神殿的其他部分大多已經毀損，但是築有階梯的斜坡仍然清晰可見（左下方）——演講者經常站在這道斜坡上對民眾發表演說。坡下有一小門通向神殿的地下室；據出土文物顯示，這地下室曾用來從事各種業務，例如這裡曾開過理髮店與牙科診所。

期另一個失落的國王；若是如此，那麼王政時期就會有另一個截然不同的結尾。

我們回到標準的故事脈絡。塔克文被波爾西納王拋棄之後，他轉向其他地方尋求支持。不過到了西元前四九〇年代（確切的日期有多種說法），他與幾個跟他結盟的拉丁城邦終於在距離羅馬不遠處被打敗了。這場戰役史稱里吉勒斯湖之役（Battle of Lake Regillus）。這在羅馬史上必定是一個勝利的時刻，當然也是一個神話的時刻——因為據說有人看到卡斯特（Castor）和帕勒克（Pollux）兩位神祇在戰場上幫羅馬人打仗，戰爭結束之後，他們還停在羅馬廣場洗馬。羅馬人為了感謝這兩位神祇，他們就在兩位神祇洗馬的地點蓋了一座神殿獻給他們。這座神殿雖然重建了許多次，但是至今仍然是羅馬廣場的地標之一，也是一個永恆的紀念碑，慶祝羅馬擺脫了國王的統治。

自由的誕生

王政時期的結束，也是自由的誕生，共和時代的開始。在後來的整段羅馬歷史中，「國王」或拉丁文的 *rex* 是羅馬政治文化中最令人厭惡的語彙，即使羅馬有許多獨具特色的建制據說都源自王政時期。接下來的數百年裡，我們可以看到許多例子，一旦有人被人指責他有稱王的想法，那人的政治生涯馬上就會結束。就連與國王家族有所關聯也會帶來厄運，例如盧奎西雅不幸的丈夫科拉提努斯，他後來就因為與塔克文家族有親戚關係，結果就被放逐了。在國與國的衝突中，國王也是大家最想捕獲的敵人。在接下來的數百年中，羅馬的勝利凱旋式遊行隊伍裡，民眾如果看到敵人的國王穿著精緻的皇家衣飾，走在戰俘隊伍裡遊街示眾，這景象總讓羅馬民眾在嘲弄之餘，更添一份特殊的快感。不用多說，大量諷刺詩文也因此應運而生，嘲諷那些姓名（*cognomen*，即羅馬全名的第三個字）剛好是「金恩」（King）——亦即意思是「國王」（king）——的羅馬人。

據羅馬人的看法，塔克文家族大約是在西元前六世紀末下臺的。而塔克文家族的下臺，即代表羅馬的新生：城市再度開始運轉，不過現在稱為「共和時代」（the Republic或拉丁文的res publica，意思是「公眾之物」或「公眾之事」）。隨著新時代而來的是一系列新的建城神話，其中一個深具影響力的例子就是卜庇多山上那座宏偉的神殿。據說那是在新政體開始的第一年，羅馬人建立並奉獻給朱庇特天神的神殿。這座神殿後來成為羅馬權力的主要象徵，羅馬的許多行省都找得到這座神殿的複製品。一般說來，這座神殿主要是王政時期幾位國王立誓修建的，而且大部分工作也是由伊特魯斯坎工匠完成。不過現在這座神殿的主要奉獻者，刻的是共和時代其中一位領導者的名字。說真的，這座神殿實際的建成日期，我們實在無從確知。不過在羅馬人心目中，這座神殿與共和時代一起誕生；這座神殿同時也是共和時代的歷史的象徵。羅馬有個習俗：他們每一年都會在神殿的門柱上打入一根釘子；這個習俗既標誌著共和時間的流逝，同時也把時間聯繫到神殿的實體結構。

甚至羅馬都市景觀自然形貌的改變也被推到共和時代的第一年。流經羅馬城的臺伯河，河中不知何時出現一座小島。許多羅馬人和現代地質學家都知道：就地質學的角度來說，這座小島的形成是相當晚近的事。但是這座島究竟是如何以及何時浮現的，其確切的答案，即使到現在也還無人知曉。只是羅馬人自己有一個想法；他們把這座小島的浮現，推到共和時代開始治理羅馬的那段時間；據說塔克文家族的私人土地所長出的穀物全被丟入河裡，因為當時河水的水位很低，所以穀物就堆積在河床上。後來慢慢加上泥沙與廢棄物的堆積，於是就形成一座小島。就這個說法來看，羅馬城此時的地景，彷彿也是在王政時代結束之後才開始逐漸成形的。

隨之而成形的，當然還有新的政府形式。據傳統的故事記載，塔克文逃離羅馬之後，布魯特斯和盧奎西雅那位可憐的丈夫科拉提努斯（當時尚未被流放）馬上就成為羅馬的第一任執政官——執政官是共和時代最重要也最具有代表性的官職。他們接管了國王的許多責任。在國內，他們要主持羅馬城的政治活動，在國外則必須帶兵上戰場打仗。在羅馬，軍事義務和平民角色從來不曾有任何形式的區分。在此意義下，雖然他們在名義上被稱為執政官，與國君這個身分形成對比，但是實際上他們卻代表了王權的延續。西元前二世紀，一位來自希臘的羅馬政治理論家就在執政官身上看到羅馬政治系統中的「國君」元素。李維也堅決主張執政官佩戴的徽章與在他們之前的國王並無二致。雖然如此，執政官之代表新的政治體制，其中有好幾個重要的原則確實是跟國君對立的。首先，他們百分百是被人民選出來的，這與王政時代人民與權貴各占一半的選舉權有別。第二，執政官只有一年的任期，而且他們的其中一個任務就是主持下一任執政官的選舉（就像在西元前六三年我們看到西塞羅所做的那樣）。第三，執政官是兩人一組，一起執政。共和政府的兩個中心信條，其中之一就是官職之擔任必須是暫時的；其二，除非出現緊急狀況，權力才會暫時交付到某一人的手裡，不然總是兩人共治。但是，就像我們將會看到的，接下來的好幾個世紀裡，這兩個信條雖然一再被重申，但也越來越難以維持。

執政官擔任官職的那一年，那一年就以他們的名字來命名。不用多說，羅馬人不可能會使用本書採用的現代西方的記日系統——當然為了清楚起見，我會繼續使用這個系統，以免讀者太辛苦。不過，「西元前六世紀」這個說法對羅馬人一點意義也沒有。偶爾他們會用「從羅馬建城那個時候」的算法來計算日子，假如他們當時已經彼此達致某種共識，清楚知道「那個時候」到底指什麼時候。但是他們通常都用執政官的名字來紀年。舉個例子，我們稱之為「西元前六三年」的，他們會稱為「西塞羅和海布瑞達執政的那一年」。西元前一二一年是葡萄酒特別著名的釀造年分；對羅馬人來說，這一年稱為「歐皮米烏斯（Opimius）執政的那一年」。到了西塞羅的時代，羅馬人已經多多少少整理出一張完整的執政官名單，可以一直追溯到共和時代的開端。這張名單很快就在羅馬廣場公布，與那張戰功彪炳的將領名單並置一處。主要是靠這張名單，羅馬人才有辦法精確找到王政時期結束的精確年分。因為就定義來說，君主政體的結束必須與第一任執政官上任的那一年相符。

換句話說，共和體制並不僅僅只是一個政治系統。相反的，那是一個複雜的集合體，牽涉到政治、時間、地理與羅馬城市景觀之間的相互關聯：日期與勝選的執政官直接關聯、打入神殿的釘子標誌著年分、神殿的奉獻與建築可以追溯到新政體成立的第一年、臺伯河中的島嶼也是國君被驅逐之後才誕生的產物。撐起這整個系統的是一個壓倒一切的原則：自由，或拉丁文的libertas。

雅典的「暴君」被廢黜之後，到了西元前六世紀末，民主的制度紛紛建設起來；西元前五世紀的雅典遺贈給現代世界的禮物是民主政體的概念。這與羅馬國王之遭受驅逐有個年代上的一致性。這個巧合，古代的觀察家也注意到了——他們本來就非常熱中於把希臘羅馬這兩個地方的歷史並列起來，彷彿兩地之間有個平行的關係。共和體制下的羅馬留給世人一個同樣重要的概念：自由。李維《羅馬史》的第二冊，其所描寫的就是王政時期結束之後的羅馬史。文章一開始，第一個字詞就是「自由的」（free）；而「自由的」和「自由」（freedom）這兩個字詞在前面幾行總共重複了八次。共和時期是建立在「自由」之上的這個概念從此回響在羅馬文學之中。接下來的數百年裡，透過各種激進的社會運動，這個概念也分別在歐洲和美國產生回響。法國大革命喊出的口號是：自由，平等，博愛；「自由」會被放在首要的位置，這一點也不是巧合。喬治・華盛頓（George Washington）談到要在西方恢復「自由的神聖之火」，這並不是偶然；美國憲法的起草人以「巴布里烏斯」（Publius）之名為自由辯護，這也不是偶然——「巴布里烏斯」這個筆名取自共和時期一位早期執政官的名字，其全名是：Publius Valerius Publicola。不過我們要問的是：羅馬此時的自由究竟該如何定義？

在接下來的八百年中，這是羅馬政治文化當中一個充滿爭議性的問題；從共和時代一直到君主專制統治的帝國時期，政治的討論通常都會導向自由這個議題：「自由」究竟跟專制政治可以相容到何種地步？究竟誰的自由會遭受危害？怎樣才能最有效地維護自由？提到自由，羅馬人也各有各的版本，而且彼此互相矛盾。這些不同版本之間的歧異要如何化解？所有或大部分羅馬人都自認自己是「自由」的維護者，就像我們今日大部分人都認為自己是民主的維護者一樣。但是每個人對自由或民主的定義各個不同；因為這樣，歷來不斷發生各種激烈的衝突。例如我們在前面已經看到的，西塞羅被流放之後，他的房屋被拆除，然後在原址建立了一座獻給自由女神（Libertas）的聖殿。此種做法，並不是每一個人都會贊同。西塞羅談到一場描寫布魯特斯的戲劇表演時，曾提到其中一個演員唸出某句臺詞時，觀眾是如何歡欣熱烈地鼓掌；那句臺詞是：「塞爾維斯，他是羅馬市民的自由的奠基人。」這句臺詞裡的「塞爾維斯」指的是王政時期的國王塞維爾斯．塔里亞斯（Servius Tullius）。這齣戲暗示「自由」這個概念，在羅馬可能有一個前歷史，而且有可能早於共和時代，而且要在某個「好國王」的統治之下，人民才得以享有「自由」。不過，如果我們注意到西塞羅的全名——馬可斯．塔里亞斯．西塞羅（Marcus Tullius Cicero），則西塞羅很有可能認為觀眾是為他鼓掌的。或許他是對的。

接下來幾章，我們即將要探索的重要的主題就是這類衝突。但是在探索羅馬共和時代前面一百年的歷史——內戰、為了「自由」的各種勝利之戰、征服義大利半島鄰邦的勝利——之前，我們必須更仔細地檢視共和時代的誕生故事，了解執政官這一體系的發明。可以預知的是，這個政權轉移的過程並不像傳統羅馬故事所說的那麼順利，雖然到目前為止，我的敘述使之看來彷彿一切都很順利。

第四章

羅馬的大躍進

兩個世紀的轉變：從塔克文王朝到大鬍子西庇歐

共和時代究竟是如何開始的？古代羅馬史家的長處之一，就是把混亂的歷史事件整理成整齊的敘事，而且他們總是喜歡把自己熟悉的政治制度的起始點往前推，推向比真正的起始點更久遠的過去。對他們來說，從王政時代過渡到共和時代的這段過程十分順利——彷彿任何革命都可順利達成。在他們筆下，我們看到塔克文家族逃走，新的政府起而代之，而且帶來一整套全新的、已經發展完善的典章制度，例如新的執政官制度馬上建立起來，在共和時代的第一年就開始執行新的政治秩序。在現實世界裡，這個改朝換代的過程一定比古代羅馬史家所想像的來得更緩慢，也更混亂。事實上，「共和時代」是在一段很長的過程中慢慢誕生，這段過程如果沒有花上數百年，也花了數十年的時間之久。即使是共和時代本身也是經歷多次的重新創造才逐漸定形。

執政官這個制度其實並不是在新政權成立初期建立的。執政官是羅馬位階最高的官職，他們的其中一項工作是每年在朱庇特神殿打入一根釘子。李維曾隱約提到執政官本來的名稱是「首席法務官」（chief praetor）——雖然「法務官」後來被用來指稱那些在執政官之下一階官員。情況更為複雜的是，還有其他官名可用來指稱早期政治體系中的最高官階。這些官職名稱當中，其中之一就是「獨裁官」，這是一個臨時職位，通常是設立來應付緊急的軍事情況。不過要注意的是，這裡的「獨裁官」並沒有貶意，其用法與現代語言的「獨裁者」不同。另一個高階官職的名稱很長：「具有執政官權力的軍事護民官」，現代有一位歷史學家恰如其分地將之翻譯為「長官」

（colonels）。

這裡另有一個大問題：執政官，亦即共和政府最具代表性的官職是何時創設的？或者，某些其他官職名稱是在何時以及為何會被重新命名為「執政官」？共和政府的基本原則是：國家的統治永遠必須兩人共享。問題是，這個概念是何時確立的？「首席法務官」這個名稱暗示的是等級，並不是平等共治。共和政府賴以紀年的是一張執政官名單；在理論上，這張名單可以上推到西元前五〇九年，亦即布魯特斯和科拉提努斯兩位第一任執政官執政的時代。不過，不管執政官這個制度是在何時或哪段時期創設的，這張名單最早期的部分一定是經過大量的調整、想像的推斷、聰明的猜測或乾脆憑空發明所形成的結果。李維在西元一世紀末回溯羅馬的早期歷史，他不得不承認要釐清這張早期執政官名單是一件接近不可能的任務。他寫道：這段早期歷史真是太久遠了。

還有另一個問題：王政時代的瓦解究竟涉及多少暴力？羅馬人想像了一個相當平順不見血的政權轉移。盧奎西雅的遭遇算是當中最著名也最令人悲痛的傷亡事件。羅馬之後雖然發生內戰，塔克文家族被迫流放他鄉，但是他們似乎輕而易舉就離開了羅馬，毫髮無傷。不過事實可能並非如此。今日的考古證據顯示：在政權轉移的過程中，羅馬城內並不真的平靜無事。至少，我們今日在羅馬廣場以及附近地區挖出一層層燒焦的殘骸，這些焦骸目前確定可以追溯到西元前五百年左右。這些焦骸不可能僅僅只是一連串不幸的火災所造成的結果。我們有足夠的證據顯示，塔克文王朝被推翻時，羅馬城內可能涉及一場暴力血腥的宮廷政變，政權並未和平地轉移。我們還有足夠的證據顯示：羅馬的內部鬥爭大部分會因為史家的愛國心使然，因而被排除在標準的歷史敘事之外。

到目前為止，我們是在一篇墓誌銘第一次看到「執政官」這個官職名稱；而這篇墓誌銘的年代距離王政時代已經有兩百年的歷史。目前在羅馬帝國的版圖內，各地都有許多墓碑出土；在這些墓碑上，往往被人小心翼翼地刻上墓誌銘。這些墓誌銘當中，有的言辭誇張，有的謙遜樸素，但全都與死者的一切有關：死者擔任過的官職、做過的工作、死者的人生目標、志向與渴望等等。刻有「執政官」的這篇墓誌銘，其所紀念的人名叫西庇歐．巴爾巴圖斯（Lucius Cornelius Scipio Barbatus）——「巴爾巴圖斯」這個字的意思是「有鬍子的人」、「鬍子長的人」或者就只是「鬍子多的人」。這篇銘文就刻在他的大石棺的正前方。羅馬城內通常不允許人民掩埋屍體，所以這個石棺本來放在羅馬城外、西庇歐家族的陵墓裡。據其銘文，

圖25　巴爾巴圖斯莊嚴的石棺，放在西庇歐家族巨大的陵墓中顯得十分醒目。粗糙的當地石材，加上簡單且有點過於樸實的外觀，和後來幾個世紀裡那些富貴人家精雕細琢的大理石石棺形成鮮明的對比。不過，在西元前三世紀，這已是金錢所能買到最好最精緻的石棺了。

巴爾巴圖斯是在西元前二九八年擔任執政官，死於西元前二八〇年。我們幾乎可以確定這座家族陵墓是他建立的，而且蓋得雄偉華麗，毫不客氣地展示他家族的權力和威望。畢竟他們家族是共和時代最有名望的家族之一。這座陵墓葬有三十多人，他似乎是第一個。他的棺木兼紀念碑就安放在最顯著的位置，面對陵墓的入口。

這篇墓誌銘顯然寫於他死後不久。銘文共有四行，應該算是古代羅馬倖存最早的歷史文獻兼個人傳記。這篇銘文雖短，卻是我們了解羅馬歷史的其中一個重要的轉捩點。原因是這篇銘文提供了明確的、多少算是與巴爾巴圖斯同一時代的資訊。這與那些想像的重構作品、埋在地底的微弱跡象或那些圍繞著王政時期的「可能就是這樣那樣」的現代推論迥然不同。這篇墓誌銘清清楚楚點出羅馬菁英分子在這段時期的意識形態和世界觀：「卡爾內流斯・魯奇烏斯・西庇歐・巴爾巴圖斯是他父親蓋奈伊烏斯（Gnaeus）的後代。他生性勇敢、智慧過人、外貌與其男子氣概（*virtus*）相匹配。在國內，他擔任你們的執政官、監察官和市政官。在國外，他在薩莫奈地區奪得突拉西亞（Taurasia）和西索納（Cisauna）兩座城鎮。他征服了盧卡尼亞（Lucania）全境，擄獲許多人質。」

不管是誰寫下這篇墓誌銘——大概是他的某個繼承人，這人都能善盡職責，摘錄出巴爾巴圖斯生平事業中最精采的片段。在羅馬境內（「你們」），他曾被選為執政官和監察官，擔任監察官期間，他負責為人民登記註冊，為人民估算財產；他也曾擔任過較初階的市政官——市政官這個官職出現在西元前第一世紀或更早之前，多半是負責維護都市的衛生、確保城市的運作、舉辦公共表演和競賽活動。在羅馬境外，巴爾巴圖斯的後人很驕傲地炫耀他在羅馬幾百英里外、南義地區所立下的戰功：他攻下兩座薩莫奈人的城鎮——薩莫奈這支民族向來是羅馬人的敵人，巴爾巴圖斯的一生中，這支民族與羅馬人的衝突不曾斷過。除此之外，巴爾巴圖斯還平定了盧卡尼亞地區，擄獲許多人質——這是羅馬人確保戰敗城邦會保持「良好行為」的標準方法。

從巴爾巴圖斯的墓誌銘看來，可知戰爭的功績對羅馬菁英的公眾形象之塑造至關重要；同時，這些功績也顯示了羅馬在西元前三世紀初葉的軍事擴張——此時羅馬已經伸向南方，占領不少領土。西元前二九五年，亦即巴爾巴圖斯擔任執行官之後的第三年，羅馬軍隊在薩莫奈地區，亦即現代的安科納（Ancona）附近打敗了一支義大利軍隊。截至那時為止，這是義大利半島牽涉範圍最廣，戰況最激烈的一場戰役。這場戰役不僅吸引當地人的關注，也引起其他地方人士的注意。即使當時人們只有最基本的傳播媒介（信使、口耳相傳、偶爾才會用上的烽火傳訊系統），這場戰況的消息還是傳得又快又遠。杜里斯（Duris）是西元前三世紀的歷史學家，當時他住在一座名叫的薩摩斯（Samos）的希臘小島上，距離戰場有數百英里之遠。不過坐在遙遠的書房裡的他，還是決定把這次戰役寫入史書。幸運的是，他寫的這段歷史仍有片段文字保留至今。

這篇銘文挑出來讚美的還有其他特質——巴爾巴圖斯的勇敢、智慧、他的外貌與他的男子氣概（*virtus*）相稱。這些獲得讚美的特質也同樣意味深長。拉丁文的 *virtus* 可能可以和現代英文的 virtue（德行）同義；但是在這裡，這個字的意思通常就是指字面的意義，亦即一組可以定義男人（*vir*）之所以是男人的所有特質。就羅馬人而言，這個字相當於今日英文的 manliness（男性氣概）。總而言之，巴爾巴圖斯是個把內在特質展現在外表的男人。雖然羅馬男人普遍上給人的印象並不十分在意自己的外貌，但是在這個開放的、充滿各種競爭的社會裡，在這段人們通常必須與人「面對面」交涉的時期，公共人物還是會希望展現他最好的一面。當他走過羅馬廣場，或登上講臺對民眾發表演說的時候，他的內在特質必須清楚展現在外貌上。就巴爾巴圖斯的例子來說，除非他僅僅只是繼承他父親的名號，否則他必定是為了建立形象而刻意留起鬍子，因為在當時，蓄留鬍子並不常見。有個故事提到理髮師是在西元前三〇〇年才開始在羅馬城工作，因此之故，在西元前三〇〇年之後的數百年裡，大部分羅馬人都把鬍鬚刮得乾乾淨淨，沒人會無故留起鬍子。

巴爾巴圖斯生活期間的羅馬，已經與共和時代初期的羅馬——亦即離他兩百多年前的羅馬——截然不同。這個時期的羅馬已經不再是一個普通的村落。就當時的標準來說，羅馬的幅員已經十分廣大。就一個合理的估計顯示：羅馬城當時擁有大約六萬到九萬人口。這樣的規模差不多使羅馬跟地中海世界少數幾個最大的城市同屬一個等級；在這個時候，雅典大約只有羅馬人口的一半不到，而且在雅典的歷史上，其人口總數從來不曾超過四萬人。更有甚者，羅馬直接控制了義大利半島一大塊土地，從東岸到西岸，人口總數加起來超過五十萬人。透過與其他城邦簽訂的一系列的盟約，羅馬間接控制的人口更多——後來的帝國面貌，此時已經漸漸開始成形。這個時期羅馬的政商組織，兩百年之後的西塞羅和他的同代人可能會認得。除了兩位每年選舉一次的執政官之外，此時羅馬已經有一系列位於執政官之下、較低階的官職，包括法務官、財務官（羅馬人時常把這類官吏通稱為官員，但是他們基本上並不是法務官員）。元老院此時也已經開始運作，而且已經是一個永久性的議會。此時開始運作的還有人民的階級組織和百人隊集會的組織——這兩項組織曾被認為是塞爾維斯國王的貢獻，包括西塞羅也熱烈贊成這個論點，不過現在證實這是錯誤的傳言。元老院與人民組織構成羅馬政治運作的基礎。

另外，這個時期還有其他我們覺得熟悉的面向：由軍團組成的軍隊、官方開始正式發行的貨幣、為配合城市的規模和影響力而出現的各種基礎建設。西元前三一二年，第一條水道把水從附近的山丘引入人口漸增的都市——這條水道差不多距離羅馬城十多英里，而且大部分管線都埋在地下，並不是我們現在通常稱為「溝渠」的露天導水管。這項建設是巴爾巴圖斯的同代工程師阿皮亞斯（Appius Claudius Caecus）的發明。在同一年，這位精力充沛的工程師另外又修築了羅馬第一條主要道路。這條路後來以他的名字命名，稱為阿皮安大道（Via Appia）。這條路從羅馬城開始，南下直達卡普亞（Capua）。整條路的大部分路面至多鋪上砂礫，並未鋪上我們現在仍在使用的漂亮石板。對羅馬軍隊來說，這是一條很有用的道路，便於他們以更平順的方式往來行軍。就象徵的層面來說，這條路是羅馬壓印在義大利半島的標記，代表其權力和統治力量。巴爾巴圖斯選擇把家族陵墓蓋在這條大道旁邊，矗立在羅馬城外最為顯眼的位置，這一點也不是偶然。因為這樣一來，往來羅馬城的旅客都有機會瞻仰這座巨大的陵墓。

西元前五〇〇年到西元前三〇〇年這段時期對羅馬至關重要。在這段期間，塔克文王朝沒落，大鬍子西庇歐開始活躍在羅馬的政治舞臺上；許多具有羅馬特色的建制也在這段時間當中開始成形。此時羅馬人不僅界定了共和政體和自由的基礎原則，他們也開始建立奠定日後帝國發展的各種結構、各種假設、各種——用一句比較華麗的話來說——「做事的方式」。這許多建置當中，其中有一項充滿革命性的行動，亦即他們開始思考身為羅馬人的意義。這項探討界定了他們對公民這個概念的看法，這個看法產生的影響深遠，持續了數百年之久。這一點也使羅馬卓爾不群，獨立於其他古典城邦之外，最終甚至影響現代人對公民的看法——該擁有什麼權利，該負有什麼責任等等。帕默斯登勳爵（Lord Palmerston）和甘迺迪（John F. Kennedy）都曾驕傲地傳播這句拉丁文片語：「我是羅馬公民（*Civis Romanus Sum*）」，作為他們那個時代的口號，這並非無稽之舉。簡而言之，在歷史上，羅馬首次開始看來像「羅馬」，亦即今日我們理解的羅馬，也是他們自己理解的羅馬。然而一個大問題是：這種轉變是如何發生的？何時發生的？為何會發生這種轉變？有哪些留傳至今的考古證據可以幫忙說明，或者甚至描述羅馬這次的「向前大躍進」（great leap forward）？羅馬的年表依然模糊不清，要根據那份年表重構一個可信的歷史敘事是絕對不可能的事。但是我們可能辦到的是：我們多少可以從兩個面向一窺某些基本的轉變，一是羅馬本土的面貌，二是羅馬與外在世界的關係。

在後世羅馬作家的筆下，西元前五世紀到西元前四世紀這兩百年中間有個清楚且充滿戲劇化的歷史敘事。一方面，他們描述羅馬城內一連串充滿暴力的社會衝突，例如世襲的「貴族」與「平民」之間發生的衝突。此類敘事描述的重要主題有世襲的貴族家庭壟斷了城裡的政治和宗教權力、城裡的人民或「平民」完全被排除在權力的中心之外。在其中一則涉及罷工、叛亂和另一起（意圖）強暴的故事中，平民獲得勝利，贏得權利；他們終於可以和貴族平起平坐，他們也多少贏得了可以與貴族共享權力的——或用他們自己的話——「自由」。另一方面，羅馬後世史家也喜歡描寫一連串重要的勝戰，例如羅馬如何占領義大利半島大部分的城邦，如何予以管轄。這幾場勝戰始於西元前三九六年，當時羅馬最強硬的當地對手——伊特魯斯坎城邦維伊——在經過數十年的交戰之後，終於被羅馬打敗。差不多過了一百年，羅馬人打敗了薩莫奈人，成為當時義大利半島最大的權力中心。這場勝仗甚至引起住在薩摩島的杜里斯的注意。不過，羅馬這時也不是所向無敵，可以毫無挑戰地展開擴張活動。西元前三九〇年，羅馬剛打下維伊城不久，一群武裝的「高盧人」洗劫了羅馬城。這群人到底是誰？如今已經不可能得知。羅馬史家擅長把來自北方的一大群人籠統地合併在一起，模糊地稱之為「野蠻部族」。他們也沒有興趣分析這群人的動機。但是根據李維，「高盧人」的入侵，留下的結果十分可怕，以至於羅馬城必須在卡米拉斯（Marcus Furius Camillus）的領導下，（再一次）重新建城。卡米拉斯的身分多重；他是戰爭指揮官、獨裁官、「長官」；他一度曾被流放；他是羅馬另一個「羅慕勒斯第二」。

比起過去任何一則故事，這則故事的現實根基穩固許多。無可否認的，即使在西元前三〇〇年，距離羅馬產出最早的文獻，在時間上還有數十年的差距。後代史家回頭描寫這段時期的時候，總會不時帶入許多神話、美化和幻想。卡米拉斯可能並不比第一個羅慕勒斯真實多少；我們也曾看到卡提林的話是如何被放入其中一個早期共和革命分子之口（這位革命家的話沒有一句有可能會留存下來）。不過，這段時期的尾聲早已遠離只有簡單四行墓誌銘的早期階段，恰好就處在歷史和我們所了解的歷史書寫的邊緣。換句話說，當那位關係良好的元老畢克托爾（約生於西元前二七〇年）坐下來開始撰寫第一部長篇羅馬史的時候，他很有可能會想起年輕時代他和人們的談話——那些人可能曾經目睹發生在西元前四世紀末的事件，或他們曾經與巴爾巴圖斯那一代人談過話。畢克托爾的《歷史》（*History*）並未留存下來，只除了幾句被引用的話，留在後世作家的作品裡。但是他的《歷史》在古典世界十分著名。西西里的陶爾米納（Taormina）有一座古代圖書館出土。在那座圖書館裡，我們看到他的名字和作品大綱被畫在一面牆上，作為廣告兼圖書館目錄。兩千年之後，我們能夠讀到李維的作品，而李維曾經讀過畢克托爾，而畢克托爾曾經跟那些記得西元前三〇〇年那個世界的人談過話。這個聯繫固然脆弱，但卻把遙遠的古代世界與現代世界輕輕地連結在一起。

再者，我們近年有越來越多來自那個時代的零星遺跡逐漸出土。不過，這些遺跡若不是與後世羅馬史家的敘事產生衝突，就是指向另一個完全不同的歷史敘述。巴爾巴圖斯的墓誌銘上所描寫的一生事業就是其中一例。李維的《羅馬史》在描寫這些年時，他用的字眼是羅馬是與盧卡尼亞「結盟」，不是「征服」。再者，在他筆下，巴爾巴圖斯在義大利北部的戰役並不很順利，與巴爾巴圖斯墓誌銘上所寫的不同。沒錯，巴爾巴圖斯的墓誌銘撰寫者有可能會誇大他的成就，「征服」或許也是羅馬菁英階層喜歡用的字眼，用來描述他們與「同盟邦國」的關係。不過這篇銘文真的可能糾正了李維後來那些稍微有點混亂的敘事。除此之外，我們還有其他好幾則這樣的片段，包括出自同一時期的繪畫，描述巴爾巴圖斯帶兵征戰的場景。所有這些遺留下來的片段遺跡之中，最特別也最能揭露真相的是八十多條法律條款，亦即第一次書寫成文的羅馬規範，或套用一個相當宏大、多數古典作家喜歡用的語詞——「法律」。好幾個世紀以來，經過許多現代學者努力研究，細心偵測，這份成文法典終於在西元前五世紀中葉集結起來。這份法典今日被稱為「十二表法」（The Twelve Tables），因為當初這些法律條文是刻在十二塊銅板上公開展示的。這份法律條文提供了一扇窗，讓我們了解共和時代早期，羅馬人普遍關注的事，例如他們擔心魔法，他們憂心遭受攻擊等；另外，他們還擔心一些比較棘手的問題，例如是否可以埋葬鑲著金牙的屍體。後者是個意外的發現，經考古學家證實，當時羅馬人已經擁有鑲金牙的技術。

在我們繼續探索羅馬境內與境外的激烈變化之前，我們首先得檢視十二表法呈現的世界。重構這段時期的歷史有時令人很興奮，有時卻令人猶豫不決，部分的樂趣來自我們不知道那些不完整的、拼圖似的遺跡該如何組合，還有該如何判定事實還是幻想。不過我們現在手上握有足夠的拼圖，確信可以斷定羅馬在西元前四世紀發生了一場決定性的轉變，那時，巴爾巴圖斯、阿皮亞斯和他們的直系繼承者仍然還活著。我們現在雖然很難確知那場轉變的所有細節，不過那次轉變奠定了羅馬政治運作的模式——不管是對內還是對外。而且這個模式即將流傳好幾個世紀之久。

十二表法的世界

共和政權始於一聲微鳴，不是一聲巨響。羅馬史家留給我們許多激動人心的故事；在他們筆下，我們看到新的政治秩序、西元前五世紀前面數十年內那些規模浩大的戰役，還有許多令人難忘的英雄與匪徒故事——那群非凡的英雄和匪徒如今已成為現代傳奇的題材。兩千年後，美國的辛辛納提市（Cincinnati）即以羅馬英雄辛辛納提斯（Lucius Quinctius Cincinnatus）的名字來命名。據傳這位英雄在西元前四五〇年代從半流放的狀態中歸來，接著被任命為獨裁官，領導羅馬軍隊打敗了許多敵人。平定戰亂之後，這位高貴的英雄直接回鄉務農，不再進一步追求政治的榮光。與他相反的例子是科瑞里拉努斯（Gaius Marcius Coriolanus）——莎士比亞即從他的故事獲得靈感，寫了《科瑞里拉努斯》（*Coriolanus*）一劇。科瑞里拉努斯也是個戰爭英雄，據說他在西元前四九〇年變成叛徒，加入另一支敵人的隊伍。假如他的母親和妻子沒站出來勸阻，他就會帶兵攻入羅馬，占領自己的家鄉。綜合觀之，這類故事固然動人，但是現實環境卻十分不同，而且現實的規模也簡樸許多。

塔克文家族被趕走之後，不管羅馬城接下來的政治組織如何，考古學的研究很清楚顯示：西元前五世紀的大部分時間裡，羅馬一點也不繁榮。西元前五世紀羅馬城發生幾場大火，燒毀許多建築物，其中有一座建立於西元前六世紀，據說是塞爾維斯興建的神殿也遭受波及，但是這座神殿在數十年間一直都沒有被重建。除此之外，那段時間從希臘進口的陶瓷器——顯示富裕程度很好的指標——也大量銳減。簡單說來，如果王政時期的後期可以合乎情理地被形容為「塔克文家族的偉大羅馬」，那麼共和時期前面那幾年是遠遠比不上前朝的宏偉富麗。至於占據羅馬史家作品裡的英雄戰事，雖然那些戰事可能在羅馬人的想像力中扮演重大的角色，但是那些戰事全都是發生在本地的各種爭端，戰鬥的地點不過就在羅馬城幾英里

圖26　救國農夫辛辛納提斯。這座二十世紀的雕像立在現代辛辛那提市，展現辛辛納提斯歸還官印，放棄仕途，選擇回歸鄉里的那一刻。很多羅馬故事把他塑造成這樣一個嚴肅的愛國志士，但是辛辛納提斯還有他的另一面：他堅決反對賦予平民各種權利，也不願容忍城市裡的窮人。

的半徑之內。比較可能的現實是：那些戰爭都是發生於鄰近社群的例行搶劫或游擊突襲，只是後來被追記成某種正式的軍事衝突。這顯然都是有違歷史進程的追記。無可懷疑的，大部分爭端都是由個別獨立的軍閥發起，半屬私人的性質。西元前四七〇年代初期，羅馬發生一起著名的事件，而這個事件至少可以說明上述這點。據傳當時有三百零六個羅馬人中了埋伏，全部身亡，而且死者全部來自法比烏斯家族（the Fabii），還有其他依靠他們生活的從人、食客、隨員等等。換句話說，這所謂的戰爭，其實比較像一大夥百姓的私人鬥爭，不像是軍隊之間的戰事。

關於那些後人追記的英雄敘事，十二表法提出一個最好的反證。當年記載十二表法的銅版今日已經失傳，但是銅板上的某些內容至今依然存在，那是因為後世的羅馬人把銅版上刻記的條文視為羅馬最初的法律傳統，因此銅板上的條文很快就被抄寫下來，集成小冊子。據西塞羅，直到西元前一世紀，這些小冊子仍然是學童學習與背誦的文本。即使那些規範早已沒有實際的用途，人們仍舊持續予以重新印行，重新編輯。編輯成冊的，還有好幾位古典學者的評注，這些評注闡述每一條條文的意思，還有這些條文在法律上和在語言上的重要性。這些評注後來讓西元二世紀某些律師感到很惱火，因為他們覺得他們的書呆子前輩對古羅馬法律條文的語言謎團太過於感興趣。這批數量龐大的文獻沒有一份是完好無損地保留下來。但是其中某些被人引用或加以釋義的部分則完整地流傳下來。仔細研究這些資料，再參考某些冷僻的羅馬文獻資料，學者今日已經找到大約八十多條西元前五世紀刻在銅版上的條文。

整理這批條文的整個過程一直都十分專業，各種複雜的討論至今仍在熱烈進行。學者仍在爭論條文的確切語序如何？把條文抄寫下來並集錄起來的冊子究竟可以在多大的程度上代表原文？

後代羅馬人的引用到底有多精確？無可諱言的，這些條文的語言必定經過了某些現代化的程序：原本的拉丁文看來似乎很古老，但是對西元前五世紀的人而言，應該還不算太古老。有時候，後人在釋義的過程中，多少會試圖配合著後來的羅馬法律來提出解釋。有時候，我們會看到即使學識淵博的羅馬律師也會誤解十二表法的條文；例如這個例子：一個拖欠款項的債務人，如果他有好幾個債權人，那麼這幾個債權人可以把他處死，然後債權人可以根據債務的多寡，按比例瓜分他的屍體。這條條文看來是其中一則誤讀的例子（或許多現代評論家希望是如此）。雖然如此，這些引言還是提供了一個最直接的途徑，引領我們進入西元前五世紀的社會、住宅、家庭，讓我們一窺當時羅馬人的煩惱和知識水準。

西元前五世紀的社會相當簡樸，人們活動的地域範圍也相當有限，與李維筆下所描寫的截然不同。這一點，我們可以很清楚地從語言的結構、表達的模式和陳說的內容看出來。現代的翻譯雖然盡其所能地將其語言譯得清晰明瞭，不過拉丁文語序並不總是那麼清楚，尤其在缺乏名詞和具有指示作用的代名詞的情況下，我們幾乎無法從原來的拉丁文清楚看出誰對誰做了什麼。例如像這樣的句子：「如果他傳喚到庭，他就要去；如果他不去，他就要傳喚證人，然後就拘押他。」這樣的句子，現在通常會被翻譯為：「如果**原告**傳喚**被告**到庭，**被告**就必須到庭。如果他不去，**原告**就得傳喚**另一個人**作證，然後再去拘押**被告**。」但這個句子說的並非全然是如此。這所有的訊息都顯示：一、不管是誰起草這條條文以及其他條文，這個人當時一定還在掙扎，還在努力設法用文字把各條規定清楚表達出來。二、無論是合乎邏輯的陳述也好，還是理性的表達也好，這兩者在此時都還十分樸拙，都還處在萌芽的階段。

不過，光是嘗試創造像這樣的正式紀錄，就已經是一個重要的階段，這階段今日我們通常稱之為國家形成。早期社會的一個主要的轉捩點就是法律的編纂——雖然這種編纂十分初級，而且通常也是片面的。在古代雅典，德拉科（Draco）在西元前七世紀編撰的作品之所以值得關注，那是因為這是第一次有人嘗試用文字把各種口頭的規定寫下來，即使德拉科這個名字在現代衍生出「嚴刑峻法」（draconian）的意涵。距德拉科一千年前，巴比倫的漢摩拉比（Hammurabi）也做了類似的事。十二表法遵循的，差不多也是這樣的模式。不過，距離可稱為全面性的法律，十二表法還有很長的路要走。羅馬人在編撰這份條文集的時候，可能從來也沒想到要存之久遠。再者，除非傳留下來的那些引言所涉及的範圍使我們產生誤解，不然十二表法所論及的內容，幾乎沒提到任何與公共事務和國家憲法相關的範圍。十二表法所論及的，大致是關於遵守那些大家都同意、共享、認可、可以用以解決紛爭的程序。另外就是關於如何解決前述那些紛爭，如何處理人們面對的困難，不管是實際的困難還是理論上的困難。例如：被告如果年紀太大，無法出庭面對原告，這時應該怎麼辦？原告必須提供坐騎給被告。如果犯罪者是小孩子該怎麼辦？若是如此，則處罰的方式可以選擇鞭刑而不是絞刑。這種區分，就是現今我們會考慮罪犯年齡及其相應的刑責的前身。

從這些條文的主題，我們看到了一個多重不平等的世界，比如我們看到了許多不同種類的奴隸。有的因未能履行債務，最後被販售為奴；有的可能因為戰敗，被俘成奴（雖然這只是我們的猜測）。對他們不利的條文也清楚紀錄在冊：自由民如果攻擊奴隸，他受到的處罰是奴隸攻擊自由民的一半，亦即奴隸可能會被處以死刑，但自由民可能只要服個鞭刑就沒事。不過也有某些奴隸最後會獲得釋放，這可從其中一條條文提到「解放奴」（*libertus*）這個字清楚看出來。

自由民也有階級之分。有一項條文提到貴族和平民的區分，另一條提到擁有財產者（*assidui*）和沒有財產者（*proletarii*）的差別——沒有財產者對城市的貢獻只有一個：生兒育女（*proles*）。另有一條提到「贊助者」（patrons）和「受保護者」（clients）的區分，並提到有錢的公民和貧窮的公民之間具有互相信賴和互盡義務的關係。這種關係在羅馬歷史裡一直是個重要的成分，其基本原則是：保護者提供保護和協助（金錢方面等等）給受保護者，受保護者則回報以各式各樣的服務，包括在選舉時貢獻選票。後期羅馬作家的作品中，充滿了許多保護者言過其實的言論，例如他們會提到這種關係的各種美德。另外也有來自受保護者的悲苦抱怨：包括他們得忍受各種羞辱，只為了得到一份次等的餐食。在十二表法中，這方面的相關規定只有簡單一句：「如果保護者傷害被他保護的人，那麼他必須受到詛咒。」真不知道那是什麼意思。

十二表法有一大部分條文處理的是國內問題，而且大部分聚焦在家庭生活、擾人的鄰居、私人財產、死亡事件。羅馬人明文條列丟棄或殺死畸形嬰兒的程序（這在整個古典時代很常見，現代學者通常委婉地稱之為「野曝」〔exposure〕）。他們也列明繼承遺產的程序，舉行葬禮的正確儀式。另有部分特殊條文，如禁止服喪的女人露出笑容，或者禁止把火葬柴堆搭得太靠近民宅。除了金鑲牙，金子是不可以用來陪葬的。十二表法明顯關懷的另一個項目是犯罪和意外傷害。在這個世界裡，人們擔心鄰居的樹如果長得太高，枝枒伸入自家的產業時該怎麼辦（解決方法：那棵樹必須砍到某一特定的高度）；或者如果鄰居的動物在自己的土地上亂闖該怎麼辦（解決方法：鄰居必須賠償土地上的損害或交出闖禍的動物）。他們擔心晚上破門而入的賊，因為夜間行竊受到的處罰要比白日行竊的處罰為重。他們還擔心有人蓄意破壞他們的作物；擔心亂飛的武器可能會意外打中無辜的人。如果大家覺得這一切聽來太家常，其實不然，因為那也是個人們會擔心魔法作祟的世界。如果你的敵人對你或對你的作物下咒，你該怎麼辦？可惜的是，解決這個困難的方法已經失傳了。

從十二表法的條文來看，西元前五世紀的羅馬是個農業城鎮。這時候的羅馬已經相當複雜，已經能夠認識到奴隸與自由民的基本分野，也認識到公民有不同的階級；這個世界裡的人民也夠世故老練，懂得設計某些正式的行政程序，解決各種爭端或管理社會和家庭的關係。與此同時，他們也懂得強制施行某些基本的規則來管理人類的各種活動，例如處理死者的遺體。雖然如此，我們沒有任何證據顯示羅馬此時有比上述這一切更進一步的發展。十二表法顯然是一個嘗試性的規則制定，有些地方很笨拙，有些地方甚至令人很困惑。這一切提醒我們必須對李維和其他古典作家筆下那些複雜的法律和條約持保留態度。至少從傳留下來的這些條文中，我們找不到任何關於公共職務的規定。我們現在只看到一條提到維斯塔貞女的條文，裡頭的討論是：作為祭司的維斯塔貞女，可以不受父親的管束；不過貞女祭司工作的機構當然並不能算是主要的國家機構。此外，我們幾乎也找不到任何條文提到羅馬以外的世界，只除了少數幾次提到某幾條特定的條文該如何使用在hostis身上——hostis這個拉丁文既可指「外國人」，也可指「敵人」，或兩者兼具。還有一項條文規定可以把犯人賣到「臺伯河之外的國度」當奴隸，作為對債務人最後的懲罰。當然，前述提到的這些條文的設計，也許本來就是用來應付國內問題，而非國際問題。整體而論，十二表法並未把羅馬這個社群之外的其他關係列為主要的考量——不管這種關係是控制、開發或友誼。

十二表法的世界與西塞羅的時代差距甚遠，甚至也與一百年之後的巴爾巴圖斯和阿皮亞斯的世界差距很大；一百多年後，我們看到巴爾巴圖斯和阿皮亞斯各有各的公共職務；我們看到新修築的道路伸向南方，一直鋪到卡普亞；我們也看到他們驕傲地炫耀他們擄獲的盧卡尼亞戰俘（見彩圖5）。所以這一百多年之間到底發生了什麼轉變？何時產生轉變？

階層衝突

首先，羅馬城內的政治狀況究竟發生了哪些改變？十二表法曾是現在通稱為「階層衝突」（Conflicts of the Orders）的其中一個結果（拉丁文ordo的其中一個意思就是「社會階層」）。根據羅馬作家，階層衝突是王政時代結束之後的數百年裡，羅馬國內最重要的政治事件。這是平民與貴族之間的鬥爭；在這場鬥爭中，平民發動抗爭，爭取完整的政治權力，要求與菁英分子，即貴族共享平權。一般來說，貴族向來很討厭放棄他們世代相傳的權力壟斷。在羅馬，這起事件自此成為普通公民得到政治自由的偉大證明，而且這起事件也在現代世界留下了政治以及政治語彙上的標記。在我們現代的階級衝突中，「平民」這個字是最令人痛恨的字眼，即使到了二〇一二年，英國保守黨有一政治人物因為稱警察為pleb（亦即plebeian〔平民〕的簡稱）而被該警察控告，最後導致該政治人物丟官辭職。

根據羅馬作家的描述，大約在西元前五世紀，亦即共和國成立之後的數年內，平民開始對他們被排斥在權力之外，還有遭受貴族剝削的處境感到不滿，因而起來反抗。他們一再追問：為何要替羅馬打仗，如果他們服役所得的利益全數落入貴族的口袋？如果他們隨時可以被任意處罰，而且萬一負了債，他們甚至還會淪落為奴，在此情況下，他們如何算得上是羅馬百分百的公民？貴族究竟憑什麼權力把平民看成次級公民？套句李維筆下一位平民革命者充滿諷刺的話：你為何不通過一道法令，禁止平民住在貴族的隔壁，或走在同一條街上？或參加同一場宴會？或在羅馬廣場肩並肩站在一起？非常奇異的，這些話令人想起了二十世紀反種族隔離抗爭當中出現的口號。

西元前四九四年，由於債務問題的困擾，平民發起第一場結合了叛變和罷工的活動，集體離開羅馬城，試圖以此逼迫貴族接受改革。這次的行動成功了。因為貴族階層從此做出一連串讓步，最後終於慢慢化解了貴族和平民之間的差異，有效地重寫羅馬城的政治權力結構。兩百年後，貴族幾乎沒剩下什麼特權，只除了擔任幾種古代祭司的職務，還有穿某一特定款式的花俏鞋子。

第一次改革發生在西元前四九四年，第一個改革活動是護民官（*tribuni plebis*）的任命。護民官的任務主要是捍衛平民的利益。再下來是成立一個特別為平民而設的集會。這個團體的組織方式和百人隊會議一樣，也是個投票系統，但是實際的組成細節和百人隊會議不同。這個集會不是以平民財富的多寡，而是以地理區域來作區分的標準，亦即投票人以其所屬的「部族」（*tribus*）或羅馬領土之下附屬的地區來註冊——不過這裡的「部族」與現代語言裡的部族（tribe）沒有關係，這裡的「部族」並沒有族群分類的暗示。西元前二八七年，在最後一次的撤城活動中，人民集會的所有決定被賦予法律的約束力量，所有羅馬公民都要遵守。這次改革，巴爾巴圖斯應當有緣親眼目睹。換句話說，一個平民的社會福利機構此時被賦予權力，可以監督與代表作為一個整體國家的羅馬。

在西元前四九四年到西元前二八七年之間，隨著更多更激動人心的演說、罷工和暴力威脅，羅馬所有主要的官職和祭司職位逐漸一步步向平民開放，平民的次等社會地位至此終於廢除。最著名的一場平民勝利發生在西元前三二六年；當時，因債成奴的系統遭到廢除，同時建立了一個原則：羅馬公民的自由是不容剝奪的。距這段時期差不多四十年前，亦即西元前三六七年，羅馬通過一項同樣重要、更具政治里程碑狹義意義的法案。過去數十年中，許多強硬的貴族不斷抵抗，始終堅稱「讓平民擔任執政官，乃是違

圖27　在古代，敬奉某幾位主要神祇的古代祭師，其職位向來只有貴族可以擔任。這是西元前一世紀，和平女神祭壇（Altar of Peace）的祭司群像（見圖65，頁442），怪異的帽子是辨別他們身分的依據。

反神明旨意的罪惡」。但是在西元前三六七年這一年，其中一個執政官職終於向平民開放。從西元前三四二年起，兩個執政官官職皆可由平民擔任，如果選舉的結果是這樣的話。

西元前五世紀中期的階級衝突中，最激烈的事件是圍繞著十二表法的編撰而引發的爭議。留存至今的條文看來固然簡短、隱晦、頗為乏味，但是在羅馬史家的筆下，十二表法的編撰過程涉及一連串悲劇、疑雲重重的騙局、暴君的指控、強暴未遂和謀殺的氣氛。故事是這樣的：多年來，平民一再要求羅馬當局公布城邦的「法律」，因為城邦的「法律」不該只是少數貴族的祕密資源。最後貴族終於讓步。西元前四五一年，正常的政治官職延遲執行選舉，人們選出十個代表組成十人委員會（*decemviri*），負責收集、起草並公布羅馬的法律。第一年，十人委員會成功編出十份法案。但是他們的工作並未全部完成。第二年人們另外再選出十人，另組一個委員會繼續其任務。不過，第二個十人委員會的態度很不一樣，他們的性格也遠比第一個委員會保守。他們完成了剩下的兩份法案，但是他們卻在法案裡引進一項惡名昭彰的條文：禁止貴族和平民通婚。起草這份法案的初衷原本是為了革新，沒想到最後卻出現這個最極端的結果，使兩個團體完全區隔開來。西塞羅稱這項條文為「最不人道的法律」，因為這項條文完全違反了羅馬的開放精神。

更糟的事即將到來。這第二個十人委員會（有時他們又被稱為「十個塔克文」〔the Ten Tarquins〕）開始模仿暴君的行為，包括性暴力。這起事件幾乎就像當年導致王政時代滅亡的盧奎西雅強暴案的再版。原來這十人當中，有個名叫阿皮亞斯（Appius Claudius）（那位道路建築者的高祖父）的委員，他要求一個年輕的平民女子跟他上床。這位女子的名字恰好叫維吉妮雅（Virginia），未婚，但是已經訂了婚。接著上場的是欺騙和腐敗。原來阿皮亞斯唆使隨從，要這個隨從在法庭上聲稱維吉妮雅本是他的奴隸，只是後來被維吉妮雅所謂的父親搶走。案子的法官正是阿皮亞斯本人，所以他當然站在隨從，即他的共犯的那一邊。案子審理完畢，他大步走過廣場，想擄走維吉妮雅。接下來發生爭吵。維吉妮雅的父親維吉尼烏斯（Lucius Virginius）抄起鄰近屠夫攤子上的小刀，刺死女兒，一面大叫道：「我的孩子，我只知道這是唯一讓妳得到自由的方式。」

與盧奎西雅的故事相比，維吉妮雅的故事更讓人覺得不安。這則故事除了可怕的階層衝突，還有家人的謀殺。無可避免的，這個故事觸發了幾個問題：女人為了守貞，需要付出什麼代價？故事中的父親算是什麼樣的典範？誰犯下的錯誤更大？維護高尚的原則需要付出這麼可怕的代價嗎？不過，我們看到（未遂的）強暴再一次變成催化劑，引發政治上的劇變。維吉妮雅的屍體公開展示在羅馬廣場，維吉妮雅的父親同時對軍隊發表一場激昂的演說。這兩者加總起來，終於引發了一場又一場的暴動和叛變。十人委員會最後遭到解散，人們恢復了——套用李維的說法——自由。這起事件雖然給十二表法的起草染上暴君的陰影，但是十二表法依然留存了下來。很快地，十二表法就被奉為羅馬法律最尊貴的始祖，而那一條禁止貴族與平民通婚的條文也很快就被廢除了。

這則階層衝突的故事替自古以來，那些關於民眾力量和自由的故事增添一則最激進也最清楚的宣言，遠比古典民主邦國雅典流傳下來的任何紀錄都更加激進。古代雅典的作者一旦明顯提及這個主題，其立場通常都是反對民主和民眾力量的。綜觀這則階層衝突的故事，平民口中陳述的各種訴求，提供一個有系統的政治改革計畫，而這個計畫的基礎是公民的自由——不同面向的自由，包括參與國家政府的自由、分享國家各種資源的自由、免於被剝削和取得資訊的自由。十九世紀和二十世紀初期，來自不同國家的勞工階級運動者在這則古老的故事中，看到羅馬人民如何藉著齊心協力的行動，迫使世襲的貴族階層做出讓步，為平民爭取完整的政治權力；他們在這裡找到一個令人難忘的先例，還有某些可以贏得人心的修辭。這一點也不令人意外。同樣不令人意外的是，早期的公會組織把羅馬平民之撤城運動視為成功的罷工模式。

但是在羅馬作家筆下，這場階級衝突的故事究竟有多準確？這則故事對羅馬的「大躍進」透露了哪些訊息？一旦提起這些問題，拼圖的碎片就變得很難組合起來。雖然如此，這幅圖像的幾個輪廓——也許還有幾個重要的日期——還是清楚地漸漸浮現。

流傳至今的這則故事，裡頭有許多描述一定是不正確的。其中必有許多部分曾被後期羅馬作家大量改寫，予以現代化；這場衝突——尤其是初期的階段——仍然含有許多神話成分，並不是歷史現實。維吉妮雅可能也是個虛構人物，並不比盧奎西雅更真實。十二表法留傳至今的法條與十人委員會的精采故事，兩者之間明顯有一個令人感到尷尬的落差。如果十二表法的編撰是貴族和平民衝突的直接成果，為何流傳至今的所有條文中，只有一條提到貴族與平民的差別（即禁止通婚那一條）？早期的平民改革者提出的大部分論點以及他們的演說，這些幾乎可以確定是西元前一世紀的作家根據他們自己那個時代的論爭，從而加以想像並重寫的，並不真的是十二表法那個世界的產物。這些故事如果看成羅馬較為後期的民眾的政治思想的印記，可能遠比作為階層衝突的印證為好。再者，羅馬人固然言之鑿鑿，提到平民被摒棄於國家權力之外這件事可追溯到王政時代瓦解的那段時期，但是我們有證據顯示這件事是在西元前五世紀逐漸發展而成的。舉個例子。那張執政官名單雖然多少有點虛構色彩，但是在那張名單上，西元前五世紀初期即出現了好幾個廣為人知的平民執政官（包括第一任執政官布魯特斯本人）。不過到了該世紀的後半期，名單上再也沒有平民的名字出現了。

話雖如此，西元前五世紀到西元前四世紀這段漫長的時間裡，擁有特權的少數世襲貴族和其他階層的人民必然不時發生衝突，不論是社會的，還是政治的。過了五百多年後，貴族世家和平民家庭之間在形式上仍然存有差異，只是此種差異此時已經像我曾討論過的其中一種「化石」（見頁一〇九），當中除了一股勢利氣息，再也沒有任何實質意義。如果這兩個階層從來不曾作為政治、社會和經濟力量的標記，我們將會很難解釋這種差異的存在。我們也有許多理由相信西元前三六七年是一個重大的轉捩點，即使這種轉變的方式與羅馬史家所想像的不同。

對羅馬史家而言，西元前三六七年是個革命的時刻，因為執政官一職不僅開放給平民，而且其中一位還必須從平民當中選出來。如果是這樣的話，那麼這條法律一經訂定馬上就被人民公然蔑視。因為接下來的數年中，執政官名單上就出現好幾次兩個貴族名字並列的現象。李維曾注意到這個問題，他的解釋是說平民得到參選權就很滿意了，不在乎是否被選上。這個說法當然沒有說服力。比較有可能的情況是，這一年共和政府並未強制規定兩個執政官當中必須有一個是平民，而是立法將一年選一次的執政官訂定為羅馬最主要的官職，而且也是一個永久性的選舉機制。當然在理論上，這個官職應該是同時開放給貴族和平民。

上述這個推論顯然比較符合另外兩個重要的線索。第一，在西元前四二〇年代到西元前三六〇年代之間，即使是最傳統的羅馬史家的紀錄，裡頭大部分官吏名單都把國家最主要的官吏稱為

「長官」——一個神祕的官職名稱。這個現象在西元前三六七年之後全部消失，因為從這一年開始，執政官這個系統開始成為羅馬歷史裡的典律。再者，元老院很有可能也是在這段期間被賦予明確的組織形式。羅馬史家向來喜歡把元老院的起源追溯到羅慕勒斯的時代，視之為「元老」（*senes*）的議會；他們也認為到了西元前五世紀，元老院應該已經是個組織完善的機構，運作方式宛如西元前六三年那麼順暢。不過，有一部古代羅馬字典收錄一筆高度依據法律規範寫成的條目，而這個條目提到一個相當不同的版本。據這筆條目，元老院是到西元前四世紀中期左右才成為一個永久機構，元老議員也是到這個時期才成為終身職，不再只是一群朋友和顧問臨時湊在一起的團體，大家的職責不定，任職的時間也不定，可能是一年，甚至只有一天。如果這筆資料是正確的（當然，不是所有晦澀難解的技術文獻都一定是正確的），那麼這筆資料即可支持這一論點：羅馬獨具特色的政治系統是在西元前四世紀中期才逐漸建立起來的。不管羅馬政府組織的前身如何，也不管人民集會或人口普查這些元素可能早已存在，在西元前五〇九年之後的一百多年內，羅馬看起來並不十分具有「羅馬」的特色。

這意味著巴爾巴圖斯的墓誌銘所呈現的生平，並不是傳統羅馬菁英分子的典型經歷，雖然到後世他被視為傳統羅馬菁英的一分子。巴爾巴圖斯大約死於西元前三世紀初期。事實上，他是另一種典型的例子，他不僅在羅馬境內代表一個相當新的共和秩序，誠如我們即將看到的，他也是羅馬境外事務的典型代表。

外面的世界：維伊市和羅馬城

羅馬在義大利的勢力擴張是全面且快速的。羅馬後來在海外建立的帝國，面積相當於兩百萬平方英里，這個成就很容易讓人覺得目眩或心驚，而且也很容易讓人產生一個理所當然的想法，亦即義大利本來就屬於羅馬，是羅馬的一部分。西元前五〇九年，位於臺伯河畔的小村莊轉變成一個政治團體；到了西元前二九〇年，這個政治團體的幅員擴大到五千平方英里，並且有效控制了義大利半島一半以上的城邦，而且其勢力還在持續擴大增長當中。這樣的成就也一樣出色，也一樣令人覺得印象深刻。我們要問的是，這樣的成就究竟是怎麼取得的？到底當時發生了什麼轉變？那些轉變又是何時開始的？

據我們目前所知，大約截至西元前四〇〇年左右，羅馬與外面世界的關係十分乏善可陳。羅馬和大地中海地區各個城邦的貿易關係，就和義大利半島上的城鎮一樣，十分典型，沒有太多的差異。羅馬直接與之互動的城邦都是當地的城鎮，往來最多的是南部的拉丁諸城邦——羅馬與這幾個城邦擁有共同的語言、相同的祖先、共同擁有好幾種慶典和聖祠。最值得一說的是，到了西元前六世紀末，羅馬可能已經多少控制了某幾個拉丁城邦。歷史學家波利比烏斯（Polybius）是個敏銳的羅馬觀察家，我們在下一章會常常提到他；他和西塞羅都曾提到他們看過那段時期的文件或「條約」。這顯示羅馬在當地那個小小的拉丁地區已經成為主要的領導者。誠如我們已經看過的，西元前五世紀的故事每每提到當地每年都多少會發生戰事，不過這些戰事的規模必然相當有限，不管後世史家用了哪個壯麗的語彙來讚美或描寫。事情很簡單。如果連續幾十年每年都發生重大傷亡事件，羅馬這樣一個小小的城鎮是不可能存活下來的。

轉變的契機大約發生在西元前四世紀剛開始的那段時期。當時發生了兩件大事。在古代所有關於羅馬擴張國土的紀事裡，這兩件大事都扮演最重要的角色，而且也散發著大量的神話色彩。一是西元前三九六年，羅馬在卡米拉斯英勇的領導下，摧毀了附近的城鎮維伊；二是高盧人入侵，在西元前三九〇年把羅馬夷為平地。羅馬為何會跟維伊發生衝突，我們如今已經完全不可得知。但是在後世羅馬史家的追述中，維伊之戰簡直就像發生在義大利半島的特洛伊戰爭：羅馬人包圍維伊城，費了十年才攻下該城，這相當於希臘人攻打特洛伊人的十年圍城。羅馬人最後是在朱諾女神（Juno）神殿下挖一條地道，從維伊城內破城而出，取得勝利。這一情節相當於特洛伊故事中的木馬。這裡所謂的「征服」，有可能是過於誇大的字眼，現實狀況應當更簡樸一些，因為這並不是兩大超級強權之間的衝突。維伊只是一個繁榮富庶的城鎮，幅員比羅馬小一點，就坐落在臺伯河對岸大約十英里外。

但是羅馬這次的勝利卻具有重大的意義，即使其意義並不是羅馬史家所描寫的那樣；羅馬史家筆下強調的重點是：維伊人全被俘虜並販售為奴；城內所有商品和私人財產全被搜刮一空，作為羅馬軍隊的獎賞；維伊城最後被夷為平地。三百五十年後，詩人普羅佩提烏斯（Propertius）以詩描寫他那個時代的維伊城；他提到維伊城一片荒涼，只剩下綿羊和幾個「悠閒的牧羊人」。這詩比較像一則寫給戰敗者的道德訓示，而不像是真實的描寫（普羅佩提烏斯很有可能從來不曾去過維伊），因為考古遺址所顯示的現實，與上述描寫完全不同。羅馬在獲勝的那一刻，當時可能發生可怕的掠奪事件、擄人為奴，甚至會湧進一批新住民。但是戰爭結束後，維伊鎮大部分的聖祠就像往常那樣，持續維持運作。鎮上仍有居民，即使人數較為稀少。我們現在所掌握到的考古遺跡也顯示維伊鄉下的農莊在當時仍然維持運作。綜觀上述證據，顯示維伊雖然戰敗，但是城鎮隨後即維持運作，並未被夷為平地。

當時確實曾發生了重要的轉變，只是轉變的性質不同。戰勝的羅馬吞併了維伊鎮和維伊的領土；在很短的時間內，羅馬的國土增加了大約百分之六十。很快地，參與投票的公民集會增加四個新的、來自不同地區的部族，用來容納維伊的當地居民、維伊附近的原住民和新近聚居在維伊鎮的住民。差不多在同一時期，羅馬另又發生一個可能與征服維伊有關的重大發展。據李維，羅馬在準備圍城的過程中，首次從稅收中挪出款項，支付士兵的軍餉。不論李維此說屬實與否（不論羅馬用什麼形式來支付軍餉，但是我們可以確定並不是錢幣），這都是一個跡象，代表羅馬的軍隊開始逐漸朝向更具中心組織的方向發展，私人軍閥之間的鬥爭則開始漸漸消失。

隨著勝利而來的是挫敗。西元前三九〇年，高盧人（可能是一群正在尋找土地的流浪部落，或一群訓練有素、想要到更南方尋找工作的外國雇傭軍人——後者的可能性較大）在距離羅馬城不遠的阿里亞河（Allia）擊敗了羅馬軍隊。羅馬人顯然什麼也沒做就直接逃走了。高盧人於是打入羅馬城。有個故事提到一個名叫卡迪西亞斯（Marcus *Caedicius*）——意即「講說災難的人」——的平民，據說這位虔誠的平民曾向官方報告，說他聽到某位不知名的神的聲音，警告他高盧人正在逼近。但是因為他的身分太卑微，所以沒有人理會他。對後來的羅馬人來說，這則故事是個慘痛的教訓：原來神明也會與平民溝通。不過這則故事的真實性極為可疑。

羅馬史家以大量的篇幅報導維伊的覆亡，描寫到處蔓延的毀滅行動，讚美羅馬人的英雄行為。有個故事提到另一個逃難的窮人，而這則故事證明了平民也有他們的虔誠。原來這位窮人在逃難中把妻子和小孩推下車，讓正在搬運聖物的維斯塔貞女祭司上車，因為維斯塔貞女祭司正要把祭祀的聖物搬到附近比較安全的城鎮卡瑞。許多年老的元老決定坦然面對命運；他們就只是端坐家中，等待高盧人的到來。高盧人在屠殺他們之前，一度還以為那群端坐不動的老人是雕像。卡米拉斯之前因為被控貪污而遭到短暫流放，此時他及時趕回羅馬，阻止高盧人帶走大筆贖金。他還勸退他的同胞，請他們不要棄城，移居維伊；同時他也負起重建羅馬城的責任——至少有一則故事是這麼說的。另一則比較不光彩的故事則描述高盧人成功帶走羅馬人的贖金。

這是另一則顯示羅馬人如何喜歡誇大事件描寫的案例。前述這些形形色色的故事後來演變成羅馬人共同的文化記憶，為他們提供了好幾個重要的教訓：國家重於家庭、勇敢面對戰敗、不能以黃金來衡量羅馬城的價值。高盧人帶來的這場災難，後世也成為羅馬人的想像力的重大部分。西元四八年，一群頑固分子運用這場災難作為理由（或作為緊急狀況下的險招），反對克勞狄斯皇帝的建議，不讓高盧人進入元老院。不過，後世羅馬史家想像中的這場重大的劫毀，考古學上卻找不到任何遺跡可以證明；除非那些今日已經被判定是西元前五〇〇年的火燒遺跡真的是高盧人劫城之後的遺贈——過去的考古學家一度相信是如此。

時至今日，高盧人「劫掠」羅馬城唯一的清楚證據是那道高大的護城牆——這道圍牆還有幾段今日依然清楚可見。這道牆是高盧人離去之後，羅馬人興建的，材料是某種特別堅固的石頭，產自羅馬新近占領的城邦，亦即維伊城的附近地區。不過，羅馬史家為何喜歡強調這次戰敗，喜歡描寫其情節？理由很多。第一，這次戰敗設定了場景，可以用來解釋為何羅馬人如此擔憂那些來自阿爾卑斯山脈的入侵者，其中最為危險的當然是漢尼拔，但他並不是羅馬唯一的敵人。再者，這次戰敗也可以解釋為何早期羅馬的實際資料幾乎都沒能流傳下來（已經被人火燒毀）。因為這樣，這起事件標記著「現代歷史」——套一句古代人的用語——的開端。這起事件也足以解釋為何羅馬在共和時代雖然身為全球知名的城市，卻建得毫無章法，宛如迷宮。原來高盧人走後，羅馬人得迅速重建羅馬城。此外，這起事件也替羅馬與外在世界的關係開啟了新的一章。

圖28　這幅二十世紀早期的素描畫的塞爾維斯牆的遺跡（描摹自更早期的照片）。這處遺址靠近羅馬中央車站，雖然現在被圈在柵欄後方，但是從羅馬車站末端露出的部分城牆，依然吸引各地旅人前來造訪。

羅馬人vs.亞歷山大大帝

羅馬與鄰邦接下來發生的戰事，不論就規模、範圍、地點和影響而言，都是一場革命。沒錯，每年按例發生的小規模戰事多多少少還是持續進行。古代史家對西元前四世紀發生的那一長串羅馬戰役都感到十分振奮，不時慶賀（當然也免不了誇大）那些英雄式的勝利，同時也哀嘆少數幾場敗仗，並對那幾場易如反掌，得來不費工夫的勝利嗤之以鼻。西元前三二一年，在考丁峽谷（Caudine Forks）一役之中，義大利南部的薩莫奈部族打敗了羅馬人；在古代史家筆下，這場戰役幾乎就像阿里亞河戰役的重演，或像七十年前羅馬遭受劫掠的再版，即使這場戰事並不能算是真正的戰爭。原來羅馬軍隊被薩莫奈人困在狹窄的山谷裡，因為沒有水源，他們就只好投降了。

從西元前三九〇年遭劫之後，到西元前二九五年的薩莫奈戰役（the Battle of Sentinum），這段期間羅馬人投入戰場的兵力大增。戰事發生的地點也離羅馬城越來越遠。維伊距離羅馬不過才十英里，薩莫奈則在兩百英里之外，遠在亞平寧山脈（the Apennines）另一側。羅馬和戰敗城邦簽訂的協議也對未來產生長遠的影響。西元前四世紀末，羅馬帶給鄰邦的軍事衝擊非常之大，李維因此覺得值得把羅馬的英勇戰績與征戰全世界的亞歷山大大帝做一比較。亞歷山大大帝在西元前三三四年到西元前三二三年之間曾帶領馬其頓軍隊，一路從希臘打到印度，立下一連串輝煌的戰功。如果羅馬人和馬其頓人有機會面對面打上一仗，李維忍不住猜測究竟誰會贏得勝利。是羅馬人？還是馬其頓人？事實上，今日仍有許多坐在扶手椅上的將領不時揣想這個軍事上的謎題。

這段時期義大利發生了兩場特別重要的衝突。一場是所謂的拉丁戰爭（Latin War），這是西元前三四一年到西元前三三八年之間，羅馬人和鄰近的拉丁城邦發生的戰事。過了不久，第二場戰爭隨之登場，亦即「薩莫奈戰役」——巴爾巴圖斯就是在這次戰役裡贏得幾場勝仗。這場時打時停的戰爭發生在西元前三四三年到西元前二九〇年之間，羅馬人對抗的是一群住在義大利南部山區的部落社群。薩莫奈人沒有羅馬人樂於描述的那種凶悍和野蠻，但是比起義大利半島其他城邦人口，他們又顯得鄉土氣多了。總的來說，在羅馬史上，前述兩場「戰爭」是相當刻意的人工建構，亦即史家特地從當時散布得更廣大也更為全面的地方戰爭當中，特意挑出兩組敵人，分別賦予他們名字，然後再加以追記而成。當然，描寫的觀點也全都以羅馬為中心（沒有薩莫奈人曾經打過所謂的「薩莫奈戰爭」）。話雖如此，這兩場戰爭確實突顯了羅馬的某些重要轉變。

根據傳統的故事，第一場戰事之所以爆發，主要是因為拉丁城邦起來反抗羅馬人在當地的支配地位。這些衝突當然都是地方性的小爭端。但是羅馬人和各個城邦事後簽下的約定卻極為重要，甚至可說是革命性的創舉。主要的原因是：這些條約賦予許多戰敗者羅馬的公民權；在一夕之間，義大利中部無數城鎮的居民全部成為羅馬公民。這次羅馬釋出的公民權，其規模之大，遠超過之前的維伊之戰。不論這是否是一種慷慨之舉（羅馬許多作家是如此詮釋的），還是一種壓迫的機制（那些突然被賦予羅馬公民身分的人似乎會覺得如此），這都是一個重要的階段，因為「羅馬人」的意義自此開始產生轉變。我們很快就會看到的是，大舉釋放公民權也為羅馬的權力結構帶來巨變。

約莫五十年後，羅馬和薩莫奈人打了數十年的戰爭終於結束。義大利半島有一半以上的城邦全歸羅馬管轄；這些城邦之中，有的跟羅馬簽訂各式各樣的「友好」條約，有的直接受到羅馬管轄。羅馬史家將這幾場戰事寫得好像是兩個國家為爭奪義大利主權而發生爭戰。事實當然並非如此。不過這幾場戰爭的規模是新的，而且也替未來的戰爭立下了基準。在薩莫奈戰役中，羅馬軍隊面對的是一大群敵人（用「同盟」兩字來形容這一群人可能有點太正式）：薩莫奈人、伊特魯斯坎人、遠從北義半島趕來助陣的高盧人。光是參戰者的人數，似乎就足以吸引薩摩斯島上的杜里斯的注意。他記下一個數目極大但是卻不太可能的傷亡人數——薩莫奈人與其同盟的總傷亡人數共計十萬人。羅馬史家則把這場戰役視為英雄式的勝利。兩百年後，這場戰爭甚至成為羅馬悲劇的主題；例如我們看到一齣很沙文主義的作品，劇中有羅馬士兵組成悲傷的合唱隊，還有一個羅馬指揮官英勇地犧牲自己的性命，確保他的軍隊贏得勝利。雖然如此，羅馬史家彼此也會展開討論（猶如今日學者所做的），即那場號稱最大的戰役究竟有多大。李維無法接受杜里斯估計的龐大數字，也無法接受他在研究的過程中遇到的其他更為誇張的數目。他自己提出一個數字，他認為羅馬軍隊的人數約有一萬六千人（加上同盟城邦提供的一樣人數）。不管他的估計正確與否，我們不可能確知。但是有一件事可以確定：這是一個不一樣的軍事世界，迥異於西元前五世紀那些級別很低的小型戰役或群眾鬥毆。

這個軍事世界至今我們仍可一窺其面貌。一八七〇年代，考古學家在古羅馬城的舊址邊緣開挖，找到了一座陵墓，大約可追溯到西元前三世紀，墓中石壁上的繪畫雖然殘破，但仍有一部分畫面留存。這幅壁畫原本應該很大，差不多覆蓋了整面牆壁，整幅壁畫被分割成一系列上下相對的畫面。考古學家認為這些壁畫描寫的是羅馬與薩莫奈人之間的戰爭。果真如此，這會是西方第一幅傳世的戰爭圖，畫中的人物有名有姓，戰爭的場景有憑有據。義大利南部另有一座墳墓也出現一幅沒有任何標記的戰爭畫。某幾位考古學家很樂觀，他們認為那幅畫的內容是薩莫奈人在考丁峽谷的勝利。除非這一幅畫的內容真的是如此，不然前述那幅壁畫就是西方第一幅戰爭畫。（見彩圖6）

這幅壁畫的詮釋至今仍有很多爭議。情況不妙的是，這幅畫現在已經逐漸風化，不過畫中的主要輪廓還是清楚的。最下面的一個畫幅描繪一場徒手搏鬥，占優勢的那個男人戴著頭盔——那頂華麗的頭盔一直延伸到上一列畫幅的畫面裡，再高一點的位置還可以看到雄偉的城垛。保存最好的兩個畫幅中，每一幅都有一個身穿短托加袍，手拿著一根矛的男人，其中一人被標注為「法比烏斯」（Q Fabius）——或許兩個都是。這位「法比烏斯」，很有可能就是薩莫奈戰役的指揮官法比烏斯（Quintus Fabius Maximus Rullianus）。這位指揮官曾給巴爾巴圖斯一個小任務，指示他「把預備部隊從後方帶上來」，這是大家都熟知的事。在畫面中，他帶著一群身材比例比他小很多的隨從人員，顯然正在跟某個標注為「范尼烏斯」（Fannius）的人談判。這個「范尼烏斯」是個武士；他沒帶武器、穿著戰袍、戴著厚重的護腿；其中一幅畫裡他還戴著頭盔，赤裸的右手向前伸直。這位「范尼烏斯」是薩莫奈人嗎？他正在向「穿著托加袍的民族」的代表投降嗎？此時——壁畫製作的年代——已經是西元前三世紀了，畫面上描寫的真的是那場戰爭嗎？

無論如何，從這些風格簡樸的人物圖像來看，羅馬人不可能是亞歷山大大帝的對手。不過，不管羅馬人是或不是亞歷山大大帝的對手，李維的《羅馬史》寫完羅馬人從考丁峽谷的受辱經驗中恢復士氣之後，隨即花上很長的篇幅，岔開話題，討論起這個議題來。他並非沒有注意到薩莫奈戰爭發生在西元前四世紀末，時間上多多少少與亞歷山大大帝勢如破竹地打向東方的時代相同。在李維的時代，羅馬將領十分熱中於模仿亞歷山大大帝。他們模仿他那獨特的髮型，還給自己安上各式各樣嵌有「大帝」（the Great）的名號。凱撒「大帝」和羅馬第一任皇帝奧古斯都「大帝」都曾到埃及向亞歷山大大帝的陵墓致敬。據說奧古斯都致敬的時候，曾不小心弄斷了亞歷山大大帝的鼻子。所以李維會在這裡思考一個違反現實的經典問題，這一點也不令人覺得驚異。李維思考的問題是：如果亞歷山大大帝決定不去攻打東方的波斯人，反而班師西行，前來攻打羅馬人，那麼亞歷山大大帝和羅馬人究竟誰會是贏家？

李維承認亞歷山大大帝是個很偉大的將領（雖然亞歷山大大帝的缺點不少，例如好酒就是其一），但羅馬人自有羅馬人的優勢。首先羅馬人不會全然依靠一個充滿魅力的領袖。羅馬人有熟練的作戰技術，有非常嚴整的軍事紀律。此外，他強調羅馬人可以召集更大量、訓練更精良的部隊；由於羅馬在義大利半島擁有許多同盟聯邦，所以羅馬還可以召來大量的增援部隊，幾乎是想要多少就有多少。簡言之，李維的答案是：如果兩軍有機會相遇，那麼羅馬人一定能打敗亞歷山大大帝。

擴張國土，士兵與公民

李維的分析有時讀來十分單調緩慢，但是他這篇風格迂迴的作品卻提供了一個很有洞察力的視角，讓我們了解羅馬軍隊在這段時期為何如此善於贏得戰爭，以及羅馬為何可以如此快速將勢力拓展到義大利大部分城邦。在這篇文章中，李維很難得地進入故事的表面之下，探討影響軍隊的指揮和影響羅馬人力資源的社會組織與結構等元素。李維的觀點值得我們更進一步拓展，思索羅馬帝國的開端究竟具有什麼特色。

有兩件事很清楚，而且這兩件事也顛覆了幾個有關羅馬人的力量和「個性」的現代神話。首先，羅馬人並非天生就比他們的鄰邦，或比他們的同代人更為好戰；他們也不是天生就比較會鋪道路，搭橋梁。羅馬文化極度看重戰鬥，並賦予勝戰極高的價值——這是事實（也挺讓我們覺得不太舒服的事實）。他們會一再慶祝且大肆讚揚戰術、勇氣、還有戰場上至死方休的暴力。成功的將領在羅馬街上遊行，民眾為他的勝利歡呼，連基層士兵在政治辯論時，都會刻意露出戰時留下的傷疤，藉此增強他們的說服力。西元前四世紀中期，羅馬廣場主要講壇的基座設有一種裝飾，亦即敵人戰艦前端的撞角。這些銅製的撞角是拉丁戰爭期間從安提姆城（Antium）奪來的戰利品；此時擺在講壇上當裝飾，彷彿象徵軍事是羅馬政治力量的基礎。撞角的拉丁文是*rostra*，後來這個字成為羅馬講壇的名稱，並留給現代英文一個單字：rostrum，亦即「講臺」。

話雖如此，如果我們認為其他盟邦的人民跟羅馬人不同，那我們就太天真了。義大利半島的民族族群很多，遠比「義大利人」這一簡單的綜合名稱複雜許多，不論就語言、文化和政治組織皆是如此。這些族群當中，大部分人我們對他們所知有限；但是從他們墳墓出土的兵器，加上羅馬作家偶爾會提到他們的戰利品、戰事以及他們的殘暴行為，如果綜合上述幾項有限的資訊來判斷，他們其實和羅馬人一樣熱中於戰事，而且也可能一樣急於從戰事當中獲利。這是一個暴力乃家常便飯的世界；與鄰邦發生各式各樣的爭奪戰是每年必經的日常，掠奪是每個人最重要的收益來源。最重要的是，一旦發生爭端，他們通常都是以武力解決。拉丁文*hostis*這個字充滿了曖昧，但是這個意義曖昧的字卻很好地刻畫了「外地人」與「敵人」之間的模糊地帶。「在家與出外」（*domi militiaeque*）是一句標準的拉丁文片語，這句片語也充滿了曖昧的意味。就其字根來看，*militiae*（出外）與「從事軍事活動」（on military campaign）完全沒有分別。義大利半島大部分人顯然也分享了這份模糊。一個人離開家，通常（很有可能）表示他去上戰場了。

第二，羅馬人並沒有事先作好征服與統治義大利的計畫。在西元前四世紀，並沒有一群滿肚子陰謀的小集團坐下來，拿出地圖，商議如何占領這裡那裡的土地，就像我們熟悉的十九世紀與二十世紀民族國家所做的那樣。原因很簡單，羅馬人沒有地圖。這件事意義深遠。他們或那些在「地圖發明之前」的人，他們是如何看待他們周遭的世界？或遠方的世界？這是歷史上的其中一個大謎。到目前為止，我一直提到羅馬人如何把勢力傳播到整個義大利**半島**，但是沒有人知道在這個時間點上，到底有多少羅馬人會像我們這樣，把他們的邦國視為義大利半島的一部分；或許更為實際一點來說，極少有羅馬人會以我們這樣的方式來想像他們的邦國。在西元前二世紀的一份文獻上，我們可以看到一個很基本的概念：羅馬人把亞得里亞海（Adriatic）稱為「上面的海」（the Upper Sea），把第勒尼安海（Tyrrhenian）視為「下面的海」（the Lower Sea）。這很明顯：他們的方位觀跟我們不同；他們的是東—西向，而我們的則是南—北向。

勢力擴張對羅馬人而言，意味著改變他們與其他鄰邦的關係，比較不是土地方面的占領。當然，羅馬逐漸增長的勢力確實大大改變了義大利的地景。最為明顯的，莫過於他們修築了一條嶄新的道路，穿過了空蕩蕩的義大利田野；或者他們把併吞之後的土地再一塊塊切割開來，分配給來自羅馬的新住民。時至今日，以地理區塊來衡量羅馬在義大利的勢力擴張仍然是個方便的方法，但是羅馬的統治主要是針對人民，不是土地。誠如李維之前說的，羅馬人與其他民族所建立的關係，是早期羅馬擴張力量的主力。

對治下的人民，羅馬人只對他們提出一個要求：給羅馬軍隊提供士兵。事實上，大部分被羅馬人打敗的鄰邦，他們若不是被逼迫，就是被邀請加入某種形式的「聯盟」；加入「聯盟」之後，他們唯一的長期義務似乎就是給羅馬軍隊提供士兵和餵養士兵。這些治下的人民並未以任何其他方式被羅馬接管，亦即羅馬並未派駐軍隊或委任官員到他們的邦國。羅馬為何選擇這種形式來統治戰敗的城邦，我們如今已經不可能知曉。但是可以知道的是，這種選擇並未涉及某種精密的、策略性的考量。這種徵收人力的方式便於羅馬人展示其統治地位，同時又不必動用羅馬官員去管理或釋出軍力去經營。羅馬僅須把盟邦提供的部隊建立與裝備起來，甚至把部分指揮權交給當地人管理就可以了。對羅馬人來說，任何其他徵收方式都太耗用力氣，更別提直接派員去管理他們打敗的城邦了。

這樣的結果可能並非出自刻意的安排，不過這種安排卻具有突破性的意義。因為這個聯盟系統很快變成一個有效的機制，把羅馬打敗的敵人，轉變成羅馬逐漸強大的軍事機器的一部分；與此同時，這個機制也給盟邦一個機會，讓盟邦分享羅馬的成就——羅馬人戰勝時，會與所有盟邦分享戰利品和榮耀。一旦羅馬開始啟動軍事上的成功，他們就設法保持一種自我維持的狀態，而這種狀態沒有任何其他古代城邦曾經如此有系統地達成過。理由很簡單。在這段時期，隱藏在勝利背後最重要的因素並不是戰略、裝備、戰術或動機，而是你能動員多少兵力。到了西元前四世紀末，羅馬人大概可以動員的有效兵力不會少於五十萬人（比較一下：亞歷山大大帝帶兵東征時，可動用的兵力是五萬人左右；西元前四八一年波斯人入侵希臘時，當時他可動用的兵力大約是十萬人）。這樣的兵力，使羅馬人在義大利半島近乎所向無敵：他們可能會輸掉一場戰鬥，但是絕不會輸掉任何一場戰爭。或者誠如一位羅馬詩人在西元前一三〇年代左右所說的：「羅馬人時常被武力打敗，時常在許多戰鬥中屈服，但是羅馬人從來不曾在一場真正的戰爭中被打敗。」

不過，其他影響深遠的因素是如何定義羅馬人與義大利其他民族之間的關係。羅馬的「聯盟」為數甚多，他們為羅馬軍隊負責提供兵力，但是聯盟只是其中一個關係類別而已。對其他遍布在義大利中部地區的許多部族社群，羅馬人有時會賦予他們羅馬公民的身分——有時候甚至是完整的公民權，包括選舉和參選權；但是他們同時也可保有當地城鎮的公民身分。其他時候，羅馬人提供一種比較有限的權利形式，後來這種身分形式被稱為「沒有選舉權的公民」（或拉丁文的 *civitas sine suffragio*）。還有另一些公民住在羅馬人征服的土地上，各自形成聚落，這種聚落被稱為「殖民地」（*coloniae*）——不過必須釐清的是，羅馬的這類「殖民地」與現代意義的殖民地沒有任何關係，而是指羅馬新建（或擴建）的城市，裡頭通常混合居住著當地人和從羅馬移居過去的新住民。他們當中有些人擁有完整的羅馬公民權。大部分人擁有一種後來被稱之為「拉丁權」（Latin rights）的權利——這並不是尋常意義下的公民權，而是指一整套打從有記憶以來就被所有拉丁城邦共享的權利，後來這種權利被正式定義成與羅馬人的通婚權、彼此訂定合約權、自由遷徙權等等。這是一段過渡期，介於擁有完整羅馬公民身分與作為外人或敵人的身分之間。

這種複雜的、融合多種身分地位的組合究竟是何時開始的？我們現在已經難以確知。西元前一世紀的羅馬作家傾向於把這種確定身分的措施看成高度技術化、高度複雜的公民權與責任訂定系統的一部分，現代法學學者也多持這樣的想法。但是我們可以確定那是到了羅馬後期，法律被合理化之後的產物。我們無法想像西元前四世紀的人會坐下來，詳細討論「沒有選舉權的公民」的意涵，或研究「拉丁」殖民地所確切擁有的實際權利。比較有可能的狀況是：羅馬人運用並調整他們現存的公民和族裔種類，然後隨機應變，隨機處理他們與外在世界其他社群人民建立的新關係。

雖然如此，這些措施造成的結果充滿了革命的意義。把羅馬公民權賦予跟羅馬城邦沒有直接地域關係的人，他們打破了一個連結，亦即大部分古典世界視為理所當然的連結：公民與某單一城市的連結。羅馬人以一個當時無人能及的方式，系統性地創造了一個可能：一個人既可以成為羅馬人，也可以同時是另一個城鎮的公民。換句話說，一個人可能成為兩個地方的公民：自己家鄉的公民與羅馬公民。此外，羅馬人在義大利半島建立拉丁殖民地的時候，他們也重新定義了「拉丁」這個字的意義，使之不再只是一個族裔的身分，而是一個與民族或地理無關的政治地位。此舉設立了一個公民和「臣屬」的模式；這對羅馬觀念裡的政府、政治權利、族裔和「國族性」（nationhood）具有重大的意義。這個模式很快就延伸到海外，最後成為建立羅馬帝國的中流砥柱。

原因與解釋

西元前四世紀初期，高盧人離開之後的那幾年間，羅馬人在城市周圍建立一道巨大的城牆。

這道牆的周長大約七英里，城牆有些部分的寬度厚達四公尺。再也沒有任何事物，可以如此鮮明地象徵羅馬與外在世界關係的轉變。這道城牆也是一個龐大的建築計畫（據一項估計，建造過程用掉了超過五百萬小時的人力）；換言之，這也是一種炫耀，象徵羅馬在這個世界的統領與顯赫地位。毫無疑問的，古代與現代史家都同意：羅馬差不多是在這段時間開始拓展軍事勢力，開始占領羅馬城外的其他鄰邦。一旦羅馬開始拓展軍事勢力，一旦羅馬開始打勝仗，他們就會持續得到各個聯邦的兵力支援。這也是明顯的事實。

但是，究竟是什麼原因導致這樣的轉變？這是一個棘手的問題。西元前四世紀初期究竟發生了什麼事，讓羅馬啟動軍事活動的新階段？古代沒有一位史家曾嘗試回答這個問題，只除了提出幾個不合常理的解釋，即統治世界的種子早已經種下，只待發芽而已；或者也許是高盧人的入侵終於使羅馬人下定決心，決定再也不要陷入被迫防守的境地，因此轉而採取進攻的策略？也許羅馬人只是運氣好，他們在區域戰鬥中打了幾場勝仗，接著得到幾個盟邦加入，從而獲得額外的兵力資源，於是就點燃了整個軍事擴張的過程？總之，不管是哪一種情況，羅馬國內政治的重大轉變似乎扮演一個重要的角色。

在探討這段時期的歷史時，我到目前為止都盡量把羅馬的國內歷史和羅馬的擴張史區分開來。這樣的好處是可以把歷史敘述得更為清楚，但是這樣也多少模糊了羅馬國內政治對其境外盟邦的衝擊，反之亦然。到了西元前三六七年，階層衝突這起事件除了終止貴族獨攬政治大權、壓迫平民的局面之外，還帶來另一個更為重要，而且影響也更為深遠的發展，亦即羅馬人也可以靠著財富與成就進入統治階層。這個新的發展取代了過去統治階層全由貴族世家壟斷的局面。這也是巴爾巴圖斯墓誌銘的一部分重點：西庇歐家族固然是個貴族家庭，但是銘文著重的是他擔任過的官職、他個人所展現的特質、他打贏的幾場戰役。在這個時代裡，再也沒有比戰場上的勝利更加值得展示、更值得慶賀了；可以確定的是，新的菁英分子當然更渴望贏得戰場上的勝利。這對於增強軍事活動和鼓勵發動戰爭應該是一個重要的因素。

與此同時，羅馬有越來越多遙遠地區的人民要管理統治，還有要維持一支常勝軍的種種需求。這兩種需求激發羅馬人提出種種革新，改進自身的生活。一個重要的例子就是貨幣制度的興起。從羅馬歷史的最早期開始，羅馬城自有一個標準的系統，即利用金屬的重量來決定金錢的價值。這個現象在十二表法已經清楚可見：十二表法規定以銅作為單位來估算罰金。但是一直到西元前四世紀，羅馬並沒有所謂的錢幣。羅馬錢幣的初次鑄造，地點是在義大利南部；鑄造的原因可能是為了支付軍餉或支付修築當地道路的款項。

總體說來，如果我們要追問究竟是什麼力量改變了那個相對單純，實行十二表法的世界，使之轉變成西元前三〇〇年那一個相對複雜的世界？其中最具影響力的因素，一個是羅馬統治下的那個世界的規模，另外一個就是大規模戰爭所需動用的組織要求。一場必須動員一萬六千名士兵（李維的估計）——再加上盟軍提供的等量人數——的戰爭活動中，光是物流（如補給品和配備）的運輸就需要動用到龐大的基礎設施；而這種設施是西元前五世紀中期的人們無法想像的。提到西元前五世紀羅馬的種種活動時，我一直避免使用例如「聯盟」和「合約」這類現代化的語詞。但是考慮到羅馬在整個義大利半島建立的關係網絡，還有羅馬在下一個世紀末葉與不同族群所建立的種種不同的關係，這兩者開始讓這些語詞顯得不那麼不恰當。換言之，羅馬的軍事擴張使羅馬越來越精通世故。

巴爾巴圖斯的家族陵墓在這個時代雖然看來宏偉，但是不免顯得有點過時。一方面陵墓的建材是粗糙的當地石頭，雕刻的花紋也相當簡單，再來碑上的文字拼寫法也有點古老（例如「執政官」一詞，碑文使用了*consol*而不是*consul*）。在西元前一世紀，任何進出羅馬城的羅馬人似乎都會有這種感覺，覺得這座陵墓看起來很老派。但是對巴爾巴圖斯本人來說，或對跟他同屬一個時代的人而言，他可是新世代的一分子。他代表新的羅馬人，他在這個世界上給羅馬增添一個新的位置。不過他的後代比他走得更遠，走得更前端。接下來我們就來了解他的後代子孫創下的豐功偉業。

第五章

更寬更廣的世界

巴爾巴圖斯的後代

巴爾巴圖斯蓋了一座巨大宏偉的家族陵墓，在他過世之後的一百五十多年裡，共有三十多位子孫與他共享這座陵墓。綜觀羅馬史，西庇歐家族出了好幾個鼎鼎大名的人物，不過在這座家族陵墓內，我們也同樣可以找到不少平凡且沒創下任何事功的成員。這座家族陵墓中，有八塊墓碑大致保存完整，其中有幾塊紀錄了我們在羅馬史上通常不會看到的人物類型，即那些沒立下事功或英年早逝的男人和婦女。一篇西元前二世紀中期的碑文帶點抗辯的語氣寫道：「埋在這裡的男子從未立下任何功業。如果你問為何他名下沒附上官銜，我們只能說：當他被託付到這墓裡的時候，不過才二十歲的年紀。」另一個年輕死者得靠父親的成就為自己增光（「他的父親擊潰了安泰阿克斯國王〔King Antiochus〕」）。上述這幾位人物是個例外。巴爾巴圖斯的其他家族成員可以炫耀的功業很多，例如他兒子的碑文寫道：「他占領了科西嘉（Corsica）和阿勒瑞亞城（Aleria）；出於感恩之心，他奉獻一座神殿給風暴之神。」原來他這位兒子遇上一場幾乎摧毀其艦隊的暴風雨，幸好後來他平安無事。為了這個緣故，他建立一座神殿供奉風暴之神，表示感謝。

另外幾位家族成員的成就更大，足可炫耀的事功更多，其中之一就是巴爾巴圖斯的曾孫阿非利加努斯（Publius Cornelius Scipio Africanus）。阿非利加努斯是最後成功把漢尼拔打敗的羅馬將領；西元前二〇二年，他帶兵入侵漢尼拔的家鄉北非，在距離迦太基不遠的扎瑪與漢尼拔開戰，史稱扎瑪之役（the Battle of Zama）。阿非利加努斯的運氣可能還算不錯，因為在那次戰役中，漢尼拔的大象隊伍衝入自家陣營亂闖，多少幫了他一點忙，讓他贏得勝利。阿非利加努斯的墳墓不在這座家墳，而是坐落在義大利南部他自己的莊園裡，日後尚且成為後世羅馬人的朝聖地點。但是我們可以確定的是，這座家族陵墓裡，必定有他弟弟亞細亞提克斯（Lucius Cornelius Scipio Asiaticus）的墓碑；西元前一九〇年，他這位弟弟在敘利亞「擊潰了安泰阿克斯國王」；葬在這裡的，當然還有他的堂兄弟西斯巴勒斯（Gnaeus Cornelius Scipio Hispallus），西元前一七六年的執政官；此外，他的孫子亞米利亞努斯（Publius Cornelius Scipio Aemilianus）應該也在這裡。亞米利亞努斯是他們家領養的小孩，並不是他的親生孫子；亞米利亞努斯攻入阿非利加北部，完成了阿非利加努斯的功業：在西元前一四六年，他把迦太基那座古城夷為平地，並把大部分居民販賣為奴。

這群男人的戰功指向西元前三世紀到西元前二世紀羅馬政治和權力擴張的新世界。在這個新世界裡，這群男人是最主要的幾個玩家，不論其聲名如何。他們建立一連串戰功，帶給羅馬共和國力量，使羅馬得以控制整個地中海以及地中海以外的地區。他們相當累贅的名字是這個新世界很好的總結。「巴爾巴圖斯」這個名字大概是描寫名字主人的外貌，「亞米利亞努斯」（Aemilianus）點出他生父的名字，亦即亞米利烏斯・保祿烏斯（Lucius Aemilius Paullus），西斯巴勒斯這名字則源自他父親服役的地點，亦即西斯班尼亞（Hispania）。但是值得注意的是，阿非利加努斯，亞細亞提克斯和西斯巴勒斯這三個名字反映的是羅馬勢力的新範圍。「西庇歐・阿非利加努斯」（Scipio *Africanus*）這個名字的其中一個合理的翻譯就是「錐擊阿非利加的西庇歐」（Scipio *hammer* of Africa）。

前述幾位成員都是軍人。但是西庇歐家族並不僅僅只有軍人而已。任何人只要看到羅馬詩人恩尼烏斯（Quintus Ennius）的雕像很醒目地擺在阿非利加努斯和亞細亞提克斯的雕像旁邊，一起放在陵墓優雅的正門前面，他們應該就會了解：這一家人也深深介入羅馬文學的革命活動。事實上，他們是羅馬文學第一代的贊助人和支持者。這一點也不是偶然。羅馬文學的起源本來就與羅馬的海外勢力擴張緊緊連結在一起。一位西元前二世紀的作者曾如此描述道：「謬思女神以宛如戰神之姿，降臨在勇猛的羅馬人身上。」換言之，帝國的開端和文學的起源是一個銅板的兩面。

好幾個世紀以來，羅馬人就一直利用書寫來完成各種目的：發布公告、公布各種規章條文，或者在罐子上草草寫上姓名，宣示擁有權。但是一直要到西元前三世紀中期，當羅馬與希臘世界各種傳統產生越來越緊密的接觸之後，這才觸發了羅馬文學的生產與保存。這樣的文學生產與保存一開始是模仿希臘前人、與希臘前人對話、比賽與競爭，進而從中找到自己的聲音，表達自己的情感。西元前二四一年，羅馬士兵與船員終於贏得羅馬的第一場海外戰爭，占領西西里大部分希臘島嶼。與此同時，他們家鄉有個名叫安佐尼庫斯（Livius Andronicus）的作家正忙著把希臘悲劇改編成拉丁文。西元前二四〇年，這部悲劇搬上舞臺；這也是在羅馬上演的第一部希臘悲劇。

文化混融（cultural mix）是這段早期創作和早期作家的特色。安佐尼庫斯的背景和作品是一個典型的例子。他不止把希臘悲劇改編成拉丁文，還把荷馬的《奧德賽》也編成拉丁文版。他大概是義大利南部希臘城市塔倫屯的居民，曾經是戰俘，但後來獲得自由。我們在畢克托爾身上也可以看到另一種文化混融的例子。畢克托爾是羅馬元老院議員，也是第一部羅馬史的作者；有趣的是，他生於羅馬，長於羅馬，但他卻以希臘文寫作，寫成之後才譯成拉丁文。早期的羅馬文學作品，真正大量流傳下來的有伯勞圖斯（Titus Maccius Plautus）和泰倫斯（Publius Terentius Afer）兩人寫成的二十六部喜劇，寫作時間大約是西元前三世紀轉入西元前二世紀之交。兩人的作品都是改編之作，主要是把希臘前人的作品，細心改編成拉丁文發表；主題包括無望的愛情和誤認身分的荒謬劇；故事的背景通常設定在雅典，但是當中也會夾雜幾則關於托加袍、公共浴池和勝利凱旋隊伍的笑話。泰倫斯生活在西元前二世紀初；據說他也是個著名的解放奴。他原來的家鄉在迦太基。

從西庇歐家族陵墓外面的雕像看來，阿非利加努斯應該是恩尼烏斯的其中一位贊助者。詩人恩尼烏斯以拉丁史詩聞名於世，擅長以史詩描寫從特洛伊戰爭一直到西元前二世紀初，亦即到他自己時代的羅馬史。他是另一個南義大利人，精通拉丁文、希臘文和他的母語奧斯坎語——這提醒我們注意義大利半島的語言多樣性。西庇歐家族成員中，亞米利亞努斯與文學的淵源更深；他熟悉拉丁文和希臘文，與泰倫斯的交情十分良好。好幻想的羅馬人甚至產生這樣

圖29　西元前三世紀的羅馬餐盤。盤中央描繪一頭大象，這大象的背上馱著一個讓戰士坐在裡頭放箭的「塔廂」，身後跟著小象寶寶。在軍事作戰上，無論大象的用處多麼可疑，可是後來在羅馬大眾的想像中，大象漸漸成為強大力量的象徵。

的傳聞，他們猜測他是否曾替泰倫斯代筆，寫下一部分拉丁文喜劇作品？因為考慮到泰倫斯的出身背景，那些喜劇中的拉丁文是不是太文雅了些？亞米利亞努斯熟讀希臘古典文學作品是極為著名的。當迦太基城在西元前一四六年毀於大火之際，有一位目擊者看到他流著淚，從記憶中唸出一行出自荷馬《伊利亞德》的詩句。原來他正在反思特洛伊毀城的命運是否有一天也會降臨羅馬。無論他流下的是否是鱷魚的眼淚，其所傳達的意義卻十分清楚。

該位目擊者就是亞米利亞努斯最親近的文學朋友波利比烏斯。波利比烏斯是來自希臘的歷史學家；他長期定居羅馬，持續觀察羅馬國內與國外的政治狀況，並以思維敏銳、觀點獨特著稱。他是本章最常引述的史家，某些我們即將在本章嘗試回答的重要問題即由他首先提出，例如羅馬人為什麼以及如何在短短的時間內占據地中海那麼多領地？羅馬的政治系統究竟有什麼特色，讓羅馬完成如此成就？或者套用波利比烏斯一個嚴肅的提問：「誰能如此無動於衷，誰能如此懶散，以至於不想找出答案，解釋羅馬如何在短短五十三年不到的時間內，占領並控制了幾乎整個有人居住的世界？羅馬到底採用什麼樣的政治系統，方才完成前述成就？在過去歷史上，我們還不曾看過這樣的例子。誰真的能夠那麼無動於衷，或那麼懶散，以至於完全不想找出答案？」

征戰及其後果

波利比烏斯筆下的「五十三年」涵蓋了西元前三世紀末到西元前二世紀初這段時間。不過，羅馬人第一次遇到來自海外的敵人比這段時間早了差不多六十年。這位海外敵人就是皮瑞斯

（Pyrrhus），一位來自希臘北部的國王；西元前二八〇年，皮瑞斯帶領海軍，航行到義大利的塔倫屯，幫助塔倫屯人對抗羅馬人。皮瑞斯曾提到他雖然打敗了羅馬人，但是這場勝仗也讓他的軍隊死傷慘重，再也禁不起另一場戰役。這個多少自我貶抑的笑話如今化成一句現代片語：「皮瑞斯的勝利」（Pyrrhic victory），意指勝利的代價過於龐大，以至於雖然獲勝，實際上卻跟失敗沒有兩樣。這句片語對羅馬人算是相當仁慈，因為皮瑞斯是他們真正強勁的對手。據說漢尼拔曾把皮瑞斯列為亞歷山大大帝之後最偉大的軍事將領。根據許多膾炙人口的軼事，皮瑞斯也是個非常迷人的表演者。他是第一個排除萬難，把大象引入義大利的人。據傳有一次他還想把隱藏在簾幕之後的野獸放出來，嚇嚇來訪的羅馬客人——幸好他並未真的這麼做。在羅馬歷史上，他也是第一個我們看得到他的長相的歷史人物。

西元前一四六年，羅馬軍隊在所謂的第三次

圖30　皮瑞斯死後兩百多年，羅馬人為他塑造的半身像；這個半身像是在赫庫蘭尼姆古城外沿附近的一幢豪華別墅裡發現的。這個形象有可能是他生前留下的某個肖像的翻版。我們目前擁有好幾件早期羅馬人或他們的敵人的「雕像」，但沒有一件可以跟某位歷史人物拉上關聯。這是第一次，我們在羅馬史上看見某位歷史人物真正的長相。

布匿克戰爭（the Third Punic War，「布匿克」來自拉丁文Punicus，亦即「迦太基人」〔Carthaginian〕之意）中摧毀了迦太基，幾乎就在同時，他們亦攻下了希臘名城科林斯。自從皮瑞斯在西元前二八〇年入侵羅馬到西元前一四六年，羅馬跟義大利半島上的鄰邦，還有跟來自海外的敵人就不時發生大大小小的戰役。一位古代作家挑出西元前二三五年，即「阿提利斯（Gaius Atilius）與曼留斯（Titus Manlius）擔任執政官」的那一年為和平年，亦即在這一大段期間，只有這一年沒發生任何戰事。

羅馬人參與的戰役當中，

圖31　第一次布匿克戰爭中，羅馬遠征北非吃了大敗仗。但是在雷古斯（Marcus Atilius Regulus）這裡，這件史實陡然一轉，化成羅馬人的英雄故事。西元前255年，羅馬戰敗後，迦太基人派遣雷古斯返鄉議和，條件是他必須回返迦太基。回到羅馬後，雷古斯卻極力反對議和。最後，他信守他身為羅馬人的信用，返回迦太基面對死亡。這幅十九世紀的作品再現了他在羅馬的最後一刻，展現他不顧家人的哀求，堅決離開的最後場景。

最著名也最慘烈的戰事是對抗迦太基人的兩次布匿克戰爭。第一次布匿克戰爭打了超過二十年（從西元前二六四年到西元前二四一年），大部分戰役是在西西里和西西里附近的海域開打。只有一次例外；那一次，羅馬人遠涉重洋，登陸北非，直接攻上迦太基人的國土。這場戰爭的結果是羅馬人接管了西西里。過了幾年，羅馬人才又把薩丁尼亞和科西嘉也一併攻下——雖然巴爾巴圖斯的兒子的墓誌銘相當誇大其成就，提到他「占領」那座希臘小島，彷彿戰事十分順利似的。近年我們看到一項極不平常的考古發現：考古學家在地中海海底找到這最後一場海戰的殘骸，地點距離西西里海岸不遠，亦即靠近據傳是兩軍戰艦的交戰之處。自二〇〇四年起，海底考古學家就在那塊區域探索，近來終於發現幾個本來裝置在船頭的銅製撞角（大部分是羅馬船艦，但也找到一艘迦太基船艦）。除此之外，考古學家還找到至少八頂頭盔，其中有一頂還刻著模糊的迦太基塗鴉——可能是頭盔主人在落水之後胡亂刮上去的。另外就是幾個陶製兩耳細頸瓶——大概是船艦上裝補給品的容器。（見彩圖8）

第二次布匿克戰爭是在西元前二一八年到西元前二〇一年開打；這次戰爭的地理範圍與上一次迥然不同。關於這場戰役，如今最為人記得的就是漢尼拔英雄式的失敗。漢尼拔帶著大象，越過阿爾卑斯山（這比較像是宣傳之舉，不像是有實際效益的軍事優勢），攻入義大利，給羅馬人帶來慘重的傷亡。其中最慘烈的戰事，當屬西元前二一六年發生在南義的坎尼戰役。這一次羅馬人與漢尼拔打了十多年，難分勝負。一直到漢尼拔被他的祖國迦太基召回，這場戰爭才告一段落。迦太基之所以召回漢尼拔，一來其政府越來越對漢尼拔的冒險之舉感到不安，二來該政府當時有一項危機要面對——阿非利加努斯帶領的軍隊正在逼近其國土。這次戰爭其實並不僅僅發生在義大利與北非，其觸發點其實是在西班牙，因此在西元前二世紀大部分時間裡，羅馬人與迦太基人之間的戰役是在西班牙開打。馬其頓人有可能會支持漢尼拔，這一層隱憂也促使羅馬人在希臘北部發起一連串戰役。最後羅馬人在西元前一六八年打敗了馬其頓國王佩西阿斯（Perseus），當時羅馬人的將領是保祿烏斯，亦即亞米利亞努斯的親生父親。很快的，羅馬人就掌控了我們稱之為希臘本島的全部地區。

除此之外，在西元前二二〇年間，羅馬人也和義大利北部的高盧人發生多次重大的衝突。每隔一段時間，羅馬人就會越過亞得里亞海，部分的原因是要去消滅所謂的海盜（這是一個總稱，所有「在船上的敵人」都統稱為海盜），因為據說那些「海盜」得到對岸的部落或國家的支持，或至少傳聞是如此。西元前一九〇年，在亞細亞提克斯的領導之下，羅馬人一舉打敗了敘利亞的「大帝」安泰阿克斯。安泰阿克斯當時不僅忙於模仿亞歷山大大帝，也不斷忙於擴展自己的領土。他還收留了當時被迦太基流放的漢尼拔。據說漢尼拔在敘利亞住下之後，就給安泰阿克斯開設大師班，教導後者如何應付羅馬人。

羅馬人生活中的主要特色就是軍事活動；羅馬史家在書寫這段時期的歷史時，筆下也是繞著一連串戰事打轉，並以這一連串戰事作為書寫的時間架構（就像我剛剛所做的那樣）。羅馬史家還會個別賦予這些戰事一個簡稱，而這些簡稱通常就會流傳下來，保留到今天。當薩祿斯特下筆寫卡提林的陰謀的時候，他把文章取名為《對抗卡提林的戰爭》（*The War against Catiline*），他當時或許正在反思，或許也有模仿羅馬書寫傳統的意味，亦即把戰爭活動視為建構歷史的**唯一**原則（*the* structuring principle）。這個書寫傳統十分悠久。不僅史學家，詩人似乎也難逃其影響。

詩人恩尼烏斯的羅馬史詩有一部分今日猶可一見，其中有個片段明確提到「第二次布匿克戰爭」，因為他曾以羅馬盟友的身分參加了那一場戰爭。但是這裡的重點是，在這首史詩寫作之際，第三次布匿克戰爭甚至尚未開打。

事實上，羅馬人在戰事上也投注了大量資源。即使是戰勝者，他們也付出極大的人命代價。在這段時間裡，每年大約有百分之十到二十五左右的羅馬成年男子在軍團服役。這比前工業化時代任何一個國家的從軍人數比例都要來得高，大概足以和世界第一次大戰的徵兵比例媲美。在坎尼之戰一役中，羅馬投入的軍團人數是八十年前薩莫奈戰事的兩倍。這是一個很好的指標，除了表示這段時期的戰事規模漸漸增大；另外隨之而來的是：各種裝備、補給和動物運送的後勤物流也變得更複雜、更費力。舉個例子，一支像羅馬軍團（加上盟軍）這樣規模的軍隊要駐紮在坎尼，他們每天就要消耗一百噸的麥子。這意味著他們必須與當地社群簽訂各種供給協議；他們還得管理數以百計的馱獸（動物會消耗糧食，這也增加了運送的負擔）；另外他們還有募集以及分配的關係網路得建立。凡此種種，都是該世紀一開始的人們無從想像的。

另外，更困難的是傷亡人數估計。古代的戰場並沒有紀錄傷亡人數的系統；古代文獻裡出現的所有數字我們都必須以懷疑的心態面對，因為那些數目很有可能是誇大、誤解或者是中世紀僧侶抄錯的結果。話雖如此，李維還是提出一個傷亡總數。據李維估計，西元前二世紀的前三十年（這樣可以避免把漢尼拔造成的巨大傷亡人數算進去），羅馬在軍事上的死亡人數是五萬五千人。這個數字實在太低了。李維可能是出於愛國心，特意把羅馬的損失加以淡化。再者，我們也不清楚這個死傷人數是否包含羅馬的同盟軍。當年必定有幾場戰事或爭端沒有列在李維的名單上；那些在戰爭中受了傷，但後來卻在戰後死去的人必然也很多（大多數狀況下，古代的武器比較擅長於傷人，而不擅長於當下致人於死；不過因為感染的緣故，死亡畢竟還是會來）。雖然如此，李維的這個數字還是給我們一個暗示，讓我們多少了解羅馬這一邊遭受的人命損失。至於戰敗的那一方，他們的傷亡狀況則難以估計，但是應該會比羅馬來得慘重。

戰場上的大屠殺固然可怕，不過我們卻不能視而不見，予以忽略。我們有必要更用心地觀察戰爭的現實和組織，同時去探索撐起羅馬軍事擴張的國內政治，去研究羅馬的種種野心，以及很有可能挑起羅馬的野心的古代地中海那個較為寬廣的地理政治。波利比烏斯會是我們最重要的嚮導。但是我們還有其他來自那個時代的遺跡可資參考，通常是刻在石頭上的文件。這些文件開啟了一個可能，幫助我們追索羅馬與外在世界的互動痕跡。留存至今的各種第一手資料中，有的描繪希臘小城信使出訪羅馬時，他們遇到的種種困惑；有的紀錄羅馬和境外城邦之間的合約細節。各種合約中，其中有一份最古老的合約訂於西元前二一二年，訂約者羅馬和希臘幾個城市。原本的合約內容應該比較長，如今只剩下一小部分，內容是關於如何瓜分戰利品。基本上，城市和房屋屬於希臘人，可以移動的財物則屬於羅馬人。

海外的戰爭勝利對羅馬國內本身也帶來許多重要的影響，文學革命只是其中一例。到了西元前二世紀中葉，戰爭帶來的利潤已經使羅馬人變成當時最有錢的民族，比當時他們所知道的任何城邦都要有錢。成千上萬個戰俘變成奴隸，散布到羅馬人的田地、礦場和磨坊裡工作。此時開發出來的人力和財力資源之廣之密，其規模是羅馬前所未見的，這對羅馬的生產力和經濟成長當然大有助益。堆滿了金塊的手推車，一車車從富有的東方城市和國家運（或偷）來，送往羅馬廣場，傾倒在防衛森嚴的薩特恩神殿（Temple of Saturn）裡。這些堆積在農神神殿地下室的金磚銀塊就是羅馬的國家「財政收入」。除此之外，還有許多剩餘的錢流入士兵的口袋，從最重要的將領，到最沒有經驗的小兵都有油水可以分享。

羅馬人可以慶祝的事還有很多。戰勝獲得的錢財，有的用來興建供人民使用的便利設施，包括新的港口，聳立在臺伯河岸的大型倉庫，還有許多沿街建立的新神殿——這些神殿之建立，用意是感謝眾神的協助，使羅馬人贏得勝利，獲得財富。這種普遍流布的歡樂我們不難想像，尤其在西元前一六七年，這一年羅馬政府免除了人民的直接稅，使羅馬成為一個免稅的國家。主要原因是羅馬的其他財政收入實在太多了，多得滿溢出來——尤其在他們打敗了馬其頓人，獲得一大筆戰利品之後。除非發生緊急情況，不然這段時期的羅馬人是不用繳直接稅的。事實上，羅馬人當時只剩下少許項目必須繳稅，例如關稅。另外就是釋放奴隸時，奴隸主人得繳納一筆特別的稅。

這些改變也帶來許多不穩定的因素。除了某些脾氣暴躁的道德家擔心這些財富和「奢華」（套用他們自己的用語）會帶來種種危險的結果之外，羅馬勢力的擴張也引起許多激烈的論辯和矛盾，例如他們會討論羅馬在世界上的位置如何？地中海世界有那麼多地方既然已經屬於羅馬管轄，那麼「羅馬」這個城邦的意義何在？野蠻和文明之間的分界現在到底在哪裡？羅馬究竟是落在那條分界線的那一邊？這裡有個例子：西元前三世紀末，羅馬當局從高地（即現在的土耳其）迎來大母神（the Great Mother goddess），將女神的神像鄭重其事地安置在帕拉廷山一座神殿裡。與此同時，還有一群隨從人員伴隨女神而來，他們是一群已經閹割的祭司，時不時會自我鞭笞，而且還留著長髮。這到底如何算是「羅馬」的一部分？

換句話說，勝利帶來了許多問題和矛盾。甚至什麼叫「勝利」？什麼叫「失敗」？這兩者的定義，有時甚至可能是不確定的。這種種不確定明確反映在坎尼戰役，亦即第二次布匿克戰爭的故事裡。這場戰役讓我們一窺古代戰役的策略、戰術與戰爭的真面目。但是對波利比烏斯——或許對漢尼拔也是——而言，這場戰役提出一個問題：在某些方面來說，羅馬最聲名狼藉的失敗，不也就是羅馬勢力最強而有力的指標？

坎尼戰役：戰爭的模糊面目

西元前二一六年，羅馬當局舉辦了一場李維稱之為「極度反羅馬精神的儀式」。原來羅馬政府在市中心活埋了兩對受害者：高盧人和希臘人。這是羅馬人所能做出最接近活人獻祭的事了——李維敘述這一事件所顯露的尷尬即是證明。但這不是羅馬人第一次做出這種事。西元前二二八年，面對北方高盧人的侵擾，他們辦了一次活人獻祭。接著在西元前一一三年又辦了一次，這次也是因為高盧人的入侵威脅。西元前二一六這一年，羅馬當局之所以舉行活埋儀式，那是因為前一年羅馬人在坎尼戰役中成為漢尼拔的手下敗將。坎尼位於羅馬城東南方約兩百英里；在這場戰役裡，僅僅一個下午的對抗戰，羅馬就損失了數目極為驚人的士兵（估計死亡人數大約在四萬到七萬人之間；換句話說，大概每一分鐘就有一百人死去）。關於舉行這一殘酷儀式的原因，歷來有許多猜測。還有為何是這兩個國籍？維斯塔貞女祭司如果違反守貞誓約也會被處以活埋的懲罰。這項懲罰與前述儀式，這兩者有何關係？很巧的是，西元前二一六年與一一三年這兩年也發生了貞女祭司違誓遭活埋的事件。不過，顯而易見的是，這個儀式與漢尼拔那令人震驚的勝利所帶給羅馬人的恐懼和驚慌有關。

坎尼戰役和第二次布匿克戰爭的整段歷史向來就讓將軍、戰爭行家以及歷史學家感到著迷。史上大概不曾有哪一場戰爭像坎尼戰役那樣，一再地在許多研究論文，在許多演講廳中重新開打，或被現代世界的軍事專家如此詳細檢視——拿破崙（Napoleon Bonaparte）、蒙哥馬利（Field Marshal Montgomery）和史瓦茲柯夫（Norman Schwarzkopf），他們都曾研究過這場戰役。這場戰役開打的原因，歷來就充滿著種種猜測與事後的推斷。回顧往事，這場戰役已經成為羅馬人另一個描寫強權對抗戰的題材和史詩的材料。維吉爾的《伊尼亞德》甚至賦予這場戰役一個屬於羅馬史前史的神話源起。在《伊尼亞德》裡，迦太基王后狄朵被伊尼亞斯（正在尋找國土，建立羅馬的途中）拋棄之後，投入火葬柴堆自焚而死。死前她出言詛咒伊尼亞斯本人以及他的整個民族。不過在現實中，不管是羅馬人還是迦太基人，我們都很難探測他們開戰的目的。迦太基位於北非海岸，地勢優異，擁有很人的港口，都市建設也比當時的羅馬更為宏偉，在地中海西部地區擁有龐大的貿易利益。羅馬則是個逐漸崛起的城邦。在此情況下，迦太基可能有理由會對羅馬這個勢力逐漸強大的義大利對手保持戒心。在不同程度上，古代與現代史家都曾指出羅馬不時在西班牙向漢尼拔挑釁，而漢尼拔對於自己在第一次布匿克戰爭中輸給羅馬也一直心存積怨。無論如何，根據最新的計算，討論羅馬與漢尼拔發生衝突的真正原因，目前共計有三十多種版本。對許多分析家而言，羅馬人和迦太基人的戰略向來是一個特別有趣、特別引人深思的課題。

關於漢尼拔這邊，大家最喜愛討論的困惑有很多，其中包括漢尼拔帶著大象隊伍究竟是從哪條路徑越過阿爾卑斯山脈？再者，傳說他給阿爾卑斯山的岩石倒醋，讓石頭裂開這件傳聞是否可能是真的（大概不是真的）？不過，最重要的議題一直都存在：漢尼拔在坎尼戰役已經大舉獲勝，他本來已經有機會奪下羅馬城，可是他為什麼不乘勝追擊，反而給羅馬人時間，讓羅馬得以復甦？在他的書裡，李維讓一個名叫瑪哈爾巴（Maharbal）的軍官對漢尼拔說出這樣一段話：「漢尼拔，你知道如何贏得戰爭。但是你不知道如何利用你的勝利。」歷代將領之中，唯一同意瑪哈爾巴的現代將軍是蒙哥馬利。漢尼拔是一個才華洋溢的士兵，年輕氣盛的冒險家，他手裡曾握有取得最後勝利的機會，只是為了某些不可知的理由（也許是失去勇氣或因為某些個性上的缺陷），他放棄了這個機會。這是他為何充滿悲劇魅力的原因。

最後獲得勝利的是羅馬人。這場勝利點出另一個更為實際的衝突，亦即兩位羅馬將領在策略運用和軍事風格的對比。第一位將領是費比烏斯（Quintus Fabius Maximus Verrucosus Cunctator）——這名字最後面的三個字，意思分別是「最偉大的」、「長瘤的」、「拖延者」，可說十分具有羅馬人那種融合吹噓與現實的特色。另一位是阿非利加努斯。坎尼戰役開打不久，費比烏斯得到軍事領導權，他的應戰策略是避免和漢尼拔正面交戰，反而玩起等待的遊戲，輪流採用突擊戰與焦土策略來與漢尼拔周旋，利用拖延時間來削弱敵人的士氣（這就是「拖延者」〔delayer〕的由來）。對某些觀察家而言，這個審慎精明的策略是贏得勝利的重要關鍵。恩尼烏斯儘管與阿非利加努斯關係匪淺，但是他把羅馬能夠倖存的功勞歸功於費比烏斯。在他筆下，費比烏斯「藉由拖延策略（*cunctando*），獨自一人把國家奪了回來」。美國獨立戰爭一開始，人稱「美國的費比烏斯」的華盛頓（George Washington）有時也選擇使用相似的戰術，即他不直接與敵人正面交戰，反而選擇時不時騷擾敵人，使之失去耐心。英國的社會主義團體費邊社（Fabian Society）也使用費比烏斯的名字來命名，效法他的先例。這個名字傳達的訊息是：「如果你要革命成功，你必須像費比烏斯那樣：等候時機。」但是總有一些人認為費比烏斯慢條斯理，優柔寡斷，不像是個有策略的聰明人。與之成對比的是更為迷人的阿非利加努斯。最後，阿非利加努斯奪得指揮權，並且勸服元老院，允許他把軍隊帶到北非，讓他在北非把漢尼拔解決了。在描述元老院開會的情景時，李維大抵用想像力寫下了阿非利加努斯和費比烏斯的論辯。這兩位指揮官，前者活力充沛，是羅馬的明日之星；後者較為謹慎，年紀也稍微年長。這場論辯呈現兩極化的觀點，當中所顯示的，不僅是兩人不同的戰術，也是兩人對羅馬人的男子氣概的不同理解。「男子氣概」必然跟速度和精力關聯嗎？行事慎重緩慢有無可能也是一種英雄行徑？

不過事過境遷，立足於現代的我們要去判斷過去將領的才能，這很有可能會產生誤解，尤其我們要重建的是個別戰場上所可能發生的一切。要重建過去的戰役，總免不了會談到戰術；談到戰術，免不了要畫出漂亮輝煌的軍事圖表。但是這一切，其所呈現的是羅馬戰役的高度刪減化的版本，並且暗示我們非常了解羅馬戰役，包括重大的戰役，例如坎尼戰役。但是事實上，我們對羅馬戰役的真面目所知甚少。沒錯，波利比烏斯（他可能曾與坎尼戰役的目擊者談過話）、李維和其他史家筆下有很詳盡的長篇描寫。不過問題是，各家的描述在細節上並不相容，有時令人難以理解，有時甚至近乎荒謬。我們甚至不知道這場戰役確切開打的地點在哪裡。目前史家提出的幾個地點，大都試圖提出一個與古代史家的版本相符的地點。不過古代史家提到的地點卻彼此矛盾，各個不同。我們也別忘了那附近的河流曾經改道。更有甚者，儘管現代人對漢尼拔的坎尼戰術具有一種近乎神話的崇拜——今日的軍事學校仍開課研究漢尼拔的戰術策略，但是總的說來，漢尼拔的戰術計畫也不過就是設法繞到敵軍後方，再展開攻擊。這是很聰明的戰術沒錯。然而這一招古代其他將領也並非不知道；如果可以，他們總會嘗試運用，因為這一招最有機會把對手包圍起來，也是在戰場上唯一既可殺敵，又可大量俘虜敵軍的可靠方法。

事實上，在一個超過十萬士兵上陣的古代戰場上，我們很難找到還有哪些更巧妙的戰術可以派上用場。指揮官如何有效地下達命令給士兵？兩軍交戰時，他們又是如何得知不同區域發生的戰況？這一切很神祕，我們對此幾乎一無所知。雪上加霜的是，羅馬軍團是個多語的團隊，裡頭有來自不同國家的僱傭兵，羅馬的同盟軍團也不見得會說拉丁語；更何況還有其他奇異的士兵裝扮（某些高盧人顯然是赤裸上陣打仗的）；騎兵嘗試保持動態，並且嘗試在沒有馬鐙（那是後來的發明）的幫忙下打仗；在某些交戰的場合，受了傷的大象可能會野性大發，衝向自己的戰線——不過這不是在坎尼，因為漢尼拔的大象那時已經死了。總而言之，古代戰場的畫面是混亂的。保祿烏斯提到下面這段話時，他腦子裡想到的有可能是古代戰場的情景；他提到：「一個知道如何打勝仗的男人，他也知道如何舉辦宴會或組織競賽。」通常大家都把這句話視為軍事勝利和精采競賽的關聯，但或許他也有可能暗示一個成功的將領，其才能不過就是善於基本的組織技巧而已。

儘管如此，坎尼戰役確實是第二次布匿克戰爭的轉捩點，也是羅馬軍事擴張時期這段時間較長的歷史的關鍵時刻，原因是羅馬在坎尼戰役中失去了太多士兵，還有羅馬也幾乎用完了現金。

阿斯幣（the *as*）——羅馬基本的銅幣——本來一個重達三百克，但是在戰爭開打的這段期間，阿斯幣的重量縮減到僅僅只有五十克。李維提到在西元前二一四年，羅馬政府鄭重要求個別的羅馬人直接付錢來維持戰艦的運作。這個故事是個很好的訊號，不止點出了因為投入戰爭而引發的愛國精神，也點出了政府收入的空虛以及私人手裡還是有一點現金，即使羅馬面臨經濟危機。任何其他古代城邦如果面對同樣的狀況，幾乎都會被迫投降。再也沒有任何事物比羅馬持續打仗這件事實，更能說明龐大的人民資源和同盟人力的重要性。坎尼戰役之後，從漢尼拔的各種行動來判斷，或許他也看到了這點。漢尼拔沒有對羅馬乘勝追擊，其原因或許並不是因為他突然失去了勇氣。他或許是意識到同盟城邦提供的人力是羅馬力量的來源，於是他放慢腳步，轉而尋求義大利同盟城邦的支持。在這過程中，他成功獲得少數羅馬同盟邦國的支持，但是其數量卻不足以摧毀羅馬的耐力。

波利比烏斯必然也曾意識到這一點。他在他的《歷史》（*Histories*）裡插入一大段偏離主題的文章，討論羅馬的政治系統——猶如在坎尼——所發揮的力量。他的整體目的是解釋為何羅馬可以征服世界，而他認為部分原因在於羅馬國內政治結構的力量和穩定。關於羅馬政治生活的描寫，波利比烏斯的《歷史》可算是第一份流傳至今，而且出自當時人手筆的歷史敘事——波利比烏斯寫的雖然是距他五十多年前發生的史實，但是其中多少融合了他自己的時代的觀點。與此同時，這也是第一次有人嘗試從理論的角度來分析羅馬政治的運作。換言之，他的這份討論奠定了即使到今日也依然適用的分析基礎。

波利比烏斯論羅馬政治

波利比烏斯同時是羅馬的敵人和朋友；這種雙重身分讓他可以從一個獨特的位置來了解羅馬，反思羅馬這個城邦的崛起與羅馬的各種建置。他出生於伯羅奔尼撒一個政治貴族家庭。西元前一六八年，他大約三十餘歲。那時，保祿烏斯打敗了佩西阿斯國王。他與其他一千個遭受拘留的希臘人被帶往羅馬，作為政治清算的一部分或作為某種隨戰爭而來的預防措施——人質。這群希臘人大部分被關起來，軟禁在義大利半島各個城鎮的管理中心。波利比烏斯當時已經是個成名作家；他是這群人質當中較為幸運的一個。他很快就與亞米利亞努斯及其家人成為朋友（顯然他們兩人是在借調某些書的情況認識的），並且獲准在羅馬居住。他後來成為年輕的亞米利亞努斯的家庭教師，而且兩人的感情很好，幾乎就像「父親對兒子」那樣。波利比烏斯對亞米利亞努斯的勸告，有些片段在後世流傳了將近兩百多年，不時仍有人加以引用或予以誤用；據說他曾這樣督促亞米利亞努斯：「除非你結交至少一個新朋友，不然就別從羅馬廣場回家。」

西元前一五〇年，這群希臘人質獲得自由，不過當時只剩下三百人還活著。據說有個直言不諱的羅馬人曾抱怨元老院只知浪費時間在「論辯某些年老的希臘人質到底該由希臘人還是由本地的殯儀人員埋葬」。不過得到自由的波利比烏斯很快就跟著他的朋友回到羅馬，並且跟隨羅馬軍團旅行到了迦太基。西元前一四六年，科林斯戰敗之後，他擔任中間人，協助雙方展開各種談判。當時他也正在執筆寫他的《歷史》。他這部作品共有四十卷，主要寫的是西元前二二〇年到西元前一六七年的歷史。書前附有一段第一次布匿克戰爭的簡短回顧，書後附有一跋，把他的歷史敘事帶到西元前一四六年。不管波利比烏斯主要的預定讀者是羅馬人還是希臘人，對任何想了解羅馬城如何崛起的後世羅馬人而言，他的作品都是重要的參考資料。李維在寫他的《羅馬史》之際，書桌上必然有一本波利比烏斯的《歷史》。

現代史家發現很難給波利比烏斯的身分定位。波利比烏斯到底是羅馬的人質？羅馬統治者的批評人？還是與羅馬勾結的人？這之間的界線究竟要畫在哪裡？至於波利比烏斯自己，他確實會在不同的效忠對象之間保持巧妙的平衡，例如他曾給一個顯赫的敘利亞人質提供

圖32　波利比烏斯這座雕像建於二世紀，位於希臘一座小鎮上；建造其雕像的男子聲稱他是波利比烏斯的後裔。這是波利比烏斯唯一傳世的「肖像」，但這座雕像幾乎不可能是真的。事實上，他這個造型是西元前五世紀古典希臘時代，也就是早他三百年前的戰士裝扮。更麻煩的是，原件已經亡佚，只留下圖中的石膏像。

幕後的建議，指導那人如何逃離拘留地，與此同時，他也記得在他的《歷史》裡寫明希臘人質大逃亡的那一天，他當時在家，而且「臥病在床」。不過，不論波利比烏斯的政治立場如何，他確實具有一個可以從內外兩方面來了解羅馬歷史的優勢。他也有機會直接諮詢當時某些羅馬歷史的重要參與者。觀察羅馬數十年得到的第一手經驗，加上從小在希臘學到的政治理論和嚴密的分析訓練，他因此可以結合這兩者，站在一個制高點上從容分析羅馬內部的政治組織。事實上，流傳至今的早期歷史作品當中，他的著作是其中一部最早的比較政治人類學。

他的歷史敘事十分奇妙地結合了他的敏銳觀察、困惑、偶一為之的大膽嘗試——嘗試用他的理論框架，解釋羅馬的政治。這一點也不令人驚奇。他會仔細觀察周遭的環境和他新認識的羅馬朋友，努力從中發現新事物，例如他注意到羅馬人的生活裡，宗教或「對諸神的恐懼」占據重要的位置，足以左右羅馬人的行為。他也十分敬佩羅馬政治組織的系統與效率。他曾寫下一篇重要的論文（但是現在通常被省略不談），討論羅馬的軍隊組織，包括如何布署軍管的一些DIY規則，例如執政官的帳篷該搭在哪裡、如何規畫軍團的行李輸送隊；還有他也很讚賞羅馬人極度嚴格的紀律。他也有足夠的敏銳可以看到各種羅馬習俗與娛樂活動之下所隱藏的社會意義。在軍隊的營火旁或晚餐桌上，他時常聽到羅馬人講述他們的英勇故事、英雄事蹟和自我犧牲的故事；他的結論是，這些一再重複講述的故事並不單純只有娛樂的作用而已，這些故事的功用其實是鼓勵年輕人效法他們的祖先。換言之，這些故事的其中一個面向是模仿、野心與競賽精神的展現。就他看來，這種精神一直流傳在整個羅馬的菁英社會裡。

除了在口耳相傳的故事裡，這種精神也顯現在「地位顯赫的男人」的葬禮上——他寫了一篇詳細但有點恐怖的個案研究來闡述這一點。波利比烏斯必然看過很多這樣的葬禮，並且累積足夠的例子，足以讓他從中看出深層的意義。據他的分析，羅馬人的喪禮中，死者的屍體會被抬進羅馬廣場，放在講壇上，通常會稍微撐高，調成直立的角度，好讓更多人可以看到。接下來是死者的家族成員列隊進場。這些成員都戴著面具，每一個面具都各自做成死者列位祖先的樣貌，而且搭配穿上該位祖先的官服（紫邊托加袍等等），彷彿死者的祖先全都在場，而且「還活著與呼吸著」。其中一個家族成員接著發表葬禮演說。他首先講述死者的成就，接著一一描述其他祖先各自的成就——這時候，扮演列位祖先的家族成員已經坐下來，坐在靠近死者旁邊的象牙椅或至少鑲上飾板的椅子上。關於這樣的葬禮儀式，波利比烏斯的結論是：「這種儀式最重要的效果是激起年輕一代的雄心，使他們願意為了共同的目標而忍受所有的苦難，從而贏得屬於勇敢之人的榮耀。」

關於羅馬文化中的這種競爭精神，或許這是一個相當樂觀的看法。不加約束的競爭，帶給羅馬共和國的往往是毀滅，而不是共和國的維繫。即使在共和國成立之前，關於年輕人會得到鼓舞，向其祖先看齊並嘗試追上祖先，這只是一個樂觀的猜測而已。羅馬社會也存在著另一群被傳統與期望的力量壓得喘不過氣來的年輕人。波利比烏斯或許會意識到這一點，如果他稍微探索羅馬文化裡頭那些層出不窮的弒父故事。話說回來，前面提到的那個觀點我們可在西庇歐家族的一篇碑文上看到——我們忍不住猜想波利比烏斯可能也看到了這段碑文。這篇碑文如下：「我生兒育女。我努力奮鬥，向我父親的英勇事蹟看齊。我贏得列位祖先的讚美，因此他們很高興我出生在這個家族，加入他們的行列。我的事業為我的家族增添光彩。」

波利比烏斯的理論之中藏有幾個更大的問題。羅馬人此時還不曾把憲法書寫成文，你該如何從宏觀的角度刻畫羅馬的政治系統？既然沒有書寫成文的資料，如何觀察這一政治系統的運作？不過波利比烏斯自有辦法。在他眼裡，羅馬是一個完美的、實現了古希臘哲學理想的例子，即一個結合了君主政體、貴族統治與民主政治這三者最好層面的「混合憲法」。執政官代表君主政治這一元素，他全權擁有軍事領導權，可以召集人民集會，對所有官吏下達命令（除了護民官之外）。元老院（此時已經掌管羅馬的財政大權）負責派遣代表團到其他城邦，接待其他城邦來訪的代表團，同時也負責監督法律，保證羅馬以及同盟城邦的安全。元老院因此代表貴族統治這一元素。人民則代表民主政治這一元素——但是必須說明的是，這個時代的「民主政治」並不是現代意義的民主或「人民」。古代世界並沒有普遍選舉權這回事——女人和奴隸從來不曾擁有正式的政治權利，古代世界到處都是如此。波利比烏斯筆下的「人民」，指的是全體男性公民。就像在古代雅典，男性公民他們——而且只有他們——選出國家官吏、通過法律或駁回法律、決定最後是否出戰。若有重大的違法事件，他們就自己組成法庭，然後自己審理案件。

據波利比烏斯，羅馬政治系統的祕密就藏在執政官、元老院和人民之間有一個微妙的制衡關係。因為這一層制衡關係，三者當中沒有一方——不論是君主、貴族或人民——可以獨占全部優勢。例如執政官也許在戰爭之中擁有絕對的、君主般的指揮權力，但是他們必須經由人民的選舉才能上任，而且他們必須仰賴元老撥給他們資金。戰爭結束之後，成功歸來的將領能否獲得勝利凱旋式的榮耀，其決定權也在元老院。任何條約在成立之前，都必須經過人民投下同意票才得以執行。諸如此類等等。波利比烏斯認為這個相互制衡的政治系統為羅馬帶來內政的和平穩定，而和平穩定的內政則奠定了羅馬在外面世界的成功。

這是一份構思巧妙的分析，很敏感地注意到各個政治系統之間的細微差異與分別。可以確定的是，波利比烏斯在某些方面試圖把他在羅馬觀察到的政治生活勉強塞進希臘式的分析架構之下，但這個分析架構可能並不全然符合實際狀況。舉個例子，他的討論不時提到例如「民主」這樣的語詞，不過這個提法顯然十分誤導人心。希臘文的「民主」（*demokratia*）是深深根植在希臘世界的一個用語，不論在政治上或語言上皆然。「民主」，不論就其最有限的古代字義，或者對羅馬那些最激進的人民政治家而言，從來就不是他們為之戰鬥的信念。從大部分流傳至今的傳統羅馬文獻看來，「民主」這個字指的是某種近乎「暴民法則」的東西。在羅馬的共和時代，追問當時的羅馬政治到底有多「民主」是一個沒有意義的問題：羅馬人是為了自由而戰，不是為了民主。不過，從另一層面看，波利比烏斯鼓勵讀者在觀察羅馬政治時把目光投注在人民，同時深入關注執政官和元老——前者經由人民選舉而上任，後者則是貴族——之所以掌權的背後因素，這引爆了一個至今仍然討論熱烈的重要議題，亦即在羅馬的共和政治下，人民的聲音究竟有多大的影響力？羅馬掌握在誰的手裡？這樣一個羅馬政治系統，**我們**該如何加以描述？

如果把共和時代的政治歷程描繪成完全由富有的少數人所主宰，這是十分容易的事。階層衝突的結果並不是一場人民的革命而已，這場衝突創造了一個新的統治階級，分別由富有的平民與貴族共同組成。在羅馬，你要取得政治職位，首要的資格是財富——大量的財富。出來參選之前，所有人得經過一個財力測試，而這個測試排除了大部分市民。到底通過這個測試的確實數目是多少，我們不得而知。但有種種跡象顯示門檻極高，大約是人口普查中的最高等級，或所謂的騎士階級才可能有財力參選。人民聚在一起投票時，投票系統的設計也是站在有錢人那一邊。我們已經在選舉資深官吏的百人隊大會裡見識過這個系統：如果富有的百人隊團結起來，他們就可以決定選舉的結果，貧窮的百人隊根本沒有機會投票。另一個基於地理因素，即以「部落」為單位設立起來的百人隊，在理論上是比較平等的；不過，隨著時間過去，在執行的層面上卻未必平等。西元前二四一年，羅馬有三十五個地區（到這個時間點，部落的數目大增，因為羅馬的公民人數在整個義大利半島大量增加）；這三十五個部落當中，只有四個部落位在羅馬城，其他剩下的三十一個部落分布在羅馬遙遠的鄉間地區。這是一個問題。主要是因為在選舉時，本人必須親自到場投票。因此，只有那些花得起時間、付得起旅費的人才有可能參加投票，也才有可能發揮影響力。相對來說，城市人口的選票，其影響力只及於幾個城市部落，只及於極少的少數人而已。此外，嚴格說來，人民集會就只是從選舉名單或從資深官吏提出來的建議當中選出他們比較同意的選項而已。人民不能參與一般的討論，不能提出建議，甚至也沒有機會提出修正動議。就我們所知道的每一條有待決議的法案，人民只能從擺在他們前面的法案當中，選出他們比較喜歡的法案而已。這樣的運作方式，並不是我們所理解的人民的權力。

雖然如此，這樣的運作方式還另有一個面向存在。人民除了擁有波利比烏斯提到的各種正式的權力，在比較寬廣的政治文化中，我們還可以清楚看到人民的聲音扮演著重要的元素。羅馬窮人的選票很重要，政治家會努力加以爭取。有錢人並不總是團結一致的，選舉又充滿競爭，所以那些擁有權力或正在尋求政治生涯的人，他們會非常努力爭取人民的選票。他們會努力勸服人民把選票投給他們，或投給他們提出的法案。他們會費心鑽研、精進演說技巧，希望可以說服人民，順利得到選票。忽略或羞辱窮人，他們就會給自己惹來大麻煩。共和政治場景的其中一個特色就是舉辦「半正式的會議」（*contiones*）。通常這種會議是在正式的選舉集會之前舉行；在這種半正式的會議裡，敵對的官吏會試圖努力勸服人民支持他的論點（例如西塞羅就在這種半正式的會議中發表了他的第二篇和第四篇反卡提林演說）。我們無法確知這樣的會議多常舉行，也不知道參與的狀況如何。但是我們有幾份資料顯示這樣的場合會涉及政治激憤、大叫大嚷的熱情、很吵的聲量。據說在西元前一世紀，有一次會議中的叫嚷聲實在太大了，一隻運氣不好的烏鴉剛好飛過，結果遭受人民的聲音震昏，掉落在地。

我們還有許多軼事談到關於拉選票的重要性和激烈的程度，還有關於人民如何可能被說服，如何可能適得其反。波利比烏斯提到一則有趣的故事。當年被亞細亞提克斯「擊潰」的敘利亞國王安泰阿克斯大帝，他有個兒子叫安泰阿克斯四世（其名號為*Epiphanes*，意即「著名的」或「神顯者」）；年輕時，這位兒子被帶到羅馬當人質；他在羅馬差不多住了十年，才跟一個年輕的親戚對調（波利比烏斯後來曾指點他這位親戚逃出羅馬），回到東方。他順便也帶回了許多在羅馬養成的習慣。這些習慣大部分展現在他親民的態度：他會跟任何遇到的人交談、送禮物給一般人民、到手工藝品人的店裡巡視等。但最令人驚訝的是：他會穿上托加袍，然後到市集上巡視，彷彿是個爭取選票的候選人；他會跟人民握手，請他們投票給他。他的這些舉止，讓他的人民感到十分困擾。他那群住在安提阿（Antioch）的首都居民很看不慣他們的國王做出這些舉動，他們於是私下改了他的名號，給他取個綽號叫*Epimanes*，意思是「瘋子」，或其雙關意義的「愚者」。安泰阿克斯四世在羅馬學到了許多事務，其中一個是：普通人民和他們的選票是重要的。

同樣令人深思的另一則軼事與西庇歐家族的成員有關。西元前二世紀，納西卡（Publius Cornelius Scipio Nasica）有一天出門去拉選票，爭取市政官的職位。他到處忙著跟民眾握手（這是當時競選的標準行程，就跟現代一樣）；很不巧，他握到一隻因為在田裡工作而長繭的手。他開玩笑道：「天啊，你是用手走路的嗎？」有人聽到了他的玩笑話，而他們認為納西卡是在取笑他們的窮困和他們的工作。不用多說，納西卡最後落選了。

所以這到底是什麼樣的一種政治系統？想當然耳，不同利益團體之間的制衡必定不像波利比烏斯筆下所寫的那麼公平。窮人永遠無法爬上羅馬政治世界的最高層；普通老百姓永遠不能取得政治的主動權。不證自明的一個道理是：公民越富有就越有政治分量。但是這種不公平的形式，在許多現代所謂的民主社會我們也是耳熟能詳。羅馬也是如此。有錢階級和特權階級相互競爭，進入政界工作，獲得政治權力；但是要進入政治圈，你只能經由公民投票，得到普通人民的支持才有可能。不過，擁有選票的人民卻永遠沒有財力可以自己上臺參加選舉。年輕的納西卡從敗選當中學得一個教訓：有錢人的成功，其實是窮人贈送的禮物。換言之，有錢人必須了解：他們必須依賴所有窮人的支持才能獲得成功。

要求服從的帝國

波利比烏斯顯然並不懷疑羅馬穩定的「憲法」提供一個重要的基礎，使羅馬在海外大獲成功。他曾參與羅馬的戰爭，了解羅馬戰爭的種種問題；他也把羅馬視為一個好戰的、企圖殖民全世界的政權。寫到第一次布匿克戰爭的結尾時，他堅持認為：「羅馬人大膽爭取全面的統治和控制權，而他們也達成了他們的目的。」並不是所有人都同意這一點。他自己也承認，有某些希臘人認為羅馬的征服地中海，其實只不過「是一種偶然，並不是刻意的經營」。許多羅馬人則堅持他們的海外擴張來自一連串正義之戰的結果，亦即他們所打的每一場戰爭都得到神明的支持，都是一種自我防護，或是為了保護同盟國——羅馬的同盟國時常爭取羅馬的幫助——才出戰的。羅馬人覺得他們一點也不好戰。

波利比烏斯死後不到一百年，羅馬將領的全身塑像都做得比真人還大，而且手裡都握著一顆金球。假如波利比烏斯還活著，他一定會覺得自己的想法獲得證實。西元前一世紀以及後世人們一談到羅馬的勢力，背後當然隱隱藏著征服全世界的概念（「沒有界限的帝國」，猶如朱庇特在維吉爾《伊尼亞德》中的預言）。但是波利比烏斯筆下的歷史事件卻顯示他的這個想法是錯誤的；羅馬在這段時期並未受到那種貪婪的殖民意識或某種命運之說所驅策。在這個早期階段，羅馬社會各階層人民共有的是對榮耀的渴求、征服的欲望、對勝利所帶來的經濟利益的貪婪。羅馬讓人民投票決定是否參與第一次布匿克戰爭時，那些掛在投票處的豐富戰利品並不是擺著好看的——那是用來激發人們想像戰勝之後所可能會獲得的成果。不管西庇歐家族成員在出戰前曾有過哪些想像，統治世界這個選項並未列在他們的清單上。

我們熟悉的神話通常會描述羅馬軍團如何揮軍直入，接著征服以及占領國外的領土。不過，就像羅馬在義大利境內的勢力擴展，羅馬在西元前三世紀以及西元前二世紀的海外擴張，其情形遠比我們熟知的神話複雜許多。首先，羅馬人並不是海外擴張這個過程當中的唯一始作俑者。羅馬人並不會沒事就去攻打一個愛好和平，人民只管忙著日常營生的國家。羅馬人每每談到自己出戰都是因應友邦或盟國的要求（這向來是歷史上某些最激烈的戰爭的藉口），儘管我們對他們的這種說法感到懷疑，但是無論如何，羅馬會出兵干預，部分的壓力確實來自外界。

地中海以東，包括希臘到現代的土耳其這一帶，是羅馬在這段時期軍事活動最熱烈的區域。這個地區充滿政治衝突，盟國與盟國時分時合，而且不時發生暴力相向的殘酷事件——這與早期義大利境內各城邦之間的交戰並無二致，只是這次的範圍擴大許多。這種打敗對方，然後霸占對方財物的做法，其實是亞歷山大大帝的遺贈；只是他死於西元前三二三年，來不及面對征戰的後果，即處理那些他所打敗的城邦。他的許多後繼者成立相互競爭的王朝，這眾多的王朝到後來多少都會彼此征戰，或與邊境上較小的城邦和聯盟發生衝突，造成戰爭與衝突連年不斷的局面。皮瑞斯是其中一個王朝的國王。神者安泰阿克斯四世是另一個。後者在羅馬的拘留期結束後，回國之後他曾嘗試推行人民的政治。在西元前一七五年到一六四年這十年的當政期間，他曾入侵埃及（兩次）、賽普勒斯（Cyprus）、猶大（Judaea，因此激起麥克比家族的抗爭〔Maccabean Revolt〕）、帕提亞（Parthia）和亞美尼亞（Armenia）。

羅馬在世人眼中越是強大，這些爭戰不斷的城邦就越把羅馬看成有用的同盟，有助於幫忙他們解決當地的權力鬥爭，或增進他們的影響力。來自東方的代表團一而再、再而三地拜訪羅馬，希望得到羅馬的結盟或軍事干預。這是這段歷史時期常常出現的描寫主題，據傳保祿烏斯在準備攻打佩西阿斯的期間，許多使者紛紛來到羅馬，試圖勸服羅馬出面遏止馬其頓人的野心。這種「爭取」在實際上的運作，最為鮮明的描寫來自堤奧斯人的例子。堤奧斯是個希臘城邦，位於現代土耳其西岸。在一塊出自西元前二世紀中葉的石碑上，我們看到他們嘗試拉攏羅馬，幫忙他們解決一場小紛爭（紛爭詳情無載），處理希臘北部阿布德拉城（Abdera）一塊土地的擁有權。與之發生紛爭的是一個名叫柯提斯（Kotys）的當地國王。

這個文本是刻在石碑上的「感謝函」，由阿布德拉人刻了送給堤奧斯人，因為堤奧斯人同意派兩個使者到羅馬——幾乎是現代意義的說客——為他們爭取羅馬的支持，幫他們反抗那位國王。阿布德拉人如實描寫了兩位使者的幫忙過程，包含兩位使者定期拜訪元老院的重要成員。這兩位代表顯然工作十分勤奮，他們「每日去拜訪位高權重的羅馬人，努力說服他們，身心俱疲」，當他們發現某幾位元老顯然是站在國王那一邊（國王顯然也派了使者到羅馬），「他們就向元老們闡明所有事實，並且每日到元老的『阿特利亞』（*atria*）拜訪，最後終於贏得他們的友誼」——「阿特利亞」就是羅馬人接待客人的主要大廳。

這個文本並未提到這次拜訪的結果，這暗示事情顯然並未如阿布德拉人的願。儘管如此，這個文本提供了一個簡明的畫面，讓我們看到互相敵對的使者不僅湧到元老院請願，他們還每日個別拜訪元老院成員，個別提呈他們的案子。這給我們一個概念，即各方人馬是如何積極、如何堅持不懈地爭取羅馬的協助。在希臘世界的許多城邦裡，我們可找到無數羅馬人的雕像，這些雕像都被刻畫成「救助者和施恩人」。這現象顯示：如果他們成功取得羅馬人的干預，那真是一件值得慶賀的事。我們現在無法一一指認這些文本背後隱藏的雙重意涵。不過無可置疑的，這其中除了真誠的感謝之外，必然也帶有恐懼和阿諛的成分。這些碑文是有用的提醒，即簡單一句「羅馬的征服」模糊了不知多少羅馬與其他邦國會見之際所產生的視角、動機和欲望。

此外，羅馬人並未嘗試有系統地消滅其他海外國家的土地，或把他們的控制權強加在海外邦國之上。這個部分解釋了他們擴張的過程為何會如此快速：他們並未花時間在海外邦國設立任何管理的基礎建設。他們當然會從戰敗城邦那裡提取物質上的報酬，但是提取手法各自不同，而且都是臨時起意的性質。他們會對某些城邦要求鉅額的賠款，例如光是西元前二世紀的前五十年，他們就獲得總數大概六百噸的銀條。其他時候，他們會接管前任城邦統治者建立的現成稅收體制，或者偶爾創立新的管道來取得利益，例如西班牙的銀礦本來是漢尼拔的部分領地，羅馬人一來就很快接管了銀礦，開採大量礦石。今日從格陵蘭冰冠深處取出的樣本當中，有些年代可確定的樣本還可看到當時大量開採礦石所造成的環境污染痕跡。波利比烏斯在西元前二世紀中葉去過西班牙，他提到光是一個當地礦區，就有四萬個礦工——大部分是奴隸無疑——在工作。當然這或許並不是確實的數字，因為在古代史家筆下，「四萬」是個概數，代表數目眾多，就像我們說的「幾百萬」一樣。同樣的，羅馬的政治控制也有各種不同的形式，範圍從簽訂「不干預」條約，保持「友誼」關係，到要求人質以確保邦國乖乖聽話，到派遣羅馬軍隊和官吏永久駐守都有可能。保祿烏斯打敗佩西阿斯之後，從羅馬對馬其頓的處理，我們即可看到羅馬所可能採取的配套措施。馬其頓被劃分為四個獨立的邦國，各自為政；四個邦國分別向羅馬繳稅，其數目是佩西阿斯徵收的一半。在這個案例中，羅馬還同時關閉了馬其頓的礦區，預防這項資源被當地人用來建立新的權力基地。

羅馬人在戰勝後取走種種益處，並靠著隱隱的武力威脅，試圖確保一切總能如其所願。在這個意義上，羅馬人建立的是一個強人所難的帝國。此時的羅馬並不是一個併吞其他邦國國土的帝國，雖然後代羅馬人時常如此了解。我們找不到關於管控、規範或法令的法律架構，或甚至關於這方面的想法或欲望的紀錄。在這個時期，拉丁文的*imperium*，其意思比較近於「有權發出讓人遵守的命令」，雖然到了西元前一世紀末，這個字已經可以指稱「帝國」，亦即羅馬直接管轄整個區域。至於另一個拉丁文*provincia*（行省，即英文的province〔省分〕），這個字此時並無地理上的含意，而只是指分派給羅馬官員的責任（後來這個字的意義才發生轉變，意指在帝國之下分成若干區域，而這些區域受到總督的管轄；這也是這個字後世的標準用法）。這所謂的責任，意思是到某一特定地方從事軍事活動，或執行行政上的管轄。從西元前三世紀後期開始，西西里和薩丁尼亞島（Sardinia）經常被委派為「行省」；從西元前二世紀初期開始，羅馬在西班牙設立兩個固定的軍事「行省」，雖然這兩處「行省」的界限是流動、不確定的。但是這兩種行省同樣都可說是負有責任，例如對羅馬財政收入的責任；大約在西元前三世紀與二世紀之交，伯勞圖斯曾在他的喜劇裡拿「行省」這個字來開玩笑，指稱奴隸的各種職責。總而言之，在這個時間點上，沒有任何一個羅馬人是被派出去擔任「行省的行政首長」，雖則後來他們是會被派駐外地去擔任這一職位。

對羅馬人來說，與他們有切身關係的是：他們能否在戰爭中贏得勝利，以及在贏得勝利之後，他們是否能夠遂行其志，不論在何時，也不論在何地，也不管其方式是勸說、暴行或軍力都好。這樣的「管理作風」，我們可在神者安泰阿克斯四世和羅馬人最後一次交手的故事中找到一個鮮明的例子，總結其行事風格。安泰阿克斯國王第二次入侵埃及，埃及人要求羅馬人出面勸阻。羅馬於是派了使者拉埃納斯（Gaius Popilius Laenas）到亞歷山卓城外與安泰阿克斯見面。安泰阿克斯與羅馬人有很長遠的交情，他顯然預期這會是個相當有禮貌的會面。事實不然。拉埃納斯遞給他一份元老院的命令，要求他立刻從埃及撤軍。安泰阿克斯說他需要時間跟他的顧問商量。拉埃納斯拿起一根棍子，在地上畫了個圈，圍住安泰阿克斯，意思是國王如果不馬上給他答案，就不能踏出圈子。安泰阿克斯嚇呆了，只好乖乖接受元老院的命令。換言之，此時的羅馬是一個要求服從的帝國。

帝國的影響力

但是如果我們進一步觀察堤奧斯代表團這個故事，則我們可以清楚看到這也是一個交流、移動、誤解和角度不時轉換的帝國。同情失敗一方的困境，這是一件再容易不過的事。那兩位代表航行渡過半個地中海，這趟旅程大概會花上兩到五個星期不等的時間，端看他們航行的季節、船的性質，還要看他們是否願意夜間航行（夜間航行可減少一星期的時間，但是旅途上可能會有額外的危險）而定。當他們抵達羅馬，他們會看到一個城市，這城市比他們一路上看到的城市略大，但遠遠比不上那些城市優雅。差不多在同一時間，有個不幸的希臘使者掉進羅馬開放式的下水道，摔斷了一隻腳。在等候康復的期間，他盡量善用時間和機會，給好奇的羅馬聽眾講述文學理論的入門知識。

羅馬也有奇異陌生的習俗。很有趣的是，我們在阿布德拉發現的石碑，不管當初撰寫那份文本的人是誰，他並沒有把某些羅馬獨有的語彙（例如「阿特利亞」〔前廳〕和「佩托努斯」

〔patronus〕）翻譯成希臘文，僅僅用希臘字母把這些語彙轉寫出來而已。但是當他們一旦真的嘗試去翻譯了，其效果卻極為奇怪，例如他們提到使者每日到羅馬人家裡去「拜訪」（obeisance），這個字他們用希臘文的proskynesis來對譯；但是如果我們直譯這個希臘字，則其意思是「一面鞠躬一面緩慢前行」或「親吻腳部」。事實上，這個拉丁字大概是指羅馬人打招呼的社交習慣（*salutatio*），亦即客戶和接受贊助者每天早上親自到贊助人家裡去打個招呼而已，並沒有親吻贊助人腳部這個程序——雖然有些外國訪客把這樣的晨訪視為一種羞辱。無論如何，我們只能猜測他們究竟是如何與羅馬人接洽或上呈案件。許多富有的羅馬人多少會說一點希臘文，其程度可能比提奧斯人的拉丁文好一點，但是並不總是很好。眾所周知的是，希臘人總是喜歡拿羅馬人嚴重的口音來開玩笑。

話說回來，這兩個提奧斯人出現在羅馬城也可能會讓某些羅馬人覺得不安。儘管羅馬的力量受到注意和認可令羅馬人覺得愉悅，但是對他們來說，這也是一個新的世界，他們也可能和他們的訪客一樣覺得困惑。想像一下對羅馬人而言，那究竟會是一種什麼樣的感覺？你得面對接連不斷，紛至沓來的外國人。他們來自你所能想像最遙遠的地方，說著你只聽懂一點點的語言，而且又說得很快。這些外國人顯然對一塊你連聽都沒聽過的小片土地十分關切，而且他們很有可能會對你一直鞠躬或更危險的是，他們很有可能會彎下腰去親吻你的腳。如果像波利比烏斯所說的，截自西元前一六八年為止，羅馬人花了五十三年的時間征服了所有已知的世界，那麼在這同一段時間內，羅馬和羅馬文化必定也逐漸受到這遼闊的、逐漸擴增的世界所影響和改變。

這種改變也涉及人口的流動，包括移入與遷出羅馬的人口；而且這次改變的規模極大，可說是古代世界之最。地中海各地的奴隸湧入義大利，進入羅馬城，這當然是個剝削的故事，但這也是一個大量人口遭受俘虜，從而被迫移民的故事。古代史家提到的每一特定戰爭所捕獲的戰俘數目可能會有點誇大（例如第一次布匿克戰爭是十萬人，或保祿烏斯打敗佩西阿斯時，光從佩西阿斯的其中一塊領地就捕獲十五萬人）。更何況這些戰俘大約不會全部運回羅馬，而是就近賣給接近戰爭地點的當地中間商。不過在西元前二世紀初期，因為海外戰爭的勝利而從海外運到義大利半島的奴隸，其人數平均大約每年八千人左右。這是一個相當合理的估計。在當時，羅馬城內和城外的成年男性公民總人數差不多是三十萬人左右。隨著時間的進展，前述奴隸有極大部分的比例會被釋放，成為新的羅馬公民。這種衝擊不僅大大影響了羅馬的經濟和文化，也影響了整體公民族群的多樣性；換言之，羅馬人和外地人的界線越來越模糊。

與此同時，羅馬人亦大舉湧向海外。在這之前的數百年裡，其實一直都有羅馬的旅行者、商人和冒險家前往地中海活動。克里特島有一塊西元前三世紀晚期的墓碑，上面刻有一個叫盧奇烏斯（Lucius son of Gaius）的羅馬名字，這位商人不可能是第一個四處旅行，靠著世上最古老的行業維生的羅馬人。不過從西元前二世紀開始，許多羅馬人開始長期居住在義大利半島以外的地區。他們有的是羅馬商人，他們湧向地中海東部，尋找戰勝之後可能出現的各種賺取現金的商業機會，例如奴隸買賣、香料買賣到較為無趣的軍火供應合約等。安泰阿克斯四世甚至曾雇用一個名叫柯蘇提烏斯（Decimus Cossutius）的羅馬建築設計師到雅典從事建築工作。我們現在還可以追蹤這個建築師的後代與前奴隸的行蹤，至少他們在數十年後依然活躍在義大利以及東方的工程界。不過最主要的普通移居者還是士兵。羅馬傳統的士兵只在夏天服役，負責防守或攻打入侵羅馬邊界的鄰邦軍隊。但是這個時期的羅馬士兵已經大不相同，他們此時已經持續在海外服役多年。第二次布匿克戰爭結束之後，常駐義大利境外的羅馬士兵總共超過三萬人，而且散布的地點很廣，從西班牙到地中海東部都有羅馬士兵的足跡。

這個現象造成一系列新的窘境。舉個例子，西元前一七一年，元老院面對一個來自西班牙的代表團，代表四千多個男人來羅馬請願。這群男人都是羅馬士兵和西班牙婦女所生的孩子，由於羅馬人與西班牙當地人並未訂有正式的通婚條約，用我們的話來說，這些人因此都是無國籍者。在羅馬史上，他們不可能是第一批遇到這個問題的人。當年亞米利亞努斯以後來居上之勢獲得西班牙的指揮權，據說他到了西班牙之後，就把羅馬軍營裡的兩千多名「妓女」趕出去——我懷疑那群被趕出去的婦女對自己的身分認同必然與此不同。不過這個案子的關係人有信心要求羅馬人給他們一個城市，讓他們定居，當然還希望在法律上對他們的身分給予某些澄清。他們後來被安置在西班牙最南端一個名叫卡提雅（Carteia）的小鎮。藉羅馬人向來就有的即興天賦，那座小鎮被賜予拉丁殖民地的地位，並且被定義為「解放奴的殖民地」。我們不知道元老們花了多少時間討論，才想出這個「解放奴」加「拉丁」的奇異組合來安置這群人，並給予他們一個適合的公民資格——這群人實際上都是羅馬士兵的私生子。可以看得出來，元老院不是第一次遇到這種問題，同時這也顯示他們正在努力面對這類問題，亦即定義在義大利之外，羅馬人或部分羅馬人該有什麼樣的地位。

到了西元前二世紀中期，羅馬成年男性公民有超過半數多少已經見識過外面的世界，且在他們行經之地，留下數目不詳的孩子。換句話說，到當時為止，羅馬人民突然成為古代地中海最有旅行經歷的人口。古代任一城邦當中，只有亞歷山大大帝的馬其頓人和迦太基的商人可能與之匹敵。即使那些從未踏出國門的人，他們也有其他途徑來想像外國，一窺海外其他地區的風土人情，獲得他們在這個世界的位置的新了解。

勝利將領的凱旋隊伍是其中一個最令人印象深刻的窗口，讓羅馬人看到外面世界的景象。當羅馬觀眾列隊站在街道兩側迎接勝利歸來的軍隊，觀賞遊行隊伍穿過城市，看著將領們向他們展示的種種收穫和戰利品時，民眾感到震驚的應該不只是那些戰利品——雖然僅只是那些戰利品的一小部分就足以讓任何時代的任何人感到震驚，例如當保祿烏斯在西元前一六七年打敗佩西阿斯國王時，他那支展示戰利品的隊伍總共花了三天才走完羅馬城；而他所獲得的戰利品當中，光是雕像和繪畫就有兩百五十車，那些裝在七百五十個巨甕的大批銀幣總共動用了三千個男子才抬進羅馬城——難怪羅馬可以暫時免除人民的直接稅。雖然如此，吸引人們想像力的還有外國土地和風俗習慣的絢麗展示。將領們往往會委託藝術家製作精緻的模型和繪畫，描繪著名的戰役和他們占領的城鎮，放在遊行隊伍中，向羅馬民眾展示他們在海外面對的是什麼樣的敵人。在遊行隊伍中，羅馬民眾也會看到戰敗的國王，各個穿著「國服」、戴著充滿東方風情的王冠；他們還會看到各樣奇異的器物，例如希臘科學家阿基米德（Archimedes）製作的那對金球——這位科學家在第二次布匿克戰爭中不幸身亡。除此之外，還有那些來自異國的動物——有時那些異國動物最引人注目。第一頭踏上羅馬大街的大象出現在西元前二七五年，即羅馬人打贏皮瑞斯的凱旋隊伍裡。後世有一位作家認為那是截然不同的事物，與「來自武爾奇的牛，或來自薩賓部落的家禽」截然不同，他如此寫道。事實上，牛與家禽大約是一百年前左右或更早之前羅馬人唯一能看到的戰利品。

伯勞圖斯和泰倫斯的喜劇提供了另一種不同的窗口，帶來某些微妙，但可能多少令人不安的反思。這些改編自希臘作品的喜劇幾乎全部都是關於「男孩追女孩」的情節——雖然這些喜劇作品現在並不以含蓄精妙知名於世。這些喜劇當中，有的會涉及強暴的情節，但是卻有個「快樂的結局」，這很有可能會讓現代讀者感到十分驚駭，例如這是其中一齣喜劇的結尾：「大好消息——強暴者原來就是她的未婚夫。」另外也很清楚的是，最早的這些表演不論出現在什麼樣的公共場合，例如宗教慶典或在凱旋式遊行之後舉行的「續攤派對」，其場面都很雜亂和吵鬧，吸引了許多羅馬城內城外各色人種——包括女人和奴隸——前去觀賞。這情形與古代雅典形成強烈的對比；在雅典，雖然會去劇院的人口遠比羅馬多，但是去的人可能僅限於男性人口，不論場面雜亂與否。更重要的是，羅馬的戲劇對所有觀眾都有一個要求，亦即觀眾必須面對存在於他們世界裡的文化複雜性。

部分的原因是戲劇的場景都設在希臘。這種設計，背後的假設是觀眾多少了解義大利以外的地方，或者至少聽過那些地名。情節方面通常也確實呈現了複雜多樣的主題。伯勞圖斯的一齣喜劇裡，他讓一個迦太基人上臺，並讓該演員含糊地念了一串羅馬觀眾聽不懂，但是很有可能是準確的迦太基語。在另一部喜劇中，他讓幾個演員化裝成波斯人，上臺去嘲弄另外幾個雖然化裝成波斯人卻故意化得漏洞百出的演員。比起直接嘲弄表演波斯人的演員，這種演出設計是更有意味的安排。在羅馬文學史這麼早期的階段，竟出現這種複雜的戲劇，真令人感到十分驚訝。伯勞圖斯在他的作品和在他所處的世界裡，還更進一步開拓其他文化混融的特質。

伯勞圖斯喜歡在戲劇的開場白講笑話；他最喜歡講的其中一個笑話是：「德摹菲勒斯（Demophilus）寫的，伯勞圖斯「番」的（Plautus barbarized it）」，亦即他把希臘劇作家德摹菲勒斯的喜劇「番」（barbaric）成拉丁文。這句顯然是隨口說出的臺詞，但是對觀眾而言，卻是一個很巧妙的挑戰。對於那些原本來自希臘的觀眾而言，這句臺詞無疑會給他們一個機會，讓他們得以悄悄地嘲笑這個新的、番人般的統治者。對其他羅馬人而言，這還需要動用到一個觀念上的跳躍，亦即想像如果是從外人的角度來看，他們有可能是什麼樣子。換言之，要理解那句臺詞的笑點，羅馬人必須理解：在希臘人眼裡，他們很有可能看起來是野蠻的「番」人，即使這只是一句玩笑話而已。

換句話說，帝國越來越擴大的版圖干擾了「我們／你們」、「文明／野蠻」的簡單位階——這曾是古典希臘文化的基礎。羅馬人當然有能力趕走那些被征服的野蠻人，也有能力拿他們文明、優雅的奴隸來與那些粗魯、長髮、把身體塗成藍色的高盧人做對比，或與其他被認為是比較低度開發的部族做對比。事實上，他們常常就這麼做。但是從這個時間點開始，我們會不時看到另一種書寫，更為顛覆性地反思羅馬人處身在這個更為寬廣的世界裡的相對位置，思考關於羅馬人與外來者之間的「德行」（virtue）究竟要如何平衡。三百年後，史學家塔西佗婉轉寫道：真正的羅馬「德行」要到蘇格蘭的野蠻人那裡去找，而不是在羅馬人本身裡尋找。塔西佗所開展的是一個論辯的傳統，而這傳統可回溯到帝國的早期歲月和羅馬文學的最初階段。

如何成為羅馬人？

帝國的新版圖也幫忙創造——或者至少是以比較清楚的界限和意識形態的意義予以定義——羅馬人的「老派」形象。我們一想到羅馬文化，腦子裡就浮現那個腳踏實地、不苟言笑、身強體壯、豪邁坦率的角色，這個刻板印象到今日仍然存在。這個角色很有可能也是這段時期的產物。

西元前二到西元前三世紀，羅馬出現一波直言不諱的批判聲浪，譴責一般外國文化——尤其希臘文化——對傳統羅馬的行為和道德造成腐蝕性影響。他們批判的目標眾多，包括文學、哲學、裸體運動競賽、精美的食物和除毛習慣都是他們攻擊的對象。他們當中最著名、態度也最激烈的批評家是加圖（Marcus Porcius Cato）。加圖又名老加圖（Cato the Elder），與阿非利加努斯同時代，也是阿非利加努斯的敵手。他對阿非利加努斯的批評很多，其中一項就是批評阿非利加努斯成天只知窩在西西里的希臘體育館和劇院尋歡作樂。據說他也把蘇格拉底貶為「無可救藥的空談家」。他提倡一種養生法，建議羅馬人食用各式綠色蔬菜、鴨子和鴿子（「千萬不要去看什麼希臘醫生，他們很有可能會害死你」）。他也提出警告，說喜愛希臘文學的熱情會把羅馬的力量拖垮。根據波利比烏斯，加圖曾提到共和國走向崩壞的一個徵兆就是漂亮男孩的身價比田地還貴，瓶裝醃魚的價格比農夫還貴。他並不是唯一持有這種觀點的人。西元二世紀中葉，另一個顯要人士成功說服羅馬公民把一座正在興建中的希臘式劇院拆除，理由是羅馬人站著觀賞戲劇比較好，比較有助於形塑羅馬人的個性，因為傳統上羅馬人就是站著觀賞戲劇，不是像頹廢的希臘人那樣坐下來觀賞戲劇。簡而言之，這就是當時論辯的走向。希臘的「優雅」，對他們而言只不過是一種「軟弱」或「莫力提亞」（*mollitia*）——套用羅馬人自己的口號，而這種潛藏的軟弱注定會耗掉羅馬人個性中的力量。

這是否是某些保守人士單純的反對，純粹為了抗拒各種從境外傳入羅馬的新奇想法，亦即傳統主義者與擁護現代事務者之間的「文化戰爭」？或許是，有一部分。但這也是個比前述所敘更複雜也更有趣的問題。以加圖為例，儘管加圖聲色俱厲地反對希臘文化，他還是教自己的兒子學習希臘文；他流傳在世的作品——尤其是他那篇討論農業與農業管理的技術論文，還有那些從他的演講和義大利史當中摘錄的許多重要引言——在在顯示他其實十分精通那些他強烈譴責的希臘修辭技巧。而且某些他所說的「羅馬傳統」，其實僅僅只是他的想像或幻想而已。我們沒有什麼理由可以假定可敬的古代羅馬人曾站著觀賞戲劇演出。據我們所掌握的證據顯示，情形正好相反。

真相是，加圖所謂的老派的、腳踏實地的羅馬價值既是他自己時代的發明，也是長久以來羅

圖33　許多西元前二或西元前一世紀的羅馬人物雕像都被形塑成垂垂老矣、皺紋滿面、相貌粗獷的模樣。這種風格現在常常被稱為「超寫實」；事實上，這是一種非常「理想化」的表現形式，用以讚揚古羅馬人該具備的特定相貌，刻意與多數希臘雕像中那種年輕的、完美的形象形成對比。

馬人對羅馬傳統的一種辯護。文化認同永遠是一個難以確實掌握的概念，我們不知道早期羅馬人對他們的個性具有什麼樣的想法，還有把他們自己和鄰邦部族區分開來的那些特質到底是什麼。但是那種獨特的、稜角分明的、屬於羅馬的嚴峻精神特質——後來羅馬人急切地將之投射回建國之父身上，亦即流傳到現代世界的這個羅馬性格版本——是這段海外擴展時期，強大的文化衝突所造成的結果。在這段時期，人們急於釐清在這個新的、較為寬廣的帝國世界裡，以及在這麼多可以選擇的脈絡之下，身為羅馬人到底意味著什麼。若換個說法，亦即「希臘性」與「羅馬性」此時既無可區分地綁在一起，也無可和解地各自豎立在兩極。

這就是我們即將看到的現象。在李維——和其他史家——講述的一則令人暈眩的敘事裡，我們看到羅馬人在西元前二〇四年，亦即第二次布匿克戰爭結束之際，他們以盛大的儀式把大母神從小亞細亞接回羅馬。那是一個非常具有羅馬特色的慶典。一部相傳出自塔克文時

圖34　這是建於西元二世紀，用來紀念大母神祭司的紀念碑。這位祭司的形象與典型的古羅馬祭司（見圖61，頁417）明顯不同。古羅馬祭司身披托加袍，但是這位祭司留著長髮、佩戴珠寶、帶著幾種「外國」樂器。身後的鞭子和刺棒暗示他有自我鞭笞的習慣。

代的羅馬神諭之書建議羅馬人把西比莉（Cybele）女神（亦即眾神之母）納入羅馬的萬神殿。羅馬人崇拜的神明眾多，態度也十分有彈性。加以眾神之母是羅馬人的祖先之地——伊尼亞斯的特洛伊——的保護神，所以在這個意義上，她也屬於義大利。他們派了一支年長的代表團去接回女神的神像，護送神像回返羅馬。依照神諭之書的指示，他們選了「國內最好的男子」——這位男子恰巧是另一個來自西庇歐家族的成員——在羅馬迎接女神；陪伴他的是一個羅馬貴族女子（其他版本則說是維斯塔貞女祭司）。他們從船上把女神的神像送上岸，岸上站有一長列由婦女組成的隊伍，而女神的神像就從她們手中一一傳遞，經過海岸，一路進入城市。女神神像暫時寄宿在勝利女神的神殿上，直到她自己的神殿落成。就我們所知，她的神殿會是羅馬第一間使用最具羅馬特色的建材——混凝土——蓋成的神殿；羅馬人後來的建築傑作，其所仰賴的，即是此物。

再也沒有什麼能比這件事更能取悅加圖了——只除了不是每一件事都能如他所想，如他所願。這個女神的神像並不是羅馬人可能期待看到的樣子：那是一塊巨大的黑色隕石，並不是傳統的人形雕像。跟隨隕石前來的是一群祭司。他們是一群是自我閹割的太監，留著長髮，搖著鑲有金屬片的鈴鼓，時不時就自我鞭笞一番。這是你所能想像的，最不像羅馬的畫面了。隨著這畫面浮現的，永遠有個令人不舒服的問題，亦即什麼是「羅馬人」？什麼是「外國人」？這兩者之間的界線究竟在哪裡？如果這塊東西來自羅馬人的祖先之地，那麼這整件事情究竟有什麼含意？身為羅馬人又意味著什麼？

第六章

新的政治局勢

毀滅

西元前一四六年，經過一段長期的圍城之後，羅馬人終於採取行動，毀滅迦太基城。即使以古代的標準而言，那次攻城造成的結果也是十分恐怖的。在這之前，雙方都各自傳出殘暴的行為。戰勝的羅馬人很殘忍，戰敗的迦太基人也不遑多讓。據說有一次迦太基人命令羅馬戰俘在城牆上列隊排好，然後就在他們的士兵弟兄面前活生生地把那群戰俘剝皮，並且把他們支解。

迦太基坐落在地中海沿岸，靠近今日的突尼斯（Tunis）；城市周遭築有巨大的城牆保護，周長近乎二十英里（高盧人入侵羅馬之後，羅馬人在邊境建造的圍牆還不到這城牆的一半）。羅馬人圍城兩年，直到亞米利亞努斯從海上切斷交通，斷絕迦太基人的糧食來源，迦太基人這才被迫投降，羅馬人也才得以結束兩年的圍城，直接攻入迦太基。古代有一份紀事流傳下來，描寫迦太基破城的最後時刻；這份紀事有不少恐怖的誇大描寫，但同時也敏銳地透露一個訊息：要瓦解迦太基這座蓋得如此固若金湯的城市，是多麼困難的一件事。那些伴隨著戰敗而來的大屠殺，有些固然頗為誇大，但有些或許可能就是當時真實的畫面。據該紀事，在攻城的過程中，羅馬士兵首先奮力打入城內的街道。街道兩側有一層層建築物林立，士兵們爬上建築物的屋頂，從一個屋頂躍過另一個屋頂，一面把屋裡的居民丟在街道上。他們一路向城內邁進，一路放火焚燒建築物，直到攻城造成的瓦礫堵住他們的去路為止。接著上陣的是瓦礫清除兵。他們努力在建築碎片和屍體混雜在一起的瓦礫堆中清出一條路，方便其他士兵展開下一波攻擊。據說在瓦礫堆中，可以清楚看到抽動的人腿，但是頭和身體都已經埋在瓦礫與碎片之下。考古學家今日在那一層層毀滅之地挖出許多遺骨，還有成千上萬顆致命的石頭彈和陶土彈，這說明了上述這份紀事的描述與事實的差距可能並不大——雖然我們很希望這裡的差距大一點。

接下來上演的就是例常性的掠奪。不過羅馬士兵搶奪的不僅只是珍貴的金銀財寶。亞米利亞努斯下令士兵把迦太基人馬葛歐（Mago）那部著名的農業百科全書從大火裡搶救出來，送回羅馬。在羅馬，元老院召集羅馬語言學家成立一個委員會，賦予這個委員會一項艱鉅的任務：把那部百科全書翻譯成拉丁文。這部作品共有二十八冊，內容包羅萬象，從如何保存石榴談到如何挑選小公牛，可謂應有盡有。此外，我們也會在這份紀事看到神話的多重回響。據說亞米利亞努斯眼看著迦太基城一步步走向毀滅，不禁從荷馬那裡引了一句哀傷的詩行。這樣的敘寫當然有其沉痛的一面，但這也隱含著一種炫耀——羅馬現在終於躋入偉大的權力圈，終於在特洛伊之戰以來就不斷出現的偉大戰爭中贏得了勝利。至於迦太基呢，據說迦太基從前是怎麼開始的，現在就怎麼結束。故事是這麼寫的：當年迦太基開始建城的時候，維吉爾的英雄伊尼亞斯決定離開狄朵，奔向羅馬；現在迦太基正要走向毀滅，迦太基的指揮官哈斯佐巴（Hasdrubal）亦決定拋棄妻子，投向羅馬人的陣營。據說他的妻子一面譴責他，一面投身火葬堆自殺，就像當年狄朵那樣。

幾個月後，羅馬人擊敗了距離迦太基約有一千英里的科林斯，將科林斯城洗劫一空。科林斯城是希臘最富庶的城市，地理位置優越——狹長的地形把伯羅奔尼撒半島與希臘其他地區分隔開來，兩側海灣建有許多港口，貿易十分鼎盛。負責攻打科林斯的羅馬指揮官是穆米烏斯（Lucius Mummius Achaicus）——而他日後即以戰勝「亞該亞人」（Achaeans，即希臘人）知名於世。在他的指揮之下，羅馬人把科林斯城夷為平地；除掠奪其藝術品，囚禁其居民，最後還放火把科林斯城燒了。火勢極大，延燒的面積很廣，據說大火融化而成的金屬混合物就是「科林斯青銅」（Corinthian bronze）——一種備受喜愛、價格極為昂貴的金屬材料。古代專家一個字也不相信這個故事，但是大火毀城的熾熱意象卻十分鮮明動人——大火首先熔化了珍貴的銅，接著是銀，最後是金，直到三種金屬全部融合在一起。這也是一個鮮明的例子，說明在羅馬人的想像中，藝術與征服是如何緊密地相連在一起。

與熱愛荷馬的亞米利亞努斯相比，穆米烏斯是個迥然不同的將領。他留在歷史裡的形象並不太討喜，幾乎就是那種缺乏文化素養的羅馬人的代表，而且是誇大版的可笑代表。希臘人戰敗後，波利比烏斯不久即來到科林斯。當他看到羅馬士兵把珍貴繪畫的背面當紙板，玩起下棋遊戲，覺得十分驚嚇。士兵之所以敢那麼做，顯然事先曾徵得指揮官的同意。有一則笑話在七百多年之後依然四處流傳；據說穆米烏斯在巡視即將運回羅馬的藝術品時，曾警告船長：如果任何藝術品遭到損壞，他們就得換上一件新的。換句話說，他是如此可笑地缺乏文化素養，以至於不知道「以新換舊」並不適用於如此珍貴的古董藝品。

就像其他故事，這則故事亦有雙重面向。至少有一位嚴肅的羅馬評論家的立場和加圖類似，即他也認為如果有更多人效仿穆米烏斯，跟希臘奢華的文化保持距離，這對羅馬會是一件好事。或許穆米烏斯的家族本有樸素節儉的傳統，因為他的玄孫就是以吝嗇著稱的皇帝伽爾巴（Galba）；荒唐的尼祿下臺之後，伽爾巴曾在西元六八年和西元六九年統治羅馬幾個月。不過，不管穆米烏斯的觀點如何，他對科林斯掠奪品的處理倒是十分謹慎。其中有一些獻給希臘各個城邦的神殿——此舉除了顯示他的虔誠，也巧妙地對其他希臘人提出警告。有許多被放在羅馬城展示，或放在義大利各城鎮展示。他對藝術品的這些處理，我們今日仍可在出土文物中看到證據。二〇〇二年，在龐貝城的阿波羅神殿（the Temple of Apollo）附近，距離城中廣場不遠的步行區域，有一個雕像基柱挖掘出土。清除了後來塗上的灰泥石膏層之後，考古學家發現一段以當地奧斯坎語刻成的文字，說明立在該柱基上的雕像是穆米烏斯送的禮物。這件禮物想必是科林斯藝術當中的精品。

羅馬為什麼會在短短幾個月的時間內，以如此殘酷的手法攻擊這兩座宏偉且著名的城市？這一直是史家爭論不休的問題。西元前二〇二年，亦即羅馬人與漢尼拔交戰的尾聲，阿非加利努斯在扎瑪打敗了迦太基人，迦太基人同意履行羅馬人的各種要求，並且在五十年之後付清了羅馬人提出的大筆現金賠款。這場最後的毀滅是不是羅馬以某種捏造的理由，執行對迦太基的報復行動？或者羅馬人有合理的恐懼，例如擔心迦太基人戰後的經濟和軍事復原力量過於強大？加圖的反迦太基是出了名的。據說他在每場演說的結尾都會補上一句：「迦太基必須毀滅。」這句補充的話十分著名、十分單調，但也十分有說服力，即使到了現在，我們對這句話的拉丁文——*Carthago delenda est* ——仍然覺得很熟悉。他在元老院演說的一個噱頭就是故意讓一串美味熟透的無花果從他的托加袍上滾落。他對其他元老解釋：這些無花果就來自一座距他們只有三天路程的城市。迦太基和羅馬的距離，其實最快的路程要花上五天，這裡的三天是刻意壓低的估計。不過這是一個很有說服力、鮮明的象徵，顯示潛在的敵人距離羅馬是如此危險地近，而且農產如此豐富。他的目的顯然是想挑起其他元老對迦太基這個舊日敵人的懷疑。

在羅馬人所有要考慮的元素當中，科林斯必然是個讓他們十分頭痛的盟邦。西元前一四〇年代，羅馬曾頒布幾道法規，試圖管制希臘世界各個盟邦。不過，有好幾個希臘盟邦對羅馬人那些既缺乏熱情，又語焉不詳的規定都不怎麼理會，科林斯就是其一。科林斯始終遵循自己地區性的政治議程行事。更糟的是，科林斯曾經無禮地把羅馬的代表團遣返。希臘盟邦當中，沒有一個曾做過類似的事。科林斯是否被單獨挑出來懲罰，作為殺雞儆猴的例子？因為科林斯公然反抗羅馬的命令，即便這樣的反抗相當微不足道？或者科林斯真的有可能成為地中海東部的權力中心？或者誠如波利比烏斯在《歷史》所暗示的：羅馬此時為了自保，開始訴諸毀滅的手段？

不管西元前一四六年羅馬訴諸暴力的背後動機是什麼，那年發生的戰事很快就被視為一個轉捩點。一方面，那年的戰事標記著羅馬軍事成功的頂點。羅馬那時已經徹底消滅地中海區域兩個最富有、最古老也最強大的對手。一百多年後，維吉爾在《伊尼亞德》提到穆米烏斯打敗科林斯這件事，他認為這件事意味著羅馬終於一雪前恥，報復了特洛伊城被希臘人占領的舊仇。另一方面，西元前一四六年的戰事也是共和制開始走向崩潰的起點。自此以後，羅馬開始面對延續了一百年的內戰、集體大屠殺、個別的暗殺事件；這些事件最終導致共和制的瓦解與獨裁政體的回歸。據這一派的論點，對敵人心存恐懼，這對羅馬人而言向來都是一件好事；沒有了重大的外在威脅，「道德之路遭受捨棄，腐敗之途取而代之」——薩祿斯特如此論道。他對這個主題也特別關注，在另一篇傳世的散文裡，他藉由西元前二世紀羅馬人對抗北非國王朱古達（Jugurtha）的戰爭，反思迦太基的毀滅帶來的種種令人喪膽的後果：羅馬社會裡，各個階層的貪婪心態瀰漫（「人人為己」）、富者與窮人之間的共識遭受破壞、權力集中在少數幾個人手裡。這種種跡象全都指向共和體制的結束。薩祿斯特對羅馬政權的觀察可能很敏銳，但是誠如我們即將看到的：共和體制的瓦解並不是如此三言兩語即可解釋清楚。

羅慕勒斯和雷穆斯的遺贈？

從西元前一四六年到西元前四四年凱撒遭受暗殺的這段期間，尤其這段期間的最後三十年，那是羅馬文學、藝術與文化發展的顛峰。詩人卡特勒斯（Catullus）當時所寫的作品，至今仍然是世上最令人難忘的情詩；這些情詩當中，有部分是寫給當時某個元老的妻子，但是為了隱藏這位妻子的身分，他很聰明地給她一個假名，叫莉絲碧亞（Lesbia）。西塞羅那時正在草擬他的許多講稿——從那時起，他的這些講稿就是演說術的試金石；與此同時，他還寫了許多關於修辭原則、優良政府的條件、神學的理論著作。凱撒大帝此時也正以他那優美的文筆撰寫高盧戰役，描寫他自己的軍事行動——這是古代世界很少見的作品，不論這些作品是出自凱撒或任何將領之手皆然。羅馬城本身也正處於轉型邊緣，即將從一個未經計畫、迷宮般的城市轉變成今人熟悉的，令人印象深刻的首都。第一座由石頭蓋成的永久劇院在西元前五五年開幕，舞臺寬達九十五公尺，並附有一組嶄新的附屬建築群，包含步行大道、裝飾著雕像的花園、大理石柱蓋成的走廊（見圖44，頁三一七）。這組建築物群現在埋在地下，靠近今日的花園廣場（Campo de' Fiori）；但是當年這組建築群覆蓋的區域，遠比後來的圓形競技場（Colosseum）的占地面積要來得寬廣許多。

不過，當時許多羅馬評論家的焦點並未放在這些輝煌的成就上，反而著眼於正在進行中的政治與道德的敗壞。在海外，羅馬軍隊持續贏得利潤豐厚，但有時非常血腥的勝利。西元前六一年，龐培（Gnaeus Pompeius Magnus）——或套用他模仿亞歷山大給自己取的名字「龐培大帝」（Pompey the Great）——正在羅馬舉行勝利凱旋式遊行，慶祝他戰勝了彭圖斯（Pontus）的國王米塞瑞達笛斯六世（Mithradates VI）；後者曾經占領黑海沿岸一大片土地，如果這次沒被打敗，他還會繼續擴張其領土。龐培的這場勝仗，其功績遠比一百年前保勒烏斯的成就更為輝煌。這一次的遊行隊伍裡，羅馬人運回了「七千五百一十萬德拉克銀幣」——這筆錢相當於羅馬帝國一整年的總稅收，足夠兩百萬人過上一整年衣食無虞的生活。這批銀幣有一大部分用來建造前面提到的那座奢華的劇院。西元前五〇年代，羅馬人打敗了北方的高盧人。這場勝仗的指揮官和紀錄者正是凱撒本人。在這場戰爭過

圖35　這尊巨型雕像現藏羅馬的斯帕達宮（Palazzo Spada），過去常被誤認是龐培的雕像，因為手握地球是龐培作為世界征服者的常見符號。西元八、九世紀時，這件作品家喻戶曉，甚至被誤以為凱撒被刺之後，就是倒在這件雕像的腳下，而這座大理石雕像腳部的斑痕則被認為是凱撒的血。

後，凱撒給羅馬添增了好幾百萬人口——不包括在戰爭期間死於沙場上的那一百多萬人。不過這一整段時期，羅馬人的武器也開始不再向外，反而漸漸轉向羅馬人自己。別再去想伊尼亞斯的特洛伊城了，這是羅慕勒斯和雷穆斯這對自相殘殺的雙胞胎的遺贈。套句賀拉斯在西元前三〇年代說的一句話：「無辜的雷穆斯，他的血」正在展開復仇。

回顧這一段時期，羅馬史家對和平的政治逐漸走向毀滅不時表示遺憾。暴力漸漸被視為理所當然的政治工具。羅馬人傳統的各種節制和規範一個接一個瓦解，刀劍、棒棍和暴動慢慢取代了投票箱。據薩祿斯特，這段時期也同時出現了幾個擁有巨大權力、財富和軍事後盾的個體；這群人慢慢控制了國家，然後逐漸發展到凱撒正式被任命為「終身獨裁者」，接著在數星期之後又被人以捍衛自由之名將之暗殺為止。如果我們剝除這段歷史故事的枝節，只留下最基本和最凶殘的骨幹，則我們可看到三個最基本的要素。一是連續出現幾個將羅馬這個自由國度導向瓦解的重要時機和幾場衝突；接著是一連串標記著政治過程逐漸走向衰退的觸發點；再來是數百年當中一直徘徊在羅馬人想像力中的暴力事件。

第一起暴行發生在西元前一三三年。大格拉古斯（Tiberius Sempronius Gracchus）擔任護民官時曾提出幾個比較激進的計畫，包括分配國有土地給羅馬平民。這一年，他決定第二次參加護民官的競選。為了阻止他參選，一群私下聚集的元老和他們的跟班闖入投票處，使用重器把大格拉古斯和他的數百名支持者活活打死，把他們的屍體丟入臺伯河。後世許多羅馬人為了方便，把階層衝突那一次發生的暴行置於腦後，把這起事件稱為「王政時期結束以來第一次發生的政治衝突，以流血事件和人民的死亡收尾」。另一起血腥事件很快相繼發生。差不多過了十年後，大格拉古斯的弟弟小格拉古斯（Gaius Sempronius Gracchus）遇到同樣的命運。小格拉古斯提出的改革計畫比他的哥哥更為激進，包括要求政府提供穀物補貼金給羅馬公民。他也尋求第二次參選護民官，不過他成功選上了。但是到了西元前一二一年，當他試圖保護他所提出來的法案，不使他的法案被刪掉，另一批比較有組織的元老出面阻止。在這起事件當中，數千個支持他的人被打死，屍體堵塞了整條臺伯河。西元前一〇〇年，同樣的暴行再度發生。有幾個改革者在元老院裡遭受攻擊，攻擊者拿屋頂上的瓦片當武器，把那幾位改革者活活打死。

繼之而起的是三場連續且費時的內戰，或又稱改革者的叛亂（「內戰」與「叛亂」這兩者之間的界限通常十分模糊）；在某種意義上，這三場內戰緊密相連，加總起來，可以形成一場延續了大約二十多年、時打時停的單一衝突事件。首先是西元前九一年，義大利半島上的盟邦（*socii*）聯合起來對羅馬宣戰——因而現代產生一個看似和諧的奇異名稱：「同盟之戰」（Social War）。接下來的幾年裡，羅馬人多少算是打敗了盟邦的聯合軍隊，並在這個過程中賦予盟邦人民完整的羅馬公民身分。即便如此，根據一份羅馬人的統計，死亡人數（包含那些曾在羅馬擴張戰役中與羅馬並肩作戰的士兵）大約三十萬人左右。這一數字或許有點誇大，但是也多少說明這次戰役的慘烈程度，其實和當年對抗漢尼拔的那場戰役不相上下。同盟之戰即將結束之前，有一位名叫蘇拉（Lucius Cornelius Sulla）的指揮官帶領他的軍隊攻入羅馬城。蘇拉是西元前八八年的執政官；他是繼傳奇的科瑞歐拉努斯之後，第一個帶兵攻入自己城邦的羅馬將領。他的目的是迫使元老院授與他進軍東方地區的指揮權。四年後，當他從東方凱旋歸來，他又再次領軍入侵羅馬城，迫使元老院任命他為獨裁者。短暫統治羅馬一段時間後，他在西元前七九年退休。不過在辭去職務前，他大規模地引進許多保守的改革方案，同時施行一段短期的恐怖統治，首度在羅馬史上組織一個有系統的政治肅清活動，用來剷除政治異己。這份「公敵名單宣告」（proscriptions）——有人委婉地稱之為「啟事」，但其實卻是令人膽寒的懸賞令——列出數以千計的名字，在義大利全境公布於眾。元老院議員當中，差不多有三分之一的人榜上有名。任何人只要夠殘忍，夠貪婪，夠走投無路，皆有可能殺了名單上面那些人，帶著人頭去領取豐厚的賞金。最後在西元前七三年，前述兩場衝突所造成的動亂激起了另一場著名的「戰爭」——解放奴斯巴達克斯領導的奴隸戰爭。到目前為止，這是羅馬史上最常被美化的其中一場衝突。斯巴達克斯和他那群逃脫的奴隸兼角鬥士固然勇敢，但是他們必然獲得義大利境內許多不滿的羅馬公民的支持，否則他們不可能對抗羅馬軍團長達兩年之久。這是一場結合奴隸叛變和內戰的綜合戰爭。

到了西元前六〇年代，羅馬的政治秩序本身一而再地開始崩潰，街頭暴力取而代之，成為日常生活的一部分，所謂的卡提林「陰謀」只不過是這類日常暴力的冰山一角而已。這段時期的暴力事件層出不窮，形式林林總總：有時是阻止投票的暴動，有時是企圖左右選民決定或影響法官判決的鉅額賄賂，又或有時是把謀殺當作武器，用來對付政治敵人。克羅狄斯（Publius Clodius Pulcher）——或詩人卡特勒斯筆下那位莉絲碧亞的兄弟——曾經策畫一系列行動，迫使西塞羅在西元前五八年遭受流放。他後來在羅馬城郊的一場鬥毆中被殺；殺他的是一群預備從軍的奴隸，而他們的主人是西塞羅的朋友。這起事件後來被稱之為「波維拉耶戰役」（the Battle of Bovillae），名稱固然響亮，但也頗為諷刺。而他的死，其責任歸誰，至今仍然沒有定論。他死後，人們就地在元老院為他舉行火葬，結果竟把該座元老院燒毀了。相比之下，另一個西元前五九年的執政官雖然也是個爭議人物，但他卻得以輕易脫身——他只是被人丟擲糞便，然後被軟禁在家中度過他的執政官任期。

在這樣的背景之下，龐培、凱撒和克拉蘇三人達成一個非正式的協議，利用三人的影響力、人際關係和財富來干預政治，獲取他們個人的利益。他們被稱為「三巨頭」（Gang of Three）或又稱為——套用當時一個諷刺作家的話——「三頭怪獸」（Three-Headed Monster）。如此有效地把公共決策掌控在個人手裡，這在羅馬史上還是第一次。他們透過一系列幕後協議、賄賂、威脅，確保執政官官職和軍事指揮權落在他們選定的人的手裡，並且確保重要的決策都依照他們的意願定案。這樣的局勢大約從西元前六〇年開始（私下的協議很難確定年分），維持了大約十年。凱撒後來為了鞏固自己的地位，決定效法他的前輩蘇拉，利用武力奪取羅馬城。

接下來發生的事件基本上十分清楚，即便其細節十分複雜。西元前四九年初，凱撒離開高盧，越過義大利邊界的盧比孔河（Rubicon），朝羅馬進軍——這是史上著名的渡河事件。四十年的變化可謂十分巨大。四十年前，蘇拉帶著軍隊進軍羅馬，除了一名資深軍官，其他所有人都拒絕跟隨他；四十年後，凱撒帶軍邁向羅馬，除了一人，所有人都選擇跟隨他。這是一個適當的象徵，代表在如此短的一段時間內，羅馬人傳統的顧慮幾乎已經消蝕殆盡。接下來羅馬發生了內戰。凱撒和龐培這一對昔日盟友，此時成為互相敵對的指揮官，而且兩人的爭戰場域也從羅馬蔓延到整個地中海地區；換言之，羅馬的內戰已經不再局限於義大利半島。兩人那場決定性的戰役是在希臘開打，其結果是龐培在埃及海岸遭人斬首，因為他誤把雙面政客視為盟友。

即使只是陳述這段歷史的基本梗概，我們也不難看出這是一個關於政治危機以及政體瓦解的血腥故事。這個故事影響很大，某些潛藏其下的問題亦相當明顯。其中一個是羅馬政府組織的規模。自西元前四世紀以來，羅馬的政府組織幾乎沒有什麼改變。用一個相對小規模的政治建制，治理義大利半島已經十分困難，更別說要控管一個如此龐大的帝國。誠如我們即將看到的，羅馬此時越來越依賴某幾個個人的力量和他們的才能。但是問題是，這群人的權力、利益和競爭卻與共和體制賴以建立的基本原則無法共存。西元前一世紀中期，羅馬這座擁有百萬居民的大城沒有任何後盾——甚至沒有最基本的監督力量——可以預防政治衝突日漸擴大與一步步演變成可怕的政治暴力。更何況當時羅馬城內還有饑荒、剝削和貧富差距等問題。前述種種問題加總起來，終於觸發了一連串抗議活動、暴動事件與犯罪行為。

這也是古代和現代史家藉著後見之明的好處與壞處來一再重述的故事。一旦結局底定，我們很容易把這段時期描寫為一連串走向危機，走向無可撤回與殘暴相向的過程；我們也不難把這段時期呈現為自由城邦緩緩走向結束，專制統治再度開始回歸的過程。雖然如此，共和體制的最後一百年並不只是一場腥風血雨而已。從詩歌、理論和藝術的蓬勃發展，我們可看出羅馬人在這段時期也盡力面對各種破壞其政治過程的議題，努力想出某些最偉大的發明，其中包括國家有責任確保其人民擁有足夠的糧食這種基本的原則。史上第一次，他們開始面對帝國該如何管理和統治的這個問題，而不僅僅只是占領土地而已。史上第一次，他們為實踐羅馬的統治，設計出某些複雜的規定。換句話說，這也是一個政治分析和創造的非凡時期。羅馬的元老院議員並沒有閒坐著，眼巴巴地看著他們的政治體制陷入混亂，他們也不會為了個人短期的利益，在危機時刻搧風點火（當然他們當中有些人是如此）。儘管彼此的政治立場南轅北轍，他們還是試圖找出有效的解決辦法。我們不應該讓**我們的**後見之明，**他們的**終極失敗或一連串內戰和暗殺事件遮蔽我們的雙眼，無視於他們的努力。這是本章和下一章我們將要探討的幾個重要的主題。

我們將更加仔細觀察這段時期最著名的幾場衝突事件和參與的人物，試圖了解羅馬人的主張，或他們究竟是為了什麼而戰。有些答案會帶領我們回到那些著名的自由宣言，那些就嵌藏在階層衝突的故事及其重構裡的自由宣言。但是我們也會發現新的議題，例如賦予義大利盟邦羅馬公民權這個行動究竟會帶來什麼效應？或者帝國的利益該如何分享這類問題。以下這幾個主題層層交纏，不易分開：在海外服役的軍隊——不論成敗與否——對羅馬國內都有直接的影響。又如像龐培和凱撒這樣的人，他們的政治野心是羅馬取得勝戰的基礎——對羅馬菁英而言，軍事和政治這兩個角色永遠沒有清楚的界線。不過，為了清楚描述這幾項重要卻極為複雜的發展，本書第七章將會專注於羅馬的境外活動，討論這個時期（尤其後面階段）幾位強大的領袖的崛起，尤其是龐培和凱撒。現在讓我們專注於這段時期的早期階段，並關注幾個跟羅馬和義大利有關的問題。我們將會以幾位著名人物作為敘述的主軸；這幾位人物至今仍然占據不少歷史敘事的主要位置，他們是大格拉古斯、蘇拉和斯巴達克斯。

大格拉古斯

西元前一三七年，大格拉古斯離開羅馬北行，正要前往西班牙跟羅馬軍團會合。大格拉古斯是阿非利加努斯的外孫，亞米利亞努斯的小舅子；他也是一位戰爭英雄——相傳在圍攻迦太基的那場戰役裡，他第一個爬上迦太基的城牆。當他騎馬穿過伊特魯里亞時，眼前的鄉間景色讓他覺得十分吃驚，因為那裡的大片土地和畜群都由外國奴隸照管，過去義大利的農業骨幹，亦即散布鄉間的小農地已經消失殆盡，變成大規模經營的莊園。後世有人為大格拉古斯寫了傳記，裡面引用其弟小格拉古斯所寫的一段宣傳文字；根據這段文字，這次的經歷讓大格拉古斯首次立下尋求改革的決心。誠如大格拉古斯後來對羅馬人民所說的，許多為羅馬出戰的軍人雖然「被稱為世界的主人，但是這群世界的主人卻沒有一塊可以稱作是自己的土地可以耕作」。對大格拉古斯而言，這是很不公平的現實。

到底當時義大利鄉間有多少小農的土地消失不見？其程度到底有多嚴重？這問題讓古今史家都感到很困惑，不過現代史家可能會比較困惑一點。大格拉古斯提到的那種農業形態的改變，很可能是羅馬的戰事與擴張所造成的合理結果，這並不難理解。對抗漢尼拔的戰爭期間，雙方軍隊在義大利半島來回爭戰了數十年，這對農地必然會造成極大的破壞。再者，羅馬軍事擴張期間，大量士兵被派駐海外，時間長達數年之久；換言之，軍事活動抽走了農業所需的人力，許多家庭經營的小農莊因而失去基本的人手。上述這兩個因素很有可能是小農莊經營失敗、破產或遭受有錢地主大舉收購的因素——有錢人利用從海外征戰賺來的財富收購大片土地，改建成大農莊，並購入大量奴隸投入耕作。有一現代史家呼應大格拉古斯的說法，很嚴肅地下結論道：普通士兵不管帶回什麼戰利品，事實上他們是在「為自己的流離失所而戰」。這些士兵退役後，有一大部分會流浪到羅馬或其他都市討生活，造成都市下層階級的人口大量暴增。

這一情況看似合理。但是我們現在找不到確切的考古證據來支持這個說法。姑且不談大格拉古斯騎馬穿越伊特魯里亞，從而眼界大開的那份紀事所透露的宣傳意味（難道在那之前他從來不曾朝羅馬北行四十英里？），我們目前找不到考古遺跡來證明當地曾有如他所說的新式牧場的存在；相反的，當地倒是有許多小型農場曾經存在過的證據。我們甚至無法確定戰爭帶來的損害和年輕未婚男子徵調海外服役這兩件事是否曾對當地造成毀滅性的長期影響——雖然一般人的想像是如此。比較有可能的狀況是，大部分農地很快就從戰爭的創傷恢復過來，而且當地農家必然有其他的家人可以幫忙，即使真的缺乏人力，一般農夫還是買得起一兩個奴隸來幫忙。事實上，許多歷史學家現在的看法是：假如大格拉古斯的動機是真誠的，那麼他當時一定是嚴重誤判了當地的情況。

話說回來，不論當地的經濟狀況如何，他必定從農地的情況看到了窮人的流離失所。有個故事提到窮人在羅馬城的牆上塗鴉，敦促他趕緊執行「分配土地給窮人」的活動。如果這故事是真的，那麼窮人自己也看到了這個問題。西元前一三三年，當他站出來競選護民官，他一心想解決的就是這個問題。選上之後，他在平民會議（Plebeian Assembly）提出這項法案，提議把羅馬的「公有土地」分配給窮人，讓小農主恢復農耕生活。這些「公有土地」是羅馬人占領義大利之後所奪取的部分領土。理論上，羅馬的公民都可以使用那些土地；但是實際上，富有的羅馬人和義大利人早已占據那些土地，而且透過各種方式將之轉變成他們的私人財產。大格拉古斯建議把每人占用的土地局限在最多五百優葛拉（iugera，大約一百二十公頃），並聲稱這是古代流傳下來的合法限制，然後再將剩下的土地劃分成小單位分配給沒有田產的窮人。藉恢復舊有的制度為由，為當下激進的行動辯護——這是羅馬人很典型的改革方式。

他的提案引發一系列越來越激烈的爭議。首先，他的護民官夥伴歐塔維烏斯（Marcus Octavius）多次試圖否決他的建議（好幾個世紀前，羅馬政府即賦予「人民的代表」護民官某種否決權），大格拉古斯忽視這些反對的聲音，反而發動人民投票卸除歐塔維烏斯的職位。如此一來，他的提案終於順利通過。他隨即成立一個三人委員會，監督土地的重新分配工作。這個三人委員會的成員彼此十分親密，一個是他自己，另外兩個成員分別是他的弟弟和他的岳父。接下來發生的事是，由於元老院議員的利益通常和富有的階級綁在一起，因此他們只撥了一點點無甚大用的小錢，不願提供較大筆的經費來支持大格拉古斯的改革（這種阻止手段亦常見於現代的政治紛爭）。大格拉古斯再度求助於人民，勸服他們利用選票把一筆天降財富從元老院手中搶過來，用來支付改革方案的費用。

事情也是很巧。婆格門（Pergamum）的國王阿特魯斯三世（King Attalus III）剛好在西元前一三三年過世。阿特魯斯三世是個實事求是的人；考慮到羅馬在地中海東部的勢力，加上為了預防國內各個競爭勢力所可能帶來的暗殺行為，於是決定把財產和廣大的領土（今日的土耳其境內）遺贈給「羅馬人民」。對大格拉古斯來說，這筆天降遺產提供了所有必要的資金，讓他的委員會可以用來支付調查、測量、研究、挑選農地租戶等複雜工作所需的經費；同時提供基本的農具給小農，讓他們可以順利展開務農生涯。但是後來大格拉古斯發現自己遭受越來越多的抨擊，甚至有人譴責他有稱王的野心（一則惡意中傷他的傳言說他覬覦阿特魯斯三世的王冠和紫色王袍已久），所以第二年他決定再度競選護民官，藉此捍衛他的地位。有官職在身，他才有免於被起訴的權利。這個決定，對他某些緊張的敵人來說實在太超過了。到了選舉那天，一群元老院議員和其他閒雜混混就帶著隨手撿起的武器，沒經過任何授權就逕自闖入平民會議，終止了選舉。

羅馬的選舉是極其耗時的活動。在選出下一任護民官的平民會議裡，全體選民聚集在一個地方，依部落輪流投票，一次一個人（共有數千人），一個接一個地將選票投入選票箱。這種投票程序有時得花上一天或甚至一天以上的時間。西元前一三三年，在卡庇多丘，人民正在緩緩投票選出次年的護民官。就在這個過程中，一群人突然闖進來干涉選舉。接下來發生了一場鬥毆。大格拉古斯當場被人用一根椅腳打死。這群動用私刑的暴民，背後的主謀是大格拉古斯的親戚納西卡。納西卡是卸任的執政官，也是羅馬某個主要祭祀團體的大祭司。據說他走進那場致命的鬥毆會場時，他是以托加袍蒙住頭部，猶如羅馬祭司在給神獻祭動物時通常做的那樣。顯然他有意把那場謀殺轉化為宗教儀式。

大格拉古斯之死並未中斷土地重新分配的工作，人民另選一個委員來執行他的任務。在這之後的幾年內，農地分配工作持續進行，其痕跡今日仍可在那些劃定界限的石頭上看到。原來他們用石頭標記新的土地邊界，並在每塊石頭刻上負責長官的名字。這次衝突過後，雙方還是各有傷

圖36　這是西元前二世紀晚期的古羅馬銀幣，呈現人民大會無記名投票的選舉過程。右側男子站上一塊架高的木板——或稱為「橋」，將木片選票投入票箱。左側另一名男子正要上橋，他從下方助理手中接過木片，準備投票。畫面上方的涅爾瓦（Nerve）是負責發行這批銀幣的男子的名字。

亡事件傳出。大格拉古斯的支持者當中，有的被元老院控上特別為此設置的法庭（至於罪名是什麼就不清楚了），其中至少有一人被判死刑。這人被綁在裡面藏有毒蛇的麻袋裡，活活被毒蛇咬死——這很有可能是個新近巧設的傳統，只是偽裝成羅馬古代的恐怖刑罰。納西卡很快被打發走了，跟隨某個代表團出使婆格門。第二年他即死於婆格門。亞米利亞努斯聽到大格拉古斯遭到謀殺，他的反應是引了另一句荷馬的詩，大意是說大格拉古斯自己惹禍上身。在這之後，他放下他在西班牙的征戰，返回羅馬支持那些土地被收歸國有的義大利同盟。西元前一二九年，他死於自己家中。那天早上，他本來要出門去幫那群富有的義大利同盟公民發表演說。這起意外的死亡事件——這種意外事件真的很多——激起羅馬人的懷疑。事實上，這兩起死亡事件都各有不少謠言傳出。一如既往，羅馬人習慣在什麼證據都沒有的狀況下聲稱背後一定有女人的影響力在操作。這一次，他們聲稱亞米亞利努斯是被他的妻子和岳母殺害的，因為這兩個女人認為他不應該阻止大格拉古斯的革命活動；因為這兩個女人一個是大格拉古斯的姊姊，一個是大格拉古斯的母親。

為何大格拉古斯的土地改革法案會遇到如此激烈的反彈？這當中必然涉及各式各樣的個人利益。當時以及歷來的觀察者之中，有人指出大格拉古斯並非真的關心窮人的困境；他之所以如此改革，完全是出於報復之心。據傳他在西班牙服役時，曾與當地地方首長達成一項協議，但是元老院並未認可這項協議。大格拉古斯覺得受到羞辱，所以提出土地改革法案來跟元老院唱反調。再者，許多富有的人必定會怨恨失去了他們早已視為個人財產的土地。另一方面，許多可以從這次改革得到利益的人必然會熱烈響應這個改革。事實上，許多人從偏遠的地區湧入羅馬，特地前來投票使法案通過。除了上述緣由，發生這場衝突的原因還有很多。

從西元前一三三年的這場衝突，我們明顯看到人們對人民的力量具有許多不同的看法。大格拉古斯勸服人民利用選票的力量驅逐他的反對者；他的論點大意是：「如果人民的護民官不再執行人民的要求，那麼他就應該下臺。」這個論點引發的議題，即使放在現代的選舉系統，大家也仍然覺得熟悉。例如我們是否該把國會議員（Members of Parliament）視為選民的發言人（delegates），必須依循選民的意見行事？還是他們是被選出來作為選民的代表（representatives），可以在變動不居的政局中，運用他們自己的判斷力行事？就我們所知，這是羅馬人第一次如此明確地提出這個問題。這個問題當時難以回答，今日也並沒有變得容易。對有些人來說，大格拉古斯的行動保障了人民的權利；對其他人來說，他的行動破壞了護民官的權利——這位護民官也是透過正當的管道，經由人民投票選出來的合法官吏。

同樣的兩難出現在另一個備受爭議的問題上，即大格拉古斯是否該參加第二年的選舉。連續兩年擔任同一官職，這並非沒有前例可循。但是某些人認為大格拉古斯此舉顯示他有建立個人權力之嫌，而這是一件危險的事。而且這也落實了他有稱王的野心的傳言。其他人則聲稱羅馬人民擁有權利選擇他們心目中的護民官，不管選舉的規則如何。更有甚者，如果阿特魯斯三世把他的國家送給「羅馬人民」，那麼決定如何使用這筆遺產的，是不是應該是「羅馬人民」而不是元老院？帝國的財富是不是應該同時惠及富者與貧者？

在歷史上，納西卡當然不是一個討喜的角色，更別說他相與為伍的是一群流氓，還有他們的棍棒和椅腳。那位負責監督、命人把屍體丟入臺伯河的元老被人改姓，戲稱之為「維斯比羅」（Vespillo，亦即「送行者」），這當然也不是一個令人覺得舒服的玩笑，不論古今或不論用哪種標準來檢視皆然。但是他們和大格拉古斯爭論的議題卻至關重要；事實上，那也是共和體制剩下來的時間裡，人們時常會提出來爭論的政治議題。西塞羅在下一個世紀中期回顧這段歷史，他精確地挑出西元前一三三年，並且認定這是決定性的一年，因為這一年羅馬的政治和社會出現一個斷層，而這個斷層直到西塞羅去世之前一直都不曾彌合。西塞羅寫道：「大格拉古斯之死，甚至在他死前，他擔任護民官這段期間所提出的論點把原本團結一致的人民切割開來，分成兩個截然不同的黨派（*partes*）。」

這個說法未免太過於簡單。西塞羅認為羅馬的窮人和富人之間本來存在著和諧的共識，直到大格拉古斯的到來，這種共識才遭到破壞。這種想法充其量不過是一種懷舊的想像而已。從目前已知的政治論辯資料來看，在西元前一三三年之前的十多年裡（雖然時間並不長），已經有其他人開始主張維護人民的權利，而其談法大致與大格拉古斯相同。例如在西元前一三九年，有個激進的護民官推出一項法案，希望羅馬的選舉應當以祕密投票的方式舉行。我們現在沒有證據讓提出這個想法的護民官更為具體化，還有那些隨此提案所引起的騷動。不過我們可在西塞羅的文章裡看到這件事情的蛛絲馬跡，例如當他提到「每個人都知道投票法剝奪了貴族所有的影響力」，並且把該提案者說成「卑鄙的小人」。雖然如此，維護人民的權利是一個具有里程碑意義的改革，也是讓所有公民擁有政治自由的基本保證。另外，這也是古典希臘世界聞所未聞的選舉方式，不論那些城邦主張民主與否。

儘管如此，西元前一三三年發生的事件使一個潛藏的對立議題具體化。有一群人支持人民的權利、自由和利益，另一群人則認為審慎的做法還是把國家交給「最好的人」（*optimi*）管理，因為他們擁有足夠的經驗和智慧可以領導國家——這所謂的「最好的人」，實際上多多少少等同於有錢人。西塞羅用了「黨派」這個字詞來描寫這兩個團體（有時這兩個團體被稱為populares和optimates），但是在這段時期，這兩個團體既沒有會員，也沒有正式的領導者或約定的宣言，並非現代意義的「黨派」；他們代表的，其實是兩種不同的觀點，他們各自對政府的目標和管理方法持有不同意見。在未來的一百年內，這樣的分歧會一而再，再而三地重演。

小格拉古斯

羅馬世界流傳許多諷刺笑話。西元一世紀末，諷刺詩人尤維納利斯將他的筆鋒指向「雷穆斯的暴民」；據他的說法，這群暴民只知道兩樣東西：「麵包和競技場」（*panem et circenses*）。在這句至今依然流行的片語中，我們看到詩人對那群住在都市、視野有限的烏合之眾充滿排斥。在他筆下，這群人彷彿是那位遭受謀殺的雙胞胎的後代，他們什麼都不在乎，只在乎馬車競賽和救濟金——這是皇帝用來收買他們，並且有效地剝奪了他們的政治權利的手段。不過，詩人的這種描寫也有其偏激之處，並不盡然是實情。舉個例子，國家出資購買主要糧食，再以較低的價格賣給窮人，這是羅馬的一項傳統；這項傳統的倡議者是大格拉古斯的弟弟小格拉古斯；小格拉古斯兩度出任人民的護民官，時間是西元前一二三年和西元前一二二年。

確切來說，小格拉古斯推行的並不是「失業救濟金」。他向平民會議提出的法案是：國家每個月以一個較低的固定價格，把一定數量的穀物賣給羅馬城裡的公民。這項法案後來經人民投票通過，而且也成功執行。即使在那時，他這個行動的規模和野心也是巨大的。小格拉古斯在提出法案的當時，他似乎已經計畫好支撐這個行動的所有必要基礎設施，包括政府收購穀物、分配穀物的設施、某種身分鑑定的程序（這項法案限定只有公民才能購買穀物）。此外，他還在臺伯河岸新建了許多公共倉庫，並在其他地方租用了儲藏空間。這個行動的全體職員如何配置，每日的運作如何安排，這些我們都無法確知。在羅馬，政府官員只擁有最基礎的人事團隊，如幾個紀錄官，幾個信使和保鏢（或警衛人員）而已。羅馬大部分的國家職責——小至那種微不足道的專門工作，例如給卡庇多山上俯瞰城市的朱庇特神像塗上新漆——大都外包給民間的公司。同理，我們推斷蓋猶斯這個計畫的大部分管理和分配工作應該也是如此，亦即交由私人承包商來執行——民間承包商很樂於提供公共服務來賺錢。

蓋猶斯的改革行動有一部分當然是出自於對羅馬城內窮人的關心。收成好的年分，西西里和薩丁尼亞兩個行省的作物多少足夠餵飽二十五萬人——這是西元前二世紀末羅馬的人口，估計雖合理，但顯然稍嫌保守。古代地中海的作物收成量波動極大，有時價格會飆漲，遠遠超過普通羅馬人民如小商家、工匠、臨時工等所能負擔的範圍。在小格拉古斯提出這個法案之前，羅馬政府有時也會提出預防措施，防止城市發生饑荒。考古學家在希臘北部的瑟薩利（Thessaly）發現一塊石碑，上面刻的銘文提到西元前一二九年，曾有一位羅馬官員到訪。據這篇銘文，那位官員手持便帽，突然出現在瑟薩利，「因為他的國家現在已經出現糧食不足的問題」。那位官員臨走前獲得超過三千噸小麥的承諾，還有談妥某些很複雜的運輸安排。

不過，慈善事業並不是小格拉古斯心中唯一的目的。飢民會帶來許多危險，這是傳統羅馬史家的老生常談，但是這也不是小格拉古斯擔心的課題。事實上，他這個計畫潛藏著一個更重要的政治議程：國家資源的分享。據傳他與他最頑強的對手交戰，兩人爭論的重點必然也在於此。他這位對手叫傅魯吉（Lucius Calpurnius Piso Frugi）——這姓氏很適合他，意思即為「吝嗇」；傅魯吉是個非常富有的前執政官。據說分配穀物的法律通過之後，小格拉古斯看到傅魯吉也來排隊等候穀物的分配，於是他問傅魯吉既然他那麼反對這項措施，為何會在那裡？傅魯吉如此答道：「小格拉古斯，我不喜歡你那個想法，我也不喜歡把我的財產一點一滴分送給別人。但是如果這就是你要做的事，我當然也要來領我的份。」這個回答顯然套用了小格拉古斯之前的說詞。基本上，這場論爭是關於誰有資格分享國家的資源，還有關於個人與公共財富其間的分界在哪裡。

配售便宜穀物給人民是小格拉古斯最有影響力的一項改革。雖然這項改革措施曾被修正，後來甚至曾停辦了數十年，但是其基本原則卻持續了數百年之久。在古地中海地區，羅馬是唯一負起責任，固定為人民提供基本食糧的國家。相反的，希臘世界通常只在饑荒時刻才偶爾分派糧食給人民，或仰賴有錢人零星的慷慨贈與。不過，食物的配給僅只是小格拉古斯許多革新措施的其中一項而已。

不像其他早期的羅馬革命家，小格拉古斯推行的不只是一個行動，而是數十來個改革方案所組成的大計畫。除卻神話中的建國之父不說，他是羅馬第一個提出全面且連貫的改革計畫的政治家。他的各種改革措施項目繁多，包括死刑犯的上訴權、賄賂被宣布為非法的行為，當然還有土地分配方案——基本上，他的土地分派方案遠比他的哥哥大格拉古斯所提的更為耗時費力。除前述方案，他還計畫把大批公民送往「殖民地」安置，不僅送往義大利各地，而且還包括海外的

「殖民地」。這是羅馬史上的第一次。不過才數十年前，迦太基不但被夷為平地還被詛咒為不祥之地，如今迦太基卻被指定為一個新的城鎮，用來重新安置人民。不過羅馬人並沒有那麼健忘，因此他這個計畫很快就被終止了，即使已經有人移居到迦太基安居。我們今日不可能詳列小格拉古斯在那兩年中提出來的所有法案，更不可能確定那些法案的條款和目標。他的改革方案中今日猶可一見的是大量的法律文件，包括羅馬官員在海外行省的行為規定、提供被海外官員虐待的行省人民求取補償的方法（我們在下一章會觸及這個主

圖37 安吉莉卡·考夫曼（Angelica Kauffmann）這幅作品題為《格拉古斯兄弟的母親科涅莉雅》（*Cornelia, Mother of the Gracchi*, 1785），描繪科涅莉雅與她兩個幼子相處的情景。在羅馬，科涅莉雅是少數對孩子的公眾事業有所影響，並且備受讚揚的母親之一。據傳她的打扮比當時許多婦女樸素；她常說：「孩子就是我的珠寶。」在這幅畫裡，考夫曼想像她正在向她的女性朋友介紹從右邊走來的大格拉古斯和小格拉古斯（左邊）。

題），其他留傳下來的證據大部分出自當時人的傳述或後人的重新建構。不過，他的改革方案，其重點是範圍之廣。對小格拉古斯的反對者而言，這種範圍寬廣的改革是危險的，因為這暗示小格拉古斯有意追求個人的權力。整體看來，他的計畫確實有重構人民和元老院的關係的企圖。

這是兩百多年後，為他寫傳記的希臘史學家普魯塔克（Plutarch，全名是Lucius Mestrius Plutarchus）的理解。普魯塔克特地挑出小格拉古斯在羅馬廣場對聽眾發表演說的一個誇張姿態來說明這個觀點。原來在小格拉古斯之前，講者發表演說是面向元老院，聽眾則擠在元老院前一個稱為平民集會的小小區域裡聽講。小格拉古斯公然挑戰這項傳統；他戰略性地調整姿勢，轉身背對元老院，面對著民眾，使聽眾可以站在較為空曠的廣場上聽講。布魯塔克承認這在實踐上只是一個「小小的背離」，但是這個小小的背離之舉卻具有革命性的意義。因為這不僅讓更多的聽眾可以參與，而且也代表人民得以擺脫元老們那管制性的視線，得到了自由。事實上，古代史家稱頌小格拉古斯擁有一種特別敏銳的專長，讚美他很了解「地方的政治」的運作。另一個故事提到羅馬廣場（羅馬人民最喜歡的地點，兩百年後的圓形競技場就蓋在這一地點）即將舉行一場格鬥士大會，一群位高權重的羅馬人蓋了臨時的出租座位，用來賺取利潤。在表演舉行的前一晚，小格拉古斯命人把座位全部拆去，讓一般民眾擁有足夠的空間觀賞表演，而且不用付錢。

小格拉古斯和他的哥哥不同，他成功當選了兩任護民官。但是在西元前一二一年，基於某種不可知的情況，他沒有再次當選。那一年，他力抗執政官歐皮米烏斯（Lucius Opimius），阻止歐皮米烏斯刪掉他推行的大部分法案。歐皮米烏斯是一個頑固的執政官，後來成為某些保守分子的英雄。在兩人對抗的過程中，一群由歐皮米烏斯指揮的武裝分子謀殺了小格拉古斯（或據傳小格拉古斯自己先行自殺，以免遭到謀殺）。不過，這起暴行並不是單方面挑起的。這起暴行似乎發生在祭祀場合。歐皮米烏斯有個隨員以某種污蔑的話大聲對小格拉古斯的支持者喊話（「你們這群混蛋，別堵在那裡擋路，讓長官過去！」）；他甚至還對他們做了一個很不雅的動作。這群隨員顯然需要來回走動，而且手裡還拿著某些剛祭祀過的動物內臟（這個元素給這起事件增添了某種令人毛骨悚然的色彩）。小格拉古斯的支持者於是撲向他，用筆把他刺死。這是一個很清楚的訊息，顯示他們並未武裝到場；他們是一群有素養的團體，但他們卻不是無辜的受害者。回應這起事件，元老院通過一項命令，勒令執政官「確保國家不會受到損害」——同樣的緊急令後來在西元前六三年也頒過一次，就在西塞羅與卡提林發生衝突的期間。歐皮米烏斯接下任務，從他的支持者當中召集了一群業餘軍隊，處死了差不多三千多名小格拉古斯的支持者，有的是當場處死，有的是在後來臨時召開的法庭上被定罪處死。這次緊急令開啟了一個不見得對羅馬有益的先例。

這是元老院第一次頒發這種緊急政令。接下來的數百年中，這個政令會一再頒發來處理各種危機，包括內部動亂到傳聞中的叛國事件都在處理之列。這個設計原本可能是某種架構，用來規範官員使用武力。這個時期的羅馬，除了那些有權有勢，有辦法湊集到人力資源的個人之外，並沒有任何形式的警察，也沒有任何可以控制暴動的資源。元老院的指令是「確保國家不會受到損害」；在理論上，他們的用意是畫出一條界線，區分納西卡那種未經授權的行動和元老院所批准的行動。在實踐上，這其實是允許動用私刑的暴民特許狀，是一種偏袒的藉口，意在取消公民的各種自由。這也是一片合法的無花果葉，隱藏其下的是對付改革者的預謀，例如我們很難相信歐皮米烏斯的支持者當中，那些「克里特弓箭手」當時剛好就在附近。但是誠如西塞羅後來發現的，元老院的這道政令總是充滿爭議，總是隨時都有可能出現反彈。果不其然，歐皮米烏斯不久就被控上法庭。雖然他後來被判無罪，但是他卻從此名譽掃地，從來不曾完整恢復聲望。不知是勇氣過人，或者過於天真，他在事後竟然大興土木，重修羅馬廣場上的和諧女神神殿，藉此慶祝他成功鎮壓小格拉古斯的支持者。實事求是的羅馬人後來用鑿子在神殿的正面飾帶上刻了一行文字：「毫無意義的不和諧之舉，造就了和諧女神神殿。」對那場殘酷的屠殺行動，這句話是最好的總結。

羅馬公民與同盟聯邦之戰

小格拉古斯發起各項重大改革之前不久，即西元前一二〇年代中期，有一個羅馬執政官帶著妻子在義大利旅行。他們來到一座名叫提亞努（Teanum，今日的提亞諾〔Teano〕）的小城，這裡距離羅馬南方大約一百英里。執政官的太太決定使用浴場。本來那座浴場平日是保留給男人使用的，不過該小城的市長還是命人去做準備，把平常的浴客通通趕出去。結果那位太太卻抱怨浴場的設備不夠乾淨，也嫌他們的準備動作不夠快。「於是執政官在該城鎮的廣場立起一根火刑柱，把提亞努的市長，該鎮最有名望的人綁在柱上，剝去他的衣服，處以棍刑。」

我們今日會知道這則故事，那是因為西元二世紀有位文學家很喜歡小格拉古斯的演說風格，為了分析他的修辭技巧，因此把這整段話一字不漏地抄錄下來。這是個讓人感到驚異的例子：羅馬人竟如此可怕地濫用權力。小格拉古斯會提到這個例子，主要的用意是說明他的另一個改革方案——更為全面地把羅馬公民權賦予義大利地區的人民。他並不是第一個提出這項方案的人。事實上，他的這項方案只是這個議題的冰山一角而已。在當時，關於羅馬的盟邦與義大利各地拉丁社群的地位該如何定義，其實早已成為日漸擴大的議題。這個議題帶來的結果是：許多盟邦聯合起來，加入同盟之戰，一起對羅馬宣戰。這是羅馬歷史上其中一個死傷最慘重，謎團也最多的戰爭。令人感到困惑的是，盟邦宣戰的目標到底是什麼？難道他們訴諸暴力，目的是為了強迫羅馬賦予他們完整的羅馬公民權？或者他們其實是想掙脫羅馬的控制，尋求自由？他們到底是想**加入**羅馬？還是想**擺脫**羅馬？

自從西元前三世紀開始，羅馬與各盟邦的關係已經產生許多不同的發展。

圖38　西元二世紀晚期，普雷尼斯特有些建築物後來被改建並納入文藝復興時代的宮殿裡。這些建築物有的仍保有古代聖殿的基本樣貌，下方的坡道和屋頂平台仍然可晰可見。

各盟邦與羅馬並肩作戰，當然從中獲得許多報償，不管其形式是戰利品之分享或隨後而來的各種貿易機會。距離羅馬南方六十英里有一座名叫菲萗拉耶（Fregellae）的拉丁殖民市，這裡有一戶人家顯然對於能夠加入羅馬軍隊感到十分自豪。他們使用赤陶飾帶裝飾他們的家，並在赤陶上刻上他們參與過的遠方戰爭。從較大的層面來看，義大利各城鎮出現許多華麗的建築物是很好的證據，證明盟邦獲得的利益頗多。舉個例子。距離羅馬僅僅二十英里的普雷尼斯特城鎮有一座宏偉的幸運女神神殿傲然而立。這座建築物配置有劇院、高臺、柱廊和大理石石柱列，規模宏大，可與地中海任何一地任何一座建築物相與匹敵。這座城鎮裡，有好幾個家族的族人名字出現在愛琴海德洛斯島上。德洛斯島是當時最大的商業中心，也是奴隸交易的中心。這裡除了找到羅馬和義大利商人的名字，還找到普雷尼斯特鎮民的名字，這一點也不是偶然。

圖39　普雷尼斯特古代聖殿重構模擬圖。從這張圖，我們可清楚看到上層那座半圓形的宮殿——此種半圓形的設計讓人隱約想到命運女神神殿。有趣的是，這座聖殿的興建比龐培劇場（圖44）早了半個多世紀，當時羅馬還沒有規模如此宏大的建築。

對於像德洛斯島等許多地方的行省人民而言，「羅馬人」和「義大利人」幾乎沒什麼差別。而且在使用上，這兩個辭彙或多或少可以互相替代。即使在義大利，各種界線亦開始漸漸模糊或者消蝕。到了西元前二世紀初期，所有「不具參政權的公民」都被賦予選舉資格。在同盟之戰爆發之前的某個時刻，羅馬人或許曾同意讓任何曾在社群中擔任公職、具有拉丁身分的人可以取得羅馬公民權。但是在實際執行上，羅馬人往往睜一隻眼閉一隻眼，任由義大利人隨意宣稱自己是羅馬人，或任由他們在人口普查中正式登記為羅馬公民。

這種更進一步的種族融合只是事情的其中一個面向。小格拉古斯提到的義大利鄉鎮市長，其遭遇只是一系列轟動事件的其中一件而已。那是某些羅馬人的個別行為，不知道是出於行為不檢或某種殘酷的心理，他們會刻意去傷害或污辱盟邦社群中的體面人物。據說有另一個執政官把一群地方要人剝去衣物，施以鞭刑，只因為他的補給系統的安排出了一點差錯。不論這些故事是真是假（所有這些傳言大部分未經證實，而且全部都是關於羅馬人如何攻擊其他羅馬人），其中透露的氛圍是譴責、痛苦和充滿惡意的傳言。這樣的氛圍因為兩個因素而越演越烈。一方面是羅馬政府的高壓措施，另一方面是盟邦人民感到自己遭受排擠，落入次級的社會地位。元老院此時開始理所當然地認為他們可以替整個義大利地區制定法律。大格拉古斯的土地改革法案固然很受羅馬窮苦人民的歡迎，但是對那些「公有土地」被收回的富有義大利人卻是個挑釁，加上這個改革法案只惠及羅馬人民，並未包括窮苦的義大利民眾。某些義大利菁英固然與羅馬領導階層有密切的關係（不然他們如何爭取亞米利亞努斯站出來為他們說話，反對大格拉古斯的土地改革？），但是這種良好的關係並未發揮補償作用，足以彌補他們在羅馬政治或決策當中沒有正式籌碼的事實。

西元前一二〇年代，「義大利問題」開始產生越來越多分歧，引發一波波暴力衝突。西元前一二五年，菲萶拉耶鎮民企圖脫離羅馬，於是羅馬派出軍隊予以鎮壓，領軍的是幾年之後殺了小格拉古斯的歐皮米烏斯。兩千年之後，考古學家在菲萶拉耶鎮的廢墟中，找到菲萶拉耶住宅那些慶賀與羅馬人聯手取得勝利的帶狀雕刻。與此同時，羅馬人本身也對行省人口之湧入羅馬城深深感到恐懼——這種狀況和現代許多排外運動可謂十分類似。小格拉古斯的一個反對者在公共演說中，描繪了一幅行省人民把羅馬城淹沒的畫面。他極力誘導他的聽眾：「我的意思是，一旦你把公民權給了那些拉丁人，你覺得這裡還會有你的立足之地嗎？那時你還能像現在這樣站在這裡聽演講嗎？你還能像現在這樣去競技場看表演，或去參加節慶活動？你有想過到時他們會接管這一切嗎？」偶爾羅馬政府也會動用軍力遣返移民或禁止義大利人宣稱自己擁有羅馬公民身分。如果有羅馬人太過於支持義大利人爭取公民權，這對他會是一件危險的事。西元前九一年秋天，一位名叫德魯薩斯（Marcus Livius Drusus）的護民官建議羅馬更全面地賦予義大利人公民權，結果他在家中遭人謀殺；就在他與一群訪客道別的時候，有人用刀刺死他。

這場謀殺預告了更大規模的可怕戰事即將來臨。這次衝突的爆發點發生在西元前九一年年底。有一個羅馬使節污辱了義大利中部阿司庫倫（Asculum）鎮的鎮民。鎮民的反應是殺了該使節，還有鎮上其他所有羅馬人。這一場殘酷的種族肅清行動奠定了接下來即將發生的事件的底蘊，亦即內戰。後世有一位羅馬史家總結這次事件：「這可稱之為一場反抗同盟的戰爭，以減輕該事件所帶來的憾恨之感。但是事情的真相是：這是一場內戰。公民攻擊的對象也是公民。」這場戰爭涉及的範圍很廣，義大利半島大部分地區都傳出戰事，包括龐貝城。西元前八九年，羅馬投射武器留下的彈痕至今還留在龐貝城許多城牆上，撞擊的痕跡至今依然清楚可見。羅馬人投注大量軍力打敗義大利人，他們雖然贏得勝利，付出的代價卻是極其嚴重的損失和恐慌。一位執政官在戰場上捐軀，羅馬人看到他的屍體被抬回來，都感到十分悲痛。元老院因此不得不發出命令，規定未來哪裡有人死亡，就在哪裡下葬。這個決策現代還有某些國家仍在執行。雖然如此，大部分衝突在數年之內很快就平息了。和平的到來顯然是因為羅馬提出一個簡單的應急手法：羅馬同意賦予全面公民權給那些沒有加入戰爭，或者那些準備放下武器的義大利人。

這個手法當然使人得到一個印象，即同盟軍之參與戰爭，目的就是為了成為羅馬人，藉此終結他們在政治上的孤立和次等的地位。這是大部分古代史家對這場衝突的解釋。「他們努力尋求國家的公民權，因為他們曾經拿出武器為這個國家出戰，」其中一位史家如此寫道。這位史家的曾祖父是義大利人，當然他曾經為羅馬出戰。另有一則流行的故事，敘述一個義大利人變成羅馬人，並且因此功成名就的過程。這個人住在義大利北部的皮契努姆（Picenum），還在襁褓的時候，他是以囚犯的身分出現在羅馬人的凱旋隊伍裡——那次羅馬人打敗了變成敵人的盟邦。五十年後，他搖身變成羅馬將軍，走在他自己的凱旋隊伍裡慶賀他打敗了帕提亞人。他是目前所知，唯一曾經兩次出現在凱旋隊伍中的人，唯一一個從戰敗者轉變成戰勝者的例子。雖則如此，羅馬史家或許太快把戰爭的結果等同於戰爭的目的，或太快給予義大利人一個目標，一個更適合用來解釋羅馬和義大利後來成為聯盟的目標。

從義大利當時的宣傳和組織來看，他們實際上是打算脫離羅馬，爭取徹底脫離羅馬而獨立。

為此，同盟邦國顯然花了一些心思，設計各種方式，往建立一個敵對國家的方向發展。他們給自己取了一個名字，叫「義大利亞」（Italia），並在一座城鎮設立首都，將之重新命名為「義大利加」（Italica），他們甚至在鉛製的子彈印上「義大人」（Itali）的字樣。他們還鑄造了自己的硬幣，刻上令人難忘的圖樣：一隻象徵義大利的公牛正以角牴著象徵羅馬的狼。有個義大利將領很巧妙地把羅慕勒斯兄弟的故事顛倒過來，把羅馬人稱為「掠奪義大利自由的狼群」。凡此種種，實在不像一個希望與羅馬整合為一的請求。

這個謎團最簡易的解決方案，就是把盟邦想像成一個組織鬆散的團體，大家各有各的目的，有的決心誓死反抗羅馬人，有的比較傾向於談個條件議和。情形顯然是如此。不過這當中也有許多微妙的考量，還有種種迹象（不管我們喜不喜歡）顯示義大利此時想要擺脫羅馬，可能為時已晚。他們的錢幣上的意象當然是反羅馬的，但是他們的錢幣本體完全複製自羅馬的錢幣系統，而且其他許多圖案設計還是直接借用羅

圖40　這是在同盟戰爭期間，義大利盟邦鑄造的錢幣；其設計充滿挑釁，明擺著反羅馬的情緒。義大利的公牛徹底制伏代表羅馬的狼，在設計圖下方，負責鑄幣者的姓名是以義大利奧斯坎文寫的。銀幣另一面印著酒神巴克斯的頭像，也是用奧斯坎文印著義大利一位重要將領的名字。

馬錢幣的圖樣。彷彿義大利人唯一可以用來攻擊羅馬人的文化語言，就是羅馬人自己的文化語言。這個現象清楚顯示羅馬對義大利的整合或統治已經深入到何種地步。

不管同盟之戰發生的原因為何，西元前九〇年到西元前八九年，羅馬終於立法把公民權賦予義大利半島大部分的人民。這件事的影響是巨大的。義大利此時已成為一個非常接近古典世界所了解的城邦國家。我們在幾個世紀之前看到的一個原則，即「羅馬人」可以擁有雙重公民權與雙重公民身分——一個屬於羅馬，一個屬於他們原本的家鄉——如今已成為準則。如果古代史家所報告的數字是準確的，那麼此時羅馬的公民人數一下子暴增了三倍，達到差不多一百萬的數目。人口激增所帶來的潛在衝擊和種種問題是明顯的，例如我們看到人們展開激烈的論辯，討論他們該如何把新公民納入參與選舉的部族。例如其中的一個提案：為了限制義大利人在人民大會中的影響力，他們建議把義大利人登記在一小群額外的部族中，因為他們總是最後才能投票。當然這個提案並未成功。羅馬人從來不曾有效地調整傳統政治系統或管理機構來處理新的政治局面。他們從來不曾在羅馬以外的地方設立選舉登記系統。在實踐的層面上，只有那些有錢有閒的義大利人才有可能動用新取得的政治權利。另一方面，正式給那麼大一群公民作登記是個重大的負擔；即使羅馬人曾經把部分工作移交給各地的地方官員負責，這種負擔似乎還是把他們給壓垮了。西元前七〇年，羅馬曾辦過一次全民人口普查（我們前面提到的「差不多一百萬」這個數目即從這裡取得），不過這是最後一次。下一次的人口普查是在西元前二八年，奧古斯都剛剛上臺執政的時候。相隔這麼久才辦一次人口普查，通常人們對這件事的解釋是政治不穩定。不過這項任務的範圍之大，執行之艱鉅，想必也是原因之一。

同盟之戰結束後，差不多過了三十年，羅馬社會仍舊有某些難解的問題持續存在。西元前六二年，西塞羅為詩人阿奇亞斯（Archias）出庭辯護。在他的法庭演說中，我們可以清楚看到這些問題的些許梗概。阿奇亞斯當時已經成名，曾為許多羅馬顯貴寫了不少歌功頌德的詩篇（不知是幸抑或不幸，這些詩篇全失傳了），西塞羅本來也很期待這位希臘詩人會為他寫幾首詩，歌頌他戰勝卡提林的事蹟。阿奇亞斯生於古代敘利亞的安提阿，但他自稱是羅馬公民，而且他還有一個羅馬名字，叫奧勒斯（Aulus Licinius Archias）。他的理由是他很早就移民到義大利，並在赫立克利亞（Heraclea）取得公民身分，所以同盟之戰過後，他當然有權取得羅馬公民身分。這個案子在法庭上引起激烈的辯論。西塞羅的辯護明顯遇到困難。一來阿奇亞斯拿不出書面資料來證明他是赫立克利亞的公民，因為赫立克利亞的市政辦公處在同盟之戰期間燒毀了。再者，他也沒有任何資料可以證明他是羅馬公民，因為他並未出現在任何一次人口普查的紀錄裡——我們或許可以假設羅馬舉行兩次人口普查時，兩次他都剛好出城去了。西塞羅只好依靠幾位證人的證詞，還有那位當初批准阿奇亞斯申請案的法務官所留下的私人紀錄來為阿奇亞斯辯護，因為那位法務官此時已經死亡。

陪審團後來的判決如何，我們不得而知。他們是否會覺得文件遺失這個理由太過薄弱？或者他們明白內戰之後，通常就會發生這種身分遺失的意外？無論如何，西塞羅的辯護詞是一份珍貴的資料，證明某些爭議和行政管理上的噩夢在同盟之戰結束之後依然存在；簡單一句「公民權已經賦予盟邦子民」並未解決所有的問題。當然，賦予義大利人公民權是羅馬人的一次大膽之舉，即使他們是被迫的。當時必然有許多像阿奇亞斯那樣的人，受困在法律交纏的網中，卻沒有資料或影響力可以召喚一個像西塞羅那樣的人來為他們上訴。

蘇拉和斯巴達克斯

西元前八九年，羅馬派軍圍攻龐貝城，當時的指揮官是蘇拉（Lucius Cornelius Sulla *Felix*）——蘇拉全名末一字*Felix*的意思是「幸運的」或「維納斯女神的最愛」。當時年少的西塞羅即曾在他麾下擔任一名最初級的軍官。在龐貝城，蘇拉面對的顯然是一群組織良好的城民。這可從出土的一系列通告看出來。這些通告就寫在臨街的房屋正面，顯然是某種指示，通知當地民兵組織集合的地點。即使蘇拉後來已經轉移目標，移師他處，龐貝人在相當長的一段時間裡，似乎依然維持警戒的狀態。蘇拉對龐貝城的影響想必很大，當地的塗鴉藝術家把他的名字塗寫在城牆的瞭望塔上。

蘇拉是一個重要卻爭議頗多的人物。他在羅馬城內或城外附近打了幾乎長達十年的野戰，而且還獨裁統治了羅馬一段時間。這段時間固然為時不長，但卻充滿腥風血雨。他出生於家道中落的貴族家庭，西元前八八年，他當選執政官，當時他年約五十歲。一連串衝突就在他進軍羅馬城這一年展開；這一年，蘇拉帶著同盟戰爭期間他一直領導著的軍隊進軍羅馬，理由是為了奪回攻打米塞瑞達笛斯國王的指揮權——代表著榮耀和大筆收益的指揮權。元老院原本是把指揮權給他，但後來卻突然轉移給他的一個敵手。西元前八三年，他贏得勝利歸來，但他和那位對手之間的爭奪戰持續進行。主要是因為他不在羅馬的這段期間，羅馬的控制權落入敵人手裡，所以他又持續奮戰了兩年多，再度奪回羅馬的掌控權。他不在的那段期間，羅馬的各種分歧向來都以暴力、謀殺和游擊戰的形式解決。元老院不時派出立場敵對的將領出去攻打米塞瑞達笛斯，這群將領之間的歧見極深，彼此之間的對立與他們即將要去攻打的敵人不相上下。假如這個情況不是致命的戰爭事件，其實多少有點好笑。

在古代史家筆下，整個西元前八〇年代中期是一個恐怖、血腥而且極度複雜的時期。蘇拉兩次入侵羅馬，在羅馬城中心引發劇烈的戰爭。第二次入侵時，位於卡庇多丘、象徵羅馬共和的建國符號朱庇特神殿遭到焚毀。元老院議員即使人在元老院內也不安全，有四位元老院議員就在元老院內，遭到蘇拉的對手謀殺——當中有一人是尼祿皇帝的祖先。與此同時，在對抗米塞瑞達笛斯的戰役中，有一位將領被副將所殺，之後該支軍隊的士兵紛紛離去，而該副將後來亦自殺身亡。離去的士兵當中，大部分人加入蘇拉的軍隊，但也有部分軍官選擇一

圖41　蘇拉時代的一枚銀幣，鑄造於西元前84到83年，主題是蘇拉的蒙受神佑。銀幣的一面是維納斯的頭像，邱比特站在右側，手持象徵勝利的棕櫚樹枝，只是他的身影只能勉強辨別。銀幣的另一面刻畫了蘇拉蒙神庇佑所得到的戰績：IMPER (ATOR) ITERUM，意指他兩度被部下公開歡呼為偉大的勝利者（imperator）；銀幣中間有兩套盔甲，那是戰利品——勝利的象徵。

賭運氣，加入米塞瑞達笛斯的陣營，即使他們離開羅馬的目的，本來是為了來攻打米塞瑞達笛斯。

然而最陰森恐怖的，還是那些圍著殘忍的「公敵宣告名單」而發生的事件，還有那張無情的死亡名單所挑起的恐懼。蘇拉的施虐的心態當然與這起事件脫不了關係。幾年前，他那群暴力血腥的對手開始把死者的首級釘起來，陳列在羅馬廣場的講壇上。蘇拉做得更狠，據說他把敵人的首級掛在家中的門廳，作為戰利品展示，仿效羅馬人在門廳展示祖先頭像的傳統。他也把希臘文學的徵引推向另一個新低的層次——據說當他看到一個非常年輕的受害者的首級時，他引用了喜劇作家亞里斯托芬尼（Aristophanes）的一句臺詞，大意是說那位男孩咎由自取，還沒學會走路就想要跑。「錯待我的人，我已全數回報」——這是他選擇刻在墓碑上的其中一句話，這顯然和西庇歐家族成員的碑文不可同日而語。但事情不僅止於此。這故事的另一部分是：有許多人急於參與他的屠殺行動，藉此了結私人宿怨，或者僅只是要藉謀殺來領取賞金。卡提林是其中最惡名昭彰的一個。據說他勸服蘇拉，在公敵宣告名單上加入他的敵人的名字。這樣一來，他不僅可以堂而皇之地殺害敵人，而且等他把他那些骯髒事做完，他還可以在神聖的泉水中洗洗手，洗去謀害他人性命的痕跡。

我們該如何解釋這樣的暴力事件？爭論事實並沒有像故事中所說的那麼恐怖是不夠的。當然就某一點而言，這個想法是對的。大部分流傳至今的史料都是有所偏袒的敘事，出自那些喜歡誇大敵人暴行的人的手筆。卡提林即是一例；他之所以被抹黑，主要可以追溯到西塞羅的宣傳文字。但這也只到某一種程度而已。蘇拉兩次進軍羅馬城、焚燒朱庇特神殿、不時挑起爭端的軍團、公敵宣告名單等等並不能單純視之為一場宣傳戰爭的臆想之物。推測到底是什麼原因促使蘇拉如此行事也是不夠的。他的動機歷來已經有許多討論。他是個殘暴且工於心計的獨裁者嗎？或他的專行獨斷只是一種最後的手段，目的是改革羅馬的秩序？這裡的重點是：不管蘇拉行事背後的動機如何（這些動機從古到今一直都是個謎），羅馬的暴力事件之能如此遙傳遠播，這並不是單靠一個個人的影響力即可成事。

就很多方面而言，這段時期的種種衝突其實是同盟之戰的延續，即對抗前盟邦和前盟友的內戰，如今逐漸演變成公民之間的內戰。在這個過程當中，消蝕的是羅馬人和外國人／敵人之間最根本的差異。西元前八八年，蘇拉宣稱他在羅馬城中的競爭對手為「外敵」（*hostes*）——這是這個字第一次如此公開地被使用，西塞羅後來也曾公開使用這個字來譴責另一個羅馬人。蘇拉一離開羅馬，他們就立刻宣稱蘇拉是個「外敵」，作為回敬。這種敵我逐漸模糊的界線，明顯可在地中海東部地區的軍事潰敗中看到：舊有的確定性蕩然無存，離棄羅馬指揮官的士兵竟然可以同時把蘇拉和米塞瑞笛達斯視為新的效忠對象。有一支羅馬軍隊竟然真的摧毀了羅馬的發源地特洛伊城。這種舉動，如果放在神話系統中，簡直就與弒父沒什麼分別。

同盟之戰帶來的另一個問題是：羅馬附近經常駐有許多可以馬上徵用的軍人。這群士兵熟練於打仗，對抗他們的義大利親朋戚友。之前羅馬城裡發生的暴力事件雖然看來很有爭議，而且殘酷，但是規模卻都相當小，為時也十分短暫。不過，當全面武裝的軍團取代了那群殺死格拉古斯兄弟及其支持者的混混，羅馬城馬上就變成一個全面且長期的戰爭據點——這也是蘇拉時代羅馬城的特色。此時幾乎就像回到早期羅馬那種軍閥自擁私人軍隊的時代，各個指揮官靠著人民的選票或元老院的政令，各自利用其軍團，追求各自所屬的階層的利益——不管他來自於哪個階層。

但是在這一切戰亂當中，出現一個意義非凡且獨特的保守手段；此手段企圖改寫羅馬的政治，試圖把全面的改變偽裝成回歸從前的運動。西元前八二年，蘇拉重回羅馬，建立個人的勢力。他操縱選舉，讓自己選上「立法和恢復共和政體秩序的獨裁官」。獨裁官是個古代的體制，在國家面臨危急存亡之時，政府得以將全部權力短暫賦予某個個體，使之應付危機——通常是軍事危機，但並不總是如此。上一次這道命令是在一百多年前，即第二次布匿克戰爭的尾聲頒發的，當時兩位執政官都不在羅馬，因此元老院釋出一個獨裁官官職，令其主持西元前二〇二年的選舉。不過蘇拉這位獨裁官與前人不同。第一，他的官職沒有期限；第二，他擁有不受控制的權力，亦即他可以立法，也可以廢除任何法律，並且永遠不會被起訴。接下來的連續三年中，他所做的恰恰就是如此，直到他退休為止。他後來退居到那不勒斯灣的鄉村住宅；西元前七八年死於家中。考慮到他一生的紀錄，他的結局如此安詳，實在令人十分意外。有幾位古代史家很樂於報導他死得有多恐怖，例如他的屍體長滿了蛆，那些蛆繁殖得十分快，以至於根本來不及清理。蘇拉是第一個現代意義的獨裁者。凱撒是第二個。獨裁者這個獨特的政治力量可說是羅馬最危害大眾的遺贈之一。

蘇拉推行的改革計畫，其範圍甚至比小格拉古斯的改革計畫更大。他刪除了某些當時普遍推行的措施，包括穀物的補貼。他推行一系列擔任官職的法律程序、規範和法則。他立下許多規定，再次確定元老院在國家機構的中心地位；他大量徵募元老成員，使元老院的議員人數從三百人增加到六百人（不過羅馬人的元老院議員人數從來就不曾固定過）。他還精明地改變了徵募的方法，確保未來元老院可以維持新的議員人數。在過去，元老是由監察官個別註冊招募的，但是從蘇拉開始，任何當過財務官這類初級官職的人都可以直接進入元老院，成為元老院議員。與此同時，財務官的人數也由原本的八人增加到二十人。這意味著元老院隨時都有新血加入，取代每年都會死去的年長元老。蘇拉也堅持羅馬人的政治生涯必須有一定的升遷程序，如規定任官的最低年齡限制（例如至少要滿三十歲才能擔任財務官），還有規定十年當中不能兩次擔任同樣的官職——這一措施是為了防範個人勢力的建立，就像他自己那樣。

他的這些改革措施被美化成羅馬古老傳統的回歸。事實上，很多措施根本不是那麼一回事。在他之前，羅馬曾出現一兩次規範擔任官職的方式。不過大體來說，越往羅馬史的早期探索，我們就會發現任官的規定越來越不穩定。事實上，他的某些措施造成了料想不到的結果；舉例而言，財務官人數的增加解決了一個問題，即元老院新議員的徵募，但是在這過程中卻出現另一個問題：由於執政官的人數始終維持在兩名，因此有越來越多人雖然被帶入政治圈中，但卻只能永遠居於低層，即便努力奮鬥，也永遠爬不上政治位階的最高層。當然一定有些人無意於此，也有一些人在達到參選執政官的年齡規定（通常是四十二歲）前就死了。但是這個新系統簡直就是在確保政治競爭的熾熱化，並且還會製造許多不滿的失敗者，例如數十年後的卡提林即是一例。

蘇拉一項最惡名昭彰的改革讓我們得以窺見他的想法。自從格拉古斯兄弟以來，幾乎所有擔任過護民官的人都曾推行過激進的改革。蘇拉必定看到這一點，所以他著手立法，大力限制護民官的各種權力。就像獨裁官一樣，護民官是另一個後來經過重新設計的官職，可能是在蘇拉在位的數十年前。這個官職在西元前五世紀設立，代表平民且為平民謀求福利。但是護民官擁有的某些權利，卻讓這個職位特別誘人，尤其對任何想在羅馬後期社會取得政治權力的人。此時的護民官有權向平民會議提出法案，也有權干預任何與公共事務有關的議案。這種否決權一開始必然附有種種限制，因為在階層戰爭的初期，我們很難想像貴族階層會允許平民的代表否決他們裁定的任何決議。但是到了西元前一三三年，我們看到歐塔維烏斯一而再、再而三地否決大格拉古斯的法案，那時想必早已建立一個原則，即護民官的干預權幾乎是沒有限制的。

護民官個人的政治色彩形形色色：歐塔維烏斯和那些用椅腳擊斃大格拉古斯的自衛隊，都是大格拉古斯的同事。這時期的護民官也都相當富有，所以他們顯然不是來自社會的底層。不過，這個官職始終保持親民的形象，而且仍然只有平民才可擔任——雖然有興趣的貴族必定有辦法讓自己被平民收養，從而避開這個限制。由於這個職位一再被人用來推行人民革命，所以蘇拉很精明地著手設計，使這個官職失去吸引力，至少對那些有政治野心的人而言。他刪掉了護民官的立法權，限制他們的否決權，並使任何擔任過護民官的人在未來失去競選其他官職的資格——這些措施完全都是為了確保護民官的官職成為政治生涯的終點。蘇拉設下的這種種限制後來轉而成為反蘇拉的主要戰鬥口號。在他退休之後的十年間，所有這些限制全都被取消，為下一代有權有勢的護民官之崛起再次鋪下道路。即使皇帝後來也炫耀他們曾經擁有「護民官的權力」（*tribunicia potestas*），暗示他們也關心羅馬的普通老百姓。

回顧既往，護民官似乎是某種令人分心的設置。羅馬的政治產生分歧，那是因為人們對政治力量的本質持有不同的意見，並不是某一特定官職的特權所造成。更為重要的一件事是：蘇拉在任期中解散了跟隨他多年的軍團；雖然這件事較不為人注意也沒引起公開的爭議，但他這個決定的影響卻很重大。他把退役士兵安置在義大利的許多城鎮裡（在同盟之戰開打期間，這些城鎮都是羅馬的敵人），然後徵用附近的土地，分配給他的士兵，讓他們得以營生。這個措施看來似乎是懲罰叛亂分子的好辦法，但實際上雙方都輸了。原因是某些當地人被奪去了田產，而某些退伍士兵比較擅於戰鬥，不擅農耕，而且他們有相當多數的人完全無法務農維生。據說西元前六三年，卡提林的叛變隊伍中就有一大部分人是這種務農失敗的退役士兵。不過，即使在西元前六三年之前，來自蘇拉士兵安置區的各類受害者早已有一重大的角色有待扮演；在所有古代戰事當中，這場即將上演的戰事最為知名——當然這有部份要歸功於庫柏力克（Stanley Kubrick）和寇克·道格拉斯（Kirk Douglas）的電影。

西元前七三年，在斯巴達克斯的領導之下，約有五十多個奴隸兼格鬥士拿著廚房用具權充武器，逃出南義的卡普亞訓練場，開始四處逃亡。在兩年的時間裡，他們集結支持者，抗拒多支羅馬軍隊，直到西元前七一年被擊敗為止。被俘的奴隸被釘死在十字架上，展示在阿皮安大道的兩側。

我們現在已經很難從古代和現代史家那些誇張的敘事當中看出到底發生了什麼事。對羅馬史家來說，奴隸叛變差不多就是天底下最令人不安的徵兆，表示世界正在大翻轉，因此瘋狂地誇大斯巴達克斯的支持者人數。有一項估計顯示，造反者人數甚至高達十二萬人。現代史家則通常一心一意想把斯巴達克斯塑造成英雄人物，甚至是反抗奴隸制度的英雄。但這幾乎是不可能的事。許多奴隸都想要回自由。但從古羅馬挖掘出來的考古證據顯示，奴隸制度在古羅馬被視為天經地義的制度，甚至奴隸本身也是這麼想。如果他們有清楚的目標，最大的可能就是回到他們各自的家鄉。以斯巴達克斯來說，他可能想回到希臘北部的瑟雷斯（Thrace），其他大部分人則想回去高盧。但有一件事是確定的：他們竟有辦法抗拒羅馬軍隊這麼久！這真是一件令羅馬人感到十分尷尬的事。

我們該如何解釋他們的成功？並非羅馬派出去的軍隊訓練不夠，也不是格鬥士紀律嚴明、戰鬥經驗豐富、打鬥技巧精良或受到渴望自由的力量驅策使然。幾乎可以確定的是，這支反叛隊伍之所以如此堅定，那是因為他們得到義大利自由公民當中那些不滿人士和失去田產的人的支持，包括蘇拉解散的士兵——他們有可能覺得自己更適合打仗，不適合耕田，因此即使要與他們曾經服役過的軍團對抗也在所不惜。從這樣的角度來看，斯

圖42　這張潦草的圖畫取自龐貝城。一名馬背上的男子正在戰鬥，他頭上的標籤用奧斯坎文（從右讀到左）寫著「Spartaks」，也就是「Spartacus」（斯巴達克斯）。謹慎的學者認為這是格鬥比賽的一幕，不是斯巴達克斯帶領奴隸起事的那場戰爭。他們有可能是對的。即便如此，這可能是現存描畫那位著名奴隸格鬥士的唯一資料。

巴達克斯的叛亂究其事實來說，不僅是一場悲壯的奴隸反抗戰爭，也是羅馬一系列內戰的最後對決——這場內戰始於二十多年前，當時羅馬人在阿司庫倫被屠殺而引起的同盟之戰。

尋常百姓的生活

這段時期的政治鬥爭通常聚焦在政治理念的衝突，和羅馬該如何統治這個課題所帶出來的許多歧見。這段時期的歷史是關於大概念的對峙，而且幾乎無可避免的，這個時期的焦點也是大人物的故事，包括亞米利亞努斯到蘇拉等人的故事。這是羅馬作家的寫作方式，也是我們說故事的方式，因為我們依據的，就是他們的作品，因為我們的故事也聚焦於英雄和反英雄，聚焦於那些令人印象深刻，似乎決定了戰爭和政治發展進程的人物。羅馬作家也會引用那些目前大部分已經失傳，但是他們當時還看得到的著作，亦即那些大人物自己所寫的作品，例如小格拉古斯的演講稿或蘇拉在退休期間所寫的傳記。這份傳記共有二十二冊，主要是為他的種種措施而寫的自我辯護；後世的史家不時提到他的作品，並加以徵引——這也是整個古典文學當中最令人傷心的失佚之一。

我們失去的還有許多小人物的觀點，例如一般士兵或投票人、婦女、奴隸等人的觀點——不過斯巴達克斯是個擁有許多故事的特例。那些在迦太基作戰，從一個屋頂跳向另一個屋頂的士兵、那些在牆上塗鴉催促大格拉古斯改革土地分配的市民、那一位口無遮攔，輕率辱罵小格拉古斯支持者的隨員，還有蘇拉那五個留在背景裡的太太——這群人物在這段歷史裡所扮演的只是小角色。尋常百姓即便真的為自己說話了，留下來的話通常也都很簡短，而且頗為含糊。「獻給盧奇烏斯之子，獨裁官盧奇烏斯．科內流斯．蘇拉．菲力克斯。解放奴敬贈」——有個石頭底座刻了這樣一段文字。但是這群解放奴是誰？底座上面立著什麼？為何他們要送給蘇拉這座紀念碑？凡此種種，只能隨人各自去猜測了。同樣不可確知的是，在這段時期，當那些大人物帶著軍團，憑著戰爭來解決紛爭，街上的男男女女究竟是如何照常過生活？或者暴力衝突和市民秩序的解體，也會在大部分時間裡讓他們感到困擾？

我們偶爾可以看到這些衝突是如何滲入普通、尋常的市民生活裡，並為這樣的普通生活帶來許多衝擊。龐貝城是其中一座起兵造反的小城。在同盟之戰結束之後，龐貝城民獲得了羅馬的公民權。但是很快的，他們就被迫迎接數千名退役士兵的到來，而且這群士兵都分到原本屬於當地人的土地。這當然不是一個令人快樂的組合。退伍軍人雖然人數遠比當地的居民少，但他們很快就在當地發揮影響力，其中有幾位最富有的士兵還出資建造了巨大的戶外劇場。對於這項便利設施，當地居民或許也和熱愛格鬥士表演的退伍士兵一樣樂見其成。不過，從這個時期的官方紀錄看來，新來的殖民者不知以何種手法，竟把鎮上古老的大家族排擠在外。西元前六〇年代，西塞羅提到龐貝城有一由來已久、長期出現爭議的事，那就是投票權（有待爭議的事當然不止這一件），或許他指的就是這件事。蘇拉的圍城，其連鎖反應在數十年後，仍可在龐貝城的街道尋得痕跡。

西元前九一年，一則發生在阿司庫倫鎮並在隨後觸發同盟之戰的故事，最能清楚說明這幾場戰爭對一般人民造成的危險和兩難。一群羅馬人和當地鎮民同在一座劇院中欣賞表演。不久之後，臺上的演出竟移到了臺下。原來觀眾群中的羅馬人不喜歡一個喜劇演員的反羅馬立場，他們因此群起而攻，最後竟然把那位不幸的演員打死了。接著上臺的另一位喜劇演員是個有拉丁背景的遊方藝人，他擅長講笑話和模仿，向來深受羅馬人的喜愛。這位演員很害怕劇場中另一半的觀眾會找他出氣，但是他別無選擇，只得登上舞臺——有個演員才剛剛被打死的舞臺，開始講起笑話，為自己解圍。「我也不是羅馬人，」他對觀眾解釋道：「我在義大利四處旅行，我為人們帶來笑聲和歡樂，以此賺取一點生計。請放過燕子吧，上帝都允許燕子在你們所有人的屋簷下築巢啊！」這話感動了那群觀眾，他們於是坐下來把表演看完。但是這段歡樂的插曲很短暫；很快地，在城內的羅馬人全被鎮民殺死了。

這是一則令人心痛也令人深省的故事。這故事刻畫了一個平凡的、表演獨角喜劇的演員如何獨自面對一群不僅充滿敵意，而且隨時都可能會出手殺人的觀眾。這也是一個鮮明的提醒，告訴我們在這段歷史時期，去劇院欣賞一兩齣喜劇的尋常生活與致命的大屠殺之間，其實僅僅存在一條微妙的界線。有時候，人們並不會放過那群燕子。

第七章

從帝國到帝王

西塞羅力戰維勒斯

西元前七〇年，羅馬軍團打敗斯巴達克斯奴隸軍隊的第二年，那些陰森森的十字架還矗立在亞皮安大道兩側；這一年，西塞羅站上法庭，替一群富有的西西里人控告維勒斯（Gaius Verres）貪污。他打這場官司的目的是替西西里人尋求賠償，因為維勒斯擔任西西里行省總督時，曾大肆搶奪他們的財產。這個案子讓西塞羅聲名遠播，因為這場官司他打得很漂亮，維勒斯的那一大群資深辯護律師和著名說客全部成為他的手下敗將。這場訴訟案本來會打很久，但是由於西塞羅的控告實在太精采，維勒斯覺得可能沒有勝算，因此案子開庭的兩星期後，他就趁著假日休庭，帶著他的不義之財，自己放逐到馬賽，而且在馬賽住到西元前四三年。凱撒遭受暗殺之後，他的名字被列入另一份公敵宣告名單。他這次被判刑死刑的理由，表面上是因為他拒絕出讓部分珍貴的迦太基青銅給安東尼。

這場訴訟案結束後，西塞羅不想浪費他的苦心，所以就把開庭辯護演說寫成文字稿予以發表。同時發表的，還有那些因為案子突然中斷，他沒有機會提出的辯護演說。這幾份辯護演說的全文稿在古典世界和中世紀極為有名，被人一再傳抄，成為後世譴責敵人的範本。時至今日，我們仍可讀到這幾份辯護稿；全文很長，總共有數百頁。在文中，西塞羅列舉了一則又一則維勒斯殘酷剝削西西里行省人民的駭人事例，中間偶爾夾雜著西元前七三年，維勒斯前往西西里之前在其他地方犯下的罪行。這是古代描寫羅馬人如何披著官袍，在行省犯下各種罪行的最完整紀錄。

對西塞羅來說，維勒斯的行事特點——不論在西西里或之前在海外其他行省——都是一個怪誕的組合，充滿了殘酷、貪婪和慾望，不論這慾望是對女人、金錢或藝術品。

西塞羅花了許多篇幅詳列維勒斯各種罪行，包括他對純潔處女的霸凌、虛報各種稅金、從穀物補給當中牟取暴利、長期盜取西西里行省著名的藝術傑作。除此之外，他也不時穿插幾則受害者令人同情的故事，例如他以不少篇幅描寫賀厄斯（Heius）的困境。這位受害者曾是自豪的收藏家，擁有部分古希臘雕刻名家，例如普拉克希特利斯（Praxiteles）和波利克萊塔斯（Polyclitus）的作品。這些雕刻作品是他的傳家寶，珍藏在他家中的「聖祠」裡。過去有不少羅馬人曾到他家欣賞這些雕像，或者甚至跟他借用，但是維勒斯一來就逼他把那些雕像以低得很可笑的價錢賣給他。這幾篇犯罪軼事輯錄的最精采處，西塞羅還另外附上一則更悽慘的故事；故事的主角名叫蓋維烏斯（Publius Gavius），是住在西西里行省的羅馬公民。維勒斯聽說他是斯巴達克斯的間諜，即使罪證不太確鑿，他還是命人把蓋維烏斯逮捕下獄，百般折磨他，最後還要把他釘上十字架。釘上十字架是一種有失身分的刑罰，蓋維烏斯以為羅馬公民這個身分應該可以使他免除這種刑罰，所以在獄卒鞭打他時，他一再地大聲喊道：「我是羅馬公民（*Civis Romanus sum*）！」即使如此，也無法使他免除這項刑罰。生活在現代的帕默斯登和甘迺迪在重述這句話時，他們一定是忘了這段歷史典故（見頁一七三）；因為從這則軼事看來，這句話是一位無辜受害者無助的抗辯，希望維勒斯那位無賴的羅馬總督免除他的死刑。

要論斷一個兩千多前的法庭案件，而且只有一方的辯護文字流傳下來，再加上大部分文字都是後來補寫的，這是一件不可能的任務。就像大部分檢察官，西塞羅不免會誇大被告的邪惡之處，尤其他這篇證詞又結合了道德判斷、半真半假的描述、自我的推銷以及笑話——他不時會拿Verres這個名字來開玩笑，因為這個字的字面意思是「豬」或「埋入飼料槽的嘴」。考慮到上述種種因素，這幾篇證詞固然令人難忘，但有時也可能會誤導人心。更何況他的論證裡還有各種破綻，任何稱職的辯護律師都有能力指出來並予以反駁，例如蓋維烏斯受到的懲罰固然嚴酷，但是在那個時間點，任何駐守西西里行省的稱職官員都會留意斯巴達克斯的間諜；事實上，斯巴達克斯要渡海到西西里的傳聞在當時甚囂塵上，沸沸揚揚。賀厄斯固然捨不得他的雕像，維勒斯出的價格又低，但是西塞羅也確實承認那是買賣，不是偷竊，即使這樁買賣的賣家是被迫的（而且那些雕像果真如大家所吹捧的，都是珍貴的原作嗎？）。無論如何，維勒斯最後選擇倉促出逃，這暗示他對即將面對的控告無法心安，因此選擇策略性的退讓，逃到他舒舒服服的流放之地。這對維勒斯而言，似乎是個很合理的決定。

共和政府的最後一百年中，羅馬對海外行省的統治發生許多引起爭議和兩難的問題，這個惡名昭彰的案子只是其中一例而已。到了西元前七〇年代，羅馬已經控制了大片領土——這是過去兩百年來，羅馬人不停征戰、協商、侵略與好運帶來的結果。在這段時間內，羅馬的權力已經漸漸改變，羅馬人與其屬地和盟邦之間的關係性質也早已發生變化。就最廣義的層面來說，早期那個要求盟邦順從的帝國，至少有一部分已經轉變成一個吞併他人領土的帝國。「行省」的意義，已經不再是過去的「責任」或「工作」，而是指接受羅馬直接管轄的特定區域。至於*imperium*這個字現在有時會用來指稱「帝國」。這些語詞意義的改變，代表羅馬人對領土已經產生了新的概念和新的組織架構。這兩者當然會引發新的討論問題，亦即海外政府究竟代表什麼意義？羅馬總督在行省的言行舉止該當如何？他的職責是什麼？行省人民有哪些表達意見的權利？或者如果他們想要控告長官治理不當，他們該向誰申告？另外，治理不當又該如何定義？總而言之，行省政府的種種問題已經成為國內政治論辯的核心。我們目前擁有一份流傳至今的珍貴史料，亦即西塞羅當年據以控告維勒斯的那份法律條文文本。這份文本雖然不像西塞羅那些華麗的演說稿那麼著名，卻能帶領我們來到幕後，一窺羅馬人在實踐上是如何嘗試設計一個法律框架，如何擬定各種措施來保證海外行省人民的權利。

更具有爭議，而且最終導致共和政府瓦解的幾個中心議題是：帝國的指揮、控制和管理，這些責任究竟要交付給誰。誰去治理行省？誰去收稅？誰去指揮羅馬軍團？或誰有資格到軍中服役？羅馬已經發展成龐大的帝國，傳統的統治階級是否能利用原來的共享原則和短期權力原則來治理帝國？他們有沒有能力處理帝國龐大的新問題，不論那是管理問題還是軍事問題？西元前二世紀末，有位名叫馬略（Gaius Marius）的「新貴」大聲疾呼，指責羅馬指揮官貪腐，譴責羅馬指揮官收取賄金毫不手軟，因此才導致羅馬人面臨一連串軍事挫敗。馬略憑其才能打贏許多場著名的勝仗，扭轉了那些羅馬指揮官一敗塗地的局勢，因此建立起自己的政治生涯。他後來七次當選執政官，其中有五次是連任。

重複擔任同一官職這個模式，正是蘇拉在西元前八〇年代的改革活動中禁止的。但這並沒有解決羅馬政治底下潛藏的問題。防衛、監督和偶爾意欲擴張領土的種種需求，鼓勵或迫使羅馬人把龐大的財政與軍事資源交付到某個指揮官的手裡，年復一年，沒有時限。上述這種方式可說是更為根本地挑戰了羅馬政府的傳統架構，遠比國內那些關於「貴族階級」和「平民階級」的爭論更為嚴重。到了西元前一世紀中葉，龐培大帝（Pompey the Great）和凱撒就靠著他們在海外立下的戰功，雙雙成為競爭獨裁權力的對手。他們所指揮的軍團，由於年深日久，事實上已經變成他們的私人軍隊。比起蘇拉或馬略，他們更加公然藐視共和體制的原則。基本上，他們開啟了一人專制統治的先例，即使凱撒後來遇刺也沒能阻止這個發展趨勢。

總之，誠如本章最後一部分即將指出的：帝國創造了帝王，不是帝王創造了帝國。

統治者與被統治者

一般說來，維勒斯被視為羅馬在這段時期海外統治的壞榜樣，即使西塞羅對其行為的描述頗有誇大之處。平心而論，維勒斯可能是個糟糕的敗類，但是他也只是整個糟糕的大環境造就的一個壞產品而已。羅馬的傳統之中，有一個想法根深柢固：軍事的勝利意味著他們可以掠奪戰利品；或戰敗者必須為其失敗付出代價（例如在第二次布匿克戰爭結束後，羅馬人即要求戰敗的迦太基人支付龐大的賠償金）。個別的行省總督之中，有些人發現任職海外是一個大好機會，可以藉此輕易收回在國內競選官職時花掉的大筆開銷，更別說他們同時還能遠離羅馬同儕監督的眼睛，大肆享受海外的種種聲色犬馬。

小格拉古斯曾在薩丁尼亞（Sardinia）擔任初級官員，任期結束回到羅馬之後，他發表了一場激動人心的演說。在這場演說中，小格拉古斯用了許多尖銳的字眼，批評他的許多同事在上任時，「帶著裝滿酒的細頸雙耳瓶，回鄉時，細頸雙耳瓶裝滿了銀子」。這除了暗示他們不欣賞海外當地的葡萄酒，也很清楚批評他們在海外牟取暴利。從較為晚近的帝國統治標準來看，羅馬對行省的統治大部分是相當放任的：行省人民得以保有自己的曆法、自己的錢幣系統、自己的神祇、自己各式各樣的法律系統和民事政府。但是不管在何時或何地，一旦羅馬決定出手統治，其標準總是落在某個光譜的兩極之間，一端是無情的剝削，一端是忽略行省人民，既不挹注資源，也談不上管理效率。

西塞羅在西元前五〇年代末曾出任西里西亞（Cilicia）總督，他的經驗即是一例。在寄回羅馬的信件中，他很傳神地描繪了任職海外行省的種種細節。他的經驗和維勒斯的無情劫掠形成鮮明的對比。但是從他描述的種種細節，我們亦可看出行省政府的混亂和種種低度管理的現象，不論在地方上、時間上和程度上皆是如此。事實上，西里西亞行省是個很廣大的區域，大約四萬平方公里，位置就在今日土耳其南部的偏荒地區，當時還包括今日的賽普勒斯島。行省內的資訊溝通並不可靠，西塞羅第一次抵達西里西亞時，竟然找不到他的上一任。駐守在當地的兩個羅馬軍團士氣低落、薪餉偏低且有點不太馴服。令他驚異的是，軍團當中有三支分遣隊竟然「不知去向」。他們是不是跟著前任總督走了？沒人知道到底發生了什麼事。

西塞羅趁此機會，建立了一點點軍事上的榮光。同盟之戰發生時，他還年輕，只短暫在軍中服役一陣子，沒什麼從軍的經驗。這次他帶領剩下的軍團，出兵敉平了附近山區某些較為難纏的當地部落。他甚至選擇了兩百年前亞歷山大大帝駐紮過的地點紮營，藉此給自己增光。提到亞歷山大大帝，他在給阿提庫斯的信裡如此寫道：「一個遠比你我更為優秀的將領。」真不知他這是一種諷刺呢，還是表達一個顯然很清楚的事實。但是接下來的時間裡，他大都花在審理涉及羅馬公民的案件、裁決行省人民之間的糾紛、管控他那群小小的工作團隊——他的工作團隊似乎擁有某種特殊天分，時不時就會得罪當地居民。另外就是應付朋友和泛泛之交的各種要求。

他有個年輕同事從羅馬寄了封信來，請他獵捕並運送幾隻黑豹到羅馬，因為他想舉辦一場展示並屠殺黑豹的表演活動。對於這個要求，西塞羅不置可否。他在回信中宣稱黑豹的供應短缺，還開玩笑說黑豹可能知道會被獵捕，所以全都「移民」到其他鄰近的省分去了。不過，開不得玩笑的另一個問題是：布魯特斯（Marcus Junius Brutus）的放高利貸事件。這位在六年後將會策畫刺殺凱撒的主導人，此刻正忙著放高利貸給賽普勒斯島的薩拉米市民（Salamians），非法收取高達百分之四十八的利率。西塞羅顯然很同情那些薩拉米人，因為他收回了前任總督「借給」布魯特斯的分遣隊，禁止他們幫忙布魯特斯的手下去收取欠款。據說他們曾包圍薩拉米的議會廳，將其中五位當地官員活活餓死。西塞羅不想得罪布魯特斯這位出身名門的債主，所以他接著就睜隻眼閉隻眼，不管這件事了。總之，他主要的打算是：等法定期限一滿，他就馬上辭去行省總督的工作（「這份工作讓我很煩」），離開行省。果真期限一到，他就走了，把整個廣大的地區留給他的一個下屬。他自己雖然也知道這位下屬「只是一個小男孩，可能還挺愚蠢，既沒有權威，也不懂得自我約束」，但他還是走了。這就是羅馬的行省政府，即便是負責任的總督也不過如此。

西塞羅筆下的這幅畫面雖然悲涼，但這只不過是羅馬行省管理的其中一個面向而已。羅馬對行省人民的種種要求必定是相當嚴酷的。西塞羅注意到有錢的行省人民遭受壓迫，但是行省裡的窮人所承受的，或許遠比富人所承受的更為嚴酷——窮人的感受，幾乎所有古代作家都一律忽略。雖然如此，行省總督也不見得可以絲毫不受管制，任意剝削行省人民。我們很容易忘記的是：我們之所以知道維勒斯的不法行為和那些恐怖的細節，主要是因為他對待西西里人的態度使他被控上法庭並且遭到免職。小格拉古斯會提到羅馬官員的貪婪，主要的目的是要與其他官員做出區分，凸顯他在薩丁尼亞的正直不阿；他是個「裝著滿袋銀子去上任，帶著空袋子」返回羅馬的正直人士。他從來不曾碰過當地妓女或漂亮的男童奴。在羅馬，腐敗、收賄、性冒險，這些都是罪行，不只會受到大眾的批判，也是政敵經常用來指控彼此，抹黑彼此人格的方便武器。就我們所知，這些並不是人們可以公開慶賀，或者私下拿來誇口的事項。

直到西元前二世紀末，官員的不法行為只是人們廣泛討論的其中一個問題。當時人們討論的主題還有行省政府的管理應該訂定什麼規章，立下什麼倫理原則。或者套用一個較為普遍的說法：既然外國人此時已經成為他們必須治理，同時也必須與之戰鬥的人民，那麼羅馬應該如何與外在世界保持聯繫。在古代世界裡，這是羅馬在政治理論方面的貢獻，十分特別，也非常新穎。西元前五九年，西塞羅寫信給他弟弟，提出關於政治理論最早期的哲理思考。他主要關注的是正直、誠信、行省治理的公正和法則上的連貫性。差不多在一百多年前，亦即西元前一四九年，羅馬成立了一個永久的刑事法庭，主要的目的是給外國人民申請補償。外國人如果受到羅馬長官敲詐勒索，也可以到此法庭提出求償。在此之前，古代地中海的帝國還不曾有人如此有系統地試圖這麼做過。這個法庭的成立或許是一個訊號，顯示羅馬的海外政府很早就已經開始腐敗。不過，這也同時顯示羅馬人很早就有政治決心來面對腐敗這個問題。西塞羅藉以控告維勒斯的法律本是小格拉古斯改革計畫的一部分；從這份法案當中，我們可以看到西元前一二〇年那段時期，羅馬政府針對這個問題曾付出多大的關注，並同時提出明確、周密的法律來應對。

小格拉古斯的補償法案曾被刻在銅板上，公布於眾。今日有十一段文本的斷片流傳下來。大約在一五〇〇年，考古學家在義大利北部烏爾庇納（Urbina）地區發現了這幾塊銅板。其中兩塊銅板在當時已經失傳，只剩手抄本傳世。在十九世紀，另有一塊銅板出土。這些殘章斷片讓學者忙了將近五百多年，慢慢才將宛如拼圖的片段文字組合起來，大致拼湊出該法案的一半文本。這份文本清楚闡明行省人民可以採取哪些法律途徑，向敲詐他們的羅馬官員討回公道，主要是損失的求償。這份非常特別的資料除了幫助我們了解羅馬政府的措施和行事準則，也提醒我們一個重要的事實：試想假如沒有這個偶然的發現，這類資料是多麼容易被羅馬史學傳統忽略。羅馬史家雖然曾經間接提到這份法律，但是他們從不曾觸及這份法律的內容；我們無法從他們的隻字片語當中得知我們目前在這份文本上所能讀到的一切。這份法律的細節之所以能夠保存下來，主要必須歸功於西元前二世紀晚期某義大利城鎮的政務官，他們決定把小格拉古斯這份法案刻在銅板上，公布給大眾參考。這也要歸功於文藝復興時期偶然發現這些碎片，而且認出其重要性的人，不管他們是誰。

這就是羅馬的法律：謹慎、精確；同時也展現他們制定法律的技巧，既精密且老練。在此日期之前，在古典世界的任何地區，羅馬人在這方面的成就所向無敵，幾乎找不到其他對手。這份法案與那份開創性的、樸拙的十二銅表法截然不同。今日傳世的拉丁文文本大約有現代頁數的十頁，裡頭詳細列明求取賠償的程序，而且與之相關的每個面向都照顧到了，例如誰有資格上訴（「任何擁有拉丁名字或來自外國的人；任何受到羅馬人民保護或治理的人；任何與羅馬人民維持良好友誼的人」）；例如求償成功之後，可以取得哪些報償和補償（「招致的損失以雙倍賠償；

成功求償的起訴人得授與完整羅馬公民權」）。換言之，幾乎所有相關的問題都提到了。此法案也規定在起訴過程中，法庭必須提供必要的協助（形式簡單的法律輔助）給那些有需要的人，例如外國人可能會有此需求。針對那些錢財被維勒斯這樣的人勒索的受害者，上訴期間，法庭也會提供必要的措施，因為罪犯可能在裁決公布之前就逃之夭夭。此外，這項法律也有嚴格的規定來防止利益衝突：每個案子有五十位陪審員，與被告同屬一個「社團」（club）的人不可以當陪審員。陪審員投票的方式也有嚴格規定。每位陪審員必須把他們的決定寫在一塊特定大小的黃楊木片上，然後投入一個甕裡，手指必須遮住木片上的文字，掩蓋他的決定，而且必須以赤裸的手臂投票——這有可能是預防有人試圖利用托加袍寬闊的皺褶來弄虛作假。

在實際執行上，到底這項法律的運作成效如何？這個我們很難斷定。這項法案在西元前一二〇年代通過，直到西元前七〇年維勒斯被控上法庭為止，總共只有三十多個案子紀錄在案。當中有半數以上都是被判有罪的案子。然而不完整的統計數據只是故事的一部分而已。比較切合實際的狀況是：即使每個上訴案主都可以得到協助，但是這並無法鼓勵受害者穿越大半個地中海，使用一個陌生的語言，在統治者陌生的司法系統下試圖尋求賠償。而且，可以求償的項目僅限於財務損失，其他形式的傷害（例如暴力、虐待或性侵等）並不包括在內。雖然如此，這個法案無疑顯示了激進的政治人物（如小格拉古斯等）已經開始看到羅馬以外那個較大的世界，開始關注那些無錢無勢者面臨的困境；而且關注的對象不僅限於羅馬公民，也擴及羅馬治下其他地區的子民。

元老院議員遭受圍攻

小格拉古斯這項賠償法案之提出，背後當然不純然只是人道主義的考量。這項法案和他在西元前一二〇年代推行的大部分計畫，其目標其實是一致的，亦即企圖管理監督元老院的活動。換言之，他的改革既與羅馬的內部政治有關，也和外部羅馬行省人民的苦難有關。根據法律規定，儘管有其他許多海外的羅馬人為了中飽私囊，犧牲當地人民的利益，但是只有元老和他們的兒子負有被起訴的法律責任。參與裁決的陪審員必須特別從一個有別於元老的階級中選出來，而且只能從這個階級中挑選出來——亦即羅馬的「騎士」階級。

這種區分具有實際且重要的意義。騎士階級是羅馬最有錢的階級，他們擁有大量財產，這讓他們跟大部分平凡的公民形成巨大的區隔。他們通常與元老院成員密切相關——可能是社會、文化或血緣上的關聯。他們的人數遠比元老院議員為多；到了西元前二世紀末，他們的人數高達數千人，而元老院議員的人數只有數百人而已。事實上，就嚴格的法律語彙來說，元老院議員其實是騎士階級的子團體（sub-group）——他們只是從一個較大的團體中被選出來擔任公職，然後就進入元老院，形成另一個階級。這兩個階級的利益並不總是相符；騎士階級是一個遠比元老院更為多元的團體，他們之中有許多來自義大利各城鎮的富有人士。同盟之戰結束之後，他們的人數大為激增。他們本來從未夢想過自己可以在羅馬參選公職；而且他們有許多人就像西塞羅那位影響力極大的朋友阿提庫斯一樣，傾向於留在政治圈外活動。他們有很多人從事金融與商業活動。

不過，根據法律規定，元老是不能從事這些行業的。這道禁令在西元前三世紀末頒布，禁止元老議員擁有大商船，亦即可以容納超過三百個兩耳細頸甕的商船。雖然如此，如同常見的情況，如果元老們真想要做生意，他們也有許多方法規避前述法律的規定。

小格拉古斯推行的另一道法令讓部分騎士階級得以從事一項利潤豐厚的事業：代徵行省稅務。羅馬的許多國家事務通常都外包給私人公司辦理，小格拉古斯是第一個提出亞細亞新行省的稅收也必須比照辦理的人。這些私人外包商務通常是騎士階級在經營；他們通常被稱為「公共服務提供者」或稅吏（*publicani*）——這個來自《新約》的舊譯常令現代讀者感到很困惑。這個稅收系統很簡單，羅馬政府幾乎不必動用任何人力；這個稅收系統也替其他行省的收稅方式建立一個模式，行之數十年（早期其他地區的收稅系統也通常比照這個模式辦理）。羅馬定期舉行拍賣會拍賣個別行省特定的稅收權，出價最高的公司得以代替羅馬政府徵收該項稅金。所收的稅金中，任何超過出價的部分就是該公司的收益——不論多少。換句話說，公共服務提供者從行省人民那裡榨取得越多，他們的收入就越豐富。而且在小格拉古斯的補償法律的保護之下，他們還可免於被起訴。羅馬人過去向來是從被征服者和他們所建立的帝國那裡賺錢，但是慢慢的，羅馬開始建立某種商業的、甚至明顯具有組織的商業模式。

補償法案在元老和騎士階級之間畫了一道界線。這原來是一個雙管齊下的設計：既保護羅馬人民，同時也管控元老（不當）的行為。藉由指定一個完全由騎士階級組成的陪審團，其目的就是確保遭受起訴的元老和他的陪審團朋友之間不會產生共謀，而且為了安全起見，凡是近親中有人當元老的騎士階級也在禁止之列，不能參加這類陪審案件。這道補償法案實施的結果，最後卻造成元老和騎士的衝突。有時他們的衝突甚至殃及該法律所要保護的行省人民。例如，騎士組成的陪審團本來是要發揮公正無私的精神，確實評估元老院的腐敗，但是據說他們十分偏袒貴族出身的稅收承包商，如果有行省總督試圖干涉稅收承包商的掠奪行為，他們總是判該行省總督有罪，即使該行省總督是無辜的。這裡有個涉及某位元老的知名案子。這位元老被偏袒的騎士陪審團判了詐欺罪，可是他對自己的榮譽紀錄、名聲和人氣都充滿信心，因此就自我放逐到那個相傳他犯下罪行的行省。這裡有一股為元老議員申冤的氣息存在。即便如此，這類故事還是提出一個長久存在的爭議：誰可以被信賴並託付給他裁判行省羅馬人民的行為？元老院議員？還是騎士？小格拉古斯這項法令通過之後的數十年裡，不同政治理念的改革者重新指定陪審團人選，有時是元老，有時是騎士，不斷來回擺盪在這兩組人馬之間。

西元前七〇年，西塞羅起訴維勒斯的時候，這個議題仍然還很熱門。因為這個議題，西塞羅的起訴案產生了一道額外的政治鋒芒。可想而知，蘇拉在十年前交給元老院陪審員的，不僅是補償法庭的審理，還包括後來相續成立的許多犯罪法庭，專門處理例如叛國、貪污、下毒等案子的審理。到了維勒斯的案子上了法庭之後，反對蘇拉這項措施的力量正在擴張——至少在書寫成文的文本上看來是如此；西塞羅一再敦促陪審團，要求他們給維勒斯定罪，藉此證明元老們可以被信賴，能夠公正地對他們的同僚提出適當的判決。這個訴求來得太遲了。維勒斯案子結束之後，不久新的法律就誕生了，而且為未來的法律立下模範：元老和騎士一起共組陪審團。維勒斯的敲詐案是最後一個由元老組成陪審團，審理自己元老同仁的案子。這也是這個案子之所以如此著名的另一個原因。

待價而沽的羅馬

共和政府的最後一百年裡，最重要的政治問題，或人們討論最激烈的政治議題是元老院議員的腐敗、無能和專權。這也是薩祿斯特《對抗朱古達的戰爭》（*The War against Jugurtha*）這篇論文的重要主題。在此文中，薩祿斯特針對長期以來，羅馬一直處理不了北非國王朱古達的問題提出尖銳的分析。差不多自西元前一一八年起，朱古達就開始在非洲沿岸的地中海地區擴展領土；在這過程中，不時有王室謀殺、陰謀與屠殺事件發生。戰爭結束七十多年後，薩祿斯特寫了這篇論文批判羅馬這些年的許多敗仗。他語帶怨毒，立場強烈偏頗，文中充滿大量的道德教訓和高度誇張的描寫；套句現代的話說，他的文章還包含大量虛構的重構。基本上，這是元老院的一位「新貴」，針對元老享有的特權、元老的貪贓枉法、元老的輕蔑態度所提出的強烈攻擊。

西元二世紀末，羅馬在北非的領土可分為兩部分。一個是阿非利加行省，位於迦太基周圍附近，由羅馬總督施行新式的直接管理。其他區域有一部分仍然維持舊式的臣屬模式，包括鄰近的努米狄亞（Numidia）王國即是。西元前一一八年，努米狄亞王國一個對羅馬稱臣的國王死了之後，他的侄兒朱古達與另一個繼承人展開長期的權力鬥爭。西元前一一二年，朱古達殺了他的對手，結束了這場鬥爭。與此同時，他也殺了其他跟他的對手留在同一個城鎮的羅馬人與義大利商人。一般的說法是，這群人是無辜的受害者，只是運氣不好，剛好跟朱古達的對手住在同一個城鎮。但是根據薩祿斯特的描述，這群人很有可能是武裝民兵。對羅馬來說，這是一個教訓，顯示舊式的管理方式是多麼不穩定。一旦你以為馴服的盟國不再馴服，一旦盟邦透過跟羅馬的長期接觸而獲得羅馬的內部資訊，這種舊式的管理模式就會出問題。以朱古達的案例來說，他過去曾在西班牙參與亞米利亞努斯的部隊，在盟邦組成的努米狄亞弓箭手分遣隊中擔任指揮官。這些經驗使他獲得有用的知識，他不僅了解羅馬軍隊的戰略，也跟羅馬建立了各種良好的人際關係。

在這之前的許多年裡，羅馬人對朱古達的軍事活動反應不一，從小心應付到無能應對皆有。元老院曾多次派遣不同的代表團到非洲，試圖在朱古達與他的敵人之間斡旋，但是始終都沒有什麼成效。直到羅馬商人遭受屠殺的事件發生之後，羅馬才正式對朱古達宣戰。西元前一一一年，羅馬派軍前往非洲，不過羅馬指揮官很快就和朱古達談好和平協議。朱古達被召回羅馬，但是很快又被遣返，因為羅馬人突然獲知朱古達謀殺了他住在義大利的堂兄弟，以免那位堂兄弟變成他的競爭對手。羅馬再次派軍到非洲討伐朱古達，不過戰況並不順利，有時成功，有時失敗。到了西元前一〇七年，羅馬多少控制了朱古達，但是實際上，朱古達依然算是逍遙法外。

羅馬在非洲留下這項令人惋惜的紀錄，這事引起諸多疑問。元老院到底有沒有能力管理帝國？他們到底有沒有能力保護羅馬在海外的利益？如果不能，那麼羅馬需要哪些人才？到哪裡去找這樣的人才？對很多羅馬的觀察家而言，元老院議員收取賄金的毛病，是羅馬在海外頻遭失敗的主要原因。朱古達離開羅馬前，據說他曾開玩笑道：「羅馬是個待價而沽的城市，一旦找到買家，羅馬就注定滅亡。」另一個原因是統治階級的普遍無能。對薩祿斯特來說，這種無能源自於統治階級那種目光短淺的菁英主義，還有統治階級不願承認在他們那個小團體之外還有其他人才的存在。把平民階級排除在政治職務之外，這做法很早以前就已經被打破了，可是——根據這一論述——過了兩百年之後，這個由貴族階級和平民階級結合起來的新貴族階級，在實踐上已經形同另一個同樣排外的團體。同樣的那幾個家族，一代又一代壟斷了政府裡最高級的官職，霸占了最有聲望的部隊，而且他們非常排斥有能力的「新貴」，不讓「新貴」加入。換言之，元老院是由類似今日所謂的「老朋友圈子」所控制。

薩祿斯特的論文特別提出馬略的故事。馬略是個「新貴」，也是個經驗豐富的士兵。他曾擔任貴族梅特魯斯（Quintus Caecilius Metellus）的副官，出戰非洲，對抗朱古達。西元前一〇八年，馬略擔任法務官期滿，他想回去羅馬競選執政官，希望以後可以得到更高的軍事指揮權。他去找梅特魯斯，尋求對方的支持。梅特魯斯的反應是擺出一副經典的、自以為高人一等的勢利嘴臉——至少在薩祿斯特的筆下是如此。他嘲笑馬略，認為像馬略這樣出身的人，做到法務官已經夠好的了，要馬略不要自不量力。在《對抗卡提林的戰爭》中，薩祿斯特的結語更為尖銳：「大部分貴族階層都相信，如果讓某些『新貴』擔任執政官，執政官這個職位就會被污染，不論該位新貴多麼優秀。」馬略當然很生氣，但是他沒放棄。他回到羅馬，自行參加執政官的競選。後來他果真當選執政官，而且成為羅馬史上唯一一個當選七任的執政官。他選上執政官之後，公民大會投票把出戰朱古達的指揮權移交給他。

不過我們不能只看薩祿斯特故事的表面。朱古達可能很擅長賄賂元老院的議員，把錢塞入他們的口袋裡——但是最後逼迫小格拉古斯的凶手歐皮米烏斯流亡海外的，是羅馬法庭判阿非利加代表團收賄有罪。雖然如此，賄賂在羅馬也是一個方便的藉口。如果戰爭、選舉或法庭判決沒有按照他們想要的路線發展，他們就會把一切推到賄賂上。元老院可能並不像他們所指控的，那麼明目張膽地收取賄金；元老議員的貪腐程度可能也沒有他們想像中的嚴重。而且，不管統治階級多麼勢利，從羅馬的歷史看來，事情並不像憤怒的薩祿斯特所說的，即「新貴」完全沒有從政的空間。根據流傳下來的執政官名單——這時期的紀錄大致上已經相當準確——顯示：西元前二世紀末，大約有百分之二十的執政官是「新貴」，亦即他們的祖先族譜裡，在過去五十年內並未有親戚當過執政官。

馬略的軍事事業對羅馬共和體制接下來的歷史產生一項——應該是他完全始料未及的——重大影響。首先，獲得指揮權之後，他回到阿非利加指揮軍隊，對抗朱古達。他允許任何自願從軍的公民加入他的軍隊。截至那時為止，羅馬的軍人向來都來自有田產的家庭，除了在緊急時刻例外。以此為徵兵基準，羅馬的兵源制度明顯出現許多問題，而且應該已經存在一段時間了。大格拉古斯會關心那些沒有土地的窮人，背後的原因可能就在這裡；因為假如窮人沒有田產，就無法在軍團中服役。

馬略允許自願者加入軍隊，這個方法打破了羅馬兵制的僵局。但是這個過程卻意外創造了一支完全依賴主將、半專業化的羅馬軍隊——在未來的八十年或八十多年中，這樣的軍隊將給羅馬的內政帶來極大的動盪。這種新式的軍團非常依賴他們的將領，士兵除了分享戰利品，在他們結束服役時，將領還得提供他們安居的配套——最好是土地，讓他們未來的生活有所保障。這個新式軍團的措施影響很大。西元前八〇年，蘇拉強制徵收龐貝城附近的土地，用來安置他的退伍士兵，此舉後來引起當地人與羅馬人發生衝突。像這類的地方衝突、剝削與怨恨的事件很多，西元前八〇年的這個事件只是其中一例。這段時期反覆出現的問題有：分派給退役士兵的土地從哪裡來？誰的土地該被國家徵收？但是影響最大的，卻是個別將領與他們的軍隊所建立的關係。基本上，士兵以絕對的忠誠換取將領的保證，讓他們退役之後可以得到退役配套。此種交換，就其最好的層面看，是他們罔顧國家的利益，就其最糟的角度看，則是他們把國家的軍團變成新的個人軍隊，完全聚焦在將領個人的利益。蘇拉的軍隊，還有後來凱撒的軍隊，士兵全都追隨將領入侵羅馬城，這有部分要歸咎於馬略的募兵制，因為這種募兵制使軍團與指揮官的關係變得密切。

對羅馬共和制的未來同樣重要的，還有公民扮演的角色。馬略之能得到軍事指揮權，那是公民投票轉頒給他的。元老院當時本來已經決定把出戰朱古達的指揮權交給某位將領，但有一位護民官反對，並且發動人民投票，硬把指揮權移交給馬略。這個程序曾在過去使用過一、兩次，用以應付緊急狀況。但是在西元前一〇八年這一年，這場公民投票影響力極大；這次的投票意味著作為整體的人民有權決定誰來帶領羅馬的軍隊，而不是元老院。馬略不負眾望，在非洲打敗朱古達，並將朱古達用鏈子綁著帶回羅馬。不久，又有另一將領的指揮權被公民投票取消。這位將領被越過阿爾卑斯山來的日耳曼人打得一敗塗地，羅馬軍隊損失慘重。在恐慌的氣氛中，羅馬當局極少見地舉辦了一次活人獻祭；之後，這位將領的指揮權也被移交給馬略。再一次，馬略不負所望，不僅贏得勝戰，還把敵人活捉，帶回羅馬。

馬略的晚年十分悲涼。他幾乎已經七十歲了，但是有護民官還想利用公民大會，試圖最後一次把指揮權轉移給他。不過，這次指揮權並沒有成功轉移。因為這是西元前八八年，羅馬要對抗的敵人是米塞瑞達笛斯國王，要帶領軍團的指揮官是蘇拉。蘇拉帶兵打入羅馬，阻止指揮權的轉移（見頁二八九）。蘇拉帶兵出戰東方期間，馬略死了。此時距他當選第七任執行官不過幾個星期；這次他是以「對抗蘇拉」的侯選人被選出來的。據說他臨死前進入恍惚的狀態，言行舉止彷彿已經得到出戰米塞瑞達笛斯國王的指揮權，對他的私人看護發號施令，彷彿他們是即將上戰場的士兵。這真是個令人悲傷的故事，如此一個受幻影欺瞞的老人。不過他所捍衛的原則——公民有權決定海外指揮權的委派——在接下來數十年間，時常會被重新提出。公民大會一而再、再而三地投票，把大量資源交給他們相信最能抵抗羅馬敵人，或最能擴大羅馬領土的人選。事實上，誠如龐培的案例所顯示的，他們這是投票把獨裁者送上臺，使之獲得權力。龐培自稱「龐培大帝」，但是對其他人來說，他是「劊子手龐培」（Pompey the Butcher）。

龐培大帝

西元前六六年，維勒斯的起訴案剛過四年，西塞羅在一場公開集會上對羅馬民眾發表談話，這次的談話主題是帝國的安全。此時的西塞羅已經是法務官，正在往競選執政官的路上邁進。他發表這場演說，目的是支持一位護民官的提案——這位護民官建議把出戰米塞瑞達笛斯國王的指揮權轉移給龐培。過去二十多年來，羅馬與米塞瑞達笛斯國王不時發生戰爭，雙方各有勝負，戰局僵持不下。這個提案即將賦予龐培的權力極大：他幾乎可以全權控制地中海東部大片疆域，而且沒有時間限制；他可差遣的軍隊人數超過四萬人，而且他有權決定和談或戰爭，也多少可以自己決定與哪個國家建立盟約或取消協議。

西塞羅或許真的相信米塞瑞達笛斯國王對羅馬的安全是個威脅，而龐培是唯一可以保護羅馬的將領。米塞瑞達笛斯的王國位於黑海，當時這位國王曾贏得多場勝仗，影響到羅馬在地中海東部地區的利益。西元前八八年，據傳這位國王在一天之中屠殺了成千上萬個羅馬人和義大利人。這起事件惡名昭彰，可說人盡皆知，相當富有神話色彩。米塞瑞達笛斯顯然是利用當地人對羅馬人的普遍仇恨，加上一點點附加的誘因（任何殺了羅馬主人的奴隸都可獲得自由），他在今日土耳其西岸好幾個城鎮同時發動戰爭，攻擊羅馬居民。這次攻擊行動從北部的婆格門，一路延燒到南部的考諾斯（Caunos），亦即愛琴海地區的「無花果之都」，總共殺了八萬到十五萬人，包括男人、女人和小孩。這是羅馬人估計的數字，似乎非常誇大。不過，即使死亡人數僅僅只是接近上述的數字，那也是一場冷血、有計畫的、慘絕人寰的大屠殺。雖然如此，我們也很難揮開下列的想法：亦即經過了西元前八〇年代蘇拉的一連串征戰，到了西元前六〇年代，米塞瑞達笛斯國王很有可能只是一個令人頭痛，但已經不是危險的人物了。這時候的他，可能已經變成羅馬政治圈中一個方便的敵人或可怕的人物，羅馬人可以利用他作為藉口，發動任何利潤豐厚的戰役，還可以利用他來打擊對手，凸顯對手的無能。西塞羅多少承認他比較關注的是羅馬的商業利益，擔心東方地區長時間的戰亂——不論真假，會影響到他們私人的收益，

圖43 米塞瑞達笛斯六世的頭像，刻在他鑄造的其中一枚銀幣上。朝後梳理的髮髮——顯然是刻意經營的造型——令人想起亞歷山大大帝的獨特髮型。米塞瑞達笛斯和龐培「大帝」這兩位新的準「亞歷山大」曾針鋒相對，多次衝突。

還有國家的財政。當然，這其間的界線，他很小心地保持模糊。

為了讓賦予指揮權這個特殊的議案可以成立，西塞羅提到前一年，龐培快速消滅地中海地區的海盜的例子——那一次，人民大會也以絕對多數票賦予龐培這樣的權力。在古代世界，海盜具有雙重意義。一是地方性的威脅力量，二是不具體卻有用的莫名恐懼，大約與今日「恐怖分子」的意義差不多。海盜的範圍也很廣，包括流氓國家的海軍，到偶爾出現的人口走私販子皆是。龐培在三個月內剷除了海盜（這意味著海盜可能不像人們所描繪的那麼難纏）。打敗海盜之後，龐培做了一件不論古今都意義深重的事：重新安置政策。他把海盜安置在距離海岸有一段安全距離的地區，分配給他們一塊土地，讓他們擁有名正言順的生計。即使那些海盜有的就像蘇拉的退伍士兵，只懂打仗，不懂農耕。但是其中有一人確實非常適應新的生活，並且在維吉爾歌頌農家生活的《農事詩》（*Georgics*）中得到一個小角色。維吉爾這部作品寫於西元前三〇年代晚期。在其詩裡，該老人在南義大利的塔倫屯過著平靜的生活。此時他已經成為園藝專家和養蜂達人。海盜人生距他已經十分遙遠；相反的，他現在「在林叢下種植香草，到處種植白色的百合花、馬鞭草和罌粟花。他的精神生活豐富，宛如國王。」

隱藏在西塞羅言論下面的主題是：新問題必須用新方法解決。米塞瑞達笛斯國王帶給羅馬人的威脅，影響到羅馬的商業利益、稅收，還有影響到那些住在東方的羅馬人的生活，而這些威脅必須用新的方式應付。羅馬帝國在過去兩百年持續擴張至今，傳統的官制系統已經做了各式各樣的調整，用以應付海外行省政府的各種要求，並且增加了人力，例如在蘇拉主政的時代，法務官的人數已經增加到八人；而且目前還有一個固定實施的系統，即當選的官員在羅馬的一年任期屆滿之後，他們必須到海外行省工作一或兩年（擔任「代執行官或代行政官」）。然而這些官職始終執行得零零落落的，而且任期很短。但是面對像米塞瑞達笛斯這種敵人，羅馬需要最好的將領。這位將領必須擁有長期的指揮權，有權管理可能會受戰爭影響的全部地區，也必須擁有金錢和士兵來執行任務，不被一般的限制所阻礙。

這個提案遭到反對是可以預期的。龐培是個規則破壞者，而且態度激進，充滿野心。在此之前，他早已公然蔑視大部分羅馬政治的傳統，而多數保守派則非常想要堅守這些傳統。再者，龐培是一位「新貴」之子；他在西元前八〇年代的動亂中崛起，獲得軍事上的優異地位。才二十來歲而已，他就已經在他的隨從和親信當中召集到足夠的人數，組成三個軍團出戰非洲，逮捕了許多蘇拉的非洲對手和敵人的年輕王子。他很快獲頒舉辦勝利凱旋式的榮譽。就在那時，他也獲得一個綽號：「少年屠夫」，而不僅僅只是「恐怖小子」。元老院頒給他西班牙的長期指揮權，讓他去處理一個已經「投靠當地」軍隊的羅馬將領（這是鞭長莫及的帝國必然會遇到的另一個危險），當時的他，既不曾當選任何官職，也不曾出任任何公職。不過，他再一次獲得成功。他在西元前七〇年當選執政官，當時他不過才三十五歲。在擔任這次執政官之前，他不曾當過任何初級官員。這點與蘇拉當時推行的任官規定背道而馳。他對元老院的業務一無所知，但是身為執政官，他又必須主持那些業務，因此他不得不請個有學識的朋友替他撰寫一本手冊，幫他了解元老院的業務與程序。

從西塞羅的演說當中，我們可以感覺到當時有人對這項新指揮權持反對意見，例如他十分刻意強調米塞瑞達笛斯帶來的即刻危險（「每天都有人寄信來，說我們那些行省的村莊是如何如何又被燒毀了」）。這些刻意誇大的說辭顯示：當時的確有人提到用米塞瑞達笛斯作藉口，頒給龐培新權力是太誇張了。然而這些反對的聲音並未被採納，即便那些反對者感覺到他們的恐懼並非沒有根由。接下來的四年中，龐培利用新取得的權力，著手重劃羅馬帝國東部的版圖：從北部的黑海到南部的敘利亞和猶大。就實踐的層面，他一個人絕對不可能完成這份工作，他必定曾得到許多朋友、低階官員、奴隸、顧問等人的協助才得以完成這項大業。但是這次羅馬地理的重劃，其功勞總是歸功於龐培個人。

龐培的權力有部分得力於軍事活動的成果。米塞瑞達笛斯國王很快就被他趕出小亞細亞，回到他在克里米亞（Crimea）的領土。後來他的一個兒子發動政變，把他推下臺，不久他就自殺身亡。除此之外，龐培又在耶路撒冷發動一次成功的圍城——當時有兩個競爭對手在爭奪猶太教最高祭司職位和王位。不過，龐培的大部分權力還是來自於他的政治手法。他審慎地混合外交手法、霸凌手段、巧妙展示羅馬軍力來遂其所願。他花了好幾個月的時間，把米塞瑞達笛斯的王國中心部分轉變成羅馬直接統治的行省，同時也調整了其他行省的邊界，建立數十座新城，確保地方上的國王和君主已經馴服，服從羅馬的統治，就像舊日拉丁盟國臣屬羅馬那樣。

西元前六一年，龐培回到羅馬舉行勝利凱旋式。那是他四十五歲的生日（無疑這是事先計畫好的巧合）。據說當時他穿了一件曾經屬於亞歷山大大帝的披風。他從哪裡找到那件假的或華麗的衣服，我們無從知曉。但是他並未騙過那些精明的羅馬觀察家，他們就和我們一樣，也非常懷疑那件披風的真偽。但是可想而知，他不僅有意借用亞歷山大的「大帝」稱號，也有意仿效亞歷山大的野心，意圖征服遙遠的帝國。某些羅馬人對他這種野心深受感動，但是其他人則顯然對此展演持保留態度。一百多年後，老普里尼（Pliny the Elder）寫到這段歷史時，特別挑出龐培的一個頭像加以批評。那頭像是龐培本人託人製作的，全部由珍珠打造而成。老普里尼十分不贊同地寫道：「樸實的失敗，奢華之勝利。」雖然如此，這裡還有一個更重要的要點：這次凱旋式勝利是羅馬前所未見最明確的聲言，顯示羅馬擴張領土的決心，甚至已經帶有某種征服全世界的意味。在慶賀的遊行隊伍中，有一件戰利品——大概是一顆金色的球——上面刻著的一行文字清楚宣稱：「這是全世界的戰利品。」羅馬的神殿展示一份清單，列舉龐培的各種成就，其中有一句雖然十分明顯，但也有可能有點過於樂觀的話——這句話讚美龐培，說龐培「把帝國的邊界，擴展到地球的盡頭」。

第一位羅馬皇帝

根據龐培擁有的所有條件，他其實可以被稱為羅馬的第一任皇帝。沒錯，後來他留在歷史上的名聲是共和體制的支持者，抗拒凱撒越來越強大的獨立勢力，因此是帝國統治的反對者。但是他在東方的所行所事，還有人們大量施加於他——或他自己爭取——的各種榮譽，這些特定元素非常貼切地展現了後來羅馬皇帝的形象和地位，彷彿羅馬帝國的統治形式和象徵符號，其原型竟來自羅馬在海外的統治模式。這套模式在數十年後由凱撒接收，再過幾年由凱撒的侄孫奧古斯都接手，最後成為義大利和羅馬的政治標準模式。

舉個例子，凱撒是第一個在生前就有頭像印在錢幣上的羅馬人。截至那時為止，羅馬錢幣印的都是死了許久的英雄，凱撒還在世，他的頭像就印在錢幣上，這是一種革新，也是明目張膽地展示個人的權力。此後羅馬的統治者都仿此作風。但是距此大約十年前，東方的羅馬行省人民早已發行印有龐培頭像的錢幣。除了這份榮譽之外，龐培在東方還享有其他誇張的讚美之辭，甚至還有各種形式的宗教儀式予以崇拜，例如德洛斯島就有一群著名的「龐培崇拜者」。許多新城市以他的名字命名，例如「龐培城」或「大帝之城」。他被稱頌為「神的同行者」、「救世主」或者甚至直接被稱為「神」。萊斯沃斯島（Lesbos）的米蒂利尼（Mytilene）有一個月分被重新命名，換上他的名字——就像在羅馬，後來有兩個月分重新被命名，換上凱撒和奧古斯都的名字一樣。

這些對個人的頌讚之詞，許多都有前例可循。亞歷山大大帝之後，從馬其頓到埃及地區的帝王通常多少都會借用神聖的語彙來表達他們的權力。比起現代的一神教，古代的多神宗教對神人之間的界線，大致都採取較為彈性的態度。早期出任地中海東部領土的羅馬將領，有時候也會被人以宗教慶典加以追思或紀念；有些慶典甚至以他們的名字命名。西塞羅任職西里西亞的行省首長時，曾在寫給阿提庫斯的信中提到他拒絕了當地人為他建立神殿的建議。不過，就整體來論，龐培享有的種種榮譽是一個全新的規模。我們很難想像，龐培在東方享受過如此殊榮，在他施展個人權力，重組廣大的領土之後，怎麼可能回羅馬擔任一個平凡的元老，置身於眾多元老之間。表面上，他確實回到羅馬，成為平凡的元老。他也不像蘇拉那樣，領軍攻入羅馬城。但在表面之下，我們仍可看到當時羅馬已經出現種種轉變的痕跡。

龐培規模浩大的建築計畫顯然是個帝國式的革新之舉。他大興土木，建了劇院、花園、柱廊和會議廳，並在這些建築裡陳列著名的雕像作品。早期將領出於感謝神明在戰場上的幫助，往往都會出資建立神殿。但是龐培這些建案的規模遠比過去任何個別將領所建立的神殿都來得宏偉。他這一系列建案是在西元前五五年獻出的。後來的羅馬皇帝都試圖利用閃亮的大理石，在羅馬的城市留下個人的印記；而龐培的這一系列建築可說是首開風氣之先，奠定了我們今日對古代羅馬城市的認識。即使在龐培時代的羅馬，我們已經看到許多跡象顯示人們以宛如神明的語彙來稱頌龐培，就像後世人們稱頌後來的羅馬皇帝那樣。西元前六六年，西塞羅的一篇演說主題即是如此；在談話中，他一再用「神聖」或「神明賜與的」的字眼來形容龐培的才能，強調龐培具有「不可置信的，宛如神明的德性」。到底羅馬人是如何理解西塞羅口中的「神聖」？

圖44　龐培劇場是龐培大帝整個建設計畫的核心，近年有人嘗試加以重構。劇場裡有精心製作的舞臺布景；據一份古老的資料估計，劇場內約可容納四萬個觀眾。這樣的規模與羅馬圓形競技場的大小相當。觀眾席後面是勝利女神（Venus Victrix）的小聖殿，暗示龐培得到諸神支持，也暗示建設劇場的經費來自軍事上的勝利。

我們並不清楚。但在羅馬世界，「神聖」一語並不像今日，是個已經完全過時的語詞。就他們而言，至少龐培具有某種超乎人類範疇的東西。西元前六三年，有兩位護民官提議大家投票賦與龐培特權，讓他穿著勝利將軍的服飾出席戰馬車的比賽表演：他們希望以此方式歡迎他從東方勝利歸來。這個舉動強烈暗示龐培並非常人，而是具有多種神性之存在。

這聽來固然是件小事，但是意義卻十分重大；當然這也不僅僅只是服飾符碼而已。羅馬的傳統中，舉行勝利凱旋式的成功將領所穿的特別服飾，與卡庇多神殿裡的朱庇特神像的服裝是一樣的。彷彿軍事上的勝利，可以讓將領們在舉行凱旋式的時候化身為天神——就那一天而已。這解釋了為何在凱旋式中，那位站在將領後面的奴隸得一再輕聲提醒主人：「記得你（只）是一個凡人。」允許龐培在其他場合穿上勝利凱旋服，無異於賦予他神聖的地位——此種地位，原本只在嚴格的宗教脈絡下，才會賦予成功的將領。想必這是極其冒險的一步，因為據說龐培只嘗試使用這新的特權一次。但是——誠如一位羅馬史家在七十多年後所說的——使用此種特權，「即使一次也太多了。」

個人的成就和名聲與菁英階級的平等概念和權力共享原則如何取得平衡，這是個兩難的問題，也是整個羅馬共和時期最重要的困境。許多羅馬早期傳奇故事都會提到一群魅力四射的英雄在戰場上衝出戰線，與敵人單挑獨鬥。這群不服從的英雄如果給羅馬帶來榮光，他們該因為不服從而接受懲罰嗎？還是該給予獎賞？龐培之前，也有許多聲名卓著的歷史人物，他們的所言所行與國家的傳統權力架構產生衝突，馬略和蘇拉就是明顯的例子。在他們之前的一百多年，阿非利加努斯儘管戰功彪炳，或者因為受到這些聲名所累，羅馬法庭多方設法，幾度試圖削弱他的勢力。他的下半生事實上過著形同流放的生活——這就是為什麼他被葬在義大利南部的莊園，而不是葬在西庇歐家族位於羅馬市郊那座宏偉陵墓的原因。相傳有幾則故事提到他聲稱獲得神明的感應，因為他與神明之間具有特殊的關係，他還幾度到朱庇特神殿過夜。不過到了西元前一世紀中葉，由於環境的改變，此時羅馬的統治格局、相對而來的責任、羅馬的現金資源和人力的調動等等已經遠比一百多年前增大許多，像龐培這類大英雄的崛起，多少已經不是元老院所能阻止得了的。

最後阻止龐培的，是龐培的對手凱撒。凱撒出身古老的貴族家庭，背負著的政治方案與格拉古斯兄弟的激進傳統同一路線。他的野心很大，最終直接帶領羅馬走上獨裁統治之途。但是在那之前，這兩人都是著名的「三巨頭同盟」的一分子。

三巨頭同盟

西元前六〇年，此時龐培已經回返羅馬兩年。這兩年中，他深感挫折，因為元老院至今仍未正式批准他對東方的整頓，反而一再拖延，一件接一件慢慢審查他的建置，而不是一整批同時批准。他像當時其他的將領一樣，急於尋找土地安置退役士兵。克拉蘇是帶領羅馬軍團打敗斯巴達克斯的將領——據傳他也是羅馬最有錢的人。他當時剛剛接手一個國家承包商的案子，但這個承包亞洲行省稅收權的承包商出價太高，公司岌岌可危，克拉蘇正試圖為他們爭取元老院的同意，和元老院重新議價。三人之中最沒經驗，也最沒有錢的是凱撒。凱撒想要競選西元前五九年的執政官，也想爭取一項主要的軍事指揮權。他不願意執行元老院計畫指派給他的任務：監督和管理義大利境內的強盜。這三人各有不同的目標，互相合作似乎是完成目標最好的方式。所以，在一場完全非正式的會談中，他們集中彼此的資源、權力、關係、野心，在短時間內取得他們想要的短期目標，當然也包括他們的長期目標。

對許多古代觀察家而言，這是羅馬共和政府步向瓦解的另一個里程碑。詩人賀拉斯從另一個角度回顧這次瓦解，他單獨挑出西元前六〇年這一年，指出羅馬是在這一年開始發生內戰。當然他用的是傳統的羅馬紀年法，即「馬提勒斯（Metellus）擔任執政官的那年」。賀拉斯是唯一提出這個說法的人。小加圖（Cato the Younger）是老加圖（見頁二四九）的曾孫，也是凱撒最不妥協的敵人之一；他提出的論點是：羅馬城的傾覆不是發生在凱撒和龐培失和的時候，而是發生在兩人成為朋友之時。在某些方面，在幕後決定一切的政治，這觀念似乎比之前發生數十年的公開暴力還要糟糕。西塞羅提到龐培的筆記本裡有一張名單，上面既列了過去的執政官的名字，同時也列了未來的執政官的名字。關於這一觀點，這是很好的描寫。

但是他們三人並未像這幾位批評家所暗示的，全然掌控了羅馬。三人之間有各種壓力、爭吵、競爭；即使龐培真有一本筆記詳列三人屬意的執政官的名字，競選的實際過程有時也會出現逆轉，選出他們完全不喜歡的執政官。然而，他們確實都取得短期的目標。凱撒如其所願地當選西元前五九年的執政官，執行了一系列極像稍早幾位激進的護民官所推動的措施，並且為其他兩人贊助的各種法案護航。他也替自己爭取到高盧南部的軍事指揮權。在他的征戰之下，阿爾卑斯山另一側有一大片區域很快就變成羅馬的領土。

西元前五〇年代的大部分時間裡，三位將領之間的協議一直是羅馬政治的一股重要力量，即使凱撒只偶爾回義大利短暫逗留，克拉蘇在西元前五五年帶兵去攻打帕提亞帝國，從此就不曾回到羅馬。帕提亞帝國的中心位於今日伊朗；在許多方面，帕提亞帝國取代了過去的米塞瑞達笛斯，成為羅馬人最新的恐懼對象。克拉蘇的早死，使他在三人之中所扮演的角色和重要性難以評估。但是他悲劇性的慘敗，遭到恐怖的斬首，還有象徵榮譽的軍旗遭受沒收，這種種羞辱使他在羅馬產生許多同情的共鳴。帕提亞人的決定性勝利發生在西元前五三年，戰爭地點在今日土耳其和敘利亞之間的邊界，史稱為卡瑞戰役（Battle of Carrhae）。克拉蘇的人頭被當成戰利品，送到帕提亞國王的家裡。但是他的頭很快就被當成道具，在尤里庇德斯（Euripides）的《酒神的女信徒》（*The Bacchae*）「演出」被母親斷首的潘修斯（Pentheus）的頭——帕提亞人會喜歡這部作品是一件很有趣的事。克拉蘇的人頭和戰旗一直是帕提亞人最驕傲的戰利品，直到西元前十九年，奧古斯都大帝巧妙運

圖45　奧古斯都在位期間發行的銀幣，慶祝帕提亞人歸還羅馬人在卡瑞戰役中被奪去的鷹旗。帕提亞人身穿傳統的東方褲子，謙恭有禮地獻上鷹旗。另一面則印著榮耀女神的頭像。事實上，軍旗之歸還是羅馬人同帕提亞人協商的結果，不是軍事上的榮耀。

用一項偽裝成軍事成就的外交技巧，這才從帕提亞人手中取回。

西元前一世紀中期，這段時期的種種爭議被西塞羅詳細地紀錄下來。多虧他在這段時期寫了許多書信，而且寫得十分詳細，有時還每天都寫。信的內容充滿未曾證實的謠言、種種二手預測、陰謀的各種暗示、半真半假的傳聞、不可信賴的猜測和種種政治預言等等。他一再重述的典型話題是：「政治情況每天都讓我越來越緊張」，或者「我聞到有一絲絲獨裁統治的氣味」。在這類一再重複的訊息之中，他也寫了一些比較實際的題材，如關於貸款、債務，還有凱撒之勇於冒險，在大不列顛登陸的勝利消息——即使凱撒的這段冒險行動過程很短暫。這些信件提供了難得一見的證據，告訴我們當時政治發展的動向。在古典世界裡，這個紀錄是獨一無二的，可能在西元十五世紀之前，在世界的任何一處都是獨一無二的。話雖如此，西塞羅總是喜歡誇大社會的混亂和政治的崩壞，或至少呈現一個難以和過去幾個時期相比較的畫面。我們忍不住猜想，阿非利加努斯和費比烏斯的世界會是多麼混亂和無情，假如他們有私人書信或日記保留下來？而不僅只是李維和其他史家事後的追記和重構？更有甚者，西塞羅寫得實在太勤快了些，他那批數量驚人的書信，有時簡直會讓我們難以穿越其觀點和偏見，看到事情的真相。

克羅狄斯的生涯就是一個案例。克羅狄斯首次與西塞羅交鋒是在西元六二年年底。當時凱撒的妻子舉辦了一個莊嚴的宗教活動，只有女人可以參加。但是這個場合中卻出現了一個男人。有人懷疑這是情人的幽會活動，不僅僅只是單純的惡作劇。凱撒為了保護自己的名譽，馬上跟他的妻子離婚。他提出的理由名聞遐邇：「凱撒的妻子容不得任何懷疑。」許多人都指責克羅狄斯；他被控上法庭時，西塞羅是以主要證人的身分參加這場審判。結果克羅狄斯被判無罪，但是克羅狄斯和西塞羅從此種下長期的仇恨種子。西塞羅宣稱克羅狄斯動用了巨額賄款才被判無罪，不過他也有可能是錯的。

克羅狄斯後來變成徹底的惡棍，這幾乎全拜西塞羅的敵意所賜。現在他在歷史上留下的形象是一位發瘋的貴族；為了競選護民官，他不僅安排平民家庭收養自己，而且還蔑視整個領養的過程，選了一個比自己年輕的養父。選上護民官之後，他在西元前五八年策畫一系列議案，使西塞羅遭受流放，因為西塞羅之前採取強硬的態度對待卡提林的同黨。除此之外，他還提出一系列法案攻擊羅馬政府的基本原則，並且組織一夥幫派打手，恐嚇街上的百姓。羅馬直到西元前五二年才擺脫這個怪物。這一年，他跟西塞羅一個朋友的奴隸打架，在混亂中被打死了。這場事件被稱為波維拉耶戰役。克羅狄斯這一方的觀點並未流傳下來。但是我們幾乎可以肯定的是：克羅狄斯那一方的故事必然會把他塑造成一個激進的、追隨格拉古斯兄弟傳統的改革者——他當護民官立下的法律當中，有一項是羅馬城民可以免費獲得穀物分配；就像格拉古斯兄弟那樣，他也被一群反動分子和他的混混以私刑處死。事件發生之後，西塞羅在法庭上努力為他的朋友辯護，終究還是無法為他的朋友脫罪。後來他這位朋友被放逐到馬賽，成為維勒斯的鄰居。

西元前五〇年代的政治是一個奇異的混合，我們會看到當中有例常的事務、危險的崩潰、各種或巧妙或絕望的手法，企圖採用傳統的政治規範來面對新起的各種危機。我們很難論斷西元前五〇年代後期的西塞羅究竟是個什麼樣的人物。他安全地坐在書房裡，寫作他的羅馬政治理論——此種處境和作風波利比烏斯想必會覺得很熟悉。但是在這同時，羅馬廣場越來越常發生各種暴動、起義，甚至縱火事件，包括人們為了架設克羅狄斯的火葬堆，不小心把元老院燒掉了的意外。羅馬廣場距離他那棟位於帕拉廷丘的家只不過幾百公尺而已。也許這些理論就是他企圖恢復秩序——至少在他的腦子裡——的手法。其他人應對的方式迥然不同，他們採取更實際的措施，設計出各種勇敢的新發明，例如在西元前五二年，在克羅狄斯被殺之後，龐培被選為「唯一的執政官」。原來元老院對蘇拉的獨裁統治記憶猶新，所以決定把傳統上總是由兩人分享的權力交給龐培，不再訴諸獨裁官這樣的方法。這一次元老院的賭注下對了。在幾個月的時間裡，龐培不僅把羅馬城的秩序整頓起來，還招收了一個同事跟他共同執政，儘管這位同事也是他的家人：他的新岳父。

較成問題的是凱撒的同事所採取的，或被迫採取的策略。凱撒這位同事名叫畢普勒斯（Marcus Calpurniu Bibulus），西元前五九年的執政官。他對凱撒提出的法案大都堅決反對，這引起凱撒支持者的不滿，因此羅馬人端出他們表達不滿最常使用的武器——糞便，並將之灑在他身上。而且他後來多少被軟禁在家中，無法以任何正常的方式發表反對的意見。然而他留在家裡也並沒有閒著；他不時派人傳出消息，宣布他「正在觀察天象」，尋找訊號和徵兆。這個舉動背後顯然有其宗教和政治力量之運作。神明的支持是羅馬政治的基柱，而且這也已經成為基本公理：人們必須等到完全沒有凶兆，才可以作出任何政治決定。但是「觀察天象」從來不曾被人故意用來干擾政治行動，其存在的本意也不是如此。支持凱撒的人宣稱畢普勒斯是在非法操縱宗教規則。不過，這項爭端從來就不曾解決。不確定是這段時期的典型特色。另外就是羅馬人嘗試用舊規則來解決新問題所遇到的各種困難。這些不確定因素和困難是如此繁多，以至於所有在西元前五九年執行的公共事務，在很多年之後依然呈現混沌的狀態，難以釐清。到了西元前五〇年代末，西塞羅仍在猶疑克羅狄斯的領養案是否合法？龐培安置退役士兵的手法是否合法？所有法案是否都恰如其分地通過了？或是還沒通過？總之，許多極為不同的意見，在這段時期都有可能被提出討論。

然而，該時期最急迫的政治議題並非直接來自羅馬，而是來自高盧的凱撒。凱撒在西元前五八年離開義大利，執行一項五年的任務，之後這份指揮權在西元前五六年又再延長五年。對此，西塞羅曾熱情表示支持，至少他曾公開點出高盧人的危險，有待凱撒帶兵鎮壓，就像他之前也指出米塞瑞達笛斯國王充滿危險一樣。凱撒寫了一部七卷的《高盧戰記》（*Commentaries on the Gallic War*），描述他在高盧的戰役。這部作品編輯自他正式被派往前線之後，每年寄回羅馬的戰況紀錄。這部書一開始，有一句著名而簡樸的開場白：「整個高盧地區，可分為三部分。」這部作品與色諾芬（Xenophon）的《遠征記》（*Anabasis*）齊名——色諾芬此書寫於西元前四世紀，記敘他與一支希臘傭兵的征戰事蹟。這兩部著作是古代流傳至今，唯一詳細紀錄而且都是親眼目睹的古代戰爭記事作品。當然，凱撒的作品並不真的完全都是中立的紀錄。他很懂得經營自己的公共形象，《高盧戰記》因此是一部精心設計之作，既為他的行事辯護，也展示他的軍事技巧。這也是一部我們或可稱為帝國人種論的早期著作。從西塞羅寫於西里西亞的書信中，我們完全看不出他對當地風光人情有任何興趣。但是凱撒不同，凱撒對他所看到的異國風俗深深著迷；從高盧人的飲酒習慣，包括某些部落粗暴的禁酒習俗，寫到德伊魯祭司（Druids）的宗教儀式。在他筆下，我們看到一份從羅馬人的視角產生的人物紀錄。凱撒對這些人顯然一無所知，但這部作品依然是一部很好的作品；現代史家討論歐洲北部地區的前羅馬文化時期，他的作品仍然是最基本的參考之作。諷刺的是，他即將永遠加以改變的，也正好是這個文化。

仔細閱讀《高盧戰記》，任何人都可看出羅馬人對北方敵人是感到多麼焦慮，還有凱撒是多麼想在戰場上打敗他的競爭對手。這份恐懼，加上替羅馬爭勝的意志驅動了十年的高盧戰爭。最後，凱撒替羅馬占領了許多的領土，遠比龐培在東方所占領的領土為多。凱撒甚至還橫渡了羅馬人口中的「大洋」，亦即隔開他們的已知世界與廣大的未知世界的大洋，並且短暫地登上了不列顛那座遙遠且奇異的小島。這一象徵性的勝利消息傳到家鄉，甚至贏得詩人卡圖勒斯的注意，在其詩中提到他「前去拜訪『凱撒大帝』的紀念碑：高盧的萊茵河（Rhine）、洶湧的大海和遙遠的不列顛。」

凱撒的高盧之戰替現代歐洲的政治地理打下了基礎。但是在這過程中，他的軍隊也在那整個地區屠殺了將近一百萬人。如果我們想像高盧人是個愛好和平的無辜部族，平白無故遭受凱撒的軍隊蹂躪，那我們就錯了。西元前一世紀初期，有一希臘旅人到高盧地區旅行，他非常驚訝地看高盧人家家戶戶門前隨意插著木樁，樁上插著敵人的頭顱。這種現象，他最後在文中承認看久了，他也就習慣了；再者，高盧的僱傭兵曾在義大利賺了很多錢，直到羅馬興起，才結束了他們的市場。雖然如此，凱撒在戰場上屠殺了那麼多人命，這件事，即使是羅馬人也無法接受，加圖即是其一。部分出於他對凱撒的敵意，部分出於偏頗之心和人道主義的動機，加圖建議把凱撒移交給高盧部落審判，因為凱撒的軍隊殺了這些部族的女人和小孩。老普里尼後來試圖清點凱撒軍隊殺害的人數，很出人意料之外地，他以極其現代的詞彙指責凱撒「犯下了有違人道的罪」。

接下來最迫切的問題是：離開高盧之後，凱撒將何去何從？從西元前五八年起，他在高盧一待就將近十年；這十年中，他已經累積了大量的權勢和財富。這樣的他，該如何融入羅馬平凡的政治主流團體？一如既往，羅馬人以高度專業的法律語彙來討論此事。這裡頭有許多激烈和種種實際的爭議出現，例如凱撒該在哪天解除他的軍權？他是否可以直接就任下一任的執政官？因為如果他失去了官職，成為普通公民，這樣就會產生一個空窗期。在此空窗期內，羅馬任何階級的人都可能被起訴。除了西元前五九年的事有法律爭議，他還有許多可能會被起訴之處。一方面，有一些人——不管是出於個人或原則上的理由——想要把凱撒拉下臺，削弱他的影響力；另一方面，凱撒和他的支持者則堅決反對，認為拉他下臺有損他的「尊嚴」（*dignitas*）——這是羅馬獨有的觀念，結合了影響力、個人威望和受人尊敬的權利。不過，潛藏在底下的議題其實極其簡單。凱撒手上擁有四萬軍力，而且就部署在離義大利只有幾天的路程之外，他會不會依循蘇拉或龐培的先例，入侵羅馬？

一直到最後，龐培始終很謹慎地留在論爭的邊緣，不做任何評論。直到西元前五〇年代中期，他仍在試圖為凱撒尋找一個合理而且體面的離場策略。那一年的十二月，元老院舉行投票，其中有三百七十的多數票要求凱撒和龐培同時交出兵權，只有二十二票反對。其實龐培當時人在羅馬，但是打從西元前五五年起，他藉著某種巧計，一直擔任著西班牙行省的總督，透過代理總督，遠端統治行省——這是羅馬人另一項聰明的設計，在龐培之前未曾有人如此做過，但是之後卻成為羅馬皇帝治國的標準模式。元老院此時的無能，可從這場投票的結果非常清楚地看出來。對於這次投票結果，龐培根本不理會。凱撒與元老院談判數回合，眼見談判無效，他終於決定帶軍入侵義大利。

擲骰子吧！

大約在西元前四九年的一月十日左右，凱撒領著一支從高盧帶回來的軍團，渡過義大利北部的邊界地標盧比孔河（Rubicon）。不過，凱撒實際渡河的日期我們無法確知，連盧比孔這條歷史上最著名的河的確切地點我們也無法確定。比較有可能的狀況是：那是一條小溪，而不是大家腦海裡想像的湍急大河。而且，儘管古代史家費盡心思，試圖美化凱撒的渡河事件，例如描寫神明戲劇化的現身、奇異的徵兆、預示未來的夢兆等等，但是當時的現實環境可能十分平凡。對我們來說，「渡過盧比孔河」代表「走向無可回頭的路」；但是對凱撒而言，渡過盧比孔河並沒有這層意涵。

凱撒帶軍進入羅馬的這一趟旅程中，他身邊有個名叫波利奧（Gaius Asinius Pollio）的歷史學家；這位歷史學家也是個元老，羅馬第一座公共圖書館就是他創建的。根據波利奧的說法，凱撒經過

圖46　凱撒的雕像？除了錢幣上的許多小肖像，現代考古學的目標之一就是尋找真實可靠的凱撒雕像。他死後塑造的「雕像」有數百件，但生前製作的雕像卻十分難找。藏於大英博物館的這尊雕像，一度公認是他的雕像，不過現在有人懷疑這座雕像是偽造的。

一陣遲疑之後，終於來到盧比孔河邊。這時，凱撒引了雅典喜劇作家梅南德（Menander）的一句希臘文臺詞：「擲骰子吧！」從字面的意義看，這是從賭博遊戲借用的片語。一般常見的英文翻譯是：「骰子已經擲下！」——再一次，這句譯文暗示凱撒正要採取的，是一個已經無可撤回的行動。相較之下，凱撒的希臘文更像是一種不確定的表達，一種反正現在一切掌握在神明手裡，讓我們擲下骰子，看骰子落在哪裡再決定怎麼做吧！誰知道接下來會發生什麼事？

接下來發生的，是四年的內戰。凱撒那些住在羅馬的支持者趕到義大利北部加入軍團。龐培則被推上臺，負責指揮「對抗凱撒」的軍隊。但他決定離開義大利，到駐在東方的權力基地展開戰事。西元前四八年，他的軍隊在希臘北部的法爾沙魯戰役（Battle of Pharsalus）中吃了敗仗，龐培試圖逃到埃及尋求救援，不料卻被謀殺了。凱撒固然以行動迅速著稱（*celeritas*〔速度〕是他的其中一個稱譽），但是他也花了三年多的時間，一直到西元前四五年才打敗非洲和西班牙的對手，同時把米塞瑞達笛斯的兒子兼篡位者法納西斯（Pharnaces）所引起的動亂鎮壓下來。從他渡過盧比孔河到西元前四四年三月遭受暗殺為止，他只偶爾回到羅馬短期居留，最長的一次是西元前四五年十月，那一次他總共在羅馬住了五個月。從羅馬城居民的觀點來看，大多數的時候他是個缺席的獨裁者。

就某些方面來看，龐培和凱撒之間的內戰與過去的同盟之戰一樣奇怪。到底有多少人直接介入他們的戰爭，這點很難確定。義大利大部分居民，還有羅馬帝國的大部分居民，他們的主要考量大概是避免不小心捲入兩軍的鬥爭，或盡可能遠離突然在義大利爆發的犯罪風潮。只有在很偶然的情況下，處於邊緣的尋常人物才會得到公眾的注意：法爾沙魯戰役之後，龐培在希臘海岸落水，好心把他從海裡救起的商船船長佩迪修斯（Gaius Peticius）是其一。另一位則是去勢祭司蘇特利德（Soterides），他把他對男性「同伴」的憂慮刻在石頭上——他的這位同伴跟一群當地志願者出海，並且被俘下獄。至於死忠的支持者可分為兩種。一方是凱撒的支持者，他們擁護凱撒的政治計畫，而且明顯擁護他的獨裁統治——西塞羅認定這就是平民自然而然會支持的政體，也是平民的利益之所在。另一方的成員較為混雜，基於各種不同的理由，他們不贊同凱撒的作為，也不喜歡凱撒試圖建立的權力。在這其中，有一小群人可能很有原則，但也可能非常不切實際，例如加圖；西塞羅即指出加圖「講得好像他就生活在柏拉圖的《理想國》，實際上他是處在羅慕勒斯的茅坑裡」。不過那要等到後來，等到早期帝政時代，等到人們開始對共和時代產生浪漫的懷舊情緒，他們這群人才會全部重新被創造成自由的鬥士、自由的殉道者，團結在一起反抗獨裁統治。諷刺的是，他們名義上的領袖龐培其實就跟凱撒一樣，也

圖47　救了龐培的佩迪修斯，他的家族是活躍於地中海東岸好幾個世紀的商人。在義大利北部找到的這塊墓碑屬於他的一個後裔。墓碑上刻著一隻載滿貨物的駱駝，這駱駝想必和他們在海外生意有關——甚至可能就是他們的商標。

是個獨裁者。誠如西塞羅所看到的，不管哪一方贏得勝利，結果都大同小異：羅馬的淪落為奴。所謂自由與獨裁統治之間的戰爭，其實是在兩個相互競爭的皇帝之間做一個選擇而已。

雖然如此，我們還是看到一項重大的改變：羅馬的內戰現在已經蔓延到所有已知的世界。蘇拉與他的敵手開戰的時代，當時只偶爾出現幾起位於東方的戰事；凱撒與龐培的戰爭則在整個地中海地區開打，從西班牙到希臘到小亞細亞全部淪為他們的戰場。許多著名人物在距離羅馬十分遙遠的地方結束了他們的一生。凱撒西元前五九年的執政官同事畢普勒斯死於靠近考爾夫（Corfu）的海中，當時他正試圖封鎖希臘海岸。米羅（Titus Annius Milo）是當初殺死克羅狄斯的凶手；他離開放逐之地後，就去參與龐培軍隊的起義活動，結果在義大利的最南部被一顆飛石打死。加圖則是以一種難以想像的可怕方式自殺身亡。當時他住在一座名叫優提卡（Utica）的城鎮，亦即今日突尼西亞海岸附近。當他確定凱撒贏得戰爭後，便拿劍自殘。根據一百五十年後一部傳記的記載，他起初只是刺傷自己，他的朋友和家人試圖救他，找了醫生來看他。但是他推開醫生，自己從開著的傷口拉出腸子，堅決赴死。

埃及也在這場內戰中扮演一個重要的協助者角色。西元前四八年，曾經統治羅馬的龐培大將軍在埃及走到人生的終點。在埃及上岸時，他本來預期會受到熱烈的歡迎，結果卻被當地國王的侍從砍頭而死。該位國王精打細算，以為他替凱撒除掉敵人，可以因此獲得凱撒的賞識。許多羅馬作家（包括西塞羅）回顧這段歷史時，都覺得龐培死得不得其所，要是早幾年死了，例如死於西元前五〇年那場重病，對他或許是個比較好的結局。這是他們對他的評斷：「他的生命比他的權力長」。謀殺龐培，這對謀殺者來說，證明是錯誤的一步。幾天之後，凱撒來到埃及。當看到龐培醃製過的頭，當場掉下淚來。很快地，他就與該位國王的競爭者結盟，協助該競爭者爭取王位。這位競爭者不是別人，就是克麗奧佩特拉王后（Queen Cleopatra VII）。克麗奧佩特拉王后最為知名的故事是在下一輪的羅馬內戰，她在那一場內戰與安東尼結盟，兩人既是情侶，也是政治夥伴。不過此刻她的興趣是凱撒。她與凱撒共譜一段公開的戀曲，而且還為凱撒生了一個兒子，如果她的說法可信的話。

回到羅馬之後，凱撒舉行勝利凱旋式遊行，展示他從整個羅馬世界獲得的各種戰利品，有的是活的，有的是死的（見彩圖9）。這時是西元前四六年，他回到羅馬小住，元老院趁機為他舉行凱旋式，慶賀他的成就。遊行隊伍中，展示的俘虜除了高盧的叛將弗辛傑托利（Vercingetorix），還有克麗奧佩特拉的同父異母妹妹——這位妹妹在埃及的權力鬥爭中選錯了邊，在遊行隊伍裡，他們安排她站在一座亞歷山卓燈塔的模型旁邊。凱撒在黑海附近打敗了米塞瑞達笛斯的兒子法納西斯，這件戰功也被紀錄在一張海報上，一起在這次凱旋式中展示。這張海報上寫著全世界最知名的一句口號：「我來，我見，我征服」（*veni, vidi, vici*），意圖刻畫凱撒贏得戰爭的速度之快。但是遊行隊伍的海報之中，出現一個令人不安的訊息。勝利的遊行，本來是展示羅馬人對外國敵人的勝利，不是展示羅馬公民的失敗。凱撒的海報中，有幾張描繪了龐培軍中幾個主要首領的臨終時刻，如拉出腸子自殺身亡的加圖；投海自殺的梅提魯斯（Metellus Scipio）等。這幾張驚悚的海報，這種得意揚揚的炫耀令許多人覺得反感。當這幾張海報被抬著經過羅馬大街時，民眾當中有人忍不住流下了眼淚。回顧這段史事，這裡出現一個奇異的預示：不到兩年後，凱撒遇到他自己血淋淋的命運。

三月望日

凱撒在西元前四四年三月十五日，亦即羅馬曆法三月望日這天遇刺身亡。在當時，地中海大部分地區的內戰算是已經結束了。龐培的兒子塞斯圖斯（Sextus）在西班牙行省仍擁有至少六個軍團，持續為他父親未竟的事業而戰。凱撒正在集結一支將近十萬士兵的龐大隊伍，準備進攻帕提亞帝國。按照他的打算，這次進攻一來可洗刷克拉蘇在卡瑞戰役中戰敗的恥辱；另外，這也是一個大好良機，可以藉由打敗外國敵人而獲得軍事上的榮譽，不必對付羅馬對手。他原本預定在三月十八日離開羅馬，征戰東方。沒想到三月十五日這一天，一群不滿的元老，大約二十來個左右，再加上十幾個或主動參與或被動參與的元老一起動手殺了他。

很恰當的是，謀殺案就發生在新建的元老院，而且就在龐培的雕像前——凱撒的血甚至濺上雕像的底座。這座元老院是龐培興建的，與新的劇院建築相連。莎士比亞在《凱撒大帝》（*Julius Caesar*）重新建構凱撒遇刺這個主題；自此，以自由（*libertas*）之名謀殺羅馬皇帝的故事於是成為樣板，作為推翻或暗殺暴君的最後手段，例如殺害林肯的凶手布斯（John Wilkes Booth）會用「望日」作為謀殺日期的暗號，這並不是偶然。但是如果我們回首遙望羅馬歷史，我們會發現羅馬史上發生好幾起政治人物的謀殺案，這群政治人物的特色大致是受人歡迎、行動激進，但是最後不免因權力激增而引起爭議。最早是西元前一三三年大格拉古斯之遭受暴徒打死，最後一個是凱撒的遇刺。我們要問的一個問題是：凱撒究竟想做什麼事？究竟是什麼事那麼難以被那群元老接受，以至於暗殺成為唯一的解決方式？

凱撒雖然很少在羅馬露面，可是他發起的許多改革計畫甚至遠遠大於蘇拉的規模。他的其中一項改革計畫，其成果至今仍然控制著我們的生活。原來凱撒在亞歷山卓遇到幾位科學家，藉著他們的幫助，他給羅馬引進新曆法，亦即後來成為現代西方的計時系統。傳統的羅馬曆一年只有三百五十五天，好幾個世紀以來，羅馬人都要仰賴祭司不時加入一個額外的月分，以便人民的日曆與自然季節相符。不知道是什麼原因——可能缺乏專業經驗和無心於此——羅馬人過去一直無法把曆法的計算弄清楚，其結果就是日曆和自然歲時有時候會出現好幾個星期的誤差，亦即收穫祭典的時候到了，可是田裡的作物還在生長，或日曆上已經是四月了，可是感覺上卻是像二月（真的是如此）。事實是，研究羅馬共和時代的歷史一直都存有一種危險：你不能把任何史書上的日期視為天氣的準確指標。凱撒雇用亞歷山卓的專家，一舉把過去曆法上的錯誤糾正過來。自此以後，羅馬訂定一年為三百六十五天，每隔四年，就在二月底增加一天。這是他拜訪埃及最重要的成果，遠比他與克麗奧佩特拉王后的風流韻事更為重要。

凱撒推行的其他措施看來十分熟悉，讓人想起數百年前出現過的幾個主題。例如他成立好幾處海外殖民區，用來重新安置羅馬城裡的窮人——這個措施延續的是小格拉古斯的倡議，即在迦太基建立殖民地，安置人民。這回凱撒成功了。大概是因為這項措施，領取免費穀物的人口至少減少了一半，大約總共減少了十五萬人次左右。他也賦予居住在義大利北部，比如遠至波河（the Po）對岸的居民羅馬公民的資格；而且至少曾向元老院提議把拉丁身分賦予西西里居民。但是他最具野心的計畫是全面修訂羅馬政府組織，包括讓羅馬乃至整個義大利地區的各種政府組織予以規則化，甚至予以微觀管理。這些管制措施的範圍很廣，例如明文規定誰能擔任當地義大利社區的官員（挖墳人、拉皮條的、演員或拍賣商皆不能任官，除非他們已經退休）、道路維護（房屋所有人得負責修繕門前的走道）、交通管理（重型交通工具不能在白天進入羅馬，除非他們運載的貨物與神廟的建築或修繕有關，或者為了移除拆卸下來的碎石）等等。

凱撒除了修改曆法，他本身也成為曆法的一部分。可能在他還沒被暗殺之前，羅馬人就把其中一個名為奎因提里斯（Quintilis）的月分改為朱里亞斯（Julius），亦即我們的「七月」（July）。羅馬史家並不總是會把年表訂立清楚。但是這種榮譽總是有點太超過了，即使這是順服的元老在他生前投票賦予他的榮譽。另外，他多少也在行政上接管了民主的程序。以上這些加總起來，可能就是激起致命反抗的主因。再來，還有幾件遠比把頭像印在錢幣上嚴重的事：他被允許穿著凱旋服飾出席幾乎任何他想去的場所，包括戴上代表勝利的桂冠——他覺得那頂桂冠很方便，可以蓋住他的部分禿頭。元老院似乎也承諾給他蓋座神殿，以他的名譽設立祭司隊伍；當時羅馬任何神殿裡，幾乎都可看到他的雕像。他個人的府邸甚至即將要裝上三角牆作為裝飾，使他的府邸看起來像一座神殿，亦即神明的家。

在羅馬的政治脈絡裡，最糟糕的事大概就是傳聞他有意稱王。在一個非常著名但是情況有點混亂的場合裡，大約就在他遇刺的一個月前，安東尼——他忠誠的副手兼那一年的執政官——利用盧帕卡利亞的宗教慶典，給他獻上一頂王冠。那必然是一項精心設計的宣傳手法，而且有可能是為了測試民眾的反應而設計的。觀禮的民眾看到安東尼給凱撒獻上王冠時，他們會歡呼嗎？如果他們歡呼了，那是不是就代表他可以接受那頂王冠？即使在當時，凱撒的反應和該事件的整體訊息都是混亂不清、議論紛紜。他是不是曾像西塞羅所說的，吩咐安東尼把那頂王冠送到朱庇特神殿？他是否曾堅持朱庇特才是羅馬唯一的王？或者那頂王冠被丟向觀眾，然後再被戴上凱撒的一座雕像頭上？真是個令人十分困惑的狀況：到底他說了「不了，謝謝你」？還是「好的，麻煩你」？

即使他說了「不了，謝謝你」，但是其實自從西元前四九年起，他就以擔任各種形式的官職，慢慢一手控制了羅馬政府，而這樣的獨裁者地位，對某些人來說似乎是很危險的。他首先被選為短期獨裁官，負責執行次年的執行官選舉。這是個完全符合傳統的職務，只除了他親自監督自己的選舉過程這個部分完全不符合傳統。西元前四八年，在他贏得法爾沙魯戰役之後，元老院再度授與他擔任一年獨裁官，然後在西元前四六年再追加十年。最後，到了西元前四四年年初，他終於成為終身獨裁官。對一般觀察家而言，終身獨裁官的地位與稱王，這兩者似乎很難說得出當中有什麼分別。在擔任終身獨裁官的任期內，凱撒有權直接提名候選人參加「選舉」，而在幕後控制選舉方面，他的手法又比龐培的那張執政官名單有效率多了。西元前四五年末，他引起了一陣大騷動。那年的最後一天，有一位現任執行官死了。凱撒立刻召集會議，選了他的朋友雷比魯斯（Caius Caninius Rebilus）補上空缺，當了半天的執政官。針對此事，西塞羅寫了許多笑話，例如他嘲笑雷比魯斯，說他是多麼警醒的執政官呀，「他在整段任期內從來沒睡過覺」；「在雷比魯斯擔任執政官的時候，沒人曾吃過早餐」，「是誰出任雷比魯斯的執政官夥伴？」等等。如同其他許多比較保守的元老，西塞羅其實亦被凱撒此舉激怒了。對選舉活動動手動腳，這幾乎可說是羅馬政治生活裡最糟糕的一件事了，因為這代表凱撒不把被選上的羅馬共和政府官員當一回事，認真對待。

現在回頭看來，凱撒最好的特點似乎與共和政府的傳統大相逕庭。這實在十分諷刺。凱撒的待人處事，表現出極大的「克里曼提亞」（*clementia*）或慈悲（mercy），與其懲罰，他總是原諒敵人，而且他曾公開宣布停止對羅馬人施加殘忍的懲罰，假如他們放下對他的敵意（加圖、梅提魯斯和大部分高盧人則是另一回事；他們罪有應得）。內戰結束後，凱撒曾赦免好幾個原本在龐培陣營裡的將領，其中有幾個人後來還加入暗殺他的隊伍，布魯特斯就是其一。就很多方面來看，「克里曼提亞」是凱撒獨裁統治生涯中的一個政治口號。但是這個口號激起的仇恨，幾乎和感激一樣多。其中一個簡單的理由是：「克里曼提亞」在某些方面也許可能是一種美德，但是這是一種完全屬於君主的美德，亦即只有那些擁有生殺大權的人，才有可能如此施恩。換句話說，「克里曼提亞」是站在羅馬共和強調的「自由」的對立面。加圖據說就是為了逃避凱

圖48　這是羅馬「解放者」在凱撒遇刺的次年（西元前43-42年）發行的銀幣。銀幣的一面歌頌贏來的自由：銀幣的中央是奴隸獲得自由所戴的傘狀帽，兩側配上立功建業的匕首。下方則是著名的日期：EID MAR（即三月望日）。另一面是布魯特斯的頭像。然而這頭像所顯示的訊息相當不尋常，因為羅馬錢幣上的活人肖像通常被認為是獨裁政權的象徵。

撒的施恩才自殺的。

所以，當布魯特斯和其他曾獲得凱撒原諒，並得到第二次機會的人，後來轉而暗殺他，這就不單只是一個忘恩負義的事件而已。部分當然是如此。但是部分也是暗殺者心中的「自由」概念所使然，因而使之產生維護個人利益，宣洩其不滿的情緒。雖然如此，他們也護衛了兩件事，一是自由；二是共和傳統重要的一個觀點，即回到羅馬的神話故事：布魯特斯的遠祖在驅逐塔克文家族之後，成為羅馬第一任執政官的那一刻。事實上，這群暗殺者後來發行的銀幣即強調了這一點。他們在銀幣上印製了一頂獨特的帽子，亦即「自由之帽」（*pileus*/cap of liberty），也就是奴隸獲得自由後所戴的特殊帽子。這枚銀幣傳達的訊息是：羅馬人已經得到解放了。

羅馬人果真得到解放了嗎？我們即將看到的是，羅馬人獲得的，其實是一種極為奇異的自由。如果刺殺凱撒成為除掉暴君的有效方法，這起事件也是一個有力的提醒，亦即除掉一個**暴君**，並不代表除掉**暴政**。儘管暗殺者有那麼多口號、那麼大的勇氣、那麼高標的原則，事實上他們所帶來的，或人民所獲得的，卻是一場冗長的內戰，而且獨裁統治自此以後亦成為永久的政治結構。不過這是第九章的故事。我們姑且在這裡轉移視線，先看看某些對羅馬史同樣重要，但是向來卻隱身在政治與重大事件幕後的某些課題。

第八章

大後方的家園

公領域和私領域

羅馬史的其中一個面向是政治、戰爭、勝敗、公民以及重要人物在公共場合中互動的所有紀錄。在敘述羅馬如何從臺伯河畔一個簡陋小鎮轉變成地方勢力，再進而轉變成跨國強權時，我大致已經描繪了羅馬這個面向的歷史。這種激烈的轉變，每一個面向幾乎都是競爭與戰鬥得來的，有時還是名副其實的戰鬥：人民對抗元老權勢的權利、自由的意義以及自由如何獲得保證、羅馬的統治力量是要實施或不要實施於他們佔領的地區、帝國對羅馬傳統的政治與價值所造成的衝擊——不論好壞。在這轉變的過程中，他們創造了某種新版的公民身分——在古代世界裡，羅馬人第一次提出這種版本的身分選項。希臘人曾偶爾分享公民身分，卻都是臨時措施，而且只存在於兩個城邦之間。羅馬人之堅持把雙重公民身分視為常規，亦即人民可以成為兩個地方的公民或把兩個地方視為家鄉——這是一種創舉；這是羅馬人的發明，也是羅馬人在戰場上或其他地方獲得成功的基礎。這種共享公民身分的做法影響深遠，一直到二十一世紀依然如是。這是羅馬人的革命，而我們是這次革命的繼承人。

這樣的故事當然有其他許多無法清楚表述的面向。只有直到西元前一世紀，只有在十分偶然的情況下，我們才偶爾在羅馬歷史的人敘事裡，發現尋常小老百姓、女人、窮人或奴隸所扮演的角色。到目前為止，我們已經看過好幾個這樣的小角色：阿司庫倫鎮那位在舞臺上被嚇壞了的喜劇演員；那個說話大聲大氣，隨口辱罵小格拉古斯支持者的隨員；那位擔心朋友去參加內戰的去勢祭司；那隻在費迪納的可憐貓咪——被困在燒毀小屋的大火裡，無法逃生。在羅馬史的後期，我們可以找到許多關於這個群體的史料，得以了解上述這個群體的種種。本書接下來的其他部分，這群人也會占據比較重要的位置。不過，羅馬數百年的早期歷史，其所留下的史料大部分只展現那些具有優先地位的單一面向，即使菁英階級的羅馬男子，我們也只能看到他們的單一面向而已。我們因此很容易得到一個印象，認為羅馬歷史裡的主要角色只跟政治權力等重大議題有關，其他的一切都不算，彷彿刻在他們墓碑上那些輝煌的征服、軍事技能、透過選舉進入政治圈就是他們生活的一切，既是他們存在的開始，也是他們存在的結束。

事實並非如此。我們至此已經稍稍看過羅馬人的生活，還有他們在其他方面的興趣，例如他們樂於觀賞「男孩遇到女孩」的喜劇、他們寫詩、他們學詩、他們聆聽來訪的希臘大使講述文學課程。我們不難想像波利比烏斯在羅馬過的日常生活：他思考參加過的葬禮的意義；他的人質朋友計畫大逃亡的那天，他做了一個精明的決定：宣稱他生病在家。老加圖想到讓迦太基的無花果滾下托加袍這一招時，他必然覺得十分快樂——他的這種樂趣，我們也不難重新想像。但是，只有到了西元前一世紀，我們才開始擁有豐富的史料，讓我們看到羅馬菁英階層除了戰爭和政治之外，他們心中念念不忘的其他所有事情。

這些事情很多。我們看到他們對自己的語言開始感到好奇，例如有一多產的學者寫了二十五本書探討拉丁文的歷史、文法和字源。他們熱切探討科學問題，包括宇宙的起源。他們也開始展開神學上的論辯，討論諸神的本質；路克里修斯（Titus Lucretius Carus）寫有一部哲理詩集《論萬物的本質》（*On the Nature of Things*），討論種種怕死的愚蠢。這是古典文學當中一部精采的作品，即使到了現在，這部詩集也是一盞指引人生方向的明燈，例如這個至今依然發人深省的論題：「那些不存在的，無法後悔他們的非存在」。要了解羅馬名人的各種愛好、擔憂、樂趣、恐懼、煩惱，最主要的來源是一千多封西塞羅與友人的私人信函。西元前四三年他死後，這些信件經人收集、編輯並公開出版。這批信件一直被人閱讀與研究至今。

誠如我們前面曾經看到過的，這些信裡有許多流傳在羅馬政治最高階層之間的閒話。雖然如此，這些信也揭露許多西塞羅在西里西亞擔任行省總督時，他在前線所看到的種種內幕，這些都是很難得的重要資料。同樣重要的是，這批書信也顯示占據他注意力的其他事情，包括面對卡提林、面對三巨頭、計畫出兵突擊滋事的當地部族，或猶豫著不知道在內戰期間究竟該效忠於誰。除了擔心政治與軍事這些危機，他同時也擔心金錢、嫁妝與婚姻的問題（女兒的婚姻，還有他自己的婚姻）；他哀悼他所愛的人的死亡，跟妻子的離婚；他抱怨胃不舒服——在吃了一頓不太尋常的晚餐之後。他嘗試追捕逃走的奴隸，想辦法取得幾尊好看的雕像來裝飾他的一處住宅。在羅馬的歷史裡，這還是第一次（幾乎也是唯一的一次），我們看到關上大門之後的羅馬人，還有他們日常生活裡的其他面向。

本章接下來追述西塞羅在信中提到的幾個主題。首先我們從他的內戰經驗和他在凱撒獨裁統治下的經歷開始——這些經驗有時混亂不堪，有時則充滿黑色幽默；此外，還有那些遠比我們想像中更加甚囂塵上的口號——關於自由，也關於慈悲的口號。接著我們會轉向某些很容易遺失在種種政治爭議、外交協議和軍事征戰裡的基本問題，如羅馬人預期自己會活多久？他們幾歲結婚？女人擁有什麼權利？有錢有勢的羅馬人大都過著豪奢的生活，但他們的錢從哪裡來？奴隸的生活狀況又是如何？

內戰的其他面向

西元前四九年，西塞羅很煩惱；在理智上，他很清楚知道凱撒和龐培兩人半斤八兩，不管他支持哪一方都沒什麼差別。不過，經過好幾個星期的猶豫掙扎，他還是決定不要保持中立：他決定投入龐培的陣營。他離開羅馬，搭船到希臘北部加入龐培的軍隊。凱撒和龐培這兩個政敵都跟西塞羅沒什麼往來，可是西塞羅畢竟還是一個重要的名人，兩人都不想得罪他，公開與他為敵。不過西塞羅有一些令人很受不了的習慣，使他成為龐培軍營裡十分不受歡迎的人物。他的軍中夥伴閒時喜歡坐在一起講講無關緊要的笑話，化解緊張的情緒。但西塞羅卻一整天板著臉，一副氣呼呼的樣子。一個顯然不夠資格的人被提名為指揮官，因為他「態度溫和，通情達禮」，西塞羅反唇相稽道：「既然如此，你何不把他請回家，讓他當你家小孩的家庭教師？」法爾沙魯戰役開戰的那一天，西塞羅採用波利比烏斯的策略：及時生病，留在軍營。打了敗仗之後，他並未跟隨其他中堅分子一起移師非洲。相反的，他直接回返義大利，等候凱撒的赦免。

這段時期，西塞羅的書信大約有四百多封。信中透露了某些內戰的醜惡和恐怖，還有這場衝突（或任何衝突）所帶來的混亂、誤解、暗中破壞、個人的野心或甚至種種不如意所帶來的失落。他的這些信件提供了的反證，作為凱撒《內戰記》（*Commentaries on the Civil War*）的參照。凱撒這部《內戰記》是為了搭配《高盧戰記》所寫的作品，雖然精心撰著，但是立場有所偏頗。這些信件也有助於我們反思某些自凱撒和龐培發生衝突以來，羅馬人侃侃而談的那些修辭和各種宏大的原則。內戰亦有其亂七八糟的一面。

西元前四九年，西塞羅之所以猶豫不決，部分原因固然是出於政治上的矛盾心理，但是大部分是因為他有一種荒謬的野心。那時他剛從西里西亞回來，非常渴望元老院會授與他舉行勝利凱旋式的榮耀，慶賀一年前他在行省任職時，成功擊退當地反叛的部族。根據規定，在元老院的決定宣布之前，他不能進入羅馬城，也不能解散他的公職人員。他很擔心自己的家人，不確定妻女是否該留在羅馬城內。她們留在城內對他是否有所助益？她們有足夠的食物嗎？另外，眼看著其他貴婦一個個離開，如果他的妻女還繼續住在城內，那樣是否會給人留下錯誤的印象？可是無論如何，如果他想得到勝利凱旋式的榮耀，他沒有任何選擇，只得留在羅馬城外徘徊好幾個月。到後來，他自己也越來越覺得不便和尷尬：官方派給他的分遣隊隊員手上還拿著桂冠（那是他打贏那場小勝仗元老院賜給他的獎賞），只是此時葉子已經全部枯萎。最後他終於接受現實：元老們有更迫切的事要處理，沒時間管到他頭上的「裝飾花環」——這是他自己有時會用的語詞。他放棄任何可能獲頒勝利凱旋式的機會，決定離開羅馬，前往希臘投靠龐培。

幾個月後，經歷了可恥的敗戰之後，他從前線回到羅馬。即使如此，他仍然有許多個人的麻煩、種種不確定和滿溢的暴力事件要面對——那是內戰的大敘事之中，人民每日生活都要面對的部分。這些他要面對的日常瑣事當中，有他與弟弟奎因圖斯（Quintus）的爭吵，因為他弟弟似乎藉由說他的壞話，自己去跟凱撒套交情。他有個朋友在希臘遇害；據說這位朋友在用完晚餐後與人鬥毆，在腹部和耳後都各有刀傷，而腹部的傷口是致命傷。他的這位朋友是凱撒的一個著名敵手。西塞羅忍不住懷疑：那場凶殺案只是關於金錢的私人鬥毆嗎？因為大家都知道凶手的手頭很緊。還是凱撒得要為他的友人之死負責？除卻這類暴力事件不談，在那段時期，即使要打出正確的牌，跟贏得勝利的一方維持良好的個人關係，也是令人十分煩心的事。

話說回來，世上大概沒有比接待凱撒這位獨裁官更令西塞羅煩心了。幾年後，西塞羅在他的一棟度假莊園設立晚宴招待凱撒，地點在那不勒斯海灣——那是當時有錢的羅馬人的豪華度假區。西元前四五年年底，他寫了一封信給他的朋友阿提庫斯，語帶諷刺地描述招待凱撒所涉及的麻煩。這封信也是流傳至今的珍貴文獻，因為西塞羅生動地描述了凱撒卸下職務之後的一面（幾百年後，高爾．維達勒〔Gore Vidal〕認為西塞羅一生中最特別的事業就是舉辦這場晚宴）。凱撒當時帶了大約兩千多名士兵到訪，那是他的保鏢兼護送部隊。這樣浩浩蕩蕩的隊伍，對任何最慷慨和最有雅量的主人來說，都是一個可怕的負擔；「與其說是來訪，不如說是來紮營」——這是西塞羅的評論。除了那兩千名士兵之外，跟隨著凱撒而來的，還有一大群奴隸和解放奴等老百姓。西塞羅在信裡說他叫人準備了三間餐廳給來訪的資深職員，也給那些社會階級遠為低下的人做了適當的安排。與此同時，凱撒已經沐浴和按摩完畢，斜躺下來，準備用餐——那是羅馬人參加正式晚宴的方式。結果西塞羅發現凱撒的胃口非常好；部分原因可能是因為他剛剛完成一個催吐的療程——經常催吐，那是羅馬有錢人非常流行的排毒療法。據西塞羅，凱撒在晚宴過程中喜歡談論風雅的話題，例如文學，但是不喜歡聊「任何正經的事」（見彩圖14）。

至於西塞羅自己的幕僚與奴隸如何面對凱撒這次的入侵，西塞羅的信中沒提，或許他根本也沒注意。但是他覺得很慶幸，因為晚宴進行得很順利，即使他並不渴望再經歷一次。他說：「我的客人不是你會跟他說『下次有空再來坐坐』的那種人。來一次就夠了。」從信中的描述，你也可以猜想要招待勝利的將軍龐培，大概也是一樣要如此大費周章。

戰爭帶來的種種考驗，招待獨裁官遇到的種種麻煩，這些只是西塞羅當時要面對的一部分麻煩而已。介於凱撒渡過盧比孔河到凱撒遇刺的西元前四四年三月望日，這幾年之間西塞羅面臨了家破人亡的悲劇。在那五年之間，他跟結縭三十年的妻子特倫夏（Terentia）離婚。不久他又再婚，那時他已經六十歲了，而他的新娘布碧莉婭（Publilia）差不多才十五歲。兩人的婚姻只維持幾個星期，不久他就把布碧莉婭送回娘家。與此同時，他的女兒圖莉婭跟她的第三任丈夫，也是凱撒最熱心的支持者多拉貝爾（Publius Cornelius Dolabella）離婚，這時圖莉婭已經懷有身孕。西元前四五年，她產下男嬰，不久就死了；產下的男嬰不久也隨她而去。在此之前，她曾與多拉貝爾生了一個小孩，但是因為早產，那個小孩也只活了幾個星期就死了。西塞羅被巨大的悲傷淹沒。這對他與新任妻子的關係並沒有好處。他後來就獨自退隱到一處偏僻的莊園，思考著如何紀念他的女兒。他想要給圖莉婭塑造某種神聖的地位——套用他自己的話說，亦即確保她「不朽的典範」（*apotheosis*）長留人間。

羅馬夫妻面面觀

在本質上，羅馬人的婚姻是一件單純且私人的事。不像現代世界，羅馬政府幾乎從不插手人民的婚姻。大多數的狀況是：當一對男女宣布他們結了婚，那麼他們就是結婚了；當他們（或其中一方）宣稱他們離婚，那麼他們就是離婚了。事情就是這樣而已，頂多也許再加上一兩個朋友來慶祝兩人的結合。大概所有平凡的羅馬男女公民的結合與離異都是如此辦理。至於那些比較富有的階級，他們可能會舉辦比較正式、比較奢華的婚宴；婚宴中也許會出現一系列我們相當熟悉的成年儀式活動，例如穿上特別的服飾（新娘傳統上是穿黃色的服飾）、唱歌、跳舞；最後新郎抱著新娘跨過門檻、進入新居。即使有錢人，關於財產的各種考量也是重要的事，尤其傳統上新娘的父親要付一筆嫁妝。假如新人最後離婚，新娘的父親可以把這筆嫁妝討回來。西塞羅在西元前四〇年代面臨的其中一個問題就是他被迫歸還特倫夏的嫁妝。但是他那位現金週轉不靈的女婿多拉貝爾卻似乎沒有歸還圖莉婭的嫁妝，或者沒有全額歸還。再娶年輕的布碧莉婭可以為他帶來一筆財富，多少可以做點補償。

就像過去所有的文化那樣，羅馬人結婚的最大目的是生養合法的子女。假如父母雙方都是羅馬公民，他們的子女就會自動成為羅馬公民；如果父母有一方不是羅馬人，但是他們如果符合「通婚」的種種條件，那麼其子女也可以獲得公民資格。薩賓女人的故事，其最核心的問題就在於此：羅馬這個嶄新的城市需要繁殖下一代。這也是羅馬史上第一場婚宴，即使那是一場「合法的強暴」。在羅馬的歷史上，繁殖下一代這同樣的訊息也一再出現在妻子和母親的碑文上。

大約西元前二世紀中期，一篇紀念某位克勞狄雅（Claudia）的碑文完美地刻畫了一個羅馬婦女的傳統形象。這份碑文寫道：「在這個不可愛的墓地，睡著一位可愛女子。……這位可愛的女子全心全意愛她的丈夫。她生了兩個兒子，一個她留在世間，另一個已經交付給大地。她談吐文雅，舉止端莊；她打理家務，編織羊毛。關於這位女子，我們能說的就是這些。」從這篇碑文看來，羅馬婦女所扮演的適當角色就是忠於丈夫、生養下一代、端正儀容；在打理家務之餘，也要做點紡織與編織的工作。其他碑文則讚美傳主把一生奉獻給唯一的丈夫，尤其特別強調貞節與忠誠這兩種「女性的」德行。整體說來，羅馬女性的碑文主題與巴爾巴圖斯及其男性後代的墓誌銘形成一個很大的對比；在後者的銘文裡，我們看到的是軍事活動、政治地位、公共領域中的成就等主題。

羅馬妻子的這個形象，到底有多少成分是出自個人主觀的期望，還是社會現實的準確反映，這個我們無法得知。但是無可懷疑的，羅馬社會始終存在著一種喧囂的懷舊情緒，渴望回到那種古老的簡樸生活——那時，妻子們都留守在家裡。西元一世紀，一位作者提到羅慕勒斯在位的時候，有個名叫梅提魯斯（Egnatius Metellus）的人，他「拿起短棍，把妻子打死，因為他的妻子喝了一點酒」。從這位作者的語氣判斷，他顯然很讚許梅提魯斯的做法，即使這起事件充滿了神話色彩。懷舊的心緒在古羅馬無所不在，即

圖49　這幅古羅馬壁畫描繪理想的古代婚禮場景，人物有人也有神；新娘垂著面紗，端坐在畫面中央的新床上，與她同坐的是維納斯女神——顯然女神正在鼓勵新娘。倚在床側的是看來有點玩世不恭的男神海曼（Hymen）——按理他是保護婚姻的神明之一。最左邊的一群女子正在準備服侍新娘入浴。

使奧古斯都皇帝也在所難免。據說他刻意讓他的妻子莉薇雅把紡織機搬到他們家的前廳，坐在那裡紡紗。這頗有點像現代的布景——讓人打卡拍照的那種布景；任何人只要經過他們家，都會看見這一幕，都會產生種種與紡紗相關的遙遠聯想。不過問題是，所謂簡樸的舊日時光，有一部分可能是後世道德家想像出來的產物，也有部分是後世某些羅馬人借用這個有益的主題，據此來建立他們守舊的原則。

另一個與前述妻子形象截然不同，盛行於西元一世紀的女性形象也不是沒有問題。這類新女性的形象是自由的；據說她們生活自由，可以自由選擇性伴侶，甚至與有婦之夫來往也不成問題。她們不受丈夫、家庭或法律的約束。她們有一部份被歸入下層階級，與女演員、舞女、伴遊女郎與妓女等等同列。在她們之中，有一名叫傅倫妮雅（Volumnia Cytheris）的解放奴十分著名，據說她本是布魯斯特的情婦，後來又跟安東尼在一起。換言之，她既睡了凱撒的刺客，也與凱撒最大的支持者有染。不過這群新女性當中，有很多是位高權重的元老議員之妻或他們的遺孀。

這群新女性當中，最著名的要數克羅狄雅（Clodia）——西塞羅最大的敵人克羅狄斯的姊妹。克羅狄雅的丈夫是個元老院議員，西元前五九年過世。她有許多情人，詩人卡圖勒斯即是其一。相傳特倫夏也曾懷疑西塞羅與克羅狄雅有曖昧關係。克羅狄雅的名聲很難定位，她時而被攻擊，時而被讚美；她是個淫亂的狐狸精、工於心計的操縱者、受人崇拜的女神，也是游離在犯罪邊緣的罪犯——可說是毀譽參半。對西塞羅而言，她是「帕拉廷丘的美蒂亞」（the Medea of the Palatine）。這是西塞羅的妙造新詞，把希臘悲劇裡那位熱烈的情人，殺子的女巫跟克羅狄雅位於羅馬的住宅連接在一起。卡圖勒斯在他的情詩裡，給她取了一個別名叫莉斯碧雅——這不僅用來保護她的身分，同時也使她與希臘萊斯沃斯島的女詩人莎孚（Sappho）產生關聯。在其中一首詩中，他如此寫道：「我的莉斯碧雅，讓我們活著，讓我們相愛／嚴肅老人的絮絮叨叨／我們就只給他估個一便士……／給我一千個吻。」

上述這份資料固然生動精采，但是我們不能只看其表面。這份資料有一部分不過就是情色幻想的產物，另一部分則很經典地反映了男性的普遍焦慮。在歷史上，有部分男人會同時玩賞和譴責一個危險且叛逆的女性形象，藉此為他們宰制女人的行為提出辯解。在他們的假想中，這個女性形象所犯下的罪行、在性方面的淫亂（這裡提出一個令人不舒服的問題：孩子的父親到底是誰）、不負責任的酗酒行為；凡此種種，在在顯示女性有必要被男性嚴格管理。梅提魯斯對自己醉醺醺的太太採取嚴格的管教，克羅狄雅那些傳說中的狂野宴會，這兩則故事或傳聞其實不過是一個意識形態的一體兩面。而且在許多案例中，那些駭人聽聞的描述——包括女性的犯罪、權力、放縱——通常並不真的與那些他們所描述的女人有關，而只是一個論辯工具；他們所要討論的，其實是某些相當不一樣的東西。

薩祿斯特提到卡提林陰謀案中，有一群女人扮演了十分重要的角色；他的目的其實是利用這群女人，將她們描寫成可怕的符號，代表一個墮落、不道德的社會，一個產生像卡提林這樣的人的社會。他嘲笑一個元老的太太：「到底她是比較喜歡揮霍她的錢呢？還是名聲？我們實在很難決定。」這位太太的兒子是凱撒的刺客之一。對薩祿斯特來說，他在這位元老之妻身上看到他所知道的時代精神。西塞羅則把克羅狄雅視為代罪羔羊。在一場棘手的辯護案中，他為一個年輕友人辯護。這個年輕人也是克羅狄雅的前任情人，此時他被控殺人罪。我們是從西塞羅的辯護演說中，才得知克羅狄雅那些名聲狼藉的細節，包括一連串的偷情事件，最後演變成縱酒縱情的海灘宴會。西塞羅的目的是敗壞克羅狄雅的名譽，將她塑造成善妒的女人，使她成為一個笑柄，一個壞影響，因而是該案子的主要罪犯，藉此把那位年輕人的罪轉移到克羅狄雅身上。我們很難想像克羅狄雅是個徹底的禁慾者、足不出戶的妻子、寡婦，但是坐在帕拉廷丘那棟舒適的豪宅裡的她，如果有機會一讀西塞羅對她的描述，不知道是否會認得出那就是她自己。這是另一個問題。

一般來說，羅馬女人顯然比古典希臘或近東大部分地區的女人擁有更多的自主權，雖然從現代的角度來看，她們的自由可能也相當有限。羅馬女人與古代雅典女人的對比尤其強烈。在雅典，生在富裕之家的女人，按規定是要過著與世隔離的生活，不能出現在公眾場所，大部分時候也被隔離在男性社會或有男性參與的社會之外——不用說，窮人可能就沒有金錢和空間去執行這種區隔。可以確定的是，羅馬的女人也會有令她們不舒服的限制，例如在劇場與角鬥士競技場裡，奧古斯都皇帝把她們的座位移到最後面的幾排。女用公共浴室的空間通常也比男用公共浴室擁擠；羅馬住宅裡比較奢華的區域大概也被男性占據，作為男性活動的空間。但是羅馬女人並不一定都是隱形的；家庭生活中，似乎並沒有正式區分男性空間和女性空間，亦即沒有隔出特定區域作為特定性別的禁區。

羅馬女人常常與男性一起用餐。古代雅典的宴會上，只有性工作者、伴遊女郎、娛樂機構提供的女性伴侶才會出現在男性的餐會上。事實上，維勒斯早期的一項不法行為讓我們注意到希臘女性和羅馬女性在用餐習慣上的差異。在維勒斯任職西西里行省總督的十多年前，亦即西元前八〇年代，當時他在小亞細亞任職。他與幾個職員設法讓一個倒楣的希臘人請他們到他家裡用餐。

喝了不少酒之後，他們詢問主人是否可以請他的女兒加入他們。那位主人跟他們解釋說正經希臘人家的婦女是不與男人一起用餐的。這群羅馬人不信，竟然到屋裡去找那位女兒。雙方隨即打了起來。維勒斯的其中一個保鏢被殺，主人也被潑了一身滾燙的熱水，之後他因為謀殺罪而被判死刑。西塞羅以極其誇張的語彙描述這一事件，幾乎就像盧奎西雅強暴案的重演。但是這起事件也涉及酒後的失態與誤解——不了解在帝國的文化邊界上，其他族裔的女性行為會有不同的規範。

在這段時期，有些規定婚姻與女人權利的法律條文亦反映了這種相對的自由。沒錯，這只是一些硬邦邦的、紀錄在紙上的條文而已。男人一度有權拿起短棍把太太打死，只因為她喝了杯酒，犯了「罪」——這可能是一則懷舊的神話。但是我們也有一些史料顯示：如果太太與人通姦當場被逮，則丈夫在法律上有權處決他的太太。不過就已知的資料，這樣的事一件也不曾發生過。倒是大部分史料顯示事實與此相反。羅馬女人不從夫姓，在法律上也不完全受丈夫管控。父親死後，成年的羅馬女人可以自由支配財產，不管買賣、繼承、立遺囑或釋放奴隸都可以自己決定。相比之下，英國女人是直到一八七〇年代才獲得這些權利。

唯一的限制是：羅馬女人必須找個監護人來認可她所做的決定或交易。這條法規是西塞羅提出的，因為他認為女性天生「不善於作判斷」，因而需要有個監護人。我們不曉得他提出這種看法是因為他的大家長心態，或純粹出於對女性的厭惡（大部分批評家通常是這麼認為），或他只是開個玩笑而已，我們不得而知。但是就他的太太的行事來看，我們看不到有任何跡象顯示古羅馬女性不善於作判斷：不管是賣幾幢房子來籌措西塞羅遭受流放時的開銷，或從她的出租產業收取租金，我們沒看到她提及任何監護人的存在。事實上，西元前一世紀末到西元一世紀初，奧古斯都提出的改革當中，其中一項就是允許生過三個小孩的羅馬女性公民擺脫監護人的限制——解放奴則須生有四個孩子才有資格擺脫監護人。這是傳統主義的一項聰明手法：允許女性獲得新的自由，假如她們完成傳統角色對她們的要求。

不過很奇怪的是，一旦涉及婚姻本身，女人所擁有的自由反而比較少。首先，她們除了結婚一途，沒有其他的選擇。基本的法則是，所有羅馬女性公民都必須結婚。羅馬社會裡沒有老處女這種人物，只有特殊團體——例如維斯塔貞女祭司可以選擇或被迫選擇保持單身。再者，羅馬女性在擇偶方面也沒有太多選擇。出生在有錢有勢家庭的女性當然沒有選擇的自由，她們的婚姻常常是被安排來鞏固結盟，不管是政治、社會或財務上的結盟。但是如果我們想像農夫的女兒可以自己選擇是否嫁給鄰居男子，或女奴可以決定是否要被釋放，以便嫁給她的主人（這是常有的事），如果我們想像她們可以有自己的意見，那我們就太天真了。

共和時代的後期，政治婚姻是羅馬政治主要幾項發展的基礎，例如在西元前八二年，蘇拉為了確保龐培的忠誠，曾試圖把他的繼女「送給」龐培為妻，即使當時他的繼女已經跟別人結了婚而且懷有身孕。蘇拉的這筆賭注並未成功，因為他那位可憐的繼女生下孩子後，幾乎馬上就過世了。二十年後，龐培與凱撒結盟，組成三巨頭同盟；他娶了凱撒的女兒茱麗亞（Julia）為妻。相較之下，西塞羅和他的女兒圖莉婭要付出的賭注就沒那麼高了。不過在西塞羅的腦海裡，家庭的前途和良好的關係顯然也是他主要的考量，即便有時候事情的發展不見得全部能合他的意。

西元前五一年，西塞羅離開羅馬，前往西里西亞行省就任。他承認這時最讓他操心的事就是給圖莉婭找個丈夫。圖莉婭已經離婚兩次，兩次都嫁入豪門，兩次都很短暫，而且都沒有留下子嗣。她的第一任丈夫很快就死了，第二任丈夫跟她離婚，因此西塞羅必須給女兒找個第三任丈夫。在替女兒選擇丈夫這件事情上，西塞羅寫了不少信給他的太太；從這些信裡，我們看到其中有某種談判的意味存在。他列了一張名單，提出好幾個適合的與不太適合的女婿人選，例如其中一個看來似乎不可靠，另一個的態度很好，至於另一個——他不情願地寫道：「我懷疑我們勸得了女兒接受這個人」。這意味著圖莉婭在擇偶這件事情上可以有她自己的意見。不過，通訊是一個大問題。往來於羅馬與西里西亞的信件至少得花三個月的時間，因此西塞羅無法掌控女兒擇偶的整個過程，他多多少少被迫把最後的決定交由圖莉婭和她的母親處理。母女倆最後選的人，並不在他的最佳人選名單上。她們選了剛剛離婚的多拉貝爾。就資格來說，多拉貝爾毫無疑問是另一個無可挑剔的貴族。但是根據羅馬人的描述，他是個充滿魅力的無賴，根深柢固的誘惑者，而且長得出奇的矮。西塞羅最令人難忘的笑話之一就是：「是誰把我的女婿綁在他的劍上？」

這類安排的婚姻並不一定就是無趣、沒有感情的結合。一個流行的傳言是：龐培和茱麗亞雖然透過安排而結婚，但他們深愛著對方。當茱麗亞在西元前五四年因難產而去世的時候，龐培極其悲痛。她的死也瓦解了龐培和凱撒之間的政治結盟。換句話說，龐培和茱麗亞的婚姻太成功了，以至於失去了政治婚姻本來的目的。西塞羅與妻子特倫夏的婚姻想必也是安排的婚姻。不管他心底到底有什麼情緒，他留下好幾封早期寫給特倫夏的信，言語間充滿了強烈的忠誠與愛意：「我的生命之光，我心中的最愛。親愛的特倫夏，想到每個人都那麼習慣去找妳，希望得到妳的協助，我真不知道這會帶給妳多少煩惱啊。」這是西元前五八年，他在遭受流放之後寫給特倫夏的信。

同樣的，我們也看到不少婚姻中的爭吵、不滿和失望。圖莉婭很快就發現多拉貝爾不再迷人，反而更像個無賴；三年之後，兩人就分居了。不過，在西塞羅的親友圈中，婚姻生活過得最悲慘的要數他弟弟奎因圖斯和龐波尼雅（Pomponia）。龐波尼雅是西塞羅的朋友阿提庫斯的妹妹。可想而知，西塞羅在信裡把大部分的過錯都推到龐波尼雅身上，這當然有可能是不公平的。他的書信以異常現代的語彙，刻畫了他們之間的爭執。有一次，龐波尼雅在賓客面前失控，忍不住抱怨道：「雖然在自己家裡，我卻覺得像個陌生人。」聽見這話，奎因圖斯的回話也十分經典：「又來了，你看看！這就是我每天都要忍受的生活。」兩人如此爭吵了二十五年，最後終於以離婚收場。據說奎因圖斯對離婚的評論是：「不用再跟人分享床鋪，真是太好了。」至於龐波尼雅的反應如何，這就不得而知了。

這些故事當中，西塞羅短暫的第二次婚姻最引人注目——他的新任妻子當時才十來歲而已。西塞羅和第一任妻子特倫夏大概是在西元前四六年初離婚。他們離婚的理由，羅馬作家提出許多不可靠的推測。不過，不管主要的理由如何，根據他寫給特倫夏最新的信件來看，兩人的關係早已變質。這封信寫於西元前四七年十月；當時兩人已經兩年沒見面了（部分原因是西塞羅有一段時間去了希臘，待在龐培的軍營裡）。這封信非常短，只有幾行而已。信的內容是告知特倫夏他即將回家，主要的內容是交代特倫夏辦理幾項事情，例如：「如果浴室裡沒有浴缸，那就叫人安裝一個。」一年之後，他就開始考慮再婚人選，這些人選當中，其中有龐培的女兒，還有一個他覺得那是他「這輩子見過最醜的女人」。最後，他娶了一個年紀比他小四十五歲的女孩。這狀況是正常的嗎？

對羅馬女性來說，第一次結婚的年齡通常落在十四或十五歲之間。圖莉婭十一歲跟第一任丈夫畢索（Gaius Calpurnius Piso）訂婚，十五歲出嫁。西塞羅在西元前六七年提到「親愛的**小**圖莉婭跟畢索定親」，他說的真的就是這個字：「小」。阿提庫斯的女兒才六歲，他就已經在考慮女兒未來的結婚人選。羅馬的菁英階級很有可能會比較早開始安排結親的事。但是從墓誌銘來看，不少平凡老百姓的女孩也是在十幾歲或更早的時候出嫁，有的甚至在十歲或十一歲就出嫁了。這類婚姻不知有無圓房，但那是一個太令人尷尬與難以回答的問題。至於羅馬男子，他們似乎一般是在二十五到三十歲之前第一次結婚。相比之下，男性第一次結婚的年齡跟女性相差大約十年左右。某些年輕的新娘有可能還會發現她們新郎的年齡比一般的結婚年

圖50　西元前一世紀一對羅馬夫婦的墓碑。兩人都是解放奴：左邊是丈夫賀米亞（Aurelius Hermia）；根據碑文，他是來自羅馬維米納丘（Viminal hill）的屠夫；右邊是他的妻子菲勒瑪蒂（Aurelia Philematium），她為人「純潔、端莊、不說三道四」。讓人比較困擾的是兩人之間的年齡差距。兩人相遇時，女子才七歲。碑文提到：「他抱起妻子，讓她坐在他腿上」。

齡大很多，如果她們的新郎是第二次或第三次結婚的話。不管羅馬女人擁有的相對自由如何，她們的從屬地位顯然來自她們（我們可能會稱她們為兒童新娘）與成年男子之間的關係失衡。

雖然如此，西塞羅和第二任妻子相距四十五歲的年齡差距，即使在羅馬也令人感到十分困惑。他為何選擇一個如此年輕的女子再婚？只是為了錢嗎？還是像特倫夏所說的，是基於某種蠢老男人的癡迷？事實上，曾經有人直接對西塞羅提出這樣的質問：在他那個年紀，他究竟為什麼要再娶一個如此年輕的處女？前述的幾個提問中，據說在舉行婚禮的那天，他回答了其中一個。他的答案是：「別擔心，明天她就會變成成年女人。」引用這句話的古代批評家十分欣賞西塞羅的回答，認為這句回答充滿機智，很有技巧地消弭了提問中的批評意味。對於這句回答，我們現代人或許會將之放在令人不舒服的粗糙與令人覺得痛苦的淒涼之間。這是一個極其鮮明的指標，顯示羅馬與我們現代世界的差距。

誕生。死亡。悲傷

西塞羅新婚不久，家中即發生悲劇，而他的婚姻也幾乎馬上就陷入絕境。圖莉婭生下多拉貝爾的兒子後，不久就死了。西塞羅似乎完全被悲傷給擊垮了，他獨自一人退隱到奧斯圖拉（Astura）——羅馬南方沿岸的一座小島。他和圖莉婭的關係向來十分親近。根據他某些政敵的漫天謠言，暗示他和女兒也許可能太親近了——羅馬人打擊敵人的策略本來就是閒話敵人的性生活。雖然如此，西塞羅跟圖莉婭的關係顯然比他跟兒子馬庫斯（Marcus）來得親近許多；馬庫斯的小缺點不少，其中一項就是他似乎從來就不喜歡追求知性生活，或聽懂雅典人的哲學演講，雖然西塞羅曾特地送他到雅典留學。據他自己的說法，圖莉婭的死讓他失去了唯一活下去的動力。

在羅馬，生兒育女是一件危險的事。生小孩向來是成年年輕女子最大的死因，不管是元老的太太還是奴隸都是如此。我們看到許多這類死亡事件的紀錄。圖莉婭或龐培的茱麗亞之死是轟動且高度引人注目的案子，但是許多平凡的女人也遇到相同的命運——在整個帝國境內，到處都可找到她們悲傷的丈夫或家人為她們刻下的墓誌銘。一個住在北非的男人，他在妻子的墓碑上刻下這段銘文：「她活了三十六年又四十天。這是她第十次生產。產後的第三天，她死了。」另一個住在今日克羅埃西亞（Croatia）的男人立了一個簡單的墓碑，獻給他的「奴隸朋友」（也許那是他的伴侶）；據該銘文，他這位奴隸朋友「為了生產，她痛苦地掙扎了四天。她終究沒生下孩子。她死了。」從較為寬廣的層面來看，一份較為近代時期的統計資料顯示：每五十個女人之中，至少有一個可能死於分娩；如果她們很年輕，則死亡率還會更高一點。

產婦的死因包括大出血、難產或感染這類現代西方醫學幾乎已經可以全面預防的問題。古代羅馬因為沒有醫院這類機構，因感染而死亡的風險降低很多，不像現代歐洲早期，各種疾病透過醫院從一個女人傳染到另一個女人那麼嚴重。大部分女人仰賴接生婆的協助。除此之外，當時婦產科的侵入手術，大概只會增加危險而已。剖腹產僅僅在產婦已死或瀕臨死亡時才會使用，而且也只是切開子宮取出還活著的胎兒而已——儘管有種種現代神話，但是這種手術基本上與凱撒沒有任何關係。至於胎兒完全生不下來的難產，有些羅馬醫生建議將刀子置入子宮，在母親體內把嬰兒支解。但是這種手術極其危險，極少有產婦能夠安全無虞地撐過這種手術。

懷孕和生產必定占據了羅馬女人一生的大部分時間，包括羅馬作家筆下那些放蕩不拘的自由女人。有一部分女人則擔憂不孕，或擔憂自己是否能安然度過懷孕期這些問題。如果一對夫妻生不出小孩，羅馬人幾乎都是異口同聲譴責女人，責怪女人無法生育。這是離婚的其中一個標準理由。現代史家的猜測是：圖莉婭的第二任丈夫可能是因為圖莉雅已經二十多歲了，還不曾生下一個活胎才會跟她離婚的——不過這僅只是猜測而已。大部分婦女都會面臨數十年懷胎生子之苦；除了禁慾，沒有任何可靠方式可以逃離或緩解。當時有一些墮胎方法，但是都很急就章而且危險。對那些沒有請奶媽的女人而言，延長哺乳的時間或有可能可以延緩下一次懷孕

圖51　奧斯提亞港的羅馬接生婆。這塊來自她墳墓的陶板描繪了接生的場景。產婦坐在椅子上，接生婆則坐在她前面迎接新生兒。

的到來，不過大部分有錢女人都會請奶媽。坊間流傳各式各樣的避孕藥與避孕方法，從完全沒有效果到似乎有點效果的都有；有的方法應該完全沒有效果（例如佩戴著從特定品種的蜘蛛頭上找到的幼蟲）；有的方法可能有效，例如在陰道中塞入任何有黏性的東西。不過話說回來，羅馬女人的避孕方法或努力卻被一個事實打敗——古代科學認為女人最容易受孕的階段是她經期結束之後的那幾天。事實上，真相剛好與這個說法相反。

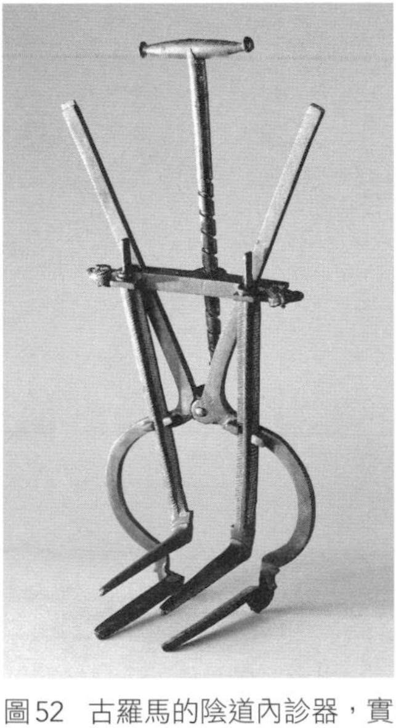

圖52　古羅馬的陰道內診器，實在令人非常驚異的是：這個內診器跟現代的版本幾乎沒有什麼差異。不過羅馬人對女性的身體和女性的生殖週期，他們的看法跟我們極為不同，包括如何受孕、何時避孕、如何避孕等。

順利產下的嬰兒要冒的險，有時甚至比他們的母親更大。看來很虛弱或有缺陷的嬰兒很有可能會被帶去「野曝」——意思通常是指把嬰兒丟在當地的垃圾堆裡。沒人要的寶寶的命運也是如此。有跡象顯示女寶寶一般上比男寶寶更有可能會被丟棄。部分原因可能是嫁女兒必須付出一筆嫁妝。對相對小康的家庭來說，嫁妝必定是一筆相當大的開銷。考古學家在羅馬的埃及行省發現了一封寫在莎草紙上的信；那是一封丈夫寫給懷孕的妻子的信，交代妻子撫養小孩——如果他是男生——「如果生下來的是女孩，那就把它丟了。」到底這種事有多常發生？到底男女嬰受害者的比例是多少？我們目前僅能猜測而已。但是丟棄嬰兒這種事情必然十分常見，否則在古羅馬，垃圾堆不會被看成免費奴隸的來源。

那些被留下來的寶寶也還是有生命的危險。依據較為後期的人口統計資料，最好的估計是：順利出生的孩子當中，有一半會在十歲左右死亡。死因很多，各種形形色色的疾病和感染都有可能，包括那些現代已經沒有致命危險的常見兒科疾病。這話的意思是：小孩的平均存活率很低，在剛出生時和在二十五歲時差不多是一樣的低。不過，如果小孩可以撐到十歲，那麼他接下來差不多就可以活得跟我們一樣久。根據同樣的數據，一個十歲的小孩，平均會有四十年的時間等在他面前；一個五十歲的人，估計他大概還有十五年左右的壽命——在羅馬，老年人並沒有我們想像中那麼稀少。年輕人的高死亡率也暗示女人懷孕的次數很頻繁，還有羅馬家庭的規模很大。僅僅維持現有的人口，每個婦女平均必須生五到六個小孩。在實際生活中，如果考慮到有些人不孕、有些人守寡這些因素，這個數字有可能還必須提高到九個。這實在不是一帖讓女性解放得以大為流行的良方。

這些出生與死亡的模式如何影響家人之間的情感生活？有時候，我們會聽到一種說法：因為大多數小孩不見得能活下來，父母通常會避免在孩子身上投入太深的感情。羅馬文學和傳說故事中，我們會看到一個令人驚心的父親形象——如果小孩不聽話，父親在管教時，他可以執行可怕的懲罰，甚至行刑，而這時他要控制的是他的小孩，不是他自己的情感。不過，我們幾乎找不到實踐此種說法的證據。一個新生兒出生之後，通常要等到家人決定是否要撫養，並且正式被家人接受為家中一分子之後，他／她才會被視為一個人。這固然是實情。在某種程度上，羅馬人的這種隨意的態度，由於太過隨意，以至於我們有時可能會稱之為殺嬰。不過古羅馬也留下許多父母替小孩立的墓碑；從無數篇感人的墓誌銘來看，羅馬人對後代也不盡然是完全缺乏感情的。「我的小娃娃，我親愛的瑪妮雅長臥於此。我只有短暫的幾年可以給她我的愛。她的父親無時無刻不在為她哭泣。」這是在北非發現的一塊墓碑，碑上刻著上述詩文。西元前四五年，圖莉婭死後，西塞羅也有一段時間「無時無刻不在為她哭泣」；那段時間他寫了許多信給阿提庫斯，信中紀錄了他的悲傷，還有他要為女兒建立紀念碑的計畫。

我們不知道圖莉婭死亡的細節，只知道她是死在羅馬郊外的塔司庫魯姆（Tusculum），西塞羅的一間鄉下莊園裡。我們也不知道她的葬禮細節。圖莉婭死後，西塞羅幾乎馬上就獨自退隱到奧斯圖拉島一處隱密的住處。在那裡，他讀遍所有他找得到的哲學書籍，思考失落與安慰的課題。他甚至為自己寫了一篇抒發喪親之痛的散文。過了幾個月，他決定他回到圖莉婭過世的那棟房子（「我現在必須克服我的情感，回到塔司庫魯姆那棟房子，不然我就永遠回不去了」）。在這個階段，他已經將他的悲傷導向別處：他決定為她建立紀念碑。但那不會是一座「墳墓」，而是一間「聖祠」或「神殿」——因為他用的拉丁文 *fanum* 一字僅用於宗教的脈絡。他最關切的首先是建碑的地點，亦即該地點顯眼與否。再來就是未來的保養和維持。他打算在靠近今日梵諦岡的羅馬郊外買一塊地，在那塊地上蓋一座紀念碑，並且他也已經預訂了一批柱子。

他一心一意想要替圖莉婭塑造一個「不朽的典範」——他的意思大概是指一般意義的不朽，並非真的打算宣布圖莉婭已經成神。不過話說回來，這又是另一個顯示在羅馬人的心目中，人神之間的界限模糊難辨的例子。另外就是他們喜歡用神性力量與神性特質來表達某一個個體的成就或重要性。不過，這裡有一個反諷。西塞羅和他的朋友一直在擔心元老院賦予凱撒太多神明般的榮譽，但是現在他正忙著計畫要替死去的女兒建造一座紀念碑，賦予她某種神聖的地位。雖然如此，最後他這個計畫並未成功，因為梵諦岡整個地區已經被預定下來，作為凱撒都市建設的主要用地。西塞羅精心挑選的地點終究是落空了。

財務問題

西元前四五年，西塞羅在義大利半島擁有二十多處房產，奧司圖拉和塔司庫魯姆的房子只是其中兩幢而已。他的這些房產之中，有的是優雅的豪華住宅，例如在羅馬，他有一間大宅坐落在帕拉廷丘的緩坡上，距羅馬廣場只須步行幾分鐘的路程。當時羅馬菁英階級最上層的人物，有許多都是他的鄰居，包括克羅狄雅。其他的房產則散布在義大利半島各地，從那不勒斯灣的普特歐利（Puteoli）到北部遙遠的弗爾米埃（Formiae）；他就在那不勒斯灣的大宅宴請凱撒一行人馬。在弗爾米埃他還有另一棟靠近海邊的鄉間別墅。這些房產當中，有些是供短暫休息用的簡單住宅或鄉間小屋，策略性地散布在幾處相隔遙遠的大房產之間，主要是讓他在往返的路上可以過夜，避免去住髒兮兮的小酒館或旅店，或去麻煩朋友。另有一些產業是農莊，包括他在阿皮諾的祖產；雖說是農莊，其實大都附帶建有豪華的住宅。其他的就是純粹用來收租賺錢的出租公寓，例如那些「連老鼠都想快快搬離」的廉價公寓。在羅馬市中心，他有兩棟很大的出租公寓大樓，這是他利潤最高的投資。不過這兩棟公寓是特倫夏的部分嫁妝，西元前四五年兩人離婚之後，西塞羅大概全都得歸還給特倫夏。

西塞羅的全部財產，總值差不多有一千三百萬賽斯特爾幣（sesterces）。在一般羅馬人的眼裡，這是一筆很大的財富，足以提供兩萬五千戶貧窮人家一年的生活所需，或讓至少三十多個想競選公職的人到達最低的財富標準。不過這並未讓西塞羅躋身羅馬的超級富豪之列。老普里尼在討論羅馬的奢華史時，他提到西元前五三年克羅狄斯用一千五百萬賽斯特爾幣買了史考魯斯（Marcus Aemilius Scaurus）的房子——後者是西塞羅的朋友，也是西元前六〇年代，龐培的猶大軍營中一個名聲不太好的軍官。目前考古學家已經大致找到這棟房屋的地下室，並對其遺跡做了初步的指認。這棟房子也是蓋在帕拉廷丘的坡上，靠近至今依然矗立著的提圖斯凱旋門（the Arch of Titus）。這處遺跡的地下室大約有五十間小房間和一間澡房，可能是給奴隸使用的。早期的考古學家曾經很有信心（或錯誤）地將之判定為市中心的妓院。富豪等級如果再往上推一級，則克拉蘇的財產大約價值兩億賽斯特爾幣——以這樣的龐大財力，他真的可以養一支私人軍隊（頁二一九）。

儘管考古學家多方嘗試，至今還沒能找到任何一處可以明確斷定是西塞羅的房產的遺跡。但是從他對房子的描述和改建計畫還有從當代出土的考古遺跡來看，我們還是可以獲得一個大致的概念，知道那些房子的樣子。共和時代晚期那些蓋在帕拉廷丘上的豪宅，大抵都保存得不甚良好。理由很簡單：西元一世紀的皇宮建築很快就蓋滿整座山坡，而且就蓋在共和時代那些豪宅上面。在今日所謂的「獅鷲之家」（House of the Griffins），我們可看到某些來自早期的考古遺跡。這處遺跡十分壯觀，裡面有好幾間房間，而這些房間必定是西元前一世紀那些早期豪宅的一樓，至今仍有部分可從上面的皇宮地基結構中看到，例如漆著明亮油漆的牆壁、鋪著簡單馬賽克的走道。就整體的建築計畫和設計而言，這處宅第與帕拉廷丘的其他的住宅，可能與龐貝城（Pompeii）和赫庫蘭尼姆那些保存得較為良好的住宅差不多。

這裡有個重點：羅馬菁英分子的住宅——不管主人是羅馬城內的元老或羅馬城外的地方大亨——並不是我們現代人認知裡的私人住宅；羅馬人的住宅並不（或並不僅僅）是屋主逃離公眾注視的空間。當然，有些人可能擁有隱蔽的住所，可以休息或暫時逃離日常生活的煩擾，例如西塞羅位於奧斯圖拉的房子。羅馬宅第中的某些區域可能會比其他區域來得隱蔽。但是就許多方面而言，羅馬宅第建築的用意是為了提昇羅馬權貴的公共形象和名聲，而且大部分公共事務也都在他的住宅裡定案。訪客一走進大門，通常第一眼看到的就是寬敞的前廳：這是羅馬建築最重要的亮點，通常是雙層的，而且蓋有露天的屋頂。其設計的用意是

圖53　圖中的右側部分是後世新蓋的建築的地基，直接打入共和時期的一棟大宅裡。這棟大宅現代人稱為帕拉廷丘的「獅鷲之家」（House of the Griffins），如此命名是因為這座大宅的灰泥牆上飾有一群獅鷲，即半獅半鷲的怪獸；在這畫面中，走廊最遠端的牆上就有一隻。馬賽克鑲嵌的地板是簡單的鑽石造型，牆面以平塗的技法刷上大片不同的顏色，可能想模仿大理石的色彩分布。早期考古學家認為這棟大宅是卡提林的房子。

要讓人留下深刻的印象，這裡的布置有濕壁畫、繪畫、雕像和漂亮的戶外景色。前廳這個場所也是屋主和形形色色的下屬、請願者、客戶會面的地方。來訪者的身分迥異，有前來求助的解放奴，也有來自外國的代表團，例如那些從堤奧斯島來的代表團——他們為了請願，往往從一個羅馬人的前廳走到另一個羅馬人的前廳，試圖親吻羅馬人的腳（頁二三八，二四二—二四三）。按照標準的宅邸格局，過了前廳之後，整棟房子就向後延伸。越往裡面走，我們會看到更多招待客人的房間、用餐區、起居室兼臥房、附有屋頂的柱廊和花園——假如空間夠大的話。所有房間的牆上都會依其用途，分別畫上適合的裝飾壁畫，從大型的展示壁畫、到私密的小型嵌板裝飾畫和情色藝術作品不等。對訪客來說，他們被帶入越私密的空間，表示他的身分越尊貴。據羅馬人的說法，與親近的朋友或同事談公事，最適合的場合就是起居室兼臥室——那是一個較為狹小、較為親密的空間，有時兼作臥室，但是與我們現代意義的臥室相去甚遠。我們或許可以想像，三巨頭他們當年大概就是在這種空間，談好瓜分羅馬的協議。

宅邸和屋裡的裝潢，其用意是凸顯屋主的形象。不過，裝潢的手法卻必須很小心，以免觸犯常規，惹來過度奢華的議論。舉個例子，史考魯斯出資建了一間臨時劇場供大眾使用，後來他買了三百八十根柱子來裝飾那間劇場；有一天，他覺得自己那棟在帕拉廷丘的宅邸需要打點一下，於是決定挪用幾根柱子來裝飾前廳。沒想到他這個決定讓羅馬大眾紛紛挑起眉毛，議論紛紛。那批柱子是用盧秋樂斯大理石製成的，這種建材在羅馬十分有名，是一種很珍貴的希臘石材。由於這種石材是由盧秋樂斯（Lucius Licinius Lucullus）首次引進，因此就以他的名字命名——龐培出兵攻打米塞瑞達笛斯國王，他的前任將領就是盧秋樂斯。這種柱子每根都超過十一公尺長。許多羅馬人都覺得史考魯斯犯了一個重大的錯誤，因為他把住宅裝飾得過度奢華，超乎公開展示的合宜規範。不道德的鋪張浪費，往往會以某種方式造成羅馬的問題——薩祿斯特並不是唯一持有這種意見的人。

在西塞羅的好幾封信裡，我們發現他對住宅的裝潢感到十分焦慮。一是如何裝潢才算合宜適當。再來是如何透過裝潢來展現他的品味、學識、他的希臘文化素養。最後就是如何取得他需要的藝術品來完成上述目標——關於這最後一點，他並不總是能夠如其所願。西元前四六年，他面臨一個十分棘手的問題——這個問題多少也反映了他那種有點過於挑剔的焦慮。他的一個非正式的代理商在希臘買到一小批雕塑作品。但他覺得這批作品並不理想，一來他認為那些雕塑作品太貴（他認為那個價錢他都可以買一棟鄉間小屋了），再來那些雕塑作品也不太符合他想要達成的效果。首先，那批作品裡有一尊戰神馬爾斯

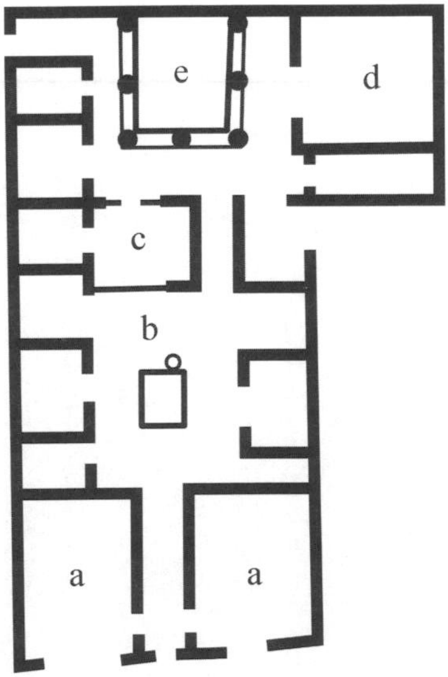

圖54　這是龐貝城「悲劇詩人之家」（House of the Tragic Poet）的平面圖，清楚顯示西元前二世紀到西元一世紀，一個家境中等的羅馬家庭的房屋的基本布局。屋子前面的部分是兩間面朝大路的店鋪(a)，中間有一狹小的通道通往前廳或「阿特利亞」(b)。正式的主會客室(c)面向前廳；再往裡面是用膳區(d)和搭有小拱廊的花園(e)。其他的小房間（有的在二樓）包括起居室兼臥室——那是招待貴賓的地方，也是談生意和娛樂的空間。

的雕像，但是西塞羅想要把自己打造成偉大的和平倡議者。更糟的是，那裡面還有一組巴克斯女祭司（Bacchantes）——酒神巴克斯（Bacchus）的崇拜者——的雕像。這群女祭司行為放肆、縱情酒色、成日醉醺醺的；西塞羅認為他不可能拿這組雕像來裝飾他的書房。他解釋道：放在書房的雕像，應該是謬斯女神，不是巴克斯女祭司群像。

西塞羅表示他很想賣掉那批雕像。但我們不知道他後來能否成功售出，還是最後就堆放在他某棟房子的倉庫裡。他的信沒再提起這件事。但是這個事件點出羅馬的私人宅第與公共建築都對希臘的藝術品需求孔急，不論古董還是複製品皆然。由此可知兩地之間的貿易往來必然十分熱絡。這種貿易往來的物質遺跡，現在很好地保留在那些沒能抵達目的地的貨船上。在地中海的海床上，潛水員發現了許多羅馬貿易商船的沉船，其中有一條船的發現最為驚人。從船上運載的錢幣來判斷，這條沉船可能可以追溯到西元前六〇年代，沉落的地點是在克里特（Crete）和伯羅奔尼撒半島的南端之間，靠近安提基特拉島（Antikythera）——這就是這條沉船現在被稱為「安提基特拉沉船」（the Antikythera Wreck）的原因。這條沉船運載了許多青銅雕像和大理石雕像，其中有一件青銅小雕像非常精緻，底座設有發條裝置，顯然是一尊會轉動的雕像。此外，船上還有奢華的家具、鑲著馬賽克圖案的玻璃碗等。不過，最著名的是一件附有齒輪裝置、精緻的銅製器械，稱為「安提基特拉機械」（the Antikythera Mechanism）；這件器械顯然是為了預測天體的移動和其他天象而設計的。有時候這件器械被人稱為世上第一臺電腦，雖然它與世上第一臺電腦問世的時間距離還相當遠。可以確定的是，這件器械本來的目的地一定是某位羅馬科學家的書房。

在共和時代晚期，許多重要人士與他們的房產之間的關係，就某些方面來說非常耐人尋味。西塞羅和他的許多朋友都跟他們的宅邸有強烈的聯繫，但並不是所有人都如此。貴族家庭的前廳除了精心設計、細心布置的雕像和藝術品之外，通常還會陳列祖先的蠟製面具組（*imagines*）。這是他們參加喪禮時，列隊行進時必須戴的面具。有些貴族人家還不止擁有一套面具。如果他們有好幾棟房產，他們很可能在每棟宅第都擺上一組。再者，貴族之家的前廳牆上，其標準裝潢就是掛上一張家譜樹狀圖。屋主出戰時獲得的戰利品——羅馬人的成就的最終極標記——也有可能會掛在前廳牆上，供訪客欣賞。相反的，假如政治風向改變，屋主的宅第很有可能就會變成代罪羔羊，代替主人承受敵人的襲擊或成為附加的攻擊目標。西塞羅在西元前五八年遭受流放之後，克羅狄斯和他的黨羽不止拆毀西塞羅的帕拉廷宅第，連西塞羅其他位在弗爾米埃和塔司庫魯姆的房子也遭受極大的破壞。據說西塞羅並不是第一個遭受如此懲罰的人。打從神話般的開國時代以來，這類事件就層出不窮。例如西元前五世紀中葉，有一個名叫梅伊流斯（Spurius Maelius）的改革分子被處決後，他的屋子即遭受拆毀。梅伊流斯對窮苦民眾十分慷慨，但是他的慷慨引

圖55　某個來自安提基特拉沉船的雕像，其外形雖然有部分破損，但卻令人十分難忘，就像這件曾經美麗的樣品，部分大理石肉身已經腐朽，但有些部分還維持原初的模樣。落海雕像的命運如何，端看雕像落在海床的什麼地方，有沒有受到海沙的保護而定。

起懷疑，因為按照羅馬人經典的保守推論：這人一定有稱王的意圖，因此必須予以處罰。

不過從另一方面來說，屋主家人和房子之間的聯繫十分薄弱——這點讓人覺得很意外。這與英國貴族的觀念十分不同：英國貴族在傳統上非常看重祖傳的產業，非常在意鄉間莊園的所有權是否能代代相傳。但是羅馬菁英分子卻總是不停地買房、賣房、搬家。沒錯，西塞羅十分珍惜並牢守他某些位於阿皮諾的家族產業，但這似乎並未阻止他不停地買賣房屋。他在西元前六二年從克拉蘇手中買下那棟帕拉廷丘的住宅；在這之前，他在那附近已經買了德魯薩斯（Livius Drussus）的一棟房子——西元前九一年，德魯薩斯就在那棟房子遭人暗殺。克拉蘇當初買下帕拉廷丘那棟房子，其本意可能也不是為了居住，而是為了投資。此外，西塞羅在西元前六〇年代初還買了位於塔司庫魯姆的房產。不過在他入手之前，那棟房子在過去二十五年中，曾三度易主。首先是蘇拉，接著是一個極為保守的元老魯塔提斯（Quintus Lutatius Catulus），最後落在一個十分富有的解放奴手裡，我們僅知他的名字叫維提烏斯（Veltius）。據我們一般的想法：屋主在賣房子或搬家時，裝飾前廳用的戰利品和祖先面具應該會取下，打包帶走。不過羅馬人在這方面的習俗相當奇怪：搬家時，他們會把戰利品留在原來的屋子裡。西塞羅有一次批評安東尼；他提到安東尼住在一度屬於龐培的宅第裡，但卻只知飲酒作樂，整天醉醺醺的，完全無視於掛在前廳的戰艦撞角——那些裝飾物可能是龐培當年征服海盜帶回來的戰利品。

這種房產轉移的模式引起許多根本的疑問。首先這種轉移涉及的金額必定十分龐大。西元前六二年，西塞羅得付出三百五十萬賽斯特爾幣來購買帕拉廷丘的房子。但是在現實生活中，他是如何支付這筆款項的？至今我們幾乎找不到任何這方面的說明。西塞羅不可能把錢裝在推車上，然後派他的奴隸，在幾個武裝保鏢的護衛下推著推車，穿街過道去付錢。這整個交易透露的訊息是：西塞羅若不是以金條支付這筆款項——至少這樣他只要動用到少數幾輛推車而已，就是羅馬當時已經有某種使用紙幣或債券之類的金融系統，亦即當時羅馬已經有相當複雜的銀行與信貸系統在支撐羅馬的經濟活動。不過，這類證據如今流傳下來的數量極為稀少。

再來是一個較為基本的問題。首先，西塞羅的錢從哪裡來？買下帕拉廷丘那棟住宅之後不久，他寫給朋友塞斯提烏斯（Publius Sestius）的一封信中提到他債臺高築，並且開玩笑說：「如果有哪個陰謀集團願意收留我，我很願意去加入他們。」這當然是在諷刺前一年發生的卡提林陰謀。問題的一部分的答案當然是貸款。但是借了錢，大多數時候還是要還的，時間早晚而已。例如在內戰發生之前，西塞羅曾急著要把凱撒借給他的一百萬賽斯特爾幣還清，以免以後見面尷尬。因此我們要問的是：西塞羅的收入從哪裡來？他如何從一個還算富裕的鄉紳之子，爬升到羅馬的富豪階級——雖然還不算是最頂級的富豪？他的信件透露的少許訊息，幫助我們描繪一張大致的草圖。

首先我們從反面來看。沒有任何跡象顯示西塞羅曾從事貿易活動或擁有任何商業方面的收入。嚴格來說，元老議員是禁止從事海外貿易活動的。羅馬的政治菁英向來是從土地獲得財富；他們的家業通常也根植於土地。不過，還是有某些元老會透過家族成員從事商業投資，間接賺取利潤——不管他們是透過家族中沒有擔任元老的親戚來操作，或者利用解放奴出面代為經營。我們這裡有個很好的例子：西塞羅前述那封玩笑信的收信人塞斯提烏斯也是個元老，但是他的家族成員曾明顯從事貿易活動。今日有數千個蓋有「塞斯」（SES）或「塞斯提」（SEST）字樣的酒甕在西班牙和雅典之間的地中海被打撈上岸，其中高盧南部的發現最為密集；在一條沉沒在馬賽外海的商船上，考古學家也發現了一千七百多個這樣的酒甕。這些酒甕大約是西元前一世紀中葉的製品。這些遺跡很清楚顯示：當時曾有龐大的出口生意存在，而且與塞斯提烏斯的家族有關。再者，這個家族在義大利北部的柯薩城（Cosa）擁有房地產，而這附近亦有大量的酒甕出土，而且酒甕的樣子相同，標記也相同。不管這個家族是由誰出面經營這門生意，其收益必然會滲入塞斯提烏斯這個家庭。但是就西塞羅來說，我們找不到任何跡象顯示他曾涉及任何商業活動，只除了他的幾個敵人提到他的父親是洗衣業者——當然這是既勢利且又錯誤的誹謗。

西塞羅的某些收入來源相當傳統，亦即租金與農地上的收成。當然特倫夏的部分嫁

圖56　1950年代，傑克．庫斯佗（Jacques Cousteau）帶領一隊潛水員在馬賽外海一處沉船遺址探勘。找到的這批雙耳細頸瓶只是部分在義大利裝載上船的貨物而已。

妝也給他增加不少收入。但是他有兩個其他主要的大筆收入來源。第一個是他繼承了直系家族以外的人留給他的遺產。西元前四四年，他提到他這類收入的總數大概是兩千萬賽斯特爾幣。我們今日已經不可能找出他所有的贊助人。但是這許多遺產必定是那些他曾以各種方式幫助過的人的回報，例如賺了大錢的解放奴，他幫忙打贏官司的滿意客戶等。羅馬明令禁止律師收取服務費用，如果說西塞羅在幾個引人注目的案件中，他唯一的收入是名聲，這話一般來說是沒錯的。不過通常的狀況是：他也會間接獲得金錢的回報，例如獨裁官蘇拉的侄子普比利烏斯（Publius Sulla）有一次被告上法庭，最後靠西塞羅的辯護而被判無罪。他若回報西塞羅一筆巨款那也不足為奇。西塞羅買帕拉廷丘那棟屋子的時候，普比利烏斯曾借他兩百萬賽斯特爾幣。至於何時歸還，普比利烏斯似乎並未提出這個要求。

西塞羅的另一個收入來源是行省。雖然他一再誇口說他從來不曾違法，也不曾向行省人民強索財物（這點有可能是事實），不過在西元前五〇年，當他任職期滿，離開西里西亞行省時，他的行李裝了相當於兩百萬賽斯特爾幣的當地貨幣。我們不清楚他究竟如何累積這筆財富。有兩個可能的情況。一是他捨不得花錢，把在職期間的日常開支全部省下；二是他打贏西里西亞鄰近部落所獲得的收益，包括後來販售俘虜為奴所得的收入。或許那兩百萬就是這兩種收入的總和。不過他並未把這筆錢帶回義大利。[8] 回返羅馬的途中，他把這筆存在以弗所（Ephesus）一間代政府徵稅的公司裡，可能預期未來可以做點不必涉及現金週轉的投資。不過內戰很快就破壞了他對這筆錢所做的長期打算。西元前四八年初，龐培正在籌措所有可能找到的作戰資金。西塞羅同意把這筆錢借給他——這或許多少是他在龐培營隊裡做出種種令人惱怒的言行舉止的原因。後來他是否拿回這筆錢？我們不得而知，他的信件不曾提及此事。對抗外國敵人帶來的戰爭收益，最後這些收益——就像其他收益那樣——全部用來支付一場羅馬人打羅馬人的戰爭。

人力資產

西塞羅的財產當中還有一項：奴隸。在他的書信中，他總共只提到大約二十幾個奴隸：六或七個負責送信的男童、幾個祕書、辦事員和閱讀人——在主人不方便的時候，閱讀人負責把書本或文件內容大聲唸給主人聽。此外，他還有一個貼身隨員、一個工人、一個廚子、幾個男僕、一或兩個會計。事實上，要照料他所有的房產，他所需的人手絕對遠比這一群人多。他總共有二十棟房子，所以他起碼需要兩百個奴隸才夠差使，即便有幾處房子只是鄉間小屋，其他房子則會有好幾個月不會有人使用。但是房子的基本維護還是得有人去做，例如花園得有人去修剪、房子的修繕得有人處理、爐火得有人增添、安全問題得有人照管，更別提農莊上的田地得有人負責去耕種與收成。西塞羅沒注意到他需要用到的奴隸人數是如此眾多，這說明了一件事：對主人而言，奴隸都是隱形的。他在書信中提到過的幾個奴隸，例如替他送信的男童和祕書等，其實只是因為這幾個奴隸與書信的生產與傳播這兩件事密切相關。

就一個十分粗略的估計，在西元前一世紀中葉，義大利可能有一百五十萬到兩百萬左右的奴隸人口，占總人口的百分之二十左右。這群奴隸有一個共同的特色：屬於別人，是別人的人形財產。除了這個特色之外，不論就出身背景和生活方式而論，奴隸就和自由公民一樣，形形色色，人各不同。沒有所謂典型的奴隸這回事。在西塞羅家裡，有些奴隸是因為戰敗而被賣到國外為奴；有些是冷血貿易的產物——他們可能來自羅馬附近的部族，被人口販子賣到奴隸市場。另外一些可能是被人從垃圾堆裡「救回」的棄嬰，有些則可能生而為奴，即家中女奴生養的小孩。接下來的數百年裡，隨著羅馬征服他國的規模逐漸變小，這類「家生奴」漸漸成為供需市場的大宗來源。女性奴隸從此與她們的女主人一樣，必須揹起生兒育女的包袱。一般說來，奴隸彼此之間的生活方式和工作類型差異也很大。有的生活在嚴酷且擁擠的空間，有的生活在奢華的大宅。史考魯斯那棟豪宅地下室有五十多間供奴隸居住的狹小斗室，但這並不是奴隸最害怕，或他們最糟糕的處境。在較大的工業區或農業區工作的奴隸，他們多多少少有可能會被囚禁起來。有時還可能會受鞭笞。事實上，無從反抗的肉體懲罰是其中一項讓奴隸成為奴隸的要素。「挨打的男孩」（Whipping Boy）是他們共有的綽號。但是從考古遺跡來看，奴隸當中也有很小部分的少數人，在這個服務圈子中享有優越地位；這群人的日常生活似乎很有可能會讓貧窮、自由但飢餓的羅馬公民感到羡慕。這群奴隸過的是備受寵愛的生活，跟著主人住在華美的空間；他們多半是富豪人家的私人醫生或文學顧問——他們通常來自希臘，而且都受過教育。

自由民對待奴隸的態度，或看待奴隸制度的心態也同樣差異很大，而且充滿矛盾的情緒。對奴隸主人來說，他們在鄙視和虐待奴隸的同時，心裡多少會因為奴隸的無助和脆弱而產生某種對奴隸的恐懼和焦慮。這種心態顯現在無數流行的成語和大量的傳聞軼事裡。羅馬其中一句智慧箴言即是：「所有奴隸都是敵人。」據說在尼祿皇帝統治期間，有人異想天開，提出讓奴隸穿上制服的構想。不過這個建議被否決了。理由是這麼一來，奴隸就會清楚看到他們的人數是如此之多。但是想要在奴隸與自由民之間畫一條清楚且一致的界線，或嘗試定義奴隸的卑微地位（某些古代理論家十分絕望地努力思考：他們到底是物品還是人類？），這些努力必然會被社會的習俗所阻撓。在很多脈絡下，奴隸和自由民緊密地生活在一起、工作在一起。在一般商店裡，奴隸有可能是朋友、是心腹，同時也是人形財產。而且他們是羅馬家庭的一分子。拉丁文"*familia*"總是把家庭之中的所有成員算在一起，不管是沒有自由的成員還是有自由的成員（見彩圖16、17）。

對許多人來說，奴隸只是暫時的社會身分——這現象徒然增加概念上的混亂。羅馬人之慣於釋放大量奴隸，這很有可能是出於各種冷酷的現實考量。舉個例子，給予已經失去生產能力的老奴隸自由，這比把他們養在屋子裡划算得多。雖然如此，羅馬擁有一個廣為流傳、文化開放的形象，釋放奴隸是其中一個重要面向；奴隸之釋放也使羅馬公民在種族上成為最多元的國家。在現代世界來臨之前，沒有一個古代國家可與之比擬。不過，釋放奴隸也是羅馬人產生文化焦慮的另一個原因。羅馬人是不是釋放了太多奴隸了？他們釋放奴隸的理由是不是錯了？對任何有關羅馬特質的這個概念來說，釋放奴隸會帶來什麼後果？

西塞羅通常只是隨口提到他的奴隸，並未真正注意到他們。一旦他注意到他的奴隸，往往都是出狀況的時候。從他的這個反應，我們可知某些存在於他們日常生活中的矛盾心態和緊張關係。西元前四六年，西塞羅寫信給他的朋友——當時這位朋友在亞得里亞海東岸的以利里古（Illyricum）行省擔任總督。他有一個困難，需要這位朋友幫忙。他有個奴隸，名叫戴奧尼修斯（Dionysius），負責管理他的圖書。這個奴隸一直在偷他的書，後來因為害怕事情暴露，所以就逃走了。有人在以利里古看到這個奴隸（也許以利里古靠近他本來的家鄉），而且他顯然聲稱西塞羅已經給他自由。西塞羅在信裡坦承道：「這不是什麼大不了的事。但是卻一直壓在我心上，讓我心煩。」他要求他的朋友幫他注意一下那個奴隸的動向。不過，他的朋友似乎沒幫上忙。一年之後，他從下一任行省總督那裡得到的消息是：「你的逃犯」已經逃走，躲在當地的瓦爾戴伊（Vardaei）部落裡。此後西塞羅就再也沒有聽到這個奴隸的消息了。不過，他曾想像這個奴隸有一天變成俘虜，出現在某一場凱旋隊伍裡。

其實從他給阿提庫斯的信裡，我們知道在這之前，他也曾遇到類似的麻煩。那次讓他煩惱的是一個解放奴，也是他的圖書管理人。這個解放奴有個非常高雅的希臘名字，與西元前三世紀一位希臘哲學家同名，叫克里西波斯（Chrysippus）。當時西塞羅在西里西亞，他委託這位克里西波斯陪同他兒子馬庫斯返回羅馬。馬庫斯當時才十五歲左右，同行的還有一個親戚的兒子，也只比馬庫斯大一點而已。沒想到在旅途中，克里西波斯竟然丟下兩個年輕人，自己逃走了。西塞羅在信裡抱怨道：他並不在意這個奴隸偶爾偷他幾本書，那是小事，讓他無法忍受的是他竟然擅自逃走了。克里西波斯雖然已經不是他的奴隸，但是就一般規矩來說，解放奴對他的前主人還是有一定的義務的。由於這件事，西塞羅想要立一條法規來剝奪克里西波斯的自由，讓他回復奴隸身分。太晚了，當然。克里西波斯早已遠走高飛了。

西塞羅信裡提到的這些事件，其準確性我們很難判斷。到底在羅馬販賣偷來的書有多容易？克里西波斯是否賣了那些書，作為逃亡的費用？西塞羅是否相信那些書還在他的奴隸的手裡（在瓦爾戴伊部落大概很難找到買主）？或者西塞羅所謂的偷書事件只不過是他的疑心病與妄想症作祟，因為他太著迷於他的書房了？不管真相如何，這些故事提供了一個有用的對照視角，讓我們比對「斯巴達克斯式的」奴隸暴動和反抗事件。從西塞羅提到的例子來看，很少有奴隸會與羅馬權威人士正面對抗，會跟軍團正面衝突的就更少了。大多數奴隸就像前述那兩人一樣，亦即從主人家裡逃走，躲起來；一旦碰到有人質問，就說他已經被釋放了，反正質問他的官員對真相也一無所知。就西塞羅本人來說，這起事件落實了羅馬的一句成語，亦即奴隸就是來自家裡內部的敵人，即使他的敵人所犯的罪行就只不過是偷竊而已；另外，對西塞羅來說，那些他已經釋放了的奴隸和那些他並未釋放的奴隸，這兩者之間的區分真的很小，遠比現代歷史學家所願意承認的小很多。這一點應該不會令人覺得驚訝，因為在拉丁文中，指稱獲得自由的前奴隸的標準說法是libertus（自由的人），但是在許多情況下，另一個字servus（奴隸）是更常用來指稱奴隸的字，不論已經獲得自由與否。

在這幅由奴隸和主人構成的圖景中，有一個特殊的例外場景，那就是西塞羅與他的奴隸祕書泰羅（Tiro）之間的關係。中世紀有人把泰羅視為速記法創始人，但是泰羅的出身完全無從考證。羅馬人之間倒是流傳一個謠言：由於西塞羅非常疼愛泰羅，羅馬人因此懷疑泰羅其實是西塞羅的私生子。不然還能有什麼理由？大約在西元前五四年或西元前五三年，泰羅獲得自由，成為羅馬公民。西塞羅為他大肆慶祝，並給他一個羅馬名字：Marcus Tullius Tiro。一般來說，泰羅與西塞羅一家人的關係向來被視為羅馬奴隸制度「可被接受的面向」。

西塞羅一家人寫了很多信給泰羅（不過泰羅的回信都沒流傳下來），信裡充滿了情感，內容多半是閒聊，常常關心他的健康。西元前四九年，奎因圖斯寫給泰羅的信即是一個典型例子：「你的健康讓我們非常擔心，……我們也非常擔心你這次會離開我們很久。除非你把身體養得既健康又強壯，你真的不需要走這一趟旅程。」泰羅獲得自由，西塞羅一家人都很高興；他們既祝賀泰羅，也自我慶賀一番。當時奎因圖斯人在高盧，正在凱撒的軍中服役。得知泰羅獲得自由後，他寫信給他的哥哥，信中描繪了某種身分改變的意義：「關於泰羅的事，我真的很高興你這麼決定，讓他獲得他所應得的身分，我也很高興你寧願把他看成一個朋友，而不是奴隸。讀著你的信，我高興得跳了起來。謝謝你。」在西塞羅家裡，泰羅似乎扮演了替代兒子的角色，為這個功能有點失調的家帶來一點歡樂。即使是如此，西塞羅的家人也還是有一種揮之不去的矛盾心態，泰羅的奴隸地位似乎也從未完全被遺忘。他獲得自由很多年後，奎因圖斯有一回寫信向泰羅抱怨，問泰羅怎麼又不給他回信了。奎因圖斯的信是這麼寫的：「我在腦海裡已經給你一頓好打，至少一段無言的斥責。」這是無關緊要的一段打趣的話嗎？還是不好笑的笑話？或是一個清楚的暗示，表示在奎因圖斯的心目中，泰羅永遠是那個你可以給他一頓好打的奴隸？

朝向一段新的歷史進程——皇帝的歷史

泰羅比他的主人長命。誠如我們即將看到的，西塞羅在西元前四三年十二月死於非命，他的弟弟奎因圖斯也是。據說泰羅繼續活著，直到西元前四年，直到他九十九歲過世。在這段時間裡，他幫忙編輯西塞羅的書信和講稿，藉此保管並整理西塞羅的記憶。他也偶爾寫寫自己的傳記（雖然這部傳記沒留存下來）；他所做的這一切，後來成為後世羅馬歷史學家標準的資料來源。他甚至還發行了一大冊笑話集。西塞羅後世的一個仰慕者曾指出：如果泰羅在編選笑話集的時候，能更精挑細選一點，那麼西塞羅的機智名聲可能會更好一些。

泰羅也活得夠久，久到可以看到獨裁統治這個永久的新政體之建立，也看到一個個皇帝安穩地坐上羅馬帝位的寶座，還看到古老的共和體制慢慢變成遙遠的記憶。這個新政體是本書未來四章的主題。我們即將探討的這段時期只有兩百五十年，亦即從凱撒在西元前四四年遇刺，一直到西元第三世紀初期為止；或換句更具體的話說，一直到西元二一二年這一特定的轉捩點為止。這一年，卡拉卡拉皇帝把羅馬公民權賜給帝國境內所有自由民。如果與前面那段我們已經看過的、長達七百多年的故事相比，這將會是一段十分迴然不同的歷史。

就某些方面來說，我們會覺得羅馬史後面這段時期，遠比早期任何一段時期來得熟悉許多。大部分至今仍然矗立在羅馬城裡的那些最著名、最具代表性的古代建築都是在這幾百年之間建立的，例如作為大眾娛樂中心的圓形大競技場是在西元七〇年代建立的；大約過了五十年後，在哈德良皇帝任內，羅馬建立了萬神殿（Pantheon）——這是唯一一座我們能夠步入其中，而且至今仍然多少保留原初狀態的古代神殿。這座神殿之所以能夠維持原樣，主要的原因是它曾被改為基督教的教堂，沒經歷過大規模的重建。其他建築物大都歷經過改建，包括羅馬廣場這個舊城的中心，共和時代政治攻防戰的主要現場。我們現在在地上看到的大部分建築物，大部分都是羅馬皇帝統治期間建立的，並不是格拉古斯兄弟或蘇拉或西塞羅那個時代的建築。

總體而言，西元後最初的兩百年，我們可看到的資料遠比前一段時期多很多，即使這段時期沒有出現任何一個像西塞羅那樣突出的人物，勤於紀錄各種逼真的細節。不過，這與這段時期留下的大量新文學作品、詩歌或歷史故事無關——雖然這段時期的作品量和種類遠比上個時期為多。我們至今仍可讀到許多以閒聊的手法寫成的皇帝傳記；尤維納利斯和其他作家筆下的諷刺作品——這群作家憤世嫉俗，喜歡對羅馬人的偏見提出無情的批判；具有高度創意的小說作品，例如佩特羅尼奧（Gaius Petronius Arbiter）那部眾所周知的作品《愛情神話》（*Satyricon*）；佩特羅尼奧曾是尼祿皇帝的朋友，後來卻成為尼祿的刀下亡魂；兩千年之後，義大利導演費里尼（Federico Fellini）把這個故事拍成電影。基本上，這是一群無賴的荒唐故事，他們在義大利南部四處旅行，舉行各種縱情狂歡的聚會，出入各種廉價的、床鋪上爬滿蟲子的鄉間旅館。故事裡最令人難忘且滑稽的角色是那位富有但粗俗的解放奴特立馬喬（Trimalchio）。特立馬喬這個名字差一點在數百年後成為另一部經典小說的名字——費茲傑羅（F. Scott Fitzgerald）的《大亨小傳》（*The Great Gatsby*）本來的標題是「西蛋的特立馬喬」（*Trimalchio at West Egg*）。

這段時期最重大的改變，主要是那些刻在石頭上的各種文件。我們在前面已經分析過幾份數百年前刻下的碑文，包括巴爾巴圖斯的墓誌銘，還有那塊在羅馬廣場出土、文字只能大略判讀，但是碑文上提到「國王」這個字的古拉丁文石碑。在過去幾百年的早期階段，這類石碑流傳下來的並不多。但是這情況到了西元一世紀開始產生鉅變。不知出於何種至今仍然無人真正去探索的原因，石碑和銅板這類資料突然開始暴增，尤其是墓誌銘。成千上萬篇墓誌銘出現在帝國的土地上，四處林立，紀念著相對來說相當平凡的人物。那些有多餘現金可用的人，死後也會交代後人給自己立座墓碑，作為永久的紀念，或刻上一段墓誌銘，不管碑文多麼簡樸。這類墓誌銘提到的事，有時就只是死者的職業而已，如「珍珠商人」、「魚販」、「接生婆」、「烘焙師」。我們有時也會看到長篇大論的銘文，彷彿要把死者一生的事蹟全部記下來。有一篇描寫特別詳細的碑文，內容是關於一個皮膚白皙、眼睛很漂亮、乳頭很小的女人，她是一段三角戀情的中心人物，她死後，這個三角圈子就散了。此外，我們還有許多著名市民的簡短傳記，就刻在他們雕像的底座，這類雕像和傳記可說遍布整個羅馬世界。此外，皇帝的書信、元老院的政令等也全刻在石碑上，驕傲地豎立在對帝國稱臣的遙遠社群裡。如果說研究早期羅馬史的史家，其工作是努力從每一件考古遺跡中擠出所有故事，到了西元一世紀，情況則顛倒過來：史學家的任務變成如何選出最有故事的那件遺跡。

有一個更重大的差異是，在重構羅馬這個部分的歷史時，我們現在可以不必用到年表了——既奢侈又充滿限制的年表。部分原因是羅馬世界的地理分布使然。我們目前沒有一個既有用，又有意義的單一歷史敘事可以把羅馬布列顛行省史和羅馬阿非利加行省史連接起來。我們擁有的是無數微觀的歷史故事，還有來自不同區域的不同歷史，這些故事彼此並不一定相容，如果一則接一則加以重述，無疑會變成一本面目十分模糊的書。另外一個原因是：打從西元前一世紀末，羅馬建立了獨裁統治的政治模式之後，大約有兩百多年的時間，羅馬的歷史並沒有經歷重大的改變。就某個意義來說，獨裁政體意味著歷史的終結。當然我們還是會看到各種事件的發生、戰爭的開打、暗殺的行動、政治的僵局、種種措施與新發明；當然事件的參與者也必然有各種令人興奮的故事想要訴說，有各種議題想要討論。但是總的說來，這些事件與故事跟共和體制發展的故事，還有跟皇帝權力的發展故事截然不同。後面這兩個故事幾乎全面革新了羅馬世界的每一個層面；相比之下，從西元前一世紀末到西元二世紀末之間，羅馬的政治、帝國和社會的結構並未產生重大的改變。

所以從下一章開始，我們即將檢視凱撒大帝死後，他的繼位者奧古斯都大帝如何建立一個永久的獨裁政權——這可能是羅馬史上最重要的一次改革。接著我們要探討這個政體的結構、問題和張力——這是接下來兩百年之中，一個撐起但又同時破壞這個結構的力量。出現在這兩百年裡的歷史人物不少，他們有心懷不滿的元老、酒館裡的醉客，還有那些讓羅馬人覺得困擾，因而最終被羅馬人迫害的基督徒。另一個重大的問題是：我們如何才能最好地了解在皇帝統治下的羅馬？

第九章

奧古斯都的轉變

凱撒的繼承人

西元前四四年三月十五日，凱撒遇刺的那一天，西塞羅有可能就坐在元老院的席位上，親眼目睹一場既混亂又幾乎快搞砸的謀殺案。一群大約二十來個元老利用上呈請願書作為藉口，上前圍在凱撒四周。其中一個元老朝凱撒跪下來，並且拉著凱撒的托加袍——這是攻擊的訊號。殺手們的準頭十分差勁，或許他們是因為太害怕，手腳才變得那麼笨拙。最初的一輪匕首攻擊完全沒刺中凱撒，這讓凱撒有機會使用他手上唯一的武器——尖銳的筆——來展開反擊。關於這起案件，今日我們所能找到的最早記載，見於尼可勞斯（Nicolaus of Damascus）的作品；尼可勞斯是來自敘利亞的希臘史學家，凱撒遇刺五十年後，他很有可能透過目擊者的描述，動手寫下這段歷史。據他描述，當時有幾位殺手陷入「自家人打自家人」的狀況，例如卡修斯（Gaius Cassius Longinus）衝向凱撒，但卻刺傷了布魯特斯，在布魯特斯身上留下一道又深又長的傷口；再一次的攻擊也還是沒刺中目標，手中的匕首反而刺入同伴的大腿。

凱撒倒下來時，他用希臘文對布魯特斯叫道：「你也是，孩子！」（"You too, child."）凱撒這句話有許多解釋，可以是個威脅（「我也會找你算帳的，孩子！」），也可以是痛苦的悔恨之聲，怎麼他年輕朋友竟然背叛了他（「你也是他們的一分子嗎？」）。另一群心有所疑的同代人提出第三種解釋；他們認為那是凱撒最後一次對布魯特斯吐露真心話，因為他們認為布魯特斯事實上是凱撒的私生子。這麼說來，這不僅只是弒君，而且還是弒父的罪了。至於那句著名的拉丁文片語「你也是嗎，布魯特斯？」（Et tu, Brute?）則是莎士比亞的杜撰。

其他坐觀這場謀殺案的元老開始向外逃。如果西塞羅在場，那麼他顯然也沒比其他人勇敢到哪裡去。不過元老們無法快速離場，因為門外擠滿了密密麻麻的觀眾——隔壁龐培劇場的格鬥士表演剛剛結束，觀眾正紛紛走出劇場。當觀眾們聽到元老院發生了謀殺案，他們也急著想趕快回家，以策安全。布魯特斯雖然極力安撫他們，叫他們無須擔心，因為凱撒之死並非噩耗，而是好消息。但是沒人聽他的。場面越來越混亂。凱撒有個親近的同事雷比達（Marcus Aemilius Lepidus）正要離開廣場，去集結駐守在羅馬城外的軍隊。他幾乎就快跟那群從反方向衝過來的凶手撞在一起。那群凶手正打算到羅馬廣場宣布他們的勝利。他們背後跟著三個奴隸。那三個奴隸抬著凱撒的屍體，打算把他送回家。顯然那是很艱鉅的工作，因為他們只有三個人。據說凱撒這位獨裁官傷痕累累的手臂就垂掛在擔架兩側，非常令人觸目驚心。

那天晚上，西塞羅在卡庇多山跟布魯特斯以及幾個「解放者」（Liberators）見面。布魯特斯一行人當時暫時待在卡庇多丘的神殿裡。西塞羅一直都沒有參與他們的計畫，不過據說布魯特斯把匕首刺入凱撒身體時，他曾大聲喊叫西塞羅的名字。無論如何，西塞羅是個年長的資深官員，在暗殺事件發生之後，他是個很有用的象徵首領。西塞羅給他們勸告很清楚：他們得馬上召集元老們到卡庇多丘開會。但他們猶豫不決，因此錯失了良機，讓凱撒的從人有機會掌控了民眾的情緒。西塞羅後期的文章雖然提到大部分民眾最後深信獨裁者務必除去，但是這只是他的幻想而已。羅馬的民眾當然並未在幕後策動這場暗殺，大多數民眾還是比較喜歡凱撒的改革方案，比如救濟窮人、設立海外殖民聚落、偶爾發放救濟現金等。至於那些自由的理念雖然好聽，最後很有可能會變成藉口，用來維護菁英分子的私人利益，壓榨下層階級，那些看到布魯特斯在賽普勒斯島強取豪奪的人，即可證明這一點。

幾天之後，安東尼為凱撒舉辦了一場盛大的喪禮。為了讓觀眾比較清楚看到凱撒身上的傷口和傷口位置，他命人在凱撒的大體上方懸掛一個蠟製模型，標記每道傷口的大小和位置。喪禮途中發生了一場暴動。最後他們只得就地取材，在廣場上把凱撒的遺體火化了。火化的燃料部分來自附近法院的木頭椅子，部分來自托加袍——喪禮樂師脫下他們的托加袍，丟入大火中。還有一部分來自婦女的貢獻：她們把珠寶和孩子們的小托加袍全部丟入火裡。

沒人懲罰參與暗殺活動的凶手，至少一開始沒有。看到喪禮上的民眾反應，布魯特斯和卡修斯認為比較安全的做法是出城避避風頭。但是他們並沒有被取消官職（兩人都是法務官）。布魯特斯雖然出了城，但身為法務官，他還出資贊助了一項慶典活動。他本來想命人演出第一個布魯特斯驅逐塔克文家族的故事，但是這齣戲很快被凱撒的擁護者換下來，改演希臘神話故事，一個比較沒有時事色彩的主題。元老院也接納西塞羅的建議，同意批准凱撒所有的決策，以此換取暗殺者的赦免。這個停戰協議可能有點薄弱，但是就當時而言，至少沒再發生進一步的暴動。

這樣的和平局勢在西元前四四年四月產生改變。這一天，凱撒指定的繼承人屋大維從亞得里亞海的另一頭回到了羅馬。他原本是被派去準備入侵帕提亞人的戰事。不管羅馬有什麼謠言和傳說，也不管克麗奧佩特拉已經宣稱她的小孩是凱撒的兒子，而且也為他命名為凱撒瑞榮（Caesarion，即小凱撒），凱撒認定自己並沒有合法的子嗣。他採取了一個不尋常的做法：在遺囑裡領養他外甥女之子，亦即屋大維烏斯（Gaius Octavius），並指定他為繼承人。屋大維當時才十八歲，但是他很快就開始利用隨著領養而來的權利，把自己的名字改為蓋猶斯．朱里烏斯．凱撒（Gaius Julius Caesar），雖然他的政敵和大部分試圖避免產生混淆的現代史家都稱他為「屋大維」（Octavianus/Octavian，意即「前屋大維烏斯」），他自己倒是從來不曾使用這個名字。至於凱撒為什麼挑選了這個年輕人，這一直是個謎。屋大維當然有意替凱撒這位在法律上已經是他父親的人懲罰那些暗殺者，確定他們得到應得的處罰。另外，他也要確定他的眾多競爭對手——尤其安東尼——無法追隨凱撒的腳步。凱撒是屋大維走上權力之路的通行證。西元前四二年元月，馴服的元老院正式認可凱撒已經成神的議案之後，屋大維就到處宣揚他的新頭銜，稱他自己為「神的兒子」。隨之而來的是，羅馬發生十多年的內戰。

西元前二七年之後，屋大維正式以奧古斯都（Augustus）之名行世——嚴格來說，「奧古斯都」是羅馬人創立的頭銜，意思大概是「至尊」。奧古斯都統治羅馬五十多年，直到西元一四年逝世為止；他在位的時間遠超過龐培和凱撒立下的先例，成為羅馬第一個安然度過一生的皇帝。他也是整部羅馬史上在位時間最久的統治者，甚至遠超過傳說中的努瑪與塞爾維斯的在位時間。身為「奧古斯都」，他改變了羅馬的政治和軍隊結構、帝國全境的政府組織、羅馬城的面貌。最重要的是，他也改變了羅馬的權力、文化和認同的所有潛在意義。

令人難以置信的是，在奪權和掌權的過程中，奧古斯都也改變了自己，從一個粗暴的軍閥與叛亂分子轉變成一個負責任的政治家。改名字是這種轉變的標記。當他還是屋大維時，他的生涯是一份混合著施虐、醜聞和違法的紀錄。西元前四四年，他利用一支私人軍隊，還有各種跟政變差不了多少的謀略打入羅馬的政治圈。接著他與安東尼和雷比達三人聯手，效仿蘇拉的模式，發布可怕的「公敵宣告名單」，大舉消滅政敵。如果羅馬傳統史家的紀錄可信的話，那麼他的雙手名副其實地沾了不少人的血。有一則令人毛骨悚然的故事提到他親手把一位元老的雙眼挖了出來，只因為他懷疑那位元老正在密謀造反。另一則故事提到他打扮成太陽神阿波羅，穿上華麗的服飾去參加豪華的宴會——當然打扮成阿波羅這種事對羅馬人來說並沒有什麼好大驚小怪的；問題是這個時候其他羅馬人民因為內戰造成的百業蕭條，正掙扎在近乎餓死的邊緣。他究竟是如何放下前述種種惡行惡習，轉變為新政權的開國之父，而且成為許多人眼中的皇帝典範？讓後人論起其他皇帝，都以他作為評論的標準？這是許多善於觀察的羅馬人不時提出來的問題。有幾個問題歷史學家至今依然感到困惑，並不時提出來爭論。這幾個問題是：他的徹底轉變、他所建立的政權的性質、他的權力和權威的根據。到底他是如何辦到的？

內戰的面貌

到了西元前四三年年底，距離屋大維回到羅馬也才不過十八個月的時間，羅馬的政治產生了翻天覆地的大變化。布魯特斯和卡修斯離開了義大利，被派往東方的行省。屋大維和安東尼在義大利北部展開一連串軍事鬥爭，接著兩人與雷比達組成「成立政府的三人執政團」。這是一個長達五年的正式協議，分別賦與他們三人（*triumviri*）等同於執政官的權力，他們可以選擇各自喜歡的行省，而且也可以控制選舉活動。羅馬此時顯然已被一個軍事執政團占領了。

而西塞羅死了。他犯了一個錯誤，講了太多激烈的、反對安東尼的話。三人執政團開出一張恐怖名單（那是他們最主要的成就），展開另一輪的集體迫害，剷除政治異己。這張名單羅列了數百名元老和騎士的名字，西塞羅的名字亦在其中。西元前四三年十二月，一支特別挑選的殺手小組去找西塞羅。西塞羅當時住在一棟鄉下住宅中。他乘坐一輛馬車逃走，希望躲起來，避開殺手。可惜他沒能成功躲起來（沒能成功是因為他家裡的一個解放奴洩露了他的行蹤）。殺手們在路上殺了他，砍下他的頭。這起謀殺案是另一個象徵，代表羅馬共和體制的結束。隨後的數百年裡，不時有人會提出這起案件來討論。事實上，西塞羅的最後一刻不知道被羅馬的演說訓練學校拿出來重演多少次。他們不斷追問一個問題是：西塞羅應該懇求安東尼赦免他嗎？或採取更為複雜一點的手段：摧毀他所有著作來換取生命？在現實中，西塞羅的結局十分不堪。他的人頭和右手被送到羅馬，釘在羅馬廣場的講臺上展示。安東尼的妻子弗維雅（Fulvia）曾嫁給西塞羅的另一個死對頭克羅狄斯；據說她過來觀賞這項戰利品時，曾得意揚揚地取下西塞羅的頭，朝他的頭吐痰，接著拉出他的舌頭，取下髮簪朝西塞羅的舌頭猛戳。

之前薄弱的和解，現在已經完全被人遺忘了。西元前四二年十月，三人的聯軍在希臘北部的菲利比城（Philippi）附近打敗了布魯特斯和卡修斯——這是莎士比亞《凱撒大帝》的大部分焦點所在。勝利的三人組不久即開始一步步相互內鬥起來。打敗布魯特斯後，屋大維離開菲利比城，返回義大利監督一個規模極大的土地徵收計畫，他打算將徵收來的土地分配給他那群越來越不滿的退役士兵。不過，不滿的士兵固然危險，但屋大維馬上發現他面臨另一個危險：弗維雅和安東尼的兄弟路西烏斯．安東尼烏斯（Lucius Antonius，下文稱安東尼烏斯）已經用武力占領了羅馬。他們已經和失去土地的地主結盟，反對他的土地徵收計畫。屋大維很快把他們趕到佩魯西亞城（Perusia，亦即現在的佩魯吉亞〔Perugia〕），將他們包圍起來。西元前四〇年，由於城內的糧食短缺，他們只得投降。但是這種鬥爭的狀態並未就此結束。屋大維接下來與一群自稱代表凱撒理念的黨派持續角力，戰爭時起時停，如此持續了大約十多年。

在這場內戰中，不同玩家在不同回合的衝突中，他們不時突然改變立場，參與不同的聯盟，因此我們有時很難清楚了解他們如此轉變的意義和目的。西塞羅的前任女婿多拉貝爾即曾在幾個月內兩次改變立場，加入兩個互相敵對的陣營。至於是什麼原因促使他這麼做——因為拿不定主意嗎？政治立場的改變嗎？還是個人私利問題使然？或以上皆有？這就留待有興趣的人去猜了。在他接受指揮權，前往東方去救平那些「解放者」之前，他一路上仗著欺騙、折磨，甚至還處死了一位不幸的小亞細亞行省總督；西元前四三年，他在敘利亞試圖挑戰卡修斯不果，戰死沙場。「請問有沒有人有那種天分，把這一切用文字寫下來，讓這一切看來像是事實，而不是小說？」一個後世的羅馬作家問。他預期的答案顯然是「沒有」。這場衝突當中，雖然許多主要人物的角色令人感到很困惑，但是這場衝突比過去羅馬史上任何一場衝突提供了更多證據，說明這類戰爭對義大利其他人民——例如士兵和平民——究竟代表了什麼意義。我們從中聽到許多無辜受害者的聲音，這些聲音既來自現實生活中的百姓，也來自虛構文學中的角色。

三人執政團發動的土地徵收活動中，出現許多被迫失去土地的可憐農民，而這群人是詩人維吉爾第一部主要作品《詩選》（*Eclogues*）的描寫焦點。他後來雖然成為奧古斯都王朝一個「桂冠詩人」，但是在西元前四〇到三〇年代之間，他把文學的聚光燈照向義大利鄉間，聚焦在內戰造成的後果，描寫那群曾經快樂、無憂無慮的牧羊人和牧場主的生活，只是如今此種生活的背後矗立著屋大維那強大的、有時顯得陰森森的身影。他筆下純樸的角色唱著田園世界的生活和情愛，結果在他們之中，我們看到一群土地被沒收、心有不滿的受害者。其中一人抱怨道：「那些心中沒有神明，不知感激的士兵將會接管我細心耕作的土地。你看內戰究竟給我們可憐的人民帶來了什麼？」

其他作家則把焦點放在描寫人民如何面對「公敵宣告名單」；他們描寫一系列關於聰明的躲藏地、可憐的自殺案件，還有朋友、家人和奴隸所表現的勇敢的忠誠或殘酷的背叛。有個心靈手巧的妻子把丈夫捆進洗衣袋裡，因而救了她丈夫一命；另一個則把丈夫推入下水道，由於下水道的臭味讓上門的殺手為之卻步，因此成功救了她丈夫。一對兄弟躲在一座很大的烤爐中，後來他們的奴隸發現他們，結果那個奴隸殺了其中一人（我們猜他們平時一定沒有善待奴隸），另一人雖然逃走了，但他並未逃過這一劫。原來他跳進臺伯河躲起來，但是卻被某位誤以為他不小心落水的漁夫救起來，最後他還是被追到河邊的殺手殺了。我們幾乎可以確定這些文學故事都曾經過美化，或加入某種英雄行為的描寫。但這些故事與某位忠實妻子的義行比起來，在本質上其實並沒有太大的不同。那位妻子的勇敢清清楚楚地刻在她的墓碑上；從那段銘文，我們看到她如何親自去找雷比達為丈夫求情，但是——誠如碑文所說的——她最後卻被趕走，還「被打得青一塊紫一塊，彷彿是個奴隸」。這段銘文不只展現了那位妻子的勇敢，同時也幾乎自動地把奴隸和身體上的處罰聯繫在一起。

我們目前也擁有一點點線索來了解基層士兵的想法。在今日佩魯吉亞城內和附近地區有許多小顆的彈弓子彈出土。這些致命的鉛製子彈是屋大維的軍隊在圍攻佩魯吉亞城時——當時安東尼烏斯和弗維雅在城內，兩軍用來攻擊對方的武器。這許多子彈是用模型壓製的，彈身印著口號，彷彿一則寫給敵人的訊息。在古代世界，在子彈上刻字並不是罕見的事。在早期的希臘子彈上，我們會看到相當於「逮到你了」和「好痛」這類字眼；某些來自同盟之戰的子彈則刻著「去逮老龐」（意即龐培大帝的父親）或「打你肚子」這類言語。但是在佩魯吉亞出土的子彈更善於表達情意；有的射入城內的子彈訊息充滿諷刺，如「你明明餓壞了，還裝！」——後來城裡的人竟真的因為糧食短缺而投降。其中另有許多子彈刻著大量淫穢的訊息；內容可想而知，不外乎描寫敵人的身體器官，男女皆有。「安東尼烏斯，你這個禿子。還有你，弗維雅，亮出你的屁股。」「我正往安東尼烏斯夫人的屁股前進！」或「我正衝向弗維雅的『陰蒂』（*landica*）！」——這個拉丁文的字義

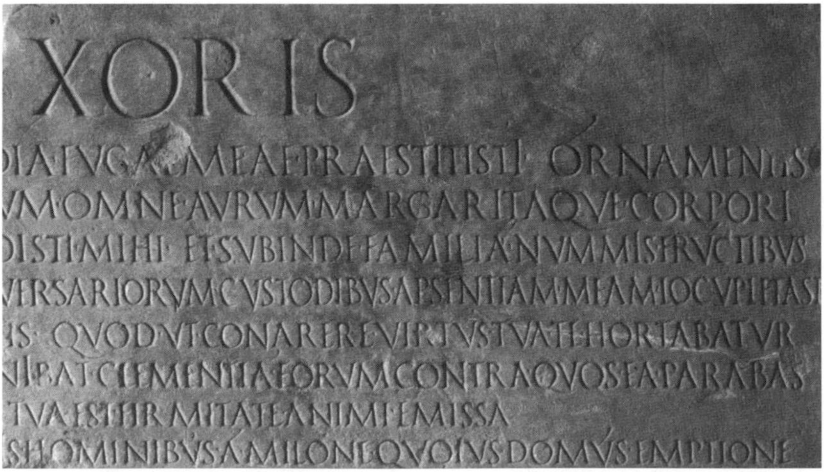

圖57　這是一位忠實妻子的墓誌銘的片段。可惜銘文中的夫婦姓名已經佚失，但是可以確定的是，這位丈夫是個有名望的元老院議員。第一行的拉丁文XORIS少了U，本應是UXORIS，亦即「妻子」。接下來的銘文細述妻子對丈夫事業的協助，例如第二行提到她提供「黃金和珍珠」來資助她的丈夫。

最早出現在這裡。這種軍事與性事的重疊，加上批評別人逐漸後退的髮際線——這可能是兩軍交戰的前線，我們所可能找到最典型的下流話了。這類令人不安的話語有部分是虛張聲勢，有部分是挑釁，有部分是對女性的厭惡，有部分則是掩飾不住的恐懼。

西元前四〇年年初，安東尼烏斯和弗維雅開城投降。弗維雅是否曾和安東尼烏斯共同指揮作戰，或介入戰事指揮到什麼程度，這個我們難以確定。因為最容易攻擊敵人的手法之一，就是假定他和區區一介女流共享軍事指揮權，就像他們後來攻擊他的兄弟安東尼那樣。總之，弗維雅去了希臘，回到安東尼身邊。不過她幾乎馬上就死了。三人執政團停戰了一陣子。作為對未來合作的保證，喪偶的安東尼娶了屋大維的妹妹奧塔薇雅（Octavia）。但是這是一樁空洞的婚姻，因為在當時，安東尼已經和克麗奧佩特拉結盟——未來會界定他的形象的盟約。他其實多多少少已經和克麗奧佩特拉住在一起，而她也剛剛才替他生下一對雙胞胎。無論如何，三人執政團很快就縮減為二人結盟，因為本來一直都是次要角色的雷比達在西元前三六年被排擠出去。西元前三一年，屋

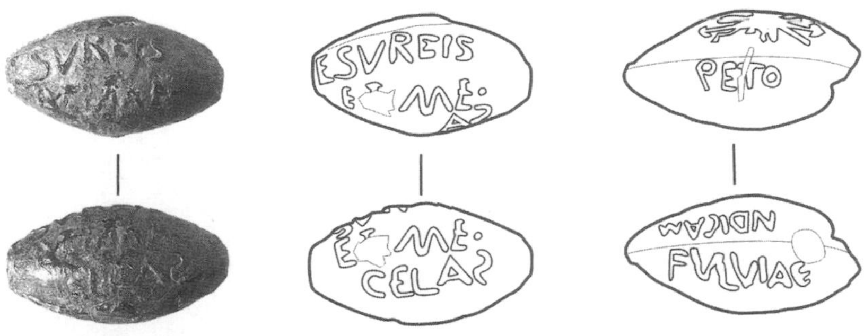

圖58　這些小鉛彈，長約數公分，既能殺敵，也能傳訊給敵軍。「你明明餓壞了，還裝！」（Esureis et me celas）這句拉丁文還有許多其他翻譯，其中一些充滿情色色彩，如「你飢渴難耐，超想要我」。

大維和安東尼兩人終於展開最後的對決。毫無疑問的，這場對決與這兩個問題有關：誰會統治羅馬？是屋大維？還是身邊有個克麗奧佩特拉的安東尼？

凱撒遇刺的時候，克麗奧佩特拉當時正在羅馬，就住在凱撒位於城外的別墅。那是羅馬所能買到最好的房子了，不過在克麗奧佩特拉看來，可能只是一間小破屋，遠遠比不上她在亞歷山卓那棟豪華的宅邸。西元前四四年三月望日之後，她很快打包行李逕自回埃及去了。「王后的退場我並不擔心，」西塞羅寫給阿提庫斯的信中如此明白說道。但是克麗奧佩特拉並沒有從羅馬政治圈中退場。理由很簡單：她仍然需要外在的支持來支撐她作為埃及統治者的地位。她手上有大筆資金和其他資源，願意慷慨給予任何助她一臂之力的人。她首先找到西塞羅的前任女婿多拉貝爾。多拉貝爾死後，她轉向安東尼求助。她和安東尼的關係十分引人關注：有人以情色的角度一再加以重寫，有人描寫安東尼的無望迷戀，有人則寫成西方歷史上最偉大的愛情故事。激情或許是其中一個元素，但是兩人的關係其實是建構在某種更為平凡的基礎上，亦即軍事、政治和財務上的需求。

在西元前四〇年，屋大維和安東尼兩人有效地瓜分了地中海世界，只留下一小塊地方給雷比達。西元前三〇年代，屋大維的大部分時間都花在羅馬西部，處理他那群還在逃亡的敵人，包括龐培大帝的兒子——那是西元前四〇年代內戰倖存的主要聯繫；與此同時，他也在亞得里亞海對岸征服了不少新領土。在東方的安東尼打了好幾場高度引人矚目的戰事，對抗帕提亞人和亞美尼亞（Armenia）人。雖然他有克麗奧佩特拉提供的資源，戰場上卻並未大獲全勝，只維持有贏有輸的局面。

流傳到羅馬的許多報告都極力渲染兩人在亞歷山卓城的奢華生活。人們圍繞著他們那頹廢的宴會打轉，想出種種怪誕的故事，還有他們之間那場聲名狼藉的賭局，亦即誰能舉辦一場最昂貴的晚宴。一則態度極為不以為然的羅馬故事提到這場賭局。贏家是克麗奧佩特拉，因為她辦的晚宴價值一千萬賽斯特克幣——幾乎和西塞羅最豪華的住宅一樣貴。同時還得加上一顆品質上好的珍珠。相傳克麗奧佩特拉把那顆珍珠溶在醋裡，然後一口就喝掉了。這當然是一種誇耀之舉，但也是毫無意義的消耗。對羅馬傳統人士而言，還有另一項傳聞也讓他們很擔心：據說安東尼已經開始把亞歷山卓當作羅馬，在他打敗亞美尼亞人，取得小勝的時候，他甚至選擇在亞歷山卓舉辦獨具羅馬特色的勝利凱旋式。有一古代作家很不以為然地評論道：「為了克麗奧佩特拉，他把自己國家可敬的、莊嚴的儀式獻給了埃及人。」

西元前三二年，屋大維利用羅馬人的這份恐懼，大力出手干預安東尼在埃及的生活。這一年稍早，安東尼和奧塔薇雅離了婚。屋大維對這件事的回應是：他設法取得安東尼的遺囑，然後在元老院大聲唸出對安東尼不利的幾個段落。這幾個段落顯示：一、安東尼承認年輕的小凱撒是凱撒的兒子；二、安東尼打算把大筆財產留給他與克麗奧佩特拉生的兩個小孩，最後是他打算死後要葬在亞歷山卓，葬在克麗奧佩特拉旁邊，即使他死在羅馬。羅馬街上的傳言沸沸揚揚，都說安東尼已經做好長期打算，決定拋棄羅慕勒斯的城市，將首都整個遷到埃及。

就是這種背景之下，兩人公開宣戰。這場衝突始於西元前三一年。擁有大筆金援的安東尼本應贏得勝仗：他的軍隊人數，他可以運用的錢，兩者都遠比屋大維為多。但是他和克麗奧佩特拉在希臘北部的阿克興（Actium）——亦即「岬角」——輸了開場的海戰之後，他們從此就再也沒能取得主動出擊的優勢。阿克興海戰發生在西元前三一年九月，那是世界上最具決定性的戰爭之一，同時也是給羅馬共和制畫下終止線的一場戰役。然而不管怎麼看，這場戰役本身卻顯得相當低調，而且有點邋遢——或許很多決定性的戰爭都是既低調且邋遢，沒有我們想像中的壯烈華麗。屋大維輕而易舉獲得了勝利。之所以會如此，主要是因為他的副手阿格瑞帕（Marcus Agrippa）設法切斷了敵人的供應線。再來是因為好幾個安東尼的逃兵洩漏了軍隊的所有計畫。最後是因為安東尼和克麗奧佩特拉兩人本身——他們兩人就直接從戰場上失蹤了。原來他們眼見屋大維的軍隊就快占上風，於是急忙搭上小分遣隊的船，逕自從希臘逃回埃及，丟下其他的士兵和船員不管。可想而知，他們的士兵和船員當然就放下武器投降，沒有必要再繼續打下去。

第二年，屋大維航行到亞歷山卓把事情了結。歷來常見的文本中，安東尼的結局被寫得有點像鬧劇：他以為克麗奧佩特拉已經死了，所以就揮劍自殺，但是他死得不夠快，最後竟然發現克麗奧佩特拉其實還活著，但是一切已經來不及了。過了一星期之後，據說克麗奧佩特拉也自殺了。原來她命人把一籃藏有毒蛇的水果送入宮中，然後藉蛇毒自殺。官方的說法是，她之所以自殺是為了剝奪屋大維的榮光，不讓屋大維把她當俘虜展示在他的凱旋式隊伍裡。據說她臨死前一再喃喃自語道：「我才不要當戰利品。」然而事實可能沒有像莎士比亞筆下所寫的這麼單純。讓毒蛇咬傷，藉此自殺，這是很難辦得到的安排。首先確定必然會致命的毒蛇並不容易藏在水果籃裡，即使那是一籃皇家水果。雖然屋大維曾公開表示遺憾，說他的勝利凱旋隊伍少了最主要的展示人物。但是在私底下，他很有可能會覺得死掉的克麗奧佩特拉遠比活著的克麗奧佩特拉省事多了。誠如好幾位現代史家提出的，他很有可能促成她的死亡。再來，考慮到小凱撒的父親的身分，他當然也不會放過那位當時已經十六歲的年輕人。

西元前二九年的夏天，屋大維舉行他的勝利凱旋式遊行。展示在遊行隊伍中的，有一幕描繪克麗奧佩特拉死亡那一刻的全景模型。即使以此形式出現，她也是眾人注目的奇景。後世一位史家提到：「彷彿她還活著，跟其他俘虜走在隊伍裡。」這支遊行隊伍是精心設計的展演，一共三天，表面上是慶祝屋大維的勝利，慶祝他在亞得里亞海對岸的以利里古贏得的勝利，還有慶祝他在阿克興和埃及打敗了克麗奧佩特拉。這場凱旋式並未明顯提到安東尼或任何內戰中的敵人，也沒有展示戰敗的羅馬人的死狀。十五年前，凱撒就有欠考慮，展示了羅馬人之死的海報。但是誰被打敗了，這無疑是非常清楚的。屋大維的成功，其所代表的意義也很清楚。雖然那是一場勝利凱旋式，但是要說成屋大維的加冕儀式也並無不可。

輸家與贏家

屋大維和安東尼之間的戰爭，並未如眼前所見的單純。流傳下來的文本之中，多半是那些對自己感到自信滿滿、對自己的行事自以為是的勝利者寫的，亦即屋大維和他的朋友留下的版本。但是這段時期的歷史有許多令人懷疑的面向，透過蛇毒自殺只是其中之一。另一個也值得提出的疑問是：究竟克麗奧佩特拉和安東尼的生活方式有多墮落，或有多違反羅馬的傳統價值觀。流傳至今的種種描述並不盡然都是虛構。安東尼死後一百五十年，普魯塔克為安東尼寫了傳記。這部傳記描寫了安東尼的死和某些駭人聽聞的奢華生活。普魯塔克的一個來源是克麗奧佩特拉的廚房工作人員的後代，因此或許這部傳記保存了克麗奧佩特拉當時的宮廷烹飪風格。但是絕對可以確定的是，不論在當時和事後的回顧，奧古斯都（他很快就會以這個名字行世）利用了概念之對立，用來凸顯他和安東尼的差異，亦即他與安東尼各自所代表的價值觀的衝突。他代表羅馬的、西方的根深柢固的傳統，而安東尼和克麗奧佩特拉則代表「東方式」的奢華與放縱。在文字的戰爭中，在後來人們為奧古斯都之掌權所做的種種辯解中，這種衝突變成了一種鬥爭，即羅馬的道德和東方的危險與墮落之間的鬥爭。

克麗奧佩特拉宮廷的奢華被瘋狂地誇大和渲染。亞歷山卓城裡最單純的慶典也被扭曲到面目全非的程度。無論安東尼選擇以什麼方式在亞歷山卓城慶祝他打敗亞美尼亞人，大概都不會類似羅馬的勝利凱旋式——這種說法僅僅存在於羅馬人的評論中，並沒有任何證據可資證明。事實上，從流傳下來的一丁點描述看來，其實安東尼的選擇比較像某種衍生自酒神戴奧尼修斯（Dionysus）的慶祝儀式。至於那幾段引自安東尼的遺囑的話，顯然也都是刻意挑選出來的，即使那些話並非全然出自虛構。

阿克興戰役在後世的各種文字呈現中也扮演了一個重要的角色。世人對這場戰役的描寫遠比真實的情形更引人注目；另外，這場戰役亦被建構成奧古斯都政權的奠基時刻，亦即西元前三一年——直到現在仍有人持有這樣的看法。一位較為晚近的史家則更進一步把交戰的確實日期定在九月二日，並說這是其中幾個最值得記憶的羅馬日期。在靠近戰爭發生的地點，人們建立一座城市，取名為「勝利之城」（*Nicopolis*/Victoryville）。此外，人們還建了一座豪華的紀念碑俯瞰著大海。這座紀念碑除了裝飾著從敵人戰船上取下的撞角之外，還刻了一條飾帶，描述西元前二九年的凱旋式場景。除此之外，羅馬到處充斥著提醒人們記得這次戰事的事物，例如紀念雕像，珍貴的彩色浮雕寶石（見彩圖19）等。許多在勝利這一方打過仗的平凡士兵很驕傲地給自己另外取了一個名字：「阿克興勇士」（*Actiacus*）。更為重要的是，在羅馬人的想像中，這場戰事幾乎馬上就轉變成羅馬士兵與東方游牧部落之戰；前者是牢靠的、有紀律的軍團，後者則是狂亂不羈的野蠻人，儘管在事實上，安東尼背後擁有數百名忠實的元老的支持。不過後世史家強調的重點全部落在那群來自異國的烏合之眾，套句維吉爾的話，即落在那群烏合之眾的「野蠻的財富，奇異的武器」上面——據說克麗奧佩特拉發號施令的方式是搖動一只埃及撥浪鼓。

這整幅畫面之中，克麗奧佩特拉是個至關重要的元素。就像弗維雅，她是否真的曾經下部隊指揮軍事活動（後代作家聲稱她是），這是有待辯論的問題。但是無論如何，她是一個有用標靶。把重點放在克麗奧佩特拉身上，而不是安東尼，屋大維得以把這次戰爭呈現為一場對抗外國敵人，而不是對抗另一個羅馬人之戰。更何況這場戰爭的指揮官不僅危險，還是個皇族，而且充滿誘惑。如果從羅馬人的角度看，她這位指揮官是個反常的存在，因為她接管了戰事和指揮這種本屬男性的責任。安東尼似乎也是一個受害者，被她引誘，偏離了正確的道路，忘了羅馬人的責任。屋大維戰勝的幾年後，維吉爾寫下他的《伊尼亞德》。在他的想像中，狄朵王后在她位於迦太基的非洲國度承受「愛火的煎熬」，試圖引誘伊尼亞斯，不讓他走向建設羅馬的命運。這個情節充滿了克麗奧佩特拉的影子，不僅只是一個微弱的回響而已。

所以，我們是否有可能重新建構這個故事，提出另一個替代版本？就細節而論，我們不能。就這個案例而言，勝利者的角度實在太占優勢了，所以對其觀點保持懷疑，遠比試圖取而代之容易。話雖如此，我們還是擁有少許跡象足以顯示其他觀點的存在。如果安東尼在阿克興戰役中獲勝，我們並不難看到屋大維會被描寫成什麼樣的形象：一個好施虐的年輕惡棍，喜歡自我誇大，甚至到了危險的地步。事實上，某些關於他年輕時代的糟糕小故事，也許可以追溯到安東尼對他的負面宣傳，包括他身穿華衣，扮演阿波羅去參加盛宴那則故事。他的傳記作家蘇埃托尼亞斯（Gaius Suetonius Tranquillus）明確提出屋大維會有這種又暴虐又誇張的行為，其實是安東尼特別針對他而提出的一項指控。

可能是出於聽天由命，可能是認清現實，這時期有些人認為兩人不管哪一個贏得勝利，其實都沒有差別。一對會說話的渡鴉的軼事很有趣地總結了前述觀點。據該故事，屋大維從阿克興戰役

圖59　阿克興戰役遺址新近發現的一塊勝利凱旋紀念碑。圖中的這個斷片刻畫西元前29年屋大維舉辦凱旋遊行時的場景。屋大維身邊有兩個小孩跟他共乘馬車。這兩個小孩有可能是他的女兒茱麗亞和莉薇雅與前夫所生兒子德魯薩斯，當然也有可能是克麗奧佩特拉和安東尼的孩子。

歸來，在返回羅馬途中，他遇到一個平凡的工人。這個工人有一隻受過訓練的渡鴉，這渡鴉跟他說：「你好凱撒，我們的勝利將領。」屋大維聽了，大為讚賞，給了那人一大筆現金作為獎賞。結果那個訓練師有個同伴，而這個同伴沒得到他該有的那份獎金，於是他就去找屋大維陳述這件事。他建議屋大維命令他的同伴拿出另一隻渡鴉來——因為他們這對投機分子也懂得預防他們的投資失敗。第二隻渡鴉帶出來，只聽牠叫道：「你好安東尼，我們的勝利將領。」幸好屋大維看到這件事有趣的一面，於是命令第一個人把他的賞金分一半給他的同伴。

這則軼事的部分重點是在展示屋大維人性化的一面，以及他對那兩個無傷大雅的騙子的慷慨。但是這裡也暗藏著政治的訊息。一對一模一樣的渡鴉，說著幾乎一模一樣的口號，這暗示屋大維和他的對手安東尼之間，其實並沒有所謂更好的選擇，即使一般有所偏袒的故事並不是這樣寫。這個人勝了，或另一個人勝了，人們所要做的調整，並沒有比把一隻渡鴉換成另一隻渡鴉更多。

圖60　這是畢連努斯（Marcus Billienus）的墓碑。畢連努斯隸屬羅馬第11軍團，在阿克興戰役打贏戰爭之後，他給自己取了「阿克興勇士」這個名字。雖然墓碑的下半截已經不見了，但從僅存的殘碑和墓碑的所在地，顯示他後來成為義大利北方一個退伍軍人聚落的地方長官。

奧古斯都之謎

假如安東尼有機會，他會如何統治羅馬？關於這一點，我們甚至不可能做出猜測。但是無可置疑的是，經過長期內戰，不論誰贏得勝利，羅馬政府都不可能回到傳統那種權力共享的模式，而會是某種形式的獨裁統治。西元前四三年，即使號稱「解放者」的布魯特斯也開始鑄造印有他頭像的硬幣，這很明顯地點出他打算採取的統治模式（見圖48）。我們不太清楚的是：獨裁統治會以什麼形式出現或如何成功實現這種統治模式。我們幾乎可以確定的是，當屋大維從埃及回到義大利的時候，他心中並沒有一個獨裁統治的大計畫正要準備實施。他是透過一連串長時間的實作操練、臨時展演、錯誤開端、數次失敗，然後他才想出一個新名字，藉此把種種與「屋大維」有關的血腥聯想全數拋向過去；最後，他終於成功設計了一個如何當羅馬皇帝的樣板，而且在大部分重要的細節上，這個樣板持續運作超過兩百多年；若放大範圍來說，這個樣板的運作維持得更久。直到今日，在政治權力中，他的某些創制仍然被視為理所當然、不可或缺的機制。

雖然屋大維是所有羅馬皇帝的創始之父，但是世人一直無法將他仔細看清楚。事實上，他想出來的新名字「奧古斯都」——他從埃及回到羅馬之後就開始使用這個名字（接下來我們就用這名字稱呼他）——很好地刻畫了這種模糊性。這個字喚起的概念有「權威」（*auctoritas*）的含意，也有正確宗教儀式的含意，呼應羅馬其中一個主要祭司團體的職位名稱（*augures*）。這名字聽起來令人肅然起敬，而且沒有那些令人想到兄弟相殘、種種不幸的聯想，也不會讓人想到「羅慕勒斯」的帝王關聯——據說後面這個名字他曾列入考慮，只是後來放棄了。在他之前，沒人曾被稱為「奧古斯都」，雖然有時候這個字曾被當作一個崇高的形容詞，用來指涉某種類似「神聖」的意涵。在他之後，所有皇帝都接手這個名字，將之嵌入他們的名號之中。但是真相是，這個名字實際上並沒有**表示**任何意義。「至尊」差不多就是這個字的全部意思了。

即使到了替他舉辦喪禮的時刻，人們還在討論奧古斯都的政權基礎到底是什麼。那是個溫和版的獨裁政體嗎？因為這個政體建立在對市民的尊敬、遵守法律的規則、贊助各種形式的藝術之上？或者這個政體只不過是個沾滿鮮血的暴政體制？這個暴政的首領血腥無情，打從內戰那些年以來就沒有改變多少，一大群高階官員被他下令處死，原因不外乎他擔心那群受害者密謀推翻他，或企圖跟他的女兒茱麗亞（Julia）上床。

無論人們喜歡他也好，討厭他也好，他在許多方面都是個令人困惑而且矛盾重重的革命分子。他大力干預選舉制，使羅馬普遍實施的民主程序漸漸枯萎：那棟在西元前二六年新近落成的大建築物很快就被用來舉辦格鬥士的表演，很少用來舉辦選舉；他的繼位者最先採取的其中一個行動就是把選舉制度僅剩的權力轉移給元老院，完全把人民排除在體制之外。他控制了羅馬軍隊：他直接任命與開除軍團的指揮官；他讓自己當上所有駐有軍團的行省的總督。他還試圖管理人民的行為，例如他干涉上層階級人民的性生活——如果上層階級的夫妻沒生下人數足夠的孩子，他們就會受到政治懲罰；他還規定人民只能穿托加袍走進羅馬廣場，不能穿緊身短上衣搭配褲子或披著漂亮溫暖的披風。他的管理之細，可說前所未見，而且到了令人煩擾的地步。再者，他和前人不同：他把羅馬文學贊助的傳統機制導向一個由中央政府贊助的合作活動。西塞羅過去曾經急於找個詩人來寫詩慶賀他的各種成就。奧古斯都則聘請作家——例如維吉爾和賀拉斯——來替他寫作，而他們所寫的作品描繪了一個令人難忘的、生動的意象，展現一個新的羅馬及其帝國的黃金時代，而這個時代的舞臺中心人物正是奧古斯都。「我已經賜予他們一個沒有邊境的帝國」——這是朱庇特給羅馬人的預言，就寫在維吉爾的國家史詩《伊尼亞德》裡。在奧古斯都統治下的羅馬，這部作品一面世就立即成為經典，直接被列入學校的課程裡。兩千多年後，這部作品仍然留在現代西方的課程中。

奧古斯都似乎並未廢除任何制度。執政階層依然存在（就革命的嚴格意義來說，這並不是革命），元老的種種特權在許多方面獲得強化，而不是被移除；政府部門、執政官、法務官等等體系中的職位依然還是人人夢寐以求，想方設法想要擠進去的空缺。大部分通常被歸功於奧古斯都的法律正式推行，或至少被忠誠的官員擺入優先處理的事項。有一個長久存在的笑話：一對推行「他的」宣傳婚姻法案的執政官，結果那兩人都是單身漢。他手上掌握的正式權力大部分都是元老院頒給他的，而且以傳統共和制的模式頒給他，唯一的例外是他持續使用「神的兒子」這個頭銜。而且他並未住在奢華富麗的地方，而是住在帕拉廷丘，住在你預期元老可能會住的那種房子——有時人民還會看到他的妻子莉薇雅正忙著紡羊毛紗。羅馬人最常用來描述他的地位的語詞是princeps，意思是「第一公民」，不是「皇帝」——雖然我們現代人選擇以這個語詞來稱呼他。他自己最著名的一句口號是civilitas，意思是：「我們全都是公民」。

即使在他看來最親和的時候，奧古斯都還是顯得難以捉摸——這大概就是他顯得神祕的部分原因。他的其中一個最重要也最持久的新措施就是用他的肖像淹沒羅馬世界：人們口袋裡的零錢印有他的頭像，公共空間例如廣場或神殿立著他的大理石或青銅雕像，有的是真人大小，有的比真人略大。戒指、寶石與餐廳使用的銀器印上或刻有他的迷你頭像。像這樣大規模地把自己的肖像四處傳播，這在羅馬史上還是第一次。早期羅馬人只有少數肖像傳世，而大部分這些肖像的身分還不完全是確定的（一發現無名的肖像，我們總忍不住想給他一個名字，或給西塞羅或布魯特斯找一張臉等等，儘管缺乏證據，但是我們還是忍不住想這麼做）。即使是凱撒，除了硬幣之外，只留下幾座疑似在他生前製作的肖像。相比之下，如果不算那些鑲在珠寶或刻在寶石上的小

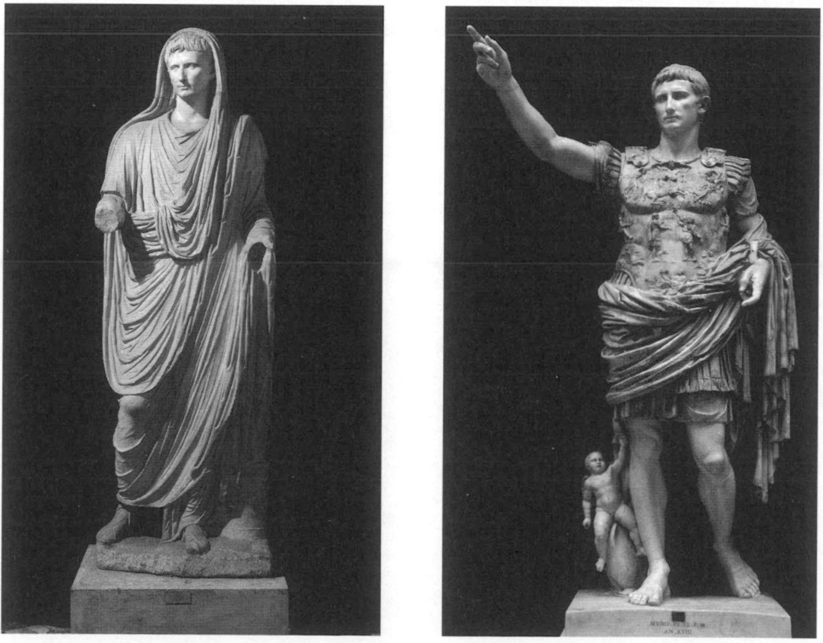

圖61　奧古斯都的兩個不同形象。左邊的他是個祭司，部分托加袍罩在頭頂上——這是獻祭時祭司常見的裝束。右邊則是英勇的、半神化的戰士。腳邊有個小小的邱比特，提醒人們他是女神維納斯和伊尼亞斯的後裔。

型肖像，奧古斯都大概留下兩百五十多座雕像，散布在整個羅馬帝國的領土上，從西班牙到土耳其到蘇丹都可見到。這些雕像展現了奧古斯都不同的形象，有的是征服者的英雄形象，有的則是鑄成虔誠的祭司模樣。

這些雕像都有十分相似的臉部特徵，因而我們推測當年羅馬必然製有標準的模型分別送到各行省，共同合力傳播皇帝的形象給他的子民。他的所有雕像都採用一個理想化的、年輕的樣貌，呼應西元前五世紀雅典的古典藝術風格。這與西元前一世紀早期羅馬貴族那種輪廓分明、年老、充滿皺紋、強調「務實主義」的特色截然不同（見圖33，頁二五〇）。奧古斯都散布這些雕像的本意是給遙遠地方的子民一個機會，讓他們可以面對面看到他們的統治者——他們大部分從來不曾看過他本人。當然這些雕像看起來一點也不像奧古斯都本人。有一份唯一流傳下來的文本提到了他的外貌特徵；據這份文本描述——不管可靠不可靠，他有一頭凌亂的頭髮，一口爛牙，還穿著墊高的鞋子（就像歷來其他許多獨裁者，他也習於掩飾他的矮身材）。然而他的雕像沒有一個與這份描寫相符；而且在他一生中，他的雕像都是一樣的，亦即當他七十多歲的時候，他的雕像還是被描寫成一個完美的年輕人。這些雕像，最多就是一個官方形象而已，若以較為樸實的話來說，即一張權力的面具。對大部分的人來說，這張面具與那位有血有肉的皇帝，即那位藏在面具之後的男人，這其間的鴻溝一直都是無從越過的。

不足為奇的是，有幾位見多識廣的古代觀察家認為奧古斯都的謎正是重點所在。將近四百多年後，皇帝朱理安（Julian）在西元四世紀中期寫了一部巧妙的劇本，描寫在他之前的所有羅馬皇帝。他想像他們一起出席參加天神舉辦的盛宴。他們列隊一個個走進宴會廳，各自穿戴著已經成為他們的標記的衣飾，帶著與他們相關的器物。凱撒是如此瘋狂著迷於權力，以至於他看來似乎要把諸神的主宰推下臺，自己當起宴會的主人；提比流斯看來十分鬱鬱寡歡；尼祿似乎一刻都無法放下他的里爾琴。至於奧古斯都呢？他則以看來像是變色龍的形象進場，沒人可以一眼看清楚他到底長什麼樣子；他就像一隻狡猾的爬蟲不斷地變換顏色，從黃色變成紅色然後再變成黑色。他前一分鐘看來又沮喪又嚴肅，下一分鐘歡樂地炫耀著愛神賜給他的所有魅力。身為主人的天神實在沒辦法，只得把他交給一位哲學家照管，讓他變得有智慧和有節制力一點。

早期史家暗示奧古斯都很能享受這種樂趣。不然他在給自己的戒指圖章挑選圖案的時候，幹嘛挑了整部希臘羅馬神話中最著名且最愛玩猜謎的怪物斯芬克斯（The sphinx）？古代皇帝的戒指圖章可是用來封印他發出的文件，猶如現代人的簽名，是具有存真防偽功效的工具。羅馬的異議分子就這一點加以衍生，同聲譴責奧古斯都違反傳統共和體制的形式與語言，把政權建立在偽善與裝假的基礎上，替一個強硬的獨裁暴政披上一件披風，戴上面具。現代史家也有不少人持有這種看法。

這說法當然有點道理。偽善畢竟是權力的常見武器。而且在許多情況下，偽善有可能是適合奧古斯都的，猶如朱理安皇帝的描述：他就像一個謎，滑溜溜的、不可捉摸；他嘴裡說的是一回事，想的卻是另一回事。但這並不可能就是一切。除了一連串的謎，一堆模稜兩可的話與偽裝之外，其中必然還有一些更為堅固的基礎撐住新政體。若是如此，那些基礎到底是什麼？奧古斯都如何安然撐起這個新政體？這才是問題所在。

我們幾乎不可能看到奧古斯都政權的幕後如何運作，儘管我們似乎握有許多證據。這是羅馬史上一個留下最多紀錄的時期之一。我們有一冊又一冊的詩集，通常都是頌揚皇帝的詩篇，但並不總是如此。奧維德令人發噱的作品至今仍然傳世，書名是《愛的練習》，內容是教人如何挑選伴侶——這與奧古斯都的道德重整計畫大相逕庭。詩人最後被流放到黑海，這是其中一個理由。另一個理由可能是詩人與茱莉雅的關係曖昧。後世許多歷史學家與古文物研究者都覺得奧古斯都是個有趣的題材，不管他們研究的是他治理帝國的風格，還是收集他的笑話集與嘉言集。有一本收集趣事的迷你集子流傳至今，裡頭有許多嘉言與趣事，那則跟渡鴉訓練者有關的故事即是其一。這本集子還有幾則慈父對女兒的規勸，例如他的女兒很喜歡把自己的白髮拔下來，他對女兒的勸告是：「親愛的，白髮與禿頭，妳選擇哪一個？」另一部令人難忘的傳世作品是他死後差不多一百年，作家蘇埃托尼亞斯替他寫的傳記。那是一本由閒聊和片段軼事組成的作品。前述關於他的牙齒與頭髮的描述，其來源就是這本傳記。除此之外，這部作品還有許多片片段段可信與不可信的各種紀錄，包括他有時會拼寫錯誤，他的害怕暴風雨，還有他習慣在冬天穿四件緊身短上衣、一件背心再外罩一件托加袍。

然而在前述種種書寫當中，幾乎沒有可資證實的證據留下，當然也沒有當代的紀錄流傳下來，例如關於建立羅馬新政體的討論，各種決定的具體細節。蘇埃托尼亞斯引用了他少數幾封書信中的片段，但是那是特別挑選出來說明他在賭桌上的運氣，或描述他的午餐菜單（「我在馬車上吃了一點麵包和幾顆棗子」），與任何政治策略無關。羅馬史家的抱怨和現代史家的抱怨如出一轍，即當他們想寫這段時期的歷史的時候，他們發現許多重要的事件都發生在幕後，不像從前那樣，所有重要的事件都發生在元老院或羅馬廣場這些公開場所。他們發現他們很難知道這段時期到底發生了什麼事，更別說試圖提出解釋。

不過，有一份資料確實流傳了下來，那是奧古斯都的生平簡歷，即他晚年所寫的一份文件，紀錄與總結他一生的功績。這份文件的拉丁文標題通常寫作 Res Gestae，亦即「我做過的事」。這是一份自我辯護書，充滿了偏見，而且有許多美化的成分，小心翼翼地掩飾或完全忽略他早期生涯裡那些恐怖的違法行為。雖然如此，這也是一份獨特的文本。若以現代文本來算，大概有十頁。內容是所有奧古斯都想要他的後代知道的一切：他身為第一公民的許多事蹟、他如何定義他的角色、他如何改變了羅馬。在我們試圖進入其文字的背後之前，他這份生平簡歷很值得我們一讀，因為有時候他會寫出很令人驚異的文字。

「我做過的事」

難得的好運降臨考古遺跡現場，保存了奧古斯都這一生命故事的版本。在他的遺囑中，他要求把這篇生平簡歷刻在兩根銅柱上，立在他寬廣的家族陵墓的入口，作為永久的紀錄，一方面保存他所做過的事，再來是作為某種工作描述，讓他的繼任者了解皇帝的種種工作細節。原本的銅柱早已經被鎔掉了，可能被改做成某種形式的中世紀子彈。但是這份生平簡歷的文本曾被抄寫下來並刻在石頭上，豎立在帝國的其他地區，紀念他在羅馬其他地區的統治功績。這些抄本當中，有四個斷片已經出土，其中一份在安哥拉（Ankyra，即現代的安卡拉〔Ankara〕）出土，而且這個版本幾乎是完整的。

這個版本是在一座獻給「羅馬與奧古斯都」的神殿中發現的，就刻在神殿內幾面牆上，有拉丁文，也有希臘文——大概是為了惠及該地區大部分說希臘語的居民而翻譯的。這份版本會保留下來，主要是因為該神殿在六世紀被改為教堂，之後又再改成清真寺的一部分。自西元十六世紀中期以來，該地區就不時傳出各種故事，談到人們如何冒險爬上高牆，耗費許多時間和精力解讀和抄寫皇帝的話語。直到一九三〇年代，土耳其總統凱末爾・阿塔圖克（Kemel Atatürk）在任期間，他才命人將整篇刻文挖出來予以保存，用來紀念奧古斯都的兩千年誕辰。但是這裡的一個簡單事實：奧古斯都的話語保留得最好的版本，竟在距離羅馬數千英里遠的地方

圖62　奧古斯都在羅馬的陵墓，墓外側本來有兩根記載他一生成就的銅柱，但此時銅柱已經不見了。與共和時代的貴族陵墓比起來，即使是最豪奢的墓，這陵墓的規模之宏偉，也相當不成比例。在奧古斯都漫長的統治期間，這座陵墓始終矗立在羅馬。如此提早完成墓園，多少有點防患未然的意味（奧古斯都鬧出幾次健康問題），當然也有部分是為了彰顯他的帝王權力、遠大抱負，還有實現他要葬在羅馬的承諾。

出土；在古代，這地方得花上一個月的時間方可到達。這個事實說明了許多關於帝政的故事及其公共面目。

「我做過的事」的內容豐富，充滿了細節，有助於我們了解奧古斯都的事蹟和他那個時代的羅馬。文本一開始，他委婉地描述他崛起的過程，但巧妙地避開了公敵名單的集體迫害（「我解放了一個被派系權力壓迫的國家」——這就是他對自己打敗安東尼或布魯特斯和卡修斯的描述）。接著簡短提到一些例如壯麗的凱旋隊伍之類的事。俘虜他國的皇親國戚是典型的羅馬式愉悅，因此他誇口道：「九個國王或國王的子女」以戰俘的身分走在他的馬車前面。另外就是他如何處理羅馬的穀物供應問題，及時應付即將到來的饑荒。不過，對某些

圖63　安卡拉境內的羅馬奧古斯都神殿。版本最完整的「我做過的事」就出自這裡。在神殿後方，可隱約看到後人興建的清真寺宣禮塔。「我做過的事」的拉丁文版就刻在神殿主要入口處兩側的牆上，希臘文版則刻在神殿外側的其中一面牆上。兩個版本都不完整，但是拉丁文亡佚的部分可由希臘文版補上，反之亦然。

現代史家來說，最主要的是那幾個提到羅馬公民人口普查的句子。根據這份普查，西元前二八年，羅馬有四百零六萬三千人；到了西元前一四年，人口提升到四百九十三萬七千人。關於古代羅馬公民的總數，這是我們目前擁有的最可靠的數據，主要是因為這份文本是刻在石牆上，因此免除了手抄本極容易出現的粗心大意的錯誤。即使如此，這裡還是出現了激烈的爭辯：這個數字只包含男人而已嗎？還是也包括女人和小孩？換句話說，羅馬的人口大約是在五百萬左右？或者高達一千兩百萬左右，如果加上那些沒有登記的人口？

然而以上爭辯都不是奧古斯都關心的主題。許多其他可能相關的主題也完全不見於他這份文本。我們看不到任何關於他的家人的描述，只除了一句話提到祭祀他那兩個英年早逝的養子。沒有任何文字提到他的道德重整法案，或他試圖提高出生率的計畫——雖然人口普查的數目字很有可能就是用來展示他在這方面的成就。僅僅伸出皇家之手，指責上層階級沒有生育夠多的嬰兒，這對增進新公民人口很可能是錯誤的決策；要增進人口，更為有效的計算方式有賴於大多數公民人口的增加。沒有任何文字提到立法或政治方面的改革。相反的，大約有三分之二的文本是用來描寫下列三個主題：他的勝利和征服活動、他對羅馬人民的善政、他出資興建的建築物。

「我做過的事」的現代文本用了超過兩頁的篇幅，逐一列舉他為羅馬帝國增添的領土，描寫他打敗的或對他稱臣的外國君主，還有那些蜂擁而來、對他表示臣服的大使和訴怨者。「我擴展羅馬人民所有的行省版圖，這些行省周邊原本住著不臣服於我們統治的鄰居，」他帶著些許誇大的語氣宣布道。雖然我們現在讀來似乎十分冗長與乏味，不過，他接下來就開始逐一陳述他在全世界取得的帝國成就和軍事勝利：埃及成為羅馬的屬國；帕提亞人被迫歸還他們在西元前五三年前獲得的羅馬戰旗；羅馬軍隊遠征到撒哈拉沙漠南部的梅洛伊城（Meroe）；羅馬戰艦開到了北海；遙遠的外國代表團紛紛湧來羅馬，最遠的來自印度；許多派代表團前來求情的外國國王，他們充滿異國風味的名字，聽在羅馬人的拉丁耳裡，想必十分悅耳：米底亞人的國王阿特瓦德斯（Medes of Artavasdes）、阿迪雅班尼人的國王阿特沙瑞斯（Artaxares of the Adiabenians）、不列顛人的國王丹諾伯勞斯（Dumnobellaunus）和汀坎茹斯（Tincomarus）。前述這一切只是這部分文本的一小部分而已。

前述這些作為的背後具有某種傳統的成分。軍事的成功向來就是政治力量的基礎，這種想法在羅馬史上可以追索到最遙遠的過去。在這方面，奧古斯都的成就超越他所有可能的對手，他所征服的領土遠遠多過任何將領，不論在他之前或之後。不過這也是另一種新的帝國主義。這份刻寫的文本有一句話：「這是他讓全世界向羅馬人民的權力稱臣的方式。」這應該是最接近原來的文本的標題的一句話了。大約距他五十多年前，龐培只隱約提到他有這樣的野心。奧古斯都明明白白地把征服全球視為他統治的理據；他要建立的是一個以羅馬為中心，要求其領土與之「合作」的帝國，而不是古代那種由馴服的城邦混雜組成的政體。在安哥拉行省的觀眾究竟如何看待這一切，我們不可能得知。但是這個想法也反映在其他他贊助建立的紀念碑上，最著名的就是那張他和同事阿格利帕委託製作並公開展示的世界「地圖」。這張地圖目前沒有遺跡流傳下來。但是我們的猜測是：那是某種有註解的羅馬道路圖，而不是我們今日意義的地理地形圖（見彩圖21）。但是不管其真正的樣子如何，這張地圖十分符合奧古斯都想像中的帝國圖像。誠如普里尼後來在他的百科全書中所說的，奧古斯都建立那張地圖的目的是讓「世界（*obbis*）變成某種羅馬城（*urbs*）可以看得見的東西」，或者把世界展現為奧古斯都統治下的羅馬領土。

奧古斯都描述他對國內平民百姓的慷慨，其所占的篇幅和描寫他在國外征戰的篇幅差不多。奧古斯都的富有在羅馬史上前所未見。他擁有從凱撒那裡繼承的財產，打敗安東尼和克麗奧佩特拉王后之後從埃及帶回來的財富，還有他偶爾會把國家的基金和他自己的私人財產混合著用，以上資源加總起來，他的財力足以擊倒任何普通的贊助人。他在這裡仔細羅列了他固定付出的現金：日期、每人獲得的確切金額（通常是普通工人好幾個月的薪資）、受益人的人數——他特別強調：「接受贈予的人數從來不曾少於二十五萬人」。他也給他送出去的其他禮物和贊助項目編了一份目錄，其中主要是格鬥士表演、聚集大量觀眾的運動表演（Athletic specracles）、特別從非洲進口野生動物的狩獵表演活動——後代有位作者提到其中一場表演用了四百二十頭花豹。在這些活動當中，他贊助舉辦的模擬海戰後來成為傳奇。這是工程和巧思的完美展現，因為——誠如奧古斯都驕傲地解釋——這場表演是在一座人造湖中進行，那湖的長寬超過三百五十公尺和五百公尺，是特別「在臺伯河的另一側」打造出來的演出場地（在今日的特拉斯提弗列〔Trastevere〕）。參與表演的有三十艘大戰船和許多小船。如果不算划船的人，參與戰鬥表演的共有三千人。據他自己的估計，羅馬人民差不多每年都可享受一次大型的娛樂活動，費用全由皇帝支付。在現代電影中，我們看到古羅馬人民喜歡每日浴血戰鬥。但是從這份描述看來，其實不然。不過，每年都舉辦這種大型活動，這仍然需要付出大量時間，動用大量後勤人員，花費許多金錢，當然還有許多人類和動物的生命。

他的訊息很清楚。奧古斯都政權的原則是：皇帝向羅馬城民展示他的慷慨，他們的回報則是視他為贊助人、保護者和支持者。當他取得（實際上是被給予）終身「護民官的權力」時，他的想法亦是如此。他把自己聯繫到人民政治家的傳統，至少聯繫到格拉古斯兄弟的時代——這對兄弟挺身而出，為街上的羅馬人民的權利和福利而戰鬥。

最後一個主題是建築物。這個項目當中，有一部分是龐大的建築修復計畫，修建的項目幾乎無所不包：道路、溝渠、卡庇多丘的朱庇特神殿——共和國的建國紀念碑。奧古斯都宣稱他在一年內修復了八十二座神殿——這個數目差不多等於羅馬城內的所有神殿。顯然這是有意強調他積極的虔誠之心，但這也顯示他對每座神殿實際做的修復工作並不太顯著。就像其他在他之前或在他之後的許多僭主、國王和獨裁者那樣，他也開始著手建構一個新的羅馬城，確確實實地靠著大興土木來建立他的權力。「我做過的事」列出一張城市中心的整體重建清單，這也是羅馬第一次使用義大利北部所產的大理石——羅馬帝國最明亮最多彩也最昂貴的建材。這種建材把一座本來東倒西歪的舊城變成帝國的首都。他建了一座巨大的新廣場，足以和舊廣場比美，雖然無法使舊廣場黯然失色。此外，他還建了新的元老院、新劇場（至今仍矗立著，重新命名為瑪爾斯樂劇場〔Theatre of Marcellus〕）、許多柱廊、公共大廳（或長方形廊柱大廳）、步道、超過十幾座新神殿——其中有一座用來紀念他的父親凱撒大帝。蘇埃托尼亞斯引了他的一句話：「我來時發現一座磚頭打造的城市，離開時，我留下一座由大理石打造的城市。」這就是他的意思。他這份生平簡歷提供一個地名索引，描述了羅馬城市景觀的轉型。

這份文本也是一張獨裁統治的清楚藍圖。誠如他自己清楚表明的，他的權力標誌來自下列三項事物。一、軍事征服；二、他身為羅馬人民的保護者和贊助者；三、大興土木，建構和重建羅馬城。這一切的基礎是大量的金錢儲備，外加上他對羅馬古代傳統的尊敬。接下來兩百多年，每一位帝王的成就都會被拿來跟這張藍圖做比較。即使是最不具備軍事氣質的帝王，也會利用對外征戰的成就來維護他們的統治權，就像西元四三年年老的克勞狄斯所做的——他盡可能利用他的下屬在不列顛行省建立的軍功，視之為「他的」功業，藉此維護他的統治權。一種持續進行的競爭一直存在於後續的統治者之間，大家競相比較，看誰是羅馬人民最慷慨的君主，或誰最能在羅馬城最醒目地寫下他自己的歷史。圖拉真高聳入雲的柱子即是一項明顯的成就——那是為了紀念他在西元二世紀初渡過多瑙河（Danube）贏得的戰績，也是一項運用最少土地，達到最大效果、巧奪天工之傑作。哈德良的萬神殿則是另一項傑作。這座神殿在西元

圖64　這是想像中，奧古斯都的新廣場重建後的版本。這座新廣場今日僅存一小部分（現在最好的觀賞點在墨索里尼路和帝國廣場路，因這兩處包含了新廣場的大部分區域）。這幅想像示意圖的細節當然不可靠，但是比起共和時代那座亂七八糟的舊廣場，奧古斯都新規畫的廣場顯得整齊優美多了。

一二〇年代完工，利用混凝土鑄造的圓頂，其周長始終是世界冠軍（直到一九五八年才被巴黎的新工業與科技中心大樓〔Centre of New Industries and Technologies〕所打敗），柱廊總共用十二根柱子打造而成，每根柱子都有十二公尺寬，而且是直接從一塊灰色花崗岩雕刻出來，並特地從埃及的沙漠運回羅馬，運送的全程長達兩千五百英里。這一切建設風潮，基本上都得回溯到奧古斯都的時代。

權力政治

奧古斯都寫作「我做過的事」的本意是藉回顧他一生的功績，展示他過去的成就，並讓這份成功的紀錄變成後人可以借鑑的模式。他完全不提任何帶有困難、衝突或引人質疑的事件，只除了簡短提到內戰時期那些早已死去的競爭對手。由於他持續使用第一人稱動詞（「我付錢」〔I paid〕，「我建造」〔I built〕，「我贈與」〔I gave〕），還有跟第一人稱搭配的所有格代名詞——全文差不多有一百個「我」〔me〕和「我的」〔mine〕），這份功績錄可說是有史以來，羅馬公共文件當中最自我中心的一份。從他撰寫的風格，可看出他似乎把他個人的權力視為理所當然。不過，從成功的這一端回頭檢視他在位四十多年的成就，這只是奧古斯都的故事的其中一個面向。西元前二九年，當他回到義大利的時候，那時一切看起來與此時十分不同。當時他還是屋大維，凱撒大帝的遭遇還隱隱浮現在眼前，令人生畏。有凱撒，他才能踏上權力之路；有凱撒，他的權力才有合法性；有凱撒，他才有「神的兒子」的頭銜。但是凱撒也是一個警告，預告他可能會遇到的命運。身為一個遇刺身亡的獨裁官的兒子，這是一件好壞參半的事。因此，在即位早期的那段日子，他面臨最大的一個問題是：如何設計一種統治模式，讓他可以贏得人心，贏得支持，同時又可以化解內戰時期依然殘存的反對力量，讓他可以保全性命。

權力語言的運用是答案的一部分。基於許多很明顯的理由，他從來不曾自稱為皇帝。他精心策畫，演出拒絕元老頒給他「獨裁官」頭銜的戲碼，讓自己與凱撒的例子保持距離。有一則故事提到一群抗議人士堵住元老議員，不讓他們離開元老院，並威脅他們要放火燒了元老院，除非他們趕緊頒給奧古斯都「獨裁官」的權力。他極力拒絕，而他的拒絕替他增添了不少額外的榮光。相反的，他選擇了尋常的、共和時代的任官方法來鞏固他所有的權力。這意味著他得一而再、再而三地被選為執政官：從西元前四三年到西元前二三年，他連續選上十一次執政官，加上後來分別在不同的情況下又擔任了兩次。接著，從西元前二〇年代開始，他讓自己獲頒一系列正式權力，此種權力雖然來自傳統羅馬共和時代的官制，但是他卻不擔任該項職位，例如他拿下「護民官的權力」，但是他並未擔任護民官的職位，還有他也得到「執政官的權力」，但是他並未擔任執政官，行使其職務。

這與傳統共和體制的實際政府運作差距甚遠，尤其他攬了許多頭銜與職位在一身。同時擁有護民官和執政官的權力，這在羅馬史上是前所未見的事。另一件事也是人們聞所未聞的，亦即他不只擁有一個祭司的職銜，他擁有所有羅馬主要的祭司職銜。且不管後來人們指控他虛偽，他應該無法輕輕鬆鬆憑著這些古老的、令人寬慰的官銜，就假裝他這是恢復過去的政治體制。羅馬人基本上也不是那麼沒有觀察力，他們不至於看不出獨裁統治始終潛伏在「執政官的權力」那片無花果葉之下。這裡的重點是，奧古斯都很聰明地使用傳統的政治語彙，使之為新的政治效力，使之為他的行事辯護；靠著有系統地重新改造舊的政治語言，使其人民理解這個新的政治體系。

他的統治也被詮釋為必然會發生的事件，就像自然與歷史的秩序。換言之，亦即他的統治猶如「事情過去的樣子」。西元前八世紀，元老院決定（天曉得是誰在背後推動的？）把羅馬的賽斯提里斯月（Sextilis），也就是以凱撒之名命名的那個月的下一個月，應該重新命名為「八月」（August）；如此一來，奧古斯都成為時間流程的一部分，直到現在還是如此。距此一年之前，亞細亞行省的總督就曾提到相似的想法。這位總督勸當地人修正曆法，使之與皇帝的生命循環一致，亦即用奧古斯都的生日作為曆法的一年之始。那位行省總督極力主張（他的話仍然保存在一篇銘文上）九月二十三日可以「被等同於所有事物的開始……因為『奧古斯都』已經賜給整個世界一個不同的面貌；如果他不曾誕生……這個世界必然會走上絕路」。在羅馬，人們所使用的語言可能沒有這麼浮誇。但是即使在羅馬，神話和宗教也一直被用來作為鞏固奧古斯都地位的基礎。他聲稱自己是伊尼亞斯的直系後裔，這有助於讓人們把他刻畫為羅馬命運的實現者，或者羅馬命定的重建者。

把奧古斯都和神話中那位建國英雄聯繫在一起——這當然是維吉爾史詩伊尼亞斯故事當中的一個元素，但是這樣的訊息也清楚反映在新羅馬廣場雕塑群像的製作設計上。但是這樣的訊息也清楚反映在新羅馬廣場雕塑群像的製作設計上。這組雕像就放在廣場的中心，以醒目的手法把伊尼亞斯和羅慕勒斯的雕像安置在奧古斯都的雕像兩側，一起立在勝利的戰車上。廣場四周的柱廊和拱廊林立著數十座其他雕像，全都是「共和時代最著名的男子」，每座雕像都附上一份簡短的文本，總結雕像主人著名的事蹟和功業。這裡有卡米流斯、幾個來自西庇歐家族的將領、馬略和蘇拉等人的雕像。這樣的安排，其訊息很清楚：奧古斯都是羅馬歷史整個進程的一部分，而他現在是這一歷史舞臺的中心人物。共和時代的歷史並未被忘記，只是被轉變成無害的背景，用以凸顯奧古斯都的權力，而後者的權力根源則可追溯到羅馬的神話源頭。或換另一個說法，奧古斯都接管了羅馬政治前面失敗的地方。眾所周知，他是在西元前六三年出生的，那一年爆發了卡提林陰謀案。蘇埃托尼亞斯甚至宣稱奧古斯都的父親被他的出生拖住了，以至於來不及聽到西塞羅在元老院就這個主題發表的演講。就我們目前所知，九月二十三日這一天，元老院並沒有開會。但是，不管這故事是真實的還是虛構的，重點是把九月二十三日這一天，亦即皇帝生命的開始，塑造成共和政治的最後一天（展現在卡提林的腐敗上）。

除了前述所敘，這裡也還是有其他無情的真實政治的部分。藝術、宗教、神話、象徵和語言——從維吉爾的詩歌到新廣場奢華的雕像展示，這些固然在奠定羅馬新政權這方面扮演著重要的角色，但是奧古斯都也採取了某些實際穩健的步驟來保住他的地位。他確保軍隊是效忠於他的，而且只效忠於他。他把可能的競爭對手的支持網絡切斷——不管其支持力量來自軍隊或平民；他把元老院議員從可能是競爭對手的貴族，轉變成重視服務與榮譽的貴族——這是一個經典的「盜獵者變守門人」策略。奧古斯都積極運作，確保沒人可以輕易仿效年輕的他，亦即集結一支私人軍隊把國家接管過來。

他壟斷了羅馬的軍事力量。雖然如此，他的政權一點也不像現代意義的軍事獨裁政治。若以我們的標準來說，羅馬和義大利在這段時期非常難得見到士兵。幾乎所有三十萬名羅馬士兵都駐紮在一段安全距離之外，靠近羅馬帝國的邊界以及軍事活動頻繁的區域，只有很少數的士兵留守駐紮在羅馬城，包括以禁衛軍（Praetorian Guard）為人所知的安全部隊；除了這支著名的禁衛軍之外，羅馬可說是一個沒有軍隊駐紮的區域。在這方面，奧古斯都做了一件羅馬人不曾見過的事：他是所有武裝部隊的總指揮官，他負責任命軍隊的主要軍官、他決定派士兵去哪裡打仗、跟什麼人打仗，而且他把所有勝利全都攬在一人身上，因為不管是誰在戰場上指揮作戰，就定義上，所有的勝利都是他一人的。

他也切斷了士兵與個別將領之間的依賴和忠誠的連結。原來他制定了一個簡單但實際的退休金改革程序。這項改革是他整個統治生涯之中最具影響力的一項發明。他建立了統一的軍人雇用規章和條款，訂定軍團的標準服役年限為十六年（不久就提高到二十年），保證軍人在退休時，可以領到一筆相當於年薪十二倍的退休金或等值的田地。這次改革永遠解決了士兵依靠將領提供退休方案的問題。共和體制的過去一百年中，這個問題一再發生，終於導致士兵對其將領的忠心勝於他們對國家的忠誠。換句話說，過去數百年那種半公半私的軍團終於被奧古斯都澈底國有化，永遠地把軍團移出政治活動之外。只有禁衛軍仍然還是一股問題頻生的軍事力量，僅僅因為禁衛軍距離羅馬的權力中心太近了。接下來的兩百年裡，駐守在羅馬城外的軍團只發動兩次時間很短的內戰，並藉機把他們屬意的人選推上帝座，一次發生在西元六八年到六九年之間，另一次發生在西元一九三年。

這也是奧古斯都最花錢的一次改革，而且羅馬政府也近乎付不出這筆錢。除非他的算術不好，犯下嚴重的計算錯誤，不然光從這次改革所需付出的代價就可知道他非常重視這個計畫。如果我們利用已知的軍隊薪水做一個大略的估算，羅馬政府每年要支付給所有軍人的固定薪水與退休金，兩者加總起來共計四億五千萬賽斯特爾幣。如果再參照另一個更粗略的估計，這個數目差不多已經超過羅馬帝國年度總稅收的一半以上。即使羅馬的國家儲備金十分豐厚，加上皇帝本人的財產，我們還是看到一些清楚的跡象顯示當年奧古斯都要撥出這筆錢是一件很困難的事。奧古斯都死後不久，日耳曼邊境兵變的軍人抱怨連連，說他們已經服役二十年，為什麼還不能退休？又抱怨他們即使退休了，得到的也只是一片不值錢的泥巴地，不是肥沃的的農田。這些當然都暗示帝國經濟出現困難。政府如果要減少支付退休金的數目，最簡單的策略就是提高領取退休金的年齡，不管是在過去還是現在都是如此。

至於羅馬城這邊，公開選舉的政治活動逐漸變少，最後終於停止舉辦。這現象背後的邏輯與延長支付退休金年限類似。雖然這主要並不是在打擊羅馬僅剩的民主政治，但是走上這條路卻是無可避免的。更重要的是，這是一個聰明的方法，在皇帝潛在的對手和羅馬城內任何大規模群眾或派系支持的人物之間插入一道障礙。從過去的例子來看，自由選舉給重要的政治人物和人民提供一種黏著劑，讓他們產生相互依靠的關係。有野心的政治人物如果想擔任公職或得到其他晉升，如果他們只須仰賴皇帝的首肯，不必透過公開選舉贏得選票，那麼他們就不再需要吸引人民的支持，不再需要去建立一群追隨者，也沒有任何存在於體制內的架構容許他們那麼做。根據這份文本，停辦自由選舉之後，奧古斯都多多少少逐漸壟斷了人民的支持，一步步把元老議員擠出政府組織之外。

不過話說回來，儘管奧古斯都一人掌握了所有權力，他還是需要元老院。沒有一個獨裁者可以真的獨自一人統治國家。比起現代所有的官僚體制，還有某些古代的政府體制，羅馬帝國是一個相當輕度管理的行政制度。即使如此，軍團得有人去指揮、行省得有人去坐鎮、穀物和供水得有人去監督，這些事務必須有人代替皇帝出面執行，因為皇帝不可能做所有這些事情。猶如一般政權轉移的例子所顯示的，新來的警衛多多少少必須被迫仰賴經過細心改造之後的舊警衛，不然就會發生無政府狀態——這種事我們在近代歷史已經見識過了。

概括說來，奧古斯都贏得元老院的默許，同意讓他治理帝國，不過奧古斯都也付出了代價，包括賜給元老榮譽、尊重，有時還賜給元老新的權力。許多舊日無法確定的狀況，此時都一一解決了，而且通常是對元老院有正面的幫助。舉例而言，元老院之前頒發的命令都只有規勸的性質，最後有可能會被忽視或被公然反抗。西元前五〇年，元老院命令凱撒和龐培交出軍權，他們兩個所做的就是公然反抗這道命令。不過，此時元老院發出的命令慢慢被賦予法律的力量。再加上皇帝的聲明，元老院頒發的命令終於成為羅馬法律的主要形式。西元前一二〇年代，小格拉古斯在元老和騎士之間所製造的分裂，此時亦完成其過程——這兩個階層此時終於正式分裂。過去的制度是：羅馬自由民如果擁有四十萬賽斯特爾幣，可以躋身騎士階級。奧古斯都此時引進另一個制度：凡擁有一百萬賽斯特爾幣者，得申請進入「元老階級」。而且元老階級的地位可以世襲三代，換言之，元老的兒子與孫子可以保有所有元老專享的額外權益，即使他們並未擔任公職。權益會增加，當然禁令也會，而且兩者的用意都在顯示元老的崇高地位：所有公共演出的場所，元老保證可以坐在最前排的座位，但是另一方面，身為元老就絕對禁止擔任演員，上臺演出。

其結果是，元老院變成某種接近替皇帝服務，幫忙管理行政的左右手。奧古斯都規定元老的退休年齡，此做法即是其中一個暗示。元老們也失去了某些他們最重要而且最傳統的榮耀與身分地位的標記。過去數百年來，羅馬人追求的最高目標或每位羅馬指揮官——甚至毫無軍事才能的西塞羅——的夢想就是舉行勝利凱旋式，帶著戰利品、俘虜、喜氣洋洋的士兵、穿上特製的服裝，打扮成天神朱庇特，一起在羅馬的街上遊行。西元前十九年三月二十七日，凱撒的前副將巴爾布斯（Lucius Cornelius Balbus）帶兵為奧古斯都的新政權出征，遠走撒哈拉沙漠邊界，打敗了剽悍的柏柏爾人（Berber）。奧古斯都給這位將領賜辦一次勝利凱旋式。這也是最後一次羅馬政府為普通元老將領舉辦的凱旋遊行。從此以後，只有皇帝和他的近親可以舉辦這樣的慶祝典禮。凱旋式所帶來的聲譽和地位非同小可，獨裁君主當然不願意和其他臣民分享。這也帶來一個明顯的訊息：舊的共和體制已經結束了。

改變一項常規，然後再把這種改變做得彷彿非如此不可，此種手法還可見於另一例子。在各種慶祝過去的榮光的活動中，有一個項目是把所有曾經舉行過凱旋式的將領——從羅慕勒斯到巴爾布斯——的名字，全部登記起來，刻在大理石板上，在新的羅馬廣場公開展覽（頁九九）。這項活動的遺跡目前還有部分存留下來。當初剛出土的時候，這塊大理石板就像拼圖似的，只是一堆大理石碎片。據說十六世紀時，米開朗基羅（Michelangelo）第一次將那些碎片拼成完整的圖像，用來裝飾卡庇多丘上那棟重新設計過的新宮殿，即保守宮（Palazzo dei Conservatori）。奧古斯都的這張將領名單設計成四個嵌板，多虧那位細心的刻工所做的精密計算，巴爾布斯的名字剛好落在最後一片嵌板的最後一個位置上，後面再也沒有空位可以填上其他將領的名字。這裡的問題遠遠超乎設計上的對稱與否；這裡要傳達的訊息是：羅馬的勝利凱旋式制度並未在中途被切斷，只是這個制度現在已經自然而然地走到盡頭，再也沒有空間可以容納其他將領了。

王位繼承與各種問題

並非所有事情都讓奧古斯都遂其所願。一般來說，著名的古代歷史敘事通常會潤飾他的統治，但我們還是可能得以一窺充滿煩惱的故事大概會是什麼樣貌。西元九年，距離他死亡的五年前，一場可怕的軍事災難發生在日耳曼。羅馬三個軍團之中，有一大部分人死於當地反叛分子和自由鬥士之手。奧古斯都把平息日耳曼行省叛亂這件事寫進「我做過的事」，作為一項足以驕傲的事件。但是這次兵敗顯然十分嚴重，據說這讓他對征服世界的計畫喊停。在羅馬，人民對他的反抗更為明顯，雖然一開始並不太容易看出來。許多冒犯到他的文學作品最後落入被燒毀的命運，各種陰謀針對他而設計——他能夠逃過那些劫難大概只能說是運氣太好。蘇埃托尼亞斯列了一張異議分子和陰謀者名單，不過一如既往，這些都是失敗的政變，我們很難說清楚他們的動機是什麼，是政治問題呢？還是個人的積怨使然？預定要被刺殺的受害者從來不會給那些加害者一個公平的報導。

這裡發生一個案例。主要的因素似乎是菁英階層對自己的政治角色遭受改變，還有對奧古斯都的控制各種選舉已經到了非常不滿的地步。據傳有個名叫伊格納提（Marcus Egnatius Rufus）的貴族曾與奧古斯都多次對峙。可想而知，流傳至今的這個故事，其細節是模糊不清的。但是基本的骨架還算夠清楚。首先，伊格納提用自己的錢，贊助人民——尤其是他在西元前二二年擔任市政官的時候——設立一個最基本的救火隊。奧古斯都很不贊成他的做法，所以他決定挪出自己的六百個奴隸，充當救火員，藉此打敗伊格納提。幾年後，伊格納提趁奧古斯都不在羅馬，企圖參加執政官的選舉。他事先並未取得奧古斯都的同意，而且他也沒到達可以合法參選的年齡。按理說，這不可能是個有意推翻奧古斯都的陰謀，因為奧古斯都人不在羅馬，無從推翻起。這顯然也是伊格納提認為他可以安全參加選舉的理由。但是當他的資格被否定時，人民發起了一場暴動。伊格納提後來被處以死刑。這個判決來自元老院，顯然應該曾得到遠在國外的皇帝的批准。

到底的元老議員當中有多少人站在伊格納提這一邊，這我們只能靠推測。伊格納提的背景我們一無所知，我們只能大略推斷他的目的和動機而已。有些現代歷史學家有意運用共和國晚期的克羅狄斯和其他護民官作為模型，把伊格納提寫成人民的英雄。但是就我們看來，他的所作所為比較像是抗議元老院的獨立精神遭受腐蝕，並主張維護元老院與羅馬人民傳統的各種聯繫的權利。

除了應付位於前線的政治問題，奧古斯都忙於贊助打造的那個象徵世界和羅馬新形象，當然也有某些顛覆性的觀點傳出來。奧古斯都政權當然有其無情的那一面；詩人奧維德即是這一面向的受害者。他的遭遇也給我們一個清楚的暗示，亦即那些流傳在羅馬街上的抱怨到底是什麼性質。奧維德被流放到黑海之後，持續寫了許多詩歌描寫他不愉快的流放生活。在一部題為《悲傷》（*Tristia/Miseries*）的詩集裡——尖刻的話其實多於悲傷的描寫——他很有機巧地攻擊羅馬廣場上的裝飾不妥。奧古斯都新蓋的羅馬廣場建有一座神殿，裝飾的主題是戰神馬爾斯和維納斯。馬爾斯是羅慕勒斯的父親，維納斯是伊尼亞斯的母親，因此祂們當然是羅馬的建國之神。問題是，這兩位神祇也是古典神話故事裡最著名的通姦者。打從荷馬開始，兩位神祇的故事就是如此流傳；據說維納斯的丈夫，亦即製造之神霍爾坎為了逮到兩人，特地設計一個精巧的金屬網，然後趁兩神正在交歡的時候將他們困入網中。這是多麼尷尬的故事。對奧古斯都這麼一個強調道德的新羅馬而言，這又是多麼不適合的象徵。詩人如此暗示：通姦在羅馬可是一種罪。另外，奧古斯都某些精心展現的「我們都是公民」這一招可能也會產生反彈。相傳奧古斯都每次進出元老院都會親自向每位元老致意；如果這個故事是真的，那麼這整個過程大概要花上一個半小時，假如元老院出席的人數很多，而一個元老占用十秒鐘的話。對某些人來說，這當然是一種權力的展示，而不是同為公民的平等。

即使是維吉爾的《伊尼亞德》，亦即皇帝贊助寫成的史詩也有許多令人困擾的問題。主角伊尼亞斯是奧古斯都的神話祖先，顯然在形象塑造上，也多少有點奧古斯都的身影。問題是：伊尼亞斯並不是一個正直的英雄。現代讀者可能會比古代的讀者更感到困惑，因為伊尼亞斯拋棄了不幸的狄朵，害她投身火葬柴堆自盡。不過維吉爾寫作此詩的訊息很清楚：激情不應當危害到國家責任的追求。狄朵身上亦可見到克麗奧帕特拉的危險形象——這裡更加強調這個重點。但是這首詩的最後一幕卻令人感到十分不安，這時伊尼亞斯已經在義大利建立了邦國，到了最後一幕，他竟大發雷霆，殘忍地殺害一個明明已經投降的敵人。這些矛盾的情節當然造就了偉大的文學作品，比數千行好戰主義式的讚美好太多了。但是這部作品始終令人感到好奇，不知道維吉爾與他的皇帝贊助人及奧古斯都政權的關係究竟如何。奧古斯都第一次讀到或者聽到這首詩最後幾行的時候，不知道他的腦子裡會想些什麼。這些我們都無從追問維吉爾；據說他還來不及對此詩做最後的修訂就死了。那時是西元前一九年。

雖然如此，奧古斯都的最大問題還是如何找到繼承人。他打算把權力傳給後代，這點是很清楚的。早在西元前二八年，他的巨大陵墓已經完工。這是一個明確的訊息，亦即他不像安東尼，他是要葬在義大利，而且他會在義大利這片土地留下一個帝國。他也把妻子莉薇雅算進來，建構了一個王室家庭。獨裁統治的政權通常會使女人變得更令人矚目，並不是因為女人擁有任何正式的權力，而是因為當一個人私底下負責決定國家大小事的時候，任何與那個人親近的人都會因此被認為具有影響力。女人可以在丈夫耳邊輕聲細語，這比起那些只能遞送公文或備忘的同事，通常擁有更多的實際權力，或被認為擁有更多權力。有一次，奧古斯都在一封寫給位於薩摩斯的希臘城市的信中，特地提到莉薇雅曾在背後替他們說了好話。但是他似乎不願把莉薇雅留在幕後，反而積極於提升莉薇雅的地位，作為他的帝國的一個關鍵人物。

莉薇雅有個官方版的正式雕像，就像奧古斯都那樣（見彩圖12）。她也獲頒一系列特別的法律特權，包括劇場中的前排座位和經濟自主權；從內戰開打的那些年開始，她又獲頒「豁免權」——一種仿自護民官的特殊權利。豁免權之設計，最早是在共和時期，目的是保護人民的代表免受攻擊。不過莉薇雅需要豁免權來躲避什麼攻擊就不清楚了。重點是：這個重要的新措施是仿效男性官員的權利而設立的。而這個措施把莉薇雅推入政治的聚光燈下，遠超過在她之前的任何一位女性。西元前九年，她的兒子德魯蘇斯（Drusus）過世，有人寫了一首詩題贈給她，詩裡甚至稱她為「羅馬第一女公民」（*Romana princeps*）。這個稱號是奧古斯都的「羅馬第一公民」的陰性形式，意思大概相當於「第一夫人」。這首詩可能只是奉承者言過其實的誇張之辭，當然並不表示一般女性正走向解放之途。不過這點出一個事實：在一個努力想成為帝國的王朝裡，帝王之妻在公共層面上的重要性。

兩人的煩惱是他們沒能生下子女。奧古斯都只有一個女兒，名叫茱麗亞，是他跟前任妻子生的。他和莉薇雅在西元前三七年結婚，當時莉薇雅已有一個小孩提比流斯（Tiberius），而且肚子裡還懷了她前夫的小孩德魯蘇斯。不管日後這對夫妻如何受人尊敬，兩人交往的初期帶着醜聞的氣息。這主要拜安東尼之賜，據說他為了報復那些關於他的惡行的可怕謠言，提到奧古斯都總是在莉薇雅丈夫的宴會上與她見面，接著在晚宴中途，兩人會溜進任何一間臥室，然後再亂糟糟地回到宴會上。不管是備受尊敬還是醜聞纏身，兩人在婚後並未生下小孩。據蘇埃托尼亞斯，莉薇雅跟奧古斯都結婚之後只產下一個死胎。

所以奧古斯都只好大費周章，到處尋找可以繼承帝位的人選。茱麗亞是他的親生女兒，當然是計畫中最好的人選。她本來嫁給表兄馬瑟魯斯（Marcellus），可惜不久他就死了，那時她才十六歲。接著她再嫁給她父親的朋友兼同袍阿格利帕，這人大她二十多歲。接著，她又再嫁給莉薇雅的兒子提比流斯。這看起來應該是最好的安排。茱麗亞的這幾次婚姻，假如出現任何阻礙，奧古斯都的解決方法是要對方離婚，然後改娶茱麗亞。至於當事人要付出什麼代價，我們知道得極少。據說提比流斯為了跟茱麗亞結婚，被迫和妻子維普莎尼雅（Vipsania Agrippina）離婚。提比流斯因此大受打擊。維普莎尼雅是阿格利帕和前妻生的女兒，而茱麗亞現在則是阿格利帕的遺孀——羅馬皇家典型的複雜人際關係！有一次，提比流斯在婚後巧遇維普莎尼雅，不禁掉下淚來。他的保鏢之後就特別小心，確保他不會再看到他的前妻。至於茱麗亞，或許是這一連串的安排婚姻，她過著充滿叛逆、惡名遠播的性生活。有一駭人聽聞的故事提到她在廣場的講壇上主辦一場狂野的宴會——可是那裡是她父親發布禁止通姦的場所！這真是一個有人覺得滿意，有人覺得恐怖的對應事件。不論真實與否，她在西元前二年被流放到一座只有半英里長寬的小島，終生沒再回到羅馬。至於流放的原因，婚外情只是其一，傳聞中的叛國罪則是其二。

這樣的安排婚姻，造成的結果極其複雜，我們幾乎無法把奧古斯都的家族樹狀圖畫清楚，更別說叫人記起任何細節；奧古斯都創立的王朝現在被稱為朱里亞—克勞狄王朝（Julio-Claudian Dynasty），其中的「朱里亞」來自他的姓氏（Julius），而「克勞狄」則是莉薇雅第一任丈夫的姓氏。不過，奧古斯都想要的繼承人不是不曾出生，或者即使出生了，也太早過世。提比流斯和茱麗亞只生下一子，但他並未活過童年。奧古斯都領養了她和阿格利帕生的兩個兒子，立他們為預定的繼承人（進一步使家族樹狀圖混亂起來）。他們的圖像在羅馬世

圖65　西元前13年，羅馬政府委人製作的和平祭壇，這是部分的細節。這段帶狀浮雕描繪奧古斯都龐大的皇族家庭，包含左邊的阿格利帕，後方的女子有可能是阿格利帕當時的妻子茱麗亞，不過人們更常認為這位女子是莉薇雅。

界流傳，繪製得十分酷似他們的養父。但是他們兩人一個在西元前二年生病死了，當時他才十九歲；另一個雖然跟一個親戚結了婚，但是他在西元前四年的一場戰役中受了傷，不久也就死了，沒有留下子嗣。儘管付出許多努力，奧古斯都最後回到原點，改立莉薇雅的兒子提比流斯為繼承人（他本來可以不用那麼辛苦的）。提比流斯在西元一四年登基，成為羅馬第二任皇帝。老普里尼忍不住指出這整個事件的另一個反諷。新任皇帝的親生父親克勞狄斯（Tiberius Claudius Nero）在內戰時站在安東尼陣營，他的家人曾經與其他人被圍困在佩魯西亞。奧古斯都死了，老普里尼開玩笑道：「敵人的兒子繼承了他的帝國。」

奧古斯都死了。奧古斯都萬歲！

西元一四年八月十九日，奧古斯都在南義大利的家中去世，這時距離他的七十六歲生日只剩一小段的時間。據蘇埃托尼亞斯，他當時是在卡布里島度假，跟他的一群飽學的朋友玩各種遊戲，例如其中有個遊戲他要所有羅馬客人打扮成希臘人說希臘文；希臘客人則打扮成羅馬人。他的結局其實非常低調。據說回到本島的時候，他覺得肚子很難受，不得不躺到床上休息。躺上床不久，他就死了。考慮到他許多當代人悲慘的命運，他的這個結局非常讓人覺得意外。後世有些謠言說莉薇雅跟他的死有關。據說她給他吃了有毒的無花果，送他早點上路，好讓提比流斯順利登基；有人也曾說她為了保住提比流斯的繼承人位置，提早結束了其他家庭成員的生命。不過這是羅馬世界無可解釋的死亡事件之一（其他大部分人都死於戰爭、產子、意外），當然會引來這種謠言，不管這些謠言是否有根據。下毒總被說成是女人最常選擇的武器。下毒無須耗用體力，只須夠精明就行了；只是這與女人傳統的角色——養育者——產生了一個極大的、可怕的逆轉。

較為令人信服的說法是，莉薇雅在奧古斯都到提比流斯之間的過渡扮演了重要的角色。一旦她發現奧古斯都快死了，她馬上就派人去找她兒子回家——當時提比流斯在亞得里亞海另一邊，離家約有五天的路程。與此同時，她不斷告訴大家奧古斯都的健康狀況良好，一直等到提比流斯返家，這才公布奧古斯都的死訊。奧古斯都真正的死亡時間，一直都是爭議良多的問題。不過，不管他是在繼承人到來之前還是之後死的，提比流斯即位的過程十分順利。奧古斯都死於諾拉（Nola），他的遺體由沿途城鎮重要的人士擔著，走了一百多英里才回到羅馬。當時並未舉辦加冕儀式，不管西元前二九年奧古斯都把他的凱旋式當成什麼儀式，羅馬並無特定的儀式標誌帝王的即位。不過作為一位新王，提比流斯已經很能進入狀況：他很有效率地召集元老們開會，公布奧古斯都的遺囑、各種遺贈、宣布未來的命令、討論葬禮事宜。

有一些跡象顯示葬禮策畫人曾經擔心可能會產生亂象。不然為何他們派軍隊守護葬禮儀式和葬禮隊伍？不過最後整個過程順利平安度過。葬禮的過程多少和波利比烏斯在一百五十多年前看到的情形差不多，只是場面的規模比較奢華一點。奧古斯都的蠟像——不是遺體——豎立在講壇上，提比流斯發表葬禮講演。出現在葬禮隊伍中的不止有奧古斯都的祖先，還包括龐培和羅慕勒斯幾位偉大的羅馬英雄，彷彿奧古斯都是他們所有人的後代似的。火葬過後，莉薇雅——現在改名叫奧古斯塔（Augusta），因為奧古斯都在遺囑中正式收養她——花了一百萬賽斯特爾幣的賞金，獎賞一個發誓看到奧古斯都升天的男子。奧古斯都現在變成神了。

奧古斯都與莉薇雅的家譜

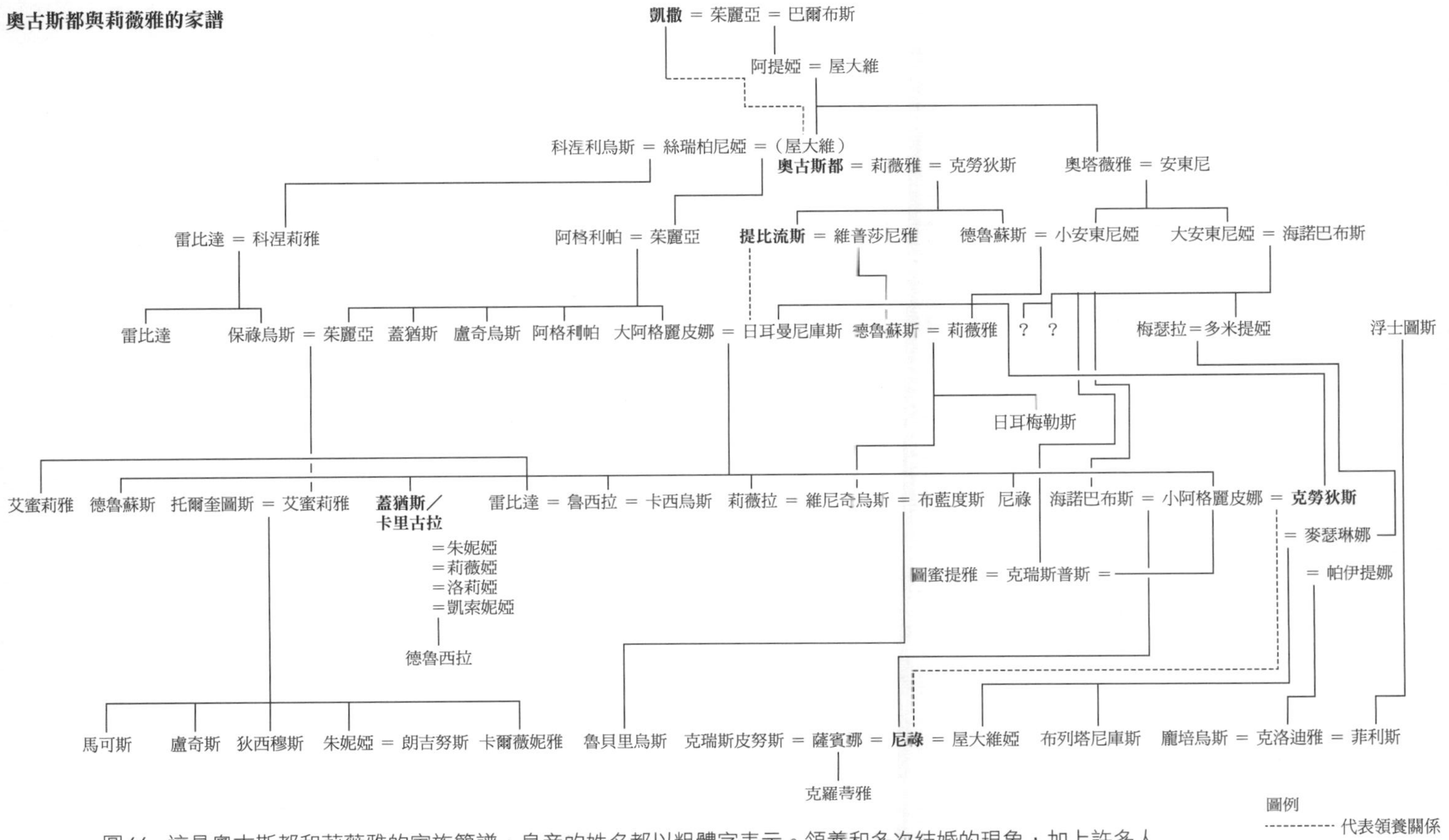

圖66　這是奧古斯都和莉薇雅的家族簡譜，皇帝的姓名都以粗體字表示。領養和多次結婚的現象，加上許多人取同一個名字，這簡譜令人十分困惑，幾乎難以卒讀。不過，令人困惑的複雜現象正是這個王朝的特點所在。

當奧古斯都還是個凡人的時候，他一直都很神祕，直到最後一刻他也仍然是個謎。據說他跟莉薇雅吻別之前，曾跟他那群朋友說了些話道別。其中有一句非常典型；那是一句引自希臘喜劇的臺詞：「如果我把角色演好，請為我鼓掌。」我們忍不住要問：那麼多年裡，他究竟演了哪些劇？如果他都在演戲，真正的奧古斯都又在哪裡？是誰寫了他的臺詞？這些問題至今依然無解。奧古斯都如何重組那麼多場羅馬的政治地景？他如何以自己的方式，在羅馬政壇上安然度過四十多年？他擁有哪些助力和支持？時至今日，這些仍然是令人十分困惑的問題。例如，他（或莉薇雅）的官方形象到底是誰策畫和決定的？推行軍人退休計畫之前，他曾跟誰商量過？他們曾有過什麼樣的討論？他在位那麼久，到底有哪些部分純屬運氣？

無論如何，他替未來皇帝設立的大架構持續存在了兩百多年——或者換個說法，一直持續到本書討論的年代結束之前。接下來我們即將看到的每位皇帝多少都在模仿奧古斯都。他們把「奧古斯都」這個名字嵌在他們的帝號裡，他們繼承他的私人戒章，代表他們有責任把這支血脈一代又一代地傳下去。戒章的圖案此時已經不是他最愛的史芬克斯像。過去數十年中，他幾度更換戒章圖案，首先是亞歷山大大帝的肖像，最後換成他自己的頭像。換句話說，奧古斯都的頭像和他獨特的面部特徵已經成為每一個後來者的簽章。不論這群後來者各自擁有什麼樣的個人癖好、德行、惡習、背景，也不管他們各自擁有什麼不同的名字，他們全都是奧古斯都的轉世化身，他們在他建立的獨裁政權模式之內運作，他們處理他留下來的、種種有待解決的問題。

接下來我們要面對的就是這群奧古斯都（Augusti）製造的某些問題。且讓我們從另一起死亡事件開始說起。

第十章

羅馬的十四位皇帝

寶座上的那群男人

西元四一年元月二十四日，羅馬發生另一起殘暴的暗殺行動；這時，距離第一任皇帝奧古斯都之死已經三十多年，距離凱撒遇刺也已經過了八十五年。這次的受害者是皇帝蓋猶斯（Gaius）——他的全名為Gaius Julius Caesar Augustus Germanicus。四年前，蓋猶斯繼承年老的提比流斯的帝位，登上寶座。如果把西元六八年到六九年短暫內戰期間出現的三個短命皇帝略過不算的話，蓋猶斯是羅馬十四位皇帝當中的第二位。從奧古斯都登基到西元一九二年康莫達斯（Commodus）遇刺為止，這十四位皇帝統治羅馬將近一百八十年。這群皇帝當中，有好幾位在羅馬史上赫赫有名：克勞狄斯是繼蓋猶斯之後登基的第三任皇帝，他在小說家格雷夫斯的作品——《我，克勞狄斯》（*I, Claudius*）和《天神克勞狄斯》（*Claudius the God*）——擔任要角，化身為羅馬宮廷政治的觀察家，富有學養，思惟敏銳。尼祿皇帝以家族謀殺、彈奏里爾琴、迫害基督徒和喜愛縱火聞名；「哲學家皇帝」奧理流斯（Marcus Aurelius）的哲學著作，亦即《沉思錄》（*Thoughts*），至今仍然暢銷；康莫達斯皇帝在格鬥場上的豐功偉業，在電影《神鬼戰士》（*Gladiator*）中近乎完整再現。除了這幾位知名的皇帝外，十四位皇帝當中也有幾個僅留下名字而已——雖然現代傳記作家費盡心思為他們立傳，例如年老的聶爾瓦（Nerva），他在西元一世紀末登基，在位僅僅十八個月。

在羅馬史上，蓋猶斯遇刺案是這整段時期當中，紀錄保存得最好的事件之一。就細節描繪方

提比流斯
（Tiberius,
14 CE – 37 CE）

蓋猶斯／卡里古拉
（Gaius [Caligula],
37 CE – 41 CE）

克勞狄斯
（Claudius,
41 CE – 54 CE）

尼祿
（Nero,
54 CE – 68 CE）

維斯巴西安
（Vespasian,
69 CE – 79 CE）

提圖斯
（Titus,
79 CE – 81 CE）

圖密善
（Domitian,
81 CE – 96 CE）

聶爾瓦
（Nerva,
96 CE – 98 CE）

圖拉真
（Trajan,
98 CE – 117 CE）

哈德良
（Hadrian,
117 CE – 138 CE）

庇烏斯
（Antoninus Pius,
138 CE – 161 CE）

奧理流斯
（Marcus Aurelius,
161 CE – 180 CE）

維魯斯
（Lucius Verus.
Joint ruler with
奧理流斯,
161 CE – 169 CE）

康莫達斯
（Commodus,
180 CE – 192 CE）

圖67　三個帝祚短暫的皇帝：伽爾巴、奧索（Otho）、維提留斯（Vitellius）；三人在位的時間介於尼祿死後和維斯巴西安登基之間。

王朝

朱里亞—克勞狄王朝（14 – 68 CE）

弗拉維王朝（69 – 96 CE）

「領養者朝代」（96 – 192 CE）

面，這起事件遠比史上任何一位帝王的殞落更為詳細。這份記載出現在一部猶太人歷史的百科全書裡，寫於蓋猶斯遇刺大約五十年之後，長度差不多是現代書籍的三十多頁，可說是該百科全書一篇很長的題外話。作者是若瑟弗（Titus Flavius Josephus），西元六〇年代一個著名的猶太叛亂分子，曾以馬提伊阿斯（Jopseph ben Matthias）之名領導民眾，對抗羅馬人。他後來幾乎變成了羅馬的宮廷作家，如果在宗教上他並未改宗，至少在政治上他是改變了立場。在若瑟弗筆下，蓋猶斯之死是上帝的懲罰，因為蓋猶斯鄙視猶太人，甚至還在猶太人的神殿內給自己立了一座雕像。從這篇記載的行文與細節加以推測，若瑟弗在寫作的時候，他桌上必然有一份回憶錄供他參考——西元四一年元月，有某個人剛好置身事件的現場，並把事件的經過寫了下來。

若瑟弗筆下的刺殺案，很清楚地展現第一個奧古斯都死後，羅馬出現的新政局，其中有宮廷陰謀、元老級菁英分子老舊的空洞口號、王位繼承的問題到皇帝可能會遇到的各種危險。再者，我們還看到許多關於蓋猶斯的評論，這些評論有古有今，討論的議題包含蓋猶斯的錯誤和缺點、他遇刺的背後因素、他遇刺之後發生的事件；這些事件進而點出幾個重要問題：羅馬帝王聲名的創造、世人——不論在過去還是在今日——對其成敗的論斷。從這裡再點出另一些更根本的問題：每一位帝王的性格、特質、婚姻和謀殺是如何幫助我們了解帝治之下的羅馬史——較為廣義的羅馬史。

所以我們現在要問：蓋猶斯是怎麼被殺的？為什麼被殺？

蓋猶斯哪裡不對了？

西元一四年，提比流斯從養父奧古斯都手裡順利接下王位，開始統治羅馬。過了十多年，他似乎對權位越來越不感到興趣，尤其在他死前的十年裡，他大部分時候都隱居在卡布里島，只和首都羅馬偶爾保持通訊。西元三七年，提比流斯過世，蓋猶斯被擁立為王。對羅馬人來說，蓋猶斯的登基似乎是個受人歡迎的改變。那時他才二十四歲，而且是朱里亞—克勞狄王朝這個家族之中所能找到的最好人選。他的母親名叫阿格麗皮娜，是茱麗亞的女兒，亦即奧古斯都的孫女，因此他是奧古斯都的直系血親。他的父親日耳曼尼庫斯（Germanicus）不僅是莉薇雅的孫子，也是奧古斯都的侄孫；日耳曼尼庫斯一度也曾被奧古斯都指定為繼承人，只是他很年輕就死了——無可避免的，這也是一件啟人疑竇的死亡。蓋猶斯有個別名叫卡里古拉（Caligula，意即兒童軍靴），這也是他在現在比較為人所知的名字。這個令人尷尬的別名其實都要怪他的父母——他們從小把他

圖68　軍裝打扮的蓋猶斯半身像。他穿著精美的護胸甲，頭戴橡樹葉編成的花環，亦即所謂的公民冠（civic crown）；傳統上，這種頭冠僅授予在戰場上捍衛人民性命的羅馬人。

帶到軍營裡生活，把他打扮成一個小軍人，穿上士兵的制服，包括某款迷你軍靴（拉丁文叫「卡里古靴」〔*caligae*〕）。

上任才四年多，蓋猶斯就被三個禁衛軍殺了。這場暗殺事件和凱撒之遇刺一樣混亂，一樣血腥。在古代，謀殺很少有可能可以跟受害人保持一個安全距離；殺人通常意味著你必須趨近受害者，通常也免不了濺血。就凱撒和蓋猶斯的例子來看，任何有權位的人，最危險的敵人其實就是那些可以近距離靠近他的人，例如妻兒、貼身保鏢、同事、朋友和家中的奴隸。不過這兩起謀殺案有個驚人的差異，此差異也代表了共和與帝制之間的時代變化。殺死凱撒的是一群元老議員，他們假借上呈請願書，然後就在公開場所，就在眾目睽睽之下把他殺了。殺死蓋猶斯的是三個禁衛軍，他們本來應該是要保護皇室成員的安全，但是他們卻在蓋猶斯家中的一道走廊上把他砍成碎片。他的太太聽到聲音，抱著女兒走到走廊一探究竟，結果母女倆也遭了毒手。

據若瑟弗的解釋，蓋猶斯本來是在卡庇多丘觀看表演——當時正在舉辦慶典，紀念奧古斯都兼慶祝他與莉薇雅的結婚紀念日。早上的表演結束之後，他決定略過午餐；另一個版本則說他前一晚吃喝過多，覺得有點噁心，就一個人前往他的私人澡堂。總之，就在一條接通兩棟「王宮建築」——此時皇帝的居所已經比奧古斯都簡樸的住處寬廣許多——的走廊裡，三個禁衛軍出手攻擊他。據說禁衛軍首領查哈瑞亞（Cassius Chaerea）會這麼做是出於私人恩怨。平日，他是皇帝的特工、打手、走狗，不管皇帝要他做什麼，他都會去執行。不過，皇帝卻時常在大家面前奚落他，譏笑他軟弱不中用（「娘娘腔」據說是最常用來罵他的話）。換言之，這是查哈瑞亞的復仇。

推動這起陰謀的，背後也許有更高層次、獲得士兵與元老支持的原則，至少蓋猶斯的許多邪惡故事讓人產生這樣的聯想。他的那些故事當中，最為人知的是他與妹妹之間的亂倫，還有他那些瘋狂的計畫，例如他想讓他的馬當執政官。據說他提出的各種建築計畫，大部分都介於違反自然法則與荒唐的炫耀之間；據好幾個古代作家描述，蓋猶斯想像中的計畫是：他穿著亞歷山大大帝的胸甲，然後騎著馬，奔跑在一條由船隻搭建起來，橫跨那不勒斯灣的路上……。據說他羞辱英勇的士兵，命令他們去法國沙灘撿貝殼。他興高采烈地恐嚇長期受苦的貴族；事實上，他的這些恐嚇故事已經成為傳奇，例如在一場著名的宮廷宴會上，他斜臥在兩個執政官之間，突然噗哧笑了起來。其中一個執政官很有禮地問：「你在笑什麼？」他回答說：「我只是想到我只要點點頭，你們的脖子馬上就會在這裡被割斷。」如此荒唐的行事，即使查哈瑞亞沒出手，其他人遲早也會對他動刀。

不過，不管真正的暗殺動機是什麼，這是一個全新的權力政治：一支擊殺小隊躲在幕後伺機而動，準備刺殺皇帝；而這個刺殺行動除了殺死目標，連他的近親也不能放過。想想過去的時代，凱撒死了，但可沒有人去追殺凱撒的妻子。這個案子也顯示：儘管奧古斯都大抵已經成功地把軍團移出城外，禁止軍人干政，但是事實上，少數留在羅馬城的軍人還是有可能坐擁大權，如果他們決定這麼做的話。西元四一年發生的，並不僅僅只是三個禁衛軍殺死一個皇帝而已；更重大的事件是：禁衛軍很快就擁立另一個新皇帝上臺。蓋猶斯最親近的私人保全人員是一小群來自日耳曼的民兵組織；當時他選擇他們是因為他們性情殘暴，有助於阻止貪腐。然而在接下來發生的事件裡，這群日耳曼人也扮演了一個血腥的角色。

皇帝遭人謀殺的消息一傳出，這群日耳曼人立即展現他們最直接也最暴力的忠誠。他們衝上帕拉廷丘，只要看到他們覺得有參與陰謀嫌疑的人，全都或死或傷在他們的刀下。有一位元老被殺了，因為他稍早在獻祭的時候，托加袍上濺了幾滴動物的血。日耳曼人覺得他有嫌疑，直接就把他殺了。蓋猶斯走後，還有許多觀眾留在劇場裡；這群日耳曼人恐嚇那些觀眾，把他們全都堵在劇場裡。後來，有一位醫生進來治療在暗殺餘波中受傷的觀眾。他巧妙運用找藥材的藉口，成功地讓無辜的旁觀者撤離現場。

與此同時，元老們聚在卡庇多丘的朱庇特神殿——共和制最偉大的精神象徵——開會。他們互相道喜，談到他們身為政治奴隸的日子已經結束，自由即將回到羅馬。他們掐指一算，發現他們已經失去自由一百年了。顯然他們想到的是西元前六〇年，龐培、凱撒和克拉蘇三巨頭的協議，並認為那是他們國家失去自由的轉捩點。他們認為當下是個重新找回自由的吉利時刻。執政官薩圖爾尼努斯（Gnaeus Sentius Saturninus）發表一場激動人心的演說。他承認他太年輕了，不記得共和時代，但是他曾親眼看到「暴君以其邪惡，灌滿整個國家」。蓋猶斯死了，一個新的黎明已經到來，「現在再也沒有專制君主來打壓你，來摧毀我們的城……近年一直滋養暴政的，恰恰正是因為我們沒有起而行……和平帶來的享受讓我們變得軟弱，我們學會像奴隸那樣地活著……我們現在首要的責任就是把最大的榮耀賜給殺死暴君的人。」這些話聽來十分動人，但是內容空洞無物。薩圖爾尼努斯在發表演講的整個過程中，一直戴著那枚代表忠誠、刻著蓋猶斯頭像的戒指印章。有一位觀眾看到他的言語和行動之間的矛盾，衝上臺去把那枚戒指拔了下來。

無論如何，元老們的這整場表演來得太晚了。禁衛軍平日就不把無能的元老放在眼裡，而且他們也沒有興趣回到共和時代。據說接下來發生的事情是這樣的：蓋猶斯那位五十歲的叔父克勞狄斯被宮裡的暴行和動亂嚇壞了，於是逃到一條暗巷躲起來。但是其他禁衛軍很快找到了他；他以為這下要被殺了，沒想到卻被擁立為王。他與莉薇雅和奧古斯都兩人都有血緣關係，這使他成為最合理的候選人，遠比任何人都合適。而且他就在現場，十分方便。

緊急的協商、細心的公關、尷尬的決定隨之上場。克勞狄斯賞給每個禁衛軍一大筆錢；傳記作家蘇埃托尼亞斯嘲笑他是「第一個用錢收買士兵，讓士兵效忠於他的皇帝」——彷彿奧古斯都沒做過同樣的事似的。元老們放棄了所有跟共和時代與自由相關的想法，他們只要求克勞狄斯一件事：克勞狄斯必須正式從他們的手裡接受帝位。大部分元老為了自己的安全，已經老早就逃回他們的鄉間別墅。查哈瑞亞並未獲得「最大的榮耀」；相反的，他和另一位殺手被處以死刑。新皇帝的顧問義正嚴詞地指出：雖然查哈瑞亞的行動是高貴的，但是背叛者無論如何都必須要加以處罰，以免有人有樣學樣。克勞狄斯持續宣稱他並不想當皇帝，被推上皇座實在有違他的本意。也許那是真的。不過，一再展現自己的情非得已通常是一個有用的幌子，可用來掩蓋自己的野心。不久，羅馬世界的雕塑家開始跟上時代，忙著把蓋猶斯多餘的雕像加以修改，改塑成看起來還算可以的新作，亦即新皇帝的雕像。

這些事件就像一張張鮮明的快照，呈現奧古斯都過世將近三十年之後，羅馬帝制所展現的面貌。關於重返共和，元老們無力的姿勢只是證明那個古老的政府系統已經一去不返，最多只剩下不曾經歷過共和的人所想像出來的懷舊之情而已。根據若瑟弗，任何人可以大聲嚷著要回到共和舊制，但是手中還戴著皇帝頭像的戒指，這樣的人一點都不了解共和體制。蓋猶斯遇刺之後產生的混亂和暴動不僅說明一個祥和的、觀賞表演的上午是多麼容易在一瞬間就變成屠殺的現場，更重要的是，這事件亦說明當時的元老、士兵和平民百姓各自擁有十分不同的政治觀點。富有人家與特權人士大部分都在歡慶暴君之死。窮人則為他們的英雄之死感到悲傷。若瑟弗對這群窮人充滿鄙視，他特別挑出婦女、小孩和奴隸加以指責，說這群人不願接受蓋猶斯已死的事實，竟然歡天喜地地相信蓋猶斯的傷口已經包紮起來，而且已經可以在廣場上行走的假消息。這些現象很清楚顯示：那些高興看到他死的人並不同意接下來發生的事，還有更多的人則一點都不想看到他們的皇帝被人刺殺。

這種種不同的意見挑戰了許多正統的信念，並且提出更大的歷史問題。蓋猶斯真的像他歷來一再被描述的那麼可怕嗎？根據若瑟弗，平凡老百姓對這位皇帝十分著迷，因為據說這位皇帝對民眾十分慷慨；有一次，他站在羅馬廣場一棟大樓的頂樓，真的就對民眾撒錢。或許民眾對他的看法真的是如此。關於蓋猶斯的那些故事，那些我們從前人那裡聽來的可怕故事，我們實在有強烈的理由懷疑。

這些故事，有的就是不合情理。姑且不管他在那不勒斯灣那些裝腔作勢的表演好了，他真的

圖69　這座克勞狄斯雕像看來稍嫌怪異，尤其頭髮的部分。這是因為雕像的身分曾被修改。這本來是蓋猶斯的頭像，他死後，雕像被重塑成克勞狄斯的樣子。這手法是抹除前朝政權的最佳象徵，同時也暗示個別皇帝之間並沒有太多我們想像中的差異。

有可能在羅馬建造一座大橋連接帕拉廷丘與卡庇多丘，然後至今什麼遺跡都沒能留下？我們今天看到的所有故事，幾乎都是蓋猶斯死後很多年才寫成的，而且越是誇張的故事，一經檢驗就越站不住腳。那則關於他派軍隊去撿貝殼的故事，有可能出自於對一個拉丁語詞musculi的誤解——這個字可以指「貝殼」，也可指「軍人住的小屋」。所以，他的那些士兵其實是去拆除臨時搭建的行軍小屋，而不是去撿貝殼？另外，關於亂倫的故事，流傳至今最早的紀錄寫於西元一世紀末，當中最清楚的證據似乎指向他對妹妹德魯西拉（Drusilla）之死感到極度悲傷。單是悲傷這件事很難證明他們兩人有性關係。有些現代作家提出他辦的晚宴最後都變成瘋狂性派對，說他的妹妹在他「底下」而他的妻子在他「上面」。事實上，這是現代作家誤讀了蘇埃托尼亞斯的拉丁文本——蘇埃托尼亞斯指的是羅馬宴會中，「上座」與「下首」的席次安排。

當然，如果我們把蓋猶斯想像成一個無辜且仁慈的統治者，認為他遭受可怕的誤解，一直被人錯誤呈現，這又是個太天真的想法。但是我們也很難抵抗這樣的結論，即不管那些故事背後的真相如何，他的故事其實是一個複雜的綜合體，其中有事實、有誇張之詞、有一廂情願的錯誤再現，也有一些是憑空捏造的謠言。他的許多故事主要寫於他死後，而且大部分都是為了新皇帝克勞狄斯的利益才建構的，因為後者上臺的合法性，有部分是建立在蓋猶斯理當被除去的基礎上。就像為了奧古斯都的利益，人們詆毀安東尼，所以為了克勞狄斯的政權著想，還有那些依附克勞狄斯，想要與過去的政權劃清界線的人，他們於是就把一堆辱罵堆在蓋猶斯身上，不管真相如何。換個說法，蓋猶斯有可能是因為他是個惡魔才會被殺，但是另一個同樣有可能成立的說法是：因為蓋猶斯遭到刺殺，所以他被說成了惡魔。

如果我們忽視所有可疑之處，假設那些故事都是真的，假設所有平凡老百姓都被矇騙了，假設羅馬的統治者真的是一個發瘋的、介於精神變態患者和史達林之間的施虐狂。真相是：這起謀殺案更進一步使現實變得更加清楚，亦即皇帝此時已經成為永久留駐在羅馬的人；再者，對於帝制統治的長期歷史而言，蓋猶斯的死並沒有造成重大的衝擊。西元四一年的暗殺者與西元前四四年的暗殺者有一共通點：西元前四四年的暗殺者殺了一個獨裁官凱撒，換來另一個獨裁君王奧古斯都。蓋猶斯之死雖然一開始給羅馬人帶來種種興奮、焦慮、當下的不確定、對共和制產生一種又短暫又不切實際的嚮往，但是最後的結果是：另一個皇帝坐上了寶座，而這位皇帝與剛剛被取代了的那一位並沒有什麼不同。克勞狄斯死後的名聲可能比蓋猶斯好得多，因為他的繼承人兼養子尼祿並不能從抹滅對他的記憶當中獲得明確的利益。但是，撥開表面的名聲不談，克勞狄斯也有一份恐怖的暴行兼罪行紀錄；根據一項古代的估計，六百位元老當中，他總共處死了三十五位；騎士階級之中，有三百人死在他手下。在羅馬的權力結構中，他所占據的是同樣的位置。

雕刻家改塑前任皇帝的雕像這件事也傳達了這樣的訊息。經濟上的考量必定是讓某些聰明的雕刻家舊石新用的原因之一。西元四一年元月，任何一個已經快要完成蓋猶斯雕像的雕塑家顯然不想看到他的時間和心血白流，既然前一個統治者已經被推翻，放著他的雕像也沒用，不如改塑成目前在位者的雕像來得划算。修改的程度並不大，有的只是象徵性地移除一兩種形式而已。羅馬人通常會試著刪除紀錄上那些不得人心的一切，例如拆掉他們的房子、推倒他們的雕像、劃掉他們的名字——如果名字是刻在公共紀念碑上，他們通常會很粗糙地用鑿子鑿去那些名字，雖然這樣反而讓我們更加注意那些他們想忘記的名字。另一個藏在底層的重點其實有點像奧古斯都和那兩隻渡鴉的故事，亦即皇帝大多非常相像，誰當都差不多。只要做一點表面上的修改，就可以把這個皇帝換成下一個。暗殺，不過就是帝王統治這個較為宏大的敘事當中的小小插曲而已。

「好皇帝」？「壞皇帝」？

從提比流斯到康莫達斯這段將近兩百年的君主專制時期，羅馬總共出現十四位皇帝，創立三個王朝：關於這幾位皇帝的標準事蹟，通常都聚焦在描寫皇帝本人的美德與惡習，或描寫皇帝的濫用與善用其專制權力。如果沒有以下這幾位皇帝的故事，我們很難想像羅馬史的面貌；例如尼祿皇帝的這幾則故事，一是「彈琴坐觀羅馬焚毀」——精確說來，這是指西元六四年羅馬發生了一場大火，但是身為皇帝的尼祿只顧彈里爾琴，非常不負責任；再來是他讓他的母親坐上會解體的船，想藉此把母親淹死，只是後來事蹟敗露，未能如願（一場結合了巧智、殘酷與荒謬的謀殺）；另一件則是他折磨基督徒，彷彿他們是羅馬發生大火的禍首——這是羅馬面對這個新宗教最初的、幾次零星的暴力回應。不過，帝王各有各的暴虐方式，版本眾多，尼祿不過是其中一例。

康莫達斯雖然貴為帝王，卻喜歡打扮成格鬥士。有一則故事提到他揮著一顆鴕鳥的斷頭，威脅坐在競技場前排的元老；這件事常被提出來，用來說明腐敗的君主專政，展現專制君主的荒謬暴行。有一位目擊證人承認當時的場面讓他極為害怕，但另一方面也深覺可笑，所以他不得不拔下頭上戴著的桂冠的幾片月桂葉，塞進嘴裡，免得笑出聲來。隱居在卡布里島（Capri）的提比流斯的行為也頗怪誕。據說他在游泳池游泳時，喜歡僱用一群男孩（「小魚兒」）在水底嚙咬他的生殖器。這個事件常被人提出來，當作帝王性剝削的事例。一九七〇年代，導演鮑伯・古喬內（Bob Guceione）在電影《羅馬帝國豔情史》（*Caligula*）裡，曾經重現這幕情景。令人覺得毛骨悚然的是圖密善（Domitian）的故事，因為他竟把施虐轉變成個人的消遣。據說他會自己關在房間裡，用筆慢慢殺死蒼蠅，藉此消磨時間。有一次有人問：「有誰在裡頭跟皇上在一起？」他的一個聰明的侍臣答道：「連一隻蒼蠅都沒有。」

偶爾我們也會看到幾個描述傑出帝王德行的例子。奧理流斯寫的《沉思錄》，大部分內容雖然都很老套（「別以為你可以活上一萬年，死神就在你頭上徘徊」），但是到今天還是有仰慕者買他的書；發揚他的思想的人也不少，包括那些教人自助的導師到美國前任總統柯林頓（Bill Clinton）皆是。圖密善的父親，即維斯巴西安（Vespasian）的見解也相當著名。繼誇張奢華的尼祿之後，維斯巴西安在西元六九年登基。尼祿揮霍成性，但是維斯巴西安據說十分擅於管理國家財富，甚至連人尿都要課稅——人尿是古代洗衣業和染布業重要的一項材料。我們確信他當時不曾說出這句相關的俏皮話：「錢不會發臭。」（*Pecunia non olet.*）不過現在這句話通常被視為他的至理名言，而且這句話也挺能傳達他的精神。此外，他也擅於刺破帝王——包括他自己——的矯情。西元七一年，他辦了一次勝利凱旋式。慶祝會結束後，據說他說了這句話：「這麼一把年紀了還想舉辦凱旋式！可見我是個多麼愚蠢的老人！」那時他站在一輛戰車上，在凹凸不平的路上走了一天，而當時他已經六十一歲了。

在羅馬史上，這幾位皇帝被刻畫得十分鮮明。但是這些引人入勝的細節——包括他們如何揮動托加袍來遮蓋禿頭，卻會妨礙我們提出更基本的問題，就像那些我們在蓋猶斯的故事底層看到的問題。皇帝的傳記對羅馬史的研究到底有多大的用處？羅馬帝國的歷史以帝王（或王朝）作為斷代的單位，這麼做究竟有何用處？我們今天所認識的羅馬帝王，其形象到底有多準確？帝王的個性又能解釋什麼問題？帝王的品格是好是壞，這究竟有什麼差異？誰會覺得有差異？

古代的傳記作家、歷史學家和政治分析家當然認為有極大的差異。他們往往把書寫的重點放在諸位帝王的缺點和失敗，偽善和虐待狂，有時候則擺在他們堅決的耐心或幽默。蘇埃托尼亞斯著有傳記作品《羅馬十二帝王傳》（*The Twelve Caesars*），描寫凱撒到圖密善這幾位皇帝的事蹟，甚至還包括西元六八年到六九年那三位在位時間極短的皇帝。書寫的大部分重心是放在那些具有說明意義的軼事上（我在前面引了幾則），他也花了大量篇幅描寫細微末枝的細節，例如皇帝的飲食習慣、服裝風格、性生活，當然還有皇帝們的機智言語，從他們講的笑話到最後的遺言一併收錄。我們是從這本書才知道原來提比流斯長了粉刺、克勞狄斯時常有消化不良的困擾、圖密善喜歡跟妓女去游泳。

塔西佗固然比蘇埃托尼亞斯理智多了，但是他也對帝王個人的細節問題深感興趣。他是個成功的元老兼歷史學家；在他那部描寫羅馬最初兩個王朝（寫到圖密善為止）的作品裡，他提出了古代流傳至今、探討政治腐敗最直言不諱的分析，雖然書寫此書的他已經處於一段安全距離之外，亦即西元二世紀初圖拉真在位期間。他顯然有意著墨於大局。他的《歷史》（*Annales/Chronicles*）描述朱里亞—克勞狄王朝幾位皇帝，即提比流斯到尼祿之間的歷史。書一開始，他就寫道：「打一開始，**國王**就一直統治著羅馬城（Urbem Romam a principio reges habuere）。」這句話只有六個拉丁文，但卻直接挑戰了帝國意識形態的根基，挑戰了羅馬皇帝的堅持——他們自認為他們不是舊日王政體制的餘緒。雖然如此，塔西佗仍不時會提到寶座上那群皇帝的個人性格，包括他們犯下的罪行。這裡有個例子。尼祿試圖利用會解體的船來謀殺母親阿格麗皮娜，塔西佗嘗試美化這件事，將之寫成非常具有巴洛克風格的故事。他加入一個細節，用以顯示人的天真和帝國的無情。在他筆下，我們看到阿格麗皮娜勇敢地游向岸邊。但是她那位快要溺死的侍女為了自救，大聲喊出「她」才是皇帝的母親。結果這個情急之下說出的謊言馬上讓她一命嗚呼，死於尼祿親信的刀下。

羅馬史的現代書寫傳統向來以這樣的方式來表述，即圍繞著皇帝的好與壞來寫。吉朋的《羅馬帝國衰亡史》在一七七六年分冊出版以後，從此對後代歷史學家產生了極大的影響。在導入主題之前，吉朋簡短地回顧了專制統治的早期階段，亦即從提比流斯到康莫達斯之間的歷史，他特別挑出幾個西元二世紀在位的皇帝予以讚美。他那段格言式的話十分經典，充滿了十八世紀學者的自信。這句話到今天還是時常有人引用：「如果有人被召喚出來，要他指出在世界的歷史裡，有哪一段期間人類的處境最快樂、最繁華，他一定會毫不遲疑地挑選從圖密善死後到康莫達斯即位的那段時期。」從此以後，這段時期被稱為「賢君」時期；而這段時期出現的幾位好皇帝是：聶爾瓦、圖拉真、哈德良、庇烏斯（Antoninus Pius）、奧理流斯、維魯斯（Lucius Verus）。

吉朋認為這幾位君主的個性和威嚴「令人不由自主地產生敬意」，而且他們也「樂於欣賞自由的意象」。他的結論是：這幾位帝王唯一的遺憾一定是心知不稱職的繼承人（「某個放縱的年輕人或嫉妒的僭主」）很快就會出現，毀了一切，幾乎就像他們的前任帝王在過去所做的那樣。而這幾位前任帝王是：「憂鬱固執的提比流斯，脾氣暴躁的卡里古拉，軟弱的克勞狄斯，肆意揮沒有人性的圖密善。」

對這段長達近乎兩百多年的羅馬史下此結論，這未免過於專斷。吉朋所處的時代，歷史學家習慣做出判斷，「毫不遲疑」；他們一般上也相信羅馬是一個比他們自己存活的時代更美好、更適合居住的地方。然而這些想法也會讓人誤入歧途。理由很多。一來前述幾個君王並不容易納入任何標準的、模式化的形象裡。吉朋自己也承認，他最愛的其中一位君主哈德良難以歸類——他既是一個完美的君主，但也是個自負、任性、殘忍的人，就和好猜忌的暴君沒什麼不同。這段文字如今已經很少人會加以徵引了，因為那會破壞格言般漂亮的確

圖70　這是取自奧理流斯圓柱上的經典畫面，顯示了羅馬人殘暴的一面。被綁著的日耳曼戰俘魚貫而行，一個個被處死。砍下的首級，就落在屍體旁，看來格外陰森可怖。

定性。吉朋會如此寫，顯然他是知道哈德良處死建築師一事。原來哈德良與建築師針對一項建築設計意見不合，結果他二話不說就把建築師處死了。如果這是真的，那麼這與蓋猶斯的濫用皇家權力可謂不分軒輊。

至於那群哲學家皇帝的現代仰慕者，如果他們曾認真思考他殘暴的另一面，或許他們就不會覺得奧理流斯有那麼值得仰慕了。奧理流斯向來以個性溫和著稱，但他在建造個人的紀念碑柱時，曾很自豪地沿著碑身，蜿蜒而上地刻上他鎮壓日耳曼人的場景。這根紀念碑柱至今仍然矗立在羅馬市中心，雖然現在較不知名，但是當年他建立此碑的用意顯然有意和圖拉真的碑柱一較高下，因為這根碑柱蓋得稍微比圖拉真的碑柱高一點點（見彩圖10）。

在描述蓋猶斯惡行的各種故事中，我們也發現了另一個問題：辨別事實與幻想的困難。古代紀事當中，有許多關於皇族成員的過失的描寫；這些描寫當然顯現了某些令人難忘的見解，反映了羅馬人的焦慮、懷疑、偏見。羅馬作家究竟如何想像他們的壞皇帝如何暴露他們的壞，這類作品同時也告訴我們很多羅馬文化中的假設和普通的道德標準。游泳池裡的性活動令他們——還有我們——特別感到噁心；他們討厭對蒼蠅施以暴行（這點頗令人驚訝）——不過這或許是個訊息，顯示這世上沒有什麼事是如此微不足道，以至於圖密善不能將之變成嗜好，予以施虐。但是如果要作為反映帝制現實的證據，這些紀事卻十分混雜，其中混有準確的報導、誇大的描寫和純粹的猜測，而且幾乎難分難解。

王宮大門後面發生的事，通常都是祕密。有些事會洩露出來，有些聲明會公開宣布，但大部分時候，四處流傳的都是各式各樣的陰謀論。把一件近乎悲劇的翻船意外改寫成搞砸了的預謀殺人案，這並不需要花很多力氣——但是塔西佗如何知道阿格麗皮娜侍女那些愚蠢的心思？我們稱為都市傳奇的故事到處流行。多少是一模一樣的軼事、看似脫口而出的錦言妙語出現在不同君王的傳記裡，例如「沒人會相信有殺害皇帝的密謀，除非皇帝已死」這句諷刺的話到底是誰說的？圖密善？還是哈德良？或許他們兩人都說過。又或許圖密善先說了，然後哈德良予以重複。或許這只是一句方便的、關於高處不勝寒的陳腔濫調，隨便任何一個皇帝都可能說出口。

更為普遍的現象是：政權轉移的方式會影響到皇帝如何被寫入歷史；為了配合繼任者的利益，他們的政治事業和性格也會被重新定義。羅馬歷史的基本規則是：那些被暗殺的君王——例如蓋猶斯——都會被妖魔化；那些壽終正寢的，且有兒子和繼承人——不管是親生的還是收養的——繼承其王位的君王則一定都是賢君，一定就是慷慨慈愛的角色。這類君王一心為羅馬效力，不太在意自己個人的利益。

近年來，這些考量促使一群勇敢的修正論者嘗試為某幾位最惡名昭彰的惡魔皇帝正名，嘗試恢復其聲譽。現代歷史學家筆下的皇帝——尤其尼祿，看起來比較像個受害者，而不是那個又自戀又弒母的重度縱火犯。按照傳統傳記，據說他在西元六四年屢次縱火，目的是欣賞火景，同時清出空地來建造他的豪華皇宮，亦即金宮（Golden House）。如此詆毀他的，是他的繼任皇帝維斯巴西安及其建立的弗拉維王朝（the Flavian dynasty）。然而據修正派史家指出，發生火災之後，羅馬提出的災民救濟方案，尼祿是這些方案最大的贊助者——這一點就連塔西佗也是承認的。至於他那座寬敞豪華的新宮，據說裡頭的擺設十分奢侈，還包括一間會旋轉的餐廳。雖然如此，號稱節儉的維斯巴西安和他的兒子們並不排斥這座王宮，甚至還占據一部分作為他們的新家。有一特別的現象是，西元六八年之後，即尼祿死後的二十年裡，羅馬帝國東部地區先後出現三個假尼祿，他們都帶著里爾琴，宣傳他們就是尼祿，他們還活著，並未自殺，並試圖以此取得權位。他們很快都被處決掉了。但是這些騙局顯示在羅馬境內其他地區，尼祿是個受到人民歡迎的好皇帝。如果他真的是人人痛恨的惡魔，不會有人假冒他來求取名利。

歷史研究中，這樣的懷疑心態是健康的。但是此種研究忽略了一個重點：不論來自蘇埃托尼亞斯或其他古代作家的觀點如何，皇帝個人的性格和素質其實對帝國大部分的居民、對羅馬歷史的基礎架構及其主要的發展並沒有關係。

皇帝個人的性格與素質或許與羅馬城內某些菁英有關，例如皇帝的顧問、元老們、在皇宮裡頭工作的人。就日常業務的層面來看，跟少年皇帝尼祿周旋遠比跟在他之前的克勞狄斯或在他之後的維斯巴西安令人厭煩得多。至於

圖71　尼祿的金宮的部分裝飾。這部分之所以會保存下來，主要是因為後來興建的圖拉真浴場（Baths of Trajan）將之包覆在其地基之內。這殘存的部分依然令人讚嘆，雖然並不完全符合相關文字的敘述。儘管有許多評論家保持樂觀，但是並沒有任何可靠的跡象顯示有旋轉餐廳的存在。大多數剛好被保存下來的部分可能來自王宮傭人工作的區域。不過，保存下來的可能就只有這些了。這樣的裝飾風格對文藝復興時期的藝術家產生巨大的影響，他們有時為了模仿，還特別潛入地底觀賞其設計。

長期不在羅馬，退隱在卡布里島的提比流斯，或者旅遊上癮者哈德良（他時常到羅馬各個行省旅行，出門在外的時間遠多於在家的時間），這對那些在行政工作跟皇帝有直接相關的人應該會造成巨大的影響——包括蘇埃托尼亞斯，有一度他曾擔任過哈德良的祕書。

不過，對於那些不在這個狹窄圈子裡或不住在羅馬城的人來說，誰當上皇帝，皇帝的個人習慣和癖好顯然跟他們一點關係都沒有（住在羅馬城裡，至少個別皇帝的慷慨有可能會直接惠及街上的男男女女）。我們也完全看不到任何跡象顯示皇帝的性格會對羅馬的政府模式產生重大的影響，不管在羅馬本土還是在行省政府皆然。如果蓋猶斯或尼祿或圖密善真的如史家所描繪的那樣不負責任、施虐成性而且行止瘋狂，這對羅馬政治和帝國的運作也沒有什麼影響，或者完全沒有任何影響。在那些寫得又晦澀又張揚的醜聞事件和雞姦故事的背後，在吉朋充滿精心打造的格言當中，藏有一個非常穩固的統治結構和一組非常根深柢固的問題和張力，瀰漫著這整段時期（我們即將在下一節看到這一點）；要了解帝國的統治，我們必須去了解的是這些問題、張力與結構，而不是統治者個人的習性癖好。畢竟到最後，沒有任何一匹馬真的當上了執政官。

在上位者的轉變

這並不是說西元一四年到西元一九二年之間，所有事務都維持原狀，沒有改變。這段時期，我們看到象徵帝王權力的宮殿大力擴建；王宮裡的行政人員大量增長，早已不是原來的規模；王宮的基本設施也變得更為複雜。到了西元二世紀初期，在他的臣民眼裡，皇帝開始看起來十分不同。

在生活上，第一任皇帝奧古斯都付出很大的努力，展演（有一部分真的就只是展演而已）他的生活，強調他的生活和傳統的羅馬貴族並無太大的差異。不過，在他之後的數十年間，皇帝生活上的奢華與鋪張是西方國家前所未見的。龐貝城讓我們清楚看到這種改變與奢華的程度。在龐貝城中，建於西元前二世紀最大的房子現在還在。考古學家在那棟房子裡找到一座跳舞的羊人或薩提爾銅像，所以現在那棟房子被稱為羊人之家（the House of the Faun）；就其規模來說，那棟房子大概和地中海東部地區某些國王的宮殿差不多；這群國王當年或霸占或獲贈部分被亞歷山大大帝征服的土地。到了西元二世紀，哈德良在距離羅馬數英里外一座叫蒂沃利（Tivoli）的小鎮所蓋的王宮——現代人委婉稱之為的「鄉間別墅」，其規模甚至比龐貝城本身還要大。他在那裡重新創造了一個迷你的羅馬帝國，複製了許多帝國的紀念碑和珍寶：埃及水道、克尼多斯（Cnidos）城著名的阿弗蘿黛蒂（Aphrodite）神殿，裡頭擺著比神殿更著名的維納斯裸體雕像。

在這段時間內，奧古斯都位於帕拉廷丘的幾棟房子已經被擴建成王宮。尼祿是第一個打造奢華家居宅第的知名皇帝。他的金宮展現了當時最先進的奢華物品和建築手法，當然其面積也是驚人的；起居空間加上花園，這兩者加起來據說覆蓋了半座羅馬城，幾乎就像數百年後，凡爾賽宮之占領巴黎市中心一樣。針對金宮，有些評論者留下了聰明的塗鴉留言；其中一個愛打趣的人草草寫道：「整座羅馬城就快變成一間私人宅第了。市民們，逃向維伊吧！」他這個建議可回溯到西元前三九〇年，當時高盧人入侵羅馬城，有人就建議羅馬人應該棄城，搬遷到曾經是羅馬敵人的伊特魯里亞城鎮。不過，儘管尼祿「入侵」羅馬城引起眾多爭議，他宏偉的建築計畫卻成為未來其他皇帝競相效仿的模式。

到了西元一世紀晚期，皇帝們喜歡住的地方是羅馬城近郊新蓋好的豪華莊園（王宮加上供消遣娛樂的「花園」），這類建築物多多少少已經全部占據了整座帕拉廷丘，他們就在莊園裡成立中央辦事處，或「王宮」（palace，其字源即帕拉廷丘〔Palatine〕）。這時的王宮裡面有供皇帝與大臣會面的豪華大廳、國宴餐廳、接待室、辦公室、浴池設備和其他供家人、職員和奴隸使用的起居空間。就在距離他們屋後非常近的地方，就是那棟假冒的「羅穆勒斯的小屋」——羅馬的起源。王宮不僅占地廣闊，而且還有多層樓房，高高聳立在城市上方。此時王宮可說已經占領了帕拉廷丘，亦即數百年來，元老們喜歡居住的地方。西塞羅的城市宅第就蓋在這裡，還有克羅狄斯等羅馬共和時代最主要的政治家也都在這裡住過。我們再也找不到比這座山丘上的建築群更能象徵羅馬權力的平衡與改變。過去蓋在帕拉廷丘上的元老宅第如今被埋在地底，成為後起的王宮的地基。至於那些上層階級的家庭，他們發現自己慢慢被擠出最好

圖72　這個埃及風的鱷魚雕塑是擺在水池邊的裝飾品，來自哈德良位於蒂沃利的別墅。這別墅其實遠比尼祿的金宮奢華，但哈德良能免於指責，尼祿不能，多半是因為哈德良的別墅藏在偏遠的市郊，看來沒有占領羅馬城區土地的意圖。

的住宅區，被迫遷移到阿芬丁丘──在羅馬早期，這裡一向是思想激進的平民喜歡聚集的堡壘。

隨著王宮的擴建而發展的，還有帝國中心的行政團隊。奧古斯都的行政團隊如何組織，由於留下的資料極少，其細節我們幾乎一無所知。據推測，大概就像上一世紀任何一個主要元老的家庭組織，只是成員較多，規模較大。他的屋裡大概有大批奴隸和解放奴從事各種工作，例如清潔人員、祕書等；還有一群充當顧問、知己和決策徵詢者的家人和朋友。從今日出土的公共陵墓所看到的遺跡，其情況顯然就是如此。一七二六年，考古學家在亞皮安大道發現一座公共陵墓（或又稱為「鴿房」），裡頭原本放置超過一千個奴隸和解放奴的骨灰甕，甕上附有小小的匾牌，紀錄死者的名字和工作職位；從這些現存的匾牌上的紀錄，可知他們生前都是莉薇雅的工作人員。這個工作團隊成員包含五位醫生、一個醫療顧問、兩個接生婆（顯然服務對象是屋裡其他產婦）、一個畫家、七個裁縫（或縫補工人）、一個寢室侍從（相當於現代保管女人服飾的貼身女僕）、一個飲食提供者和一個閹人（工作性質未詳）。這看起來很像任何貴族主婦都會用到的工作團隊，可能規模稍微大一點。這群工作人員住在哪裡？這始終是個謎。他們不可能和奧古斯都這對皇室夫妻一起住在王宮裡，顯然他們在附近另有住處。

克勞狄斯在位的時候，亦即三十年後，皇帝的行政組織，不管就規模或複雜度而言，都已變得完全讓人認不出來。各種部門或辦事處建立起來，處理各種行政上的問題：拉丁文與希臘文的通訊往來分別由不同的部門處理，另有一個部門處理上呈給皇帝的請願書，此外還有會計部門和法律部門（替皇帝準備與整理待審的案件資料）等等。這些部門的職員大都由奴隸擔任，人數通常有好幾百個之多，通常分別由解放奴管理。解放奴在這裡的身分就像部門經理，管理其他奴隸。這些部門經理過去通常也曾是奴隸，此時他們成為可靠的管理者，其對皇帝的忠心多少可以被肯定。但是一旦這群人掌握的權力太大，在傳統菁英分子當中鬧出幾起轟動事件之後，騎士階級的成員於是取而代之，成為新的部門經理。元老們從來就不喜歡看到下層階級的服務人員掌權，並且在他們的崗位上作威作福（在他們眼中看來可能是如此）。

這樣的組織看來非常像現代的行政部門了，但是就一個重要的意義而言卻不是。在部門經理之下，我們看不到任何清楚定義的等級制度，也看不到職位的級別、任職的資格與考核等等我們熟悉的公務員考核系統，不論是西方國家或古代中國的考核系統。就我們目前所知，這時羅馬的政府行政體系仍然是舊式的、靠奴隸維持的家庭運作結構，就像西塞羅的家務系統那樣，只是規模擴大許多。這樣的行政運作方式也點出另一個常被忽略的層面，亦即皇帝的工作。所有關於皇帝的故事，不外乎描寫他們的生活如何奢華，或他們如何縱情聲色，少有人注意到皇帝也有很多事情要做：文書工作。

大部分羅馬皇帝花在辦公桌的時間比晚宴多。人民對他們有很多期望，首先人民希望看到皇帝執行他的工作、運用他的權力、回應臣民的請願、裁定整個帝國境內發生的紛爭、對難斷的法律訴訟案作出判決，包括那些在局外人眼中看來似乎極微不足道的案子——雖然對那些局內人來說無疑十分重要。有一篇很長的碑文記載著一件訴訟案，提到奧古斯都被要求對一件發生在克尼多斯的鬥毆事件做出裁決。克尼多斯位於今日土耳其西南方海岸，也是著名的阿弗蘿黛蒂的誕生之地。那場地方械鬥似乎十分嚴重，其中一個暴徒最後被樓上窗戶掉下來的花盆打死。不小心打翻花盆的是個奴隸，而這個奴隸的主人恰好是「受害者」正在攻擊的對象。奧古斯都必須裁定誰是有罪的。是攻擊者?還是弄倒花盆的奴隸?或是奴隸的主人?

皇帝就是靠這樣一群人數越來越多的職員的幫忙，才有可能處理這許多案子。除此之外，每日都有一袋袋湧入皇家郵務室的信件有待回覆;還有那些川流不息，來自各行省的代表團有待接應;總之，幾乎所有人都期待得到皇帝的回應或會見。在這種意義下，這個政府組織相當像現代的行政體系:因為必須有一支由奴隸與解放奴組成的團隊，隨時閱讀各種文件，並且給皇帝提供適當的行動方案。毫無疑問的，他們也必然得幫忙起草許多決議或幫忙回信。就實際的情況來說，行省的當地民眾收到的「御書」，當中必定有一大部分其實出自這些職員的手筆，只是在寄出之前，曾經經過皇帝點頭首肯並蓋上他的印章。行省民眾收到皇帝的御筆，他們往往都會很驕傲地把信刻在大理石或青銅上，公開展示。不過，是不是皇帝親手寫的，這或許對收到信的行省人民並沒有太大的差別。

皇宮究竟長什麼樣子?皇帝的行政機關如何運作?對於大部分住在行省或甚至住在義大利地區的居民來說，他們可能只有很模糊的印象而已。他們當中只有很少人真的有機會看到皇帝本人。不過，他們倒是會一直不斷看到他的圖像，因為他的圖像就印在錢包裡的硬幣上，或印在羅馬世界到處可見的肖像畫上。這樣的氛圍與現代的獨裁政權並沒有什麼不同，因為統治者的臉會從每一家店鋪、每一個街角、每一棟政府大樓向外凝望。他的圖像甚至有時會被轉化成可食用的形式，如壓印在餅乾上，在宗教儀式中發放給民眾——這可從一些流傳下來的餅乾模子清楚看出來。西元二世紀有一位學者叫弗朗托(Marcus Cornelius Fronto)，即奧理流斯的老師兼侍臣;他在一封信裡提到帝王圖像的傳播是一件讓人引以為傲的事，雖然他對尋常老百姓自然淳樸的藝術天分很不以為然。這封信的收信人是奧理流斯，他門下身分最尊貴的學生；他在信中寫道：「所有銀行、店鋪、酒吧、三角牆、柱廊、窗戶，全都可以看到你的畫像，只是那些圖像的畫工、刻工與印製品質都很糟，幾乎沒有任何風格可言。」

皇帝的臉無所不在，但是他的臉可以有不同的表現方法。只有那些眼睛半睜的人才可能沒注意到這個現象：接近西元二世紀初期，皇帝的圖像產生了激烈的改變。西元一一七年，哈德良即位為王。在這之前的一百年中，統治者的畫像並無鬍鬚（如果畫中人正在服喪，頂多只呈現一點點鬍渣）。在這之後，羅馬皇帝的頭像開始有了鬍子。這股風潮持續風行整段二世紀，甚至延伸到本書結束的年代之後一段很長的時間。這是一個萬無一失的年代鑑定指標：博物館裡的皇帝頭像如果有鬍子，那就是西元一一七年之後的作品。

這種改變不可能只是一時的流行，也不是——例如像某位古代作家所推想的——哈德良用來掩飾臉上斑點的方法。不過，這種改變的原因至今仍然無解。是為了嘗試效法過去的希臘哲學家嗎？哈德良是知名的希臘文化愛好者，就像哲學家皇帝奧理流斯一樣。所以這是把羅馬帝國權力予以知性化的一部分嘗試嗎？即以希臘

圖73　這座哈德良青銅鍍金頭像有他獨具特色的鬍子。這頭像本是北義一座小鎮的皇家展品；這小鎮叫維雷亞（Velleia），靠近現代的帕爾瑪（Parma）。

的風格來呈現皇帝的頭像？或者這個改變指向相反的方向，亦即回到羅馬最早期，向最早期的英雄看齊？甚至早於西元前三世紀初期巴爾巴圖斯的時代——在那個時代，光是蓄鬍似乎就已經代表某種特殊的品質？這個我們不可能會知道，傳世的古代作品從來不曾解釋這波新近出現的蓄鬍風潮。但是至少這一風潮顯示：在王宮深處，有人正在苦苦思考如何展現皇帝的形象，甚至還考慮到臉上是否該出現毛髮。不管最後為了什麼理由，他們決定與傳統決裂，為皇帝的頭像添上鬍子。

與前述這些發展同樣重要和清楚可見的是，專制政權的基本結構仍然保留奧古斯都最初的構想，而且這個結構歷經了十四位皇帝的統治，不管是誰上臺都保持不變。在西元一世紀初的提比流斯並不覺得難以接替康莫達斯在西元二世紀末的位置。首先，他們都持續使用「奧古斯都」這個頭銜，嵌在一串看起來十分相似的名字裡。我們得要有十分銳利的眼力，才能看出以下兩個名號之間的差別：Caesar Publius Aelius Traianus Hadrianus Augustus和Caesar Titus Aelius Hadrianus Antonius Augustus Pius。幸好，這兩位皇帝現在較為人知的名字分別是Hadrian和Antoninus Pius，亦即哈德良和庇烏斯。再來，面對面的時候，人們都稱他們為「凱撒」。「您好，凱撒，將死之人向您敬禮！」——這是格鬥士在上場之前向皇帝大聲打招呼的用語。一直以來，「凱撒」就是一個適當的稱呼，可以用來稱呼他們每一個人和他們所有人。

他們也全都持續追隨奧古斯都的先例：藉大興土木來建立他們的權勢、大力展現他們對人民的慷慨、努力炫耀他們的軍事技能——如果不這麼做，他們還會遭受批評。圓形競技場是維斯巴西安最著名的建築，但在西元八〇年他兒子提圖斯（Titus）任內才舉行開幕典禮。這也是一個結合了上述三個目標的聰明計畫。由於這座競技場蓋在尼祿一座巨大雕像（Colossus）的旁邊（這座雕像在尼祿過世之後仍矗立很久），所以後來這座競技場就以大競技場（Colosseum）之名行世。這座劇場同時也是個龐大的建築計畫（幾乎花了十年才完工，動用了十萬立方公尺石頭），用以紀念維斯巴西安之征服猶太叛徒（戰利品則用來支付劇院建築的費用），同時也是對羅馬人民慷慨付出的炫耀之舉（最著名的公共娛樂場所）。當然這也是對前任皇帝的批評，因為他特地把這座競技場蓋在尼祿私人花園的土地上。

這十四位皇帝也繼承了奧古斯都留下來的種種問題與張力。在某些方面，「奧古斯都樣板」（Augustan template）儘管堅固持久，但在其他方面卻很不穩定，岌岌可危。這個樣板很危險地留下某些無解的議題，尤其奧古斯都從來不曾解決的帝位繼承問題。此外，他也讓元老的角色，讓皇帝與其他菁英階層的關係維持在高度緊張的狀態。再者，羅馬世界的統治者的權力該如何定義和展現，這也是個令人尷尬的問題。例如「我們都是公民」這個儀式的展現，還有他僅僅只是「第一公民」這個概念，這兩者如何與整個龐大帝國的榮耀，還有他近乎神的地位這幾個因素相符？羅馬帝王的地位究竟有多接近神？

所有皇帝和他們的顧問都得和這些兩難問題搏鬥，這種情形我們可從許多恐怖的軼事看出蛛絲馬跡。例如，好幾個故事提到皇帝的繼承人遭到毒害——這代表繼承權的不確定。蓋猶斯會說那些玩笑話去侮辱那些長期受苦的執政官，這反映了統治者和元老之間存有緊張不安的關係。我們現在要探討的是這些界定帝國權力所產生的衝突，亦即王位繼承問題、元老院的地位、帝王的地位——不論其地位神聖與否。要了解羅馬帝國的政治如何運作，上述這些問題和巨大的建築計畫、軍事活動與慷慨的慈善義舉同樣重要，當然也遠比那些稀奇古怪的故事——例如那些關於犯罪、陰謀或任命坐騎來當執政官那類故事——更為重要。

王位繼承的問題

蓋猶斯遭到謀殺是政權轉移當中一則特別血腥的故事。不過話說回來，羅馬帝王權力的轉移通常都是殺氣騰騰，危機四伏。帝王的存活率儘管令人印象深刻（十四位皇帝統治兩百年——這當然是政局穩定的見證），但是當帝位繼承的那一刻來臨，總還是充滿暴力，總還是有各種背叛的指控四處流竄。維斯巴西安死於西元七九年，他是帝政時代前面兩個王朝之中，唯一死前沒傳出暴行謠言的皇帝。蓋猶斯、尼祿和圖密善顯然都死於暴行，結局悽慘。其他皇帝之死，全都傳出謀殺的謠言。這類故事中的名字、日期和細節可能會改變，但故事的情節維持不變。有人說莉薇雅給奧古斯都下毒，讓提比流斯可以順利登基；許多人相信提比流斯被下毒或被悶死，好讓蓋猶斯上臺；據說阿格麗皮娜派人送了毒蘑菇給她的丈夫克勞狄斯，這才成功讓她的兒子尼祿登基；有些人說圖密善動了一點手腳，送提圖斯提早歸西——不過這個說法與塔木德（Talmud）的說法相反；據塔木德記載，提圖斯毀了耶路撒冷的神殿之後，一隻蚊蚋飛進他的鼻孔，慢慢吃掉了他的腦子。

這許多故事必定是虛構的。我們很難相信年老的莉薇雅會不辭勞苦地給還長在樹上的無花果抹上毒藥，然後再騙她丈夫吃下去。不過，不管真假，這些故事都凸顯了權力轉移的不確定因素和危險；這裡頭的訊息是：王位繼承幾乎從來都會涉及許多鬥爭和受害者。這個模式也可追溯到傳說中的早期國王：他們在位很久，可是七位國王當中只有兩位壽終正寢。為什麼王位繼承如此困難？對這個問題，羅馬人提出哪些解決辦法？

第一任皇帝奧古斯都顯然打算讓君主制永遠維持下去，而且是在他的家族之中代代傳承。但是他指定的繼承人接續死亡，他和莉薇雅又沒生下子嗣，這些困難阻撓了他的計畫。由於朱里亞—克勞狄家族中，各個支脈意見不同，衝突頻傳，第一個王朝的王位繼承始終充滿波折。但是王位繼承這個問題遠比家族之間的競爭更複雜，而且也不會輕易消失，即使奧古斯都這對皇室夫妻生下半打健康的男孩。

在地位和財產繼承方面，羅馬的法律並沒有明確的規定。奧古斯都在世時，曾試圖發明一套王位繼承系統與之對抗。至關重要的是，羅馬法律並未假定長子是唯一或主要的繼承人。長子承權這個現代的標準系統是個萬無一失的機制，足以消除關於誰是繼承人的所有懷疑；把出生順序定為唯一的標準，這個制度也承擔了一個風險：不適任的人可能會因此登上王位。在羅馬，皇帝的長子可能有某些優勢，可以試圖跟隨父親的腳步，但也僅止於此而已。要成功獲得繼承權的因素很多，包括幕後的種種操作、主要利益團體的支持、做好當皇帝的準備、細心操縱各方面的意見等等。除此之外，處在對的地方，出現在對的時間這兩點也很重要。確保政權和平轉移唯一可靠的方式就是讓繼承人剛好在場，在皇帝嚥下最後一口氣時取下皇帝的戒章，不留任何令人尷尬的間隙。這就是那些謠言散播者了解的重點：大部分朱里亞—克勞狄王朝的那些下毒故事，重點並不是推出另一個新王人選，而是設計一個剛剛好的時間，確定那個已經被指定為繼承人的人可以無縫接手，繼承王位。

合法繼位所隱含的這些不確定因素也可以解釋羅馬宮廷為什麼給人一種特別危險且殘酷的印象，彷彿每一枚無花果都有毒，彷彿宮廷每一處都充滿殺機。據說圖密善命人在宮中的牆上貼滿會反射影像的石頭，讓他看得到從他身後走來的人。缺乏一個大家都認可的權力轉移系統，皇帝家族中的每位親戚都可能是他的對手或繼承人。這也解釋了那些與皇族只有一點點關係的人，為何他們的處境也十分危險。這類故事很多，有些可能出於幻想，並不盡然都是事實。羅馬菁英分子並非本性就特別殘酷與無情，即使在電影和小說裡他們的形象是如此。真正無情的**是**王位繼承的基本邏輯。塔西佗以他獨特的憤世筆觸刻畫了這一點。西元五四年，尼祿登上皇位，不久即發生一連串事件。針對這些事件，塔西佗寫道：「新王登基，第一起死亡事件」是亞細亞行省總督席拉奴斯（Marcus Junius Silanus Torquatus）之死——這裡的所謂「第一起」，意味著還有其他人會接續死亡。席拉奴斯是個毫無野心，對什麼事都無感到極點的人——蓋猶斯甚至給他取了一個恰如其分的綽號叫金羊（Golden Sheep），但是他卻不得不死。理由很明顯，因為「他是奧古斯都的曾孫」。

獲得權力還有其他途徑，其中之一就是奧古斯都努力加以防止的：藉由軍事力量登上皇座。西元四一年，克勞狄斯之登基，羅馬城的禁衛軍扮演了一個主要的角色。西元六八年——讓我們再次引用塔西佗的話：「帝國的祕密揭曉了，原來皇帝是可以在羅馬以外的地方被製造出來」；所謂「羅馬以外的地方」是個委婉的說法，意思是「行省裡的軍團」；尼祿死後，相繼出現的四個繼承人，分別都有來自不同行省的軍事力量支持。十八個月之內，維斯巴西安在東方稱帝，不過他與朱里亞—克勞狄王朝沒有任何關係。很明顯的，他和他的支持者都認為光是軍事力量不足以保住王位。他後來塑造的形象雖然都樸拙務實，但是剛剛開始統治的初期，羅馬四處流傳他施行的種種奇蹟，而這些傳說多少鞏固了他的王位。在埃及，在他宣布稱王之前，據說他吐了一口口水使一個瞎子恢復視力；另一則傳說則提到他站在某個人的手上，那人乾癟的手就治好了。不管這些傳言背後隱藏了哪些小心操作的展演（或不管這些奇蹟與西元一世紀另一個更知名的奇蹟創造者所創立的奇蹟是多麼奇異地相似），據說有許多目擊證人為這些奇蹟做見證，即使維斯巴西安已經死了很多年。

禁衛軍持續影響羅馬的王位繼承。當然，沒有人可以長期坐在寶座上，如果羅馬城裡的軍隊公開反對他。但是直到西元一九二年這段期間，禁衛軍再也不曾策畫像西元四一年那樣的公開政變，也不曾在任何行省再度擁立新王。部分原因是因為自從西元一世紀末，維斯巴西安有兩個兒子繼承王位，因此羅馬享有一小段平靜無事的間歇，沒再出現權力轉移的問題。此外，另有一個王位繼承的管道被設計出來，亦即領養；而且這個方式似乎避開了前面提到的種種困難。

在羅馬，沒有子女的夫妻如果想要小孩，他們通常不會考慮領養。任何人如果只是想要一個小孩，他們很容易就可以在垃圾堆裡找到一個。貴族家庭之間的領養向來是用來確保他們的地位和財產得以順利傳承，家族的名字可以持續流傳，假設他們沒有子女。在此情況下，那些被領養的人通常已經是傑出的青少年或是年輕的成人；他們不會領養嬰兒，因為嬰兒的死亡率太高，領養嬰兒並不是明智的投資。舉個例子，西元前一四六年征服迦太基的將領亞米利亞努斯（波利庇烏斯的朋友）本來是羅馬另一個著名將領保祿烏斯的親生兒子，但是他最後卻成為西庇歐家族的一員。

像其他貴族家庭那樣，奧古斯都和他的繼任皇帝也採用了領養這個方法，在親戚之中預先指定他們喜歡的人當繼承人，這點我們一點也不覺得訝異。奧古斯都領養他的兩個孫子作為繼承人；他們死後，他轉而領養莉薇雅的親生兒子提比流斯。同樣的，克勞狄斯領養他妻子的兒子尼祿。不過，打從西元一世紀末開始，王位的繼承出現一個新的模式。圖密善在西元九六年遇刺之後，元老院把王位頒給年老無子的聶爾瓦——大概元老們覺得他是安全無害的人選。從聶爾瓦到奧理流斯，王位繼承人的選擇與領養開始脫離皇帝家族的局限。有些被領養者和皇帝本人毫無關係，不管血緣或姻親關係皆無；即使有，也只是遠親，而且這類被領養者都來自遠方。第一個這樣的被領養者是圖拉真，他來自西班牙；其他的被領養者則來自西班牙或高盧。他們都是羅馬早期移居海外者的後代，亦即移居海外者與當地社群通婚所生的子女，並非這些地區的原生居民。這種方式有效地實現了羅馬的合併計畫；藉此方式，他們也證明了一點：皇帝可以來自帝國的行省地區。

西元二世紀大部分的時間裡，實行的就是這個新系統；有時候這個系統被呈現為政治力量的主要改變，幾乎像是一場菁英領導的革命。普里尼（Gaius Plinius Caecilius Secundus）——現在他被稱為「小普里尼」（Pliny the Younger），與老普里尼作區別——為這個方法辯護時，他所使用的正是這樣的語言。在一篇發表給圖拉真聽的演講中，他指出：「當你即將把管理元老院、羅馬人民、軍隊、行省、盟國的權力交給一個人時，你是指望你的妻子的肚子為你生下這個人呢？還是在你家族的圍牆內尋找這個人？……如果這個人要統治所有人，那麼他就必須在所有人當中挑選出來。」同樣在圖拉真統治期間寫作的塔西佗也呼應這個觀點；在一篇演講稿裡，他也讓伽爾巴（Servius Sulpicius Galba）說出類似這樣的話。伽爾巴是尼祿之後，羅馬短暫出現的三個繼任皇帝之一。伽爾巴老年無子，死前數天，他在家族之外的人選中，尋找王位繼承人。在表面上，塔西佗的文字是為西元六九年的這個決定辯護，但是其實這些文字展現的，是他那個時代皇家領養的精神。在他筆下，伽爾巴說道：「在提比流斯、蓋猶斯和克勞狄斯的時代，我們羅馬人處在一個家族的統治之下。現在既然朱里亞—克勞狄王朝已經過去了，領養制度將會選出最好的人來擔任羅馬皇帝。因為要靠皇帝生下繼承人或從皇帝家族找到繼承人的機率很低，只是一種偶然，而且這樣的繼承人也不見得一定比較優秀。」

這些漂亮的話顯示有一種新的想法出現，反省皇帝的權力和素質的本質。在實踐的層面上，領養系統有時進行得很順利。聶爾瓦在西元九八年去世後，繼承人圖拉真是如此的篤定，以至於過了一年多，他才從日耳曼回返羅馬。但是這個系統並不是完美的解決方案，儘管有某些輝煌的古代紀事寫得似乎是如此。從字裡行間，我們知道禁衛軍曾對聶爾瓦施壓，逼他領養圖拉真（普里尼的演講亦洩露口風，相當尷尬地提到圖拉真一直在「逼迫」聶爾瓦那位老人）；再者，好幾個軍團在萊茵河與圖拉真聚集也可能是其中一個因素。差不多過了二十多年，圖拉真死了。不管當時發生了什麼事，傳聞中的陰謀詭計所依循的，差不多還是朱里亞—克勞狄王朝的模式，即各種下毒的謠言；領養哈德良的消息是到了最後一刻才宣布的；有些人懷疑圖拉真的妻子普洛蒂娜（Plotina）為了幫助哈德良，在幕後操縱王位繼承，直到一切就緒，這才宣傳圖拉真的死訊。

儘管在修辭上，菁英領導被說得極好，領養依然被視為王位繼承的次好方案。哈德良曾寫了一首短詩向圖拉真表示敬意。在詩中，他選擇稱他為伊尼亞斯的後人，而不是聶爾瓦之子。他之所以動用這個想像的系譜，或許一方面也在暗示圖拉真的海外出身。小普里尼在他那份過於恭維的演講的結尾處，他讚美圖拉真，祝福圖拉真最終生下子嗣，希望他的繼承人將會真的來自他「妻子的肚子」。奧理流斯是七十多年裡第一個成功生下兒子的皇帝；他的兒子成功熬過童年，長大成人，最後他就讓他的兒子繼承王位，並未假裝要去找尋最好的人選來繼位。不過接下來發生了一連串災難。康莫達斯在西元一九二年遭到暗殺；隨之而來的是禁衛軍干政、來自行省的敵對軍團的滋擾，接著爆發另一場內戰。這種種動亂標誌著奧古斯都的帝制模式開始走向尾聲。

羅馬皇帝和他們的顧問從來不曾解決王位繼承的問題。他們的失敗，部分是基於生物學的問題，部分是因為他們一直無法確定王位繼承該如何執行，加上大家意見分歧，更難有定論。總的說來，王位繼承向來可歸結為運氣、臨時起意、陰謀、暴力和祕密協議的綜合結果。權力轉移的時刻，正是羅馬最脆弱的一刻。

元老院議員

另一個困擾十四位皇帝這段為時兩百年的歷史的，還有讓古代作家最念茲在茲的問題是：皇帝與元老們的關係。另外就是元老院在專制統治之下究竟該如何運作的問題。帝國之管理，元老們不可或缺。他們大部分人是皇帝的朋友、顧問、知己、晚宴裡的貴賓、一起喝酒的夥伴；除了家人之外，他們可說是皇帝最親近的人了。不過，話說回來，他們也有可能變成皇帝最強勁的對手、最大聲的反對者和最可怕的殺手。奧古斯都曾努力在這兩者之間取得平衡；他賜給元老額外的特權，在行動上強調他與元老平等（「我們都是公民」），並努力把共和體制這個古老設置改裝成新政體的一支管理團隊。

這是個很脆弱的折衷方案。元老院處在全面專制的政權之下，地位不明。奧古斯都死後不久，提比流斯的行事就暴露了這個問題。有一次，他試圖讓元老自己做決定，但是元老們一再地拒絕，因為提比流斯這個做法比較像回到舊日的體制，很令人覺得意外。根據塔西佗所述，皇帝有一次堅持他們必須一起公開投票，包括他自己。一位精明的元老以一種戲謔的服從態度，提出這個問題：「凱撒，請問投票的秩序如何？如果您先投，那麼我們就有個憑據可以跟隨。但是如果您要最後一個投票，那麼我擔心我們可能會不小心做出錯誤的選擇。」據說提比流斯對這些提問的詮釋是把元老的這種態度視之為令人討厭的奴性。每一次他跟他們開完會，離開前他都會用希臘文宣稱：「只配當奴隸的一群人！」如果他要的是一群有自由意志的元老，如果是這樣的話，那麼他就沒有看到這個矛盾：擁有自由意志的元老跟他自己的權力這兩者是不相容的。

這段時期的羅馬史，大部分都是從元老的角度寫的，其中充滿皇帝和元老之間的僵局和公開的敵對情緒。令人悲傷的數字——不論精確與否——紀錄著每位皇帝統治期間被處決或被迫自殺的元老人數，最為知名的例子則會被單獨挑出來，仔細加以描述。據稱大部分皇帝一開始都對會對元老釋出善意，只是到了後來，皇帝與菁英階層某些人的關係就會開始惡化，最後演變成公開對峙。尼祿上任後第一次召集元老聚會，在他的演說中，他主張元老「將保有屬於他們的各種古老的特權」，然而過了幾年之後，對某些元老來說，尼祿的這個承諾顯然變成了空話。哈德良一開始也說了許多漂亮的話，保證元老不會不經審判就被處以死刑，但是過沒多久，就有四個前執政官被殺，理由是皇帝聽到一點風聲說他們正在密謀推翻他。帕拉廷王宮和元老院之間瀰漫著致命的懷疑氣氛——會如此下筆的史家並不只有塔西佗一人。

元老之中，即使那些最謹言慎行的異議分子也不時得面對被告密的風險，因為據說有一群人靠著向皇帝打小報告賺錢，只要有哪些人看來比較不忠誠，就會被列入名單上呈皇帝。當然也有一群元老不在乎保持低調，他們公開表示反對，不是批評他們當中那些阿諛奉承的元老，就是批評在朝皇帝的權力太大，近乎荒唐。尼祿在位的時候，有一位高度堅持原則的元老帕伊圖斯（Publius Clodius Thrasea Paetus）；有一次，在聽完皇帝寄來的一封信（內容是為自己弒母的行為辯護）之後，他就大步離開了元老院。他也拒絕在一年一度的宣誓典禮中發誓效忠皇帝。觀賞尼祿的舞臺表演時，他也明顯露出一副不情願鼓掌的神色。這些行為再加上其他「罪行」，他被判了叛國罪，最後被迫自殺。塔西佗對他的行為提出質疑，指出他這些自我廣告的抗議行動到底有何用處。針對帕伊圖斯的其中一項舉止，塔西佗寫道：「他想方設法讓自己陷入險境，卻沒有為其他人開創一條自由之路。」

在這個政治脈絡之下，布魯特斯和卡修斯的意象於是成為異議分子的強大象徵，成為自由的共和國和元老權力的維護者，以及獨裁政體的反對者。誠如我們前面已經看到的，此時再也沒有切實可行的機會可以扭轉時間，回到稍早那個「自由」（對某些人而言）的時代。西元四一年，元老院本來有一點機會取得某些權力，但是他們搞砸了。過了將近三十多年後，他們再度搞砸另一個掌權的機會。西元六九年，人在羅馬之外的維斯巴西安剛剛被宣布為皇帝，此時元老院卻沒採取任何行動來鞏固自身的權力，只忙著處理他們個人的舊怨，（至少塔西佗筆下是如此描述的）。不過說真的，到了那個時間點，對很多人來說，共和制已經變成一個無傷大雅的懷舊情感，成為「美好的過去」的一個版本，或傳統羅馬品德軼事的著名源頭。即使在奧古斯都統治的那段期間，史學家李維雖然擁護後來成為凱撒對手的龐培大帝，但是他也得以全身而退——奧古斯都只是偶爾嘲笑李維一下而已。

儘管如此，元老此時若公開表示支持凱撒的暗殺者，這無疑是給自己判了死刑。西元二五年，在提比流斯的統治下，歷史學家柯爾度斯（Aulus Cremutius Cordus）絕食而死，因為他被判了叛國罪，罪名是他寫了一部史書讚美布魯特斯和卡修斯，並且稱讚卡修斯是「最後的羅馬人」。他的書最後被下令燒毀。但有一位作家的作品逃過被燒毀的命運，這位作家是盧坎（Marcus Annaeus Lucanus/Lucan）；盧坎寫了一首長詩描寫凱撒和龐培之間的內戰；在詩裡，凱撒和龐培兩人都各有缺陷，詩裡唯一真正展現羅馬美德的是共和體制的強硬支持者加圖。這首詩倖存下來，至今還在。但是詩裡的觀點和詩人後來之被控參與對抗尼祿的陰謀，或和他後來的自殺不可能全然無關。

皇帝有權羞辱和傷害元老也是另一個令人皺眉的重要主題。蓋猶斯的「笑話」——他說他只要一點頭就可讓執政官的人頭落地，還有康莫達斯揮舞著鴕鳥的斷頭威脅元老，這些只是這類故事其中的兩則而已。關於異想天開的皇帝如何試圖以各種巧妙獨創的方式或驚嚇或嘲弄元老的故事還有很多。

西元三世紀初期，歷史學家狄奧（Lucius Cassius Dio）著有一部簡明百科式的羅馬故事集，收錄從伊尼亞斯一直到他自己時代的故事，描述了某些最令人難忘的事件。他是康莫達斯時代的元老，親眼目睹皇帝辦的最揮霍的格鬥士競技表演。不過在他這部作品中，最令人難忘的是圖密善那場最奇異也最具有恐嚇意味的晚宴。那是西元八九年，有一晚，圖密善邀請一群元老和騎士到宮中參加晚宴。到了宴會場所，客人全都嚇壞了，因為室內裝潢全都是黑色的：長沙發、陶器，甚至連服務的男孩都是黑色的。最驚人的還有那些小石板做的座位牌，上頭刻有每位賓客名字，看來就像墓碑。整個晚上，圖密善的話題始終繞著死亡打轉。赴宴的賓客全都認為他們那晚死定了。不過他們錯了。他們回到家，預期中的敲門聲不久果然響起。他們以為來的殺手，結果竟是國王的職員。他們送來許多來自宴會的禮物，包括他們自己的座位名牌和服侍他們的男孩。

我們很難確知這故事的意義，也不知狄奧從什麼地方找到這則故事。如果這故事有事實根據，我們忍不住會猜想這背後是不是就是一個古怪的扮裝晚宴（揮金如土的羅馬人向來十分享受以不同色彩做標記的優雅餐宴）？或者皇帝只是想藉此晚宴傳達他的哲學理念（「吃吧！喝吧！快樂一點！因為明天你會死」是羅馬人最愛拿來說教的主題）？不過狄奧提到這故事時，他的用意是拿來當作例子，說明皇帝們的施虐狂，點出皇帝喜歡拿元老院和存在於皇帝和其他菁英人士之間的衝突來開玩笑。這則描寫羅馬人的恐懼的故事十分經典，充滿了妄想、懷疑、不信任。其中的訊息是：皇帝的晚宴似乎永遠不僅僅只是一場晚宴而已。

話雖如此，元老和皇帝之間的關係還有另一個十分不同的層面。西塞羅之後，羅馬最著名的書信作家是小普里尼。他留給我們十部書信集，前面九部共收錄兩百四十七封信，第十部則收錄超過一百多封，紀錄了他在聶爾瓦與圖拉真統治下的元老生涯，偶爾也回顧在圖密善任內的事蹟。第一到第九部收錄他寫給不同朋友的信。他的信寫得遠比西塞羅精緻，而且順序的安排也非常有技巧，可能經過大量的編輯工作，用以呈現一個前後有序的自我寫照。第十部是個例外，可能也沒有經過太多的修訂，內容大都是他與圖拉真之間的書信往來。大部分信件寫於西元一〇九年；這一年，圖拉真任命小普里尼為特使，派他前往黑海管理比提尼亞（Bithynia）行省。小普里尼定期寫信回羅馬，向皇帝詢問各種行政方面的問題，或只是向皇帝報告一些大小事，特別是當地的經濟狀況、過於龐大的建築計畫或行省該如何慶祝圖拉真的生日等。這是一份重要的官方禮儀紀錄，即使涉及的人物是圖拉真這位據說非常務實的皇帝。

整部書信集裡，小普里尼將自己塑造成一個文化素養良好且勤勉的公僕——奧古斯都夢寐以求的元老。他是個演說家兼律師，主要的專長是遺產有爭議的訴訟案。他的政治生涯始於圖密善統治期間，並一直持續到後來的幾個皇帝。他的工作包括主要的行政職責，例如負責軍隊財務、管理臺伯河航道的事務，以及其他一系列標準的政治職務。西元一〇〇年，他正式成為執政官之後，曾對圖拉真發表了一場演說，涵蓋的主題林林總總，包括兒童和領養問題等。

普里尼的書信也不是全然沒有抱怨和煩惱：他與律師同事雷古勒斯（Regulus）處得很不好，因此在信裡不時批評該同事的個性，而且長篇大論抒發他對那位同事的鄙視，特別是該位同事的眼罩和化妝。此外，他似乎也沒有什麼幽默感，例如看到其他元老把淫穢的笑話寫在元老院的選票上，他就感到很不以為然。不過總體說來，他的信描寫了一個快樂的、帶點自滿的元老的生活情景。他描述他與皇帝共進晚餐（這裡沒有像墓碑的座位名牌），他寫到他對義大利北部的家鄉的捐贈，包括一座圖書館等；他還寫到他對朋友與客戶的支持、他對文學的追求、他對歷史的業餘興趣。事實上，他寫給塔西佗的一封回信留給我們唯一倖存的目擊敘事——關於西元七九年維蘇威火山爆發的目擊紀錄。火山爆發當時，年輕的小普里尼就住在那附近；多年以後，塔西佗的研究涉及那部分歷史，因此寫信請小普里尼回憶當時的情況。小普里尼甚至與某個珍藏布魯特斯和卡修斯半身雕像的人相談甚歡——顯然他不用擔心這樣會給自己帶來生命的危險。

小普里尼的事業最驚人的部分是：他成功地在不同王朝，好幾位不同皇帝的統治之下安然無事地任職。他服務過的皇帝有好幾位；最早注意到他並任用他的是圖密善，圖密善遇刺身亡後，他轉而替年老的聶爾瓦工作，最後是聶爾瓦領養的軍人皇帝圖拉真。這樣的仕途模式並非不常見。他有一封信寫到聶爾瓦舉辦的晚宴，時間大概是西元九七年。晚宴中，話題落到圖密善的一位死忠追隨者；這位追隨者剛剛過世不久。聶爾瓦故作天真地問：「你們覺得他現在會做什麼事？如果他還活著的話？」其中一個腦子清楚的賓客答道：「他會在這裡跟我們一起用餐。」這個故事的重點是：只須一點點重新調整，只須對上一任皇帝提出一點適當的詆毀，你就會成為新任皇帝晚宴的座上賓，繼續在元老的仕途上往上爬。即使是塔西佗——圖密善最尖刻的批評者——也不得不承認他自己的事業是在他最討厭的皇帝治下發展起來的。這是另一個訊號，代表個別皇帝的性格並沒有像傳統史家所強調的那樣具有重大的影響。

所以我們要如何解釋這兩種截然不同的元老生涯？一個是大家都彬彬有禮，共同執政，一個則充滿恐怖的氣氛？為何有些元老猶如態度輕鬆且充滿自信的小普里尼，有些則成為皇帝殘忍奇想之下的受害者或皇帝殺手的刀下亡魂？羅馬是否有兩種不同類型的元老？一種是不幸的，可能還有點令人討厭的元老，他們當中有少數人拒絕服從政府、把皇帝的笑話看得太認真、表現得太嚴肅，同時還讓他們的敵人知道他們的叛逆態度且為此付出代價；另一種元老則大多數是沉默的，他們心懷感謝，樂於在宮廷的聚光燈下為皇帝服務與並取得成功，不管誰當了皇帝都無所謂。假如情況需要，他們也可以投下焚書的同意票；他們也不會覺得替皇帝慶生或監督臺伯河河道的疏通有辱他們的尊嚴。

這是有可能的。羅馬當時真的可能存在著兩種不同類型的元老。西元後的前面兩百年裡，元老這個階級的內部慢慢產生轉變。有更多元老來自新的或相對新的家族（就像小普里尼），還有越來越多元老來自海外的行省。出自這兩種背景的元老有可能對過去的共和體制具有較少的幻想，態度也大為和緩，不會輕易就對皇帝某些惹人惱怒的怪奇念頭感到憤怒，而且比較樂於繼續他們的工作。有個情況是很清楚的，亦即那些最堅定的反對者大部分來自古老的世家；換言之，異議的傳統存在於家族之中，通常是父傳子，有時甚至是父傳女。帕伊圖斯的女婿普里斯庫斯（Quintus Helvidius Priscus）追隨岳父的腳步，結果遭受同樣的命運，例如他堅持不以「凱撒」之名稱呼維斯巴西安，堅持直呼其名；有一次他在元老院中數落維斯巴西安，害皇帝差點掉下來淚來。

雖然如此，情況也並非像上述所說的那麼簡單。小普里尼雖然在圖密善的統治下平步青雲，但他並非那麼漫不經心，不知道那些反對皇帝的人的遭遇。事實上，他的信一再很小心地強調他與圖密善某些受害者的關係親近。其中一封提到一位名叫芬尼雅（Fannia）的年長女士的病（「時常發燒和咳嗽，情況逐漸惡化」）——這位女士不是別人，正是帕伊圖斯的女兒，普里斯庫斯的遺孀。在這封信裡，他讚揚她生在異議元老世家的高貴身分，強調他對他們的支持：「無論時局是好是壞，我永遠為他們服務；當他們遭受流放，我安慰他們，當他們歸來，我為他們復仇。」這些話並不完全符合他在圖密善統治下的成功仕途，如果有人據此做出有損於他的解釋，這有可能會讓他淪為通敵者，企圖在圖拉真的新政權之下產生貳心，虛構一個支持反對派的紀錄。不過，這其中有更為重要的層面。

大部分元老選擇了一個既合作又反對的態度。這是必然的結果，而其源頭是奧古斯都當初設置的笨拙辦法，即企圖在元老的權力和服務之間找個折衷。對政府直言不諱的反對者，他們通常是那些具有明確原則的男男女女，但是他們也是盲目的——我們或許也可以說是存心刁難，沒看到在實踐上，皇帝和元老之間那種脆弱的穩定關係必須小心取得平衡。大部分元老的態度與前者不同。他們比較注重實際，比較不那麼固執，也比較對自己的道德判斷沒那麼有信心。到了晚上，跟幾個朋友聚在一起的時候，他們很有可能互相說起我們現在讀到的那些羞辱的故事或濫用權力的傳聞，藉此互相娛樂對方。談到那群追求自由、反對強權的烈士，他們無疑也會覺得受到激勵，感到熱血沸騰。不過大體上，就像塔西佗和其他古代歷史學家，他們打的是一場過去的戰爭，反對的是那群已經逝去的，如今可以安心批判的皇帝；就像小普里尼，到了白天他們就會繼續承擔他們作為元老的份內工作，就像我們大部分人會做的那樣。

天啊，我想我快變成神了……

皇帝與元老之間會產生衝突，背後的原因很多；其中一個最大的徵結是：皇帝已經統治了整個當時已知的世界，在此情況下，他本人和他家人的權力該如何界定、描述與了解？皇帝只是「第一公民」這一概念有兩個問題，一方面是這個概念可落在光譜的任一點，亦即什麼可能性都有，難以定位；另一方面是皇帝擁有那種近乎神的地位，或某種非常像神一樣的地位。普里斯庫斯曾經不得體地抨擊前述可能，因而拒絕稱呼維斯巴西安的帝號。帕伊圖斯反對封神，他認為皇帝封神已經不妥當了，何況還要把這榮耀擴及到皇帝的女性親屬。西元六五年，元老院公開投票，意欲頒給尼祿的妻子晉升成神的榮耀。尼祿的妻子波帕雅．薩賓娜（Poppaea Sabina，以下稱薩賓娜）當時懷有身孕，據說尼祿踢了她的肚子，把她害死了（這到底是意外還是家暴，至今依然沒有定論）。帕伊圖斯以公開缺席反對此次投票。擁有許多頭銜的薩賓娜，最後還是被封為女神。普里斯庫斯認為這做法實在太過分了，他實在無法忍受。

薩賓娜並不是第一個死後封神的皇族。西元前四二年，凱撒被封為神。在他之後，接下來還有幾個羅馬人被請入萬神殿。首先是奧古斯都，接著是克勞狄斯——他在西元五四年封神。其他新近被元老院封神的還有蓋猶斯的妹妹德魯西拉，接著是奧古斯都的妻子莉薇雅或「奧古斯塔」（她當時的名字），然後是薩賓娜的小女兒克羅蒂雅（Claudia）——克羅蒂雅在西元六三年被封神，她當時才四個月大。得到官方正式冊封為神的羅馬人享有多重特權：專屬的神殿、祭司和領受祭品。我們目前沒有找到克勞蒂雅神殿的遺跡，不過根據狄奥，薩賓娜的神殿很快就蓋好了，封神之後的她被稱為「維納斯薩賓娜」（Venus Sabina）。

把小寶寶封為神明，這不止激怒了頑固的異議分子，其他羅馬人也必定會覺得生氣。不過，誠如我們已經看到的，古代地中海地區許多地方早已有這樣的風俗，亦即用神聖的語言或意象來描述人類無法反抗的政治力量。地中海東部地區那些追隨亞歷山大大帝的國王，還有後來奪取了他們國家的羅馬將軍，這群人在當地擁有形式上模仿宗教儀式的慶祝活動，人們也用本來形容神明的修飾語稱呼他們，例如「救世主」。這是一種合乎邏輯的方式來面對那些能力遠遠超出一般人類的英雄豪傑；從現存的觀念中，尋找一個多少適合這些超乎人類範疇的超級人類，這也是可以理解的。讓成功的將領在勝利凱旋隊伍中打扮成朱庇特；西塞羅試圖把女兒圖莉婭的死解釋為成仙；以上這幾個例子顯示多神宗教信仰者——例如羅馬人——的彈性態度。

我們會把創立新神、調整以及擴大萬神殿，或把人神之間沒有清楚界線的這個概念視為荒誕不經，這主要是拜古代世界兩個主要的一神教所賜，亦即猶太教及其分支基督教。基督教尤其重視一神論，基督徒嘲弄羅馬人把皇帝看成神明，偶爾還因為拒絕以對待神的任何禮儀禮敬皇帝而付出生命的代價。但是這並不是說羅馬人在信奉基督教之前，他們對皇帝具有神明的地位這件事毫無疑議，或者羅馬人自身不曾論辯人類統治者及其家屬到底如何可以成神這類議題。這是奧古斯都留給他的繼任者的另一項令人尷尬的做法——他自己十分成功地橫跨人神兩界，但是他的後來者有的並不像他那樣功業彪炳，足以成神。

皇帝宣稱自己具有神的地位，這向來就被認為是無可置疑的錯誤。對於大部分羅馬帝國的居民來說，皇帝若聲稱自己是活生生的神，彷彿他和朱庇特毫無差別，這不但是個極大的錯誤，也是一種誇張的侮辱。古代羅馬人一點也不笨——奧林帕斯山上的神祇與他們的皇帝之間的區別，他們可是清楚得很。據說蓋猶斯把帕拉廷丘的卡斯特與帕勒克神殿改建成他私人宅邸的前廳，然後端坐在兩位神明的雕像之間，在那裡接待任何想去朝拜他的人——如果這件事是真的（而不是惡意的詆毀），那麼他就是個令人難忘、代表皇族自大心態的象徵，而且他這麼做也破壞了皇家敬神活動的所有禮儀。同樣的，任何皇帝如果想擴建官方的萬神殿，來容納死去的寶寶、男性朋友或親愛的姊妹，這也被視為濫用權力。就這個層面而言，賢君哈德良並沒有比蓋猶斯或尼祿好多少；西元一三〇年，他的年輕男性伴侶安提諾斯（Antinous）在尼羅河神祕溺死，悲傷之餘，他後來將這位年輕人封為神明。雖然如此，羅馬皇帝和皇室家庭的神學觀念遠比前面所述來得複雜與細緻，我們必須從兩方面來加以了解：首先是活著的皇帝的神明地位，再來是死者的神明地位。

整個羅馬世界，人們對待在世的皇帝的態度十分近於對待神明（尊崇皇帝如神明）。他被納入禮敬眾神的各種儀式裡，稱呼他的語彙也與敬神的語彙重疊，而且羅馬人假設皇帝擁有跟神明相似的各種力量，例如奧古斯都這個名字就被納入某些宗教性的祈禱文字裡。逃跑的奴隸如果抱著皇帝的雕像，其功用等於抱著神明的雕像，足以避難。靠近斯巴達伯羅奔尼撒半島有個城鎮叫吉雄（Gytheum），這裡留下一篇銘文，詳細說明一項延續好幾天的節日的所有辦理程序。這個定期舉行的節日裡有繞城的隊伍、音樂比賽、獻祭活動等，目的是表示對當地兩群贊助人的敬意，這兩群主要贊助人是提比流斯及其家人、共和時代的將領弗拉米努斯（Titus Quinctius Flamininus）。除此之外，當然也包括禮敬奧林帕斯山上的眾神。

可能有許多人——尤其住在羅馬城以外遙遠地區的人，對他們來說，皇帝就像奧林帕斯神一樣遙遠，一樣充滿力量，他們可能不覺得這兩者有什麼太大的差別。不過，一旦涉及各種禮敬形式的細節問題，他們仍然小心翼翼地區別了對皇帝和對眾神在禮敬心態上的差別。例如在吉雄和其他地區的敬神儀式中，我們看到一個既專業且重要的差別：他們「對」眾神獻祭動物犧牲，但他們是「為」皇帝或「為了」皇帝以及他的家人的平安而向神明獻祭。換句話說，人間的皇帝仍然受到奧林帕斯眾神的保佑，並不與祂們平等。在羅馬，通常人們敬拜的是皇帝的「努門」（*numen*）或力量，而不是敬拜皇帝本人。更廣泛一點來說，希臘世界那一整套禮敬皇族家庭的儀式被稱為*isotheoi timai*，亦即「相當於」（*iso-*）對神明的禮敬，不是「同樣的」（*theoi-*）禮敬。忽略眾神和皇帝之間的這項區別，向來被視為一種過失，不管皇帝有多麼**像神**（godlike）。

不過，如果皇帝死了，那就另當別論。遵循凱撒的舊例，元老院有權把死去的皇帝或他的親近家屬納入官方的萬神殿。因為這是元老院經手的決定，或者至少是正式的決定，而且是賦與統治者死後的權力，所以大部分元老都樂於這麼做。在此情況下，皇帝和眾神之間的差異是可以忽略不計的；他們可以擁有祭司、神殿、獲得獻給他們的祭祀活動，而不是「為」他們執行的祭祀活動。我們現在看到一些很棒的畫作出土，這些畫作真的把化身成神的皇帝畫在奧林帕斯山上（見彩圖20）。但是人神之間的差異並沒有完全消除。羅馬作家、知識分子和藝術家一再思考從皇帝轉變成神這個過程的本質，以及思考一個人如何今天還是個凡人到明天就變成神這個問題。以一種類似現代天主教教會的要求，即封聖的前提必須有一些可證明為真的奇蹟，他們要求封神之前必須提出證據或目擊證人。彗星之出現顯示凱撒有資格封神。但莉薇雅付一大筆錢給一位聲稱看到奧古斯都升天的元老，這件事多少暗示奧古斯都的封神過程還有不確定的因素存在。

從人到神的這個轉變過程充滿令人憂慮的因素，引發許多笑話和諷刺。根據蘇埃托尼亞斯記載，維斯巴西安至死仍保持他務實的方針，他最後說的是一句自我貶抑的妙語：「天啊，我想我快變成神了！」有一部長劇的主題就在探討這整個轉變成神或沒有轉變成神的過程；作者是塞內加（Lucius Annaeus Seneca），大約寫於西元五〇年代中期。塞內加一度是尼祿的私人教師，但後來遭到尼祿迫害，被迫自殺，因為尼祿聽說他與一項企圖謀害他的陰謀有一點關聯。根據塔西佗另一個可怕的、固定套路的敘事：塞內加在自殺時遇到一個困難，因為塞內加實在太老太乾瘦了，他切開動脈之後，竟發現幾乎沒有血在流動。塞內加這個劇本主要是描述克勞狄斯被天界眾神接納的過程。我們看到剛死的克勞狄斯，正一拐一拐地走上奧林帕斯山（臨終遺言：「天啊，我想我剛剛拉了一身屎！」）。一開始，事情挺順利的，尤其第一個上來歡迎他的是海克力斯（Hercules），而且這位神祇還徵引了荷馬的詩行，讓我們死去的皇帝很感動。不過，等到裁決他能否加入仙界的案子一開始，事情就沒那麼順利了。成功進入仙界的奧古斯都首次對天上的眾神元老發言（這暗示成為神祇的人間皇帝在仙界的權勢等級相當低階）；他提出克勞狄斯生前的殘酷惡行，並加以斥責：「各位元老，這個人在你們看來彷彿連蒼蠅都下不了手，但是他過去可不是這樣，就像狗隨時隨地都可蹲坐，他隨手就可取人性命。」接著就報出三十五個被克勞狄斯處死的元老的名字。

在現實中，克勞狄斯確實被封為神，這是毫無疑問的。他擁有祭司，而他的神殿的遺跡今日已經出土。但是在塞內加的作品中，他並未通過晉升為神的考驗。眾神於是為他量身訂做，打造了一項懲罰。由於他喜歡賭博，所以眾神罰他搖一個無底的骰子桶，永生永世。這是他的判決。不過，蓋猶斯此時突然出現，聲稱克勞狄斯是他的奴隸，並把他交給一個神仙職員帶走。從此，克勞狄斯就在仙界的法律部門永遠當一個相當低階的祕書。在這裡，我們可以看到皇家管理體制的新官僚體系，看到各式各樣專門的部門。這也是一個好笑的例子，顯示死去的皇帝遠比他們生前容易相處，也很容易差遣，不會給自己帶來生命的危險。這齣劇傳遞的訊息是：人間皇帝不太可能化做仙界神祇。在虛構的世界裡，這部劇本翻轉了本章一開始描寫的蓋猶斯謀殺案。克勞狄斯在現實中可能拜該場謀殺案而成為皇帝，但是在這部劇作中，贏得最後勝利的是蓋猶斯。

圖74　庇烏斯圓柱的底座（圓柱本身已經亡佚），底座上的雕刻作品描寫皇帝和妻子傅斯蒂娜（Faustina）成神的場景。從各方面來看，這都是一件怪異的作品。畫面雖然描寫兩人一起飛昇上天，但傅斯蒂娜比皇帝早死二十年。利用天使運送兩人上天，這是表現帝王成神的其中一個孤注一擲的手法。

第十一章

富者與貧者

富與貧

無論用古今任何標準來看，羅馬有錢人的生活都是奢侈的。皇帝擁有華麗的宮殿、廣大的園林、會旋轉的餐廳（至於這餐廳如何運作，用什麼機械運作則是另一個問題）、貼滿寶石的牆壁、讓許多羅馬觀察家瞠目結舌的開銷——凡此種種，讓皇帝高居財富光譜的頂點，傲視其他所有超級富豪。皇帝的財富來源很多。首先是遍布古羅馬世界的帝國地產，這份地產歷代相傳，從一個統治者傳到下一個統治者。除了土地，皇帝還有包含礦業、工業和農業所帶來的收入。再來，皇帝並沒有在國家財庫和私人財產之間劃下清楚的界線，如果他手邊剛好缺乏現金，有時就會以各種形式的理由——例如種種不得已的傳統，向國庫支取財物。（參彩圖13）

帝國裡的有錢人也都過著特權般的富裕生活。在羅馬，大聲反對「奢華」的聲浪與倡導舊式純樸的務農生活，這兩種言論同時存在，而且向來都是如此，一面倡導儉約，一面卻習慣性地揮霍，習慣性地追求奢華。畢竟反對者總是需要有某些事物讓他們可以大聲反對。再者，不管什麼時候，精緻的品味（我的）和粗俗的賣弄（你的）這之間的差別，永遠都是主觀的認定。

小普里尼的舅舅老普里尼對豪奢風氣的攻訐最為猛烈，而且他攻擊的目標遍及一切，從獨腳桌到戴好幾枚戒指都是。小普里尼在信中描繪他那棟離羅馬數英里的鄉間別墅時，提到該別墅「適合居住，維持的費用也不高」。儘管他描述得相當低調，事實上，該別墅是一幢占地很廣的大宅。在他屋裡，有因應四季而設計的餐廳、個人衛浴設備、泳池、庭院、涼爽的柱廊、中央暖氣系統、豐沛的自來水、健身房、陽光明媚的起居室、可以眺望海景的觀景窗；此外，那裡還有一座隱蔽的花園，讓生性不喜歡熱鬧的普里尼可以在奴隸難得休假，舉行聚會的稀罕日子，逃離那些聚會的喧鬧。

整個帝國裡的有錢人大都以昂貴的大宅炫富；他們彼此較量的不是地板的面積，而是屋頂瓦片的數量（法律規定要當政務官的人，得擁有一棟鋪上一千五百片屋瓦的房子）。他們也樂於沉浸在金錢所能買到的種種享受，包括絲綢、東方的香料、巧僕、價值不菲的古董。為了展現財富，他們也會出資興建娛樂休閒設備，供民眾使用。皇帝壟斷了羅馬所有公共建築的贊助權，但是住在義大利和行省鄉鎮中的菁英分子，無論男女，他們也遵循大致相同的模式來打造聲名。

普里尼是個典型的例子。他在北義的故鄉科門（Comum）興建多項建設計畫，包含新的公共圖書館——這座圖書館造價一百萬塞斯特斯幣，相當於進入元老階級的最低資產門檻。他有一個比他年長的朋友名叫巫米狄雅（Ummidia Quadratilla）；他這位朋友死於西元一〇七年左右，但是在她生前，她也在羅馬南方的故鄉大興土木，從事差不多跟普里尼類似的活動。在普里尼筆下，她是個喜歡下棋，個性頑固的老女人。但是從現存的銘文看來，她也出資建了一座戶外劇場、神殿，同時推動戲劇的復興。為了慶祝各種新設施的啟用，她還「為地方議會、人民和婦女舉辦」公開的宴會。北非小城提姆加德（Timgad）位於撒哈拉沙漠邊界，西元一〇〇年，羅馬政府在這裡為退役的羅馬士兵興建了殖民聚落。西元二〇〇年左右，當地有一對夫婦給自己蓋了一棟至少兩層樓高的迷你皇宮。這座宮殿雖然比不上普里尼那間別墅宏偉，但是裡面還是有許多間餐廳、私人澡堂、花園、豪華人工水景，並且鋪上昂貴的馬賽克地磚，裝上中央暖氣系統來抵禦非洲嚴寒的冬天。他們也出資新建了一座宏偉的神殿和一間豪華的市場。這座市場有十來座雕像作為裝飾——他們的雕像。

金錢不能使富人遠離古代生活裡的所有不適，躲開較為嚴苛的種種問題。雖然人在羅馬，但是皇帝住在遠離民眾、安全無虞的地方；富人也偏愛住在一、兩個特別的區域（蓋滿王宮之前的帕拉廷丘就是一個明顯的例子）；在大多數地區，古代城市並沒有劃定特殊的區域，就像現代都市那樣。所以在羅馬，貧富毗鄰而居，豪華的大宅、簡陋的小屋蓋在同一條街道上，隸屬同一個區域。羅馬人沒有梅費爾（Mayfairs），也沒有第五大道（Fifth Avenues）。在帝國任何一座大都市裡，坐在由一隊健壯的奴隸抬著的垂簾轎子出門，這或許能讓仕女紳士避開公共道路上那些不堪入目的景象。但是，缺乏有組織的垃圾收集機制，人民往往把道路當作公廁使用；詩人裘維納曾提到公寓大樓的住戶會把夜壺的內容物直接從窗戶往外倒，不管樓下來來往

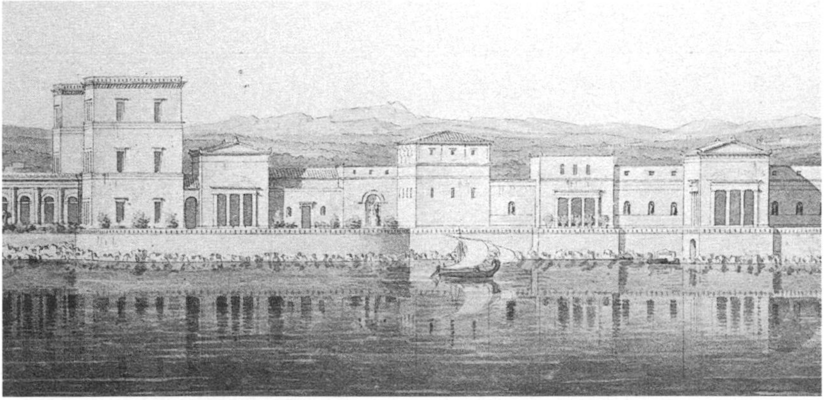

圖75　普林尼宏偉的別墅。這是建築師辛克爾（Karl Friedrich Schinkel）在1841年重構的示意圖，看來氣氛頗為憂鬱。根據普里尼的描述（*Letters* 2, 17），嘗試創造這棟別墅的樣貌或畫出平面圖，這是幾世紀以來相當受到學者歡迎的消遣。

往的路人。雖然這或許是他有意誇大的諷刺之辭，但是羅馬街道的髒亂、污穢、嘈雜，不管對富人還是窮人的感官都是一種折磨。有時街道也挺危險的，因為雙線通車的街道通常不足以應付運貨馬車和四輪馬車同時行駛，況且這些車輛還會搶道而行。羅馬有些著名的篇章提到：在羅馬城裡，日間禁行有輪的交通工具（如同現代的行人徒步區），但是這項禁令頂多適用於那些相當於現代重型貨車的車輛而已。誠如裘維納的牢騷所示，在夜晚，這種大貨車本身的聲音就足以讓任何人都受不了，不管他是哪個階層。套句裘維納的話：「即便是昏昏欲睡的皇帝也會被吵醒。」

病菌也不會對有錢人另眼相看。家道殷實，有能力在鄉間置產的有錢人，可能有機會躲過橫掃所有城市——特別

圖76　在現代阿爾及利亞境內的提姆加德城鎮，透過城市邊緣的廢墟，可看到那對富有夫婦所贊助興建的大神殿和他們的迷你王宮。提姆加德是世界上最充滿記憶的羅馬遺址。這裡的每樣東西都讓人想到羅馬：設置巧妙的公廁，還有一間從古代留存至今的圖書館。

是羅馬——的週期性傳染病；他們也會盡力尋找蚊子不多的地方度過夏季暑月。較為營養的飲食，讓有錢人比那些僅能勉強餬口的人更能承受疾病的侵襲。但是同樣的疾病、大致相同的髒污是兒童的殺手，不論貧富。任何去公共澡堂的人——其中肯定也有一兩個家中有私人衛浴設備的人——都有感染疾病的風險，因為公共澡堂是細菌繁殖的溫床。有一位見識過人的羅馬醫生寫道：身上有傷口的人要避免去光顧澡堂，以免得到嚴重的壞疽。他這話說得完全正確。

事實上，即便在王宮，皇帝因病致死的情況遠比被毒死多。西元一六〇年代中期之後，有一段持續差不多十年的時間裡，一種非常類似天花的疾病席捲大半個羅馬帝國——顯然是服役東方的士兵帶回羅馬的疾病。古代最聰慧最多產的醫生作家蓋倫（Galen）留下好幾個個案研究，提供了許多第一手、詳盡的症狀描述，包含皮膚起疹子和腹瀉的現象。究竟這場流行病有多嚴重，至今還沒有定論。原因是確切的證據很少，死亡人數的估算差異很大，從總人口的百分之一到百分之三十都有，而後者幾近是一個不可能的數字。但是我們幾乎可以肯定的是，維魯斯皇帝是在西元一六九年感染這波疫病而死的——這位皇帝從西元一六一年起，與奧理流斯皇帝一起統治羅馬。

這麼看來，似乎有少數災禍——主要是生物學層面的災禍——多少是貧富不分的。話雖如此，羅馬世界最大的區隔還是落在貧富之分。少數富者擁有大量餘錢，過著從舒適到奢華不等的生活。大多數窮人——甚至包括自由民——最好的時候是擁有一點點餘錢（用來添購食物、改善居住空間、購買便宜的珠寶或簡單的墓碑），最壞的狀況是一無所有、失業、無家可歸。

關於羅馬世界的特權階級——富者，我們知之甚詳。古代流傳至今、幾乎所有的文獻都出自他們之手。即使像裘維納這樣的作家，雖然有時候他們自稱處於社會底層，偶爾抱怨一下夜壺淩空而降這類瑣事，其實他們的家境相當富裕。而且到目前為止，在考古遺跡中留下最多足印的，都是有錢人，不論是宏偉的大宅或嶄新的劇場。在帝國的每個角落，他們的總人數估計有三十萬人，包含相對富裕的地方權貴，大都市裡的財閥——如果加上他們的家族成員，則這個數目字還會更大一點。假設西元後最初的兩百年裡，羅馬帝國的總人口數大致落在五千萬至六千萬之間，那麼這批數字龐大的大多數人口，亦即百分之九十九的羅馬人的生活情況、生活方式和價值觀又是如何？

羅馬菁英作家多半輕視那些境況不如他們的人——比他們倒楣、比他們窮困的人。純樸的鄉村生活——想像中的鄉間野餐和樹陰下的慵懶午後——只是一種懷舊的嚮往；事實上，他們認為貧困、窮人、甚至努力工作換得日新都是不足取的。裘維納絕對不是唯一一個輕視羅馬人民之把「麵包和娛樂」視為第一要務的作家。奧理流斯的家庭教師弗朗托在寫到圖拉真時，他也提出一模一樣的觀點；他認為圖拉真「了解羅馬人民對兩件最重要的事情的看法是一致的：免費穀物和娛樂」。西塞羅也瞧不起那些為生活而賺錢的人：「對紳士來說，出賣勞力換取現金這種事是低俗的，不可取的……因為事實上，薪金是奴役的枷鎖。」這種看法成為羅馬道學家說教的老生常談，亦即真正的紳士靠的是田地的收益，不是出賣勞力；出賣勞力在本質上是可恥的。拉丁詞彙本身即傳述了這個概念：人人所欲的理想狀態是otium（這個字不盡然是一般所譯的「休閒」〔leisure〕，而是指人可以運用自己的時間的狀態）；與之對立的是negotium（非「otium」），亦即任何一種人人都應該摒棄的「工作」（business）狀態。

同樣的，那些赤手空拳掙得財富的人也是羅馬菁英嘲弄的對象；勢利的羅馬菁英會說這樣的人是暴發戶。特立馬喬是佩脫尼奧《愛情神話》中成為暴發戶的解放奴；他是個商人，透過買賣培根、香水到奴隸等一切貨品，從而創造了許多財富。在小說中，他既是個充滿魅力，也是個糟糕透頂、有錢多於有品味的滑稽人物；他始終搞不懂什麼是合乎菁英品味的禮儀。他的奴隸穿著設計師設計的制服，但是這些制服又過於粗俗，例如他的門房穿著綠衣、腰繫紅腰帶、端著銀碗坐在門口剝豌豆打發時間；他家裡的牆上掛著描繪個人事功的作品，描述他如何從奴隸市場崛起，承蒙財神墨丘里（Mercury）的庇佑，讓他一路走到現在的春風得意；他舉辦的晚宴是個不可思議的奇觀：所有羅馬花俏的食物都上桌了，從蜂蜜和罌粟籽調製的睡鼠，到西元前一二一年釀造的，即「歐皮米烏斯擔任執政官」那年出產的百年美酒。無知的特立馬喬可能不知道在西元前一二一年，歐皮米烏斯這位頑固的保守人士命人把小格拉古斯三千名支持者處死，因此這個名字絕對不是任何佳釀的吉祥名字，即便葡萄酒真的可以保存這麼久。

偏見明顯可見，而這些偏見告訴我們許多關於作者的事，遠比他們筆下的主題更多。特別是現代批評家所說的，亦即佩脫尼奧對菁英生活的諧仿，目的是讓他的菁英讀者反省自己的生活與粗俗的解放奴究竟有多大不同。這裡有個大問題是，我們是否可能重新建構羅馬一般老百姓的生活圖像，而且是他們可能認得的生活圖像？如果從現存文獻我們只能找到這些充滿鄙視的諷刺畫面，那麼我們還有哪些途徑可以著手尋找？

貧窮的種種樣態

羅馬帝國五千多萬人口並不能看成一個單一的群體。羅馬社會的劃分也不能直接分成非常富有的少數和其他大眾，一個幾乎沒有差別，掙扎在貧窮線上的大眾。在那些不能算是菁英階級的人口當中，他們享有不同程度的特權、身分和財富，而且這群人當中還可以分成幾種屬於「普通」或「中等」的類型，當然也還有一些極為貧困的人。相對於其他類型的人，想要了解這群生活在中等層級的人是比較容易的。

這五千萬人口之中，絕大多數應該都是農民，不是羅馬作家筆下想像中的角色，而是遍布帝國的小農場主

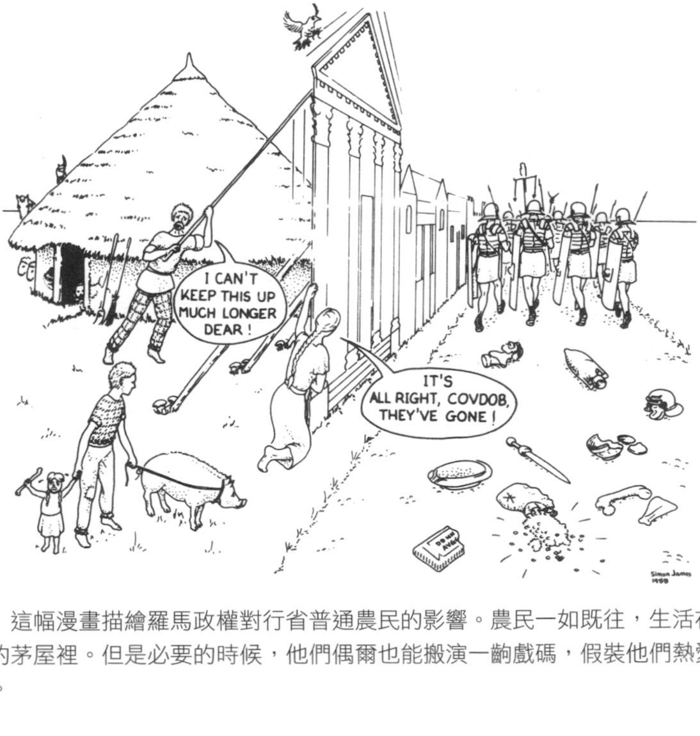

圖77　這幅漫畫描繪羅馬政權對行省普通農民的影響。農民一如既往，生活在他們圓形的茅屋裡。但是必要的時候，他們偶爾也能搬演一齣戲碼，假裝他們熱愛羅馬文化。

人。他們努力耕種，有一些年分他們收成的作物僅供餬口，有一些年分收成好一點，他們就有些許餘糧可以販售。對這些農家而言，羅馬的統治並沒有什麼實質上的區別，只除了不同的收稅人員，較大的市場可以販售農產品，可以選購的廉價珠寶更多樣——如果他們有多餘閒錢的話。舉例來說，在不列顛，誠如我們在考古遺跡中看到的，農民的生活在一千多年之間幾乎沒有重大的變化，從鐵器時代（the Iron Age）到西元四三年羅馬入侵之前，從羅馬的占領期間一直到中世紀，這整整一千多年裡，幾乎沒有留下任何證據，讓我們了解這群農民和他們家人的心態、志向、希望或恐懼。在此情況下，羅馬世界裡的普通人之中，我們唯一能探索的，或我們可以開始重構的生活方式，是那些住在市鎮和城市中的居民以及他們的生活。

圖78　這幅西元一世紀的畫來自龐貝城的菲麗茲之家（The House of Julia Felix），描繪至今已經相當模糊的廣場生活情景。這是羅馬世界貧富互動的珍貴畫面。滿臉鬍子的乞丐看來十分潦倒、衣衫襤褸、近乎半裸，身邊帶著一隻狗。

羅馬的城市當然有極其貧困的居民。羅馬法律明文禁止占用墓地。有一份羅馬法律條文如此寫道：「任何人得依其意願起訴任何住在墓地或占用墓地的人。」這條法律間接點出：羅馬有一群無家可歸的人，無論是當地人、外地人、市民、新移民或逃亡的奴隸，他們果真就住在墳墓裡；在通往帝國最大城市的道路兩旁，通常建有宏偉的貴族陵墓。另外一群窮人似乎偏愛靠著任何他們找得到的牆邊——拱形紀念碑或大水管——建一間斜頂小屋居住。這類小屋一旦被判定有發生火災的疑慮，依法是要被拆除的。如果沒有火災之虞，他們可能得付一點租金。羅馬城鎮的郊區跟現代「第三世界」的城郊可能並沒有太大的區別。這裡到處林立著非法占用土地，搭建簡陋住屋的聚落或貧民窟，裡頭住滿不時處於飢餓邊緣的居民，以及那些靠乞討與打工為生的貧民。羅馬道德家經常提到乞丐，他們的意見是最好不要理會乞丐。龐貝城出土一系列描畫當地廣場生活小景的作品，其中有個場景描繪一個雍容華貴，身邊帶著女僕的女士，但這位女士並沒有聽從那群道德家的建議：她正把一些零錢遞給一個帶著狗、彎著腰的乞丐。

事實上，窮人留下的證據遠比我們預期的少。原因很明顯。第一，窮人不會在歷史或考古文獻裡留下任何線索。臨時搭建的貧民窟不會在土地上留下永恆的印記；比起下葬時配上文辭生動的墓誌銘的人，那些草草入殮、無碑無記的人，其故事我們無從得知。第二，或許更切中肯綮的是，羅馬世界的赤貧現象通常都會自動消失：受害者死了。那些沒有任何生計的人是無從存活

圖79　保存良好的一棟古羅馬出租公寓，過去曾矗立在羅馬卡庇多丘壯麗的神殿旁。今日這棟公寓在畫面後方雄偉的維托里亞諾紀念館（Victor Emmanuel monument）的映襯下，顯得十分破舊，路過的人多半沒注意到它的存在。

的。即使羅馬市民可以領取免費的穀物——小格拉古斯在西元前一二〇年代倡議的新措施——也無濟於事。當然這個措施強調國家有責任提供公民基本的食物。不過，受益者人數儘管是龐大，卻也仍然有限；在西元一世紀和西元二世紀之間，得以享受此特權的，大約有二十五萬男性公民；這群人靠著這份救濟品，大約可以讓兩個人獲得溫飽。不是所有人都可以靠這份救濟金維生。

大多數羅馬公民處於財富階梯的再上一層，而這群人就留下比較清晰的生活痕跡。就生活的優勢和安逸程度來說，這群人彼此之間還是相隔著一大段距離。光譜的一端是那些生活相對無憂無慮的人，他們大多從事製造業，或生產或零售業——從最基本的麵包到花俏的服飾，幾乎無所不賣。他們的家裡可能有好幾間房間，有時就住在店鋪或工作室的樓上，或許還養了幾個奴隸，甚至他們自己之前也是（往往就是）奴隸，或者是解放奴的後代。關於這個階級的生活，我們目前知之甚詳。西元七九年，維蘇威火山爆發，龐貝和赫庫蘭尼姆兩座城市被掩埋在火山灰下；近年考古學家在赫庫蘭尼姆城內一座小型零售商店和公寓下方挖出一個糞坑；這個糞坑的內容物，目前還在分析當中。基本上，那是一間大小適中的公寓的簡易廁所，內容物大約是一百五十位居民腸道排出的產物。從目前分析的樣本來看，他們的食物相當多樣，品質也很好；大致說來，他們的食物有魚、海膽（有部分殘留的尖突）、雞肉、蛋、核桃和無花果（種籽尚未消化）。那些住在公寓樓上的人也會把廁所當成原始的廢物處理機，用來丟棄碎玻璃和碎陶瓦片，偶爾還有人不小心掉落了寶石。這群人是那種有閒錢可花，有多餘的家庭用具可丟，還有珠寶可以遺失的階級。

處於光譜另一端的一群則面臨相當不穩定的生活狀況。他們是一群沒有長期生計或一技之長的男女與兒童；他們必須到酒吧、餐館或性產業打零工，或到碼頭擔任挑夫或搬運工，或到建築工地做粗工來賺取生計。這類勞力的需求甚大。有個簡易的算法可估算出羅馬必須進口多少油、酒和穀物等主食，才足以維持百萬人口的生存；根據這個進口主食的總量，大致可以算出羅馬每年大約需要九百多萬人次的「挑夫工作量」，才能將裝在麻袋或雙耳細頸瓶中的貨物從貨船搬上岸。光是這個工作量，就足以讓三千個男子工作一百天。不過這種工作是季節性的——因此才會雇用臨時工，而沒有用上奴隸；這也意味著這樣的工作並不牢靠。這群人想必常常得餓肚子；從骨骸上明顯的傷害（特別是牙齒），可看出他們經常處於營養不良的狀態——飢餓影響的不光是城裡最貧困的那群人。他們住的必定是相當於現代我們稱之為旅館的地方，房間大約以時計價，有時好幾個人共用一間房間，大家輪班休息睡覺。人們向來認為羅馬人最愛救濟品和娛樂活動，但是這些娛樂活可能輪不到他們享用。圓形大競技場的座席容量似乎很大，能容納五萬人左右。但是在一個人口超過百萬的城市裡，這意味著格鬥士表演和血腥的獵捕動物表演價位可能相當高檔。他們並不是這些表演活動的觀眾，因為他們如果從財富梯級再下降一級，他們就會落入羅馬最窮的人口等級，屆時不是在陵墓紮營，就是淪落到貧民窟去了。

大型的出租公寓大樓（*insulae*）——或又稱「島嶼」——在羅馬和奧斯提亞港十分常見；這種出租大樓代表普通人民之間的階級，其所描繪的財富光譜介於那些還算富足到那些勉強餬口的人民之間。這種公寓大樓提供高密度的房子出租——這就是為何如此龐大的人口可以擠進羅馬城這麼一個相當狹小的區域的原因。對屋主而言，這是十分誘人的投資機會，無情的收租人也因此有個工作機會。有個名叫諾圖斯（Ancarenus Nothus）的房客，他曾是解放奴，死於四十三歲，骨灰埋在羅馬城外的公墓。從他的墓誌銘上的簡單詩行，我們看到普通人民慣有的抱怨；他的這幾句銘文猶如一則從死者世界傳來的訊息：「我不再擔憂自己將死於飢餓／我擺脫了疼痛的雙腿，拿到了房租的押金／我現在享有免費的居處，永久的居處。」不過，即使房東對他們所有房客都十分嚴苛，有些房客還是生活得比其他人舒適。

這裡的基本邏輯是，出租大樓的樓層越往下，空間越寬敞，租金越昂貴；樓層越高，則租金越便宜，空間越狹小，而且也更危險；除此之外，高樓層的出租空間往往沒有烹飪和清潔設備，如果發生火災（這是常有的事），也沒有逃生的管道。誠如裘維納曾開玩笑說，住頂樓的人「除了屋瓦，沒有任何擋雨的東西」；不過，萬一樓下發生火災，火勢往上竄，他們倒是最後才向死神報到的人。羅馬這種出租大樓的邏輯跟現代公寓大樓正好相反；現代公寓的頂樓往往被設計成豪華的閣樓，但是羅馬的頂樓住的都是窮人。羅馬至今保存最好的其中一棟大樓充分闡明了這一點。這棟大樓就埋在卡庇多丘下，部分今日依然看得到，距離那間曾經矗立在附近，亮閃閃的神殿只有幾公尺遠（名副其實的亮閃閃，因為西元一世紀末，朱庇特神殿的屋頂鋪著鍍金的磚瓦）。在這棟大樓裡，店鋪與街道位在同一樓層，店裡隔有可供起居的空間。第一層或主樓層隔成幾套寬敞的公寓。四樓以下的部分至今依然倖存。這幾層樓層裡面都隔成許多小房間，大概是臥室兼起居室，而且每一間可能住了一家人，並非單人房。四樓以上的空間規畫想必更糟。羅馬城沒有分區規畫，這意味著在卡庇多丘某些最莊嚴最盛大的慶典活動，其實就在幾步開外的空中貧民窟眼下舉行。

本章接下來的主題，就是這群出租大樓裡的住戶，或生活條件跟他們相似的人的世界。較精確說來，我們要探討的大半是住在人樓底層的住客，而不是大樓較高樓層的住客。人們可支配的金錢越多，留給我們的史料就越多。我們將探討他們的工作、休閒、文化和焦慮。我們不僅要了解這群非菁英居民所住的地方，也要了解他們如何生活，他們如何面對生活裡的不平等，他們喜歡哪些娛樂活動，他們擁有什麼資源去面對各種不幸——包括小小的犯罪到疼痛和疾病。

羅馬普通公民的工作

西塞羅和大部分菁英分子都聲稱他們看不起受薪的勞務。但是大部分羅馬城裡的市民就跟現代人一樣，工作就是他們身分的標記。他們的工作通常都很艱苦。大部分人（即一般人）需要一份固定薪水維持生活；如果可能，大部分人都會工作到老死為止。只有軍人例外，他們擁有各種退休配套；即便如此，他們退役後也要經營小農場維生。兒童一旦可以勞作，就開始投入工作，無論是自由民還是奴隸都是如此。出土資料裡頭的幼童骨骸，在骨頭和關節處都留下體力勞作的明顯痕跡。羅馬城外有一座墳場，離一處古老的洗衣和紡織坊不遠；這裡出土的年輕遺骸都有長期做粗工的痕跡（處理布料的過程必須用力踩踏，他們的傷並不是跳繩和球賽造成的）。甚至兒童的墓誌銘，紀念的也是他們的工人身分。西班牙有個四歲的幼童，他的墓碑就刻著他手拿採礦工具的畫面，雖然現代人希望這墓碑上刻的是當地礦業大亨的幼年身影，不過這個小孩很有可能就是實際參與工作的工人。

只有富家子弟才能把青春歲月用在學習文法、修辭、哲學和演說；富家女孩的學習課綱比較沒這麼豐富，大致是閱讀、寫作、紡紗和音樂等。童工是常態。多數羅馬人不能理解為何童工是個問題；他們甚至可能也沒有童工這個範疇。「童年」的發明，「兒童」能擔任什麼工作的規定，那是一千五百年之後的事，而且一直是西方世界特有的想法。

平凡羅馬人的墓碑上清楚顯示：工作是他們個人身分的重要標記。巴爾巴圖斯跟其他處於社會頂層的人，他們強調的是自己當過的官職，打贏的戰役。但是大多數人強調的是他們的職業。透過墓誌銘，我們得知光是羅馬市，就有超過兩百種職業。不論男女（或任何為他們立碑的人），通常都以簡單幾個字和圖像概括一生，其中必定會有一段工作簡介，幾個可資辨別的職業的符號。舉個例子。阿米庫斯（Gaius Pupius Amicus）是個解放奴，他的工作是「紫色染工」——紫色是一種出了名的昂貴染料，萃取自小型的甲殼類，根據法律，紫色也只能用於漂染元老和皇帝所穿的布料。阿米庫斯很驕傲地稱自己是「紫色染工」（*purpurarius*），並在石碑上刻著幾樣職業工具。其他人的墳墓裝飾有雕刻的嵌板，描繪著死者在世的工作情景，包括助產士、肉販和一個生意興隆的家禽販賣商。

為了展現死者的職業，有時整座墳墓會設計得較為複雜，幾乎要把該男子或女子跟他們的職業畫上等號。西元前一世紀晚期，有一位生意興隆的麵包師傅叫尤里撒瑟（Marcus Vergilius Eurysaces）。他在羅馬城外

圖80　這座受損相當嚴重的紀念碑是紀念童工的其中一座墓碑。這位四歲小孩提著籃子，另一隻手握著鶴嘴鋤，造型跟西班牙礦區遺址的出土文物十分相似。

一處醒目的地點蓋了一座大型紀念碑，紀念他和他的妻子。尤里撒瑟很有可能是解放奴，根據十公尺高的陵墓規模推測，他的生意想必為他創造了大量財富。他的銘文提到他是「麵包師傅兼承包商」——這至少表示他有連鎖店，可能也擁有獲利較多，負責供應公家機構麵包的契約。整座陵墓建成麵包製作設備的形狀，在陵墓頂端，一般紀念碑的簷壁都刻有一條飾帶，描繪諸如宗教慶典或勝利遊行的場景。但是這裡描繪的卻是尤里撒瑟其中一間麵包坊的工作場景，裡頭有個男人，他身穿短托加服，正在指揮其他人工作——這男人很可能就是他本人。尤里撒瑟如果知道西塞羅貶抑那些從事貿易和受薪的勞務，那麼這陵墓就相當於對這些勢利人物的羞辱。同樣地，路過的貴族可能會覺得有那麼一點點碰到特立馬喬的感覺。

圖81　北義地區一位「紫色染工」的墓碑。他的雕像下方刻著他這一行的生財工具，包括秤、小玻璃瓶和處理羊毛的工字形捲線軸。

但是在這裡有一個比個人身分更重要的事。業者為工匠提供一個場合，讓他們的工人從事共同活動，促進大家共同的利益，分享彼此的身分認同時，這樣的活動也涉及群體和社會的面向。帝國各地的商會（*collegium*）蓬勃發展，成員有奴隸也有自由民——這樣的身分混合常見於各種工作環境。西元二世紀，一間坐落在羅馬城外的商會草擬了規章，規定任何獲得自由的奴隸會員，必須贈送「一瓶雙耳細頸瓶的好酒」給其他會員——大概是慶祝酒會上要用的。這些商會當中，有的還有宏偉的總部，通常會制定明確的管理結構、規章和條例、入會費和年費；這樣的商會也可以作為政治壓力團體、聊天室、聚餐場所，甚至提供喪葬的服務。定期參加商會活動，成為會員的其中一個要素是：會員死後可以擁有一個體面的葬禮。這多少解釋了為何墓誌銘充滿了工作的敘述。你以木匠的身分下葬，就有一場由木匠商會支付的葬禮。

這種商會跟中世紀的同業公會還有一段很大的差距；這種商會並沒有訂定從事某一職業的資格，或強制施行商店歇業規定，也稱不上是古代版的商業聯盟或同業聯盟——儘管看來相像。西元二世紀，以弗所（在現在的土耳其）有一份文件流傳下來，從這份殘存的判決書看來，以弗所的麵包師傅在西元二世紀中期曾因罷工而引起了暴亂；佩脫尼奧在《愛情神話》裡，讓一個角色抱怨麵包師傅（又是他們）跟當地官員串通，一起哄抬麵包價格。在羅馬歷史的某個時間點，人們為這種商會創

圖82　這塊在奧斯提亞找到的大理石浮雕描繪一個生意興隆的家禽販售商和他的攤子。這塊浮雕可能是墓葬用品，也可能是店鋪的招牌。左二的男子似乎正在叫賣，櫃檯後方的女子則在招呼客人。這個攤子是由幾個籠子（有的還關了兔子）組成，籠子上頭坐著一對猴子。

造了一個起點。有個傳說提到這些商會最早是由羅馬第二任國王努瑪創立的，包含建築工人、青銅工人、挑夫、金匠、染人、皮革處理者和樂師等，各行各業都有專屬的商會。這個傳說固然離譜，卻也很重要。不過，不論是誰憑空想出這一切，這一切都只是夢而已，只是給工匠和他們的行業組織一個譜系，一個幾乎可以遠溯到古羅馬歷史源頭的譜系。

在龐貝城，我們今日仍能找到些許證據，大致了解商會和工人的公共形象。龐貝的城內有些牆上留下一些競選標語。這些標語看來都是當年人們臨時畫的告示，籲請選民在地方議會選舉中支持這個或那個候選人。這些臨時告示與現代的政治海報並沒有什麼不同，雖然這裡的標語比較標準化，往往只是一個句子，類似這樣：「克里森斯籲請撒必努斯當市政官」（Crescens asks for Gnaeus Helvius Sabinus as aedile）。同樣的主題可能會有各式各樣的變體，甚至包含負面的競選標語，例如「那些小賊找瓦提亞當市政官」，意思就是「別投票給瓦提亞」。另有一系列公告顯示特定一群人，例如麵

圖83　烘焙承包商尤里撒瑟之墓，其年代可上溯到西元前一世紀。這座墓碑得以保留是因為它被嵌入後來興建的城牆鐘樓。碑上那些特殊的小圓圈圖案，可能代表用於大量烘焙時，那些揉捏麵團的機器。

包師傅、木匠、養雞戶、洗衣店員工、趕騾人等對某個特定候選人的支持。不過這樣的公開支持有多正式，我們無法確定。我們沒有必要認為某些選舉的背後必定經過當地組織事先投票決定——儘管那也可能是事實。不過，至少可能會有一群人聚在一起，談談例如身為洗衣店員工（或任何員工……），他們應該支持某個而不是另一個候選人。

在龐貝城，我們也很難得地看到某些人的工作環境，特別是洗衣業。羅馬的洗衣業者和紡織加工業（傳統上兩者合稱為洗染業〔fulling〕），並不是一個令人嚮往的行業。洗染的過程中，有一項主要的材料是人類的尿液。據說這就是讓維斯巴西安皇帝說出「金錢不臭」這個笑話的事緣。羅馬城外洗染坊附近的墳場，出土的年輕骨骸顯示死者生前承受了大量緊張和充滿壓力的身體勞作。龐貝城有許多座洗染坊，其中一座讓我們見識到這個產業的不同面向。這座洗染工廠的牆上有幾幅描繪洗染工人工作情景的裝飾壁畫；十分精確地描繪洗染布料整個詳盡而凌亂的過程：一群男人——主要是男人——使用各種氣味難聞的混合物，不斷捶打和處理布料。在洗染坊中工作的男人，他們一整天看見的就是這些壁畫——那一幕幕情景，正是他們工作的寫照，一個工作環境看來十分美好且衛生的寫照。（見彩圖18）

西塞羅的對手或許會嘲笑他是染坊業主的兒子，不論真假。但是在龐貝城的這座染坊中，如同整個帝國裡的其他染坊，壁畫上洗衣業形象是一個高尚、值得自豪的工作，人們在此也充滿了歸屬感。想必這是西塞羅從來不曾想過的現象。

酒吧文化

羅馬菁英常常更感到輕蔑——而且更感到焦慮的是，他們不知道其他人口不工作時，究竟在從事哪些勾當。普通民眾熱中於觀看表演和參加盛大慶典就算了，糟糕的是，他們還喜歡聚集在酒吧、廉價的小飯館和餐廳裡。想想你在那種地方可能會遇上哪些恐怖駭人的人物！這裡有個例子。裘維納曾提到奧斯提亞港有個髒亂不堪的酗酒場所，那裡的常客有殺人凶手、水手、盜賊、逃亡的奴隸、絞刑吏、棺材店的工人，還有偶爾上門的閹割祭司（大概剛從鎮上的大母神聖殿下班）。後世的著作當中，西元四世紀有個羅馬史學家曾提到「最低等」的是那種一整夜泡在酒吧裡的人。他還特別描寫了那些人令人作噁的鼻息聲——那是骰子玩家全神貫注於賭局時，從充滿鼻涕的鼻子裡發出的聲音。

我們在過往紀錄中看到羅馬當局曾針對這些店家實施各種法律限制，或是增加課稅。據說提比流斯似乎禁止這類場所販賣點心。克勞狄斯應該是全面禁止「小酒館」提供水煮肉和熱水，因為羅馬的標準做法是熱水加酒混合著喝（既然如此，當時為什麼不禁酒）。據說維斯巴西安規定酒吧和酒館完全不准販賣任何食物，除了豌豆和四季豆之外。假設這些禁令不是古代傳記作者和歷史學家想像出來的，那麼這種禁令僅僅是毫無實效的裝腔作勢，羅馬的國家資源根本無從執行，只是徒具象徵意義的律令而已。

所有菁英分子都擔心下層階級民眾聚集的地方充滿暴力。這些地方偶爾難免會出現暴力場面和粗魯的對話，但是一般酒吧的真實情況遠比傳聞來得溫和許多。因為就好的一面來說，酒吧不光只是喝酒的場所；對租屋處沒有廚房設備的人而言，酒吧是他們日常生活中重要的一部分。從羅馬的公寓大樓的布置來看，羅馬人的生活模式跟我們現代人完全顛倒。羅馬的有錢人家裡有廚房，還有很多間餐廳，他們通常在家用餐。窮人如果想吃一點類似現代三明治以外的其他食物，他們就得出外用餐。羅馬的城鎮到處都是廉價酒吧和小餐館，部分羅馬平民下班之後，都會到這些場所消磨好幾個小時。龐貝又是我們了解這一生活面向最好的例子。如果把城內尚未開

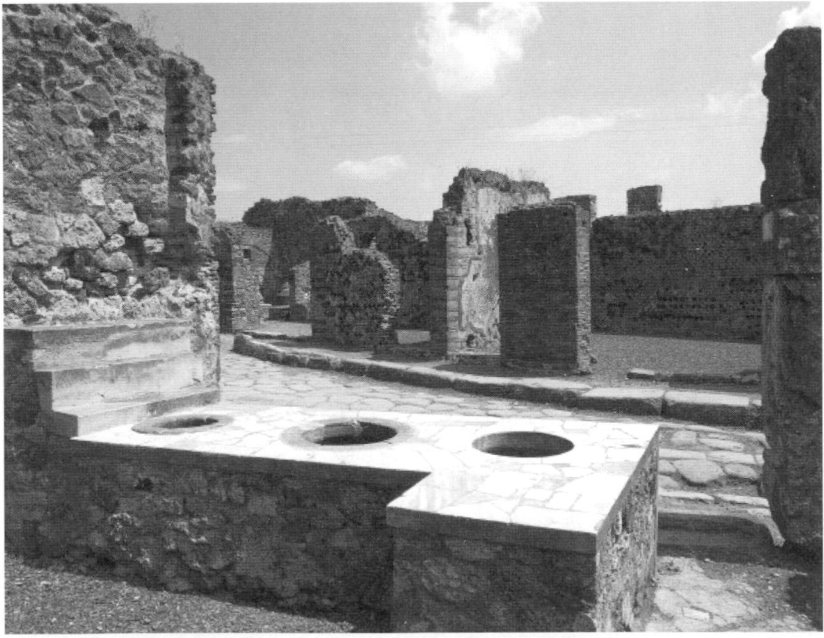

圖84　龐貝城裡典型的羅馬酒吧。面對街道的櫃檯上放著幾個很大的碗盆——大概裝著要賣給外帶客人的食物或飲料。左側的階梯其實是陳列架，用來展示其他食物商品。

鑿的部分考慮在內，同時也儘量抗拒把任何有服務臺的建築物稱為酒吧（有些考古學家就沒有這層顧慮），我們大概可以找到一百多間這類的酒吧，而這裡大約有一萬兩千居民，加上許多路過的旅客。

酒吧的設計相當標準化。櫃檯臨街，面向人行道，提供「外帶」服務；內部設有供內用者使用的桌椅，店內還有男侍負責招待。通常還有一個擺放食物和飲料的展示櫃，另有一個用來料理熱食和熱飲的火爐或烤箱。龐貝城有些酒吧就跟洗染工廠一樣，牆上也畫了一系列描繪工作場景的壁畫——部分出於幻想，部分出於現實的酒吧生活場景。這裡找不到太多證據可以證明讓羅馬作家害怕的道德敗壞。這些壁畫當中，有一幅描繪酒商送來一大桶酒；另一幅描繪客人坐在垂掛著香腸和其他佳餚的天花板下吃點心。最「糟」的大概是一幅描寫性交的畫面（這幅畫現在已經難以辨識，因為某些現代道德家把畫面塗壞

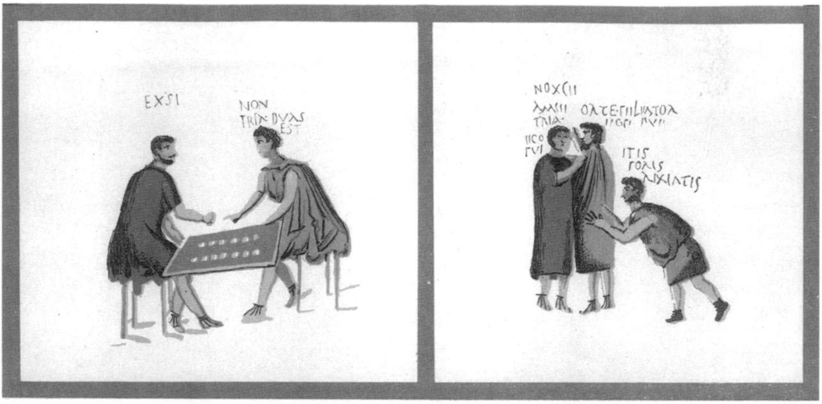

圖85　酒吧裡擲骰子遊戲引起爭執的場景。這是十九世紀的複製品，臨摹自龐貝城一家名叫賽爾維斯酒吧的某些畫作。左邊的畫面描繪兩個男子發生爭執，一個玩家大喊：「我贏了！不玩了。」但是他的對手對擲骰的結果有意見。第二個場景裡，畫面右邊的店家不但叫他們出去，還親手把他們推向門口。

了）；再來就是文字塗鴉，內容大致是「我操老闆娘」（這是事實陳述？吹噓或污辱？那就不得而知了）；另有幾張描繪顧客玩骰子遊戲的畫，不管他們有沒有噴鼻息，看樣子應該是在賭錢。有一間酒吧的牆上出現漫畫常用的對話框，大概是用來充實畫面的內容。這組漫畫描繪顧客因賭錢差點導致鬥毆。遊戲過程中，有些人口裡飆出一串極粗鄙的話。丟出的骰子點數出現歧異時，有個對話框寫道：「是二，不是三！」爭議途中，另一個對話框寫道：「混帳東西，我的是三，我贏！」和「才怪！拜託，你這狗雜種，贏的是我！」眼看就要打起來了，店家——就跟一般店家常做的那樣，出面介入調停，屬於他的對話框寫道：「要打架，到外面去打。」

羅馬菁英亦有其雙重標準，賭博和下棋可能是其中最極端的案例。有些傲慢至極的貴族是狂熱的玩家。根據蘇埃托尼亞斯，克勞狄斯就是這樣的狂熱分子，他甚至還寫了一部談骰子遊戲的書，並特別命人改造馬車，讓他在行進中仍然能夠繼續玩骰子遊戲。第一任皇帝奧古斯都也非常沉迷賭博。但是他也非常關心朋友的荷包，因此乾脆發給客人大量現鈔充當賭注（蘇埃托尼亞斯在此暗示他的反對立場，認為奧古斯都不該不設法隱藏這個習慣，他甚至調皮地拿這件事跟另一個相傳也是皇帝的嗜好來做比較：給處女開苞）。下棋不僅是男人打發時間的休閒活動。老太太巫米狄雅也很喜歡下棋，但是普里尼沒說巫米狄雅賭不賭錢。依據裘維納對這一現象的觀察，他很有技巧地將之導向羅馬人的虛偽：菁英分子自己也愛賭博，但是看到平民沉迷於這種遊戲時，菁英就暴跳如雷，大叫這「實在太不像話了」。

菁英們反對賭博的主要原因是：玩骰子是犯罪之門。龐貝城酒吧牆上畫的鬥毆場面，點出的只是小規模的犯罪，據傳卡提林的追隨者中，有些著名的「骰子手」（*aleatores*），這顯示玩骰子跟密謀和叛國相關。另外，在富者和權貴者的腦袋裡，賭博的顛覆效果也是主要的因素。在這個財富與政治權力、社會地位有直接聯繫的世界裡，人們不喜歡看到既定的秩序被純粹因為機遇而得的金錢翻轉，即使這樣的機率微乎其微，終究也是一種危險的搗亂。特立馬喬經商致富已經夠糟了，靠擲骰子一夕致富更是要不得。因此，羅馬政府努力管制普羅大眾的賭博行為，限制賭博的時間和場合，限定追討債務的法律責任。這條法規就跟限制酒吧的法規，效果幾乎一樣無效。整個羅馬世界到處都有棋盤。目前得以保存下來的，全都刻在耐久的石頭上，有些來自墳塚，有些來自酒吧和軍營，或者就直接刻在人行道和公共建築的階梯——大概想讓人們一有空隨時隨地都能找到娛樂。

骰子遊戲有各種不同的名字，有各種不同的規則，使用的棋盤也有各式各樣的設計。從來沒有人能夠重構這些遊戲確實的玩法（就像是在沒有手冊、棋子或卡牌的情況下試圖找出玩大富翁的方法一樣）。儘管那樣，有一種常見的棋盤讓我們能夠窺見遊戲時令人難忘的氛圍和遊戲者的心態。這些棋盤的設計，顯然是讓玩家把棋子走完三十六個點；棋盤的設計共有三行十二個點，每行又分成兩組各六個點。但是占據現代棋盤上的「格子」的，通常是字母，玩家顯然是根據字母順序移動棋子。這些棋盤上的字母通常又會仔細地排成可閱讀的文字，構成一個簡明扼要的口號——這些口號共有六個字，每個字都由六個字母組成。其中有些口號顯然是酒吧文化和玩家們本身的座右銘。

有的口號是稍嫌嚴肅的說教口吻，反映棋盤遊戲這個活動不利的一面。例如「骰子上不祥的圓點，玩家再高超，也得賭一賭運氣」，或者「棋局是馬戲。被打時下臺。你不懂如何出牌」。

更多的是一種非常羅馬式的勝利口號，即便那是相當久遠的勝利，有一面大約出自西元三世紀的棋盤宣稱：「宰了安息人。征服大不列顛。羅馬人，下注吧！」其他的則強調務實的大眾享樂主義，例如有一句提及羅馬大競技場的競賽：「競技場裡人擠人，人民高聲呼喊，玩得正開心」；或者描繪生命中較為簡單的快樂，例如在提姆加德廣場的階梯上，有個棋盤以此口號總括一切：「狩獵、泡澡、賭弈、歡笑：這就是生活。」

這些標語削弱了羅馬菁英反對的力道，反而捕捉到酒吧生活的趣味和活力：呈現平凡的羅馬人可以享有的樂事（從競技場到勝仗），還有展現一種務實的觀點——關於何謂美好的日子，何謂令人心滿意足的生活。從這些標語，我們看到平凡的龐貝洗染工人在晚間坐在當地的酒吧，喝著一兩杯酒（摻了熱水），跟朋友下棋、擲骰子為戲，一面夢想著以博弈步向更美好的人生。

真有那麼一兩個人確實鴻運當頭。龐貝城的塗鴉資料當中，有一則紀錄了一個大贏家到鄰鎮賭博贏錢的欣喜雀躍：「我在紐瑟里亞（Nuceria）丟骰子贏了錢。八

圖86「競技場裡擠滿人」的另一個版本。這塊棋盤（右邊已經破損）的最後一行寫道：IANUAE TENSAE，意即「大門正在搖晃」。

百五十五又二分之一個迪納里幣（denarii）。我發誓，這是千真萬確的事。」誠如塗鴉者表露無遺的興奮之情，這簡直是不可思議的完勝，也是一筆龐大的金額。一個迪納里幣等於四個塞斯特斯幣，那麼這筆錢差不多就等於四千個塞斯特斯幣，或相當於羅馬士兵四年的年薪。這對贏家來說必定大有幫助。首先，他應該不是一個貧無立錐之人。如同精明的奧古斯都所了解的，賭博需要賭本，無論在酒吧或在街角，玩家身上都必定有幾個閒錢。贏來的這一大筆錢，玩家大概會用來改善租屋環境、添製新衣、取得更快速的交通（五百個塞斯特斯幣可買一頭新騾子），添購豐盛的食物和好酒（根據龐貝城倖存的一份價目表，一個塞斯特斯幣可以購買一杯或一壺最上等的法樂尼（Falernian）美酒——這價格是當地土酒的四倍）。但是，無論菁英怎麼猜疑，這些事物之中沒有任何一項足以削弱社會秩序的根基。

忍一忍，將就著過日子

無論如何，四千個塞斯特斯幣對當地酒吧大部分小額賭客而言，都是極罕見的勝利，也是他們遙不可及的夢想。甚至棋盤上最簡單的標語，也是某些人的夢想。「狩獵、泡澡、賭弈、歡笑」——對於住在如同提姆加德那樣的鄉鎮的人而言，這可能是很基本的享樂，但是對於羅馬街頭的男男女女來說，狩獵不過是一場幻夢。對於住在出租大樓頂樓的那些人，「競技場裡人擠人」固然可能是事實，但是這些競技比賽，他們很難得有閒錢可以去觀賞；格鬥士的表演或許他們還有可能負擔得起。格鬥士表演主要的表演場所是在大競技場，這裡可容納二十五萬人，是圓形大競技場的五倍。總的來說，即便那些住在出租大樓底層，生活得比較舒適的人也要面對——若用我們的話來說——許多充滿風險的未來；他們的舒適生活，其根基向來十分脆弱。有些現代史家推斷：機率遊戲在平凡羅馬人之間所以那麼普及，那是因為跟他們生活環境密切相關。對多數羅馬人而言，生活往往就是一場賭局，辛苦賺錢跟中樂透並沒有太大的差別。

一時的富足，並不保證下一刻也是如此。那些今天賺了少許盈利的，明日可能就會遇到阻撓，比如萬一生病他們就無法去工作，頻繁發生的水災或火災可能馬上就摧毀他們的家園。羅馬舊城宏偉的遺跡以及建於十九世紀的水災防汛設施有效阻擋了破壞力強大的水災，這兩者可能會轉移我們的注意力，忘了不斷降臨此地的天災；再者，即使富者與貧者毗鄰而居，這類災禍並未對這兩群人一視同仁。住得高個幾公尺，比如住在山坡上，便能讓富者的住宅免於水患，蓋在較低窪地區的出租大樓，即使那些住在底層較好的居所的人也難避此災。火災是所有人的困擾；西元一九二年，一場大火讓蓋倫失去所有收藏在羅馬廣場附近庫房裡的財產，包括醫學著作、醫用器械、藥物和其他貴重物品（二〇〇五年，他的手稿重新被發現，我們從這些手稿得知此事）。但是住在高樓層的人特別有此問題，尤其住戶試圖用不穩定的火爐在高樓層烹煮或保暖的時候。

無足輕重的，但有時又並非那麼無足輕重的犯罪事件有可能讓這些人失去積蓄、珍貴的財產、衣服和謀生的工具。過去就跟現在一樣，飼養看家狗和擁有相當於保全系統（奴隸）的富裕人家特別會大聲嚷嚷，抱怨盜賊上門和街道搶劫事件頻傳。事實上，窮人才是最大的受害者。在埃及行省發現的手寫莎草紙公文裡，保存了幾個故事；相較於帝國其他地方那些鐫刻於石頭上的公開聲明，這些公文常常更直接，更不拘泥於禮節，我們從中可看到肆虐為禍的日常犯罪和暴力事件的個人描述。舉例來說，有個男子控告一幫青年攻擊他的房子，毆打他（身體四肢全受了傷），偷走他的衣服（一件緊身短上衣和一件披風）、一把剪刀和一些啤酒。另一個男人聲稱有幾個欠他錢的無業遊民毫無預警地出現在他家裡，攻擊他懷孕的妻子，導致她流產，以至於她現在「仍有生命危險」。遠在三千多英里之外，我們在不列顛行省的巴斯鎮（Bath）（當時蘇利斯聖泉〔Aquae Sulis〕的所在地）找到多篇銘文，據那些銘文：衣服和配件——戒指、手套、特別是斗篷——的盜竊案十分頻繁，層出不窮。

當時很少有資源，而且幾乎沒有固定的公共服務系統可以減少這些危機。到西元一世紀以前，羅馬城裡有一個小而簡陋的救火服務隊，但是其配備只有幾條棉被、幾個水桶和醋可以用來滅火；他們更常依賴的是拆除周邊房產來斷絕火源。這是個好點子，除非你就住在那些房子裡。此外，當時也沒有警力讓人民舉報違法的活動，尋求賠償時也得不到警力的協助。許多罪案的受害者只能仰賴朋友、家人或地方上的治安維護人員的大力協助，為他們向可能的犯罪者討回公道。沒有任何官方的管道可以有效處理尋常的違法行為，有的只是粗暴的正義和凶殘的報復。那位不幸的懷孕妻子遭到毆打之後流產，她很有可能就是這種私刑的受害者，儘管她那看似無辜且憤憤不平的丈夫留下了一份催人淚下的紀錄。一位羅馬店家的故事暗示了另一個循環的開始。一個晦暗的夜晚，有個竊賊偷了他櫃檯附近的一盞燈，他急起追賊。接下來的一陣扭打中，小偷突然拿出鞭子抽打店家，店家起而反擊。在這過程中，他打落了小偷的一隻眼睛。

羅馬的法律結構嚴整精密。羅馬人具有制定法規和原則的非凡專長，他們很懂得訂定權責議題，決定所有權與合約的權利，儘管如此，羅馬法律對那些非屬菁英的老百姓的生活並沒有太大的影響，甚至對他們的問題也幫助不大。當普通百姓企圖使用法律，法律系統卻顯得無法負荷，完全幫不上忙。我們不清楚羅馬埃及行省那些平民受害者的投訴有沒有進展，儘管他們非常希望行省官員能執行一點法律行動。我們從另一份莎草紙文件得知，西元三世紀初期，有一位埃及行省總督在一個地方的短短三天之內就收到一千八百份訴狀。這一大批請願書最後可能因為沒有人力處理，大多數應該是被丟入垃圾桶。

多數時候，法律機構對平民百姓的問題絲毫不感興趣，反之亦然。偶爾羅馬的法律學者與專家會把窮人的厄運當成棘手的個案來研究，比方說，他們認為小偷如果真的先動手鞭打店家，那麼店家就不違法。一般的情況是，平民很少會動用到法律，通常只有在事關繼承和公民身分之裁定時，老百姓才會發現法律的裁定是必要的。譬如在赫庫蘭尼姆，我們發現了有好幾份寫在蠟板上的文件（鋪在蠟板下面的木頭，上面的筆跡依然清晰可見），紀錄了一些真偽難辨的目擊者證詞，看來像是一場令人摸不著頭緒的當地糾紛。事關當地鎮上一個女子究竟是奴非奴。如同羅馬世界的多數人，她沒有正式的身分證明，在這個案例中（結果不詳），有個有門有人脈也有錢的人把這個案子上呈到羅馬最高法院。但在一般的情況下，法律對多數人而言是遙不可及的，如同我們即將看到的，老百姓往往視審判和法律程序為可畏的威脅，而不是他們可能的保護。

如果不能訴諸法律，尋常百姓在家庭和朋友之外，他們該往哪兒尋求協助？答案是他們往往就向「另類」的支援系統求助，例如諸神、超自然力量，或那些宣稱自己掌握未來的知識、了解問題的答案的人——譬如那些收費低廉的算命師。可想而知，羅馬菁英當然很瞧不起這些人。我們知道羅馬巴斯鎮那樁披風罪行的唯一原因，那是因為人們到當地向蘇利斯女神求助——他們把對竊賊的詛咒刻在小鉛牌上，再丟入水裡。如今這些小鉛牌多半已被發現，上面刻著百姓或憤怒或失望的訊息：「布魯斯的兒子杜西里安致最聖潔的蘇利斯女神：我詛咒任何偷走我的兜帽斗篷的人，無論男女，無論奴隸或自由民，請蘇利斯女神賜死予他，讓他無法入眠，讓他從現在直至未來都沒有子嗣，除非他把我的斗篷帶到女神的聖殿還我。」這是其中一則詛咒，非常具有代表性。

在種種從古典時期遺留下來的另類資源當中，有一項文件最為奇特。這些文件引領我們直接觸及那些折磨著古代街上男男女女的確切問題和焦慮。這份文件題為《埃斯特安賽克斯神諭》（*The Oracles of Astrampsychus*）；不過，這書固然是以傳奇的古埃及魔術師命名，但這書跟他完全扯不上關係。書中的導言宣稱（令人難以置信地）作者是哲學家畢達哥拉斯，又宣稱書中隱藏著亞歷山大大帝成功的祕密，事實上，這本書是一本現成的算命工具，大約可以追溯至西元第二世紀，距離畢達哥拉斯或亞歷山大大帝有好幾個世紀之遙。書中依編號羅列了九十二個人們可能想要請教算命師的問題，外加上千個可能的答案。問卜者選擇最能代表他或她的問題，然後把編號給算命師；算命師再依據算命工具的指示——包含大量的繁文縟節，挑選更多的號碼，拿走你最初想到的數字等等——最後從上千個答案中找到唯一的正解。

不管編纂《神諭》的人是誰，他／她認為那九十二個問題最有可能把人帶向當地的廉價算命師求助。其中有一、兩個問題顯示來者可能是身分高貴的顧客：「我會成為元老院議員嗎？」這絕不是一般人會關注的問題，就像現代人可能會問的「我會不會嫁給英俊王子？」這類不切實際的問題一樣——問這問題的人根本不可能遇見王室成員，更別說會嫁娶王室成員了。大多數的問題聚焦在更為尋常的焦慮，亦即那些關於健康、婚嫁和子嗣的問題。例如第四十二號問題：「我能戰勝病魔嗎？」想必這是最常見的問題了。另一個有趣的問題是：「我被下毒了嗎？」顯然非皇室成員也會有這樣的疑慮。第二十四號問題：「我的妻子懷孕了嗎？」這問題剛好跟另一個充滿罪惡感的提問形成巧妙的平衡：「我的姦情會不會馬上被發現？」「我能撫養那個嬰兒嗎？」——這問題顯示是否「野曝」新生兒是一個古老的兩難。顯而易見的，奴隸也是標的主顧（「旅人還活著嗎？」和「我會獲得自由嗎？」和「我會被賣嗎？」）；旅行顯然是生活中最迫切的危險之一（「旅人還活著嗎？」和「我的航程會順利嗎？」）。但是最大的課題還是金錢和生計問題；人們一問再問的問題有：「我借得到那筆錢嗎？」、「我的工作坊開得成嗎？」、「我能還清債務嗎？」、「我的財產會在拍賣會上被拍賣嗎？」、「我會繼承我朋友的財產嗎？」法律問題一旦出現，往往都是迫在眉睫的威脅，例如：「我會被起訴嗎？」或者：「如果有人告我，我會不會平安無事？」

針對所有這些問題，這個複雜的系統可能給出好的、壞的和模稜兩可的答案，假使顧客認真對待這些答案（古代有些人也像今日許多星座讀者抱持著懷疑的態度）。「你不會被抓姦在床」顯然比「你的姦情會被揭發，但是不是現在」好一點；「你沒被下毒，但你中了巫術」只會引起另一陣新的焦慮；「旅人還活著，正在回來的路上」——在多數情況下，這會是一個慶祝的理由。自始至終，這些回應所傳達的，始終是一種聽天由命的態度，例如「等待」、「時候未到」、「忍耐一點」和「勿再期盼」等等忠告不斷重複出現。

這樣的態度也見於動物寓言——羅馬文學當中，唯一來源不是菁英世界的文類。這類故事通常都歸功於伊索（Aesop），一位生於好幾世紀前的希臘奴隸。時至今日，許多這類故事的現代選集依然冠著他的姓名，如《伊索寓言》（*Aesop's Fables*）。但是在羅馬，另外有一個重要人物以明顯的羅馬風格改編了早期版本，創造了自己的新版本；他是皇家的解放奴斐德羅（Phaedrus）；他在西元一世紀早期，亦即提比流斯統治期間從事寫作。他的這些故事把狐狸、青蛙和綿羊等弱小動物抬出來，使之與獅子、鷲、狼和鷹等凶悍強大的動物形成對比，藉此清楚扼要地表述羅馬社會的不平等。他所採用的觀點也很特別，亦即自下而上的觀點。

只有在很偶然的情況下，弱者才有勝出的時候。例如一隻母狐狸發現她的小狐狸被母鷲叼走，想叼去當小鷲的食物。狐狸放了一把火，鷲於是放開小狐狸，趕緊去營救自己的一窩雛鳥。形勢總是對無權無勢者不利。有一則故事提到一頭母牛、山羊、綿羊和獅子結夥同行，當大家捕獲一隻碩大、美味的雄鹿時，獅子卻要獨占雄鹿，拒絕分享。另一則故事提到一隻鶴把頭伸入狼的咽喉，幫狼移去卡在喉頭的骨頭。事成之後，狼卻拒付原先說好的報酬（狼一再詰問鶴：鶴的頭安然無事，這還不夠嗎？）總體觀之，箇中的訊息跟隱藏在賭博的樂觀想像有著驚人的對比。許多寓言堅持：唯一務實的選擇，就是安於現狀。青蛙請求朱庇特天神賜給牠們一個國王，朱庇特給了青蛙一根圓木；當青蛙要求一根更好的圓木時，竟然得到一隻把牠們全部吞下肚的蛇。一隻小寒鴉用美麗的羽毛把自己打扮成出色的孔雀，但是孔雀視之為冒牌貨，拒絕理會。當小寒鴉想重回到寒鴉的隊伍時，這次卻因為自己的妄想出頭，再次遭到同伴排擠。這是特立馬喬的故事另一個非常不同的版本，而且是觀點非常不同的版本。

有件事是肯定的：這些可憐的生靈是得不到法律力量的援助的。一隻從海外歸來的燕子的故事可怕地揭露了這一點。這隻燕子在法庭的牆上築巢，孵著七顆蛋。燕子離家時，一隻大蛇吞食了巢中的所有雛鳥。這則寓言的教訓是：法律可能會保護某些人的權利，但是卻保護不了可憐的小燕子，因為小燕子的謀殺案就活生生地發生在法官眼前。

燕子和大蛇

考慮到羅馬世界貧富之間有著如此巨大的鴻溝，為什麼那裡沒有出現更公開的社會衝突和政治衝突？羅馬城裡的皇帝和數千位富豪，加上他們的奴隸員工，他們如何能夠壟斷數百英畝的土地，圍繞著城市邊緣，大量擴建豪宅和寬廣的公園，可是卻有近百萬人得塞進其他剩餘的狹小空間？如果套用寓言的術語，為什麼燕子沒有發動叛變，反抗大蛇？

其中一個答案是這樣的：被紀錄下來的衝突可能比實際來得少；很多地方發生的，只是小型的游擊戰，不是公然的造反，例如向路過的轎子窗簾丟臭雞蛋，而不是群起攻擊皇宮的大門。羅馬作家對中等程度的動亂看不上眼，沒興趣紀錄下來也是原因之一。皇帝在參與公開競賽和場面浩大的活動時，肯定會在意自己是否受到歡迎。雖然在皇帝的統治之下，羅馬不像共和時代晚期那樣發生許多衝突，但是羅馬和帝國的其他城鎮還是有些地方會發生零星的暴力事件。暴動的主因是食物供給的中斷。西元五一年，克勞狄斯在羅馬廣場被人猛丟麵包（在食物短缺的時候，用這種武器還真是令人覺得意外），必須設法從皇宮後門溜進宮中。大約在同一時間，在現代土耳其的阿斯本度斯（Aspendus），有一位地方官員幾乎被憤怒的群眾活活燒死，因為群眾抗議地主把屬於他們的穀物鎖了起來，打算出口到外地。但是，食物並不是唯一的問題。

西元六一年，有一位重要的元老被他的一個奴隸殺了。元老院決定遵從慣例，決定把罹難者家中所有奴隸，連同罪犯一起處以死刑（這種懲罰的威脅，旨在鼓勵奴隸檢舉揭發罪犯）。這一回，等待處死的總共有四百人，全都是無辜的。人們氣憤於這種連坐之罪過於嚴苛，同時也為了展現奴隸和自由民——許多自由民都曾是解放奴——的團結，便上街遊行示威。儘管有相當多位元老支持示威者，但是皇帝尼祿仍然讓軍隊出來阻止暴動，執行了原來的判決。

另外一個答案是，儘管貧富懸殊，菁英分子對不幸者充滿鄙視，而且還有明顯的雙重標準，但是羅馬的有錢人和那些至少屬於「中等」階級的人，或那些住在公寓大樓低樓層的人，他們之間的文化重疊遠比我們想像中更多。撇開表面的差異不看，這兩種文化確實具備許多可以相互滲透的層面。燕子的觀點跟大蛇的觀點，究其深層處，其實並沒有太大的不同。

這類暗示，我們已經看過一些。酒吧裡的漫畫對話框，寫作巧妙的墓誌銘（有時寫成詩歌，而且符合所有拉丁文詩歌的複雜規則），這兩者顯示羅馬是一個讀寫能力被視為理所當然的世界。近年有許多尚無定論的論辯，討論羅馬帝國的住民究竟有多少識字人口。如果把羅馬世界視為一個整體，不分城鄉，這數字應該很低，可能不到成年男子的百分之二十。但是在城市裡，識字的人口必定很多；這裡有許多小商人、手工藝人和奴隸，他們需要基本的讀寫和計算能力，好讓工作順利進行，例如寫訂單、數鈔票、安排貨物運送等等。我們從許多跡象看到這類「功能性的讀寫能力」讓「中等」階級分享了所謂的高級古典文化。

維吉爾的詩有五十多行被當成格言，塗寫在龐貝城的牆上。當然，這並不意味著《伊尼亞德》或他的其他詩歌在帝國內廣為閱讀或全文讀完。大部分引言都出自《伊尼亞德》第一卷的第一句話（「我歌頌武器和那位英雄」），或第二卷第一句話（「人人陷入沉默」）——這些詩行在當時可能像「生存還是毀滅」（To be or not to be）那樣常常見引。這許多塗鴉有可能是有錢人的小孩在放學後的傑作，因為維吉爾的詩是學校的教科書。認為只有窮人才會塗寫牆壁，那是種謬見。但要說這所有塗鴉都出自富家子弟的手筆也令人難以置信。

諸多跡象顯示，即便是一小段詩行，維吉爾的詩歌也是大家共有的文化財產，可以被引用、改編、甚至用來開玩笑、玩遊戲。龐貝城有一間洗衣店的門面就以《伊尼亞德》中的故事場景作裝飾，描畫英雄伊尼亞斯帶著父親和兒子離開特洛伊城的廢墟，前往義大利尋找新的家園。一群愛開玩笑的人就在該壁畫附近，以詼諧的手法，把詩歌著名的第一句改擬成：「我歌頌洗染工人和他們的貓頭鷹，不是武器和那位英雄」（貓頭鷹是洗染業者的商業吉祥鳥）。這當然不是高雅的文化，但是這處塗鴉壁畫確實點出：街頭世界和古典文學世界之間有個共有的參照體系。

另有一個更引人注目的案例是在奧斯提亞港發現的酒吧裝飾壁畫。這幅壁畫大約是西元二世紀畫的，主題是傳統上被歸類為「七賢者」（The Seven Sages）的古代希臘哲人和導師。這七位賢者包含西元前六世紀的思想家米利都的泰勒斯（Thales of Miletus），他宣稱水是宇宙的起源，並以此聞名於世；再來是和他大致同時代、來自雅典的梭倫（Solon of Athens），一個近乎傳奇的法典制訂者；再來是斯巴達的契羅（Chilon of Sparta），另一個早期名人和知識分子。這幅壁畫原來應有七人，但現在牆上有某些畫像已經亡佚；他們每人手拿著卷軸，坐在雅緻的椅子上。這幅壁畫有個令人驚異之處，亦即每位賢者的身旁都寫有一句標語，但是這些標語的內容跟他們擅長的政治、科學、法律或倫理等專業無關；相反的，談的都是跟排便有關的常見說法。（參考彩

圖15）

泰勒斯頭上的標語寫著「泰勒斯奉勸那些有排便困難的人：你真的要扎實地下點工夫」；梭倫的標語寫著「為了順利排便，梭倫輕拍自己的腹部」；契羅頭上的標語則寫著「機靈的契羅教你怎樣放不響的屁」。在七賢者的下面，畫有另一組人物，排排坐在一排馬桶上——羅馬世界常見的馬桶。他們也說著跟如廁相關的格言，比如：「跳上跳下，你會排得更快」或「快出來了」。

對於這種玩笑，有一種解釋是：這是大眾文化對菁英文化的挑釁。在酒吧混的普通男生如果想找點樂趣，比如挑戰菁英文化的智識棟梁，他們所能採用的方法就是使用粗俗的語言來觀照菁英文化的智慧。這必然是其中一個理由：把崇高的思想拉下來，將之放在跟排便相關的話語等級。不過情況可能遠比這個解釋還要複雜。這些標語不僅假設觀眾看得懂，或者顧客當中至少有人有起碼的識字能力，能夠將標語唸給不識字的人聽。這裡還有個問題：為了設計和了解這裡的笑話，你也必須知道一點七賢者的故事；如果你根本不知道米利都的泰勒斯是何方神聖，那麼他的排便建議就不可能產生趣味。同理，為了打擊知識分子生活中的做作，你必須對知識分子的生活有所理解。

我們有很多途徑來想像這間酒吧裡的生活：粗俗幽默的如廁笑話，偶爾討論契羅獲得聲名的原因，開開店家的玩笑，跟服侍的員工打情罵俏。顧客會上門，理由很多：吃一頓好一點的熱食，不想獨自留在家中，想找個溫暖歡樂的環境度過夜晚，或純粹只是來喝杯酒買醉。有些人可能想著發財，夢想靠著骰子的幸運一擲，一夜致富。有些人則乖乖認命，不想把不多的餘錢浪費在賭桌上。許多人可能討厭富鄰的趾高氣揚和對他人的鄙視，討厭他們的雙重標準和他們的生活方式。羅馬城缺乏分區規畫或許有其公正的一面，但這也意味著：窮人得鎮日看著別人享有種種特權，過著自己不幸的日子。

無論貧富，大家都會同意的是：富貴令人嚮往，貧窮該竭盡所能地加以避免。猶如羅馬奴隸一心嚮往的，往往就是恢復自由身，而不是在體制的廢除奴隸制，因此貧苦大眾想要的，也不是整個社會秩序根本地重新分配，而是在財富的階梯上盡可能地向頂端靠近，盡可能在更靠近頂端的地方找到自己安身立命的所在。除了極少數思想偏激之人，古羅馬沒有人認真相信貧窮是光榮的——直到基督教的壯大（這是我們下一章將要探討的主題）。對那些經常出入奧斯提亞港的酒吧的百姓，或那些住在大宅裡的富豪而言，富有的人難以進入天堂這個想法真是荒天下的大謬。

第十二章

羅馬境外的羅馬

普里尼的行省

西元一〇九年，小普里尼離開義大利和他豪華的別墅，前往比提尼亞行省擔任總督。這趟路程，他花了至少四週的時間，走了大約兩千多英里的路。小普里尼是個律師、法庭發言人和前執政官；此時，他大約四十多歲，圖拉真任命他為新任行省總督，特別委託他調查比提尼亞各個城市的狀況。他的領地幅員廣大，占地大約一萬五千多平方英里，涵蓋黑海南岸大部分地區和米塞瑞達笛斯舊王國彭圖斯的部分領土。普里尼帶著比他年輕二十五歲的第三任妻子卡普妮雅（Calpurnia）同行——他每段婚姻都沒能留下子嗣。幾年後，卡普妮雅接獲祖父過世的消息，便啟程回鄉。普里尼卻不曾再回到義大利；可能在卡普妮雅離開之後不久，他就在總督任上與世長辭。

普里尼在總督任內所做的事，我們可從一百多封他留下來的信件得知一二。那是他在比提尼亞任內和皇帝之間的魚雁往返，內容包括行省的組織、行政、法律糾紛、城市重建、財政管理和皇室禮儀等等。他的這批信件經過細心的挑選和編輯（擺放在普里尼文件櫃中的秩序絕對不是這樣的），不管是誰編選這批信件並公開出版，這人都一心一意把他形塑成一個值得信賴、認真對待行省行政事務、善於發現細節的官員。他給人的印象常常是過於美好，好得不像是真的。

從這些信件看來，普里尼嚴謹地檢查當地幾個市鎮的財務，向皇帝彙報這幾個市鎮的行政狀況。他並且徵求羅馬派遣建築師和工程師到當地，因為他擔心尼科米底亞（Nicomedia）的引水道、克勞狄斯城（Claudiopolis）的公共澡堂、尼西亞（Nicaea）的劇場和體育館的狀況——他懷疑尼西亞這座新體育館厚達六公尺的牆壁結構並不安全，需要諮詢專業人士的意見。他打算在尼科米底亞成立一支消防隊，不過圖拉真不同意，理由很簡單：這類組織很有可能變成政治壓力團體；圖拉真因此建議小普里尼提供幾樣滅火器材就可以了。讓普里尼感到苦惱的事情還有：他不知該如何懲處那些試圖入伍的奴隸，因為按規定只有自由民才能從軍；他也不知道該不該讓尼西亞市鎮議會沒收生前沒立遺囑的死者的財產；他不知道圖拉真會不會介意把他的雕像立在埋有人類遺骸的建築物附近。

假設普里尼的信件一送到皇宮，馬上就會有人受理，他要獲得皇帝的答覆，至少也要兩個月的時間。不過，圖拉真確實經常給他回信；從偶爾惱火的語氣來看，表示這些回信如果不是皇帝本人親自口述，至少也是他本人起草的，而非委派下屬處理的公文。他強烈抱怨道：他當然不介意自己的雕像附近埋有人類的骨骸，普里尼怎麼會有那種念頭，以為那是一種侮辱？

如果普里尼和圖拉真發現兩千年後，兩人的書信最引人注目的主題是基督教，恐怕會大吃一驚；因為在當時，基督教只不過是一個看似微不足道，又棘手，處理起來又耗時的新興宗教群體。普里尼坦承他不確定該怎麼處理那群人。一開始，他讓那群人有幾次公開宣布放棄信仰的機會，只處死那些拒絕放棄的人（「他們如此執迷不悟，如此頑固不馴，理當受罰」）。不過，後來大量增加的名字讓他不敢掉以輕心，因為有人開始藉由控訴敵人是基督徒，作為個人清算舊帳的手段。普里尼繼續允准那些被調查的人放棄信仰，只要他們願意在皇帝和神明的雕像面前獻酒獻香，證明自己真心誠意，他就不予追究。不過為了要查明真相，他嚴刑拷打兩個信仰基督的女奴（在古希臘和羅馬，奴隸只有在嚴刑拷打之下才准予出庭作證），而他得到的結論是：基督教

「不過是個離經叛道和荒唐的迷信」。儘管如此,他仍然需要圖拉真確認他的做法是正確的。皇帝的決定大致也是如此，但是另外附加一句提醒，要普里尼小心處理基督徒事件；他寫道：「不用費心去找出基督徒，……，如果他們被指控，且證實有罪，他們就必須受罰。」這是猶太或基督文獻以外，現存最早討論基督教的資料。

比較之下，西塞羅在一百五十年前從西里西亞寄回的信，一點都不單調無趣。對西塞羅而言，行省代表爭取軍事榮光的機會，可以實現當亞歷山大大帝的夢想——而且，那是一個男人的世界（在共和時代，似乎有明文規定總督不能攜帶妻妾上任）。西塞羅的信描繪了一幅充滿不確定和雜亂無章的圖象。縱然他一片好意，也只能減輕，無力解決亂象。種種亂象當中，還要加上眾多羅馬行省職員對當地人口長期且無情的剝削。這些剝削者甚至包括刺殺凱撒的布魯特斯；在政治上，布魯斯特固然有他崇高的法則，但是在其他方面，這些法則卻派不上用場。他放款給倒楣的賽普勒斯人，然後向他們收取高達百分之四十八的利息。普里尼似乎無意於成為軍事英雄。他帶了妻子同行；至於年輕的卡普妮雅如何打發時間，我們只能靠想像了。他的行省給人井然有序的印象，良好的財政措施，杜絕貪污；他十分在意地方便利設施，也有明確的司法架構可以解決糾紛。

如果只看這個對比的表面，那是不正確的。寫給皇帝看的報告，跟西塞羅寫給密友和知己的信件，這兩者必定會有不同的氛圍，不同的印象。再者，普里尼當時運用的某些特殊的司法架構，有些還能追溯到西塞羅的時代；因為那是龐培在西元前六〇年代擊敗羅馬宿敵米塞瑞達笛斯之後，為這個新行省訂定的法規；普里尼有好幾次明白提到這些法規——他稱之為「龐培法典」

（*lex Pompeia*）。西塞羅偶爾也會注意行省市鎮裡不合常規的事。儘管如此，奧古斯都當政之後，各個行省都出現了新作風的政府，普里尼的信很清楚地呈現了這一點。

行省之管理有了全新、清楚的指示。普里尼是奉圖拉真的特別命令前往比提尼亞，他很清楚知道自己該覆命的對象。另一件也很清楚的事是，皇帝有權給行省內的事務做決策，小至某一市鎮某一建築物的各種細節問題，這是共和時代元老院不曾做過的事。有些無賴的總督可能喜歡擺出小獨裁者的作風，自行推出新法，過著豪奢的生活，盡可能跟首都保持距離；而且有些總督並不真的完全忠於帝王。即便如此，此時出現的新觀念是：總督是直接隸屬於羅馬較高的權力單位的官員。誠如我們即將看到的，宮廷中的管理人員儘管距離多數行省好幾星期遠的路程，他們卻總有辦法知道駐外官員的行事作風。

這是「羅馬境外的羅馬」的新世界，普里尼是引領我們進入這一世界的優良嚮導。他的書信提出許多問題；其中一個是：不管對統治者或被統治者，不管對勝利者或受害者而言，皇帝治下的帝國跟共和時代的帝國已經有巨大的差異。這些問題指向官方和基督徒之間的兩難處境——而此種兩難最終演變成羅馬世界其中一項最具爭議的衝突。這些問題也暗示在這個時期，帝國政令的底層結構有許多重大的不足之處，包括士兵在行省行政部門所扮演的角色，官方的運輸組織。但是，普里尼也有他的盲點。

他看不到任何反對羅馬人的力量，看不到龐大帝國裡的各種商機，更看不到自己行省和家鄉之間的文化差異。沒有人能從他的書信猜到他的行省流行的主要語言是希臘語，不是拉丁語。圖拉真一度曾就希臘人熱中於健美養生表示意見；他寫道：「那些希臘仔（Greeklings）真的很愛他們的體育館」——「希臘仔」意指使用希臘語的行省居民。普里尼之注意到文化多樣性，最接近的一次是當他認為基督教是「離經叛道和荒唐的迷信」，並企圖徹底了解基督教的儀式和節慶的時候。

嚴格說來，比提尼亞和彭圖斯這兩個行省是個與羅馬差異極大的世界。誠如某些古代作家所說的，這裡有種種令人眼花撩亂，混合著希臘和其他當地傳統文化的「奇異」組合。散文和諷刺作家盧奇安（Lucian）本身就是文化混血的典型範例；他是來自敘利亞的羅馬公民，第一語言是希臘語。普里尼死後五十年，盧奇安呈獻了一整齣幽默短劇，描寫一個新進出現在行省、奇異古怪且令人難忘的神諭祭壇；這個劇本描述一隻生有人頭、擁有預知能力的大蛇；這條人頭蛇的聲名響亮，吸引了從奧理流斯以降，各個階層羅馬菁英的注意。盧奇安嘲諷這是個賺錢的騙術，蛇身的中心其實是個手作的傀儡。

圖87　這件西元二世紀的作品把蛇神（Glycon）雕塑得栩栩如生。盧奇安以飽含懷疑的精神寫了人們對蛇神的崇拜，這齣諷刺劇描述許多不可思議的情節，全都是哄騙信眾的伎倆。

對現代歷史學家來說，羅馬帝國最迫切的問題，正是如何論辯這類的文化差異和怪異事件。那些處於羅馬和義大利之外的「羅馬人」如何變化？行省人民如何把自己的傳統、宗教、語言、偶爾也有文學，跟帝國的統治者聯繫，反之亦然。對於這些問題，普里尼似乎毫無興趣。

第一任奧古斯都開疆拓土的計畫在西元九年突然戛然而止。當時為了鞏固羅馬在日耳曼的征伐，羅馬指揮官瓦魯斯（Publius Quinctilius Varus）在今日奧斯納布呂克（Osnabrück）北方的條頓堡森林（Teutoburg Forest）一役中，折損了三支軍團中的大部分兵馬。在羅馬人的想像中，這場敗仗和在坎尼與漢尼拔對抗的那場災難不相上下，許多駭人聽聞的故事描述被虜的士兵如何成為野蠻儀式中的祭品，暴風雨如何使大屠殺雪上加霜；據說孤立無援的羅馬人無法放箭、不能擲槍，甚或揮不動濕透的盾牌，可說死傷慘重。最後，羅馬武裝士兵總計遠遠不到百分之十；戰亡士兵的遺骸以及坐騎近年來在當地出土，這些遺骸的頭蓋骨都帶有很深的傷痕。獲勝的敵人是日耳曼裔的叛徒阿米尼烏斯（Arminius，現在被人暱稱為日耳曼人赫曼（Herman the German）」；他曾在羅馬軍隊服役，瓦魯斯視之為推心置腹的好友；阿米尼烏斯藉口說去徵集當地人來支援羅馬軍，把瓦魯斯騙到埋伏的地點。如同其他事例，羅馬軍團最強勁的對手通常都是羅馬人自己培訓出來的。

奧古斯都本來的計畫是把羅馬的疆界擴大到萊茵河另一側的日耳曼東部。過去二十年來在華德基爾梅斯（Waldgirmes）挖出一座半完成的羅馬城鎮，地點就在萊茵河以東六十英里處；這座羅馬城鎮的中央廣場已經蓋好，而且也已安上一座皇帝端坐馬背上的鍍金肖象。從這座城鎮看來，奧古斯都的意圖很明顯。但是這座城鎮卻不曾完工，因為在那場災難過後，奧古斯都便放棄所有征戰的計畫，撤回兵力。在臨死前，他並且留下遺命，不要後人再為羅馬開疆闢土。

不過，他的那些命令也沒有那麼單純。誠如我們之前看到的，奧古斯都也替帝國的權力立下一個樣版，一個奠基在征討和傳統羅馬軍事技能的樣版。而且他遺留給他的繼承者，給羅馬人的是一個羅馬帝國征服全世界的視野。維吉爾《伊利亞德》中，朱庇特預言羅馬人將擁有「沒有邊界」的國力，難道會因為一場敗仗就輕易放下？這一點也不符合坎尼的精神。

接下來的兩百年裡，一直到西元二世紀結束，帝國這兩個無法共存的視野——鞏固與擴張——竟然輕易共存，真是令人驚異。羅馬人這段期間也開拓了那麼一點點領土。例如克勞狄斯為了彌補自己明顯不擅軍事的形象，以征服不列顛的功勞，

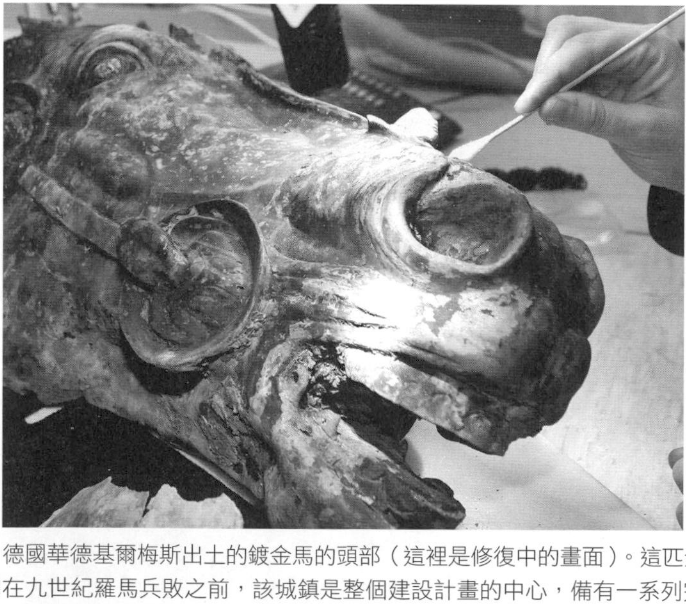

圖88　德國華德基爾梅斯出土的鍍金馬的頭部（這裡是修復中的畫面）。這匹金馬清楚說明在九世紀羅馬兵敗之前，該城鎮是整個建設計畫的中心，備有一系列完整的配件（包括騎在馬背上的奧古斯都雕像）。這座城鎮出土時，處於半完成的狀態。

在西元四四年舉行勝利凱旋遊行，大肆慶祝一番。這是幾乎三十多年來，第一次舉辦的凱旋遊行。這件事具有很重要的象徵意義。羅馬征服的異方奇地不少，但是這是羅馬人第一次征服位於「大洋」（羅馬人口中的英吉利海峽）之外的國土；凱撒在一百年前短暫登上的島嶼，此時變成長久的領地。但這絕對不是大規模的領土擴張，在接下來的數十年裡，羅馬軍隊非常緩慢地朝北挺進，攻向蘇格蘭。西元一世紀初期，地理學家斯特拉博（Strabo）寫了一篇審慎的報告，評估兼併不列顛的可行性。這份報告也生動地說明此時羅馬已經發展出一個新的、小心謹慎的帝國文化。分析了不列顛人的特色（高個子、外八、怪模怪樣），列舉島上各種資源（包含穀物、牛隻、奴隸和獵狗）後，斯特拉博點出駐衛隊的花費遠大於可能的稅收，亦即不贊同攻占不列顛。但是克勞狄斯需要這份征戰的榮耀。

唯一讓帝國領地明顯擴張的是圖拉真的戰役。西元一〇一至一〇二年間，他占領了達西亞（Dacia），亦即現在的部分羅馬尼亞（Romania）——這次軍事行動全都詳細刻在他的紀念碑柱上；西元一一四至一一七年間，他侵略美索不達米亞（Mesopotamia），並朝更遠的地方推進，直到現代的伊朗。這是羅馬正式向東方擴張，勢力所及最遠的地方。可惜占領的時間並不長。西元一一七年，哈德良登基；幾天後，他就放棄大部分圖拉真攻下的領土。羅馬人為這次的勝利辦了一場非常罕見的凱旋式遊行。由於圖拉真在歸途中不幸身亡，因此坐在凱旋馬車的是他的雕像。不過這已經不重要了，因為他攻占的土地已經全數歸還。

許多阻礙延緩了羅馬對外的擴張。奧古斯都的遺命是一回事，但是有部份遺願跟死者生前的願望同樣具有影響力。更重要的因素是充滿競爭的共和政治文化的結束。各朝皇帝，無論親自上陣與否，都炫耀其軍事榮光，然而他們的競爭對手，主要是那些已經死去的前朝皇帝：跟死去的前任比較，競爭就沒有那麼激烈，至少沒有蘇拉和馬略之間，或龐培和凱撒之間那麼激烈。縱使《伊尼亞德》中那句輝煌的預言從沒被人遺忘，這樣的情況跟一個漸漸產生的想法密切相關，即也許帝國實際上有一個疆界。但這也不意味著劃下一個精確、固定的國境邊界。羅馬控制的區域和不是羅馬領土的區域，這兩者之間經常有個模糊地帶；並非正式隸屬帝國行省的人，有些會依據古老的馴服模式，聽從羅馬人的指示行事。這就是為什麼用簡單一條線畫出帝國邊界的現代地圖，誤導的成分遠大於實質的幫助。不過，哈德良命人在不列顛北方築起一道圍牆之後，邊界就逐漸穩定下來，逐漸變得更為重要。

圖89　圖拉真圓柱上的軍隊看來是效率極高的軍事機器，既是後勤部隊，又可殺敵。圖中的部隊正忙著清理達西亞的樹林，背景是他們的堡壘。

這道牆，我們現在稱之為「哈德良圍牆」（Hadrian's Wall），全長大約七十多英里，從島嶼這一側的海岸橫跨到另一側的海岸。圍牆之建造耗費大量軍事工時，但是令人驚異的是，我們非常難以知道這道圍牆確實的建築目的。舊時的說法把是把「野蠻人」阻隔在外。然而這種說法根本不具任何說服力。西元四世紀末，一位匿名的傳記作家和幻想家（為了某些不明所以的理由，他冒充成西元三世紀的作家），提到哈德良圍牆之建造是為了「隔離」羅馬人和野蠻人。這是沒錯。但是話說回來，這道牆根本擋不了任何態度堅決、組織完善的敵人；任何想攀越過來的敵人，都能輕易地攀上圍牆，尤其大部分的牆是以泥磚築成，並不是大部分照片所看到的堅固石材。牆頭上也沒有走道，所以也不適合盯梢和巡邏。近年來，有人提出新的看法，指出這道牆是一道邊關，或是作為控制人口移動的障礙，然而無論是為了前述哪一種目的，這道牆似乎又顯得太高大了些。事實上，這道牆所宣示的，既是羅馬矗立在地景上的權勢，也暗示某種終結的意義。大約在同一時期，其他邊境地區也築起了圍牆，堤岸和防禦工事——雖燃沒那麼引人注目。這恐怕不是偶然的巧

圖90　哈德良圍牆。無論這座圍牆原來建造的目的為何，今日這道牆依然矗立在北英格蘭的丘陵之巔。相對於防御敵人，這道圍牆比較像個象徵，因為要攀越過來並不難。想當然耳，這道牆也是某種疆界的標記。

合。這些圍牆之建造，似乎暗示羅馬勢力的邊界正在開始具象化，開始產生更具體的形態。

不過，任何在羅馬和帝國許多城市的人，全都看得出來羅馬征服世界的計畫並未漸漸消褪。描繪羅馬的勝利，刻畫蠻夷的失敗，這樣的意象比比皆是。和鄰國棘手的外交事務都以壯觀的展演處理，好像那是透過武力達成的結果。尼祿和亞美尼亞（Armenia）國王梯里達底（Tiridates）簽定了一項有失體面的和平協議後，西元六六年，尼祿遊說他來數千英里之外的羅馬，接受皇帝親自授予的冠冕。皇帝盛裝打扮成戰勝榮歸的將軍，據說為了當天的盛事，整座龐培劇場貼滿了金葉子，營造光彩奪目的效果。攻克內敵、叛徒和侵略者的防衛性戰爭也都舉行勝利凱旋遊行來加以慶祝，好像這是羅馬征戰得來的光榮

圖91　象徵羅馬軍力的經典意象。左邊是第一位皇帝奧古斯都，他腳邊有一隻象徵軍團的老鷹，右邊搭配代表「勝利」的神話人物。他們之間有一套盔甲，代表軍事勝利的戰利品（見圖41，頁290）。盔甲下方壓著雙臂綁在背後的裸體囚犯。這塊石雕來自現代土耳其阿芙羅迪西亞，這裡有一座紀念羅馬列位帝王的聖殿，殿內還有其他一系列描繪羅馬帝王與帝國風景的雕刻。

戰果。奧理流斯圓柱（Marcus Aurelius column）在西元一九三年完工；這根圓柱經過精心設計，蓋得比對手圖拉真的圓柱高個幾公尺。柱身刻畫的就是成功戰勝日耳曼人的入侵——一場代價異常高昂的防禦戰。況且處處都可見到身穿華麗甲冑的帝王雕像，以及戰敗被縛與被踐踏的野蠻人形象。或許這是最容易調和奧古斯都那份矛盾的歷史遺贈的方式：藝術和象徵可以有效彌補現實生活中鮮少有機會可以踐踏野蠻人的事實。

帝國的管理

如果不在羅馬人的想像中，那麼在現實中，帝國的前面兩百年中，比較不像一個有待征服和綏靖的戰場，更像是個有待經營、監督和課稅的地盤。亞米利亞努斯和穆米烏斯如果發現他們在西元前一四六年摧毀的迦太基和科林斯，竟然在凱撒的倡議下重建成退伍軍人的聚落，而且這兩座城市在西元一世紀末竟然發展成羅馬世界中最繁華的城鎮，兩人恐怕都會大吃一驚。

這樣的結果，當然不是出於帝國遠大的謀略，而是漸漸由一連串微小的調整和轉變所造成的結果。就我們目前所知，即便在帝王的統治之下，也難以出現所謂的治國的公共政策或軍事部署的重大策略。一般而言，奧古斯都下達禁止擴張的命令，這已經是少有的干預。儘管重大的工程計畫，例如哈德良圍牆的建造必定是高層的決定。但是在多數情況下，帝王的參與就像圖拉真在比提尼亞行省所展現的模式，亦即只有當問題出現時，他才會出面處理。在管理結構中，皇帝確實代表了一個新的層級，但是他的角色多半是被動的；他不是一個決策者，也不是一個有前瞻的謀劃者。雖然對現代讀者來說，普里尼在書信中的表現有時就像那種沒事找事的挑剔鬼，不斷以各種枝微末節的問題去轟炸他的皇帝。事實上他不是；他只是遵循羅馬帝國行政體系的邏輯，亦即如果你想知道皇帝的決定，你得去問，不然皇帝是不會主動告訴你他的決策的。

西元後的前兩個世紀，行省政府是否有比上一世紀共和時期來得更好，更公正？這取決於你的身分或你所處的位置而定。如果拿勤勞的普里尼跟西塞羅相比，或者跟離譜的維勒斯相比，我們很容易說西元後的行省具有長足的改善。不過這樣的說法並不具有代表性，甚至是有所扭曲的個人看法。毫無疑問的，有些事情是有所改善的。行省逐漸擺脫那些代為徵稅大公司——向來這類課稅公司就靠竭盡所能地榨取行省的現金來賺取利潤。課稅系統仍然非常混雜，稅吏繼續扮演居中斡旋的角色，但是收稅大多改由當地政府負責——這也是一個最為便宜的措施。其他行省大半也是如此行事；皇帝此時會委派一位專業的財務官員（procurator），負責看管皇家產業以及監督稅務之徵收。這位財務官員及其奴隸職員或解放奴組成的團隊（或知名的「皇帝家室」〔*familia Caesaris*〕）可以監督總督的施政，若有所發現，也會向羅馬回報——有時會因此而成名。但事實是，政府的標準向來就沒有一個定準。

在行省裡敲詐勒索和管理不當會被告上法庭，這固然是一個善政，但同時也是一個訊號，表示官員公然藐視法律和不當執法的情形依然存在。對行省人民施行各式各樣、日常生活上剝削，大家視為理所當然。對於在行省過度牟取利益的事，提比流斯的回應很好地總結了羅馬統治的基本規範，他說：「我要給綿羊剪毛，不是把綿羊的毛剃光。」然而讓行省的「羊毛」留在綿羊身上根本是辦不到的事。有一件最勞民的事就是給羅馬官員提供交通和住宿。總督的下屬並沒有公家提供的交通工具。信差送信到羅馬，總督往來於城市與城市之間，這都要徵用當地的交通工具：馬匹、騾子和運貨馬車。徵用者會支付少許費用，可是當地人沒有選擇，只得一切照辦。果不其然，許多羅馬人趁機利用這一機制，省下昂貴且不方便的交通安排。普里尼即曾給妻子一份公家交通票券，讓她得以迅速返回義大利給她的祖父奔喪。事後，他向圖拉真坦承自己壞了規矩，不過他仍然做了假公濟私的事。

任命總督的新方法可能會找到更具責任心的候選人。這項人事選擇權現在是直接或間接地掌握在皇帝手中，不再是元老院靠抽籤和玩弄政治詭計所產生的結果。但是皇帝的選擇標準，依據的常常不是候選人的能力，也不是行省的利益。假設圖拉真確實需要一個細心的管理人到比提尼亞行省去了解當地政府的問題，那麼他找普里尼就找對了人。這裡有個人盡皆知，但是很有可能是實情的笑話。話說尼祿委任他的好朋友歐圖（Marcus Salvius Otho）——跟皇帝有很多共同愛好的人——到盧西塔尼亞（Lusitania，即現代的葡萄牙和西班牙）行省擔任總督，純粹只是因為這麼一來，他在羅馬就能和歐圖的前妻波帕依雅（Poppaea）在一起。即便一般的任命不會出於這種離奇的理由，可是也沒有任何跡象顯示總督上任前曾經過任何訓練或工作介紹，頂多只有皇帝給的幾個指示而已。當新總督被派到一個遙遠的，他不曾造訪的北方行省，他除了聽不懂當地的語言，也只約略聽過當地奇風異俗的各種謠言，除了一個謹慎的財務官員，他誰都不認識，但是他可能要在那裡待上五年或五年以上的時間，處理那裡的每一件事。我們只能猜測這樣一個新總督該如何應付這一切。從他的角度看來，想必這就像走入一段充滿未知數的黑暗旅程。

可以肯定的是，即便在帝國統治這樣一個比較從容的階段，羅馬人幾乎不曾嘗試推展自己的文化規範，也不曾試圖拔除當地的各種傳統。他們確實曾試圖消滅不列顛的德伊魯祭司，他們對德伊魯祭司的活人獻祭的報告或許有點誇大，再者這種儀式羅馬人也不陌生，不過羅馬當局並不想容忍這群怪異的外國祭司。基督教徒也是一個特殊的案例。不過前述都是特例。帝國東半部的行省人民繼續講希臘語，不是拉丁文。當地的日曆除了偶爾因帝王生日或慶祝其成就而稍作調整之外，大抵維持原樣。在帝國四處旅行，不只意味著跨越我們所謂的時區，還表示進入一個日期或時間之計算完全不同的區域（人們究竟是如何管理他們的日誌？那真是一件神奇的事）。每樣事物都可看到當地的傳統，從衣物（褲子和希臘斗篷）到宗教皆然。這是一個充滿許多神明和各式慶典的世界，充斥著明顯的異國風情。會詮釋神諭的人頭蛇看來並不太奇怪，如果把埃及半狼半人的阿努比斯（Anubis），或把所謂的敘利亞女神（Syrian Goddess）同陳並列，對照參看的時候。後者也是盧奇安的嘲諷對象，因其祭祀儀式包括讓信眾在女神聖殿裡爬上巨大的石頭陰莖。

羅馬人應該沒想過要推行任何這類規範。不過，即便他們有意推行，他們也沒有人力來達成目的。據一項合理的數字指出，不論什麼時候，整個羅馬帝國之內，菁英階層的行政官員人數不到兩百人，可能再加上幾千個帝王的奴隸；這群人加總起來，被派往遠離帝都的地方，出去治理一個人口超過五千萬的帝國。普里尼信中只提到他的副手和財務官。所以，他們究竟是怎麼辦到的？

其中一個答案是軍隊。進入帝治的前面數十年裡，軍隊不斷從義大利以外的地區徵募新兵（實際上是行省在守衛帝國），越來越多士兵駐紮在羅馬世界的邊界（根據奧古斯都的模式：與羅馬保持一段安全的距離），同時軍人亦大量參與了行政和前線的工作。過去四十年來，從文德蘭達（Vindolanda）這個小型軍事基地出土的信件和文件清楚地反映了這個現象。文德蘭達就在哈德良圍牆的南方，這裡駐紮一支戍守圍牆的羅馬守備部隊。這些出土資料可以追溯到西元二世紀初期，最初是刻寫在蠟板上，之所以會保留下來是因為蠟板下方的木頭板子至今仍然留有隱約的字跡。這批資料顯示羅馬世界的另一面，時間上大致跟普里尼、圖拉真的通信時間同時。

這批文件讓人對羅馬的兵營生活留下截然不同的印象，不再是向來印象中那個純男性的、高度軍事化的社會。不容否認的，從文件中，我們也看到小規模的武裝戰鬥，對抗當地居民；同時也可以看到羅馬士兵對當地人的輕蔑評論。圖拉真提到「希臘仔（*Greaculi*）真愛去體育館健身」，哈德良圍牆附近的士兵則說「不列顛仔」（Brittunculi）「丟標槍時，沒登上馬背」——「不列顛仔」亦是隱含上對下意味的指小詞。不過，文德蘭達特別有趣的地方是基地裡的日常生活和家務層面。有一封生日宴會邀請函，是基地長官的妻子寫給一位女性友人，邀請友人參加宴會。儘管法律禁止有官階的現役軍人結婚，但是從這批出土文物看來，裡頭有相當數量的女人和小孩的皮鞋，這證實基地裡曾有女人的存在。當然，鞋子無法透露其主人在那裡做些什麼，或者住在那裡多久。但是那裡顯然有人過著家庭生活。

同樣能反映真實情況的是「人力報告」（strength report），亦即一份紀錄哪些士兵在營上，哪些士兵外出辦事的名單。從這份名單來看，七百五十二人中，有半數以上的人缺勤或不能上班。這群人當中，有三百三十七人在附近軍營，三十一人生病（眼睛發炎是最大的問題，遠比外傷更難治療），大約有一百多人忙著其他任務：四十六人在三百英里外的倫敦擔任總督的保鏢；有一或多人被派去「出任務」——任務的內容不詳；還有幾個百夫長到國內其他地方出差。這份報告完全應驗了圖拉真寫給普里尼信中所表述的憂慮：太多士兵不在所屬的隊上，反而出外去做其他事情。

至於羅馬人如何管理帝國的另一個答案是靠當地人的幫忙。遍布羅馬世界的鄉鎮和城市，不論這些城鄉是羅馬支持或建立的都好，當地居民在帝國管理方面都扮演了重要的角色。早在羅馬人到來之前，城市就是希臘和東方國家的重要建制，後來也都維持這樣的角色，偶爾還會得到數量可觀的羅馬資金。舉個例子，哈德良曾投入大筆資金，贊助雅典許多規模宏大的建築計畫。在帝國的北方和西方的情況就不是如此。在這裡，人們依據羅馬原型，從無到有打造起鄉鎮。這是羅馬的征戰在行省地景上留下的最鮮明的衝擊。

這正是奧古斯都下令撤退前，他的部隊在華德基爾梅斯所做的事。今日英國許多城鎮，包含倫敦，其建設地點當初都是羅馬人挑選與計畫的。有些地方發展得較好，有些地方則否。羅馬人在維利康姆（Viriconium），亦即現代的羅克斯特（Wroxeter）、接近英格蘭—威爾斯邊境所建造的羅馬澡堂，地中海式的戶外泳池，其背後必定有個悲慘的經歷。這樣的建築並不適合冬日嚴寒的氣候，不久，這些建築就變成鎮民的垃圾場。對該區大多數人口而言，羅馬人的城市生活習慣不具任何意義，他們一如既往，過著鄉間的生活。但是在西方，就像在東方那樣，有部分多少自治的城鎮組成一個網絡，構成羅馬行政的基礎。只有在出現狀況時，才會有像是普里尼這樣的羅馬官員介入，一探究竟。這種城市化的規模之大，可謂史無前例。

居住在這些城鎮中的行省——或「本地」——菁英扮演中間人，在羅馬總督及其少許職員和廣大的行省人口之間斡旋。透過這群當地菁英，羅馬取得稅收、獲取起碼可以被接受的忠誠或至少得以遠離事端。當緊張的新總督第一次踏上行省的土地，或許就是這群當地菁英前來打招呼，幫忙料理一切。這些安排和碰面的細節，帝國各地的情況可能非常不同。在羅馬雅典行省，新總督可能會被帶去文學沙龍，在羅馬科爾切斯特（Colchester），則可能被帶去露天啤酒屋。但是整個帝國依循的是這個相同的潛在邏輯：原先存在於當地的菁英階級被轉換成服事羅馬的階級；與此同時，當地領袖的權力也被改來迎合羅馬統治者的需求。

不列顛行省有個名叫托吉布諾斯（Togidubnus）的當地領袖，就是一個經典的例子。西元四三年，當克勞狄斯的部隊入侵當地時，他是站在羅馬這一邊。不過在這之前，他很有可能已經跟羅馬結為盟友。即便是不列顛這般荒僻的島嶼，至少在西元前五〇年代凱撒入侵之後，這裡的貴族多多少少

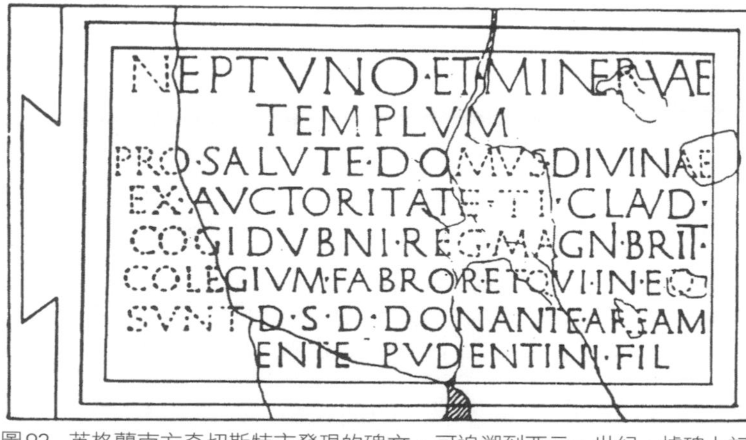

圖92　英格蘭南方奇切斯特市發現的碑文，可追溯到西元一世紀。據碑上記載，這是獻給海神涅普頓（Neptune）和米娜瓦的神殿，用以祈求「帝王之家（字面意義是『聖殿』）的福祉」。這座神殿是在托吉布諾斯的贊助與監督之下建立的。Togidubnus（托吉布諾斯）的名字在這裡被修復為Cogidubnus，但是這名字的拼法本來就不確定。

就與歐洲大陸的貴族建立某種聯系。托吉布諾斯或許就是奇切斯特（Chichester）附近那棟大別墅的主人——現在那棟別墅改了一個比較富麗堂皇的名字，叫費斯本羅馬皇宮（Fishbourne Roman Palace）。但是他和這棟別墅的關係我們無法確知。但是可以確知的是，他被授與羅馬公民的身分，而且獲得一個新的羅馬名字：Tiberius Claudius Togidubnus。同時有清楚的史料顯示，他接下來繼續在新近征服的行省裡擔任要角，為羅馬官方提供當地的消息。

隱藏在這個管理系統背後的，最初是出於純粹的需要，當然也多少有意識形態上的考量。羅馬人在征戰的領域之外，他們可以參與管理的人員，其人數真是少得可憐；換言之，除了這種管理方式，他們也沒有其他的選擇。與行省臣民中的菁英合作之後，帝國的統治特色越來越受到這群菁英人士的影響。相對的，不管在文化上和政治上，這群菁英也越來越認同羅馬人；慢慢的，他們對羅馬的計畫產生興趣，逐漸認為自己是局內人，而不是局外人。那些最有成就的人，最後可能在羅馬中央政府謀得一官半職。對於這群人和他們的家庭而言，羅馬的統治經驗，在某種程度上來說，亦即他們逐漸成為羅馬人的經驗。

歸化羅馬？還是反抗羅馬？

塔西佗對現在常被稱為「羅馬化」（Romanisation）的過程有他精闢且獨到的見解。他的這些見解散見於他為岳父阿格里科拉（Gnaeus Julius Agricola）所寫的短篇傳記裡。西元七七至八五年，阿格里科拉擔任不列顛行省的總督——這任期有點超乎尋常地長。塔西佗的描述側重於阿格里科拉在行省裡的軍事成就：他把羅馬的勢力朝北擴張到喀里多尼亞（Caledonia，亦即今日的蘇格蘭）；另外他也寫到圖密善皇帝出於妒賢嫉能，不願賜給阿格里科拉應得的獎勵和榮耀。這篇傳記既是塔西佗對獨裁統治的批評，也是他個人對一位傑出親人的追悼。不過，其中最重要的資訊是：帝國政權中，再也沒有傳統羅馬美德和軍事才幹的容身之地。雖然如此，塔西佗偶爾也會關注阿格里科拉如何管理行省裡的平民這一面向。

其中有些話題相當常見，與普里尼在信裡所提到的事沒有太大的差別；這並不奇怪，因為在西元二世紀早期，普里尼是塔西佗在羅馬文學圈中的朋友。塔西佗稱讚阿格里科拉持家甚嚴（「持家是份苦差事，就像實際治理行省一樣」）。此外，阿格里科拉也解決了軍人徵用過於氾濫的問題，並且撥款建設不列顛的城鎮，建造新神殿和羅馬式的公共建築。令人比較驚訝的是，他也制訂了地方的教育方針，確保行省主要官員的子弟接受「人文教育」（liberal arts，意思是「適合自由民的智識追求」），學習拉丁文。據塔西佗描述，不久之後，拜柱廊、浴場和宴會所賜，不列顛人全部穿上托加袍，踏上了通往道德敗壞的第一步。他以一個簡練的句子總結這一切現象：「無知的他們稱之為『文明』（civilisation），殊不知這是奴役的一部分。」無論是好是壞，這個現象影響深遠，而且也是現代人試圖理解羅馬帝國如何運作的媒介。

某一方面而言，這是針對羅馬帝國在西邊的執政最鋒利的分析（但是在帝國東方，絕不會有羅馬官員敢夢想要在這裡用這種方式教導希臘人「文明」）。無論塔西佗之可憐這些行省人民有多麼勢利——畢竟這群行省人民對於這些設制沒能留下他們自己的一言半語；無論塔西佗對假世故真奴役的現象有多麼憤世嫉俗，他的眼界畢竟是準確的；他在這些現象中直接看到文化與權力的關聯，他因而意識到不列顛人在轉化成羅馬人過程中，其實他們正在為羅馬人做著征服者的工作。但是另一方面，塔西佗的評論也讓人對發展中的事件留下嚴重誤導的印象。

首先，如果阿格里科拉確實如塔西佗所說的，致力於推廣教育計畫，向不列顛上層社會灌輸羅馬的習俗，那麼阿格里科拉就是唯一一個這麼做的行省總督。羅馬化通常不是一個直接從上強加於下的過程，而比較像是行省菁英主動選擇某種改編後的羅馬文化的結果。這是一個由下而上，不是由上而下的過程。考慮到軍事和政治勢力的平衡，羅馬人占盡了優勢，塔西佗因此肯定是不贊成這個觀點，因而認為這完全不可能出於自由的選擇。這是對的。儘管如此，在實際生活的層面而言，行省裡相對富裕的城市人口是自己促進自己成為羅馬人，使自己羅馬化的一股力量；羅馬帝國並未齊心協力推行文化再編碼運動來改造他們或教化他們。

考古證據很明確地指出這一點。在生活上，行省菁英主動選擇了新的羅馬形式，從建築到市鎮規畫，從陶器、廚房用具到織物、食物和飲料等等都是如此。即便在西元四三年淪陷以前，不列顛人顯然已經十分偏愛羅馬的器物——考古學家在英國的墓穴找到一些上等的羅馬器物；早在西元前一世紀初期，同樣那位造訪高盧的希臘旅客在驚訝於高盧人把敵人的頭顱釘在屋外的同時，他也注意到富裕的當地人開始大量飲用進口的葡萄酒——儘管凱撒提到當地人不喜歡葡萄，把傳統的高盧啤酒留給比較不那麼富有的大眾享用。到了西元二世紀初期，羅馬科爾切斯特的露天啤酒屋變少，販賣葡萄酒的酒吧大增；或者至少我們可以從運酒的罈子碎片間接地看到這一點。史上第一次，在現在的法國這個地方開始釀造大量葡萄酒，而且品質遠勝於義大利的進口佳釀。葡萄酒這另一個源自羅馬帝國的久遠傳統，此時流傳到了高盧行省。

這裡有各種力量正在協同運作：一方面，羅馬的權力使羅馬的文化成為眾所渴慕的目標。另一方面，羅馬傳統的開放態度意味著任何希望「依照羅馬人的方式」行事的人都受到歡迎——當然，這種行事也方便羅馬保持統治力量的穩定。最主要的受益者（或塔西佗眼中的受害者）是有錢人家。不過他們並不是唯一會為自己創造羅馬身分的群體。

在高盧南方的陶器工廠，我們意外地看到另一種成為羅馬人的方式。西元一、二世紀期間，這裡的工廠以工業生產的規模製造了非常具有「羅馬」特色的產品：閃亮的紅色餐具。在這個製陶工廠的遺址，我們發現一批值勤表和日錄清單，留下很多陶工的姓名。這些表單該如何解讀，至今仍然眾說紛紜。但是這裡頭可看到大量典型的拉丁名字，如Verecundus和Iucundus與大量凱爾特名字如Petrecos和Matugenos。但是壓印在產品上的名字就沒這麼混雜了。同一批人把名字印在當成手工藝品販賣的碗碟上時，用的往往是羅馬化的名字，例如Petrecos稱自己是Quartus；Matugenos則變成Felix。這可能純然出自商業的考量。顧客在購買高盧南方製造的羅馬式陶器時，或許會受正宗羅馬製造者的羅馬姓名所吸引。但是這也可能是製陶業的公共形象，亦即這些又成功又卑微的手工藝人有可能自認為自己有部分是羅馬人，樂於擁抱某種版本的羅馬特質。

「版本」是一個正確的描述語詞。塔西佗的分析的另一個問題是，他在「本土」和「羅馬」文化之間預設了一個純粹的對抗關係，或者假設羅馬化的程度可以在一個單一的光譜上標記出來：嗜飲葡萄酒的新羅馬公民Togidubnus在光譜上就比陶工Petrecos更像羅馬人，因為陶工只在工作上化用拉丁姓名，在許多其他地方可能還堅守著凱爾特人的身分。事實上，羅馬和帝國內其他文化的互相交流，其迷人之處在於羅馬接納了許多各種不同的形式，再來是這樣的交流創造出充滿異質、多音混雜的羅馬文化（有時是「非羅馬文化」）版本。在整個羅馬世界，當每一個當地人嘗試接納、適應或抗拒帝國勢力時，便形成了各式各樣不同的文化融合。

這樣的文化混合之痕跡，在羅馬帝國隨處可見。在埃及行省，羅馬皇帝的形象全部塑造成傳統埃及法老王的樣子；在英格蘭南方巴斯的羅馬城鎮，蘇利斯·米娜瓦（Sulis Minerva）神殿前面矗立著誇張的雕像。就某些方面來說，這明顯是一個羅馬化的例子。這座神殿有一部分設計是羅馬入侵之前，不列顛人從來不曾見過的樣式。這是一座建來尊崇凱爾特女神蘇利斯——現在被視為羅馬的米娜瓦女神

圖93　圖拉真的雕像，其外型打扮成法老王的樣子。這座雕像見於埃及丹德拉（Dendera）的哈托神殿（Temple of Hathor）。這塑像究竟是羅馬人還是埃及人？端看觀賞者的角度如何。圖拉真是被埃及文化同化了呢？還是他把自己置入行省，配合該社群的社會習俗？

——的神殿；這神殿具備多種元素，包括圓形的橡葉裝飾，充當配角的勝利女神等，全都是羅馬傳統雕塑的現成形象。與此同時，這也是行省文化一個明顯的例子，顯示其中具有兩股力量，一是當不成羅馬人，一是拒絕變成羅馬人。

這類交流活動最引人注目的例子見於希臘世界裡的行省；這裡因之而產生非凡的文學和文化復興運動，亦即我們現在稱之為「殖民遭遇」（colonial encounter）的現象。西元前三世紀，羅馬軍隊向海外拓展就在這段時期，羅馬文學和視覺藝術開始發展，而其方式是與希臘模式和希臘前輩展開對話。西元前一世紀晚期，詩人賀拉斯曾把這整個過程總結為一種簡單的文化接管：「希臘一旦被征服，隨即征服其野蠻的戰勝

圖94　在巴斯的這座建築物，嚴格的希臘風格與山形牆中央這個長有鬍鬚的人物圖像產生了矛盾。人們一度以為這是凱爾特的蛇髮女怪戈爾貢（Gorgon），但是戈爾貢是女神，而這裡畫的卻是個男神。或者，這是水神奧西安（Ocean）的臉？

者，把文化帶入拉丁姆的荒蕪之地。」然而誠如賀拉斯自己的詩歌顯示，這是一個遠比這一說法更複雜的互動關係。在賀拉斯的詩裡，我們看到一個獨具羅馬特色的組合：向希臘文化致敬、意圖改變希臘文學典範的雄心、對種種拉丁傳統的讚頌。雖然如此，賀拉斯的話仍然有他的道理。

羅馬帝國的前兩個世紀裡，這段「遭遇」產生一個不同的發展。這時，不純然是有很多希臘人——就像很多不列顛人那樣——接納羅馬式的洗澡和觀賞格鬥士表演。在東方，地方文化的轉變並不像在西方那麼激烈。但是高雅的希臘人也不盡然會鄙視羅馬人野蠻的血腥的運動。今日有清楚的考古證據顯示希臘劇院和體育館曾被改建成格鬥士和獵殺野獸表演的場地；保護觀眾的網架遺跡就是一個清楚的訊息。但是最驚人的進展是，這段時期出現了大批以希臘人寫作的文獻；在這些作品中，羅馬的權力若不是隱身在背景裡，就是直接被提及，不論其方式是逗趣的諷刺、被動的抵抗、好奇或羨慕的描述。這批材料的數量十分龐大。現存大部分古代希臘文獻都出自這一段時期。普魯塔克是西元二世紀的傳記作家、哲學家、散文家和著名的德爾斐（Delphi）希臘神諭祭司；光是他一人的作品，如果以現代書頁來計算，就相當於西元前五世紀所有現存的作品的集結，包括從艾斯奇勒斯（Aeschylus）的悲劇到修昔底德（Thucydides）的歷史著作。由此可知這個時期作品數量的規模有多大了。

帝國的希臘論述有對羅馬統治的高度讚揚，也有明顯的抗拒。阿里斯提德（Publius Aelius Aristides）是個著名的疑病症患者，他曾洋洋灑灑寫了好幾卷有關自己疾病的書籍。西元一四四年，他在庇烏斯皇帝御前發表《向羅馬致敬的演說》（*Speech in Honour of Rome*）。或許在當時這篇演說的成效不錯，但是現在讀來卻令人十分生厭，就連那些慣於探究頌詞的言外之意的人也作如是想。這篇演說提到羅馬勝於過去所有的帝國，為全世界帶來和平與富足：「祈求諸神和祂們的後裔授予帝國和城市永遠的繁榮，永無止盡，直到石頭漂浮於海上。」大約在同時，保薩尼亞斯（Pausanias）正在撰寫他那部長達十卷的《希臘志》（*Guidebook to Greece*）；在他的書裡，他對羅馬的統治給予截然相反的評價：視若無物，略而不談。不論他一生的經歷如何（我們對他的生平幾乎一無所知），當他在書中帶領旅人探訪希臘的紀念碑、風景和風俗之時，一路從德爾斐到南方的伯羅奔尼撒，路途中那些由羅馬人或以羅馬人的資金建造的許多建築，他都一律予以忽略。以現代觀點來說，《希臘志》不太像是旅遊指南，比較像一部文學作品；這部作品企圖扭轉時間，重新創造一個「沒有羅馬」的希臘意象。

雖然如此，最全面且最有系統地探討希羅關係的是多產作家普魯塔克：他定義了希臘和羅馬的關係，仔細分析了兩者之間的異同，努力思考希臘—羅馬（Greco-Roman）文化該擁有什麼樣的風貌。在那批卷帙浩繁的文章中，他談到了如何聆聽演講、如何分辨真朋友和馬屁精，還有談到德爾斐聖殿的風俗。此外，他亦探討了分別（或聯合）希羅這兩種文化的宗教、政治和傳統的詳細內容。他思考為什麼羅馬人的一天之始是訂在子夜時分？為什麼羅馬女人服喪時穿著白衣？不過，最發人深省的是他的《希臘羅馬名人傳》（*Parallel Lives*）。這部作品收入一系列成雙成對的人物傳記——今日仍有二十二對傳記流傳至今，每篇傳記由一個希臘人和一個羅馬人的生命故事組合而成，結尾處再附上簡單的對比分析。舉個例子，他在「建國之父」這一主題下，同時寫了羅慕勒斯和同樣傳奇的希臘人底修斯（Theseus）的故事；在兩位偉大的演說家的主題下，他寫了西塞羅和雅典演說家狄摩西尼（Demosthenes）；兩個聞名的征服者，分別是凱撒和亞歷山大大帝；兩個同樣聲名顯赫的賣國賊：科瑞里拉努斯與跟他同時代、迷人卻不可信的雅典人亞西比德（Athenian Alcibiades）。

現代史家常常打破這種成雙成對的組合，個別閱讀每一篇作品，視之為個別的生命故事。這完全忽略了普魯塔克的本意。這些作品不只是傳記而已。這是作者刻意的設計，用以比較和評價希臘羅馬的偉人（他們全是男人），思考兩個文化的優缺點以及身為「希臘人」和「羅馬人」的意義。這裡有一種非常巧妙的矛盾：把羅馬人民放入古希臘英雄的陣營，並且從羅馬的視角來觀看這一陣營，這種手法讓過往的古希臘英雄跟後來統治世界的那群人可以擺在一起，相提並論。就某一方面來說，這部作品完成了二百五十年前波利比烏斯所起草的計畫。波利比烏斯是住在羅馬的希臘人質，也是西庇歐家族的朋友，他首先嘗試討論羅馬與帝國的跨文化政治人類學，同時也嘗試系統地解說希臘為何會輸給羅馬。

自由的遷徙移動

界定羅馬帝國的文化交流並不是某種人們——無論是卑微的陶工或古代的理論家——臆想出來的東西。同時，這也不僅只是不同的行省人民對羅馬權力的適應——即便那是重要的一部分。帝國的各地也有大量人口和貨物的移動，謂某些人帶來大量的利潤，同時也讓某些人成為受害者。這是一個新的世界；在這個新的世界裡，人們在歷史上第一次如此大規模地遷移；在這個世界裡，人們可以遠離出生地到數千英里外，到另一個地方安家落戶，創造財富或長眠墓裡。羅馬人口賴以維生的基本食糧來自帝國的各個邊界；在這個世界裡，貿易活動帶來新的品味，香氣和奢侈品——香料、象牙、琥珀和絲綢；貿易的路線從地中海的一端到地中海的另一頭，甚至到更遠的地方，而且從這一活動受惠的也不局限於大富人家。龐貝城有一間相當普通的房子，裡頭珍藏著一件產自印度的精美象牙小雕像；文德蘭達的一份文件顯示：駐守在這裡的部隊曾買了大量來自遠東的胡椒。

從帝國其他地方進入義大利的路線，是這場遷移活動的重要軸線。羅馬需要的一切全都湧進這個大都會。人也是其中一項商品。十分擁擠的羅馬城，意味著人的死亡率很高——基於瘧疾、傳染病和其他古代生活中常見的危險，但這也意味著羅馬一直都有空間和需求可以容納更多人。這些人形商品中，有的是戰時遭到俘虜的奴隸；不過在這段時期，人形商品比較有可能是人口販賣的受害者——這種不道德的行業讓羅馬世界的周邊成為最危險的居住地。其他湧入羅馬城的

圖95　龐貝城一棟房子裡找到的印度小雕像。這小雕像肯定是屋主珍藏的寶物。不過這個雕像如何從印度來到龐貝，那是一個謎。可能是商人直接從東方帶過來？由於羅馬帝國跟外面世界有各種間接的聯繫，所以或許這個雕像歷經幾度轉手才抵達龐貝？

人，有的想必是懷抱著希望、帶著抱負或者以某種破釜沉舟，跟命運一賭的決心移居到羅馬。他們的故事大多已經失傳；但有一個名叫米諾菲羅（Menophilos）的年輕人，從他簡單的墓誌銘，我們得知他精通音樂（「我從不說冒犯他人的話，我是繆斯女神的朋友」）、「來自亞細亞」，死於羅馬。從他的例子，可知某些人懷抱天真的理想來到羅馬，以為首都的街道是由黃金鋪設的。

帝國的天然產物，帝國的奢侈品和稀奇罕見之物全都湧進了羅馬，彰顯羅馬作為帝國權力的地位。西元七一年，猶地亞（Judaea）的香脂冷杉出現在勝利凱旋隊伍裡。從非洲捕獲的異國動物——從獅子到鴕鳥——在競技場上一一遭到屠殺。亮麗的大理

圖96　哈德良的萬神殿，充滿異域風情的埃及圓柱撐著入口處的門廊。這是一棟在名稱上有點混淆的建築。神殿現在的樣子是哈德良建造的，但是神殿山形牆上的青銅文字卻標明這神殿出自奧古斯都的同事阿格瑞帕的手筆。阿格瑞帕必定是神殿上一個版本的創建者，但是哈德良新建的神殿肯定也是全新的。哈德良在此會提及阿格瑞帕，那是一種對前人公開的敬意。

石採自羅馬世界的邊荒之地，用於裝飾帝國城市裡的劇院、神殿和宮室。被踐踏的野蠻人並不是唯一可以代表羅馬征服世界的意象。羅馬人行走在城裡最宏偉的建築裡，地板上那些色彩繽紛的石頭也是帝國力量的象徵：這些石頭相當於帝國的一份聲明，亦是帝國的一張地圖。

這些大理石也點出皇帝們願意付出許多力氣、時間和金錢來展現他們對遙遠領地的控制。舉個例子：在西元一二〇年代完工的哈德良萬神殿有十二根柱子支撐門廊，這十二根柱子每一根高四十羅馬尺（相當於十二公尺），全都從一整塊灰色的埃及花崗岩雕刻出來。在現代人眼裡，這並不是什麼驚天動地的建料。不過在古代，那是最上等的石頭，用於許多皇室工程；部分的原因是：這種石材只產在遙遠的、距離羅馬二千五百英里的埃及，亦即埃及東部沙漠中央的克勞狄斯山（Mons Claudianus）——如此命名是因為克勞狄斯是第一位出資開鑿該山的皇帝。唯有克服極大的困難，投入巨大的勞力與金錢，這樣大小的柱子才有可能完整地開採並運送到羅馬。

過去三十年來，考古學家在克勞狄斯山的挖掘，找到了一個軍事基地、幾座採石工人居住的小村落和一個供給與輸送中心。另外還找到數百份手寫的文件，這些文件通常是刻寫在回收的陶片上（蠟板的代替品）。這批文件多少點出了這個基地的組織和問題。首要的問題是食物和飲水的供給。這是一個複雜的供應鏈，提供從酒到黃瓜等每一樣東西，但是這個供應鏈並不總是運作順利（一封求救信寫道：「請送來兩條麵包，因為直到現在都沒人送來穀物」）。水是配給的（有一份飲水配給名單，列了九百一十七個採石場工人的名字）。這裡的工作非常粗重。每一根萬神殿柱子必須動用三個人，花費整整一年的時間又是劈石又是修整才得以完成。從某些文件，我們看到有些完成一半的石柱會裂開，這時就得一切重來。運輸是另一個難題，尤其採石場距離尼羅河有一百英里之遠。一封來自克勞狄斯山的莎草紙信懇求當地官員送來穀糧，因為採石場有一根高五十羅馬尺（重一百公噸）的石柱已經準備好要送往河邊，但是馱獸的糧草卻已用盡。即便是萬神殿，顯然也做不到每件事都依計而行：完工的神殿有一些稍嫌怪異的設計，原來哈德良的設計師本來指望可以取得十二根五十英尺高的柱子，最後採石場只能提供十根四十英尺高的柱子，因此只得在最後一刻修改神殿的設計。

從克勞狄斯山運來石頭，那是羅馬世界極不尋常的貨物移動。這項任務多半是由帝國的行政體系負責主導，由軍人支援。這很難不讓人產生懷疑：在某種程度，這項任務的目的是要展現羅馬擁有超凡的力量，足以

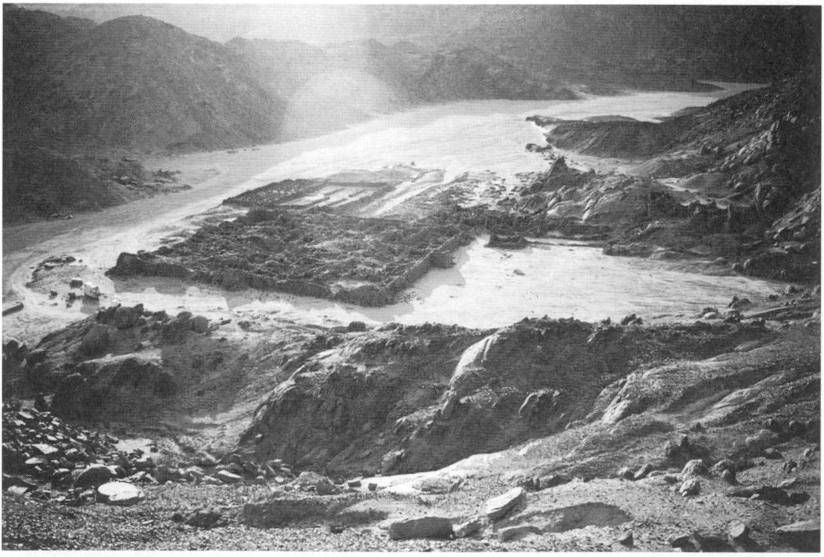

圖97　克勞狄斯山的遺址，這裡是開採灰色花崗岩的著名產地——萬神殿那十二根圓柱即在這裡開採與雕刻而成。距離這裡三十英里外的沙漠，還有另一個採石場叫班岩山（Mons Porphyrites），專門開採斑岩；班岩也是羅馬許多重大工程使用的石材。這兩處採石場幾乎都由軍方主持，開採的石材也幾乎用於國家的建築計畫。

完成那些荒謬到接近不可能的任務。不過，在許多其他的市場——從基本的主食到人民稍能負擔的奢侈品，帝國內的貿易和利潤都蓬勃發展，蒸蒸日上。從流傳下來的點滴紀錄，我們可以看到各行各業似乎都有人交上好運。西元二世紀中葉的一張莎草紙列滿貨品及其現金價值；這是一艘從南印度開往埃及的貨船，其目的據推測是羅馬。這張貨單的稅後市值超過六百萬塞斯特斯幣，相當於當時義大利一棟相當體面、適合元老居住的莊園的價格（普里尼用三百萬塞斯特斯幣買了一間稍嫌破舊的大宅和土地）。這批貨物包含一百多對象牙、成箱的油品、各式香料和大量的胡椒。一個名叫宙克西斯（Flavius Zeuxis）的人，他的墓誌銘出現在古代的紡織業城鎮希拉波利斯（Hieropolis），亦即今日土耳其的南方；在這篇銘文上，他誇耀自己這一生曾繞過伯羅奔尼撒南端的馬里亞角（Cape Malea）七十二趟，前往羅馬販賣布料。他的航程是單程或是雙程，我們無法確知。但是無論單程雙程，這都是他一生中值得炫耀的成就。

除了這些個別的企業家，有一較大的畫面呈現的固然是較平凡的基本用品，但卻透露更令人讚嘆的事實和數字。羅馬臺伯河岸上有一座小山，今日以破壺山（Monte Testaccio）知名於世；這座小山比任何事物都更能說明要讓百萬城市居民得以生存，羅馬購買基本糧食的貿易量有多大，還有維持這樣規模的貿易所需的運輸設備、船運、倉庫和零售業的網絡。且不論外觀如何，破壺山並不是一座自然的山丘，而是一座人為的羅馬垃圾山的遺址；這裡的許多陶器碎片來自五千三百萬個盛裝橄欖油、每個容積大概六十公升的陶製雙耳細頸瓶。這些橄欖油幾乎全是西元二世紀中期到西元三世紀中期這一百年間，從西班牙南部進口的。瓶子裡的油一旦倒出來後，瓶子就被扔掉了。如此大宗的出口貿易，讓南西班牙的經濟轉變成單一經營的農業形態（亦即那裡的作物除了橄欖，還是橄欖）的部分原因；不過，即使如此，運輸到羅馬的也只是羅馬部分的需求量而已。根據一個粗略的估計，羅馬每年總共需要兩千萬公升的橄欖油（用於照明、清潔和烹飪），一億公升的酒和兩百五十公噸的穀物，才足以維持居民的基本生活所需。所有這些基本食糧幾乎全都從義大利境外輸入羅馬。

不過，帝國的流動路線並不局限於帝都中心和其他羅馬世界所組成的中心軸。西元後最初的兩百年裡，帝國最主要的其中一項發展就是，羅馬帝國成為人民移動時穿越、環繞和活動其間的區域，通常人們會繞過羅馬城；交通不再只是中心和邊陲之間的流動。我們目前有各種方法追蹤這種移動。最新的方法，可能也是史上最精確的方法就是檢

圖98　破壺山是世上最令人驚訝的山丘兼垃圾場——整座山幾乎都是由陶甕的碎片堆成。那些陶甕本來是用來運裝西班牙的橄欖油，但是由於油會滲入陶甕，導致油品變質，因而不能重複使用。

驗人類的骸骨，特別是口部。現代科學的分析顯示：氣候、供水和成長中的兒童飲食，這些會在成年人的牙齒留下少許獨特的印記，暗示死者生前成長的地方大概在哪裡。這項研究還沒有很成熟。但是已經足以顯示大部分城市人口，例如羅馬不列顛人死亡的地點，跟他們生長的地方的氣候極不相同；至於他們是來自溫暖的不列顛南岸還是嚴寒的北方？又或者是法國氣候宜人的南方？這些我們目前則無法確知。

這些生命的旅程，有的可以在哈德良圍牆附近的死者的故事探得某些蹤跡。對於這些駐守在哈德良圍牆的旅人，人們腦海中浮現的畫面往往是一群悲慘的士兵，他們來自陽光明媚的義大利，卻被迫駐守圍牆，忍受不列顛北方的濃霧、冰霜和雨水。然而這是一個非常錯誤的印象。駐守在此的士兵大多來自英倫海峽對岸，亦即來自同樣多霧的地方，例如現在的荷蘭、比利時和德國等地。但就所有住在圍牆附近的社群而言，有些人真的來自更遙遠的地方，甚至有來自帝國盡頭另一端的人。這些人當中，有個人名叫維克特（Victor），他曾是某個騎兵的奴隸；在他的墓碑上，我們發現他是個「摩爾人」（Moor）。另一位則是行省中最顯赫的羅馬人烏比庫斯（Quintus Lollius Urbicus），他是西元一三九至一四二年不列顛行省的總督。多虧僥倖傳世的遺物，我們現在得以鑑定他在英國北方資助的建設，還有他命人在他家鄉建造的家族陵墓——這座陵墓位於羅馬世界的另一端，亦即在阿爾及利亞（Algeria）北方，一個現在名叫帝地斯（Tiddis）的地方。

這所有故事當中，最令人浮想聯翩的是巴拉塔斯（Barates）的故事；巴拉塔斯來自敘利亞的帕爾米拉（Palmyra）。西元二世紀，他在哈德良圍牆附近工作。沒人知道究竟是什麼原因，讓他橫跨了地球四千英里——可能是這本書裡最長的一段旅程——來到不列顛行省，或許是貿易，或許跟軍隊相關。但他在不列顛住了很久，久到跟一個本來是解放奴的不列顛女人結婚。這位女子名叫瑞吉娜（Regina）或我們的皇后「昆妮」（Queenie）。昆妮三十歲就死了，巴拉塔斯立了一座墓碑紀念她，墓地靠近阿爾貝亞（Arbeia）的羅馬城堡，亦即現在的南希爾茲（South Shields）。墓誌銘上雖然清楚說明昆妮只是一個生於倫敦，長於倫敦北方的平凡女子，但是從這座陵墓的塑像看來，她彷彿是個莊嚴的帕爾米拉貴婦；在拉丁文的下方，巴拉塔斯命人用他家鄉

圖99　瑞吉娜墓碑上的造像，其設計跟帕爾米拉當地發現的許多造像差不多。墓碑下方的拉丁文清楚點明：「帕爾米拉人巴拉塔斯在此為瑞吉娜立碑。瑞吉娜生前是個解放奴與人妻，得年三十，隸屬卡圖維拉部族（Catuvellaunian）」。巴拉塔斯這裡沒說得很清楚，不過我們幾乎可以肯定瑞吉娜是**他本人**的奴隸。這座紀念碑的設計與塑造是個有趣的謎題。巴拉塔斯當初是否曾給當地雕刻師提供一份設計圖？或者，當時英國的南希爾茲地區已經有熟悉帕爾米拉墓碑風格的工匠？

的阿拉姆語（Aramaic）刻上她的名字。這座紀念墓碑恰當地總結人們在帝國境內的遷移，並且定義了羅馬帝國的文化融合。與此同時，這篇銘文也提出一個更挑釁的問題：昆妮認為她自己是誰？她覺得自己是個帕爾米拉貴婦嗎？這對夫婦對於他們居住其間的「羅馬」有何想法？

他們創造了廢墟，卻稱之為和平

羅馬的統治必定也會招來強烈的反對。整合、移動、豪奢和商業利益——這些僅僅是帝國故事的其中一面。另一面則是反抗、逃稅、消極抵抗、公開抗議——此種抗議通常既針對當地菁英，也針對羅馬人。西元一、二世紀期間，反對羅馬「占領」的公開武裝叛變似乎很罕見。有些人勇敢站出來反抗羅馬政權，儘管他／她們最後注定失敗，但是這些反叛者在現代國家傳奇故事中卻都成為英雄與巾幗英雄，例如「日耳曼人賀曼」（Herman the German）或布狄卡（Boudicca）即是。布狄卡莊嚴的青銅雕像就傲然立在泰晤士河畔的國會大廈外面。西元七三年，馬薩大（Masada）歷經了長期的圍攻後，九百六十位猶太人最後寧可選擇自殺，也不投降；這個據點因而成為以色列的國家名勝古蹟。但是這些都是特例。羅馬帝國看來似乎不是一個會惹出起義叛亂的帝國。

這印象可能多少會引人誤入歧途。如同許多現代國家，羅馬當權者也傾向於把那些有特定原則的政治反叛予以抹除，視之為背叛、起義或純粹的犯罪事件。困擾著羅馬世界各地總督的所謂暴徒，我們無從得知他們的心志；攔路搶劫和意識形態上的異議，這兩者的界線無從劃清。克勞狄斯統治期間，有一個羅馬士兵在神殿內裸露性器官，耶路撒冷的猶太人因此開始訴諸暴力，這算不算暴動？或者應該視之為造反最初期的火花？最後行省裡的羅馬執政單位平息了這道火花，代價是許多猶太人賠上了性命。此外，急於展現戰功的皇帝發現把鎮壓內亂等同於舊日傳統中的向外征戰很省時省力。西元七一年，維斯巴西安皇帝和提圖斯皇帝建立一座拱門，紀念他們平復猶太人的叛亂——當時他們尚未取得馬薩大最終的勝利；不過那座拱門的浮雕我們看不出慶祝的是內部的武裝造反，或是戰勝外敵的勝利。

我們所知道的造反事件，並不是具有高度道德法則或觀點狹隘的民族主義者的手筆。擺脫羅馬人，這跟現代意義的獨立運動絕對是兩回事。造反者的動

圖100　羅馬廣場附近的一座拱門，用來紀念維斯巴西安和提圖斯之攻克猶太叛變。這是拱門內側走廊上的其中一幅雕刻作品，描繪的主題是勝利凱旋遊行隊伍，眾人頭上抬著的猶太教燈台是戰利品的一部分，此刻眾人正要把那些大燈台扛回羅馬。

機，既不是基於貧窮而受到排擠，也不是因為宗教的狂熱使然。一般說來，宗教往往會強化造反者的目標，提供一致的儀式和符號——阿米尼烏斯在條頓堡森林一再執行的生人活祭到猶太民族渴盼救世主之臨世都是例子。但是這裡的造反活動並不是具體的宗教起義。在這裡，帶頭起義的往往是行省裡的貴族——這是當地菁英和羅馬當局的共謀關係破裂的標誌。換句話說，這是羅馬人仰賴與當地人合作所必須付出的代價。叛亂之起因，往往都是羅馬這方面挑起的，例如羅馬人不當的言論或冒犯的行為擾亂了權力的微妙平衡，最後終於觸發暴動的火花。

始於西元六六年的猶太起義（Jewish Revolt），主要的原因是猶地亞地區的統治階層發生分裂，他們彼此不信任，也不信任羅馬當局。總督下令鞭笞並嚴懲某幾個行省內猶太人——這群猶太人也是羅馬公民。這件事引起民怨沸騰。帝國各地知名的革命領袖，很多都跟羅馬政府有密切關係，例如西元九年下令屠殺瓦魯斯的阿米尼烏斯，又如西元六九和七〇年，領導另一次日耳曼叛變的席維里斯（Julius Civilis）——這兩個人都是羅馬公民，也曾在羅馬軍隊服役，同時也是當地貴族階層的一分子。即便是西元六〇年，在不列顛發動起義的布狄卡（Boudicca），她也符合這個模式。

布狄卡或布都依卡（Buduica）——我們無法確知這名字如何拼寫，或許她自己也不知道——並不是羅馬人的宿敵；她是菁英同盟家族的一分子。她的先夫普拉蘇塔古斯（Prasutagus）是東英格蘭地區不列顛人的領袖，也是羅馬的盟友，或某個較為謙遜低調的「托吉布諾斯」。普拉蘇塔古斯死後，他將部落王國分成兩份，一半留給皇帝，另一半留給女兒。這是一個希望可以確保和平的明智分配。據某些羅馬作家，這場起義的導火線是某些羅馬人侵占遺產的行為所引起的。

他們不顧一切，蠻橫地挺進部落；他們的士兵掠奪普拉蘇塔古斯的財產，姦污他的女兒，鞭笞他的遺孀。為了因應這種暴力，布狄卡集結一群支持者，起而反抗羅馬軍隊。

如同這類叛亂的常態，叛亂者贏得短暫的勝利，接著輪到羅馬軍隊把恐懼轉化成勝利，勢如破竹的勝利。布狄卡的民兵團體很快摧毀了新行省裡的三個羅馬市鎮，焚毀城鎮，屠殺居民。有一位羅馬史家在其作品中混入奇幻的想像（希望是如此），佐以厭女情緒和愛國主義，提到布狄卡的士兵如何把敵軍婦女吊起來，割下她們的乳房，再縫入受害者口中，「使她們看來好像在

圖101 倫敦泰晤士河堤（Thames Embankment）上的布狄卡雕像，塑像作者是托尼克洛夫（Thomas Thorneycroft）。這是戰士女王的絕佳形象，但是這組塑像的每個細節都有時代問題，包括那兩把裝在車輪軸上的長柄大鐮刀。從1850年代開始，這組雕像就停止公開展示。經過許多討論，最後擇定泰晤士河堤作為安置地點，並於1902年再度公開展示。在這組塑像上，布狄卡的名字以拉丁文拼寫，即：Boadicea。

吃乳房的樣子」。不過，當叛變的消息傳到行省總督耳裡——當時他正在兩百五十英里外的威爾斯省（Wales）作戰，他立刻帶兵折返，然後徹底消滅不列顛叛亂者。塔西佗估了一個誇大的、令人難以置信的傷亡數字：八萬個不列顛人陣亡，羅馬士兵只折損四百人。據說布狄卡服毒身亡。根據一篇荒誕至極的故事，她的屍骨就葬在倫敦北方，靠近國王十字（King's Cross）火車站第十號月臺的某處。

布狄卡的目的究竟為何，我們只能猜測。她的真實故事則籠罩在古代和現代神話製造的雲霧裡。對羅馬作家而言，她是個既令人害怕，又令人著迷的人物。她是一位征戰女王、雙性人、野蠻的克利歐佩特拉；她的「身材高大、體態宛如男性、眼神銳利、聲音嚴厲，一大把紅髮垂下腰際」——這是數世紀之後，一個絕對不可能知道她長相的作者的描述。在不列顛，在過去幾個世紀以來，她不僅變成國家的巾幗英雄——關於她那些不甚好看的面向則全部打入羅馬的宣傳伎倆，不值一提；她也被創造成大英帝國（British Empire）的祖先，有朝一日，她將帶領子民超越羅馬帝國。在泰晤士河畔，她的雕像底座上刻著：「凱撒從來不知道的區域／妳的子孫將在哪裡統治」——意思是從一個帝國創造另一個更大的帝國。

布狄卡或任何其他叛徒都沒留下一言半語。我們擁有最接近這個視角的作品，是若瑟弗那部關於猶太人的史書。若瑟弗曾是反抗羅馬人的叛亂者，他後來坐在羅馬舒適的書房裡，寫下猶太人那場終結在馬薩大要塞的叛亂史。無論他是叛徒、尋求政治庇護者或懷有遠見的政治人物，最終他是在維斯巴西安皇帝的保護下住了下來。但是他是個非常特殊，而且也非常不客觀的案例。塔西佗和其他羅馬史家倒是曾試圖描寫羅馬許多反叛者的長篇演說。在其中，布狄卡痛斥羅馬的

「文明」帶來了不道德的豪奢；諷刺羅馬人缺乏男性氣概；哀悼不列顛人失去了自由——女兒之被強姦、自己之受鞭笞即是自由之失落的表徵。日耳曼的席維里斯把羅馬的統治比擬為奴役，而不是聯盟，並列舉皇權強制推行的種種不公平的剝削，藉此激勵自己的追隨者。其中最令人難忘的一篇演說出自塔西佗為岳父所寫的傳記。在其書中，一位羅馬的仇敵在出戰阿格里科拉前，對其士兵發表演說，挑戰羅馬的統治及其結果。他聲稱羅馬人是世界的盜賊，對征戰和利潤貪得無厭。他有一句時常被援引的名言，可謂一語中的；關於羅馬的統治大業，他的評語是：「他們創造了廢墟，卻稱之為和平」。

我們幾乎可以肯定的是，地方性的叛軍在出戰前夕不會說出這麼優雅的話。想出這些話的羅馬史家，無論如何也不可能知道在地方叛軍聚集的場合中，他們說話的內容，而且他們可能也很害怕跟布狄卡同處一室。但是他們了解在政治上反對羅馬統治究竟是怎麼一回事，也知道如何表達。當然我們會覺得懊惱，因為我們無從得知帝國行省的異議分子的真實觀點；不過，看到羅馬作家透過想像，揣摩異議分子究竟有什麼樣的想法，這或許更為重要。而且這也是羅馬文化和羅馬權力的明顯特點。西元前一世紀末，史家薩祿斯特回顧過往，認為羅馬在西元前一四六年摧毀迦太基和科林斯是羅馬走向腐朽的轉捩點，而且他也因此嘗試重構朱古達國王對羅馬人的看法（權力飢渴、貪贓舞弊、非理性地反對帝制）。約莫一百年後，塔西佗和其他史家很生動地、充滿細節地想像那些反叛羅馬的行省人民腦中的萬象乾坤。除了羅馬作家自己放入羅馬異議分子口中的那些話語，再也沒有人曾對羅馬帝國的權勢提出更加出色的評論。

基督教帶來的問題

理解羅馬人之間的衝突，這跟了解棘手的基督教，其問題剛好相反。基督教的勝利，即西元四世紀成為羅馬帝國的「官方」宗教，這件事確保信基督的羅馬作者得以留下大量證據、論述和自我辯白的資料，同時也確保傳統的、「異教」的羅馬對手所描述的反對意見不會流傳下來。普里尼和圖拉真的書信往來是現存非基督徒對這一新興宗教最暢所欲言的討論之一。為了吻合勝利者立場而改寫歷史，我們可在西元三、四、五世紀的基督教文獻看到歷史上最極端的某些例子。他們重編基督教的勝利史，既是打敗多神教對手的勝利（即便他們曾遭遇羅馬政府無情的迫害），也是對抗內部其他質疑基督教正統觀念的宗派的勝利——他們後來以「異端邪說」（heresies）來界定內部其他宗派的聲音。

事實是，耶穌大約在西元三〇年代初期被釘上十字架，接下來的兩百年裡，基督教的面貌究竟如何，其實很難說得清楚。一開始，基督教是一支激進的猶太教派，但是這支教派如何以及何時跟猶太教分道揚鑣，我們也不可能確知。甚至「基督徒」何時開始使用這個名字來稱呼自己也很難確定；這名稱原來有可能是外人給他們取的別名。很多年裡，教徒人數始終不多；到了西元兩百年，羅馬帝國共有五、六千萬人口，估計基督徒最多大約只有二十萬人左右。他們的可見度有可能比這個數字高，因為他們大都集中在都市裡。至於「異教徒」這個語彙，那是他們對非教徒或猶太族的稱呼，另外這個語彙也指從「外來者」到「鄉下人」這之間的所有其他人。他們對神和耶穌的本質，他們對基督教信仰的基本宗旨，各有不同的觀點和信念。慢慢地，而且非常困難地，這一切才縮減至目前我們所了解的基督教正統信仰（Christian orthodoxies，仍然還不是單數）。耶穌有沒有結婚？有沒有生兒育女？十字架受難究竟發生了什麼事？他是生？還是死？大家都非常納悶。然而這樣的疑惑也並非完全不合理。

西元後的兩百年間，羅馬當局偶爾發生懲罰基督徒的事件。這段時期並沒有發生普遍或有系統的迫害；一直到西元三世紀中葉才出現這樣的跡象。事實上，大多數早期世代的基督徒過著不受國家干預，自由自在的生活。不過他們偶爾會成為代罪羔羊。例如尼祿決定把西元六四年羅馬發生的大火歸咎於他們。他們也有可能真的難辭其咎，因為有某些基督徒當時正在到處發出預言，說這個世界即將在大火中終結。從普里尼和圖拉真的信件看來，羅馬似乎曾制定某些法規，或顯或隱地禁止該宗教，但我們所知道的也僅只這樣而已。在帝國的不同地方——從高盧到非洲，不時傳出基督徒遭受懲罰的事件；從普里尼的信，可知他對這些事件深感猶豫和困惑。

西元二〇三年，羅馬迦太基有一女基督徒寫下她的審判，留給世人最發人深省的一刻。這位女基督徒被判了死刑，刑罰是被送進露天劇場的獸籠，任野獸咬死。這位女基督徒名叫頗佩秋雅（Vibia Perpetua），是一位剛改宗的基督徒，年約二十二歲左右，已婚，有一個襁褓中的孩子。在古代世界流傳下來的文獻之中，頗佩秋雅的手札是一篇最冗長、最個人也最私密的作品；這篇作品描寫她的個人經驗，描述她對孩子的牽掛，還有她被送到獸籠前，待在獄中所做的夢等等。即使在她自己的手札中，我們也可看到她的審問者的挫折，和他熱切期望她公開宣布放棄信仰的描寫。她的審問者是一位財政官，當時行省總督剛過世，因此由他來代理總督的職務。這位財政官極力勸她道：「憐憫你的父親已經白髮蒼蒼，憐憫你的孩子年幼無依；請為皇帝的昌盛獻祭吧！」「絕不。」這是她的回應。「你是基督徒嗎？」那位財政官言歸正傳，正式提問道。當她說：「我是基督徒。」她就被判了死刑。那位財政官顯然十分困惑。看著她在競技場死去的群眾，似乎也是如此。羅馬的血腥競賽有一套相當嚴格的規定必須遵循。在競技場，死去的只有畜生、罪犯和貧困的奴隸，不是年輕的母親。事實上，當民眾看到與頗佩秋雅一同殉道的斐理謙（Felicitas），看到她胸前沾滿奶水時，凡「目睹的群眾莫不戰慄不止」。所以，我們要問：羅馬人究竟為什麼要這麼做？

無論是法律條文或個別判案中的確切情況，羅馬的傳統價值和基督教之間有一個無可化解的衝突。羅馬的宗教不僅是多神，他們對待外國神祇就像他們對待外國人一樣：兼容並蓄。早在西元前四世紀初期，早在他們接管維伊的時候，他們就不時歡迎降服者的諸神進入萬神殿。這種做法不時也會引起爭議和焦慮；埃及伊西斯女神（Isis）的祭司不只一次被逐出羅馬。但是羅馬的基本原則是：隨著羅馬帝國的擴張，萬神殿的諸神也跟著增加。在理論上，基督教是個絕對的一神教；基督教排斥世代以來一直保佑羅馬成功的諸神。在實踐上，有一個因勇敢赴死（或因頑固而致死）的頗佩秋雅，可能就有無數平凡的基督徒，他們選擇向傳統諸神獻祭，祈求好運，之後再去懺悔。但是白紙黑字並未記下這些和解的資料。

就某個意義而言，猶太教的情況也是如此。但是，藉由某種特別且在某些程度難以預料的情況，猶太人找到了與羅馬文化從容相處的方法。對羅馬人來說，基督教最為糟糕。第一，基督教沒有發源地。在羅馬人那種譜系井然的宗教地理學中，他們預期諸神有個**來處**，例如伊西斯女神來自埃及，光神密特拉（Mithras）來自波斯，猶太神明來自猶地亞。但是基督教的神沒有根，他們聲稱自己是普世的宗教，以尋求更多信徒。各種啟悟的神祕時刻，可能會吸引新的崇拜者奉拜（例如）伊西斯女神。但是基督教的特色，講究的完全是靈性轉變的過程——這對羅馬人而言是前所未見的做法。再者，有些基督徒所布的道甚至有顛覆希臘羅馬某些關於世界的本質，關於世人的最根本的假設。例如貧窮是善的，或者身體是不該照顧的對象，而是該馴服或抵制的對象。以上這些想法基本上與羅馬文化並不相容。所有這些因素都可以用來解釋普里尼和他的同道為何會那麼焦慮、困惑和充滿敵意。

雖然如此，基督教的成功，其根源亦在羅馬帝國。帝國的領土，帝國推廣的流動性，帝國的城鎮和文化的融合——這些都是基督教成功的因素。從普里尼的比提尼亞到頗佩秋雅的羅馬迦太基，基督教得以從猶地亞小規模的源起，擴大四散到廣大的地方，主要是因為羅馬帝國開拓了一個跨越地中海世界的交通管道；另外是因為透過這個管道所形成的人類、貨物、書籍和觀念的交流移動。諷刺的是，羅馬人唯一想要消滅的那個宗教，竟然就是那個藉由帝國之助力而成功的宗教，而且這個宗教完全是在羅馬世界內部成長茁壯起來。

公民

所以基督教果真是羅馬的宗教？答案是「是」，也是「不是」。要回答這個問題，端看我們如何定義「羅馬」——一個可塑性極大又難以捉摸的形容詞，可用來表示很多不同的意義，從政治管理到藝術風格，從一個地方到一個時期都可用「羅馬」這個詞來加以形容。若要問有多少「羅馬人」住在羅馬不列顛行省，這個問題有好幾個解答。如果是指那些出生和成長在羅馬的人，那麼答案是「大概只有五個」；如果每個士兵、帝國行政體系中的人員和奴隸等小吏全都列入計算的話，那麼答案是「大約五萬人」。假如我們認為所有羅馬行省的居民現在也算是羅馬人——即便他們多半不住在城鎮裡，可能也不知道羅馬究竟在世界哪個角落，或者他們跟羅馬政權也沒有直接的接觸，只除了荷包裡偶爾出現的些許零錢跟羅馬有關之外，如果是這樣的話，那麼答案就會是「三百多萬人」。

羅馬的公民權中，有個重要的定義始終不變。對於帝國越來越多的居民而言，成為羅馬人，意味著成為羅馬公民。西元一、二世紀這兩百年裡，這樣的事實在行省各地以許多方式進行。在羅馬軍中服務的非公民，服完役就成為公民；帝國各地城鎮的地方官幾乎都是自動取得羅馬的公民權；提供特殊服務的社群或個人（例如：Tiberius Claudius Togidubnus），事成後也得以取得公民權；羅馬公民的奴隸，無論住在那裡，一旦獲得自由就成為公民。有關公民權的取得，我們並沒有找到相關的測驗或考試，也不必向國旗敬禮，不必宣誓效忠或繳付費用等。公民權是一種贈禮。據晚近算出來的最佳估計，到了西元二〇〇年，大約有百分之二十左右的自由人取得公民權。換句話說，行省地區的羅馬公民至少有一千萬人左右。

在羅馬的法律之下，公民身分也同時帶來各種特殊的權利，涵蓋了從契約到懲罰等範圍廣泛的項目。西元六〇年代，同樣是接受懲罰，聖彼得（Saint Peter）被釘上十字架，聖保羅（Saint Paul）卻獲得斬首的特權，原因很簡單：保羅是羅馬公民。對某些人而言，公民是晉身羅馬核心政權的第一步，甚至也是通向元老院和宮廷的旅程起點。西元二世紀時，有好幾位皇帝即來自義大利以外的地區，例如圖拉真的家族來自西班牙。西元一九三年至二一一年在位的塞維魯斯（Septimius Severus）是第一個來自非洲的皇帝。

行省出身的元老院議員也越來越多，包括來自北非的不列顛總督烏畢庫斯（Lollius Urbicus）；家族源自高盧南方的阿格里科拉；還有更多人在家鄉的碑文上，得意洋洋地展現他們在首都的成就（「全亞細亞第五個進入元老院的人」）。有些皇帝也推波助瀾，助長了這樣的趨勢。克勞狄斯在西元四八年的演說中，他回顧羅馬最早時期對外國人的寬容，預先阻止了一項明顯的反對意見：「如果有人認為高盧人給如今已經成神的凱撒帶來十年征戰的麻煩，那他就該想到，從那個時候開始，高盧人展現他們的忠心，已經超過一百多年了。而這是值得我們信賴的。」他主張接納來自北高盧地方（羅馬人稱之為「長髮高盧」〔hairy Gaul〕）的人當元老院議員，並明確地替這項提案辯護。到了西元二世紀末，大約有一半以上的元老院議員來自行省。不過他們不是平均地來自帝國各地（就沒有元老來自不列顛）；而且有些人——如同第一位來自「外國」皇帝——很可能是早期義大利移民在行省的後裔，並不是「土著」，不過也不是全部人或大部分人都是如此。事實上，現在是行省人民在管理羅馬。

這並不意味著羅馬的管理階級是一個溫暖、開明的文化大熔爐。用我們的語彙來說，他們比較是不分種族的。我們可以繼續論辯非洲皇帝塞維魯斯的種族來源，原因是因為古代作家對此完全不予置評。但是羅馬的菁英肯定十分瞧不起行省來的元老院議員。人們取笑他們無法找到去元老院的道路。即便是塞維魯斯，據說他因為姊妹的拉丁文太差勁，因而倍感尷尬，不得不把她遣

圖102　這是根據佐伊洛的墓碑雕刻重構的圖像，在這面雕刻裡，他本人的雕像保存得最好。圖左的他，明顯一身羅馬風格的打扮——身穿托加袍，彷彿正在演說的樣子。右側的他則是不折不扣的希臘人打扮。

送回鄉。克勞狄斯提議接納「長髮高盧」加入元老院的演講，其觸發點是元老院普遍反對該法案。不過，至少到了西元二世紀，在羅馬世界的中心，有一群數量可觀的男男女女可從兩個面向觀看帝國，這些人有兩個家：羅馬和行省；在文化上，他們是一群雙語人。

佐伊洛的故事

我們就以這樣一個雙語人的故事來結束本章。佐伊洛（Gaius Julius Zoilo）這名字挺陌生。他不是波利比烏斯、巴爾巴圖斯、西塞羅或普里尼；他沒有傳世的著作（除了刻在石頭上的三言兩語），羅馬世界的現存文獻裡也不曾見過他的身影。但是，不同階段的羅馬歷史乃由不同類型的人形塑而成。佐伊洛的身分多重；他是個解放奴，也是皇家特勤人員；對他的鄉人來說，他是個慷慨的捐贈者，同時也是羅馬帝國諸多主題的代言人。再者，他也是個很好的例子，清楚地提醒我們：還有許多幾乎隱藏在歷史裡的羅馬人的生命故事，目前依然還在陸續發現與整理當中。

我們所知道的佐伊洛的故事，全都來自出土文物，多數是在過去五十年裡在現今土耳其南方的羅馬小鎮阿芙羅迪西亞（Aphrodisias）出土的。這裡應該就是他的出生地，也是他最後歸老的故鄉。這裡有他巧奪天工的陵墓，讓我們可以窺見他的樣子，雖然臉的大半都已毀去。未來的皇帝奧古斯都在一封寫於西元前三九或三八年的信裡提到他。這封信被阿芙羅迪西亞人刻在石頭上，立在市中心。信中是這樣寫的：「你知道我是多麼喜歡我的佐伊洛。」佐伊洛在鎮上參與興建建築，有劇場中的新舞臺，有神殿的重大修復；這些建築都以捐獻者和慈善家的名目，醒目地刻上他的名字。凡此種種，讓我們得以勾勒出他事業的輪廓。

他本來應該是生而自由，身世平凡的自由人。但在西元前一世紀上半葉的某一刻，他卻突然淪落為奴——可能是因為海盜或人口販子，也可能是在當時多起的衝突中突然變成了戰俘。他最後以奴隸的身分來到羅馬；他後來為凱撒做事，而凱撒賜給他自由，賦予他羅馬公民的身份，並給了他一個新的羅馬名字：Gaius Julius Zoilos。在回歸故里之前，他與第一任皇帝奧古斯都密切合作。奧古斯都顯然跟他很熟，以致於說出喜愛他的話。他帶了許多財富回鄉——可能是凱撒把征戰所得的戰利品分給下屬，包括奴隸和解放奴都蒙受其惠。回鄉之後，他以傳統的方式把自己形塑成有名望的人。他死的時候——可能就在奧古斯都當政期間，政府撥款為他建了一座紀念碑。在羅馬，有一署名為「佐伊洛之子」的墓誌銘出土，如果這塊墓誌銘屬於他的孩子（羅馬世界還有其他名叫佐伊洛的人），那麼，他有些家人可能並沒有跟隨他返回阿芙羅迪西亞。這位「佐伊洛之子」名叫帕普斯（Tiberius Julius Pappus）；在西元一世紀中期，他曾歷經過提比流斯、蓋猶斯和克勞狄斯的三朝統治，其工作是皇帝圖書館的館長。

佐伊洛位於阿芙羅迪西亞的陵墓最能展現帝國的文化。一根巨大的正方形柱，基座雕刻著精美的飾帶，從今日殘餘的斷片中，仍可多次看到佐伊洛的身影以不同卻又意義重大的形式來呈現。紀念碑保存最好的一側，可看到死者的兩個形象，名字清楚、頭戴冠冕。左側的他，正在接受羅馬神祇維爾圖斯（Virtus）和賀諾斯（Honos）的表彰——維爾圖斯手拿盾牌，賀諾斯隱含「男性英雄主義」（Manly Heroism）或「聲望」（Prestige）之意。右側，輪到當地「人民」和他的「城市」接受表揚。但是關鍵之處是兩個佐伊洛的不同打扮。左邊的他穿著獨特的羅馬托加袍，舉起一臂，彷彿向觀眾揮手致意，另一隻手大概拿著一卷卷軸。右邊的他穿著古希臘斗篷（chlamys），頭戴富有希臘特色的帽子。

紀念碑強調了佐伊洛的成就、財富、社會地位，以及他遍布整個羅馬世界的移動足跡。最重要的是，這座紀念碑顯示佐伊洛以兩個極為不同、並列出現的形式創造了他的身份。在羅馬帝國的文化中，你可以既是希臘人，又是羅馬人。

後記

羅馬的第一個千禧年

西元二一二年，卡拉卡拉皇帝頒下御令，規定羅馬帝國境內的自由民，無論身在何處——從東邊的蘇格蘭到西邊的敘利亞——全都是羅馬公民。這個革命性的決定一舉取消了統治者和被統治者在法律上的區別，也把一個持續將近千年的過程推向終點。三千多萬行省居民，一夕之間全都變成合法的羅馬人。在世界歷史上，如果這不是**最大**規模的一次公民身分授與，也是規模很大的其中一次公民身分授與。

好幾個世紀以來，戰敗者全都依例變成羅馬人。奴隸獲得自由的那一刻，同時也獲得羅馬公民的身分。隨著時間過去，許多行省人民——無論兵丁士卒或平民百姓——也都因為忠誠、服役與協作等各種原因而被酬以公民身分。這樣的措施，並非完全沒有爭議或矛盾。換言之，不是所有被贈與公民身分的人都願意接受這份贈禮。有些羅馬人毫不掩飾他們對外來者——無論是公民還是非公民——的猜忌，例如諷刺作家裘維納即曾發言抗議道：「我無法忍受一個到處都是希臘人的城市。」然而也有某些義大利盟邦渴望成為羅馬公民，終結他們被排拒在外的次等地位——這多少是西元前一世紀初期發生所謂的「同盟之戰」（羅馬史上最血腥的其中一場戰役）的部分原因。雖然如此，公民贈與這一措施底下所暗藏的模式是清楚的。西元二一二年，卡拉卡拉完成的這個程序，其實早在一千年前，亦即羅馬神話中羅慕勒斯的時代就已經開始，或據傳統的說法，這個程序在西元前七五三年即已開啟。當時，羅馬的開國之父把公民身分送給所有來投靠他的人，把外國人變成羅馬人，從而創建了他的新城。

卡拉卡拉為什麼會選擇在這個時間點釋放公民身分？這問題一直讓史家感到很困惑。西元一九二年十二月三十一日康莫達斯遇刺後，卡拉卡拉繼位成為新王朝的第二位皇帝。尼祿在西元六八年過世之後，羅馬曾短暫發生衝突；但發生內戰這還是第一次：來自不同單位的軍隊——包括禁衛軍和各個行省裡的軍團——無不想要把自己的候選人推上王座。其中一位就是來自北非大萊普提斯（Leptis Magna）的塞維魯斯；他原本駐守多瑙河，得到軍隊的支持後，他帶軍開進義大利，奪得帝位。當上皇帝的前面幾年，他都忙於剷除異己，一直到西元一九七年為止才大勢抵定。卡拉卡拉是他的兒子兼繼承人；西元二一一年，卡拉卡拉即位，正式的稱號是馬可斯・奧理流斯・安東尼努斯（Marcus Aurelius Antoninus）。而他之所以會有此稱號，那是因為塞維魯斯透過一些安排，讓他自己與家人成為奧理流斯的養子。基於王位繼承和迫切追求合法傳承的考量，塞維魯斯的這一做法可說嚴重地扭曲了領養制度，因為當時奧理流斯早已死了很久。「卡拉卡拉」是一個綽號，來自一種他經常穿戴、風格特殊的軍人斗篷（*caracallus*）。

人們所記得的卡拉卡拉，並不是一個深謀遠慮、思想前衛的改革者。他最為人所知的是：出資建了當時羅馬規模最大的公共澡堂。這間澡堂高聳的磚牆，今日依然是夏日戶外歌劇演出季的壯麗背景。但這根本看不出他當政時的血腥殘忍。西元二一一年，卡拉卡拉殺了他的胞弟兼對手傑達（Geta），從此展開暴力的血腥統治。這一起兄弟相殘的事件，彷彿是羅馬起源故事的重演。據傳卡拉卡拉僱了一批士兵去終結那位少年的性命，當時傑達正害怕地蜷縮在他母親的懷裡。他的統治結束在西元二一七年，那時卡拉卡拉二十九歲，他的貼身護衛趁他在路旁小解時，上前捅他一刀，了結了他的生命。當時的禁衛軍指揮馬克里努斯（Marcus Opellius Macrinus）馬上緊接其後，登基為王。馬克里努斯很可能跟這起刺殺案有關；他是第一個不具備元老血統的羅馬皇帝。

卡拉卡拉不光彩的生涯常常讓人懷疑他大舉頒發公民身分，背後必定別有居心，至少藏有某種利己的動機。許多歷史學家，包括狄奧和吉朋，都懷疑卡拉卡拉這麼做是為了籌錢，因為新公民理所當然得繳納羅馬的遺產稅。果真只是為了錢，這也太大費周章了。如果你只是想增加政府的稅收，你並不需要賜給三千萬人公民身分。

無論卡拉卡拉背後的動機如何，他這道法令永遠改變了羅馬世界，這也是我的羅馬故事結束在這裡——羅馬第一個千禧年的尾聲——的原因。羅馬人和被統治者的界限這個大問題在過去數百年裡始終主導著政治，控制著論辯，然而現在這個問題已經獲得解答。過了一千年，羅馬的「公民計畫」（citizenship project）至此已經完成，一個新的紀元亦從此展開。不過，這也並不是一個安定的，多元文化和平共處的時代。一個特權剛被移除，不久之後，另一個特權又根據非常不同的說詞，取而代之。一旦所有人都成為公民，公民身分就變得無關緊要。西元三世紀開始，尊貴者（*honestiores*，意指那些「地位較為顯赫的」人，包含富裕的上層階級和資深士兵）和卑賤者（*humiliores*，意指「較為卑微的人」）的分辨成為至關要緊的事，而這一區別再度把羅馬人分成兩個群體，種種不平等的權利也正式寫入羅馬的法律。舉個例子，現在只有尊貴者可以免除那些特別殘忍或使人喪失尊嚴的刑罰，像是釘上十字架或鞭刑——但是在過去，所有公民都可享有這一權益。公民當中的「卑賤者」此時發現自己得面對過去那些僅施用於奴隸和非公民的刑罰。依據財富、階層和地位，自己人和外來者之間的新界限重新再次建立起來。

西元三世紀，許多改變羅馬世界，使之面目全非的還有一連串變革、分裂、危機與侵略，公民身分之授與不過是其中一個因素而已。自西元六世紀起，君士坦丁堡（Constantinople）成為羅馬帝國的東都；西元一四五三年，君士坦丁堡落入鄂圖曼土耳其（Ottoman Turks）的手中，羅馬的第二個千禧年宣告結束。羅馬的第二個一千年奠基在完全不同的新原則、新的世界秩序和不同的宗教之上——至少大部分時間是如此。第一任皇帝奧古斯都建立的獨裁政權，其所依據的政治語言和機制，可以遠溯到羅馬第一個千禧年裡最早的任何一段時期；我前面提到的帝國統治模式，亦即「奧古斯都模式」在西元十四年，奧古斯都去世之後，持續提供一個近乎兩百年，相對穩定的政治體系。假如奧古斯都的第一位繼承者提比流斯能夠在西元二世紀末相當順利地接手康莫達斯的位置，再過個數十年，他一定無法理解該如何當一位皇帝。事實上，第二個千禧年裡的羅馬是一個利用古老的名字來裝扮其面貌的新國家。你如何看待這一千年，端看你的立場為何。這一千年可以是一段漫長的，緩慢走向衰敗的過程，也可以是一連串最終把一個古老的世界帶向中古時代的文化與政治變遷，或者也可以是一個關於藝術、建築和文化省思特別活躍的時代。

歷史學家今日時常談到西元三世紀的「危機」，他們的意思是康莫達斯在西元一九二年遇刺之後，奧古斯都模式亦隨之崩潰瓦解。皇帝的人數是這一崩潰過程的明顯徵兆。如果不計算尼祿死後，那一場短暫內戰中出現的三位短命皇帝，那麼從西元十四至一九二年這一百八十年間，羅馬總共只有十四位皇帝在位。但是從西元一九三年至二九三年這一百年間，羅馬卻出現了七十多位皇帝——這張名單很有彈性，端看你要納入多少位讓人記不住名字的聯手共治皇帝、篡位者或「冒牌貨」。更重要的一件事是，任何試圖阻止軍團擁立新王的嘗試全部都失敗了。西元三世紀中葉，所有奪得王位的皇帝，每一位都各有各的軍隊做為後盾。這多少有點像是內亂的延續。此外，為了奪得帝位，還有許多顛覆傳統的做法，例如塞維魯斯宣稱自己和家人被死了十多年的皇帝選為繼承人；羅馬的領養標準固然彈性很大，這樣的胡亂濫用也是十分惡劣。

與此同時，作為權力中心的羅馬城漸漸失去了光彩。皇帝不常住在羅馬，反而跟著軍隊駐紮在數百英里之外。他們沒有時間、動機，也沒有錢可以追隨奧古斯都的模式，利用磚塊和大理石把他們的印記留在羅馬城，或扮演人民慷慨的贊助者。西元二一〇年代，卡拉卡拉建造了大型浴場之後，在長達八〇年的時間裡，羅馬城完全沒有任何大型的皇家建設。一直到西元二九〇年代，才有戴克里先（Diocletian）興建了更為大型的公共澡堂——這座澡堂巨大的部分建築今日依然矗立在羅馬中央火車站外面。皇帝不住在羅馬城，這也加速了元老院的沒落。當王座上的那個人遠在天邊，元老和皇帝之間就沒有「我們都是公民」的儀式可以展演，沒有棘手的諮詢商談，甚至也沒有機會讓那些情操高尚，不切實際的元老可以憤而退席或發動抗議。皇帝越來越仰賴遠端控制，利用下達諭令或書信往返來治理國家，完全忽略元老院的存在。不具元老身分的馬克里努斯（Macrinus）登上王位（後來有更多這樣的皇帝追隨其後），這是另一個元老院可以被忽略的清楚跡象。

這些變化的背後因素究竟為何？到底什麼是因？什麼是果？這些問題至今依然眾說紛紜。來自帝國之外，更具效率而且大抵已經「羅馬化」的「野蠻人」的入侵是其中一個因素。西元二世紀晚期，廣為流傳的瘟疫的影響也不小——即使死亡的人數估計中等，但這對羅馬的人力必然也是一大重創。奧古斯都模式的微妙平衡也不能置身事外，因為這個模式沒能為王位的繼承訂定清楚的準則，也沒能在皇帝和元老院之間立下清楚的權位界限，留下許多令人尷尬的妥協。一旦這個模式遭到違背，崩壞即隨之而來。不管原因如何，從西元三世紀的「危機」中重生的新羅馬是一個煥然一新，充滿新氣象的世界，跟我們在第一個千禧年裡探索過的羅馬迥然不同。

羅馬城的氣運至此衰竭，再也無從挽回作為帝國首都的地位。西元五世紀的一百年中，羅馬城曾三度落入侵略者的手裡，這是八百年前羅馬城被高盧人劫掠之後第一次發生的事。羅馬世界漸漸開始受制於地方首府，例如拉文納（Ravenna）和君士坦丁堡，亦即現代的伊斯坦堡（Istanbul）。帝國的西部和東部出現分而治之的現象。西元三世紀晚期，經歷一段聯手迫害基督教的時期之後，羅馬這個普世的帝國決定擁抱基督教這個普世的宗教（反之亦然）。康斯坦丁大帝在西元四世紀初建立了君士坦丁堡，他也是第一個正式改信基督教的羅馬皇帝。西元三三七年，他在病榻上受洗，成為基督徒。就某方面而言，康斯坦丁大帝確實遵照奧古斯都的模式，利用種種建設來樹立自己的權勢——只不過他興建的是教堂。

羅馬固然已經變成新的羅馬，但並不是所有的一切都已發生改變，而且縱使有所改變，也不是發生於一夕之間。城市裡的居民，無論信教與否，依然喜歡觀賞羅馬競技場的盛大表演——可能此時較多獵捕猛獸的表演，較少格鬥士的搏鬥，而這種情形會一直延續到西元五世紀。君士坦丁堡的羅馬帝王依舊遵循舊例，出資舉辦娛樂活動，嘉惠市民，不過他們贊助的大部分是雙輪馬車的競賽。雖然如此，許多政治方面的傳承不是流於表面，就是出於誤解。作為一種對傳統的回應，君士坦丁堡也建立了自己的元老院；但是這裡的元老院僅存其名，其制度早已死亡，成為化石。西元八世紀，有一位顯然十分糊塗的解說員試圖解說元老院的名字由來：他認為該建築物的興建者應該是一個名叫賽納圖斯（Senatus）的人。

在羅馬城裡，顯示世界已經改變的最佳指標是興建於西元三一五年，用來慶祝康斯坦丁大帝打敗國內政敵的一座拱門。這座拱門至今還在，就佇立在古老的羅馬廣場和壯麗的圓形大競技場之間。其所以能保存下來，原因是這座拱門曾被內建在一座文藝復興時期的堡壘裡。乍看之下，這座拱門非常傳統，與之前羅馬那些標榜軍功的拱門並無二致，也和之後不斷被複製的各種帝國紀念碑相差無幾，例如巴黎的凱旋門（Arc de Triomphe）或倫敦海德公園（Hyde Park Corner）的威靈頓拱門（Wellington Arch）。這座拱門的裝飾是一系列描畫康斯坦丁戰功的場面，其風格不出羅馬最初兩個世紀獨裁政權下大家熟諳的模式，描繪的畫面包括皇帝與野蠻敵人的廝殺、對部屬發號施令、赦免戰俘、向傳統神靈獻祭、接受勝利女神授冕、分派救濟

圖103　康斯坦丁的拱門。正面所有看得見的雕刻，幾乎都是從過去的紀念碑拆下來再重新安置在這裡。兩側拱門上的圓形雕刻是哈德良時期的作品。最頂層的長方形石刻則取自奧里流斯的紀念碑。同樣也在頂層，那兩幅刻著野蠻人群像的作品則來自圖拉真的紀念碑。

品給人民。所有這些畫面，彷彿在一百五十年前就已經雕刻完成。

事實上，多數作品確實真的是在一百五十年前完成的。除了少數普通的嵌板外，大部分雕塑都是從原先紀念圖拉真、哈德良和奧理流斯的紀念碑上或撬開或劈下取得的。帝王的臉，大致被重刻成略似康斯坦丁的模樣。拆下的作品接著再一件件組裝，重新陳設在新的拱門上面。這種緬懷過去的手法，代價高昂，破壞力強大。某些古代觀眾可能會覺得這種手法成功地把新帝王置入古代的傳統之中。但是更重要的是，此種細心的重新編造點出了羅馬的第一個千禧年與第二個千禧年之間的歷史距離；羅馬的第一個千禧年是我這部書的主題，至於羅馬第二個千禧年的故事，則留待他日，他書或另一位作者的努力了。

所以，以此為結……

過去五十年來，我花了很多時間跟「第一個千禧年的羅馬人」相處。我盡其所能，學習他們的語言，閱讀他們留下的大量文獻（至今沒人曾讀完全部），研讀數世紀以來，無數關於他們的書籍和文章，從馬基維利（Machiavelli）、吉朋、維達勒以及其他人等。我試圖破解他們刻在石上的文字，我在羅馬帝國治下的不列顛省分，冒著雨，頂著風，從荒涼的考古遺址親手從土裡挖出他們的石碑。我曾長期思索如何才能最有效地述說羅馬人的故事，解說為什麼我覺得他們的故事是重要的。我也是每年排隊等著進入圓形大競技場那五百萬人的其中一個。我曾付錢讓我的孩子在那裡跟喬裝成格鬥士的圖利者合影。我曾購買塑膠製的格鬥士頭盔給他們。與此同時，我對現代世界的種種殘酷視而不見。我極力安慰他們，說我們現在已經不做像他們那樣殘酷的事了。對我而言——或許對每一個人都是如此，羅馬人不只是歷史與研究的題材，羅馬人也是創造與想像，恐懼與樂趣的來源。

我不再像過去那樣，天真地以為我們還有很多可以直接**向**羅馬人學習的地方——或者，基於同樣的理由，我們還有很多可向古希臘人或向任何其他古老的文明學習的地方。我們不需要閱讀羅馬軍團在美索不達米亞或在帕提亞遇到的困難，才會理解為何現在西亞的軍事干預可能是不明智的。我甚至無從肯定那些聲稱遵循凱撒戰術的將領，果真如實地運用凱撒的戰術，還是這一切僅只是他們的想像。再者，羅馬人處理公民權的方法雖然聽起來十分吸引人——猶如我嘗試解釋的，然而我們如果以為這套方式在數百年後依然可能適用於我們，那我們就太傻了。此外，「羅馬民眾」對於這世界如何運作，該如何運作也是意見紛紜，就跟我們沒有什麼差別。沒有一個簡單的，所謂的羅馬模式可以遵循。如果事情可以這麼簡單就太好了。

但是我越來越相信，透過與羅馬人的歷史、詩歌、散文、矛盾和論爭的種種對話，我們還有許多可以學習的地方——就像關於我們自己，關於過去，我們也還有許多層面有得探索那樣。西方文化有一個豐富多樣的源頭。幸好我們除了繼承古典的過去，還有其他的傳承。雖然如此，透過跟羅馬人與跟他們的著作的對話，至少從文藝復興開始，我們對權力、公民義務、責任、政治暴力、帝國、奢華和美的許多基本假設都已完成，並且也已歷經考驗。

我們不想追隨西塞羅的榜樣，但是他和破產的貴族階級或與人民改革者的衝突（本書的起點），仍然是我們了解公民權的基礎；而且他也給了我們表達政治異議的語言：「卡提林，你還要持續多久，你還要持續濫用我們的耐心多久？」把「廢墟」偽裝為「和平」的這一概念——塔西佗放入羅馬的英國敵人口中的話，至今依然在現代帝國主義的批評中一再回響。況且，羅馬帝王那些令人難忘，駭人的故事，點出了一個問題：獨斷專行的盡頭，就是恐怖統治的開始。

如果我們將羅馬人英雄化，對他們是種傷害，如同我們把他們妖魔化也是一種傷害一樣。如果我們沒能認真地對待他們，又如果我們終結與他們的長久對談，這也會是我們自己的損失。我希望這本書不只是一部古羅馬史，而是一段與羅馬的元老院和人民的部分長談。

延伸閱讀・凡例

羅馬史的參考文獻極多，遠超過任何一人之力所能掌握。這裡建議的延伸閱讀書目僅僅涉及我討論的幾個主題，那些跟這幾個主題相關，但是可能比較偏僻難找的資料也一併列在這裡，這當中包括某些我特別偏愛的相關作品，無論新舊。各章延伸閱讀書目的羅列方式如下：首先列出與該章研究主題相關的重要書目，接著再列出特定論題的相關書目或某些今日可能不易覓得的資料來源。

總論

我徵引的所有古代文獻幾乎都有很好的現代譯本。哈佛大學出版社（Harvard University Press）的洛布古典叢書（Loeb Classical Library）幾乎收入所有主要古典作家的作品，不論原文是希臘文或拉丁文，每一頁都附有英文翻譯與之對照。企鵝古典系列（Penguin Classics）的選本比較精挑細選一些，雖沒附上希臘或拉丁原文，不過價格相對比較平易近人。目前有越來越多的古典文獻可免費在網路上找到，最實用的網站有二，其站名及其網址分別是：*Lacus Curtius* (http://penelope.uchicago.edu/Thayer/E/Roman/home.html)和*Perseus Digital Library* (www.perseus.tufts.edu/hopper/collections)。這兩個網站收入的文本當中，有的只有原文，沒有翻譯，有的只有翻譯，沒有原文，不過通常的狀況是原文和翻譯兩者皆有。若有其他在這幾個標準的古典系列找不到的譯本，我會另外再提供指引。

古代的碑刻銘文和莎草紙文獻比較不易取得。其原始文本通常收錄在幾個十九世紀才開始建立，而且目前仍在持續發展的巨型收藏計畫裡；再來當時為了方便讓來自各個不同新興現代國家的研究者彼此可以理解，這些原始文本全都用拉丁文撰寫。這裡頭最主要的藏本資料庫是*Corpus Inscriptionum Latinarum*，其網址是：http://cil.bbaw.de/cil_en/index_en.html。這裡的收藏雖然很專業，不過現在大部分文本都有英文版。如果點入牛津大學的古代文獻研究中心（Oxford Centre for the Study of Ancient Documents）的網站（www.csad.ox.ac.uk/），你可以找到一小部分來自莎草紙的考古文獻。另有某些比較小型的收藏資料庫可以找到這些文獻的翻譯，通常會依時代或主題加以分類，詳下文。

任何有勇氣寫一部涵蓋大約一千年羅馬史的人，大都跟著許多著名前人的腳步前進。吉朋（Edward Gibbon）的《羅馬帝國衰亡史》（*The Decline and Fall of the Roman Empire*）一開始，他對西元最初兩百年的歷史描寫至今仍然是最令人難忘的段落：David Womersely (Penguin, 2000)的刪節版是一部方便好用的單冊版本，附有一篇很棒的導論，不過關於這段時期的許多重要部分卻省略不提。下列兩套由多位作者執筆的系列叢書之中，其中有幾部涉及*SPQR*討論的時期。「羅德里奇古代世界歷史叢書」（The Routledge History of the Ancient World）裡頭有兩冊尤其相關，一是一九九五年出版，由T. J. Cornell撰述的*The Beginnings of Rome: Italy and Rome from the Bronze Age to the Punic Wars (c. 1000–264 BC)*；再來是Martin Goodman的*The Roman World, 44 BC–AD 180* (2nd edition, 2011)。

愛丁堡大學出版社（Edinburgh UP）的「愛丁堡古代羅馬史系列叢書」（Edinburgh History of Ancient Rome）當中，有幾部作品特別值得注意：Nathan Rosenstein的*Rome and the Mediterranean 290 to 146 BC: The Imperial Republic* (2012)、Catherine Steel的*The End of the Roman Republic 146 to 44 BC: Conquest and Crisis* (2013)、J. S. Richardson的*Augustan Rome 44 BC to AD 14: The Restoration of the Republic and the Establishment of Empire* (2012)、Clifford Ando的*Imperial Rome AD 193 to 284* (2012)——後面這部作品多少承接我停筆之處，持續向前。大部頭的《劍橋古代歷史》（*Cambridge Ancient History*）(Cambridge UP, 2nd edition, from 1990 on)跟本書相關的重要部分在卷七・二到卷十一，你甚至可以在這裡找到更為詳細的歷史敘事與分析。在許多規模較小的著作裡，讓我覺得受益良多的有：Christopher Kelly的*The Roman Empire: A Very Short Introduction* (Oxford UP, 2006)、Simon Price與Peter Thonemann合著的*The Birth of Classical Europe: A History from Troy to Augustine* (Viking, 2011)、Brian Campbell的*The Romans and Their World: A Short Introduction* (Yale UP, 2011)、Greg Woolf的*Rome: An Empire's Story* (Oxford UP, 2013)、Peter Garnsey與Richard Saller合著的*The Roman Empire: Economy, Society and Culture* (Bloomsbury, 2nd edition, 2014)。上述所有著作奠定了我這部書的討論基礎。

至於羅馬宗教的大部分面向，可進一步參考我與John North及Simon Price合著的*Religions of*

Rome (Cambridge UP, 1998)；關於羅馬人的勝利凱旋遊行儀式，其細節與歷史我在我的*The Roman Triumph* (Harvard UP, 2007)已有詳細的討論。Walter Scheidel、Ian Morris與Richard P. Saller合編的*The Cambridge Economic History of the GrecoRoman World* (Cambridge UP, 2007)針對羅馬世界的經濟問題與人口問題提出最新近的討論。不過，我在*SPQR*提到的所有人口估計都應該就實論實觀之：那些都是（粗略的）估計數字。

至於較為一般的資料，可參考Simon Hornblower、Antony Spawforth與Esther Eidinow合編的*The Oxford Classical Dictionary* (Oxford UP, 4th edition, 2012)，這部作品不論紙本或線上版都信實可靠，收入許多古典世界裡的人、地、事的相關資料——這本書是一份很棒的禮物，可以送給任何對羅馬史有興趣的人。至於地圖，Richard J. A. Talbert所編的*Barrington Atlas of the Greek and Roman World* (Princeton UP, 2000)是最好的標準地圖——其應用程式版會比較便宜一點。免費的線上地圖可參考Orbis: Stanford Geospatial Network Model of the Roman World (http://orbis.stanford.edu/)；這個網站的副標題相當冗長，不過你可以在這份線上地圖上規劃途徑，暢遊羅馬世界，而且這份地圖會顯示從甲地到乙地所需的時間和旅費。我在書裡提到的所有旅程時間都奠基於此。任何有意一探古代羅馬歷史遺址的人，手上必須準備的導遊書是Amanda Claridge的*Rome: An Oxford Archaeological Guide* (Oxford UP, 2nd edition, 2010)。

序

羅馬醫生蓋倫（Galen）所寫的文章，現在已經有英文翻譯，就收在Vivian Nutton譯、P. N.

Singer編的*Galen: Psychological Writings* (Cambridge UP, 2014)。至於格陵蘭（Greenland）冰冠上採集到的實際證據資料，請參閱S. Hong等人合著並發表在*Science* 265 (1994)的論文‘Greenland ice’，或參閱C. J. Sapart等人合著發表在*Nature* 490 (2012)的論文‘Natural and anthropogenic variations’。赫庫蘭尼姆（Herculaneum）那座古代糞池也是Andrew Wallace-Hadrill在*Herculaneum: Past and Future* (Frances Lincoln, 2011)一書討論的重要主題。

第一章

西塞羅（Cicero）的現代傳記作家當中，我最喜愛的還是Elizabeth Rawson的作品：*Cicero: A Portrait* (Allen Lane, 1975; reprint, Bristol Classical Paperbacks, 1994)。Catherine Steel編的*The Cambridge Companion to Cicero* (Cambridge UP, 2013)是一部很好的入門書，裡頭提出許多研究西塞羅的現代取徑。關於西塞羅對抗卡提林（Catiline）的修辭，Thomas Habinek曾提出很精闢的討論，參閱他的*The Politics of Latin Literature: Writing, Identity, and Empire in Ancient Rome* (Princeton UP, 1998)。西元前二世紀那位定居在羅馬的希臘歷史學家是波利比烏斯（Polybius），他會在本書第五章扮演重要的角色。John R. Patterson的*Political Life in the City of Rome* (Bloomsbury, 2000)是一部簡明的導論，其所討論的主題正是羅馬城的政治生活。至於要了解這段時期羅馬人的城市生活狀況，John E. Stambaugh的*The Ancient Roman City* (Johns Hopkins UP, 1988)是一部很有用的入門書。

西塞羅是羅馬的「房客」，這話是薩祿斯特（Sallust）讓卡提林說的，見Sallust的*War against*

Catiline 31。西塞羅的那些老鼠笑話，請參考他的*Letters to Atticus* 14, 9；而那些可憐兮兮、充滿自憐的信，那是他在流放期間寫給妻子的家書，這些信目前收錄在他的*Letters to Friends,* Book 14。為了誇耀自己當執政官的政績，他寫了一首長詩誌慶；那首詩有部分片段保存在他的*On Divination*。他那句遭受詩人裘維納（Juvenal）挑出來並加以攻擊的詩行（'O fortunatam natam...'）保存在兩處，一處是裘維納的*Satires* 10, 122，一處是他的仰慕者昆體良（Quintilian）所寫的*Handbook on Oratory* 11, 1, 24。現代作品亦可見到這句詩行的蹤影，例如Sander M. Goldberg的*Epic in Republican Rome* (Oxford UP, 1995)不止保存了這句詩行，並且為西塞羅的詩藝提出辯護。西塞羅寫給盧克伊斯（Lucceius）的信，參閱他的*Letters to Friends* 5, 12；那位西塞羅寄以厚望，希望他能為自己的執政功績寫詩誌慶的希臘詩人是阿奇亞斯（Archias），這位詩人在本書第六章還會出場。

Alvaro Sanchez-Ostiz發表在*Zeitschrift fur Papyrologie und Epigraphik* 187 (2013)的論文'Cicero graecus'分析了莎草紙上殘存的雙語演講稿。Andrew Feldherr發表在*American Journal of Philology* 134 (2013)的'Free spirits'探討'Quo usque...'這句片語在現代的回響。曼留斯（Manlius）的故事和演講詞可在李維（Livy）的*History* 6, 11–20找到——當然他的演講詞是後人李維編撰的。卡提林這位名人在後世作品裡扮演的小角色，可參閱*Aeneid* 8, 666–70。至於貨幣供應的種種計算問題，參閱Keith Hopkins發表在*Journal of Roman Studies* 70 (1980)的'Taxes and trade'，這篇文章有很清楚的解釋；在古代史的研究範疇中，若論及錢幣的使用這個主題，可參閱Christopher Howgego的*Ancient History from Coins* (Routledge, 1995)。關於西塞羅如何利用卡提林的陰謀來為

自己牟利，這一指控可參閱Ps-Sallust的*Invective against Cicero* 2。卡提林這個角色在中世紀與文藝復興之間的演變是Patricia J. Osmond關心的主題，見其發表於*International Journal of the Classical Tradition* 7 (2000)的文章'Catiline in Fiesole and Florence'。

第二章

對這段時期，還有對接下來幾章都很有助益的導論之書有下列三部：R. Ross Holloway的*The Archaeology of Early Rome and Latium* (Routledge, 1994)、Christopher J. Smith的*Early Rome and Latium: Economy and Society c. 1000–500 BC* (Oxford UP, 1996)、G. Forsythe的*A Critical History of Early Rome: From Prehistory to the First Punic War* (Univ. of California Press, 2005)。T. P. Wiseman在*Remus: A Roman Myth* (Cambridge UP, 1995)一書對羅慕勒斯（Romulus）與雷穆斯（Remus）的神話提出精闢的討論（即便結論部分不太有說服力）；此外，他在另一部作品*Unwritten Rome* (Exeter UP, 2008)探討了好幾個跟羅馬城早期歷史相關的主題。Andrew Erskine的*Troy Between Greece and Rome: Local Tradition and Imperial Power* (Oxford UP, 2003)探討發生在羅馬的特洛伊故事。G. Miles的*Livy: Reconstructing Early Rome* (Cornell UP, 1997)分析了李維筆下的早期羅馬史。Emma Dench的*Romulus' Asylum: Roman Identities from the Age of Alexander to the Age of Hadrian* (Oxford UP, 2005)立論巧妙精闢，探討的是早期建城神話如何建構羅馬人的身分認同。

西塞羅作為一位新羅慕勒斯，這是Ann Vasaly討論的其中一個主題，參閱她的*Representations: Images of the World in Ciceronian Oratory* (Univ. of California Press, 1993)；「阿皮諾的羅慕勒斯」

（Romulus of Arpinum）這一嘲諷之語出自Ps-Sallust的*Invective against Cicero* 7。母狼銅像出自中世紀藝術家之手——這一論題的提出與討論可參閱Anna Maria Carruba的*La Lupa capitolina: Un bronzo medievale* (De Luca, 2007)。西塞羅版的建城神話出自他的*On the State* 2, 4-13；強暴薩賓女人（Rape of the Sabines）這一悲劇事件出自恩尼烏斯（Ennius）的手筆，而該句詩行可在洛布古典叢書的第一冊找到，見*Remains of Old Latin* (Harvard UP, 1935)；裘巴（Juba）的人數估計，紀錄在普魯塔克（Plutarch）的*Romulus* 14；Sallust的*History* (Book 4, 67)的這幾個段落今日已有譯本可以參閱，見Patrick McGushin譯的*The Histories* 2 (Oxford UP, 1992)；羅慕勒斯的遺澤這一說法出自早期某羅馬史家，Aulus Gellius曾予以徵引，見Aulus Gellius的*Attic Nights* 13, 23, 13；至於奧維德（Ovid）的那些笑話，可參閱其作品*Love Lessons* 1, 101-34。關於生平事蹟成謎的艾格納提斯（Egnatius），可參閱T. J. Cornell編的*The Fragments of the Roman Historians* (Oxford UP, 2014)；羅慕勒斯對其兄弟之死感到傷心欲絕，這個反應見戴爾尼修斯（Dionysius of Halicarnassus）的*Roman Antiquities* 1, 87；賀拉斯（Horace）對內戰的思考，見*Epode* 7；P. S. Derow與W. G. Forrest發表於*Annual of the British School at Athens* 77 (1982)的論文‘An inscription from Chios’探討那篇來自奇歐島（Chios）的碑文——這塊石碑目前保存在希臘奇歐考古博物館裡。克勞狄斯（Claudius）的演講稿，其譯文可參閱David C. Braund的*Augustus to Nero: A Sourcebook on Roman History 31 BC–AD 68* (Croom Helm, 1985; reprint, Routledge, 2014)。Michel Austin的*The Hellenistic World from Alexander to the Roman Conquest: A Selection of Ancient Sources in Translation* (Cambridge UP, 2nd edition, 2006)徵引了馬其頓國王的話語（本以碑刻的形式保存）；裘維納的諷刺之語，參

閱他的*Satires* 8；羅慕勒斯的「茅坑」（crap）——這句俏皮話出自西塞羅的*Letters to Atticus* 2, 1；聲稱看過羅慕勒斯的小屋的，正是史家戴爾尼修斯（*Roman Antiquities* 1, 79）；對此說法，Catharine Edwards在*Writing Rome* (Cambridge UP, 2006)曾有所討論。關於羅馬最初建國日期的種種論辯，參閱Denis Feeney的*Caesar's Calendar: Ancient Times and the Beginnings of History* (Univ. of California Press, 2007)。

把「羅慕勒斯的命運」視為一種威脅，此說參見Plutarch的*Pompey* 25。戴爾尼修斯在*Roman Antiquities* 1, 72, 5提到羅穆斯（Romus）和奧德修斯（Odysseus）二人，並在該書的1, 64, 4–5提到羅慕勒斯的墳墓。Andrew Erskine發表在*Zeitschrift fur Papyrologie und Epigraphik* 117 (1997)的'Delos, Aeneas and *IG* XI.4.756'討論了來自迪洛斯島（Delos）的使節團。戴爾尼修斯在*Roman Antiquities* 1, 10探討語詞Aborigines的意義。博學的瓦羅（Varro）對七丘之城（Septimontium）的涵意的探討，見其作品*On the Latin Language* 6, 24。Rosanna Cappelli在*Fidene: Una casa dell'eta del ferro* (Electa, 1996)描述那間位於費迪納（Fidenae）的小屋。Albert J. Ammerman重新分析那批在羅馬廣場出土的抹灰籬笆牆的碎片，他這篇論文'On the origins of the Forum Romanum'發表在*American Journal of Archaeology* 94 (1990)。對於黑石的各種詮釋，可在兩處找到，一是Fetus的*On the Significance of Words* 184L（並無方便可用的翻譯），再來是戴爾尼修斯的*Roman Antiquities* 1, 87和3, 1。

第三章

James H. Richardson和Federico Santangelo合編的*The Roman Historical Tradition: Regal and Republican Rome* (Oxford UP, 2014)是一部重要的選集，收錄的許多文章都觸及本章討論的時期，也觸及共和時代的早期階段。Jörg Rüpke的*The Roman Calendar from Numa to Constantine: Time, History and the Fasti* (Blackwell, 2011)主要探討的主題是羅馬曆法的形成。關於伊特魯里亞這個地區的種種，可參閱Christopher Smith的*The Etruscans* (Oxford UP, 2014)，以及Jean MacIntosh Turfa編的*The Etruscan World* (Routledge, 2013)。拉丁語詞*libertas*（自由）在整部羅馬歷史所扮演的重要角色，近年有學者著書討論，請參閱Valentina Arena的*Libertas and the Practice of Politics in the Late Roman Republic* (Cambridge UP, 2012)。盧奎西雅的故事在後世所引發的種種論辯，其分析參閱Ian Donaldson的*The Rapes of Lucretia: A Myth and Its Transformation* (Oxford UP, 1982)。

G. Dumézil的*Archaic Roman Religion* (Chicago UP, 1970)把羅馬廣場出土的銘文解讀為告示，禁止動物在該地排便。十九世紀的學者大都懷疑羅馬曾經國王統治過，這一經典說法現代仍有回響，見Ettore Pais的*Ancient Legends of Roman History* (Dodd, Mead, 1905)。李維曾引用畢克托爾（Quintus Fabius Pictor）的人口估計，見Livy的*History* 1, 44。羅馬人寫給提奧斯鎮（Teos）的信，今日可在Beard、North與Price合著的*Religions of Rome*（第二冊）找到翻譯（出版項參閱前面的總論），這部書同時也對安提姆（Antium）出土的羅馬日曆提出較為詳盡的細節討論。李維反對努瑪是畢達哥拉斯（Pythagoras）的學生，這一說法見*History* 1, 18。關於那些用來裝飾拉特朗聖若望教堂（St. John Lateran）的青銅，其數據資料可參閱John Franklin Hall的*Etruscan Italy:*

Etruscan Influences on the Civilizations of Italy from Antiquity to the Modern Era (Indiana UP, 1996)。出現在早期伊特魯里亞地區的那些拉丁姓名，這方面的研究參閱Kathryn Lomas的'The polis in Italy'——這篇文章收在Roger Brock與Stephen Hodkinson合編的*Alternatives to Athens: Varieties of Political Organization and Community in Ancient Greece* (Oxford UP, 2002)。關於法蘭斯瓦墓（François Tomb），Peter J. Holliday的*The Origins of Roman Historical Commemoration in the Visual Arts* (Cambridge UP, 2002)闢有一章予以討論。

對那些在羅馬廣場附近出土的大宅，Wiseman在*Unwritten Rome*（見第二章）對其考古資料提出充滿懷疑的評論。普里尼（Pliny）對「偉大的排水道」（*Cloaca Maxima*）所提出來的抱怨，見其*Natural History* 36, 104。馬歇爾（Martial）針對盧奎西雅所寫的俏皮詩，參閱他的*Epigrams* 11, 16和104；奧古斯丁（Augustine）對此事〔盧奎西雅遭受強暴〕的思考，參閱他的*City of God* 1, 19。普里尼在*Natural History* 34, 139暗示波爾西納國王（King Lars Porsenna）曾經統治過羅馬。「趕走諸王」（'getting rid of kings'）這句片語借自John Henderson發表在*Classical Quarterly* 44 (1994)的同名文章，在這篇文章裡，他詳細討論了「瑞斯」（Rex），意即「國王」這個姓氏的意義。李維在*History* 7, 3提到每年打入卡庇多神殿（Capitoline temple）的釘子，並在該書第二章第五節提到臺伯河中那座島嶼的形成過程。再次，這裡提到的希臘理論家是波利比烏斯。Mortimer N. S. Sellers的論文'The Roman Republic and the French and American Revolutions'探討後人如何挪用羅馬人的自由的理念——這篇論文收在Harriet I. Flower編的*The Cambridge Companion to the Roman Republic* (Cambridge UP, 2014)。

第四章

跟本章相關的重要資料，可參閱Nathan Rosenstein與Robert Morstein-Marx合編的*A Companion to the Roman Republic* (Blackwell, 2007)的大部分章節；除此之外，Kurt A. Raaflaub編的*Social Struggles in Archaic Rome: New Perspectives on the Conflict of the Orders* (Univ. of California Press, 1986)也值得一讀，因其研究主題涉及早期羅馬共和時代的各種衝突。Christopher Smith所著的'The magistrates of the early Roman Republic'仔細且謹慎地討論了共和時代早期的任官制度，參閱Hans Beck等人合編的*Consuls and Res Publica: Holding High Office in the Roman Republic* (Cambridge UP, 2011)。共和時代羅馬人一般的政治生涯結構是C. Nicolet研究的主題，參閱他的*The World of the Citizen in Republican Rome* (Univ. of California Press, 1980)。

「首席法務官」（chief praetor）語出李維的*History* 7, 3；「長官」（colonels）一語的翻譯借自T. P. Wiseman（見*Remus*，見第二章）。羅馬廣場和其他地方出土的那些啟人疑竇的焦黑遺跡，Filippo Coarelli曾分別在兩部著作中加以討論，亦即*Il Foro Romano* 1 (Quasar, 1983)與*Il Foro Boario dale origini alla fine della repubblica* (Quasar, 1988)。阿皮安大道（Via Appia）旁邊的西庇歐家族（the Scipios）陵墓是Filippo Coarelli關心的主題，請參閱他收在*Revixit Ars: Arte e ideologia a Roma* (Quasar, 1997)的文章'Il sepolcro degli Scipioni'。巴爾巴圖斯（Barbatus）的巨棺是Harriet I. Flower詳加剖析的主題，參閱他的*The Art of Forgetting: Disgrace and Oblivion in Roman Political Culture* (Univ. of North Carolina Press, 2011)；在此書中，他力排眾議，指出巴爾巴圖斯的墓誌銘刻於巴爾巴圖斯死後不久，並非後代子孫追加之作。至於這座家族陵墓裡的其他重

要墓誌銘，現在已經有線上版的英文翻譯可參考，參閱網址：www.attalus.org/docs/cil/epitaph.html（亦可參閱李維的*History* 10以了解巴爾巴圖斯創立功業的背景）。杜里斯（Duris）對薩莫奈人的評論，Diodorus Siculus在他的*Library of History* 21, 6曾予以徵引。關於羅馬的理髮師，參閱Varro的*On Country Matters* 2, 11。對畢克托爾（Fabius Pictor）的作品研究，T. J. Cornell所編的*The Fragments of Roman Historians*（見第二章）可找到最新的分析。法比家族（the Fabii）的事功，參閱李維的*History* 2, 48–50。Tim Cornell的論文'Coriolanus: Myth, History and Performance'仔細檢驗了科瑞里拉努斯（Coriolanus）的故事——這篇文章收在David Braund與Christopher Gill合編的*Myth, History and Culture in Republican Rome* (Exeter UP, 2003)。D. J. Waarsenburg的文章'Auro dentes iuncti'讓我們一窺古代的牙醫科學——這篇文章收在M. Gnade編的*Stips Votiva* (Allard Pierson Museum, 1991)。洛布古典叢書的*Remains of Old Latin*, volume 3 (Harvard UP, 1938)收集了「十二表法」（the Twelve Tables）的片段條文；不過，「十二表法」最新的版本，可參閱M. H. Crawford編的*Roman Statutes* (Institute of Classical Studies, 1996)。關於那群被十二表法條文註解惹惱的律師，參閱Aulus Gellius的*Attic Nights* 20, 1。T. J. Cornell的論文'Lex Ovinia and the emancipation of the senate'談到羅馬的元老院如何轉變成永久的政治機制——這篇文章收在C. Bruun編的*The Roman Middle Republic: Politics, Religion and Historiography* (Institutum Romanum Finlandiae, 2000)。維伊城（Veii）的考古研究，其起點至今仍然還是J. B. Ward-Perkins的'Veii: the historical topography of the ancient city'，這篇文章收在*Papers of the British School at Rome* 29 (1961)；不過，現在可資參考的資料還有Roberta Cascino等人合著的*Veii, the Historical*

Topography of the Ancient City: A Restudy of John Ward-Perkins's Survey (British School at Rome, 2012)。詩人普羅佩提烏斯（Propertius）的觀點，見*Elegies* 4, 10。羅馬在西元四世紀之前是否建有環形圍牆的可能性？這問題可參考S. G. Bernard發表在*Papers of the British School at Rome* 80 (2012)的論文'Continuing the debate on Rome's earliest circuit walls'。發生在薩莫奈的悲劇，參見Lucius Accius的作品，其作品的部分片段至今尚存，參閱*Remains of Old Latin* 2 (Harvard UP, 1936)。關於艾斯奎蘭墓（the Esquiline tomb）的討論，參閱Holliday的*The Origins of Roman Historical Commemoration*（見第三章）。「上面的海」（the Upper Sea）與「下面的海」（the Lower Sea）這個說法有兩個出處，一個出自伯勞圖斯（Plautus）的*Menaechmi* 237，另一出處是西塞羅的*Letters to Atticus* 9, 5。羅馬人對地景所造成的衝擊，Nicholas Purcell曾特地為文予以討論：而他這篇題為'The creation of the provincial landscape'的文章收在Thomas Blagg與Martin Millett合編的*The Early Roman Empire in the West* (Oxbow, 1990)。

第五章

現代人針對羅馬帝國主義的論辯可以回溯到William V. Harris的經典研究：*War and Imperialism in Republican Rome, 327–70 BC* (Oxford UP, 2nd edition, 1985)；在此書中，作者極力主張羅馬的國土擴張源自於羅馬人好戰的性格。然而這並不是唯一的觀點，Arthur Eckstein的作品，例如*Mediterranean Anarchy, Interstate War, and the Rise of Rome* (Univ. of California Press, 2006)即提出另一個可能的替代觀點——我在本書所遵循的，大部分是這部作品所提出的論點。在這方面，態度

更為激進的是J. A. North發表在*Journal of Roman Studies* 71 (1981)的短文'The development of Roman imperialism'。羅馬文學的文化源頭以及羅馬人與希臘世界之間的互動是Erich S. Gruen在*Culture and National Identity in Republican Rome* (Cornell UP, 1992)探討的主題。不過，Andrew Wallace-Hadrill的*Rome's Cultural Revolution* (Cambridge UP, 2008)卻以截然不同的方式研究同一主題。Brian C. McGing的*Polybius* (Oxford UP, 2010)對波利比烏斯這位希臘歷史學家提出簡明的引介；波利比烏斯本人對羅馬政治的主要分析，參閱他的*Histories*，第六章。羅馬與迦太基之間的戰事，還有參與這幾場戰事的將領，這兩方面的討論很多，可以參考的資料也不少，例如A. E. Astin的*Scipio Aemilianus* (Oxford UP, 1967)、Adrian Goldsworthy的*The Fall of Carthage: The Punic Wars 265–146 BC* (Cassell, 2003)、Dexter Hoyos編的*A Companion to the Punic Wars* (Blackwell, 2011)即是。Philip Kay的*Rome's Economic Revolution* (Oxford UP, 2014)討論羅馬擴張帝國領土在經濟方面所面對的問題。

羅馬人的葬禮與紀念儀式是Harriet I. Flower的研究主題，參閱其著作*Ancestor Masks and Aristocratic Power in Roman Culture* (Oxford UP, 1999)。羅馬政治活動中的大眾化元素引起不少論辯，其中最重要的貢獻來自下列幾部作品，包括John North的論文'Democratic politics in Republican Rome'，收入Robin Osborne編的*Studies in Ancient Greek and Roman Society* (Cambridge UP, 2004)、Fergus Millar的*The Crowd in the Late Republic* (Michigan UP, 1998)、Henrik Mouritsen的*Plebs and Politics in the Late Roman Republic* (Cambridge UP, 2001)、Robert Morstein-Marx的*Mass Oratory and Political Power in the Late Roman Republic* (Cambridge UP, 2004)。

宛如戰士的繆斯女神出自Porcius Licinius的想像，而Aulus Gellius在*Attic Nights* 17, 21曾予以徵引。亞米利亞努斯（Aemilianus）的眼淚出自波利比烏斯的描寫，見其作品*Histories* 38, 21–22。皮瑞斯（Pyrrhus）的大象特技表演出自Plutarch的*Pyrrhus* 20；Sebastiano Tusa與Jeffrey Royal發表在*Journal of Roman Archaeology* 25 (2012)的文章：'The landscape of the naval battle at the Egadi Islands'所討論的主題是戰艦的撞角。詩人恩尼烏斯（Ennius）為羅馬所寫的史詩（the *Annales*, or *Chronicles*）今日有少許片段傳世，目前收錄在洛布古典叢書的第一冊*Remains of Old Latin* (Harvard UP, 1935)，且有英文翻譯可參照。李維之「引用」瑪哈爾巴（Maharbal）的談話，這一段出在他的*History* 22, 51。坎尼戰役（Battle of Cannae）的真實情況，見Victor Davis Hanson在*Experience of War: An Anthology of Articles from MHQ, the Quarterly Journal of Military History* (Norton, 1992)的討論。亞米利烏斯・保祿烏斯（Aemilius Paullus）把戰爭與競技遊戲關聯在一起，此一妙語出自波利比烏斯的*Histories* 30, 14；波利比烏斯對亞米利亞努斯的勸告則紀錄在Plutarch的*Table Talk* 4。加圖（Cato）對希臘老人的揶揄，此事來自波利比烏斯的作品*Histories* 35, 6；那隻被聲音震昏的倒楣烏鴉，其故事出自狄奧（Cassius Dio）的*Roman History* 36, 30。波利比烏斯在*Histories* 26, 1紀錄了安泰阿克斯（Antiochus Epiphanes）在羅馬養成的習慣。納西卡（Scipio Nasica）的軼事來自Valerius Maximus的*Memorable Deeds and Sayings* 7, 5。朱庇特（Jupiter）的預言，參閱*Aeneid* 1, 278–79。那篇來自堤奧斯鎮的碑文，今日已有英文翻譯，參閱Robert K. Sherk的*Rome and the Greek East to the Death of Augustus* (Cambridge UP, 1984)；西班牙的礦場是Kay討論的主題，見其著作*Rome's Economic Revolution*；帝國的語彙是John Richardson

論著的焦點，參閱其作品*The Language of Empire: Rome and the Idea of Empire from the Third Century BC to the Second Century AD* (Cambridge UP, 2011)，Robert Kallet-Marx的*Hegemony to Empire: The Development of the Roman Imperium in the East from 148 to 62 BC* (Univ. of California Press, 1996)特別強調服從這個概念。羅馬使者拉埃納斯（Laenas）以杖畫沙的花招，這一段故事出自波利比烏斯的*Histories* 29, 27；那位跌落下水道的希臘使節名叫Crates of Mallos（參見Suetonius的*On Grammarians* 2）；羅馬人講希臘語會帶有可怕的口音，這些笑話的紀錄頗多，可參閱例如Dionysius的*Roman Antiquities* 19, 5。關於雇傭兵盧奇烏斯（Lucius）的碑文研究，可參閱Sherk的*Rome and the Greek East*；至於科蘇提烏斯家族的活動，參閱Elizabeth Rawson的文章'Architecture and sculpture: the activities of the Cossutii'，文章刊登在*Papers of the British School at Rome* 43 (1975)。西班牙小鎮卡提雅（Carteia）之設立始末，見Livy, *History* 43, 3；西班牙羅馬軍營出現「妓女」，此說法來自李維，參閱他的*History*第五十七章的「結論」部分（該書第五十七章已經失佚，惟「結論」倖存至今）。史學家Lucius Annaeus Florus拿羅馬後期的戰利品來跟早期那些「來自武爾奇（Volsci）的牛」作比較（見*Epitome* 1, 13）。那個令人尷尬的「快樂結局」出自泰倫斯（Terence）的喜劇作品*Hecyra*；伯勞圖斯的劇作當中，與本章相關的是*The Persian*和*The Little Carthaginian*兩劇，至於他那則關於「番譯」（barbarising）的笑話，見其作品*Asinaria* ('Comedy of asses')的開場白。Alan E. Astin的*Cato the Censor* (Oxford UP, 1978)收集了許多加圖的佳言妙語。堅持羅馬人必須站著觀看戲劇表演，此事可參閱Valerius Maximus的*Memorable Deeds and Sayings* 2, 4。

第六章與第七章

Mary Beard與Michael Crawford合著的*Rome in the Late Republic: Problems and Interpretations* (Duckworth, 2nd edition, 2000)簡述許多發生在羅馬共和後期的重要事件；Tom Holland的*Rubicon: The Triumph and Tragedy of the Roman Republic* (Little, Brown, 2003)是一部傑出的通俗史學作品。討論共和晚期社經變化最犀利的其中一篇文章是Keith Hopkins的*Conquerors and Slaves* (Cambridge UP, 1978)這本書的第一章。出現在本書這兩章的許多主要人物，向來是現代傳記作家矚目的焦點，每欲援筆為之立傳，雖然從來就不曾找到足夠的資料可以描寫一段生命故事（西塞羅除外，見第一章）。話雖如此，Robin Seager的*Pompey the Great* (Blackwell, 2nd edition, 2002)對龐培的政治生涯的描寫依然十分詳盡，Adrian Goldsworthy的*Caesar: Life of a Colossus* (Yale UP, 2006)為我們所了解的凱撒描繪一個清楚的生命輪廓，W. Jeffery Tatum的*The Patrician Tribune: Publius Clodius Pulcher* (Univ. of North Carolina Press, 1999)寫出西塞羅最大敵人的生平，Barry Strauss的*The Spartacus War* (Simon and Schuster, 2009)是一部可靠的通俗傳記，描寫斯巴達克斯（Spartacus）的生平和他所帶領的奴隸起義。注意我用「三巨頭」（Gang of Three）來指稱龐培、凱撒和克拉蘇；儘管他們在歷史上比較常被稱為「前三頭執政團」（The First Triumvirate），但是這個正式名稱卻很空洞又虛假。

描寫迦太基毀滅的過程，其中最完整的作品是Appian的*Punic Wars*；至於迦太基的考古歷史，可參閱Serge Lancel的*Carthage: A History* (Blackwell, 1995)。Polybius的*Histories* 38, 20紀錄迦太基指揮官哈斯佐巴（Hasdrubal）之妻的自殺；普里尼的*Natural History* 18, 22強調馬葛歐

（Mago）的作品的重要性；至於「科林斯青銅」，參閱他的*Natural History* 34, 7。羅馬指揮官穆米烏斯的重要軼事很多，可參閱Polybius的*Histories* 39, 2（棋戲紙板）、Velleius Paterculus的*History of Rome* 1, 13（「以新換舊」——後面這則故事後來被收入稍晚輯成的*Philogelos*，亦即羅馬笑話選集）。Liv Yarrow發表在*Scripta Classica Israelica* 25 (2006)的'Lucius Mummius and the spoils of Corinth'討論了穆米烏斯對科林斯戰利品的處置。加圖讓無花果滾落托加袍的演講噱頭，詳見Plutarch的*Cato the Elder* 27；波利比烏斯提到羅馬此時為了自保，開始訴諸毀滅的手段，此說詳見*Histories* 36, 9；維吉爾（Virgil）在他的*Aeneid* 6, 836-37提及穆米烏斯打敗科林斯所代表的意義；此時羅馬人道德淪喪的問題，參閱Velleius Paterculus的*History of Rome* 2, 1。Maria C. Gagliardo與James E. Packer合刊在*American Journal of Archaeology* 110 (2006)的文章，'A new look at Pompey's Theater'對羅馬第一座由石頭打造的永久劇院提出最新的討論。關於大格拉古斯（Tiberius Sempronius Gracchus）的生平與評論，參閱Plutarch的*Tiberius Gracchus*；與本章相關的段落與章次如下：王政時期以來，羅馬的第一起政治流血事件（20）、大格拉古斯的「轉變」（8）、「世界的主人」（9）、亞米利亞努斯徵引荷馬詩行（21）。Alessandro Launaro的*Peasants and Slaves: The Rural Population of Roman Italy (200 BC to AD 100)* (Cambridge UP, 2011)是討論義大利人口與農業歷史最新近的出版品，然而關於人口與農業的問題，D. W. Rathbone刊載在*Journal of Roman Studies* 71 (1981)的'The development of agriculture in the "Ager Cosanus" during the Roman Republic'至今依然是闡述最為清晰的一篇。「為自己的流離失所而戰」出自Keith Hopkins的*Conquerors and Slaves*一書。至於羅馬人為選舉而舉辦的活動與儀式，參閱

Hopkins的'From violence to blessing'——此文收在A. Molho等人合編的*City States in Classical and Medieval Italy* (Franz Steiner, 1991)。

西塞羅是在他的*On the State* 1, 31提到*partes*（黨派）一詞，他對祕密投票的諸多抱怨，參見他的*On the Laws* 3, 34–35。裘維納在他的*Satires* 10, 81創造了「麵包和娛樂」（bread and circuses）一語來諷刺羅馬人。羅馬的食物供給機制在Peter Garnsey的*Food and Society in Classical Antiquity* (Cambridge UP, 1999) 一書中有很清楚的討論，亦可參閱Garnsey and Dominic Rathbone發表在*Journal of Roman Studies* 75 (1985)的文章'The background to the grain law of Gaius Gracchus'，這篇文章也討論了在瑟薩利（Thessaly）發現的那篇石碑銘文。傅魯吉（Frugi）突發的回嘴，見Cicero的*Tusculan Disputations* 3, 48。小格拉古斯的轉身面向市民，還有他命人拆除競技場座位二事，分別參閱Plutarch的*Gaius Gracchus* 5和12；小格拉古斯的支持者與執政官隨員的口角，和諧女神神殿前的刻文，這兩筆紀錄可參閱Plutarch的*Gaius Gracchus* 13 and 17。緊急權力法案的現代理論，在Gregory K. Golden的*Crisis Management During the Roman Republic: The Role of Political Institutions in Emergencies* (Cambridge UP, 2013) 一書有很充分的討論。小格拉古斯對發生在提亞努（Teanum）的事件的評論，Aulus Gellius曾予以徵引，見其作品*Attic Nights* 10, 3（加圖抱怨某執政官因不滿意補給系統的安排出錯，因而鞭笞地方官員的那份紀錄亦典出於此）。研究「同盟之戰」（Social War）各方的不同動機有兩部主要的作品可參考，一是P. A. Brunt的*The Fall of the Roman Republic* (Oxford UP, 1988)，尤其書內那篇題名為'Italian aims at the time of the Social War'的文章，再來是H. Mouritsen的*Italian Unification: A Study in Ancient and Modern*

Historiography (Institute of Classical Studies, 1998)。

F. Coarelli發表在*Ostraka* 3 (1994)的論文'Due fregi da Fregellae'研究的是菲惹拉耶（Fregellae）的赤陶飾帶；Wallace-Hadrill在*Rome's Cultural Revolution*（在第五章）則討論普雷尼斯特（Praeneste）出土的陵墓。把「同盟之戰」視為內戰的說法，參見Florus的*Epitome* 2, 18；各盟邦希望「成為〔羅馬〕公民」（'seeking citizenship'）這一說法，參閱Velleius Paterculus的*History of Rome* 2, 15，至於「狼群」（'wolves'）一說，則請參閱2, 27。曾先後以戰敗者和戰勝者的姿態兩次出現在勝利凱旋遊行隊伍的那位將領是巴蘇斯（Publius Ventidius Bassus），他的故事參閱Valerius Maximus撰著的*Memorable Deeds and Sayings* 6, 9。龐貝城遭受圍困一事，見Flavio Russo和Ferruccio Russo, 89 a.C.的*Assedio a Pompei* (Edizioni Scientifiche Italiane, 2005)。蘇拉家中門廳掛著頭顱一事，見Valerius Maximus的*Memorable Deeds and Sayings* 3, 1。希臘文學的徵引，其層次出現新低之批評，見Appian的*Civil War* 1, 94；獨裁者蘇拉之死以及蘇拉的墓誌銘，見Plutarch的*Sulla* 36–38；卡提林利用公敵宣告名單從事不法行為的紀錄，參閱Plutarch的*Sulla* 32。斯巴達克斯起事的證據，參閱Brent D. Shaw的*Spartacus and the Slave Wars: A Brief History with Documents* (Bedford/St Martins, 2001)。西塞羅在演說中提到龐貝城的問題，參閱他的*In Defence of Lucius Sulla* 60-62；阿司庫倫鎮（Asculum）那位喜劇演員的故事，詳見Diodorus Siculus的*Library of History* 37, 12。

西塞羅在*Against Verres* 2, 5的最後一場演說，其主題是描述維勒斯（Gaius Verres）在西西里的貪污。小格拉古斯對其同事的尖銳批評紀錄在Plutarch的*Gaius Gracchus* 2。企鵝古典系列和洛布古典叢書都把西塞羅的《書信集》（*Letters*）大致按照時間的先後順序排列，這樣的安排雖然失去了該書原本的分部邏輯，同時還必須設計新的編號系統，不過卻讓西塞羅事業的特定時期（包括他擔任行省總督的階段）的作品變得較易查找。他討論統治行省的哲學論文出在他的*Letters to his Brother Quintus* 1.1。小格拉古斯推行的法律，可參閱M. H. Crawford編著的*Roman Statutes*（第四章）；A. Lintott曾針對此課題提出完整詳盡的研究，參閱其著作*Judicial Reform and Land Reform in the Roman Republic: A New Edition, with Translation and Commentary, of the Laws from Urbino* (Cambridge UP, 1992)。羅馬的*equites*（騎士階級）是P. A. Brunt在'The *equites* in the late Republic'討論的主題（此文收在他的*The Fall of the Roman Republic*）；Nicolet在*The World of the Citizen in Republican Rome*（出版項見第四章）則討論了*publicani*（稅吏）這個職位。那位被流放到自己被控犯罪的行省的元老，其故事參閱Valerius Maximus的*Memorable Deeds and Sayings* 2, 10。「待價而沽的羅馬」這句口號出自Sallust的*War Against Jugurtha* 35, 10。馬略（Gaius Marius）改革軍隊所帶來的衝擊，還有「私人」軍隊在共和時期晚期的出現，這是Brunt的經典論文的主題之一，參閱他收入於*The Fall of the Roman Republic*的文章'The army and the land'。馬略之死，見Plutarch的*Marius* 45。西塞羅要求元老院把軍事指揮權交給龐培的演講有兩個標題：*On the Command of Pompey*和*In Support of the Manilian Law*。老海盜轉行當農夫，其故事見Virgil的*Georgics* 4, 125–46；「少年屠夫」（'kid butcher'）這句片語來自Valerius Maxinus的*Memorable Deeds and Sayings* 6, 2。F. W. Walbank的'The Scipionic legend'刊載在*Proceedings of the Cambridge Philological Society* 13 (1967)。賀拉斯在*Odes* 2, 1把西元前六〇年定位為一個重要的轉捩點。加

圖的評論，Plutarch在*Pompey* 47曾予以徵引。西塞羅嘲笑龐培的筆記本一段，參閱*Letters to Atticus* 4, 8b。關於克拉蘇的頭顱的命運，見Plutarch的*Crassus* 33；西塞羅曾替謀殺克羅狄斯的凶手辯護不果，這場官司的演講稿收在*In Defence of Milo*。高盧某些部落的禁酒習俗，見凱撒的《高盧戰記》(*Commentaries on the Gallic War* 2, 15 and 4, 2)，至於德伊魯人（Druids）的位置描述，則見該書6, 13-16。卡特勒斯（Catullus）描述凱撒的詩行，參見他的*Poems* 11；凱撒的種種「罪行」，分別見Plutarch的*Cato the Younger* 51與Pliny的*Natural History* 7, 92。那位在高盧地區看到木樁插著頭顱的希臘旅客是Posidonius，其見聞斯特拉博（Strabo）在*Geography* 4.4曾予以徵引。船長佩迪修斯（Gaius Peticius）的故事見Plutarch的*Pompey* 73；祭司蘇特利德（Soterides）的擔憂，見Nicholas Purcell的'Romans in the Roman world'——這篇文章收在Karl Galinsky編著的*The Cambridge Companion to the Age of Augustus* (Cambridge UP, 2005)。加圖的慘死，見Plutarch的*Cato the Younger*, 68–70。關於魯帕卡莉亞（Lupercalia）慶典中發生的事件，J. A. North發表在*Journal of Roman Studies* 98 (2008)的'Caesar at the Lupercalia'有詳細的解釋。那位任官時間很短的執政官的笑話，見西塞羅的*Letters to Friends* 7, 30，以及Macrobius的*Saturnalia* 2, 3。

第八章

與本章幾個重要主題相關的導論，可參閱下列幾部作品：Jane F. Gardner的*Women in Roman Law and Society* (Croom Helm, 1986)、Florence Dupont的*Daily Life in Ancient Rome* (Blackwell,

1994)、D. S. Potter與D. J. Mattingly合編的*Life, Death and Entertainment in the Roman Empire* (Univ. of Michigan Press, 1999)、Augusto Fraschetti編的*Roman Women* (Univ. of Chicago Press, 2001)、Keith Bradley與Paul Cartledge合編的*The Cambridge World History of Slavery* ,volume 1 (Cambridge UP, 2011)、Christian Laes的*Children in the Roman Empire: Outsiders Within* (Cambridge UP, 2011)、Henrik Mouritsen的*The Freedman in the Roman World* (Cambridge UP, 2011)。

那二十五冊的拉丁文研究（其中有部分留存下來），其作者是瓦羅（Marcus Terentius Varro）；西塞羅的那些笑話是我在*Laughter in Ancient Rome: On Joking, Tickling, and Cracking Up* (University of California Press, 2014)探討的其中一個主題。Susan Treggiari從西塞羅身邊幾個女性的角度入手，寫成一部觀點特殊之作：*Terentia, Tullia and Publilia: The Women of Cicero's Family* (Routledge, 2007)。西塞羅宴請凱撒的故事出自他的*Letters to Atticus* 13, 52；至於高爾・維達勒（Gore Vidal）的文章，參閱他的*Selected Essays* (Abacus, 2007)。羅馬人的婚姻問題，這方面的經典研究可參閱Susan Treggiari的*Roman Marriage: Iusti Coniuges from the Time of Cicero to the Time of Ulpian* (Oxford UP, 1993)。克勞狄雅（Claudia）的碑文收在Mary R. Lefkowitz與Maureen Fant合著的*Women's Life in Greece and Rome* (Duckworth, 3rd edition, 2005)。梅提魯斯（Egnatius Metellus）的強硬態度記載在Valerius Maximus的*Memorable Deeds and Sayings* 6, 3。莉薇雅（Livia）紡羊毛紗的軼事，見Suetonius的*Augustus* 73；解放奴傅倫妮雅（Volumnia Cytheris）的故事，詳見西塞羅的*Letters to Atticus* 10, 10和16, 5。Marilyn B. Skinner的*Clodia Metelli: The Tribune's Sister* (Oxford UP, 2011)試圖重建克羅狄雅（Clodia）的生命情事。西塞羅那場棘手的官

司就是我們所知道的*In Defence of Caelius*。維勒斯鬧出的晚餐事故，Catherine Steel在其論文'Being economical with the truth: what really happened at Lampsacus?'有詳細的討論，這篇文章收在J. Powell與J. Paterson合編的*Cicero the Advocate* (Oxford UP, 2004)。西塞羅在*In Defence of Murena* 27提到女性的弱點，在Macrobius的*Saturnalia* 2, 3談到他把女婿和劍綁在一起的笑話。奎因都斯（Quintus）和龐波尼雅（Pomponia）的婚姻生活掠影，參見西塞羅的*Letters to Atticus* 5, 1與14, 13。

至於羅馬人的成婚年齡，Brent D. Shaw發表在*Journal of Roman Studies* 77 (1987)的'The age of Roman girls at marriage'曾有所討論。特倫夏（Terentia）把西塞羅的再婚，論斷為老人的癡迷，此說法見Plutarch的*Cicero* 41，西塞羅關於他再婚的俏皮話，昆體良很是欣賞，並將之紀錄在他的*Handbook on Oratory* 6, 3。古代羅馬人的避孕方法林林總總，參閱John M. Riddle的*Contraception and Abortion from the Ancient World to the Renaissance* (Harvard UP, 1994)。羅馬埃及行省那位丈夫的家書，目前收錄在Jane Rowlandson的*Women and Society in Greek and Roman Egypt: A Sourcebook* (Cambridge UP, 1998)。關於羅馬人的平均壽命和家庭關係等議題的討論，參閱Richard P. Saller的*Patriarchy, Property and Death in the Roman Family* (Cambridge UP, 1997)。Elizabeth Rawson的*Roman Culture and Society* (Oxford UP, 1991)闢有一章專論羅馬人的房產，見'The Ciceronian aristocracy and its properties'。羅馬住宅的設計格局，參閱Andrew Wallace-Hadrill的*Houses and Society in Pompeii and Herculaneum* (Princeton UP, 1994)，普里尼在*Natural History* 36, 5-6亦曾討論過史考魯斯（Scaurus）的房子。Catharine Edwards在*The Politics of Immorality in*

Ancient Rome (Cambridge UP, 2002)則探討羅馬人熱愛奢華的問題。安提基特拉沉船（Antikythera Wreck）的紀錄，詳見N. Kaltsas等人合編的*The Antikythera Shipwreck: The Ship, the Treasures, the Mechanism* (National Archaeological Museum, Athens, 2012)。塞斯提烏斯家族（the Sestii）的個案研究，參閱John H. D'Arms的*Commerce and Social Standing in Ancient Rome* (Harvard UP, 1981)。讓奴隸穿上制服這個聰明的點子，見Seneca的*On Mercy* 1, 24；奴隸逃跑的問題，分別參閱西塞羅的*Letters to Friends* 5, 9; 5, 10a, 13, 77，以及他的*Letters to Atticus* 7, 2。泰羅（Tiro）的故事是我在'Ciceronian correspondences'這篇文章探討的主題；這篇文章收在T. P. Wiseman編的*Classics in Progress: Essays on Ancient Greece and Rome* (Oxford UP, 2006)；昆體良（Quintilian）對泰羅編選的西塞羅笑話選集曾提出批評，詳見他的*Handbook on Oratory* 6, 3。羅馬人爆發大量書寫的現象，參閱Greg Woolf刊載在*Journal of Roman Studies* 86 (1996)的文章'Monumental writing'。這場三角戀情紀錄在阿麗雅（Allia Potestas）的碑文裡，而這篇很長的碑文的英文翻譯可在Lefkowitz與Fant合著的*Women's Life in Greece and Rome*找到。

第九章

這段時期的歷史，最好的入門參考資料有Karl Galinsky編的*The Cambridge Companion to the Age of Augustus*（見第六章和第七章），還有Fergus Millar與Erich Segal合編的*Caesar Augustus: Seven Aspects*(Oxford UP, 1984)。Jonathan Edmondson編選的*Augustus* (Edinburgh UP, 2009)收了好幾篇研究奧古斯都最好的新文章。Paul Zanker的*The Power of Images in the Age of Augustus* (Univ.

of Michigan Press, 1988) 改變了我們對這段時期的藝術與建築藝術的想法。凱撒死後，羅馬發生了內戰，這段內戰時期正是Josiah Osgood的*Caesar's Legacy: Civil War and the Emergence of the Roman Empire* (Cambridge UP, 2006) 探討的主題。Jane Bellemore在*Nicolaus of Damascus* (Bristol Classical Press, 1984) 一書研究史學家尼可勞斯（Nicolaus of Damascus）並翻譯了尼可勞斯早期寫的奧古斯都傳記，這些傳記有部分倖存至今（或參閱 www.csun.edu/~hcf11004/nicolaus.html）。Alison Cooley在*Res Gestae Divi Augusti* (Cambridge UP, 2009) 翻譯了奧古斯都的自傳，並附上詳盡的討論。

凱撒遇刺的細節分析，其中寫得最好的一部現代作品是T. P. Wiseman的*Remembering the Roman People* (Oxford UP, 2009)。屋大維早年的暴行和他的「十二位神祇之宴」，分別參閱Suetonius的*Augustus* 27、70。斬首的故事是Amy Richlin的'Cicero's head'的主題，而這篇文章收在James I. Porter編的*Constructions of the Classical Body* (Univ. of Michigan Press, 2002)。Seneca的*Suasoriae* (*Pleas*) 6、7就西塞羅的死這一主題，示範演說修辭的練習。Appian的*Civil War* 4收集許多與公敵宣告名單相關的軼事，是很好的參考資源。Josiah Osgood的*Turia: A Roman Woman's Civil War* (Oxford UP, 2014) 研究記載在女性墓碑上的勇敢故事。Judith Hallett發表在*American Journal of Ancient History* 2 (1977) 的文章'Perusinae glandes'讓那些來自佩魯吉亞（Perugia）的彈弓子彈有了生命。克麗奧佩特拉（Cleopatra）的離開羅馬，見西塞羅的*Letters to Atticus* 14, 8。對克麗奧佩特拉的奢華生活，深表不贊同的史家是普里尼，參閱他的*Natural History* 9, 119–21；Plutarch的*Antony* 50描寫安東尼如何把亞歷山卓當作羅馬，關於安東尼與克麗奧佩特拉的故事，

在C. B. R. Pelling的*Plutarch: Life of Antony* (Cambridge UP, 1988)一書可看到許多明智的討論。「樓下」這一資料來源，見Plutarch的*Antony* 28。Konstantinos L. Zachos發表在*Journal of Roman Archaeology* 16 (2003)的論文'The *tropaeum* of the sea-battle at Actium'可找到阿克興戰役紀念碑的描述分析。兩隻渡鴉的故事出自Macrobius的*Saturnalia* 2, 4；葬禮上的論辯，參閱Tacitus的*Annals* 1, 9。奧古斯都完全沒廢除任何原來的制度一說，見Price與Thonemann合著的*The Birth of Classical Europe*（見總論）。至於*civilitas*（「我們全都是公民」）的重要性，參閱Andrew Wallace-Hadrill刊載在的*Journal of Roman Studies* 72 (1982)的文章：'Civilis princeps'。關於變色龍與斯芬克斯（sphinx）的描寫，分別參閱Julian的*Saturnalia* 309與Suetonius的*Augustus* 50。關於奧古斯都展示的「地圖」，其討論見Claude Nicolet的*Space, Geography, and Politics in the Early Roman Empire* (Univ. of Michigan Press, 1991)，其所呼應的是普里尼的*Natural History* 3, 17。Jas Elsner的'Inventing imperium'強調*Res Gestae*提及的建築物的重要性；這篇文章收在Elsner編的*Art and Text in Roman Culture* (Cambridge UP, 1996)。亞細亞出土的日曆碑文，其翻譯可在Sherk的*Rome and the Greek East*（出版項見第五章）找到。至於羅馬軍團的總開銷，Keith Hopkins的'Taxes and trade'（出版項見第一章）曾嘗試為之估算。元老院在這段時期所扮演的角色，參閱P. A. Brunt發表在*Classical Quarterly* 34 (1984)的'The role of the senate'。羅馬人在日耳曼的敗仗，這是Peter S. Wells在*The Battle That Stopped Rome* (Norton, 2004)處理的主題。伊格納提（Egnatius Rufus）與其他反對奧古斯都的不滿人士，他們的故事參閱K. A. Raaflaub與L. J. Samons II兩人的'Opposition to Augustus'，這篇文章收在Raaflaub與Mark Toher合編的*Between Republic and*

Empire: Interpretations of Augustus and His Principate。王位繼承的種種問題，參閱A. G. G. Gibson編的*The Julio-Claudian Succession: Reality and Perception of the "Augustan Model"* (Brill, 2013)。莉薇雅扮演的角色，Nicholas Purcell在'Livia and the womanhood of Rome'有詳盡的討論，該文章收在Jonathan Edmondson編的*Augustus*。

第十章

西元後最初的兩百年裡，羅馬帝國的統治者及其政治生活的重要參考資料有如下幾種，包括Fergus Millar的*The Emperor in the Roman World* (Bristol Classical Press, revised edition, 1992)、P. A. Brunt的*Roman Imperial Themes* (Oxford UP, 1990)、R. J. A. Talbert的*The Senate of Imperial Rome* (Princeton UP, 1984)、Keith Hopkins的*Death and Renewal* (Cambridge UP, 1985)，特別參閱這本書的第三章。

傳記仍然是最流行的寫作方式，即使史實的基礎十分薄弱。話雖如此，Aloys Winterling的*Caligula: A Biography* (Univ. of California Press, 2011)和Edward Champlin的*Nero* (Harvard UP, 2003)仍然十分有趣，主要的原因是這兩部作品是從修正的角度入手，重探這兩位向來被稱為「惡魔」的皇帝的生平故事。我在本書也參考了Barbara Levick的*Claudius* (Routledge, 1993)一書，這部作品敘事冷靜，令人讀來手不釋卷。除此之外，我還參考了Miriam T. Griffin的*Nero: The End of a Dynasty* (Routledge, revised edition, 1987)、Anthony R. Birley的*Hadrian: The Restless Emperor* (Routledge, 1997)二書。

蓋猶斯遇刺的始末可參閱T. P. Wiseman在*The Death of Caligula* (Liverpool UP, 2nd edition, 2013)的分析；在這本書裡，他引用了Josephus在*Jewish Antiquities* 19的敘述，並對Josephus的敘述加以翻譯並提出分析。Eric R. Varner的*Mutilation and Transformation: Damnatio Memoriae and Roman Imperial Portraiture* (Brill, 2004)討論重塑皇帝頭像的現象。古代資料裡，蓋猶斯那些駭人聽聞的軼事出自Suetonius替蓋猶斯寫的傳記：因誤譯而產生的晚宴性愛傳聞（24）、命士兵到海邊去撿「貝殼」（46）。克勞狄斯的受害者人數，見Suetonius的*Claudius* 29。我的作品*Laughter in Ancient Rome*（見第八章）的一開場，描寫的就是康莫達斯（Commodus）在劇場恐嚇元老的表演。「小魚兒」一事，參閱Suetonius的*Tiberius* 44；殺蒼蠅一事，參閱Suetonius的*Domitian* 3。與「錢不會發臭」（*pecunia non olet*）相似的故事，見Suetonius的*Vespasian* 23。維斯巴西安（Vespasian）對凱旋勝利遊行的評論，Suetonius的*Vespasian* 12曾予以徵引。會解體的船的相關故事，參閱Tacitus的*Annales* 13, 3-7。「沒人相信會有謀害皇帝的密謀，除非皇帝已死」這句充滿諷刺的俏皮話相傳出自圖密善，參閱Suetonius的*Domitian* 21，亦有人認為是哈德良（Hadrian）的名言，參閱*Augustan History* (*SHA*), *Avidius Cassius* 2。關於「金宮」（Golden House）的那些塗鴉，Suetonius曾引用過，參閱他的*Nero* 39。Susan Treggiari發表在*Papers of the British School at Rome* 43 (1975)的'Jobs in the household of Livia'分析了皇后的工作團隊。皇帝日常有不少文書公務得辦理，事見Fergus Millar的'Emperors at work'，而這篇文章收在Hannah M. Cotton與Guy M. Rogers合編的*Government, Society, and Culture in the Roman Empire*(Univ. of North Carolina Press, 2004)。

奧古斯都對花盆案件的裁斷，其翻譯可參考Sherk的*Rome and the Greek East*（見第五章）。祭祀餅乾一事，見Richard Gordon的'The veil of power'；這篇文章收在Mary Beard與John North合編的*Pagan Priests: Religion and Power in the Ancient World* (Duckworth, 1990)。弗朗托（Fronto）對百姓所繪製的皇帝肖像的評論，參閱他的*Letters* 4, 12；Caroline Vout的'What's in a beard'收在Simon Goldhill與Robin Osborne合編的*Rethinking Revolutions Through Ancient Greece* (Cambridge UP, 2006)。圓形大競技場（Colosseum）的規模，影響及其融資問題，這幾個主題可參閱Keith Hopkins與Mary Beard合著的*The Colosseum* (Profile, 2005)。關於提圖斯（Titus）之死，塔木德的記載參閱*Gittin* 56 B；至於圖密善的鏡牆，參閱Suetonius的*Domitian* 14；關於「金羊」（Golden Sheep）一說，見Tacitus的*Annales* 13, 1；「帝國的秘密」一說，出自Tacitus的*Histories* 1, 4。維斯巴西安行使神蹟的記載，見Suetonius的*Vespasian* 7，亦可參閱Tacitus的*Histories* 4, 81–82。Hugh Lindsay的*Adoption in the Roman World* (Cambridge UP, 2009)探討領養王位繼承人的問題，以及此一做法的廣闊背景。普里尼的評論，參閱他的*Panegyric* 7–8；伽爾巴（Galba）的演講詞乃史家塔西佗所撰，參閱塔西佗的*Histories* 1, 14–17；哈德良的詩出自*Palatine Anthology* 6, 332。提比流斯（Tiberius）與那位精明的元老的故事，參閱Tacitus的*Annales* 1, 74；「只配當奴隸的一群人」，這句評論出自3, 65；尼祿的第一次演講詞，參閱13, 4。哈德良處決前執政官一事，參閱*Augustan History* (*SHA*), *Hadrian* 5。Alain Gowing的*Empire and Memory: The Representation of the Roman Republic in Imperial Culture* (Cambridge UP, 2005)探討的正是帝國文化中的共和記憶。

據傳史學家柯爾度斯（Cordus）曾點出李維很讚美龐培，參閱Tacitus的*Annales* 4, 34。作家盧坎（Lucan）之死，參閱Tacitus的*Annales* 15, 70。圖密善的黑色晚宴，可參閱Cassius Dio在*Roman History* 67, 9的描述。小普里尼徵引聶爾瓦晚宴中的談話，見*Letters* 4, 22；塔西佗之承認〔其事業始於他最討厭的皇帝治下〕，參閱他的*Histories* 1, 1。普里斯庫斯（Priscus）與維斯巴西安之間的衝突，分別見於Cassius Dio的*Roman History* 66, 12和Suetonius的*Vespasian* 15。小普里尼提到芬尼雅（Fannia）的病，參閱他的*Letters* 7, 19。「維納斯薩賓娜」（Venus Sabina）神殿的建立，參閱Cassius Dio的*Roman History* 63, 26。S. R. F. Price的*Rituals and Power: The Roman Imperial Cult in Asia Minor* (Cambridge UP, 1986)的重要主題是研究吉雄鎮（Gytheum）的那篇銘文，並探討皇帝崇拜的幽微細節；這篇銘文的翻譯收入Beard、North與Price合著的*Religions of Rome*第二冊（出版項見總論）。皇后莉薇雅支付「賞金」給看到奧古斯都升天的男子一事，參閱Cassius Dio的*Roman History* 56, 46；維斯巴西安（Vespasian）的俏皮話，見Suetonius的*Vespasian* 23。

第十一章

羅馬的都市生活和都市規劃，參閱Stambaugh的*The Ancient Roman City*（出版項見第一章），這本書還闢有一章專論北非小城提姆加德（Timgad）。關於古羅馬非菁英分子的生活概述，今日有幾部好用的作品可資參考：Jerry Toner的*Popular Culture in Ancient Rome* (Polity, 2009)、Robert Knapp的*Invisible Romans: Prostitutes, Outlaws, Slaves, Gladiators, Ordinary Men and Women ... the Romans That History Forgot* (Profile, 2013)、Andrea Giardina編的*The Romans* (Univ.

of Chicago Press, 1993)收入好幾篇文章討論羅馬社會各階層的代表人物，包括窮人；再來就是William Hansen編的*Anthology of Ancient Greek Popular Literature* (Indiana UP, 1998)——儘管這本書定名為「古代希臘通俗文化選」，卻包含許多羅馬材料的翻譯，我在本章用以討論的很多資料即出自此書。羅馬通俗藝術方面的探討，參閱John R. Clarke的*Art in the Lives of Ordinary Romans: Visual Representations and Non-elite Viewers in Italy, 100 BC–AD 315* (Univ. of California Press, 2003)。關於讀寫能力的水準，有一影響很大但卻十分悲觀的看法，詳見William V. Harris的*Ancient Literacy* (Harvard UP, 1991)。

單腳桌子與配戴多枚戒指的描述，詳見普里尼的*Natural History* 34, 14與33, 24。小普里尼那棟位於勞倫特姆（Laurentum）的鄉間別墅，其規模與細節見他的*Letters* 2, 17；Roy K. Gibson與Ruth Morello合著的*Reading the Letters of Pliny the Younger* (Cambridge UP, 2012)闢有一章專論這棟別墅。塔倫屯（Tarentum）的法律對官員家宅的屋瓦有最低片數的規格限定，這是當地法律憲章的一部分；這份憲章的翻譯，參閱Kathryn Lomas的*Roman Italy, 338 BC–AD 200: A Sourcebook* (Univ. College London Press, 1996)。提姆加德的富有居民是Elizabeth W. B. Fentress研究的主題，參閱她刊載在*Bulletin Archéologique du Comité des Travaux Historiques et Scientifiques* 17 (1984)的文章'Frontier culture and politics at Timgad'。都市缺乏分區規劃，包括居民「道德上的〔公私〕不分」——這是Andrew Wallace-Hadrill在'Public honour and private shame: the urban texture of Pompeii'所討論的課題；他這篇文章收在Tim J. Cornell與Kathryn Lomas合編的*Urban Society in Roman Italy* (UCL Press, 1995)。詩人裘維納的抱怨，參見他的*Satires* 3；義大利南部赫立克利亞

（Heraclea）近年出土了一份可以追溯到凱撒時代的城市管理規定，即「赫立克利亞法規」（'Table of Heraclea'），若從這份出土資料判斷，羅馬城當時最多只禁止*plostra*（大貨運車）在白天進入都市；至於這份管理規定的翻譯，參閱M. H. Crawford編的*Roman Statutes*（出版項見第四章）。弗朗托版本的「麵包和娛樂」，參閱他的*Introduction to History* 17（他的*Letters*系列的一部分）。

西塞羅之蔑視工作，參閱他的*On Duties* 1, 150–51。大部分不列顛人即使在羅馬人的統治之下，依然持續過著自己的生活，沒有改變——這一論點可參閱Richard Reece的*My Roman Britain* (Oxbow, 1988)。John R. Patterson的'On the margins'討論生活於邊緣的羅馬人；這篇文章收在Valerie M. Hope與Eireann Marshall合編的*Death and Disease in the Ancient City* (Routledge, 2002)。關於羅馬的大量需求臨時工，這問題參閱David Mattingly的'The feeding of imperial Rome'；這篇文章收在Jon Coulston與Hazel Dodge合編的*Ancient Rome: The Archaeology of the Eternal City* (Oxford Univ. School of Archaeology, 2000)；這部選集還有另一篇很好的論文寫到工人諾圖斯（Ancarenus Nothus）的生活與工作，即John R. Patterson的'Living and dying in the city of Rome'。羅馬城郊染織工廠的工作細節是S. Musco等人發表在*Les Dossiers d'Archéologie* 330 (2008)的'Le complexe archéologique de Casal Bertone'討論的主題。關於工作這個主題，有兩部著作可參考：S. R. Joshel的*Work, Identity, and Legal Status at Rome: A Study of the Occupational Inscriptions* (Univ. of Oklahoma Press, 1992)與N. Kampen的*Image and Status: Roman Working Women in Ostia* (Mann, 1981)。

麵包師傅尤里撒瑟（Eurysaces）的墳墓的研究，參閱 Lauren Hackforth Petersen 的 *The Freedman in Roman Art and Art History* (Cambridge UP, 2006)。此時出現的商會（*collegium*）雖然還不是嚴格定義的商業組織，但自有其規章；這些規章的翻譯，可參閱 Beard、North 與 Price 合編的 *Religions of Rome* 第二冊（出版項見總論）。紀錄麵包師父上街抗議的碑文，其翻譯見 Barbara Levick 的 *The Government of the Roman Empire: A Sourcebook* (Routledge, 2002)。龐貝城牆上的那些口號（還有酒吧裡的圖畫），參閱 Mary Beard 的 *Pompeii: The Life of a Roman Town* (Profile, 2008)。洗衣工人的研究，見 Miko Flohr 的 *The World of the Fullo: Work, Economy, and Society in Roman Italy* (Oxford UP, 2013)。裘維納筆下的奧斯提亞酒吧情景，參閱他的 *Satires* 8。羅馬人熱中賭博的各個相關層面，參閱 Nicholas Purcell 的 'Literate games: Roman society and the game of alea'；這篇文章收在 Robin Osborne 編的 *Studies in Ancient Greek and Roman Society*（見第五章）。

Jerry Toner 的 *Roman Disasters* (Blackwell, 2013) 是一部曉暢易解的作品，描繪種種威脅普通羅馬老百姓的不幸事件，包括洪水氾濫到火災肆虐等。發生在埃及羅馬行省的犯罪事件（及其處理方式），其相關的實際資料細節參閱 Benjamin Kelly 的 *Petitions, Litigation, and Social Control in Roman Egypt* (Oxford UP, 2011)，也可參考 Ari Z. Bryen 的 *Violence in Roman Egypt: A Study in Legal Interpretation* (Univ. of Pennsylvania Press, 2013)。赫庫蘭尼姆那位女子的案子，其研究參閱 Wallace-Hadrill 的 *Herculaneum*（出版項見序章）。在羅馬巴斯發現的種種詛咒銘文，其翻譯參閱 Stanley Ireland 的 *Roman Britain: A Sourcebook* (Routledge, 3rd edition, 2008)；關於《埃斯特安賽克

斯神諭》（*The Oracles of Astrampsychus*）的譯文，可參閱William Hansen編的*The Anthology of Ancient Greek Popular Literature*。解放奴斐德羅（Phaedrus）創作的寓言，其寓意John Henderson曾提出漂亮的現代解讀，請參閱John Henderson的兩部作品：*Telling Tales on Caesar: Roman Stories from Phaedrus* (Oxford UP, 2001)和*Aesop's Human Zoo: Roman Stories about our Bodies* (Univ. of Chicago Press, 2004)，並特別參照Phaedrus的*Fables* 1, 2; 1, 3和1, 28。暴動事件之發生，下列幾位史家的作品可找到證據：Suetonius的*Claudius* 18、Philostratus的*Life of Apollonius* 1, 15 (Aspendus)、Tacitus的*Annales* 14, 42–45（元老之謀殺案）。至於普通羅馬人的讀寫能力，參閱Andrew Wallace-Hadrill的'Scratching the surface: a case study of domestic graffiti at Pompeii'：這篇文章收在M. Corbier與J. P. Guilhembert合編的*L'écriture dans la maison romaine* (Paris, 2011)；另可參考Kristina Milnor的*Graffiti and the Literary Landscape in Roman Pompeii* (Oxford UP, 2014)。

七賢酒吧是Clarke的重要研究主題，參閱其著作：*Art in the Lives of Ordinary Romans*和*Looking at Laughter: Humor, Power, and Transgression in Roman Visual Culture, 100 BC–AD 250* (Univ. of California Press, 2007)。

第十二章

小普里尼與圖拉真之間的魚雁往返——即他的*Letters* Book 10，把本章的幾個主題串來起來。這批信件後來有人將之輯成一部很好用的版本，即Wynne Williams的*Pliny, Correspondence with Trajan from Bithynia* (*Epistles X*) (Aris and Phillips, 1990)；這批信件背後隱藏的意識形態，其討論可參閱Greg Woolf的'Pliny's province'——這篇論文收入Tonnes Bekker-Nielsen編的*Rome and the Black Sea Region: Domination, Romanisation, Resistance* (Aarhus UP, 2006)，亦可參考Carlos F. Norena發表於*American Journal of Philology* 128 (2007)的論文'The social economy of Pliny's correspondence with Trajan'。基本上，兩人的往返信件也觸及古代歷史其中一個最引人爭議的議題：基督宗教的興起。這個議題的諸多討論當中，其中一部特別富有啟發的短文集是Kelly的*The Roman Empire*（出版項見總論）。Diarmaid MacCullough的*A History of Christianity: The First Three Thousand Years* (Penguin, 2010)，這部書的前面幾個部分也是了解這個議題的好起點。David S. Potter編的*A Companion to the Roman Empire* (Blackwell, 2006)收入好幾篇很有助益的論文，幫助我們了解羅馬帝國的準則、常規與管理。Fergus Millar收在*Government, Society, and Culture in the Roman Empire*（出版項見第十一章）的幾篇文章貢獻卓著，有助於讀者了解羅馬的政府、社會與文化等面向（他的討論也涉及小普里尼與圖拉真）。Levick的*The Government of the Roman Empire*（出版項見第十一章）提供許多關於帝國政府的第一手資料。Martin Goodman有一專章收在Garnsey和Saller編的*The Roman Empire*（出版項見總論），這篇論文探討種種抵抗羅馬的形式與發生抵抗事件的地點。羅馬統治下的希臘文學，這個主題有兩部著作可以參考，一是Tim Whitmarsh的*Greek Literature and the Roman Empire: The Politics of Imitation* (Oxford UP, 2002)，再來是Simon Goldhill編的*Being Greek under Rome: Cultural Identity, the Second Sophistic and the Development of Empire* (Cambridge UP, 2001)。本書這一章的標題借用自Beard、North與Price合著的*Religions of Rome*，第二冊（出版項見總論）；與此同時，我也強調「成為羅馬人」這個概

念，而這個概念則借用Greg Woolf的書名，請參閱他的*Becoming Roman: The Origins of Roman Provincial Civilization in Gaul* (Cambridge UP, 1998)——這是一部研究帝國的文化互動的重要著作。

盧奇安（Lucian）的短劇之中，關於神諭的那部題名為*On the False Prophet*，談到敘利亞宗教的那部則取名為*On the Syrian Goddess*。S. von Schnurbein發表在*Journal of Roman Archaeology* 16 (2003)的文章'Augustus in Germania and his new "town" at Waldgirmes east of the Rhine'，描繪那座半完成的「新鎮」。關於不列顛的發展潛能，地理學家斯特拉博（Strabo）評估可參閱他的*Geography* 4, 5。哈德良圍牆的建造之謎，參考David J. Breeze與Brian Dobson在*Hadrian's Wall* (Penguin, 2000)的分析。P. A. Brunt的'Charges of provincial maladministration under the early principate'詳細檢視行省政府的品質，這篇文章收在*Roman Imperial Themes*（出版項見第十章）。提比流斯的觀點，狄奧（Cassius Dio）曾予以徵引，參閱狄奧的*Roman History* 57, 10。Stephen Mitchell發表在*Journal of Roman Studies* 66 (1976)的'Requisitioned transport in the Roman Empire'討論行省政府徵用交通工具的問題。歐圖（Otho）任官的理由十分不光彩，詳見Suetonius的*Otho* 3。

「一個充滿神祇的世界」——這是Keith Hopkins用來形容羅馬的用語，參閱他那部有趣又古怪的羅馬宗教研究專著：*A World Full of Gods: Pagans, Jews and Christians in the Roman Empire* (Weidenfeld and Nicolson, 1999)。文德蘭達（Vindolanda）的軍事建設，詳參Alan K. Bowman的*Life and Letters on the Roman Frontier: Vindolanda and Its People* (British Museum Press, 1998)：此

地出土的文件器物，可參考網站：http://vindolanda.csad.ox.ac.uk/。Caroline Van Driel-Murray的'Gender in question'討論該地出土的一批鞋子，這篇文章提出一個可能：某些鞋子有可能屬於男性青少年所有，不見得是女性的鞋子；這篇文章收在P. Rush編的*Theoretical Roman Archaeology: Second Conference Proceedings* (Avebury, 1995)。有一篇名叫'The old work'的報導提到羅克斯特（Wroxeter）的游泳池，這篇文章收在G. Webster與P. Woodfield編輯的*Antiquaries Journal* 46 (1966)。Martin Millett的*Romanization of Britain: An Essay in Archaeological Interpretation* (Cambridge UP, 1990)影響極大；在此書中，他提出行省人民「羅馬化」所走的途徑是由下而上，而非舊觀念中的從上到下的灌輸。David Mattingly的*An Imperial Possession: Britain in the Roman Empire* (Penguin, 2006)是一部詳盡的現代總論。J. N. Adams的*Bilingualism and the Latin Language* (Cambridge UP, 2003)探討La Graufesenque的「雙語人」（bilinguals），但是Alex Mullen在'The language of the potteries'一文提出不同的另類看法，參閱Michael Fulford和Emma Durham編的*Seeing Red* (Institute of Classical Studies, 2013)。

賀拉斯的口號，參閱他的*Epistles* 2, 1；關於把「希臘式的」體育場調整成「羅馬式的」展演場所，這方面的研究參閱K. Welch發表在*American Journal of Archaeology* 102 (1998)的論文'The stadium at Aphrodisias'。萬神殿（Pantheon）最新的研究，參閱Tod A. Marder與Mark Wilson Jones合編的論文集：*The Pantheon: From Antiquity to the Present* (Cambridge UP, 2015)。Roger S. Bagnall與Dominic W. Rathbone合著的*Egypt from Alexander to the Copts* (British Museum Press, 2004)研究開採自克勞狄斯山（Mons Claudianus）的灰色花崗岩，並且檢視相關的出土文件。文

件當中有一封信提到五十英尺高的柱子，這封信是Theodore J. Peña在'Evidence for the supplying of stone transport operations'研究的依據，參閱*Journal of Roman Archaeology* 2 (1989)。來自印度的商船是Dominic Rathbone的文章'The Muziris papyrus'的研究主題，參閱*Bulletin de la Societé d'Archéologie d'Alexandrie* 46 (2000)的紀念特刊號：'Alexandrian Studies II in Honour of Mostafa el Abbadi'；商人宙克西斯（Zeuxis）的特寫，詳見Peter Thonemann的*The Maeander Valley: A Historical Geography from Antiquity to Byzantium* (Cambridge UP, 2011)。

隱藏在破壺山（Monte Testaccio）後面的商業活動是D. J. Mattingly的研究主題，這篇題名為'Oil for export?'的文章收在*Journal of Roman Archaeology* 1 (1988)。Hella Eckhardt編的*Roman Diasporas: Archaeological Approaches to Mobility and Diversity in the Roman Empire* (*Journal of Roman Archaeology* supplement 78, 2011)討論如何測量人的遷徙移動；巴拉塔斯（Barates）和「昆妮」（Queenie）的故事是Alex Mullen的'Multiple languages, multiple identities'所討論的主題，參閱Mullen與Patrick James合編的*Multilingualism in the Graeco-Roman Worlds* (Cambridge UP, 2012)。關於早期基督徒的人數，最好的研究見Keith Hopkins發表於*Journal of Early Christian Studies* 6 (1998)的文章'Christian number'；頗佩秋雅（Vibia Perpetua）的殉難過程，參閱Thomas J. Heffernan在*The Passion of Perpetua and Felicity* (Oxford UP, 2012)的詳盡分析。塞維魯斯（Septimius Severus）對其姊妹的處置（遣返非洲），參閱*Augustan History* (*SHA*), *Septimius Severus* 15；佐伊洛（Zoilos）的故事可在R. R. R. Smith的*The Monument of C. Julius Zoilos* (von Zabern, 1993)找到詳盡的討論。

後記

卡拉卡拉（Caracalla）為羅馬創造了許多人口，但是數目究竟有多少，詳參Myles Lavan發表在*Past and Present* 229 (2016)的論文'The spread of Roman citizenship'——我很感謝他做的這份先行研究。君士坦丁的拱門（the Arch of Constantine）的品評，參閱Jas Elsner發表在*Papers of the British School at Rome* 68 (2000)的'From the culture of spolia to the cult of relics'。誤把「元老院」（senate）這個字當成人名，其紀錄參閱Averil Cameron與Judith Herrin翻譯的*Parastaseis* (Brill, 1984)第四十三章。

古羅馬史年表

*置入方括號〔〕裡的是古希臘歷史事件

日期	事件	統治者，統治起訖時間，戰爭	文史學家
西元前 753	傳統的羅馬建城年份	**王政時期**，753-509年 1.羅慕勒斯 2.努瑪 3.圖魯斯 4.安可斯 5.塔奎尼亞斯（老塔克文） 6.塞爾維斯 7.塔克文	
582	〔畢達哥拉斯出生於薩摩斯島〕		
509	傳統的羅馬共和制創立日期	**羅馬共和時期**，509-544年	
494	平民第一次撤城	「階級衝突」（287年結束）	

490	〔馬拉松戰役（Battle of Marathon）〕	
451–450	「十二表法」	「十人委員會」
399	〔蘇格拉底死於雅典〕	
396	摧毀維伊城	
390	高盧人入侵，洗劫羅馬城	
341	拉丁戰爭開始	
338	拉丁同盟瓦解	
334	〔亞歷山大大帝展開征戰生涯〕	
326	因債成奴的規定廢除	
323	〔亞歷山大大帝之死〕	
321	考丁峽谷之戰	
312	建置羅馬第一條水道	
295	薩莫奈戰爭	
290	薩莫奈戰爭結束	
287	平民大會的決定，元老院決定賦予法律效力	

義大利戰爭

拉丁戰爭，341–338年

薩莫奈之戰

第一場，343–341年

第二場，326–304年

第三場，298–290年

年份	上方事件	下方事件
280		西庇歐・巴爾巴圖斯之死
275		皮瑞斯被趕回伊派拉斯（Epirus）
264		
240	安佐尼庫斯的第一部悲劇在羅馬上演	
218		漢尼拔越過阿爾卑斯山
216		坎尼戰役
204	伯勞圖斯的活躍時期（直到180年左右） 詩人恩尼烏斯活躍時期（直到大約169年）	迎接大母神到羅馬
202		扎瑪之役
190		亞細亞提克斯打敗敘利亞王安泰阿克斯三世

皮瑞斯之戰，280–275年
羅馬 v. 伊派拉斯

第一次**布匿克戰爭**，264–241年

第二次**布匿克戰爭**，219–202年
羅馬 v. 漢尼拔

第一次**馬其頓戰爭**，215–205年
羅馬 v. 菲利五世（Philip V）

第二次**馬其頓戰爭**，200–197年
羅馬 v. 菲利五世

敘利亞之戰，192–188年
羅馬 v. 安泰阿克斯三世

泰倫斯活躍期間（直到大約160年）

波利比烏斯活躍期間（直到大約118年左右）

183 阿非利加努斯與漢尼拔之死

171 西班牙代表團來訪，卡提雅鎮之建立

168 彼得納戰役（Battle of Pydna），打敗馬其頓國王佩西阿斯

167 波利比烏斯以戰爭人質的身分抵達羅馬

149 創立永久的刑事法庭

146 亞米利亞努斯洗劫迦太基城

穆米烏斯洗劫科林斯城

139 實施祕密投票

133 結束伊比利半島的戰爭，羅馬控制了該地大部分地區

婆格門國王阿特魯斯三世把國土遺贈羅馬

第三次**馬其頓戰爭**，172–168年
羅馬 v. 佩西阿斯國王

伊比利半島之戰，155–133年
羅馬 v. 凱爾特人部落

第三次**布匿克戰爭**，149–146年

盧基里烏斯（Lucilius）的作品《諷刺集》（*Satires*）成於二世紀最後三年

護民官制度與大格拉古斯遭人暗殺

- **129**　亞米利亞努斯之死
- **125**　敉平菲蕊拉耶城
- **123**　小格拉古斯當選護民官之職
- **122**　小格拉古斯再度當選護民官　補償法案通過
- **121**　小格拉古斯遭人暗殺
- **107**　馬略第一次當選執政官，著手改革羅馬軍團組織，發言聲討朱古達
- **106**　西塞羅誕生於阿皮諾
- **89**　賦予義大利人公民權

朱古達之戰，118－106年

同盟之戰，91－89年

第一次**米塞瑞達笛斯之戰**，89－85年

羅馬 v. 彭圖斯王米塞瑞達笛斯六世

88		蘇拉獲得攻打米塞瑞達笛斯的指揮權 米塞瑞達笛斯屠殺義大利人	**同盟之戰**，88-86年 蘇拉 v. 馬略
86		馬略第七次當選執政官，馬略之死	
85		蘇拉和米塞瑞達笛斯談判，雙方同意停戰	
82-81		蘇拉的改革與發布「公敵名單」	第二次**米塞瑞達笛斯之戰**，83-81年
80	西塞羅與特倫夏結婚		
79		蘇拉辭去獨裁官一職	
73		米塞瑞達笛斯占領比提尼亞行省	**斯巴達克斯的反叛**，73-71年 第三次**米塞瑞達笛斯之戰**，73-63年
71		克拉蘇平復斯巴達克斯的反叛	
70	西塞羅轉寫演說稿《反維勒斯》（*Against Verres*）	西塞羅控告維勒斯貪污 龐培首次當選執政官	
67		龐培獲得攻打海盜的指揮權	
66		龐培獲得攻打米塞瑞達笛斯的指揮權	

65	現存第一封西塞羅寫給友人阿提庫斯的信 詩人卡特勒斯與卡路斯（Titus Lucretius Carus）的活躍時期（直到五〇年代中期）	
63	西塞羅撰寫〈對抗卡提林的戰爭〉1–4篇	龐培占領耶路撒冷 西塞羅揭發「卡提林的叛國陰謀」 龐培打敗米塞瑞達笛斯，並在東方安置許多行省
62	西塞羅撰寫講稿《為阿奇亞斯辯護》（*In Defence of Archias*）	龐培舉行勝利凱旋遊行
60		三巨頭達成協議
59		龐培與凱撒的女兒茱麗亞結婚
58		西塞羅的自我流放（直到57年）
55		凱撒第一次登陸布列塔尼亞行省 龐培劇場之建立
54	西塞羅撰寫《論國家》（54–51年）	茱麗亞之死

53		卡瑞戰役潰敗，克拉蘇死亡
52		克羅狄斯遭人謀殺（「波維拉耶戰役」） 龐培獨自擔任執政官
51	凱撒撰寫《高盧戰記》	西塞羅出任西里西亞行省總督
50		凱撒占領了高盧
40s	薩祿斯特活躍於此時期	
49	西塞羅遠赴希臘，加入龐培的軍團	凱撒渡過盧比孔河 **羅馬人內戰，49–31年** 凱撒 v. 龐培
48	西塞羅返回羅馬	法爾沙魯戰役；龐培死於埃及
46	西塞羅與特倫夏離婚	凱撒的勝利
45	西塞羅另娶布碧莉婭為妻；女兒圖莉婭之死	
44		一月：凱撒被選為「終身獨裁官」（*dictator perpetuus*） 三月：凱撒遭人刺殺
43	西塞羅遭人刺殺	屋大維、安東尼和雷比達組成「後三巨頭」集團 凱撒的刺客 v. 凱撒的繼承人
42	賀拉斯對菲利比城的戰敗者提出評論	菲利比城之戰：後三巨頭打敗了布魯特斯與卡修斯

41-40		佩魯西亞圍城	路西烏斯·安東尼烏斯 v. 屋大維
39	維吉爾撰寫《牧歌集》（*Eclogues*）		
37	李維撰寫《羅馬史》，時間約從西元前30年左右期間直到西元17年	屋大維與莉薇雅結婚	
35／4	賀拉斯寫作《諷刺詩集I》（*Satires I*）		
31		阿克興之役	屋大維 v. 安東尼
30		安東尼與克麗奧佩特拉自殺身亡；埃及成為羅馬的一個行省	**羅馬的帝制時代** 朱里亞—克勞狄王朝，31BCE-68CE 屋大維／奧古斯都，31BCE-14CE
20s	詩人普羅佩提烏斯，提布魯斯（Tibullus）與奧維德活躍於此時期		
29	維吉爾撰寫《農事詩》，可能也在此時開始創作《伊尼亞德》	屋大維班師回返義大利，舉辦勝利凱旋遊行，慶祝他的三場勝戰	
27		屋大維接受奧古斯都的封號	

西元前

19 維吉爾之死

帕提亞人歸還在卡瑞戰役搶獲的羅馬軍旗

18 奧古斯都第一次立法管理人民的婚姻

8 賽斯提里斯月改名為「奧古斯都月」，即八月（August）

4 西塞羅的前奴隸泰羅去世

奧古斯都正式領養提比流斯為繼承人

2 奧古斯都廣場開幕

奧古斯都的女兒茱麗亞被流放

西元

西元8 奧維德流放到黑海的托米斯（Tomis）

9 條頓堡森林之戰

10s 地理學家斯特拉博活躍於此時期（直到大約西元24年）

20s 作家斐德羅與歷史學家帕特庫斯（Velleius Paterculus）活躍於此時期

提比流斯，14–37年

25		歷史學家柯爾度斯絕食身亡	
26		彼拉特（Pontius Pilate）出任猶大行省總督（直到36年）	
29		莉薇雅之死	
33		耶穌被釘上十字架的傳統年份	
37			蓋猶斯（卡里古拉），37–41年
40		猶太人派使節拜訪卡里古拉	
41	小塞內加（Seneca the Younger）活躍於此時期	卡里古拉遇刺身亡	克勞狄斯，41–54年
43		克勞狄斯入侵布列塔尼亞	
44		克勞狄斯慶祝打敗布列塔尼亞	
48		克勞狄斯的里昂（Lyon）演說	
54	塞內加撰寫《克勞狄斯升天成神記》（*Apocolocyntosis*）		尼祿，54–68年
58		阿格里科拉首度登陸不列顛行省（直到62年）	

60s
- 老普里尼，盧坎，佩特羅尼奧和柏修斯（Persius）活躍於此時期

60
- 布狄卡之反叛

61
- 小普里尼誕生
- 元老塞昆度斯（Lucius Pedanius Secundus）遭他的奴隸們謀殺

64
- 羅馬發生大火災
- 聖彼得（St Peter）在羅馬被釘上十字架的傳統年份

65
- 塞內加和盧坎自殺身亡
- 聖保羅被羅馬人斬首的傳統年份
- 畢索（Piso）陰謀推翻尼祿

66
- 佩特羅尼奧自殺身亡
- 國王梯里達底抵達羅馬
- 第一次**猶太人反叛**，66–73／4年
- 帕伊圖斯自殺身亡

68
- 尼祿自殺身亡

69
- **羅馬內戰**紛起：四個皇帝登基
- **弗拉維王朝**，69–96年

70
- 羅馬人摧毀耶路撒冷神殿

73／4
- 第一次猶太人反叛；馬薩大的陷落
- 維斯巴西安，69–79

若瑟弗開始發行《猶太人的戰爭》（*Jewish War*）	c. 75	費斯本羅馬皇宮開始動工	
	77	阿格里科拉成為不列顛行省總督（直到85年）	
老普里尼之死	79	維蘇威火山爆發，龐貝城與赫庫蘭尼姆遭火山灰掩埋	提圖斯（79–81）
馬歇爾、普魯塔克與裘維納活躍於此時期	80s		
	80	圓形大競技場完工	
	81		圖密善（81–96）
文德蘭達木牘（Vindolanda tablets）的書寫（至120年）	c. 85		
	89	圖密善舉辦可怕的晚宴	
若瑟弗撰寫《猶太戰記》（*Jewish Antiquities*）	93／4		**領養皇帝盛行的朝代**，96–192
	96	圖密善遇刺	聶爾瓦（96–98）

年份		
97	塔西佗任執政官；差不多於這段時間撰寫《阿格里科拉》（*Agricola*）	聶爾瓦領養圖拉真
98		
100	小普里尼任執政官，為圖拉真寫了《頌歌》（*Panegyric*）	
109	塔西佗撰寫《歷史》（*Histories*）	小普里尼擔任比提尼亞行省首長（直到110年）
110	小普里尼寫給圖拉真的信，輯成《書信集十》（*Letters 10*）	
113		圖拉真入侵帕提亞
117	塔西佗撰寫《編年史》（*Annales*）	
118		四位前執政官遭處死
120s	蘇埃托尼亞斯撰寫《羅馬十二帝王傳》（*Twelve Caesars*）	哈德良城牆的建造 建造哈德良的萬神殿

圖拉真（98–117）

第一次**達西亞戰爭**（Dacian War），101–102年

第二次**達西亞戰爭**，105–106年

圖拉真的東方戰役，113–117年

哈德良（117–138年）

- **130**　哈德良的伴侶安提諾斯在尼羅河溺死
- **138**　庇烏斯（138–161）
- **140s**　弗朗托、格利烏斯（Aulus Gellius）、保薩尼亞斯與盧奇安的活躍時期（直到180年左右）
- **144**　阿里斯提德寫了《羅馬演說》（*Roman Oration*）
- **160s**　蓋倫活躍時期（直到200年左右）
- **161**　奧里流斯與維魯斯共治（161–169年）
- **167**　據傳可能是天花的流行病在羅馬城以及城外廣大地區流傳
- **169**　維魯斯病歿，可能是因為感染了流行疾病
　奧里流斯獨自統治羅馬（169–180年）
- **180**　康莫達斯（180–192年）
- **192**　康莫達斯遇刺
- **193**　五位繼承人爭奪王位
　羅馬人內戰

年代	事件
196	塞維魯斯登基，獨自統治羅馬
c. 202	歷史學家狄奧開始著書立說
203	羅馬迦太基行省首長下令處死頗佩秋雅
c. 205	狄奧擔任執政官
211	卡拉卡拉殺死胞弟傑達
212	羅馬帝國之內所有自由民獲頒公民權

塞維魯王朝（The Severan dynasty），193-235年

塞維魯斯（193-211年）

卡拉卡拉與傑達共治，之後卡拉卡拉獨自統治羅馬（211-217年）

重要專有名詞對照表

序

Julius Caesar 凱撒
Britannia 布列塔尼亞
Aeneid《伊尼亞德》
Edward Gibbon 吉朋
The Decline and Fall of the Roman Empire《羅馬帝國衰亡史》
Greenland 格陵蘭
Herculaneum 赫庫蘭尼姆
Constantine 君士坦丁
Alaric 阿拉里克
Visigoths 西哥德人
Caracalla 卡拉卡拉
Tacitus 塔西佗

第一章

Lucius Sergius Catilina/Catiline 卡提林
Marcus Tullius Cicero 西塞羅
Romulus 羅慕勒斯
Remus 雷穆斯
Lucretia 盧奎西雅
Hannibal 漢尼拔
Battle of Cannae 坎尼戰役
Gettysburg 蓋茲堡

Somme 索姆河
Spartacus 斯巴達克斯
Marcus Licinius Crassus 克拉蘇
Augustine 奧古斯丁
Sergestus 賽吉圖斯
Aeneas 伊尼亞斯
Arpinum 阿皮諾
Gaius Antonius Hybrida 海布瑞達
Mark Antony 安東尼
Fulvia 弗維雅
Cesare Maccari 麥卡瑞
Alexandria 亞歷山卓
Nero 尼祿
Agrippina 阿格麗皮娜
Sallust 薩祿斯特
Titus Pomponius Atticus 阿提庫斯
Titus Livius 李維烏斯／Livy 李維
Marcus Manlius 曼利烏斯
Virgil 維吉爾
Lucius Lucceius 盧克伊斯
Minos 米諾斯
Pasiphae 帕西菲依
Minotaur 米諾陶
Palazzo Madama 羅馬夫人宮
Tuscany 托斯卡尼
Belisea 貝麗西雅
Uberto 烏柏托
Uberti 烏柏帝王朝
Prosper de Crébillion 克里畢連
Tullia 圖莉婭
Henrik Ibsen 易卜生
Ben Jonson 班姜生
River Styx 冥河

第11章

Sabine 薩賓人

Jupiter Stator 護持者朱庇特
On the State《論國家》
Mars 戰神馬爾斯
Patavium/Padua 帕多瓦
Claudius 克勞狄斯
Rhea Silvia 希薇雅
Alba Longa 阿爾巴隆加
Numitor 努米陀
Amulius 阿穆略
Palatine 帕拉廷
Aventine 阿芬丁
Latium 拉丁姆
Nicolas Pousin 普桑
Juba 裘巴
History of Rome《羅馬史》（Sullust）
Ovid 奧維德
《愛的練習》（*Love Lessons*）
Titus Tatius 塔提烏斯
Dionysius of Halicarnassus 哈利卡納斯的戴爾尼修斯
Egnatius 艾格納提斯
Horace/ Quintus Horatius Flaccus 賀拉斯
Capitoline Hill 卡庇多丘
Chios 奇歐島
Septimius Severus 塞維魯斯
Trajan 圖拉真
Hadrian 哈德良
Robert Graves 格雷夫斯
Macedon 馬其頓
Juvenal/Decimus Junius Juvenalis 裘維納
Republic《理想國》
Caenina 凱尼納人
Olympic Games 奧林匹克運動會
Book of Chronology《編年史》
Pocahontas 寶佳康蒂
Odysseus 奧德修斯

Odyssey《奧德賽》
Circe 瑟西
Romus 羅穆斯
Illiad《伊利亞德》
Dido 狄朵
Henry Purcell 普賽爾
Delos 迪洛斯島
Lavinium 拉維尼亞
Ascanius 亞斯卡尼
King Evander 伊凡德國王
Arcadia 阿卡迪亞
Septimontium 七丘之城
Palatium 帕拉蒂
Velia 威利亞
Fagutal 法古塔爾
Subura 薩布拉
Cermalus 坷爾馬魯斯
Oppius 奧庇烏斯
Caelius 卡伊里烏斯
Cispius 契斯庇烏斯
Quirina 奎里爾諾
Viminal 維彌納
Fidenae 費迪納
Middle Bronze Age 銅器時代中期
Cumae 庫邁
Tarentum 塔倫屯
Naples/Neapolis 那不勒斯
Etruscans 伊特魯斯坎人
Oscans 奧斯坎人
Samnites 薩莫奈人
Praeneste 普雷尼斯特
Giacomo Boni 賈科莫・波尼
Heinrich Schliemann 海因里希・施里曼
Vulcan 霍爾坎
Faustulus 弗斯圖魯斯
Hostilius 荷斯提里烏斯

第三章

Numa Pompilius 努瑪
Tullus Hostilius 圖魯斯
Ancus Marcius 安可斯
Ostia 奧斯提亞
Circus Games 競技場
Tarquinius Priscus 塔奎尼亞斯
Tarquin the Elder 老塔克文
Tanaquil（王后）塔娜奎爾
Servius Tullius 塞爾維斯・塔里亞斯
Tarquinius Superbus 塔克文
Tarquin the Proud 自豪者塔克文
Tarquin the Arrogant 傲慢者塔克文
Vulci 武爾奇
Tanaquil 塔娜奎爾
Livia 莉薇雅
Quintus Fabius Pictor 畢克托爾
Etruria 伊特魯里亞
Lupercalia 魯帕卡莉亞
Servian Constitution 塞爾維斯法典
Teos 堤奧斯
Pythagoras 畢達哥拉斯
Antium 安堤姆
Anzio 安濟奧
Centuries 百人隊
Centuriate Assembly 百人隊會議
Tarquinii 塔爾奎因尼
Tuscany 托斯卡尼
D.H. Lawrence 勞倫斯
Alberto Giacometti 賈科梅蒂
St. John Lateran 拉特朗聖若望教堂
Ischia 伊斯基亞
Elba 艾爾巴島
Campania 坎帕尼亞
Caere 卡瑞
Fabius 法比烏斯

Veii 維伊
Titus Latius 拉提烏斯
Rutilus Hipookrates 希波卡拉德斯
Caelius Vivenna 卡伊里烏斯
Caelian Hill 卡伊里連丘
Mastarna 馬斯塔爾納
Aulus Vivenna 奧魯斯
François Tomb 法蘭斯瓦墓
Gnaeus Tarquinius 塔奎尼亞斯
Volsinii 武爾西尼
Lares Papathnas 拉瑞斯
Lucius 魯奇烏斯
Servian Wall 塞爾維斯牆
Cloaca Maxima 大排水道
Pliny the Elder 老普里尼
Pisistratid 庇西特拉圖家族
Botticelli 波提切利
Titian 提香

Benjamin Britten 布里頓
Judy Chicago 茱蒂・芝加哥
Dinner Party《晚宴》
Ardea 阿狄亞
Lucius Tarquinius Collatinus 科拉提努斯
Sextus Tarquinius 賽克圖斯
Martial/Marcus Valerius Martialis 馬歇爾
Lucius Junius Brutus 布魯特斯
Clusium 克魯西姆城
King Lars Porsenna 波爾西納國王
Horatius Cocles 何瑞修
Cloelia 克羅依里雅
Battle of Lake Regillus 吉勒斯湖之役
Castor 卡斯特
Pollux 帕勒克
Opimius 歐皮米烏斯
Publius 巴布里烏斯
Libertas 自由女神

Centuriate Assembly 百人隊會議

第四章

Scipio 西庇歐
Lucius Cornelius Scipio Barbatus 巴爾巴圖斯
Gnaeus 蓋奈伊烏斯
Taurasia 突拉西亞
Cisauna 西索納
Lucania 盧卡尼亞
Samnium 薩莫奈地區
Ancona 安科納
Duris 杜里斯
Samos 薩摩斯
Appius Claudius Caecus 阿皮亞斯
Capua 卡普亞
Via Appia 阿皮安大道
Lord Palmerston 帕默斯登勳爵
John F. Kennedy 甘迺迪
Marcus Furius Camillus 卡米拉斯
Taormina 陶爾米納
The Twelve Tables 十二表法
Cincinnati 辛辛納提市
Lucius Quinctius Cincinnatus 辛辛納提斯
Gaius Marcius Coriolanus 科瑞里拉努斯
Coriolanus《科瑞里拉努斯》
The Fabii 法比烏斯家族
Draco 德拉科
Hammurabi 漢摩拉比
decemviri 十人委員會
Conflicts of Orders 階層衝突
Ten Tarquins 十個塔克文
Appius Caudius 阿皮亞斯・克勞迪烏斯
Virginia 維吉妮雅
Lucius Virginius 維吉尼烏斯
Polybius 波利比烏斯
Juno 朱諾女神

Propertius 普羅佩提烏斯
Allia 阿里亞河
Marcus Caedicius 卡迪西亞斯
Caudine Forks 考丁峽谷
Battle of Sentinum 薩莫奈戰役
Latin War 拉丁戰爭
Quintus Fabius Maximus Rullianus 法比烏斯
Fannius 范尼烏斯
Adriatic 亞得里亞海
Tyrrhenian 第勒尼安海

第五章

King Antiochus 安泰阿克斯國王
Corsica 科西嘉
Aleria 阿勒瑞亞城
Publius Cornelius Scipio Africanus 阿非利加努斯
Battle of Zama 扎瑪之役
Lucius Cornelius Scipio Asiaticus 亞細亞提克斯
Gnaeus Cornelius Scipio Hispallus 西斯巴勒斯
Publius Cornelius Scipio Aemilianus 亞米利亞努斯
Lucius Aemilius Paullus 亞米利烏斯・保勒烏斯
Hispania 西斯班尼亞
Quintus Ennius 恩尼烏斯
Livius Andronicus 安佐尼庫斯
Titus Maccius Plautus 伯勞圖斯
Publius Terentius Afer 泰倫斯
Pyrrhus 皮瑞斯
Pyrrhic victory 皮瑞斯的勝利
Third Punic War 第三次布匿克戰爭
Gaius Atilius 阿提利斯
Titus Manlius 曼留斯
Perseus 佩西阿斯
Temple of Saturn 薩特恩神殿
Great Mother goddess 大母神
Napoleon Bonaparte 拿破崙
Field Marshal Montgomery 蒙哥馬利

Norman Schwarzkopf 史瓦茲柯夫
Maharbal 瑪哈爾巴
Quintus Fabius Maximus Verrucosus Cunctator 費比烏斯
Fabian Society 費邊社
Histories《歷史》
Antioch 安提阿
Publius Cornelius Scipio Nasica 納西卡
Cyprus 賽普勒斯
Parthia 帕提亞
Armenia 亞美尼亞
Abdera 阿布德拉城
Kotys 柯提斯
Sardinia 薩丁尼亞島
Lucius son of Gaius 盧奇烏斯
Decimus Cossutius 柯蘇提烏斯
Carteia 卡提雅
Archimedes 阿基米德
Marcus Porcius Cato 加圖
Cato the Elder 老加圖
Cybele 西比莉

第六章

Tunis 突尼斯
Mago 馬葛歐
Hasdrubal 哈斯佐巴
Lucius Mummius Achaicus 穆米烏斯
Achaeans 亞該亞人
Corinthian bronze 科林斯青銅
Galba 伽爾巴
Temple of Apollo 阿波羅神殿
Jugurtha 朱古達
Catullus 卡特勒斯
Lesbia 莉絲碧亞
Campo de' Fiori 花園廣場
Colosseum 圓形競技場

Gnaeus Pompeius Magnus 龐培
Pontus 彭圖斯
Mithradates VI 米塞瑞達笛斯六世
Tiberius Sempronius Gracchus 大格拉古斯
Gaius Sempronius Gracchus 小格拉古斯
Social War 同盟之戰
Lucius Cornelius Sulla 蘇拉
proscriptions 公敵名單宣告
Publius Clodius Pulcher 克羅狄斯
Battle of Bovillae 波維拉耶戰役
Rubicon 盧比孔河
Gang of Three 三巨頭
Plebeian Assembly 平民會議
Marcus Octavius 歐塔維烏斯
Pergamum 婆格門
King Attalus III 阿特魯斯三世
Vespillo 維斯比羅
Thessaly 瑟薩利
Lucius calpuruius Piso Frugi 傅魯吉
Plutarch/Lucius Mestrius Plutarchus 普魯塔克
Lucius Opimius 歐皮米烏斯
Teanum 提亞努姆
Teano 提亞諾
Fregellae 菲惹拉耶
Marcus Livius Drusus 德魯薩斯
Asculum 阿司庫倫
Picenum 皮契努姆
Archias 阿奇亞斯
Aulus Licinius Archias 奧勒斯
Heraclea 赫立克利亞
Aristophanes 亞里斯托芬尼
Stanley Kubrick 庫柏力克
Kirk Douglas 寇克・道格拉斯
Thrace 瑟雷斯

第七章

Gaius Verres 維勒斯
Heius 賀厄斯
Praxteles 普拉克希特利斯
Polyclitus 波利克萊塔斯
Publius Garius 蓋瑞尤斯
Gaius Marius 馬略
Pompey the Great 龐培大帝
Cilicia 西里西亞
Marcus Junius Brutus 布魯特斯
Salamians 薩拉米市民
Urbina 烏爾庇納
publicans 稅吏
Numidia 努米狄亞
Quintus Caecilius Metellus 梅特魯斯
Caunos 考諾斯
Crimea 克里米亞
Lesbos 萊斯沃斯島
Mytilene 米蒂利尼
Cato the Younger 小加圖
Battle of Carrhae 卡瑞戰役
Euripides 尤里庇德斯
Bacchae《酒神的女信徒》
Pentheus 潘修斯
Marcus Calpurniu Bibulus 畢普勒斯
Commentaries on the Gallic War《高盧戰記》
Xenophon 色諾芬
Anabasis《遠征記》
Druids 德伊魯祭司
Rhine 萊茵河
Rubicon 盧比孔河
Gaius Asinis Polio 波利奧
Menander 梅南德
Battle of Pharsalus 法爾沙魯戰役
Pharnaces 法納西斯
Gaius Peticiu 佩迪修斯

Soterides 蘇特利德
Corfu 考爾夫
Titus Annius Milo 米羅
Utica 優提卡
Queen Cleopatra VII 克麗奧佩特拉王后
Vercingetorix 弗辛傑托利
Metellus Scipio 梅提魯斯
Sextus 塞斯圖斯
John Wilkes Booth 布斯
Quintilis 奎因提里斯
Caius Caninius Rebilus 雷比魯斯
clementia 克里曼提亞

第八章

Titus Lucretius Carus 路克里修斯
On the Nature of Things《論萬物的本質》
Quintus Cicero 奎因圖斯
Gore Vidal 高爾・維達勒
Terentia 特倫夏
Publilia 布碧莉婭
Publius Cornelius Dolabella 多拉貝爾
Egnatius Metellus 梅提魯斯
Volumnia Cytheris 傅倫妮雅
Clodia 克羅狄雅
Sappho 莎孚
Julia 茱麗亞
Pomponia 龐波尼雅
Gaius Calpurnius Piso 畢索
Astura 奧斯圖拉
Marcus 馬庫斯
Croatia 克羅埃西亞
Tusculum 塔司庫魯姆
sesterces 賽斯特爾幣
Marcus Aemilius Scaurus 史考魯斯
Arch of Titus 提圖斯凱旋門
House of the Griffins 獅鷲之家

Puteoli 普特歐利
Formiae 弗爾米埃
Pompeii 龐貝城
Lucius Licinius Lucullus 盧秋樂斯
Bacchantes 巴克斯女祭司
Bacchus 酒神巴克斯
Crete 克里特
Antikythera 安提基特拉島
Spurius Maelius 梅伊流斯
Livius Drussus 德魯薩斯
Quintus Lutatius Catulus 魯塔提斯
Veltius 維提烏斯
Publius Sestius 塞斯提烏斯
Cosa 柯薩城
Publius Sulla 普比利烏斯
Ephesus 以弗所
Illyricum 以利里古
Dionysius 戴奧尼修斯
Vardaei 瓦爾戴伊
Chrysippus 克里西波斯
Tiro 泰羅
Pantheon 萬神殿
Gaius Petronius Arbiter 佩特羅尼奧
Satyricon《愛情神話》
Federico Fellini 費里尼
Trimalchio 特立馬喬
F. Scott Fitzgerald 費茲傑羅
The Great Gatsby《大亨小傳》

第九章

Nicolaus of Damascus 尼可勞斯
Gaius Cassius Longinus 卡修斯
Marcus Aemilius Lepidus 雷比達
Caesarion 凱撒瑞榮／小凱撒
Gaius Octavius 屋大維
Gaius Julius Caesar 蓋猶斯・朱里烏斯・凱撒

Augustus 奧古斯都
Fulvia 弗維雅
Philippi 菲利比城
Lucius Antonius 路西烏斯・安東尼烏斯
Eclogues《詩選》
Octavia 奧塔薇雅
Actium 阿克興
Marcus Agrippa 阿格瑞帕
Nicopolis/Victoryville 勝利之城
Actiacus 阿克興勇士
Gaius Suetonius Tranquillus 蘇埃托尼亞斯
Julian 朱理安皇帝
The sphinx 斯芬克斯
Ankyra 安哥拉
Ankara 安卡拉
Kemel Atatürk 凱末爾阿塔圖克
Meroe 梅洛伊城
Dumnobellanus 丹諾貝勞斯
Tincomarus 汀坎茹斯
Trastevere 特拉斯弗列
Theatre of Marcellus 瑪爾斯樂劇場
Danube 多瑙河
Sextilis 賽斯提里斯月
Praetorian Guard 禁衛軍
Lucius Cornelius Balbus 巴爾布斯
Berber 柏柏爾人
Michelangelo 米開朗基羅
Palazzo dei Conservatori 保守宮
Marcus Egnatius Rufus 伊格納提
Tristia/Miseries《悲傷》
Romana princeps 羅馬第一女公民
Drusus 德魯蘇斯
Tiberius 提比流斯
Marcellus 馬瑟魯斯
Vipsania Agrippina 維普莎尼雅
Julio-Claudian Dynasty 朱里亞—克勞狄王朝

Tiberius Claudius Nero 克勞狄斯
Perusia 佩魯西城
Perugia 佩魯吉亞
Nola 諾拉
Augusta 奧古斯塔

第十章

Gaius 蓋猶斯
Commodus 康莫達斯
I, Claudius《我，克勞狄斯》
Claudius the God《天神克勞狄斯》
Marcus Aurelius 奧理流斯
Thoughts《沉思錄》
Gladiator《神鬼戰士》
Nerva 聶爾瓦
Titus Flavius Josephus 若瑟弗
Jpseph ben Matthias 馬提伊阿斯
Germanicus 日耳曼尼庫斯
Caligula 卡里古拉
caligae 卡里古靴
Cassius Chaerea 查哈瑞亞
Gnaeus Sentius Saturninus 薩圖爾尼努斯
Suetonius 蘇埃托尼亞斯
Drusilla 德魯西拉
Bob Guccione 鮑伯・古喬內
Domitian 圖密善
Bill Clinton 柯林頓
Vespasian 維斯巴西安
The Twelve Caesars《羅馬十二帝王傳》
Trajan 圖拉真
Annales/Chronicles《歷史》
Antoninus Pius 庇烏斯
Lucius Verus 維魯斯
Golden House 金宮
The Flavian dynasty 弗拉維王朝
House of the Faun 羊人之家

Tivoli 蒂沃利
Cnidos 克尼多斯
Aphrodite 阿弗蘿黛蒂
Marcus Cornelius Fronto 弗朗托
Titus 提圖斯
Talmud 塔木德
Marcus Junius Silanus Torquatus 席拉奴斯
Gaius Plinius Caecilius Secundus 普里尼
Servius Sulpicius Galba 伽爾巴
Plotina 普洛蒂娜
Publius Clodius Thrasea Paetus 帕伊圖斯
Aulus Cremutius Cordus 柯爾度斯
Marcus Annaeus Lucanus/Lucan 盧坎
Lucius Cassius Dio 狄奧
Bithynia 比提尼亞
Regulus 雷古勒斯
Quintus Helvidius Priscus 普里斯庫斯
Fannia 芬尼雅
Poppaea Sabina 波帕雅・薩賓娜
Claudia 克羅蒂雅
Antinous 安提諾斯
Gytheum 吉雄
Titus Quinctius Flamininus 弗拉米努斯
numen「努門」
Lucius Annaeus Seneca 塞內加
Hercules 海克力斯

第十一章

Comum 科門
Ummidia Quadratilla 巫米狄雅
Timgad 提姆加德
Mayfairs 梅費爾
Fifth Avenues 第五大道
Galen 蓋倫
Mercury 墨丘里
Ancarenus Nothus 諾圖斯

Gaius Pupius Amicus 阿米庫斯
purpurarius 紫色染工
Marcus Vergilius Eurysaces 尤里撒瑟
Circus Maximus 大競技場
Nuceria 紐瑟里亞
denarius 迪納里幣
Falernian 法樂尼
collegium 商會
Bath 巴斯鎮
Aquae Sulis 蘇利斯聖泉
The Oracles of Astrampsychus《埃斯特安賽克斯神諭》
Aesop 伊索
Phaedrus 斐德羅
Aspendus 阿斯本度斯
Seven Sages 七賢者
Thales of Miletus 米利都的泰勒斯
Solon of Athens 雅典的梭倫
Chilon of Sparta 斯巴達的契羅

第十二章

Calpurnia 卡普妮雅
Nicomedia 尼科米底亞
Claudiopolis 克勞狄斯城
Nicaea 尼西亞
Lucian 盧奇安
Publius Quinctilius Varus 瓦魯斯
Teutoburg Forest 條頓堡森林
Arminius 阿米尼烏斯
Herman the German 日耳曼人赫曼
Waldgirmes 華德基爾梅斯
Strabo 斯特拉博
Dacia 達西亞
Romania 羅馬尼亞
Mesopotamia 美索不達米亞
Hadrian's Wall 哈德良圍牆

Tiridates 梯里達底
Marcus Aurelius column 奧理流斯圓柱
procurator 財務官員
Marcus Salvius Otho 歐圖
Lusitania 盧西塔尼亞
Poppaea 波帕依雅
Anubis 阿努比斯
Syrian Goddess 敘利亞女神
Vindolanda 文德蘭達
Viriconium 維利康姆
Wroxeter 羅克斯特
Colchester 科爾切斯特
Togidubnus 托吉布諾斯
Chichester 奇切斯特
Fishbourne Roman Palace 費斯本羅馬皇宮
Gnaeus Julius Agricola 阿格里科拉
Caledonia 喀里多尼亞
Sulis Minerva 蘇利斯・米娜瓦

colonial encounter「殖民遭遇」
Delphi 德爾斐
Aeschylus 艾斯奇勒斯
Thucydides 修昔底德
Publius Aelius Aristides 阿里斯提德
Pausanias 保薩尼亞斯
Guidebook to Greece, Periegesis《希臘志》
Parallel Lives《希臘羅馬名人傳》
Theseus 底修斯
Demosthenes 狄摩西尼
Athenian Alcibiades 亞西比德
Menophilos 米諾菲羅
Judaea 猶地亞
Mons Claudianus 克勞狄斯山
Flavius Zeuxis 宙克西斯
Hieropolis 希拉波利斯
Cape Malea 馬里亞角
Monte Testaccio 破壺山

Victor 維特
Quintus Lollius Urbicus 烏比庫斯
Algeria 阿爾及利亞
Tiddis 帝地斯
Barates 巴拉塔斯
Palmyra 帕爾米拉
Regina 瑞吉娜
Queenie 昆妮
Arbeia 阿爾貝亞
South Shields 南希爾茲
Aramaic 阿拉姆語
Boudicca 布狄卡
Masada 馬薩大
Jewish Revolt 猶太起義
Julius Civilis 席維里斯
Prasutagus 普拉蘇塔古斯
Wales 威爾斯省
King's Cross 國王十字車站

Vibia Perpetua 頗佩秋雅
Felicitas 斐理謙
Isis 伊西斯女神
Mithras 光神密特拉
Saint Peter 聖彼得
Saint Paul 聖保羅
Lollius Urbicus 烏畢庫斯
Gaius Julius Zoilo 佐伊洛
Aphrodisias 阿芙羅迪西亞
Tiberius Julius Pappus 帕普斯
Virtus 維爾圖斯
Honos 賀諾斯

後記

Leptis Magna 大萊普提斯
caracallus 軍人斗篷
Geta 傑達
Marcus Opellius Macrinus 馬克里努斯

honestiores 尊貴者
humiliores 卑賤者
Constantinople 君士坦丁堡
Ottoman Turks 鄂圖曼帝國
Diocletian 戴克里先
Ravenna 拉文納
Istanbul 伊斯坦堡
Senatus 賽納圖斯
Arc de Triomphe 凱旋門
Hyde Park Corner 海德公園
Wellington Arch 威靈頓拱門
Machiavelli 馬基維利

圖片來源

彩圖

1 'Cicero Denounces Catiline' (1889) by Cesare Maccari, Palazzo Madama, Rome. Photo © akg-images/Album/Oronoz
2 'Cicero Denounces Catiline', (*c.* 1850) by John Leech, from Gilbert Abbott A Beckett, *The Comic History of Rome* (Bradbury and Evans, 1852). Photo © Posner Library/Carnegie Mellon
3 Top: 'Rape of the Sabines', by N. Poussin (1637–8), Musée du Louvre, Paris. Photo © akg-images/Erich Lessing. Bottom: 'Rape of the Sabines', by P. Picasso (1962), Centre Pompidou. Photo © Succession Picasso/DACS, London 2015/Courtesy akg-images
4 'Tarquin and Lucretia', by Titian (1571), Fitzwilliam Museum, Cambridge. Photo © Lebrecht Music and Arts Photo Library/Alamy
5 'Ficoroni Cista', fourth century BCE, Museo Nazionale Etrusco di Villa Giulia, Rome. Photo (top) © akg-images/De Agostini Picture Lib./G. Nimatallah; (bottom) © akg-images/Nimatallah
6 Tomb painting, third century BCE, from Esquiline hill, Centrale Montemartini, Rome. Photo © The Art Archive/Alamy
7 Scenes from François Tomb, Vulci, fourth century BCE, Torlonia Collection, Rome. Photo courtesy of Soprintendenza per i Beni Archeologici dell'Etruria meridionale
8 The raising of a ship's ram from the First Punic War, off Sicily. Photo © RPM Nautical Foundation
9 Final panel from the series of 'The Triumphs of Caesar' (1484–92) by Andrea Mantegna, Hampton Court Palace, London. Photo Royal Collection Trust © Her Majesty Queen Elizabeth II, 2015/Bridgeman Images

10 Section of the Column of Marcus Aurelius, Rome. Photo © Realy Easy Star/Tullio Valente /Alamy
11 Wooden panel showing Septimius Severus and family, *c.* 200 CE, Staatliche Museum, Berlin. Photo © Neues Museum, Berlin
12 Portrait of Livia, first century BCE, Musée du Louvre, Paris. Photo © Interfoto/Alamy
13 Bronze fitting from Gaius' ships of Nemi, 37–41 CE, Museo Nazionale Romano, Palazzo Massimo all Terme. Photo © akg-images/Mondadori Portfolio/Sergio Anelli
14 Painting of dining from house (V, 2, 4) at Pompeii, first century CE, Museo Archeologico Nazionale, Naples. Photo © akg-images/Erich Lessing
15 'Solon of Athens' from the 'Bar of the Seven Sages' Ostia, *c.* 100 CE. Photo © The Art Archive/Alamy
16 Roman slave collar, ? fourth century CE, Museo Nazionale Romano, Terme di Diocleziano. Photo © Photo Scala, Florence, reproduced courtesy of Ministero dei Beni e delle Attività Culturali
17 Gold bracelet inscribed from a master to a slave girl, first century CE, from Moregine near Pompeii. After A. Ambrosio et al., *Storie da un'eruzione* (Exhibition Catalogue, Naples 2003, Electa) p. 470
18 Scenes from laundry (VI, 8, 20) at Pompeii, first century CE Museo Archeologico Nazionale, Naples. Photos © akg-images/Nimatallah and Museo Archeologico Nazionale Naples
19 Gem, with Octavian/Augustus as Neptune, late first century BCE, said to have been found in Tunisia, now Museum of Fine Arts, Boston. Photo © Museum of Fine Arts, Boston, Massachusetts, USA/Anne and Blake Ireland Gallery (Gallery 210A)/Bridgeman Images
20 The 'Great Cameo of France', first century, Bibliothèque Nationale, Paris. Photo © akg-images/Album/Joseph Martin
21 Section of 'Peutinger Table', thirteenth century CE, probably based on Roman model, Österreichische Nationalbibliothek, Vienna. Photo © akg-images

內頁圖

1 The Tabularium, Rome. Photo copyright © Rome4all
2 SPQR manhole cover (© rgbdave/Stockimo/Alamy) and street rubbish bin (author's photograph)
3 Detail from 'Cicero Denounces Catiline' (1889) by Cesare Maccari, Palazzo Madama, Rome. Photo © akg-images/Album/Oronoz
4 Roman silver coin 63 BCE, showing voting: (Left © The Trustees of the British Museum; Right © Goldberg Coins & Collectibles Inc.
5. Roman tombstone showing the striking of coins, fourth century CE, Museo Archeologico Nazionale d'Abruzzo, Chieti. Reproduced courtesy of Ministero per i Beni e le Attività Culturali/Alinari Archives, Florence
6 Hungarian protesters, 2012. Photo © Peter Kohalmi/AFP/Getty Images
7 Sculpture of wolf and twins, Musei Capitolini, Rome. Photo © Musei Capitolini, Rome, Italy/Bridgeman Images
8 Roman silver coin, 89 BCE, showing King Titus Tatius, and the abduction of two Sabine women. Photo © The Trustees of the British Museum
9 Mosaic showing Romulus and Remus with the wolf, Aldeborough. Photo © Leeds Museums and Art Galleries (City Museum) UK/Bridgeman Images
10 The Bolsena mirror, Museo Nazionale Romano. After *Roma, Romolo, Remo* (exhibition catalogue Rome, 2000), p. 233
11 Mosaic showing Dido and Aeneas embracing, from Low Ham Roman villa. Photo © Somerset County Museum, Taunton Castle, UK/Bridgeman Images
12 Cremation urn from Etruria, Museo Nazionale Etrusco di Villa Giulia, Rome. Photo © Photo Scala, Florence – courtesy of the Ministero per i Beni e le Attività Culturali
13 Reconstruction of remains under the black stone in the Roman Forum. After C. Hülsen, *The Roman Forum* (Loescher, 1906)

14 Inscribed cippus from Roman Forum. Photo © DEA/A. Dagli Orti/De Agostini/Getty Images
15 'The Oath of the Horatii' (1784) by Jacques-Louis David, Musée du Louvre, Paris. Photo © akg-images/De Agostini Picture Lib./G. Dagli Orti
16 Early inscription from Satricum. Photo courtesy of Soprintendenza Speciale per i Beni Archeologici di Roma
17 Head of a statue of a Vestal Virgin from Roman Forum. Photo © Lanmas/Alamy
18 The earliest surviving Roman calendar, first century BCE, from Antium, now Museo Nazionale Romano, Palazzo Massimo alle Terme. After A. Degrassi, *Inscriptiones Italiae* XIII. 2 (Libreria dello Stato, 1963), pp. 8–9
19 The Roman census from 'Domitius Ahenobarbus base', late second century BCE, Musée du Louvre, Paris. Photo © akg-images/De Agostini Picture Lib./G. Dagli Orti
20 Fragments of terracotta sculpture from temple in Rome, sixth century BCE, Musei Capitolini, Rome. Photo © The Art Archive/Museo Capitolino Rome/Araldo De Luca
21 Bronze liver from Piacenza, third-second century BCE, Museo Civico, Piacenza. Photo © akg-images/De Agostini Picture Lib./A. De Gregorio
22 The Cloaca Maxima, Rome. Photo courtesy of Soprintendenza Archeologica del Comune di Roma
23 Roman silver coin, 120s CE, showing Hadrian and Pudicitia. Photo © The Trustees of the British Museum
24 Temple of Castor and Pollux, Roman Forum. Photo © Gaertner/Alamy
25 The sarcophagus of Scipio Barbatus, third century BCE, Musei Vaticani. Photo © akg-images/De Agostini Picture Library
26 Statue of Cincinnatus by E. Karkadoulias (1982), Cincinnati. Photo © Thomas G. Fritsch
27 Flamines from Ara Pacis, Rome. Photo © De Agostini Picture Library/G. Dagli Orti/Bridgeman Images

28 Sketch of the Servian Wall, Rome from H. F. Helmolt, *The World's History*, Vol IV (Heinemann, 1902). Photo © The Print Collector/Print Collector/Getty Images
29 Third century BCE plate showing elephants, Museo Nazionale Etrusco di Villa Giulia, Rome. Photo © DEA/G. Nimatallah/De Agostini/Getty Images
30 Portrait of Pyrrhus, ? first century BCE, from Villa of the Papyri, Herculaneum, Museo Archeologico Nazionale, Naples. Photo © DEA/A. Dagli Orti/De Agostini/Getty Images
31 'Atilius Regulus taking leave of his family to begin his journey Carthage to face certain death', by Sigismund Nappi (1826), Pinacoteca di Brera, Milan. Photo © akg-images/De Agostini Picture Library
32 Portrait of Polybius from plaster cast in Museo Nazionale della Civiltà Romana, Rome. Photo © akg-images/De Agostini Picture Library
33 First-century BCE veristic portrait, Museo Archeologico Nazionale di Altino. Photo © akg-images/Cameraphoto
34 Tomb portrait of a priest of the Great Mother, Musei Capitolini, Rome. Photo © DEA/A. Dagli Orti/De Agostini/Getty Images
35 Portrait of Pompey, Palazzo Spada, Rome. Photo © Galleria Spada, Rome, Italy/Mondadori Portfolio/Electa/Andrea Jemolo/Bridgeman Images
36 Roman silver coin, 113 BCE, showing voting procedures by secret ballot. Photo © akg-images/De Agostini Picture Lib./A. Rizzi
37 'Cornelia, Mother of the Gracchi' (1785) by Angelica Kauffman, Virginia Museum of Fine Arts. Photo © akg-images
38 Palazzo Barberini, Praeneste. Photo © Hemis/Alamy
39 Reconstruction of ancient sanctuary at Praeneste (after H. Kähler). Photo © DeAgostini/Getty Images
40 Silver coin minted by Italian allies in the Social War. Photo © The Trustees of the British Museum
41 Silver coin of Sulla, 84–83 BCE, showing head of Venus and symbols of victory. Photo © The Trustees of the British Museum

55 Sculpture from Antikythera wreck, Greece, National Archaeological Museum, Athens. Photo by R. Cormack, reproduced courtesy of the museum
56 Grand Congloué, cargo of amphorae. Photo © 2010 MIT. Courtesy of MIT Museum
57 Fragment from the 'Laudatio Turiae', first century BCE, Museo Nazionale Romano, Terme di Diocleziano. Photo courtesy of Soprintendenza Speciale per i Beni Archeologici di Roma
58 Lead bullets from Perugia, first century BCE, Museo Archeologico Nazionale dell'Umbria. After L. Benedetti, *Glandes Perusinae: revision e aggiornamenti* (Quasar, 2012)
59 Triumphal scene from the Actium Monument, first century BCE, Nicopolis. After K. Zachos et al., *Nikopolis: Revealing the city of Augustus' Victory* (FCMPA, 2008)
60 Tombstone of Marcus Billienus, first century BCE, Museo Civico di Vicenza, drawn J. Callan. After L. Keppie, *The Making of the Roman Army* (Routledge, 2002), p. 114
61 Left, 'Via Labicana Augustus', Museo Nazionale Romano, Palazzo Massimo alle Terme. Photo © DEA/A. Dagli Orti/De Agostini/Getty Images: Right, 'Prima Porta Augustus', Musei Vaticani. Photo © Erin Babnik/Alamy
62 The Mausoleum of Augustus, Rome. Photo by author
63 The Temple of Rome and Augustus, Ankara. Photo © Vanni Archive/Corbis
64 Reconstruction, the Forum of Augustus in Rome, G. Rehlender. Photo © Falkensteinfoto/Alamy
65 Detail of the processional frieze from the Ara Pacis, Rome. Photo © akg-images/Tristan Lafranchis
66 Family tree – a simplified version of the family and descendants of Augustus and Livia
67 Fourteen emperors: Tiberius (© De Agostini/G. Nimatallah/Getty Images); Gaius (© Prisma Archivo/Alamy); Claudius (© Marie-Lan Nguyen); Nero (© Alfredo Dagli Orti/The Art Archive/Corbis); Vespasian (© akg-images/Album/Prisma); Titus (© Anderson/

Alinari via Getty Images); Domitian (© akg-images); Nerva (© DEA/G. Dagli Orti/De Agostini/Getty Images); Trajan (© akg-images/Erich Lessing); Hadrian (© Marie-Lan Nguyen); Antoninus Pius (© Bibi Saint-Pol); Marcus Aurelius (© DEA/G. Nimatallah/De Agostini/Getty Images); Lucius Verus (© The Art Archive/Alamy); Commodus (© Marie-Lan Nguyen)

68 Portrait of Gaius, Ny Carlsberg Glyptotek, Copenhagen. Photo © Louis le Grand/Ny Carlsberg Glyptotek

69 Portrait of Claudius adapted from portrait of Gaius, Centrale Montemartini, Rome. Photo © Bill Storage/Musei Capitolini, Centrale Montemartini

70 Scene from Column of Marcus Aurelius, late second century CE. Photo © Piazza Colonna, Rome, Italy/Alinari/Bridgeman Images

71 Painting from Nero's Golden House, Rome. Photo © Werner Forman/Universal Images Group/Getty Images

72 Ornamental pool ('Canopus') in Hadrian's villa, Tivoli, 120s–30s CE. Photo © Riccardo Sala/Alamy

73 Head of Hadrian in gilded bronze, from Velleia, Museo Archeologico Nazionale, Parma. Photo © DEA/A. De Gregorio/De Agostini/Getty Images

74 Base of the Column of Antoninus Pius, showing apotheosis of Antoninus and Faustina, 160s CE, Musei Vaticani. Photo © Vatican Museums and Galleries, Vatican City/Bridgeman Images

75 Reconstruction of Pliny's villa by Karl Friedrich Schinkel (1841). Photo © akg-images

76 The town of Timgad, Algeria. Photo by author

77 'Its all right Covdob', cartoon by Simon James. Reproduced with permission of Simon James

78 Forum scene from the *Praedia* of Julia Felix, *Antichità di Ercolano* Vol. 3 (1762), Plate 43

79 Roman insula block under Capitoline, Rome. Photo by author

80 Tombstone of Q. Artulus, child miner, second century CE, Museo Arqueológico Nacional, Madrid. Photo © Sebastià Giralt/Courtesy Museo Arqueológico Nacional, Madrid

81 Tombstone of Caius Pupius Amicus, dyer, first century CE, Museo Archeologico Nazionale, Parma. Photo © Alinari Archives, Florence
82 Marble relief showing poultry seller's stall, second century CE, Ostia, Museo Ostiense. Photo © Museo Ostiense, Ostia Antica, Rome, Italy/Roger-Viollet, Paris/Bridgeman Images
83 Tomb of Eurysaces, Rome, first century BCE. Photo © akg-images/Bildarchiv Monheim/Schütze/Rodemann
84 Roman bar, Pompeii. Photo © DeAgostini/Getty Images
85 Nineteenth-century copy of painting from the Bar of Salvius, Pompeii, from E. Presuhn, *Pompeji* (Weigel, 1882). Photo © akg-images/Florilegius
86 Gaming board from tomb outside Rome, ? first century CE. Photo © The Trustees of the British Museum
87 Statue of the snake god Glycon, second century CE, Museum of National History and Archaeology, Constanta. Photo © akg-images/De Agostini Picture Lib./G. Dagli Orti
88 Bronze horse head found at Waldgirmes, Germany, first century CE. Photo © PA Images
89 Scene from Column of Trajan, completed 113 CE, Rome. Photo © DeAgostini/Getty Images
90 Hadrian's Wall, near Hexham, Northumberland, England. Photo by author
91 Panel from Sebasteion, Aphrodisias, showing Augustus, 'Victory' and prisoners, first century CE, Aphrodisias Museum. Photo by author. Courtesy New York University Excavations at Aphrodisias
92 Restored inscription recording the dedication of a temple to Neptune and Minerva, first century CE, Chichester. Courtesy CSAD/RIB/The Haverfield Bequest
93 Portrait of Trajan in the guise of a pharaoh, Dendera, Egypt. Photo © De Agostini Picture Library/Getty Images
94 Façade of Temple of Sulis Minerva, ? second century CE, Bath. Photo © World History Archive/Alamy
95 Indian ivory statuette from Pompeii. Photo courtesy Museo Archeologico Nazionale, Naples, 149425

Mary Beard作品集
SPQR：璀璨帝國，盛世羅馬，元老院與人民的榮光古史

2020年10月初版 定價：新臺幣620元
有著作權・翻印必究
Printed in Taiwan.

著者 Mary Beard
譯者 余淑慧
余淑娟
叢書主編 黃淑真
校對 吳美滿
封面設計 許晉維

出版者 聯經出版事業股份有限公司
地址 新北市汐止區大同路一段369號1樓
叢書主編電話 (02)86925588轉5322
台北聯經書房 台北市新生南路三段94號
電話 (02)23620308
台中分公司 台中市北區崇德路一段198號
暨門市電話 (04)22312023
台中電子信箱 e-mail：linking2@ms42.hinet.net
郵政劃撥帳戶第0100559-3號
郵撥電話 (02)23620308
印刷者 文聯彩色製版印刷有限公司
總經銷 聯合發行股份有限公司
發行所 新北市新店區寶橋路235巷6弄6號2樓
電話 (02)29178022

副總編輯 陳逸華
總編輯 涂豐恩
總經理 陳芝宇
社長 羅國俊
發行人 林載爵

行政院新聞局出版事業登記證局版臺業字第0130號

本書如有缺頁，破損，倒裝請寄回台北聯經書房更換。 ISBN 978-957-08-5602-6 (平裝)
聯經網址：www.linkingbooks.com.tw
電子信箱：linking@udngroup.com

SPQR: A History of Ancient Rome
Copyright © Mary Beard Publications, 2015, 2016
Complex Chinese edition © Linking Publishing Co., Ltd, 2020
This edition is published by arrangement with Profile Books Limited through Andrew Nurnberg Associates International Limited.
All rights reserved.

國家圖書館出版品預行編目資料

SPQR：璀璨帝國，盛世羅馬，元老院與人民的榮光古史/
Mary Beard著．余淑慧、余淑娟譯．初版．新北市．聯經．2020年10月．
688面＋16面彩色．14.8×21公分（Mary Beard作品集）
譯自：SPQR: a history of ancient Rome
ISBN 978-957-08-5602-6（平裝）

1.古羅馬 2.歷史 3.羅馬帝國

740.22 109011731